Research on the Inheritance and Innovation of Intangible Cultural Heritage in China

中国非物质文化遗产传承与创新研究

主　编　张　丽

副主编　余芳芳　张艺伟

上海交通大学出版社

SHANGHAI JIAO TONG UNIVERSITY PRESS

内容提要

本书为上海对外经贸大学所组织的非遗传承与创新发展社会实践总结的研究报告。聚焦我国非物质文化遗产与创新高质量发展之间的内在联系研究，面向我国 60余个国家或地方级非物质文化遗产展开实践调研，包含傩面具、无骨花灯、大足石雕、普洱茶、唐卡等，以青年之力推动非遗传承与高质量发展相互赋能。全书共包括"中国非物质文化遗产的保护与传承""非物质文化遗产与文旅产业高质量发展"上下两篇，其中第一篇调研了我国国家级或地方级非物质文化遗产的发展现状以及创新传承路径。第二篇调研了我国各地在促进非物质文化遗产和文旅业融合共生高质量的实践探索成果。本书在理论上，为非遗保护传承提供新视角与方法；实践中对推动非遗的创新传承发展，促进非遗和地方文旅融合、带动城乡高质量发展具有指导作用。

图书在版编目（CIP）数据

中国非物质文化遗产传承与创新研究 / 张丽主编；
余芳芳，张艺伟副主编. -- 上海 ： 上海交通大学出版社，
2025. 4. -- ISBN 978-7-313-32448-1

Ⅰ. G122

中国国家版本馆 CIP 数据核字第 2025B7L674 号

中国非物质文化遗产传承与创新研究
ZHONGGUO FEIWUZHI WENHUA YICHAN CHUANCHENG YU CHUANGXIN YANJIU

主　编：张　丽		副 主 编：余芳芳　张艺伟	
出版发行：上海交通大学出版社		地　　址：上海市番禺路 951 号	
邮政编码：200030		电　　话：021 - 64071208	
印　制：常熟市文化印刷有限公司		经　　销：全国新华书店	
开　本：710 mm×1000 mm　1/16		印　张：23.75	
字　数：375 千字			
版　次：2025 年 4 月第 1 版		印　次：2025 年 4 月第 1 次印刷	
书　号：ISBN 978 - 7 - 313 - 32448 - 1			
定　价：68.00 元			

本书编委会

王春雷　　王雪辉　　王鹏飞　　全　华

许　军　　那孜拉·阿不力孜　　孙益波

李　欣　　杨　丹　　杨怡莹　　吴　婷

余芳芳　　狄　丹　　汪世超　　张一博

张艺伟　　张兆琨　　张　丽　　庞　骏

侯淑怡　　高　静　　席　莹　　黄郁成

黄　辉　　蔡　萌

前　言

习近平新时代中国特色社会主义思想强调文化自信是一个国家、一个民族发展中更基本、更深沉、更持久的力量。非物质文化遗产作为中华民族优秀传统文化的重要组成部分，是中华民族的精神命脉，是涵养社会主义核心价值观的重要源泉，也是我们在世界文化激荡中站稳脚跟的坚实根基。

在新时代背景下，如何更好地保护、传承和创新非物质文化遗产，成为我们肩负的重要使命。《中国非物质文化遗产传承与创新研究》正是在这样的思想指引下应运而生。这本书是上海对外经贸大学会展与传播学院老师和同学们对非物质文化遗产深入调研和实践的集体成果。书中涵盖了中国多个地区丰富多样的非物质文化遗产项目，从刺绣、戏剧到苗族文化、扎染，再到沉香制作工艺等，领域广泛，精彩纷呈。这些项目承载着中华民族悠久的历史文化内涵和民族精神，是我们民族的瑰宝。

本书的研究成果具有重要的理论和实践意义。从理论层面来看，它为非物质文化遗产的保护和传承提供了新的视角和方法，有助于丰富和完善非物质文化遗产保护的理论体系。从实践层面来看，书中提出的建议和措施对于推动非物质文化遗产的创新发展、促进文旅产业的融合、带动地方经济发展和促进乡村振兴建设具有重要的指导作用。

本书的编写过程体现了上海对外经贸大学会展与传播学院师生促进我

国非物质文化遗产创新传承发展的热情和责任感。他们通过实地调研、访谈、文献研究等方法,深入了解非物质文化遗产的现状和问题,并结合自己的专业知识和创新思维,提出了一系列具有针对性和可操作性的建议和措施。同时,书中还展示了在调研过程中的实践成果和心得体会,为其他从事非物质文化遗产保护和研究的人员提供了宝贵的经验和借鉴。

希望本书能够引起社会各界对非物质文化遗产保护的重视,激发更多的人参与到非物质文化遗产的保护和传承中来,共同推动非物质文化遗产的创新发展,让这些珍贵的文化瑰宝在新时代焕发出新的生机与活力。

目　　录

第二篇　非物质文化遗产与文旅产业高质量发展

第一篇
中国非物质文化遗产的
保护与传承

寻文化瑰宝，扬刺绣文化

——黑龙江省渤海靺鞨绣的传承与发展调研

团队成员：牛思琪　孙　冲　刘佚凡　王子晗

指导老师：黄　辉

一、引言

1. 调研背景

中华传统文化是中华民族绚丽的瑰宝，凝结了人们几千年来的智慧。中华优秀传统文化是历代存在过的文化实体和意识的总和，具有丰富的内涵和价值，对于中华优秀传统文化的保护与传承是大学教育中的重要环节。其中，非物质文化遗产代表着人类文化遗产的精神高度，保护和传承好它可以使其充分发挥应有的价值及存在的意义，使其推动文化产业的发展，同时促进全民族团结，共同发展，展现民族地区社会主义建设新成果。以渤海靺鞨绣为例，它是靺鞨、女真、满族刺绣的民间艺术，是中国优秀的民族传统工艺之一。随着世界都市化与现代化的逐步推进以及互联网高新技术的日渐成熟，大学校园中快餐文化、碎片文化大行其道，大学生很难深入接触民族传统文化，对其的了解程度十分有限。作为从这片土地中走出来的学生，小组成员认为有必要向外界介绍我们的民族文化，渤海靺鞨绣不应该仅仅局限于东北地区，我们要让它作为中国民族文化的瑰宝，让所有人知道保护与传承这一文化的紧迫性与重要性。我们小组通过学习渤海靺鞨绣的理论，追根溯源，以及实地探访、亲身体验等方式，深入了解了这一文化瑰宝，调查渤海靺鞨绣的发展传承现状，找到其症结所在，并对其发展提出建议。

2. 调研时间

2021年7月19日—7月21日。

3. 调研地点

黑龙江省牡丹江市渤海靺鞨绣产业园区。

4. 调研对象

非物质文化遗产渤海靺鞨绣产业园区及销售门店。

二、调研对象

渤海靺鞨绣,起源于距今 1 300 年前的渤海国棘靺鞨刺绣针法,至今,传承千年的渤海靺鞨绣流传在东北满族,是以牡丹江为中心的东北地区满族刺绣品的总称。该工艺从传承到开发融入了东北独特的山地文化,将现代摄影技术与传统的东北三角针技术巧妙地融合,传递出一种粗犷豪放的艺术特色。靺鞨绣的刺绣技法起源于唐朝时期的渤海国。渤海国以粟末靺鞨族为主体,史称"海东盛国",传承下来的丝绸文化为满族祖先带来了一种叫作东海丝绸的工艺,使得这里的人开始养蚕制丝。辽宁、吉林、黑龙江三省在长白山山脉都有养蚕基地,那里的老百姓从收蚕、养蚕到刺绣,都有一系列独有的工艺。靺鞨绣作为渤海国"国宝",除与内陆的官私贸易外,与日本等邻国同样有贸易往来。而满族起源于靺鞨,渤海靺鞨绣也被称为满族古刺绣法,流传至今。黑龙江省有满绣和靺鞨绣,以东北渤海的靺鞨绣为代表,它发源于满族祖先,所以属于满族刺绣,是靺鞨族千百年来传承下来的文化遗产。它所位于的黑龙江省牡丹江市并不属于发达城市,当地民众对渤海靺鞨绣的了解仅仅局限于名字,政府也没有足够的能力做到百分之百的文化传承,学生平日里接触到的课程也极少会提到这一文化瑰宝。

三、调研过程

1. 调研方法

本次调研的目的是深入了解渤海靺鞨绣的传承与发展,了解其关于"渤海国"的历史渊源以及流传至今历代传承人所做出的改革创新(包括技艺、原料以及其他文创产品),以及对其未来发展的期望。

本次调研采取的方法有以下两种。

(1)线上调研:问卷调查。

(2)线下调研:对渤海靺鞨绣产业园区进行实地走访,并对非遗传承人进行面对面访谈。

2. 调研内容

第一天，一行三人于上午九点到达牡丹江市渤海靺鞨绣展馆参观。在展馆内，我们了解到靺鞨绣的原料、制作工艺、成品以及其文创产品等。

第二天，一行三人于牡丹江靺鞨绣工坊对非物质传承人进行采访，深入了解其历史以及制作工艺，并在工坊进行刺绣体验。下午，三人前往牡丹江新玛特购物中心的靺鞨绣销售区进行调研，了解其产品的价格、销量等。

四、调研的成果

1. 收获

（1）是否知道靺鞨绣？是否关注刺绣？

通过问卷调研的结果来看，78.72％的人不关注刺绣作品，同时也没听说过渤海靺鞨绣。渤海靺鞨绣作为在东北满族地区流传的绣法，是中国传统的民族工艺之一，但是地域的局限性阻碍了靺鞨绣知名度的提升。渤海靺鞨绣具备深厚的历史底蕴和良好的艺术价值，却不被大众所了解。

（2）靺鞨绣是否需要加大力度保护？靺鞨绣传承与发展所面临的困境是什么？

问卷调研结果显示，89.36％的人认为应当加大力度保护非物质遗产，绝大多数人认同非物质遗产作为承载着文化记忆和先辈智慧的技艺不应该被埋没。大部分人认为阻碍渤海靺鞨绣保护、传承和发展的困境主要是靺鞨绣的知名度低。人们很少选购知名度较低的靺鞨绣，致使靺鞨绣很难打开销售市场。近年来，靺鞨绣将传统文化和现代技术相结合，形成了一套完整的靺鞨绣生产链。工业化生产降低了靺鞨绣绣品的生产成本和售价，提高了绣品的产量，让更多的人能够选购靺鞨绣绣品，有效地提高了大众知名度。渤海靺鞨绣在 2015 年入选中国非物质文化遗产第四批保护名录。

（3）应当如何推广靺鞨绣？

问卷调研结果显示，大多数人认为通过在线上、线下推广靺鞨绣，可提高靺鞨绣的知名度，创建大众认可的刺绣品牌能够有效地带动靺鞨绣绣品的销售，促进产业发展。近些年，深圳建立中国满绣博物馆展示靺鞨绣，在 30 多个国家和地区参展或销售靺鞨绣。靺鞨绣在 2010 年入选上海世博会，2015 年入选米兰世博会。应当同步增加线上推广,使鞒鞨绣不断向外发展,使其所取得的成功被更多人所熟知。

(4)鞒鞨绣能够带来经济效益。

为了确保鞒鞨绣有充足的原料,牡丹江已有专门养殖柞蚕的企业、养殖户,形成了一套完整的产业链条;1 000多名绣娘从事渤海鞒鞨绣,一年创经济效益达1 500万元,并带动了相关产业的发展,解决了当地部分就业问题。通过对网络购物的调查,人们越来越习惯于网上购物,线上营业额大幅增加,这拓宽了鞒鞨绣的售卖途径。

通过调研,我们全面地了解渤海鞒鞨绣的历史与发展,近距离接触并参与渤海鞒鞨绣的制作过程,参观其作品和文创产品,了解其文化价值与经济价值,感受"刺绣中的油画"和"针尖上的芭蕾"的魅力。

2.存在问题及原因分析

(1)在传承和保护方面力度方面有待加强。

政府每年投入人力、金钱进行整理、保护、展览,但是这种"圈养式"的保护使得非遗文化遗产的保护出现只见投入不见产出,传承困难的情况依旧存在。

(2)在宣传方面需要进一步拓宽渠道。

3.解决方案

(1)支持和鼓励传承人增长见识,提高专业技能。

对于传统文化的保护任重而道远,为了非物质文化遗产的传承,使社会各界共同关注,非遗传承人应当拓宽眼界,多听多看多学习,渤海鞒鞨绣第四代传承人孙艳玲,入驻抖音,在这个平台上推动着鞒鞨绣的发展。应选择对民族文化理解深刻的人进行非遗传承,使手工艺品更好地呈现民族文化特征,最大限度地保留民族文化特色,并在此基础上加以创新。非遗传承人应当能钻研精进手工工艺技术,并具有时代眼光,能够顺应潮流。

(2)加强展馆的建立和管理。

响应政府号召,获得政府支持。在国内各大城市建立满绣博物馆,让更多的人能更方便地欣赏满绣的独特魅力,激发群众对于非物质文化遗产发自内心的保护欲。博物馆主要由非遗传承人管理,国家委派人员辅助管理,形成国家"输血"、传承人"造血"相结合的模式,保证非物质文化遗产的长久活力。渤海鞒鞨绣联合其他中华民族的非物质文化遗产逐步走向海外,开设中国文化综合展馆，将影响扩大到世界范围。

（3）拓宽非物质文化遗产的宣传方式，提升其知名度。

任何一项非物质文化遗产都要在保留自身特色的基础上，顺应时代的发展，有所创造，才能够长久发展，源远流长。例如，本次调研的渤海靺鞨绣，就是将一些传统的针法进行优化，以求更好地进行艺术呈现。在本次的社会调研中，我们从距今 1 300 年的靺鞨绣绣法上看到了创新，看到了出色的 3D 效果，看到了如同油墨般的绣作，看到了毛发逼真的国宝熊猫。借助新媒体平台，充分利用现代信息技术、运营短视频等传播渠道，提高宣传作品质量，打造特色文化品牌形象。

特色文化资源的产业化发展要充分考虑到点、面结合，根据产业内外部发展条件，既要考虑市场需求，又要充分依靠政策环境，全面分析包括企业自身、同行、用户等综合竞争环境因素。如通过参展上海世博会、意大利米兰世博会、史密森民俗文化节，使靺鞨绣的足迹遍布全球，充分展示了我国的文化自信，让外国观展者为之倾倒，这印证了渤海靺鞨绣的发展是健康的，更是有活力的。渤海靺鞨绣体现了我国满族文化的独特魅力，是值得社会各界广泛关注的非物质文化遗产，是可以代表中国走向世界的优秀手工艺术。开设文化体验馆，通过一些小物件的制作，拉近与大众的距离，让更多人参与其中，了解到渤海靺鞨绣是与我们的生活息息相关的一门艺术。开发文创产品，如现在已经开发出口罩等，可以根据流行趋势，借鉴故宫等知名文创品牌，推出盲盒等符合年轻人喜好的产品。在国风潮兴起的今天，渤海靺鞨绣作为传统刺绣的优秀代表可以拓宽发展思路，设立满绣主题线上店铺，开展秀禾服、汉服的设计定制等，将渤海靺鞨绣打造为高端定制品。

五、调研结论与总结

通过调研非物质文化遗产黑龙江省渤海靺鞨绣的传承与发展，了解渤海靺鞨绣这一非物质文化遗产，感受到这一"针尖之舞，光阴之韵"的魅力。同时也感受到近年来，我国对各个地域民族的非物质文化遗产保护越来越重视，各地政府也在积极主导，不断推动地域性的非遗申报。对于优秀传统文化的保护任重而道远，需要新时代的年轻人共同努力。

借鉴发扬焕新生，戏剧文化献动能

——民族自治地区戏剧文化优势转化路径探索

团队成员：陈　淼　潘　玥　周心语　朱文青　孙佳琦

指导老师：汪世超

一、引言

1. 调研背景

非物质文化遗产是一个国家和民族历史文化成就的重要标志，是优秀传统文化的重要组成部分，是各民族创造力的结晶。党的十九大报告提出"实施乡村振兴战略"，要求盘活民间非遗文化资源，让传承非遗文化成为助力乡村振兴、弘扬中华优秀传统文化的特色途径。近年来多地致力于探索通过非遗特色保护方式走上乡村振兴道路，如"非遗＋文旅""非遗＋产业""非遗＋互联网"等保护与传承模式，以及"文化惠民"技术培训扶贫助力乡村地区文化产业发展，紧贴时代需求形成非物质文化遗产成熟产业链，以扩大当地非遗文化影响力形式吸引更多当地村民从事非遗文化相关产业，"一村一品"发掘优势资源，非遗文化正从各个方面促进乡村振兴。

本次实践活动主要在云南地区展开，我们通过实地走访和线上调查等方式，关注民族自治地区的民族戏剧发展现状，并分析各个地域和不同民族戏剧的发展程度以及程度不一的原因，试图总结传承程度及经济价值转化较好戏剧种类的成功经验，反思传承程度及经济价值转化较差戏剧种类的不足教训，研究一套具有普适意义的传承发扬民族戏剧和民族自治地区文化优势转化为经济优势的实践方案，研究非物质文化遗产对传统文化复兴、乡村振兴、文旅融合的推动作用。

2. 调研时间

2022 年 6 月 30 日—8 月 9 日。

3. 调研地点

云南省德宏傣族景颇族自治州（傣剧申报地区），云南省保山市腾冲市荷花镇甘蔗寨自然村（佤族清戏申报地区），云南省楚雄彝族自治州大姚县（彝剧申报地区），云南省大理白族自治州（白剧申报地区）。

4. 调研对象

以傣剧、佤族清戏、彝剧、白剧为例的云南少数民族戏剧。

二、调研对象

云南省是少数民族戏剧留存最多的省份之一，有白剧、彝剧、傣剧、壮剧、佤族清戏、苗剧以及其他多种原生态戏剧，对于研究民族地区非遗文化发展具有一定代表性。同时，由于彝剧、白剧、佤族清戏、傣剧四个剧种成功申报了国家级非物质文化遗产，在民族戏剧保护、发展中极具代表性，所以本次实践活动在这四种戏剧的发源地云南省楚雄彝族自治州大姚县、云南省大理白族自治州、云南省腾冲市荷花乡甘蔗寨、云南省德宏傣族景颇族自治州展开。

三、调研过程

1. 调研方法

（1）问卷调查法。

本小组在开展实地调研前，设计了一次问卷调查。本次问卷调查面对的对象范围广泛，涵盖了多个年龄段以及不同地区。通过本次问卷调查，本小组收集了不同地区的人们对云南民族戏剧的了解状况等信息，为后期的调研奠定了基础。

（2）实地观察法。

本小组旨在通过调查研究云南少数民族自治地区四种民族戏剧非物质文化遗产的发展现状，经过实地调研深入挖掘，探索四个地区民族戏剧的当下发展状况。在本次调研过程中，本小组实地探访了四个地区，获得了直接、生动的感性认识和真实可靠的第一手资料。

（3）访谈调查法。

本小组在实地调研的过程中，采用了采访的方式，与调研地点的当地人对话,着重关注大姚县华彝剧团成员;白剧传承基地工作人员;国家级非物质文化遗产项目代表性传承人王祖芳;德宏州傣剧传承保护展演中心工作人员等从业者,更深层次地了解到四个民族戏剧非遗申报地区当地民族戏剧的传承与发扬现状,获得了更多、更有价值的信息。

（4）文献调查法。

在结束了实地调研后,本小组通过搜集与"云南民族戏剧"、"非物质文化遗产"、"传统文化复兴"、"乡村振兴"、"文旅融合"等关键词有关的文献,获取调研对象的各类信息,在此基础上探索出云南民族戏剧的发展趋势,搜集了较完备的各类资料,促进了调研成果的产生。

2. 调研内容

在7月中旬对四个目标地区实地调研,依次到访了楚雄彝族自治州大姚县的文化馆、大理白族自治州的白族文化传习所、白剧传承基地、大理州非物质文化遗产博物馆以及大理白族自治州白剧团,腾冲市荷花乡甘蔗寨,还有德宏傣族景颇族自治州芒市的文化馆、博物馆以及傣剧保护展演中心。我们在调研过程中,搜集了大量照片、视频、采访录音和受访人赠送的相关文化作品等第一手资料;调研过程中以及调研结束后,本小组成员一直在进行调查结果的分析以及调研情况的报道。

对于调研任务的安排,小组成员对其进行了详细的安排和分工。陈淼同学在调研过程中负责实地采访,搜集调研照片、视频、采访录音、采访文稿等第一手资料,并提供了相关的调研心得;朱文青同学负责四个调研地区定期的简报撰写,并最终汇总成一篇简报;孙佳琦同学负责新闻稿的报道与撰写;潘玥同学和周心语同学轮流负责公众号的排版和文案工作,并承担新媒体的运营。我们依照立项书的初期安排、调研过程中的计划分配、报告撰写时的详细要求,获得了调研信息和数据,取得了预期成效,基本完成了调研任务。

四、调研的成果

1. 收获

在实地调研出发前,本小组编制了一份关于云南省少数民族戏剧了解情况的调查问卷,在问卷中,我们设置的问题主要涉及年龄段、地域、对少数民族戏剧的了解程度、了解意愿、有利于其发展的传播手段以及对非物质文化遗产的总体认识等。2022年7月8日到7月12日，我们总共收集了281份有效问卷。经过对问卷的深入分析，能够以小窥大，帮助我们研究对少数民族戏剧认识的社会群像，也有利于我们对症下药，寻找和探索具有针对性的解决方案。

根据实地调研收集到的信息以及发放调查问卷获得的数据，我们对少数民族戏剧现状和未来发展方向做出如下分析：问卷调研对象的年龄主体为18～35岁，占问卷发放填写人数的67％，其次是36～55岁，占26％，0～17岁及55岁以上仅占7％。我们对问卷调查对象进行了是否来自云南的地域划分，其中36％的问卷调查对象来自云南省，非云南省的占64％。我们将对云南省内民族戏剧的了解程度划分为"非常了解，可以与别人介绍的熟知程度""比较了解，大概知道一些本省的民族剧种和相关情况""有所耳闻，仅仅是知道本省民族剧种较多""没有听过，对这一方面一无所知"四种，问卷调查对象无论是否来自云南，有所耳闻的了解程度均在50％以上，但明显来自云南问卷调查对象的了解程度比非云南省的问卷调查对象要高，不了解的人数也远少于非云南省的问卷调查对象。但总体上，大家对云南少数民族戏剧熟知程度都较低，大多数在有所耳闻的阶段。

在对于云南省民族戏剧的了解渠道分成"报纸、杂志、书籍、电视、广播等传统媒体""短视频、推文、直播等网络新媒体""课程学习、讲座介绍""实地旅游""与人交谈时得知"这些大家可能会接触到的了解途径。通过传统媒体以及网络新媒体途径了解的问卷调查对象最多，均在50％以上。除此之外，"实地旅游""课程学习、讲座介绍""与人交谈时得知"的了解途径人数也不在少数，均有20％～30％的问卷调查对象选择。

在"是否有意愿了解云南省少数民族戏剧"这一问题上，多数问卷调查对象意愿一般，不会去主动了解，但如果有机会的话会接收相关信息，这一群体占问卷调查对象的65％，愿意去主动了解、对这方面很有兴趣的人群占问卷调查对象的28％，7％的问卷调查对象对此完全不感兴趣。

此外，还单独设置了几道题目来调查问卷调查对象对于我国少数民族戏剧的了解情况。对于我国少数民族戏剧传承情况及影响力情况，过半数问卷调查对象认为还可以，目前的体系和相关工作较为完善，但仍有明显不足，影响力有但有待进一步提高。但有近三成的问卷调查对象认为不太行，传承上还有很多工作要做，影响力不够；仅有一成多的问卷调查对象觉得传承工作做得非常好，影响力很大。在我国少数民族戏剧的传承与推广存在哪些问题上,74%的问卷调查对象认为宣传不到位,群众不了解具体的传承与推广路径,知之甚少;65%的问卷调查对象认为体系不完善,没有一套成熟的少数民族戏剧传承与推广方案。另外,认为形式不多样,方式呆板、传统,没有很好地与时俱进以及内容不生动,传承的方式以及推广的内容没有让人了解的欲望的问卷调查对象也均接近50%。

2. 存在问题及原因分析

(1) 通过调查发现少数民族戏剧传承与推广上存在一些问题。

在申遗对我国民族戏剧优化传承、扩大影响力的作用上,八成的问卷调查对象认为作用非常大或者较大,两成的问卷调查对象认为作用一般或者没有作用。对于让我国少数民族戏剧的传承与传播更具吸引力方式的讨论,八成的问卷调查对象认为运用视频平台推广作用较好,占比最高;除此之外,认为利用微信公众号和微博平台撰文推广、利用影视资源、文旅融合、利用文艺作品和娱乐产品,以及在青少年文化教育中增加相关课程活动等方式会增加吸引力的问卷调查对象都较多。但认为利用纸媒等传统媒体推广效果好的人数较少。

(2) 对于少数民族戏剧这一领域,当地的认知和外界的认知存在一定的差距。

从实地调研的成果来看,我们采访了路人以及到访地点的相关工作人员,发现在少数民族戏剧这一领域,当地的认知和外界的认知存在一定的差距,也发现这些民族戏剧发展都存在受客观条件限制、外界了解意愿不足等现实问题。其中,白剧和傣剧的发展情况相对较好,彝剧和佤族清戏则是发展潜力巨大,但也存在明显问题。其中,大姚县彝剧主要的问题是现有彝剧团非官方正式剧团,公司制的经营不太景气,其次是如何更好地进行文旅融合,将文化优势转化为经济优势的问题。佤族清戏同样存在剧团非正式、福利差难留人的问题。近年来政府支持的力度逐年加大,筹建正式剧团的工作已经被提上日程,最难的是由于表演队演员的年龄偏大,对于互联网的应用不足,在网上宣传上存在较大缺口。

3. 解决方案

将着眼点主要放大在宣传推广路径的探索以及推广传承体系的研究上。根据已知的各戏剧发展中存在的问题以及当地的独特优势,我们先有针对性地提出建议，最后再提出一些具有共性的方案。

（1）加大宣传力度，线下和线上相结合。

在戏剧文化发源地进行如送戏下乡等活动，动员更多的当地居民了解非遗戏剧，切身参与到戏剧传承推广中，将非遗戏剧文化的土壤向下扎得更深。同时由于这些少数民族戏剧具有民族性，所以发源地的新生代是学习传承民族非遗文化的主力军，应当投入更多精力。而线上宣传，"非遗＋互联网"的创新保护模式是顺应时代发展潮流的正确举措，是民族戏剧文化向上生长、向外发展的过程，从而能够得到来自社会各界的更多"养料"。以腾冲甘蔗寨佤族清戏为例，通过视频、推文等方式向更多人介绍佤族清戏，从李如楷先生到李家显先生再到王祖芳女士——清戏世家的薪火相传，介绍甘蔗寨朴素的民风，介绍村民们和佤族清戏的故事。

（2）寻求与政府、学校等的深入合作。

对于这些民间发展的戏剧及剧团而言，得到政府的支持，意味着有更充裕的发展宣传资金；得到政府支持，组建正式的剧团或传习所等，可以拥有更规范、专业的传承系统，戏剧从业人员的福利能够得到保障，能够更大限度地留住人才，特别是年轻血液。与少儿文化馆等社会文化机构建立合作，将非遗戏剧文化学习转化为特殊教学项目，融入日常。和学校特别是大学建立合作关系，学生群体是不可忽视的宣传力量。我们了解到这四个戏剧发源地都曾有学生来调研参观，如果可以和附近高校建立专项调研合作，长期持续对接，既可以更好地宣传戏剧，送戏入校园，也可以吸收学生群体新鲜的力量，带来一些创新改变。

（3）非遗＋文旅，挖掘特色亮点。

将地方特色文化和旅游结合的文旅道路是普遍施行的，但是民族戏剧特色旅游要如何才能发展好呢？一方面，要挖掘特色，这个特色可以是特殊的民族戏剧服饰、精致戏台、特殊建筑，如古老村寨等，也可以是特色民俗、特色活动比如篝火晚会、泼水节等，再和戏剧文化有机融合，打造品牌项目；另一方面，也要整合资源，把现存的有限的非遗戏剧资源整合在一起，融看、听、体验多环节于一体，打造多景点参观完整旅游线路，再搭配良好食宿，尽量丰富旅游内容，使游客能够感到"游有所值"。

如德宏景颇族自治州傣剧的知名度比较高，发展保护的状况也很不错。在文旅融合方面,作为景颇族自治州的芒市旅游业发达,可观赏景点较多,可以进一步将傣剧的表演融入这些旅游景点,比如在景颇族古镇中增加傣剧的元素。还可以深入发展傣剧旅游专线,将参观德宏傣剧保护展演中心、德宏州文化馆、德宏州博物馆等以及欣赏傣剧表演纳入旅游环节。之后,傣剧宣传可以投入更多精力到线上,整合过往优秀作品等进行多方位推广。

大姚县民风浓郁,人杰地灵。世居汉族、彝族、傣族、傈僳族、回族等22个民族,是以昙华"十八月历"为标志的彝族文化发祥地,有插花节、赛装节、开井节等风情浓郁的民族传统节日,有绚丽多姿的民族文化和服饰,是名副其实的彝族文化园。大姚县可以充分整合、发挥自己的文化资源,将传统节日、传统民俗和彝剧文化融入周边产品中,打造非遗购物节的品牌,在节日中,直观地呈现彝剧精美的服饰、刻印光盘和书籍等。

打造戏剧村寨等特色品牌。整顿村貌,强化基础设施,打造以佤族清戏为特色的戏剧元素村寨,还可以充分发挥甘蔗寨作为丝绸古道西南线"三关八寨"之一——拥有的辉煌的古道文化和璀璨的民俗文化。在餐饮方面发展如以佤山宴山庄等农家乐多模式特色经营;在住宿方面,打造特色民居;在服饰方面,可以提供清新服装体验。

打造篝火晚会品牌。我们了解到,在甘蔗寨每周六都会有篝火晚会,这种活动对外地游客有很大的吸引力。同时,我们也了解到,以往,在篝火晚会上也会有佤族清戏表演,如果将这一项目做大做强,不仅能成为宣传佤族清戏良好的平台,也能成为旅游宣传的一大卖点,实现文化传承和经济发展双赢。

(4)借力乡村振兴。

非遗民族戏剧的发源地多为少数民族聚居地,以乡镇和村寨为主,借助乡村振兴的政策、人才、财政等的支持进行戏剧的保护传承,如"文化惠民"技术培训扶贫,助力乡村地区文化产业发展,紧贴时代需求形成非物质文化遗产成熟产业链,以扩大当地非遗文化影响力形式吸引更多当地村民从事非遗文化相关产业,"一村一品"发掘优势资源。如果不作为主要产业发展,就要加强和主产业的联系,打造复合发展模式。甘蔗寨的乡村振兴项目,成就有戏人生规划完整。甘蔗寨所在的荷花镇以党建为引领,按照"抓点成典,推典成景"的思路,依托"国家级非物质文化遗产"——佤族清戏和云南省"一村一品"柏子仁资源,努力呈现"村强、民富、产业旺"的乡村振兴新面貌。甘蔗寨村民正全力打造"乡村振兴成就'有戏仁生'"示范点,在"有戏"上铸文化,在"仁生"上强产业。

（5）资源整合。

以楚雄大姚县彝剧为例,因为彝剧团经营体制带来的资金不足、人员流失等问题,我们的建议是重新整合现有资源,提交一份能够展现现有彝剧文化和经济价值的标书,进一步寻求政府的支持。组建正式剧团,提高演员待遇,留下更多的彝剧人才,让更多年轻人更愿意加入彝剧表演行业。

综上所述,这四个民族非遗戏剧的发展程度不一,传承保护的境况不同,因而面临的主要问题也不尽相同,但是文化发展传承以及优势转化的方法上也有很多相同的地方。结合上述四个地方民族戏剧的调研结果,提炼出比较具有普适意义的建议,为民族非遗戏剧保护发展以及其文化优势转化为经济优势提供借鉴。

五、调研结论与总结

在此次暑期社会实践活动中,本小组运用了问卷调查、实地观察、访谈调查等方法,对民族自治地区的民族戏剧发展现状进行了调研。通过对比傣剧、佤族清戏、彝剧、白剧四种民族戏剧的保护与传承情况,提炼出相似点与不同点。本小组发现少数民族戏剧这一领域,其实际传承情况都相对较好,不同于外界对民族戏剧不看好的态度,当地有政府支持和专业团队,也做了一系列的宣传。

基于实际情况,本小组提出了相应的建议与改进方案,一是加强民族戏剧自身的宣传,可以与当地政府、学校合作,同时进行线上线下的宣传,提升当地民族戏剧的知名度,展现文化价值;二是与当地其他产业进行结合,如旅游、当地特色,提升经济价值,带动乡村振兴与经济发展。

本次暑期社会实践活动提高了小组成员的团队合作与社会实践能力,增强了其社会责任感,开阔了其眼界。小组成员在接触到云南省丰富的少数民族戏剧后,感受到当地淳朴的风土人情,了解了民族戏剧发展的困境。希望本书提出的建议可以使云南的民族戏剧"说"出新的韵味,展现其文化财富,让更多人了解到民族戏剧背后的深厚内涵,同时使其发挥当代价值,为当地带来财富。

体苗寨之遗兴，响文化之宏声

——苗族非物质文化遗产的保护与开发调研

团队成员：朱泽宇　佳　翼　冯钰荃　刘顺旭
　　　　　杨红琴　陈云灿　杨骅祎
指导老师：黄郁成

一、引言

1. 调研背景

为深入学习习近平新时代中国特色社会主义思想，响应文化和旅游部发布的《"十四五"非物质文化遗产保护规划》，坚守中华文化立场，传承中华文化基因，推动建设社会主义文化强国，构建各民族共有的精神家园，凝聚实现中华民族伟大复兴的强大精神力量，并充分发挥社会实践在青年学生思想政治教育中的重要作用，会展与旅游学院面向上海对外经贸大学全校开展"兴文化·促振兴"——探寻民族地区非物质文化遗产暑期专项社会实践活动。

会展与旅游学院的学生结合自身的专业知识，了解苗寨文化旅游资源，探索非遗文化在文旅产业中的重要运用。此次调研活动我们进行了线下实地走访当地的居民、民宿老板、慕名前来游玩的游客，拍摄了调研活动的影像资料。本次实地调查研究，材料分析、报告撰写以及答辩准备，让团队成员能够清晰地找到自己在团队中的定位，发现自己的优缺点并互相学习，保持优势，弥补不足。然后在自身专业的基础上对非遗文化与旅游业融合发展进行深入探索，提升自身专业能力，为以后的实务工作、学习提供经验和参考。

实践活动对比千户苗寨与朗德苗寨的发展状况，分析两地对待非遗文化的举措的相同点和不同点，找出两个苗寨的关联性及特色性。从两种产业中将非遗文化中有价值的内容提取出来,力求寻找非遗文化和商业文化有机融合的方式,联系当代科学技术和营销手段方式,通过宣传推进非遗文化的发展性,使民族寨子与旅游业一起发展,从而催生更多的民族寨子开发商业化道路,也探索一条在贵州多民族多非遗的文化条件以及多种类多风景的资源环境下,其他民族可以借鉴的非遗商业道路。

2. 调研时间

2022 年 7 月 10 日—7 月 12 日。

3. 调研地点

贵州凯里市西江千户苗寨和郎德苗寨。

4. 调研对象

西江千户苗寨和郎德苗寨。

二、调研对象简述

1. 西江千户苗寨

西江千户苗寨位于贵州省黔东南苗族侗族自治州雷山县西江镇南贵村,距雷山县城 36 千米,距黔东南州州府 33 千米,由十余个依山而建的自然村寨相连成片,四面环山,重峦叠嶂,梯田依山顺势直连云天,白水河穿寨而过,将西江苗寨一分为二。

西江千户苗寨具有浓厚的文化底蕴和地域特色,整个苗寨建筑依山而建,择险而居,点、线、面的空间布局很好地在西江苗寨中呈现出来,使整个苗寨富有节奏感。房子的空间布局和建设的风俗礼仪体现出人文和建筑实体的结合。西江千户苗寨主要景点有西江苗族博物馆、鼓藏头家、活路头家、酿酒坊、刺绣坊、蜡染坊、银饰坊、观景台、噶歌古道、田园观光区等。西江千户苗寨是一座露天博物馆,像一部苗族发展史诗,成为观赏和研究苗族传统文化的大看台。

据雷山县文旅局的统计结果,在 2021 年国庆黄金周期间,西江千户苗寨景区共接待游客 18.08 万人次,旅游综合收入 1.68 亿元。

2. 郎德苗寨

郎德苗寨位于贵州省黔东南苗族侗族自治州雷山县郎德镇。郎德苗寨依山傍水,地处苗岭腹地,背南面北,四面群山环抱,茂林修竹。郎德苗寨,作为全国第一个民俗风情村寨游览胜地,拥有吊脚楼、芦笙堂、风雨桥和郎德非遗博物馆等景点,还有苗族特色的芦笙舞、铜鼓舞和板凳舞等苗族歌舞表演。

郎德苗寨只有百户苗族人家,但这里却保留了最有原生态的苗族风情风貌,平时很少有游客,只有在节假日才会有少量游客慕名而来。

三、调研过程

1. 调研方法

本次调研主要采用了实地观察法、文献调查法、问卷调查法以及访谈调查法,对西江千户苗寨和郎德苗寨非遗文化和商业结合的现状进行实地探索,了解人们对于当地苗族非遗文化的认知程度,了解非遗在宣传与发扬方面的优劣之处,并亲身体验苗寨中的商业与文化氛围。

2. 调研内容

第一天,西江千户苗寨非遗地点调研。调研组抵达西江千户苗寨,感受"拦门酒"礼仪。第一组前往嘎歌古道、芦笙场、鼓藏堂,感受苗寨音乐、乐器非遗文化;第二组前往古道、呦妃桥、仰阿莎井、保寨树,了解了苗寨人文及生活类非遗;第三组前往一至九号风雨桥、美丽石、吊脚楼,并且学习手工艺类非遗。下午,两名成员分头进行了游客和商户的街头问卷采访。

第二天,集体体验苗寨风俗。成员们通过集体活动,更进一步地体验了苗家生活、民俗和非遗文化,以及长桌宴、高山流水等苗家特有的流水敬酒仪式,亲身体会生活非遗文化,感受苗寨特有的文化,加深了每个成员对苗寨的认识。

第三天,郎德苗寨景点及周边调研。第一组在郎德苗寨内部区域进行工作,主要在商业区进行活动;第二组从郎德上寨居民区游历,后徒步至郎德苗寨外围区域进行工作。通过拍摄照片影像、采访当地原住民,来了解郎德苗寨非遗保护状况、苗寨商业化程度、当地人的生活现状。两组人员会合后,一同前往郎德苗寨之旅的最后地点——位于中心的苗族非遗博物馆。这里的非遗整理可以称为贵州最完整的苗族非遗记录博物馆,里面充分概括了苗族的建筑类非遗、手工类非遗、音乐类非遗、食品非遗、生活方式非遗。

经过三天两晚的实地调研,成员集中讨论心得和收获,并整合所收集的资料,提出每个人的想法和建议,讨论两地发展状况的对比、非遗保护措施的优缺,提出商业化发展建议,成员畅谈个人的收获及心得,并以这些为基础,为撰写报告做准备。

四、调研的成果

1. 收获

直观体验千户苗寨与郎德苗寨的非遗文化与特色旅游，加深了小组成员对千户苗寨与郎德苗寨中的非遗文化与特色旅游的了解，深入了解了游客与当地居民的体验感受，也收集了大量真实可靠的第一手资料。

第一，在问题"您对非遗的了解程度"中，59.46%的人选择"了解一点但不多"，16.89%的人选择一般了解，16.89%的人选择"一点都不了解"（见图1）。

第二，调研团队采访了5人，受访者为游客及当地商户。采访的结果是大部分游客在苗寨的游玩过程中并未感受到非遗的氛围，商户并未感受到非遗在苗寨中的重要性。

第三，西江千户苗寨的商业化的程度更高，规模较大，又具有规模化集群效应，且商户的发展设施较为完善，商铺经营的种类较

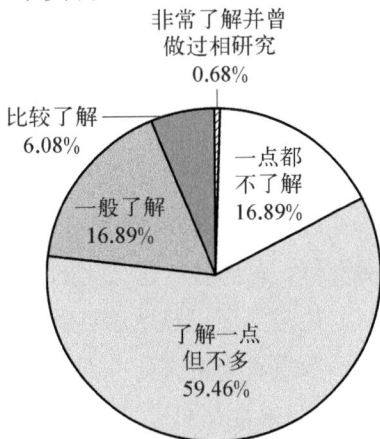

图1　受访者对非遗的了解程度

多，并且较为现代化，同时苗寨内的设施都与现代化接轨。除此之外千户苗寨的交通也非常便利，游客与村民都可以搭乘电瓶车上下山。经过开发后的西江千户苗寨，将表演、体验、生活民俗类非遗贯穿于整座苗寨之中。游客在西江千户苗寨的售票处时就可以欣赏到非遗茶艺展示，进入景区后，随处都可以见到关于大型苗族风情歌舞演出——美丽西江的宣传，以及会有许多饭店在招揽游客体验长桌宴和高山流水。

但是，在长年累月的风吹日晒中，苗寨内的非遗载体因为缺乏保护，都存在着或多或少的破损情况。在实地调查中我们发现，有许多非遗景观都没有得到妥善保护，造成了在游览过程中，游客根本不知道那是非遗景点。比如仰阿莎井，虽然在地图中有标注，实地却没有对景点进行任何介绍，也没有采取任何保护措施。在对于非遗载体的保护方面，西江千户苗寨仍存在着许多不足。

相比较于其他的非遗，手工艺类非遗更适合进行商业化的发展。手工艺类非遗由于可以被当作纪念品，所以无论在何处景区都会有许多游客选择购买手

工类非遗作为本次旅行的纪念。在调研中发现,苗寨里有许多银饰店可以根据顾客的不同需求进行现场制作,这是手工艺类非遗商业化发展的一个表现,不拘泥于原有形式,通过再创作满足游客的需求来推动商业化发展。

郎德苗寨的商业化发展程度较低,它的规模较小,基础设施建设不完备,集群效应不足,没有形成一体化的商业街,出现了商业分散的情况,并且在住宿设施也较为陈旧,整体设施和发展水平较低。虽然郎德苗寨的开发程度不高,但并没有忽视对于非遗的保护,它将苗族非遗整合在一起,建立了一个非遗博物馆。郎德非遗博物馆是现存对于苗族非遗概况汇集最为完整的博物馆,并且对于每项苗族非遗的介绍都配备了音像和图片资料,让游客在参观的过程中能更细致地了解非遗的历史。

2. 存在问题及原因分析

(1) 大众对非遗文化的了解程度有待提高。

通过调研发现大多数民众对于苗族非遗文化有一定了解,但还存在误区,大多数人对非遗文化并没有具体的认知,尤其是对少数民族非遗文化缺乏了解,人们通常都知道"银饰""苗绣""吊脚楼",但并不知道这是苗族非遗文化。而苗族非遗文化多种多样,建筑类、生活民俗类、文化载体类、美术类、音乐类、食品类非遗都别具特色,可见苗寨景区在宣传力度方面还有待提升。

(2) 商户经营管理水平有待提高。

通过走访两个苗寨,可以得到直观的对比。两个苗寨规模悬殊大,商业化程度也各不相同。苗寨内商业发展主要依靠商业街经营、住宿经营、苗寨相关周边产品售卖、当地体验活动。当地少数民族居民通常就是商铺经营者,在商铺方面,西江千户苗寨的古街被规范划分为商业街道,专门提供门面摊位经营,而一些蜡染、银饰、苗绣、苗药也穿插在其中。不过在众多商户中,存在商业化气息过重的情况,一些现代化商铺夹杂在其中;郎德苗寨的摊位分散,而且物种单一,缺乏吸引力,即使有非遗手工制品的加持,但仍然缺乏样式创新。综上,根据商业街及商铺发展,郎德苗寨更需要规范化管理和创新。

3. 解决方案

西江千户苗寨的非遗文化保护具有三个特点,即发展式、参与式、共享式保护。如何进一步保护非遗文化,如何在推广苗族非遗文化走向全国的同时,又能保留它的基本形态是我们需要考虑、解决的问题。

（1）加强规范化管理，系统完善非遗文化项目档案。

安排调查员深入挖掘寨中的非遗文化资源，了解其分布状况，丰富相关历史资料和实物展示，有序记录各个档案。并增加非遗文化展示点，在每个非遗景点设立具体化介绍标牌，由工作人员定期维护。如西江千户苗寨芦笙场可以将芦笙舞联系在一起，介绍其渊源历史，让游客知晓每日表演时间来欣赏民族特色歌舞。

（2）结合互联网＋模式宣传。

可以通过虚拟现实技术，为受众群体提供"身临其境"的文化体验，在满足受众对非遗文化展示真实性的需求基础上提高人们对其的兴趣，提高市场吸引力，销售，如蜡染服饰、苗族银饰等非遗文化相关的产品。通过增加文化展示传承场所，增加苗族文化传承人，增加博物馆数量，打造家庭类博物馆等方式保护非遗文化，这些举措让当地居民产生文化自信，促进苗族文化的文化传承、保护、活化。

（3）以重大节日为节点丰富活动形式。

在两个苗寨中，生活习俗类的非遗都表现得良好，"高山流水""祝酒歌"等非遗穿插在现代餐馆之中，人们在品尝美味的同时，也感受了当地的特色。而且在每年的 6—8 月，苗寨都会进行"吃新节"——苗寨非遗节日，这样的大规模节日可以吸引游客参加，增加非遗文旅旅游的体验感。两地应该针对大规模节日采取不同的发展形式。西江千户苗寨的规模大，游客多，可以将这样的特殊节日转化为一项大规模活动，让全民加入其中，并佐以主题装饰，形成一个特色文化节，不仅可以吸引游客，而且可以吸引赞助商开办活动；郎德苗寨由于规模小，人口较少，且路径呈条状分布，可以将"吃新节"发展成上下寨联通的步行街活动，通过这样的方式将其发展宣传成景区特色，将会更加吸引游客。

（4）增加景区内非遗文化体验项目数量。

在商铺规划上可以将苗族特色商铺放置在重要地域，商铺应增强自身所销售产品的多样性，例如风雨桥特色建筑做成手工艺制品、积木、拼图；手工艺制品创新结合现代服饰，蜡染不局限于长袖、圆领衣服；增加银饰制作、芦笙制作、蜡染苗绣体验、米酒酿造体验项目。

（5）完善基础设施。

政府应加强对景区的重视程度，完善交通、水电路网络等基础设施和配套设施建设,聚焦非遗文化与旅游产业的结合发展,对此产业链上经营的主体提供全覆盖、全方位的金融支持。西江千户苗寨住宿区域多在半山腰,建议统一规划,投资于民宿周围的道路建设,完善对游客的基础接待设施。郎德苗寨需要完善交通设施及配套服务,扩大民宿规模,加强宣传吸引游客,形成良性循环。在完善交通、住宿等基础设施的同时,也要考虑地方文化的保护,兼顾保护与开发,才能够打造完善的文旅产业链,实现可持续发展与地方振兴。

(6)对非遗文化的保护提供坚实的法律保障,并加强宣传教育。

保护非遗文化是世代相传,在保留其民族的灵魂上更新和发展,其历史长河和精神蕴涵是全民需了解并熟记于心的。对非遗文化的法律保护不仅依靠国家所颁布的法案,地区政府应遵循国家原则,咨询相关非遗文化保护专家,发布地区性非遗文化的保护政策,如专利权和商标权,对全民开展非遗文化相关的普法教育,如讲座、宣传片和普法进家活动,后续做好实际实施情况的监督。

五、调研结论与总结

通过线上线下调研、成员查阅资料、当地实践考察,我们从双重视角出发,分别走访了高程度商业化的西江千户苗寨、低程度商业化的郎德苗寨。虽然两地规模及集群状况大不相同,但是其苗寨核心和非遗文化都一脉相承。通过对比两地之间非遗文化的传承和保护、非遗文化的商业化发展,我们可以发现苗寨非遗传承中的优劣之处,并且互相借鉴,以此提出改进建议,推动苗族非遗文化能够越走越远,走向保护和开发的持衡之路,让商业化和非遗文化一同发展。

文化旅游是贵州省的重点旅游项目。贵州省对旅游产业十分重视,作为一个多民族地区,其丰富多彩的民族文化和美丽的山水吸引了大量游客前往。少数民族非遗文化旅游就是一个尚待完善的旅游板块。苗寨作为少数民族地区最易集中非遗文化的地方,若能将非遗和商业相结合,完善非遗的保护与传承措施,加强规范化管理,加大宣传力度,不仅可以宣传当地民族特色非遗,也能推动文旅产业更持久地发展,给贵州省更多的民族寨子提供更多的改进思路,形成良性循环,推动文旅产业繁荣发展。

通过推陈出新,以非遗文化为底,挖掘更多创新思路,凭借苗寨集群优势,建设更多非遗景点,并将非遗文化植根于苗寨生活习惯中,利用游客众多的优势,让游客置身其中,借此弘扬非遗文化,传承非遗基因,并以此为内生动力,使旅游产业更好地发展。让"绿水青山就是金山银山"植根于苗寨基底，使民族特色景观和特色非遗文化相辅相成。西江千户苗寨和郎德苗寨分别为 AAAAA 级和 AAAA 级景区，推动景区建设，完善景区内的基础设施，丰富非遗文化体验馆，完善道路建设，让游客丰富体验感，也提升少数民族村民生活质量。

国内旅游成为近期热点，民族非遗文旅是一条尚未完善的路，若大力发展，加以宣传，就能赶上国内旅游热的契机。贵州省凯里市的苗寨旅游产业将会愈加繁荣，民族非遗文旅产业也会掀起一股热潮，吸引更多人的关注，对未来民族非遗的保护开发产生真正的影响。

在这次的调研中，小组成员也收获良多。不仅在山水间感受到了大自然雕刻的瑰丽景象，而且也体会到了少数民族淳朴的风土人情。而成员真正收获的是能力的提升，从组织人员、策划方案、制作投标书、统一订票，再到队伍的集体活动、分组实践、每日交流心得、分享成果、撰写报告。每一项都锻炼了成员的独立能力、思考能力、团队合作能力、社交能力、认识能力、总结能力、书写能力……这让来自每一个学院的同学都感受到了团队合作对个人能力的影响，也对文旅产业有了新的认识，为将来参与相关内容活动奠定了基础，也真正让"非遗文旅产业"的概念深入人心。

苍山洱海间，寻白族扎染

——云南非物质文化遗产的发展现状和发展途径探索

团队成员：陈柳欣　谭婷予　姜子骜　张豆豆　顾欣瑜
　　　　　刘霄阳　余　鑫　沈林叶　思　语　刘涵月
指导老师：汪世超

一、引言

1. 调研背景

云南白族扎染多起源于大理。大理位于云南西部，云贵高原，横断山脉南端。大理的气候和植物呈立体分布，分属北亚热带、温带和寒温带气候，森林资源十分丰富。这样的地理环境，加之丰富的自然、动植物资源，为白族扎染的创作灵感提供了源泉，色彩斑斓的自然环境使得白族扎染在造型与装饰上呈现了丰富的题材与少数民族自由的思想。同时特殊的地理位置使得南诏以及后来的大理在悠长的历史长河中与多个不同的文化相互交流，如四川、西藏等地区的不同文化，特别是中原文化都为白族文化的形成奠定了基础。白族自身也是一个极具创造力的民族，结合自己的思想文化特点，吸收了原始的宗教、巫教、道教、佛教、本主崇拜等宗教思想文化，融汇了中原的传统儒家思想，在此基础上改进形成了特色民族文化，从而促成了白族艺术文化风格的最终形成。白族人民和平友善、宽容大度、善于吸收、追求自由的思想文化特点在白族扎染图案、纹样、色彩中都有体现。

2. 调研时间

2022 年 7 月 26 日—7 月 31 日。

3. 调研地点

云南大理。

4. 调研对象

白族扎染工艺。

二、调研对象简述

本次调研活动属于"兴文化·促振兴"——探寻民族地区非物质文化遗产专项实践活动类目的是为了更好地掌握当地扎染发展具体背景、感受到扎染过程中的特点与亮点、了解传承与发展的现状。

扎染古称"绞缬"，是我国一种古老的纺织品染色技艺。东汉时传入大理一带，明清时极为兴盛。据记载：汉年间有染缬色法，不知何人所造。"据《南诏国传》和《张胜温画卷》中的记载，早在一千多年前白族先民就懂得了"染采纹秀"。特别在盛唐时期，扎染已在白族地区成为民间时尚，扎染制品也成了向皇帝进献的贡品。大理称它为疙瘩花布、疙瘩花，因染布者大多为白族，人们又把它称作大理扎染、白族扎染。如今在大理、巍山一带，扎染这一古老的传统技艺得到了较好的传承和发展，其中以大理周城白族的扎染最为著名。2006 年 5 月，白族扎染技艺被国务院公布列入第一批国家级非物质文化遗产保护名录。然而，受到主客观环境的影响，如今白族扎染技艺的传承与发展受到现代市场变化与现代轻工业发展的冲击，从而面临传承与创新方面的困境。因而，此次调研立足实际，从白族扎染技艺的当下发展与利用出发，了解它的生存现状。

三、调研过程

1. 调研方法

本次调研主要采用实地考察法、访谈调查法、问卷调查法、文献调查法。

2. 调研内容

三位线下调研的同学通过对文旅局负责人进行采访，以及实地到大理白族自治州周城进行了扎染体验。通过调研前在网上查阅相关资料，我们对扎染技艺现在的发展情况以及未来的发展方向两者都有了大致的了解。通过整理对文旅局负责人的采访、向扎染商家仔细了解相关细节，同学们细致地收集了大理白族扎染的区域背景等信息。

三位同学和老师在亲身体验过扎染工艺的步骤之后，对扎染的每个步骤都进行了详细的了解,了解了扎染的制作过程、古老工艺和白族自身对其的传承等,使得此次调研可以从中提炼出最适合挖掘与创新的那一部分精华。

在收集、整合网络等多渠道收集到的数据,并且结合在区域背景调研得到的理论结论的基础上,获得了对扎染发展更为清晰的认知。而三位同学在顺利完成实地考察与采访后,与线上同学进行了对接和讲解,使小组成员都了解了白族扎染的传承与发展现状。

四、调研的成果

1. 收获

在采访博物馆的工作人员时,我们了解了扎染的发展历史、扎染的制作工艺;在采访售卖扎染类商品的商家时,进一步了解到进货渠道、定价、售卖情况等。采访之余发放调查问卷,以便实践小组更好地了解扎染的受众情况。在顺利完成实地调查后,本实践小组制作了宣传视频、整合了调研见闻成为推送文章,运营微信公众号,并且制作 vlog 上传至自媒体平台,获取流量。同时我们在收集、整合完以上多渠道收集到的数据之后,在区域背景调研得到的结论基础上,获得了对扎染发展更为清晰的认知,针对扎染目前存在的机遇和问题,讨论并提出可行的促进扎染发展的方案。利用大数据时代的媒体流量,更好地宣传和推广大理扎染,努力成为非物质文化遗产的推广者。

在走访大理市璞真白族扎染博物馆的过程中,发现馆内向游客演示白族扎染制作过程的展示处,手艺人们运用的依然是较为原始的手工工具,如染缸、刷子等。现代化机器与白族扎染的融合率较低,而这也必将导致白族扎染在产能上不如机器介入的批量化生产。

同时,不仅是在馆内售卖、制作的扎染艺术品,我们也发现在整个大理周城的不少扎染作坊中,为了迎合当代年轻人的喜好,扎染更偏向于采用新潮而现代的一些图案。这看起来或许是当地手艺人为了推广白族扎染而做出的自主创新,自有其进步性。但当这样的创意作品数量超过以传统白族扎染图案为主题的作品数量时,我们也必须思考,这样的"推陈出新"是否会破坏白族扎染的传统性。

在线下调研组员走访村寨、采访相关人员的过程中,发现白族扎染因缺乏政策引导下政府的宣传与普及,似乎在当地村民当中关注度并不高,这使得扎根白族发源地去发展其经济效益，成为有困难的一件事。受访者明确表示"白族扎染＋线上销售"的模式经过尝试是可行的，需要政府根据相关政策，出台更多促进推广白族扎染的规章制度，这样才能有效带动白族扎染在商业效益层面的复兴。

2. 存在问题及原因分析

综上得知，现如今虽然云南省政府和大理文旅局对白族扎染有一定的保护传承意识，但终究还是有所欠缺，无论是在宣传模式还是销售渠道等都有很大的进步空间。讨论过后，小组成员总结提炼出了一个具有实践性的，针对扎染目前存在的机遇和问题的建议以及改进方案，能够实现传承非遗与带动当地经济效益、促进旅游的目的。

在本次对大理扎染的调研活动中，我们发现未来要发展好扎染工艺、传承好非物质文化遗产，还有以下具体的问题。

（1）质量与数量短板。

改革开放以来，工业化进程不断加快，白族扎染技艺作为一项手工技艺也受到了机器时代的冲击。在手工生产的高质量和机器大生产的多数量下，虽然传统的白族扎染技艺采用的是植物染料进行手工扎花，这种与自然相融合的技艺创造出来的是自然的、充满生机的作品，这往往是化学染剂、机器印花所无法达到的效果。但是机器大生产的绝对优势肯定超过传统的手工制作，使高质量的扎染工艺品受到极大冲击，所以对传统白族扎染制作技艺的传承就显得尤为重要。

（2）传承主体缺失。

之前，纺织是白族妇女赖以谋生的手工业，扎染也是其中的一项技艺，并得以长足发展。在现代化的冲击下，扎染艺术由于制作周期长、工序复杂、收益小，从事这门手艺的人越来越少，白族扎染艺术不再作为一门谋生的技艺而被世代传承。同时，受外界新鲜事物的吸引，使得白族的很多年轻人不再对扎染艺术感兴趣，因此白族扎染艺术也面临着传承主体缺失的风险。

（3）传统审美意蕴丢失。

随着时代的发展，现代人很容易就能接触到新潮事物，对国外审美的向往使得现代审美意识慢慢远离中国传统的本土审美意蕴。在大理周城的扎染作坊中，扎染的题材已经不再仅仅是具有白族特色的图案设计，而是采用新潮的、符合现代人审美的图案,在创新的同时丢掉了传统。

(4)白族扎染外译外宣存在空白。

白族扎染技艺 2006 年就被收录进第一批国家级非物质文化遗产保护名录,然而至今却鲜有关于白族扎染的专业翻译。如何更好地外译外宣白族扎染,讲好白族扎染的非遗故事,传播好中国文化是一个亟待解决的问题。① 白族扎染的对外宣传翻译成果少,大多涉及扎染文化内涵探究、工艺的保护与传承,以及扎染艺术的创新应用等多个领域,关于白族扎染的翻译介绍及相关的翻译策略的研究仍是空白。② 宣传手段单一,除了中国网打造的《中国范儿》节目中有英文配音、中英双语字幕的白族扎染简单介绍,以及 21 世纪英文报中有白族扎染技艺的简单介绍外,鲜有专业的翻译记录与宣传,市场上与白族扎染有关的英文视频和中英双语图书几乎为零。③ 跨文化外宣人才稀缺,虽然云南乃至全国各高校普遍开设了英语专业,但英语专业学生民族文化知识储备的缺乏导致很多译员避开了"文化翻译",进而使许多少数民族文化翻译形成了一大缺口。白族扎染作为白族人民世代相传的智慧结晶,蕴含着白族深厚的历史文化,有许多专用名词和民族语言表达,对于译员来说是巨大的挑战。对此,将外宣翻译与新媒体融合,实现非物质文化遗产多模态表达,则更有利于外国友人对我国独具民族特色的非物质文化遗产的理解。作为云南当地文化经济支柱产业的民间扎染艺术品当下面临着日益激烈的市场竞争,扎染工艺品产业发展也面临着一些不利因素和挑战。因此,要推动民间扎染工艺品持续性的发展,以及工艺品产业发展和转型升级就必须切实做到开拓市场,变革创新实施品牌战略,走文化品牌化发展之路。

(5)对扎染的关注度不高。

根据线下实践同学在走访大理古城时,他们发现了诸多销售扎染服装的店铺,商家们也会通过线上进行销售,但由于大家对扎染缺乏关注的原因,销售效果并不理想,所以应当加大对扎染的宣传力度,提高人们对扎染的关注度。而且在走访周城时,小组成员发现周城作为白族扎染发源地并未得到很好的开发,村民仅通过招揽游客进行扎染体验和零售扎染工艺成品获取收益,经济效益较低,仅有的扎染博物馆是通过"妈妈制造"项目组帮助建造的。希望政府可以对村民进行普及,开通线上销售,或者采取类似县长直播带货的形式,带动经济效益的提升。

3. 解决方案

走访大理州非物质文化遗产管理所时,小组成员了解到有关扎染的政策已经存在许多,但其实仍是在不断完善的。本小组对于发展扎染总结了以下几个解决方案。

(1) 研究扎染工艺的制作过程,挖掘其亮点。

扎染一般以棉白布或棉麻混纺白布为原料,染料主要来自植物蓝靛,俗称板蓝根。此类植物染色的过程,每染一次颜色都会产生变化,染色人只能凭借经验去决定力度和时间,十分考验对布着色力的判断。相对于工业染色,这样的植物染色工序更多,更需要时间的积淀,当然也更容易从中挖掘出令人耳目一新的制作亮点。同时,扎染还有画刷图案、绞扎、浸泡、染布、蒸煮、晒干、拆线、碾布等多道工序。大理白族扎染采用民间图案,通过对传统的扎染工艺进一步渲染和艺术加工,使之成为艺术化、抽象化和实用化融为一体的工艺品。其工艺由手工针缝扎,用植物染料反复染制而成,产品不仅色彩鲜艳,永不褪色,而且对皮肤有消炎保健的作用,克服了现代化学染料有害人体健康的副作用。传统染料以板蓝根、蓝靛为主,与化学染料相比,其色泽自然,蜕变较慢,不伤布料,经久耐用,穿着比较舒适,不会对人体皮肤产生不良刺激。据说,像板蓝根一类的染料同时还带有一定的消炎清凉作用,对人的健康有益。

(2) 探究国家和当地政府对发扬非物质文化遗产的相关政策。

调研团队到达云南进行采访,并了解白族扎染,走访与白族扎染相关的博物馆,了解国家和当地政府对白族扎染的相关政策。中共云南省委办公厅、云南省人民政府办公厅印发了《关于进一步加强非物质文化遗产保护工作的实施意见》,其中明确要求到 2025 年云南全省非物质文化遗产代表性项目得到有效保护,全省非物质文化遗产代表性项目得到有效保护,工作制度科学规范、运行有效,传承体系完善,传承活力增强。到 2035 年,云南全省非物质文化遗产得到全面有效保护,保护传承制度更加健全完善,传承体系更加完备,结构更加合理,成果全民共享,保护传承综合实力显著增强,形成具有云南特色的非物质文化遗产系统性保护格局。到 2035 年,云南全省非物质文化遗产将得到全面有效保护,形成具有云南特色的非物质文化遗产系统性保护格局。

(3) 探索宣传、振兴大理扎染,提高工艺人收入的可行途径。

访寻白族扎染的过程中,要了解手艺人收入的途径来源有哪些,如何将这些收益最大化。比如开设有关白族扎染的工艺网店，通过传统白族扎染制作符合当地民族特色，自然风情文化的工艺作品。积极探索一条传统手工现代设计相结合的道路，设计既带有本民族特色风情文化又能适应现代人生活的产品，设计一系列带有白族鲜明特色的扎染产品，也可以设计一系列为年轻人所喜欢的工艺产品。如今，随着绿色文化的兴起，越来越多的人喜欢手工艺品，加上白族扎染的染料与众不同，对身体健康也有好处，可吸引对传统文化感兴趣的年轻人。在此次调研中进行讨论，提出合理的、有创造力的想法，为传统文化的发展带来活力。

五、调研结论与总结

本实践小组通过在博物馆中的交互式体验中，能够直观地了解扎染的制作过程，进一步在与非遗传承人的交流采访中，参观扎染工艺的制作流程，形成更为清晰的认知。时代在不断地进步，政策也在不断地更新，政府和百姓之间需要共同努力，搭建桥梁，让扎染真正地传播出去。

同享千载中华魂，共筑万世非遗梦

——我国乡村非物质文化遗产的发展现状和发展路径调研

团队成员：罗伊淼　叶　晓　张文妍　任欣瑶

指导老师：余芳芳

一、引言

1. 调研背景

非物质文化遗产遍布大江南北，隔座山，文化也会不同。为保证能较为迅速、准确地通过电话采访当地居民，了解本地民俗故事，小组成员率先根据自己家乡的所在地确定了研究范围，进而各自确定了具有一定热度和知名度、便于调查和描述的研究目标，并在暑期通过线上实习交流的方式完成了调研。

2. 调研时间

2022 年 7 月 19 日—8 月 10 日。

3. 调研地点

江西婺源，黔东南，云南傣族聚居区。

4. 调研对象

江西婺源地区茶农、贵州省黔东南苗族侗族自治州丹寨县地区蜡染工艺者、云南省德宏傣族景颇族自治州泼水节主办员工。

二、调研过程

1. 调研方法

通过翻阅文件，观看视频，电话访问当地居民了解情况。

2. 调研内容

2022 年 7 月 19 日，小组四人一同观看《传承》纪录片，初步了解乡村非遗在中国乡村传承和发展的现状。

2022年7月22日,小组成员在各自收集了对《非遗中国行》纪录片中最感兴趣的片段资料之后,进行交流,分享感悟。在交流之后,每人各选择两个最能够代表地域特色且较为容易描述、理解和阐释的非物质文化遗产项目,合作完成第一篇推送内容。

7月26日,查阅"泼水节"相关资料,小组成员线上讨论关于德宏傣族景颇族自治州泼水节的发展历史,研究其如何成为为当地人带来法定七天假期的"大节",调查少数民族非遗如何以文入旅,以旅兴文,通过传统节日与当地旅游相结合发展全新的经营模式。

7月2日,小组线上讨论黔东南地区的非物质文化遗产,如丹寨蜡染、苗绣、泥哨等传统工艺如何成为当地特色旅游产品,在非物质文化遗产日渐衰弱的当下积极自救,广泛传承。黔东南地区代表性非遗之一——蜡染,是当前最广为人知和受欢迎的"招牌",苗绣需与苏绣等刺绣工艺竞争,因此很难传递到苗族聚居区以及黔东南地区以外,更难以进入外地人的日常生活。我组针对这点分析了将非遗融入旅游产业从而提升产品知名度这一具有现实意义的举措。

8月5日,小组线上讨论江西婺源茶艺这一非物质文化遗产如何推动当地乡村文旅产业发展。相较于傩舞、抬阁、三雕等非遗,婺源茶艺走入千家万户,为当地人民以及全国人民所知,在本地生产总值中的农业部分,增长率稳中向好,其产量所占比例仅次于蔬菜及食用菌,几乎等于猪牛羊禽肉与水产品产量之和,在当地经济中占比非常大,且销量较高,同时促进了对外经济的发展,在旅游业方面也具有不小的影响力。当地在"文旅"前又加上了一个"农"字,即农文旅结合,这点与黔东南地区存在相似之处。小组认为可以将黔东南地区农文旅经营模式的经验运用到分析婺源茶业上,故进行了如上选题安排。

三、调研的成果

1. 收获

通过查阅文献、电话访问,了解婺源茶在历史上的风评及如今的发展情况,婺源茶的品种及栽培状态,栽培地点是否适合进行旅游景点开发,主要进行售卖的品类处于深山老林中,或者在民间,进入种植茶叶树的农家可以直接品尝到,茶叶是否有统一包装且具有专门的出口到外省的销售渠道,或者是将产品交给中间商再转卖给顾客，本地的茶农、茶商只负责生产，实际对商品销售过程是否有控制权？生产所得的利益对于建设茶艺职业学校，推广非物质文化遗产的婺源茶艺是否起到积极的作用？相较于其他职业，婺源茶艺职业学校的特色在哪里？相较于三雕、傩舞、抬阁等更具观赏性，且具有较为明确的载体和较低的欣赏门槛，更适合游客接纳的非物质文化遗产——婺源茶艺的优势和不足之处又在哪里？

对关于傣族泼水节如何与当地景物相结合，从一个不具备实体的"节日"融入当地的风土人情中，体现泼水节受到本地人重视的街道装修与小店出售的商品的细节进行了调查；又对泼水节之所以在傣族兴盛，成为当地标志性的非物质文化遗产的环境与历史上的因素，以及泼水节对德宏傣族景颇族自治州旅游业有何影响进行了调查。

关于苗绣、蜡染、泥哨的宣传状况，小组对云南省文化和旅游局官方宣传网站的"文化地图"板块进行了调查，了解除钱币博物馆、人类学博物馆等通常城市均有的博物馆以外，是否存在一些游客能够轻松便捷接地触到的关于非物质文化遗产的介绍。泥哨的介绍在官方网页上较少，几乎没有宣传，然而在民间又具备一定影响力。泥哨是由一种较为古老的吹奏乐器发展而来的，同七音哨相似。泥哨不仅存在于黔东南地区的黄平县，在临沂也有分布。泥哨或许不是本区域独有的非遗，但具备与其他省相区别的一些特色，这些特色分别是什么？是由于本地的土质不同，所以制作出的泥哨形态不同？或者因为本地制作工艺相较于其他城市更为精进，因此与普通店铺售卖的瓷笛不同，能够被收入博物馆，作为国家级非遗向游客介绍？黄平泥哨主要面向哪些群体进行宣传？是幼年、青年还是老年？了解泥哨的人们年龄平均在多少岁上下？

婺源茶艺在婺源，乃至江西省申报的非物质文化遗产中都有着重要地位，与其和当地经济发展紧密联系一事有密切关系。通常而言，非物质文化遗产或者与人们的生活脱节，被放置在博物馆中，作为某种即将消失的手艺、文化的遗物被保存着，或者像泼水节一样，以节日的形式贯穿人们的生活，从而保证其在全国，乃至全球范围内的知名度，通过假日与特定时期街道装扮的变化，进一步塑造泼水节在整个省市、地区的地位，并通过将泼水节与电音节、花车巡游等较为新式的活动相结合，与时俱进，盘活了这项非物质文化遗产。或者由于环境适合发展某一项非物质文化遗产，当地的人们为了生计，为了传承祖上的愿景，守护这片土地,而开展了耕作、手工、杂技等活动的学习和实践,但自身对正在进行非物质文化遗产的传播与改良一事没有清晰的认识,或只有很少的认识。婺源茶艺便属于最后一种,排除县立婺源茶艺职业学校这种明显向民间发出信号,要求参与到非物质文化遗产的保护当中的措施,更善于进行茶艺表演的其实恰恰是种植茶叶的茶农,他们了解茶的风味,也懂得如何将茶的风味展现给来客。这使得当地非物质文化遗产——茶艺的精髓把握在文化水平较为一般的群体中,县内需要将茶艺文化推广到其他省市,靠的不是强调婺源茶已有近两千年的历史,而是要与茶农多加交流,从而更好地发展茶艺文化,摒除烦琐的过程,令人明确感受到茶的清、雅和优异品质。

泼水节与建立在传说上的各个节日,如除夕、寒食等有所不同,其仪式感主要建立在互相泼水,祈求消灾祛病的"泼水"的简单过程上。史载"泼寒胡戏"便有可能是泼水节的原型之一。泼寒胡戏最早是产生于宫廷中的,随后才渐渐传入民间,根据"泼寒胡戏"第一次出现在《周书·宣帝纪》中,可以推断这项节日并非由外国引入,而是属于本土文化。因此,泼水节在本土拥有深沉的历史与文化积累,更易于进入千家万户,被当地人接受。泼水节在傣族聚居区得到极为良好的发展,其没有固守过去烦琐的仪式,从而能够吸引从幼年到老年的所有群体,受到包括云南省内与省外众多国人的喜爱。然而,傣族泼水节作为非物质文化遗产,非常依赖于节日的特定几天进行宣传,在泼水节以外的时间则鲜少被人提及,并且在傣族聚居区以外的地点也很少能够举办泼水节,具有时间和空间的局限性。泼水节虽然人气旺盛,但很少有专家调查关于泼水节的起源,进而通过向对这项非物质文化遗产感兴趣的人们科普,令泼水节在节日以外的时间也能得到关注。为了保证泼水节的发展能够延续下去,建议可以收集人们想要了解关于泼水节的事项,并为他们一一解答。不止通过老人向年轻人口述,举办方向员工安排如何令节日氛围更为浓厚的指导方式,让人们得以了解泼水节的象征意义与现实意义,更要从宣发入手,在介绍繁华的街道,新旧景点与泼水节的密切关系以外,也要让泼水节背后的文化底蕴为人所知。

2. 存在问题及原因分析

原先预定的采访环节只有很少一部分按照计划完成,因为对当地民俗文化的了解不够,在提问时也有许多没有落在要点上。诸如关于茶业对本地民生、经济情势的影响,询问茶农但没能得到具体答案,随后在官方网站上搜索 GDP

构成才对此有了大致了解。对黔东南地区居民调查同样存在这样的问题，不仅受访者的口音令电访途中尽快记下对方的回答颇为困难，对于真正善于制作泥哨、苗绣、蜡染的民间手艺人也很难联系上，联系上的比起工艺，更擅长讲述其与黔东南地区非物质文化遗产的"不解之缘"，故事性质的信息无法被运用到对于乡村非物质文化遗产传播的途径、具体情况的分析当中，获得的信息的精准度打了折扣。因为当前不在泼水节举办期间，询问员工当年的节日安排，也没能得到具体的回答，如果能够线下采访，或许可以获得更为精确的答案。日后如果还要进行电访，最好少量多次进行提问，结合对方的职业、文化水平，了解关于非遗流传的方方面面。

四、调研结论与总结

小组的调研目标为收集各地区乡村非物质文化遗产的相关资料，对非物质文化遗产在中国乡村的发展进行整理、归纳与总结，分析各地区乡村非遗的发展现状与发展路径，探讨乡村非遗的传承与未来的发展前景。并希望通过此次社会实践活动，让更多人认识到乡村非物质文化遗产，激发人们对乡村非遗的兴趣，扩大乡村非遗的影响力，为其提供生长的沃土，按照原定计划完成了对遍布中国东西南北的多个非遗的了解、分析，并通过微信推送将了解到的信息发送到公众平台上，分享了自己在调研中所得的信息，让看到推送的人们也得以了解大江南北的诸多非物质文化遗产产物，并且有兴趣通过文内的细节进一步探索，达成了调研预期的目的。

拾非遗星火，品文化韵味

——我国非遗美食价值保护与发展现状调查

团队成员：刘建媛　陆君豪　贺昊镭　伍梦莹　夏菱瑜

　　　　　张艺珩　刘若楠　潘乐妍　黄　博　喻锦怡

指导老师：余芳芳　孙益波

一、引言

1. 调研背景

三河镇隶属于安徽省合肥市肥西县，位于肥西县南端，作为中国历史文化名镇、全国文明村镇、中国美食文化古镇、全国首批美丽宜居小镇、中国特色景观旅游名镇，2015 年 10 月被评为国家 AAAAA 级旅游风景区，2017 年 7 月 28 日，三河镇又入选第二批中国特色小镇名单。2012 年 6 月，三河镇被中国饭店协会评为"中国美食文化古镇"，2016 年 11 月，三河米饺获中国金牌旅游小吃奖。三河米饺作为古镇的"美食名片"，带动了三河镇景区及相关产业的发展，提供了大量的就业岗位，产生了较大的社会效益。千年古镇、风云战场、名人故里、美食天堂文化是旅游的灵魂，旅游是文化的载体。以三河镇为发展依托的非遗美食三河米饺作为古镇的美食代表却始终发展受限，具体体现为知名度低、美食文化影响范围小。推进三河镇旅游与非遗文化融合，将美食非遗引入旅游，推动满足游客个性化、多样化的旅游体验，特色的非遗项目也会更加彰显旅游的乐趣。

2. 调研时间

2022 年 7 月 13 日—7 月 20 日。

3. 调研地点

安徽省非物质文化遗产保护中心、三河镇。

4. 调研对象

群众（网络问卷调查）、安徽省非物质文化遗产保护中心工作人员、三河镇居民、三河镇民宿旅馆及小吃店店主。

二、调研过程

1. 调研方法

问卷调查、访谈调查、文献调查。

2. 调研内容

本次调研活动以线下走访和线上调研相结合的方式，小组成员切身实地走近安徽的非遗文化，线下前往安徽省非物质文化遗产保护中心和安徽省合肥市肥西县的三河镇了解非遗文化保护现状，品尝了当地的特色美食三河米饺，多角度、全方位、高质量地就"三河镇旅游产业、三河米饺美食产业的发展状况与特点"等问题展开了走访与调查。

在线上，本小组成员在网络社交媒体发布关于大众对非遗美食了解状况的问卷调查。回收问卷后，对问卷结果进行分析调查，对于民众关于非遗文化保护传承的认知和意见进行整理。同时推进对以小吃美食为售卖商品的线上店铺、知名品牌的访谈，探寻食品电商、知名品牌对产品研发与销售的心得，借鉴他们的发展经验，为非遗美食三河米饺的发展助力。

三、调研的成果

1. 收获

1）线上调研的成果

此次线上调研主要采取线上受访者填写问卷的形式。小组合作梳理筛选出了 24 个有关非物质文化遗产的问题，主要涉及受访者对于非遗的了解参与程度、对非遗的了解方式、对非遗的兴趣、对三河米饺的了解程度以及对非遗保护的建议五个方面。网络发布问卷，历时一个月，共计收回 100 份有效的问卷答案。

（1）受访者基本情况、对非物质文化遗产的了解与参与程度。

近九成受访者年龄在 20 岁及以下，问卷调查的受访者主体为青年。超过 60% 的受访者平时会对非遗文创产品进行消费，近 40% 的受访者选择不会消费。在家乡非遗了解程度方面,50%的受访者表示知道但不熟悉,43%的受访者则表示不太了解,非常熟悉家乡非遗的受访者只占约1%,超过70%的受访者对于目前了解到的家乡非遗保护和传承现状感到一般,只有不到20%的受访者认为对现状满意。

在调查问卷中,超过60%的受访者表示自己从未参与过非遗相关的活动。在参加过非遗活动的群众中,接受问卷调查的受访者都表示自己了解了非遗现状和面临的困境,对于我国非遗的自豪感提升,关心我国非遗的发展。

(2)对非物质文化遗产的了解方式。

70%以上的受访者认为了解非遗的方式对于保护和传承非遗能起到很大作用,认同对非遗的保护与传承。对于受访者了解非遗的渠道和方式,最多的是微信公众号,其次是博物馆、纪录片,受访者了解非遗的渠道更为传统。受访者认为目前非遗的了解宣传方式可以从多方面进行改进,排在前列的有新媒体、非遗教育、文旅结合等方式。

(3)受访者对本土非物质文化遗产的兴趣。

超80%的受访者知道食物的制作技艺可被列入非遗名录。美食类非遗制作技艺中,知名度较高的有北京烤鸭、刀削面、狗不理包子等,对观音豆腐、周村烧饼和三河米饺等地方特色美食类非遗了解的人数较少。对于消费者来说,最看重的是非遗美食的口感,其次才是文化内涵。

(4)受访者对美食类非遗的了解情况及对三河米饺的知晓情况。

近70%的受访者表示自己会更喜欢通过品尝线下店铺现做现卖的美食了解非遗美食。如果非遗美食制作方法简单易学,超过60%的受访者表示愿意购买配套食材自己制作,对美食类非遗的制作方法是感兴趣的。将近80%的受访者更偏好以线下品尝的方式了解三河米饺。大部分受访者认为三河米饺推广的难点在于知名度较低,同时存在完整产业体系尚未形成、对消费群体吸引度较低的问题。

(5)受访者对于非遗保护的意见建议。

绝大多数受访者认为非遗产业化是好事而非坏事。大部分受访者认为非遗小吃产业化有特色包装是有必要的。对于非遗发展造成损害的原因,80%以上的受访者选择了群众对于非遗的重要性不够了解,保护意识不够强,有将近半数的受访者认为政府保护力度不够。非遗制作工艺的流失,受访者大都选择了年轻人不愿继承、民众了解意愿较低、市场前景不好、新文化及西方文化撞击等选项。传承非遗可选择的措施主要有加大宣传力度和不断创新两个方面。政府或非遗保护机构应鼓励民众积极参与非遗保护活动、鼓励地方政府及民间机构加大宣传力度，成立专门机构筹集资金。

2）线下调研成果

此次调研主要采取走访线下店铺的形式。前期小组成员共同拟定关于线下商铺运营状况和产业化发展的采访问题，包括分路径、多层次思考，针对大品牌产业、普通商品以及电商等。后期小组部分成员参观了安徽省博物馆、民俗馆等，也走访了三河镇当地的商铺并进行采访，例如，安徽非物质文化遗产保护中心保护部、三河镇旅游接待中心、桃园米饺店、"丁记"三河米饺店、永兴阁客栈、当地的面馆等。实地走访总计历时三天，共采访了十位相关人员。

（1）采访安徽省非物质文化遗产保护中心保护部的工作人员。

在线下调研的过程中，小组成员来到安徽省非物质文化遗产保护中心，并对保护部的工作人员进行了采访。保护部的工作人员表示，非物质文化遗产产业化，专业名词为"生产性保护"。在非物质文化遗产走市场道路的过程中，纯粹产业化极易破坏非遗本身的生态。因此要在尊重非遗本身机制的前提下开展生产性保护的工作。工作人员还提到，生产性保护过程中遇到的主要困难：一是工业化会损失非遗本身的韵味。就像宣纸的制作，要通过几百道工序才能获得一张正宗的宣纸。如果纯粹使用机器制作，则质量不合格的可能性很大，同时也无法保留非遗手工原汁原味的东西。二是劳动量很大，如果既要保持非遗产品本身的手工属性，又要产业化生产，需要消耗非常大的人力。而现在很多年轻人不愿意学习，面临着非遗传承断层的问题。

（2）采访三河镇当地米饺店铺的老板。

桃园米饺铺于1987年开业，至今已有三十多年的历史。店铺主营三河镇的特色美食有米饺、鸡蛋面等。当地人一般把三河米饺作为早餐，搭配稀饭吃。前来购买三河米饺的大多是当地人，旅游旺季游客偏多。春天和秋天因为温度适宜，是三河镇的旅游旺季。当地有不少店铺在通过电商销售三河米饺，但是很多都做得不好。如果不做好冷冻，半成品三河米饺很容易散碎甚至变质，再带回家油炸的话口感不好。

2. 存在问题及原因分析

1）调研结果分析

（1）大众对于非遗的了解程度低。

参与本次问卷填写的受访者主要为 20 岁左右的年轻人，大部分人对自己家乡的非遗都停留在不太了解或者是知道但不熟悉的阶段。作为在网络中最活跃，能够最快速、获取最新消息的群体，年轻人对非遗的了解程度仍不理想。

（2）大众乐意参与非遗活动，购买非遗周边产品。

虽然大众对于非遗的了解程度不深，但是大部分人非常愿意花时间、金钱在非遗的保护和传承上。大众表示如果举办的非遗活动条件便利，他们很乐意参与。

2）三河古镇旅游业发展问题及原因分析

（1）三河古镇旅游 IP 品牌化不足。

三河镇虽然有"美食节""三河镇特色美食街区""三河米饺体验馆"等创新尝试，但旅游产业、文化产业与美食产业的结合不够紧密，旅游品牌化程度不高，公众号、视频号等新媒体宣传起步较晚，对古镇旅游的宣传缺乏创新，也缺乏鲜明的特色旅游形象，没有利用好自身 5A 级旅游景区和特色小镇的绝佳优势，品牌形象定位不清。另外三河镇宣传部门往往不注重淡季的宣传营销，容易造成游客和相关经营单位的利益损失，不利于树立良好的形象。长此以往乡村旅游的发展难以持续吸引大量游客。

（2）旅游活动同质化。

三河镇的旅游活动存在相似性，商铺林立，自然风景区呈现城市化倾向，未根据各景点的特点结合季节和时间来合理规划活动项目。据了解，三河镇举办多届民间文化艺术节、庐剧文化艺术节、水文化节等活动，但创新性与活力不足，难以结合更多时代潮流吸引游客，导致重游率较低，古镇民俗文化、历史文化、饮食文化难以转化为经济效益。

（3）景区内服务体系不完善。

三河镇的景区内环境卫生相关的配套设施不够完善。在旅游旺季，易出现垃圾随地乱扔，得不到及时处理的情况。这在一定程度上影响了三河镇的形象，也使得游客的观光体验感大幅下降。同时，三河镇当地的特产在包装和质量上参差不齐，缺少统一的标准。

（4）旅游模式单一,缺少游客互动。

三河镇的游览主要以游览古建筑为主,项目单一、缺少多元化,对游客的吸引度不高。在对当地居民和游客的采访中,我们可以知道,三河镇的旅游受季节影响很大。七月炎热,是旅游淡季,古镇游客少。要想最大化减少季节对游客数量的影响,创新必不可少。三河古镇自身独特的历史文化资源并没有充分发挥作用,造成游客旅游体验不佳,三河古镇少有回头客,重游率低。三河古镇景区内缺少能与游客进行互动的活动。古镇商业化不可避免,在此情况下,来古镇的游客感受到的往往是商业化的气息,而非古镇当地深厚的人文底蕴和特色风俗。举办游客可以亲身参与的活动,能提升游客多重感官体验,与当地居民交流,感受当地特色文化。

3) 三河米饺美食产业发展分析

（1）三河镇餐饮行业现状。

三河镇有 200 多家餐饮企业、40 多家制作米饺的早点店,其中包括 2 家四星级餐饮酒店、6 家三星级餐饮酒店以及 8 家旅游特色餐饮店,三河米饺几乎是所有店铺的必备菜品,全镇每年包括三河米饺在内的美食产业收入约 2000 万元。但据了解,三河米饺多作为当地早餐点心、餐厅菜品或冷冻半成品出售,发展规模和收益均较小,知名度仅限于合肥市及周边地区。

（2）三河米饺相较于北京烤鸭等美食知名度低。

83％的受访对象表示知道食物的制作工艺可以被列为非物质文化遗产,美食非遗还是被大众所熟知的。只是相较于北京烤鸭、佛跳墙这些在全国范围内闻名的非遗美食来说,三河米饺在受访人群中了解程度还是较低,仅有肥西县当地及周边地区群众了解此美食。

（3）非遗美食的卖点在于口感。

通过问卷发现,大部分青年群体对于非遗美食,更加注重食用口感,以及喜欢在线下堂食,这种较有氛围感且比较方便的食用接触方式。非遗美食终归还是食物,就算造型再好看,也离不开口感。如果只是"色香"俱全,缺少了"味"的美食,不能抓住游客的胃,无法持久地发展下去。三河米饺经过油炸形成了外壳酥香脆口的风味,但由于当代追求健康的饮食习惯,不少人对于三河米饺产生了"油腻""高脂肪"的误解,在一定程度上限制了对三河米饺的品尝和购买意愿。

（4）三河米饺电商运输困难。

三河米饺对于原材料的要求较高,食材新鲜且颇具三河风味。越是新鲜现做的米饺越是口感上乘。如此实惠美味、又富有历史文化韵味的特色小吃在三河镇是十分受当地居民和游客喜爱的,但在其以电商为依托向全国市场发展时却遇到了保鲜问题:冷冻后的半成品三河米饺口感大打折扣,快递在邮寄过程中包裹颠簸,邮寄时间不可控,易导致化冻后米饺碎裂。就算米饺送达时完好无损没有化冻,如若顾客没有及时油炸米饺或放入冰箱,稍有耽搁便可能化冻碎裂,甚至变质发酸。在电商发展之路上,三河米饺的确需要定制冷链邮寄技术,但三河米饺极低的成本和利润又让许多传统商家对这一新技术望而却步,走访发现在此经营的早餐店多为中老年人。在访谈过程中,问及老板店铺未来的发展计划时,多位店主均表示打算退休,如果家中晚辈有意愿接手会留给他们。但大多数人他们的后辈都有自己的工作,未来的发展可能不容乐观。

(5)三河米饺利润薄,发展动力不足。

三河镇米饺店店主多坚持传统手工制作工艺,扩张店面、翻新技术、机械使用较少。餐饮行业最主要的三个成本分别是食材成本、人力成本以及租金成本,如果考虑外卖平台,那么又要增加成本。2015年起,三河镇的"诚信菜单"对景区内275家餐饮商户的常用40余种菜品、点心、茶品的用料标准、质量和价格均设置了相关行业标准,对三河镇所有的菜系、茶品、宾馆、旅游纪念品等均设置了明确的价格和计量标准。三河米饺每个不少于60克,1个1元钱。"诚信菜单"在一定程度上保护了消费者的权益,避免了三河镇发生恶性宰客事件,优化了消费环境和游客消费体验。但这样低廉的价格压缩了店主的利润,减少了店主对三河米饺产品扩大生产、研发的意愿,某种程度上限制了三河米饺发展的空间。

(6)三河米饺品牌化程度有限。

作为当地的传统美食产业,多为手工作坊手艺人进行制作,或批发机器制作的半成品米饺。这样的环境使米饺产品竞争的焦点变为手艺人的细节把控和原材料的新鲜程度。而在原材料产出地三河镇,美食制作技艺和美食材料的差距相差不大,因此,多有出名的米饺师傅,三河米饺却难有独当一面的招牌。

3. 解决方案

(1)以美食文化为桥梁,形成餐饮、美食、食材产业链良性循环。

经线下调研小队调查,三河镇名小吃——三河米饺大多作为早餐小吃、冷冻半成品或当地餐厅特色菜品出售,三河米饺店也多以手工作坊的形态存在,消费者主要为当地居民和游客。特色小吃三河米饺的制作选用的是三河当地的早稻米、豆腐和虾米等新鲜材料，不少店家老板、游客都认为，想吃正宗口味的三河米饺，还是要到当地来品尝。由此可得出，三河米饺美食产业可以推进产业化进程，打造知名品牌，在三河当地确定稳定供货商，选取新鲜的特色食材，在加工环节中将人力与机器制作相结合，完善制作产业链。食品质量是企业发展的生命线，要优化食品保鲜核心科技，采取冷链保鲜技术、按统一产品形状定制包装等方式解决物流运输中三河米饺易变质、易破碎等影响食品质量和口感的问题。

同时可以积极推进三河米饺进入饭店餐馆或中式甜点小吃店（如安徽省詹记宫廷桃酥王）的菜单，走连锁经营之路，实现规模化，达到利润最大化。先打造地方特色小吃品牌，收获特定消费群体，依托其他平台创新馅料与口味，在继承传统、推陈出新的道路上发展出更多的售卖平台，具体问题具体分析，以生产性保护让三河米饺"活起来"。

（2）以三河镇旅游带动美食发展。

由于三河米饺自身的特殊性，为了保持最原始、最好的口感，最好的方式就是现做，现炸，现品尝。因此我们不仅要想办法让三河米饺"走出去"，也要让外地的游客"走进来"。通过改善三河镇的旅游模式，提升游客的旅游体验感，吸引更多的人到三河镇来，了解这里的文化，品尝当地的美食。三河镇要完善景区内的服务体系，做好保洁工作，在合适的地方增添垃圾桶和提示标语，并安排保洁人员定期进行打扫，打造舒适、干净的旅游环境。

表1为《肥西县政府2022年度重点工作任务分解情况（政府工作报告工作任务分）》中有关三河镇文旅发展的目标任务和具体工作的条目。

表1　三河镇文旅发展的目标任务和具体工作的条目

| 全面提升三河镇业态和品质，加快环紫蓬山民宿集聚区和江淮运河沿线建设，形成一批"网红打卡地"和"爆款"文旅IP，打响肥西全域旅游品牌 | 钱梅 | 县文旅局 | 县规委办三河文旅、公司相关乡镇园区 | 1. 完成三河镇景区提升改造方案和施工图设计，完成三河水系贯通工程规划修编
2. 高质量编制《肥西县全域旅游规划》
3. 完成三河口项目酒店、民宿、餐饮、商售、酒吧等全部业态招商工作
4. 开发利用紫蓬山片区闲置资源，重点推进星野蓬境、聚星粮站、新光社区、团山民宿等项目 |

针对旅游模式单一的问题,在景区内打造网红打卡地,为游客提供打卡、拍照机位,增加景区与游客之间的互动。同时根据节日节气定期举办活动,开展游览路线集章、寻宝等活动,游客完成任务即可兑换小礼物,给游客提供便利、制造惊喜。同时利用好新媒体平台,运用短视频加大对景区的宣传力度,宣传三河镇、三河米饺。三河镇旅游景区游客增多,自然也能达到经济效益与非遗宣传的双丰收。

(3)减少油炸用量,以"减油"代健康。

我国科研人员发表了9项相关研究,分析了油炸食品和心血管疾病风险之间的关系,结果发现每周只要多吃4克油炸食品就会增加心血管疾病事件的风险,包括冠心病、脑卒中、心衰、心血管疾病等。在推崇健康饮食的当代,油炸食品的市场十分有限,人们也容易对三河米饺油炸后的外壳产生误解。

但对于油炸,也许可以用空气炸锅解决这一问题。近年来在美食圈烹饪圈以其便捷性而流行的空气炸锅,实际上是用流动的热空气来快速烤制食品,在制作时不需要额外加入油,大大减少了脂肪的含量。三河米饺的半成品或成品可以考虑借鉴这种方式,最大限度上在保持风味的基础上争取做到健康与美味的平衡。

(4)美食平台助力非遗宣传。

根据回收的网络问卷,大部分人更偏向于线下品尝安徽非遗美食三河米饺,同时,大部分受访对象认为推广三河米饺的主要难点在于知名度较低。

三河镇多次举办民间美食文化艺术节丰富美食小镇的文化内涵,吸引更多慕名而来的游客,加大对古镇和三河美食的宣传和推广力度。三河餐协积极打造好"天下第一美食文化古镇"这张名片,实现餐饮业"百花齐放、百家争鸣"的新局面。以三河米饺为代表的三河非遗美食更要走向高级别的宣传平台,如"把安徽文化讲给世界听——'博'开云'物'看非遗"公益活动、"非遗购物节"活动、安徽全省非遗表演类项目优秀作品征集、《非遗进校园音像教材》(电子书)编撰、非遗短视频推广、"听故事、游安徽"系列之三"美食带你游安徽"等活动,努力提高其知名度。

(5)政府提供持续性资金与政策帮扶。

三河米饺店多为手工作坊,电商之路坎坷的情况一定程度上反映了其资金不足、发展受限的实际状况。据统计,受国家地理标志保护产品称号保护的产品的经济效益平均提高 20%以上，以获得国家地理标志保护产品称号的方式保护三河米饺这一特色非遗美食，有利于提升三河米饺知名度，吸引广大人民群众。加大重视和投资力度，积极促进三河镇美食产业与旅游业的融合。

同时，地方政府要切实重视非遗文化的传承与保护，将非遗保护工作纳入地方发展规划中，给予非遗指导工作一定的财政预算经费，积极听取专家意见，落实《肥西县人民政府办公室关于印发肥西县促进旅游民宿健康发展实施意见（试行）的通知》等推进文旅工作优化的规定。在市场内制定具体行业标准，明确政府相关法律法规，加强行业监管，维护市场良好环境，切实为非遗品牌和产业的发展铺平道路。

同时发挥好政府的宏观作用，积极推进开展非遗进校园、进景区等活动，将非遗文化创新性融合进社会服务中，为非遗文化的宣传与传承提供良好环境。

（6）坚守诚信阵地，创新营销手段。

三河米饺店铺要坚持以诚实守信为经营理念，以诚待人，以信兴业，外树形象，内强素质，用心做好产品，努力提升产品质量，保证食品安全。同时积极跟上时代潮流，对接顾客喜好和需求，明确市场定位，对于产品本身、市场渠道、营销策略和战略进行创新，将非遗与时代流行相结合，以老产品引领新风尚。如设立非遗美食打卡地、大型场景解密体验、大胃王比赛、厨神在民间等活动，吸引顾客和游客前来体验、品尝。

四、调研结论与总结

经过长达一月余的线上和线下调研，我们对三河米饺有了更深的了解。了解了它的发展现状，分析了它在发展中存在的问题，并提出了我们的改善建议。三河米饺作为三河镇当地的特色美食，同时也是合肥市市级非物质文化遗产，在社会飞速发展的现在，我们要抓住这历史存续下来的美味，让它的滋味可以在我们的味蕾里绽放。非遗美食相对于其他非遗文化也许没有那么浓郁的文化底蕴，但是它的制作技艺仍然值得我们去保护和传承。目的是我们能够在想念这个味道的时候可以吃到它，得到味蕾和心灵上的双重满足。吃美食，也是品历史，通过美食了解当地的文化，了解当地人的生活习惯。希望三河米饺在未来可以一直顺利发展，以美丽的三河镇为依托，利用好非遗美食的独特性，将自身的新鲜、美味传达给全国的食客。

在调研的过程当中,我们也发现了自身的一些问题,在今后的调研需要加以改进。

1. 对三河镇三河米饺产业发展状况调查统计数据不足

在调查访问中,我们发现三河镇对于三河米饺相关产业和三河古镇旅游产业发展情况的了解和统计数据大多通过翻阅资料、查阅文献或与当地旅游业工作人员交流获得,采取的样本和调查统计数据不够全面,未采用专业的分析软件进行调查分析,缺乏认识的整体性。同时,由于线下调研小组前往三河镇的时间为旅游淡季,店铺大多歇业,游客较少,访谈调研样本不足,分析结果可能存在一定的偏差。由于缺乏一定的专业性,对于三河米饺美食产业存在的问题,如宣传手段单一、内容单调等问题的认识不足,建议加大对三河镇实地考察的力度,从时间上、地域上扩大调研范围,将对景区内外三河米饺小吃店铺集中区存在的问题进行汇总,从而更好地发现其中存在的共性问题。

2. 对目前存在的问题缺乏深度思考

通过问卷调查、街头访问等形式对三河镇旅游产业、三河米饺美食产业存在的问题进行简单的统计后,小组对存在的问题认识不足,调查结果仍停留在对问题的简单叙述层面,未能精细解剖问题之下的底层逻辑。针对存在的问题,建议可以通过专家访谈和资料查阅等途径深入发现问题,从实际出发,对三河镇旅游资源与美食产业结合不紧密、非遗美食宣传手段单一等具体问题制定可持续性发展策略。

3. 线上调研受访群体主体单一

本次网络问卷调查覆盖各个年龄阶段,但相对缺少重点,更有可能因为接触网络的受众多为年轻人,具有一定偏差,导致最终的分析产生误差。针对此问题,建议加大对中老年人的访问比例,并调查一部分三河镇旅游景区中的游客以及当地居民对非遗美食的认知。此外,也应开展对于外地游客的调查。

民族非遗保护及文旅开发调研

——以崇明山歌、安阳甲骨、侗族百家宴为例

团队成员：刘俊杰　陆宇昊　杨　豪　罗文灏

指导老师：杨　丹　姜　萍

一、引言

1. 调研背景

近年来，我国各族地区非物质文化遗产的保护和利用日益受到地方政府和公众的重视，我国也开展了不少非物质文化遗产的保护与宣传工作。本次调研研究了不同地区非遗保护的现状，就其中存在的一些问题提出了相关建议：保护我国民族非物质文化遗产，传承中华文化基因，推动建设社会主义文化强国，构建各民族共有的精神家园，凝聚实现中华民族伟大复兴的强大精神力量。

2. 调研时间

2022 年 7 月 10 日—30 日。

3. 调研地点

桂林博物馆、安阳中国文字博物馆、上海非遗保护中心。

4. 调研对象

非遗保护中心及地方博物馆。

二、调研简述

本次调研小组成员实地调研了桂林博物馆、安阳中国文字博物馆，调研了崇明山歌，探究了崇明山歌、甲骨文摹刻技艺、侗族百家宴保护利用的现状，探究不同地区经济文化背景下，我国不同地区非物质文化遗产保护利用的对策。

三、调查方法

实地走访、文献收集、问卷调查。

四、调研的成果

1. 收获

一是崇明山歌。崇明山歌是指流传在崇明岛上的"民歌"与"民谣"的总称。崇明劳动人民在崇明岛独特的历史、地理、文化、风俗的长期浸润下,在长期的生产和生活中出于实际需要而口头创作了许多山歌,并广泛流传,日积月累,形成了艺术风格独特的崇明山歌。崇明山歌于 2021 年入选第五批国家级非物质文化遗产代表性项目名录。

近年来,崇明山歌及非物质文化保护与传承工作受到了政府及社会各界的重视,但其传承必然要从年轻一代抓起,让青年人树立传承保护山歌的意识。但就当前来看,由于西方思想和文化的冲击,部分年轻人对山歌这种传统民俗文化的重视不够,甚至有人对山歌抱有一定偏见,认为山歌是已经完全过时、毫无价值的文化形式。在青年一代重视不足的情况下,传承工作很难得到充分开展。

山歌普遍存在即兴性强这一特点,山歌也是由当时的人民在田间劳作或上山砍柴时随性而编,随性而唱,大多都是通过口传心授、自然传承的方式一代一代传承下来,因而没有一种好的记载方式,将这些山歌的曲、词完整详细地记录下来,就加大了山歌的普及难度导致山歌现存的种类和数量大大减少。

传承人普遍存在年龄偏大,个别传承人不会写基本材料,平时要提交的材料基本也让人代写。

二是甲骨文摹刻技艺。甲骨文作为非物质文化遗产,是研究古代文明的重要载体,研究甲骨文文字释义是重要的基础工作。经过古文字学家的比对,甲骨文中有不少与已经被识别出的金文甚至与小篆同形的字,由于存在同音假借等现象,它们在卜辞里的用法,往往也要通过考释才能弄清楚。殷墟甲骨文的发现,不仅将中国有文字记载的可信历史提前到了商朝,而且由于甲骨文内容丰富,涉及殷商政治、经济、文化、意识形态各个方面,对研究殷商社会史具有重要意义,被称为中国古代乃至人类最早的"档案库"。甲骨文摹刻技艺就诞生于甲骨文的故乡、中国八大古都之一的安阳。2013 年,甲骨文摹刻技艺入选安阳市非物质文化遗产保护项目。安阳市文物局制订了《关于落实总书记甲骨文120 周年贺信精神建设国家文字文化产业示范区方案》。安阳市推进甲骨文文化旅游项目开发与推介,在城市规划建设中融入甲骨文元素,目前高铁站更换了"安阳东站"的甲骨文标志性符号。安阳市的市、县区、乡镇、行政村四级文化场馆将"甲骨文书法"列入公益培训内容。采取与本地学术研究机构合作、邀请国内外知名专家学者等形式开设"甲骨文"系列讲座,修建了研学基地,加强部门协作,共同推进甲骨文保护利用工作。目前甲骨文最大的传承阻碍在于大量的甲骨疑难卜辞没有被揭示出来,近三分之二的甲骨文字没有被正确释读。复旦大学教授刘钊认为关键在于"有时研究者不得不做一些重复的低质量的工作"。所谓的低质量、重复性工作,主要在于数据库方面。在甲骨文的文献研究中,尽管有一些云平台、数据库可供学者检索,但都是各个研究单位的内部资料,研究单位之间没有完全开放,存在一些壁垒。

三是侗族"百家宴"。"百家宴"是侗族集体待客的最高礼仪,三江侗族百家宴也是自治区级非物质文化遗产保护项目,亟须立法保护和传承。"百家宴"盛行于龙胜各族自治县乐江乡地灵村等侗族聚居地,在当地被称为"合拢饭"。当地侗族群众在长期的社会活动中慢慢发现,聚餐是召集众人开会议事、联络感情的最好方法。每当村寨要讨论通过某项乡规民约等重大事情时,大家都要采取聚餐的形式进行商议。因为当时集体没有财力解决,这种聚餐都由各自凑份,类似于今天的 AA 制,以为"合拢饭"的形式进行招待。在聚餐时,各家各户把自制的糯米酒、香糯饭、酸鱼、酸鸭和酸肉等菜肴合拢到长桌上,同吃、同喝、同乐。

侗族"百家宴"一般在鼓楼坪、风雨桥或村巷里举行,把所有的酒席连接起来,长长的宴席活像一条龙。入席前,先由款师唱祝酒歌讲猪、鱼、酒的来源等款词,荡气回肠的旋律让人感受到岁月的悠远和沧桑。入席后,主客双方围着长长的宴席载歌载舞,喝交杯酒和转转酒,不时以一问一答的酒歌考量对方的智慧,十分热闹。如今"百家宴"在广西龙胜侗族地区已被演绎成一项重要的民俗活动,成为节日文化的主轴。广西壮族自治区十三届人大常委会第十七次会议通过了《三江侗族自治县侗族百家宴保护条例》,该条例从 2020 年 10 月 1 日起实施。这是广西第一部饮食方面非物质文化遗产保护的单行条例,明确了

"百家宴"的食品安全要求,并提出了"不得强行向游客敬酒"等要求。侗族"百家宴"非物质文化遗产保护的内容包括:侗族"百家宴"传承人及其所掌握的菜品制作技艺;侗族传统餐饮具制作技艺及使用习俗;侗族服饰展示;侗族音乐、乐舞展演;讲究传统习俗;其他侗族"百家宴"非物质文化遗产保护内容。

2. 存在问题及原因分析

从调查问卷的结果中不难看出,绝大多数的受访者对保护非遗的文旅开发持支持态度,但对其开发的关注度不高,这可能与保护组织的开放和宣传工作不足有关。对于非遗的文创产品的态度,超过半数的受访者更看重文创产品的质量和创新性,少数受访者选择不会购买非遗的文创产品,这对非遗文旅产品开发提出了更高的要求,非遗文旅产品应当持续创新紧跟潮流,才能适应新时代大众对文化审美的追求。调研发现,地方政府有着非遗保护实际效果不明显、文旅开发不合理以及地区间非遗展示开放程度存在差异的问题,这阻碍了对非遗项目有效的保护与传承。

3. 解决方案

(1)崇明山歌文化的传承与保护。

如何让崇明山歌在这个日新月异的时代焕发出新的光彩,是一个很值得思考和研究的问题。现如今,山歌的传承主要依靠传统家族、民间艺人、专家学者,其传承方式较为单一且影响范围小。对此,一是可通过鼓励人们学习山歌,通过自媒体,甚至央视等影响力大的新闻媒体宣传崇明山歌。二是对山歌进行符合时代特色的创新,使人们明白对山歌的传承及保护的意义。崇明有着非常丰富的旅游资源,到崇明旅游的游客日益增多。上海市政府可以以旅游产业为依托,结合旅游项目,使崇明山歌成为旅游产业链的一环,既可以推动崇明经济的发展,又可以让外地游客感受到崇明音乐文化的魅力,从而提高崇明山歌的知名度,打造第一张崇明文化名片。

总之,要通过深挖乡村文化脉络,搭建教育传承载体,创新山歌的表现形式,激发传承的原动力,激发发展的内活力,激发文化自信的生命力和影响力。

(2)甲骨文的传承与保护。

在对于中国文字博物馆的调研中,我们总结出对于保护甲骨文,目前最大的传承阻碍因素在于大量的甲骨文字没有被正确解读。甲骨文的文献研究尽管有一些云平台、数据库可供学者检索,但都是各个研究单位的内部资料,各个研究单位之间没有完全开放,存在壁垒。

第一,在大数据发达的时代,有关部门应当充分利用大数据平台,从国家层面尽快研究出台甲骨发掘整理保护研究的国家标准。为甲骨文研究提供大数据支持,推动甲骨文研究进入智能化时代。应尽快建立统一的出土文献数据库。正如由中国社会科学院甲骨学殷商史研究中心和安阳师范学院甲骨文信息处理教育部重点实验室合作建设的非营利性网站,包括"三库一平台"。这个平台向全球的甲骨学研究者、爱好者免费开放,这既是甲骨学研究的一个里程碑,也是传承的一种方式。

第二,保护甲骨文,传承非物质文化遗产,应当从小抓起。在安阳市殷都区甲骨文少儿学校,通过老师的讲授,学生可以掌握甲骨文认、读、写、讲的能力。在纪念甲骨文发现120周年安阳活动现场,千名学生共同书写甲骨文,实实在在地传承甲骨文。应当创新甲骨文的展览方式与展览内容,吸引大众对殷墟甲骨文的兴趣,从而达到传承的目的。

第三,将甲骨文与当代社会相结合是发展的关键。现如今甲骨文表情包设计得可谓精致,它将传统和现代相结合了。甲骨文表情包是古今结合的产物,将越来越多的传统元素注入现代时尚中。中国的传统文化元素在当今国际时尚中占有一席之地,在全世界都是十分流行的,汉字更是如此。甲骨文要发展,就需要注入年轻的血液。

(3) 侗族"百家宴"的传承与保护。

对于侗族"百家宴"的保护,我们认为,地方管理部门应当在遵循当地侗族居民的风俗习惯的同时,兼顾文旅开发市场法律法规的要求制定相关保护政策。其中有条款明确规定不得强行向游客敬酒,向游客敬酒是侗族"百家宴"的一个重要环节,也是接待的高潮。对于游客来说,有的可能不会喝酒。倡导文明敬酒,向游客敬酒前,须征得游客同意,并且量要适当。不能以游客不喝酒为由,责备其不尊重民族习惯。三江侗族自治县的旅游业近年来发展活跃,不少村寨面向游客经营起百家宴。

五、调研结论与总结

1. 非物质文化遗产保护方面缺乏统一的指导

本次调研跨越了华东、华中和华南地区,涉及的城市有像上海这样的国际性大都市、桂林这样的国际旅游城市和安阳这样的历史文化名城,在非遗文化保护中各地区存在差异。例如,桂林市非物质文化遗产保护中心不对外开放,仅桂林市博物馆对外免费开放,调研组队员在走访桂林非遗文化保护中心时,相关人员表示,目前中心仅是办公场所,不接待个人来访,不对外开放。安阳的甲骨文保护工作更加完善,建立了中国文字博物馆,有针对性地对甲骨文化进行保护。上海作为中国经济中心,经济实力雄厚,对非遗文化的保护更加全面,建立了上海非遗文化博物馆和非遗主题乐园,这也体现出了不同地区经济背景的不同、对于非遗文化保护力度的差异,以及不同地区非遗保护有关部门,对于非遗文化保护态度的差异。非遗保护中心对外开放的差异性,也从侧面体现出我国现阶段民族非物质文化遗产保护方面缺乏统一的非物质文化遗产保护指导。

2. 我国非遗传承要有贴近时代审美的创造力和人才储备

崇明山歌发展,目前缺乏贴近时代审美的创造力以及足够的人才储备。这也是众多传统戏剧文化的共同问题,即经济效益不足,培养成本巨大。从根本上,还是要增强将传统与创新相结合的能力,同时地方非遗保护机构要加大宣传力度,丰富宣传方式。如借助新兴传播媒介,如小红书、抖音等平台不断提升文化影响力,使更多人有机会了解。同时适当引入资本,利用市场化的运作方式,进行适度文旅开发,丰富营利手段。此外,也要丰富相关文创产品。相对于甲骨文汉字,山歌缺乏相关文创产品,可采用与品牌联名的方式,开发新型产业模式,从内部激发创造力和文创产品竞争力,激发崇明山歌的内生动力。

3. 甲骨文传承更需采用大众喜闻乐见的方式

甲骨文更多地存在于课本之中,大众对其缺乏了解。应该注重甲骨文符号艺术化,使甲骨文文化走出学术,成为大众文化审美的重要素材,挖掘其独特美感。例如故宫文化中的榫卯结构本身已经远离大众,但通过摄影、纪录片等方式成功地挖掘出古人的智慧,展现了其超越时代的美感。甲骨文同样有这样的魅力,作为象形渊源,寓诗寓画,同样可以通过特殊的美术作品、纪录片等进行宣传。同时深入发掘具体景点的影响力,做好宣传工作和配套教育工作,可以与潮流单品合作,符号本身就有很高的审美价值。

4. 规范的保护制度是侗族"百家宴"开发的保证

近年来,随着市场经济和旅游产业的兴起,侗族传统文化也受到了现代商业的冲击,过度开发侗族"百家宴"的现象时有发生。例如不尊重传统习俗、随意减少或者更改"百家宴"的规定或项目。侗族"百家宴"蕴含的传统民间礼仪、习俗等在面临逐步消亡的危险。

因此,旅游管理部门严格规定了侗族"百家宴"经营者的相关义务。如要求建立并执行侗族"百家宴"餐饮行业从业人员健康管理制度,建立侗族"百家宴"安全管理制度等。地方政府在遵循当地侗族居民的风俗习惯的前提下,完善了文旅开发市场法律法规,其中有条款明确规定不得强行向游客敬酒,倡导文明敬酒,向游客敬酒前,须征得游客的同意,并且量要适当。三江侗族自治县的旅游业近年来发展活跃,不少村寨面向游客经营起"百家宴"。侗族"百家宴"现在存在的问题在于游客参与"百家宴"的价格方面,有的存在竞争,影响了"百家宴"的质量、条例的实施,有助于促进市场规范竞争。

传承是为了更好地发展,分析是为了更好地进取。在深入了解非物质文化遗产的传承现状之后,我们应立足非遗传承的特殊意义,化解传承的危机,开辟发展的新路,推动非遗更好更久远的发展,同时要加强思想文化教育,宣扬非遗的价值与重要性。

机械化浪潮下民族非遗手工业的现状以及振兴路径

——以苗族蜡染和崇明土布为例

团队成员：许平庆子　罗　晶　代雨慧　沈珈聿

王嫣然　黄思涵　庞琳洁　彭馨仪

指导老师：张　丽

一、引言

1. 调研背景

现代科技不断迭代，新的生活方式、思维方式、审美观念冲击让许多非遗手工艺都处于比较低迷的状态。苗族蜡染和崇明土布便是其中两个鲜明的例子，国家提供资金让这些非遗手工艺得以保存，但非遗手工艺面临的最大问题其实是如何对其当代价值进行重新挖掘，即它们该如何走入现代人的生活，让古老的技艺与现代化的生活相融合，体现它们的价值。

本次调研的目的，就是希望可以帮助苗族蜡染和崇明土布等非遗手工艺，以更多元化、现代化的方式融入当今的生活中，通过有效宣传、商业包装等途径，重燃年轻人对非遗手工业的兴趣，让非遗手工艺重新回归老百姓的生活。

2. 调研时间

2022 年 6 月 28 日—8 月 5 日。

3. 调研地点

贵州省黔东南苗族侗族自治州丹寨县排莫村和江南三民文化村。

4. 调研对象

群众、路人、场馆工作人员、非遗手工业传承人。

二、调研对象简述

1. 崇明土布

崇明土布,它的本名是老布,土布是人们对于用手工纺织的布料的统称,崇明的老百姓在日常生活中一直以老布称之。

崇明土布分为三大类:线布、间布、单层。线布是指用未曾染色过的棉纱纺织而成的布,民间又叫小布。旧时崇明民间的小布大都用于外销,所以老百姓又称织布为生的人家为织卖布。间布是经纱或纬纱经过染色后织成的花式布,民间又称它为大布。百姓都用大布来制作衣被。单篡是经纬比较稀松的,类似于现在的医用纱布样的织物,民间用它来制作蚊帐。

崇明土布曾为崇明的支柱产业,产品销售遍及华东地区,远销东南亚国家。土布有 500 多年历史,享有"衣被天下"的美誉,在 20 世纪初达到鼎盛时期。

当时有着 13 万户 60 多万人口的崇明,有近 10 万台织布机,年产土布达 250 万匹,总长度可绕地球赤道一周半。清《崇明县志》载有史称瀛洲八景之一"玉宇机声"图的场景:澄澄玉宇净无尘,轧轧机声入夜频。朴素文章同布帛,太平风俗有经纶。

崇明的棉花品质优良,吐絮畅,纤维长,色泽好,衣分足,品级高。土布质朴、厚重,具保暖的作用,同时兼备透气的功能。繁多的花色、软实的质地,这是崇明土布在当今社会借助科技力量跃上新台阶的先天优势。

2. 苗族蜡染

苗族蜡染,是一种用特制的蜡刀点蜡,以蜂蜡熔汁绘画于白布上,染色后取出煮于水中,蜡去则花现的非物质文化遗产。制作方法是先将白布平铺于案上,再将蜂蜡置于小锅中,加温升到 60～70 度时,蜡熔化为液状,即以特制铜刀蘸蜡汁画在布上。有经验者可通过自己的观察以定温度,而初学蜡绘者,不易凭观察以定温度,只好将画布置于膝上,凭皮肤的感觉来判断温度是否适宜。

苗族蜡染在图案题材独具特色,并将内容和形式巧妙地融为一体。苗族蜡染的图案题材可分为六大类:蝴蝶纹、鱼鸟纹、旋涡纹、花草植物纹、铜鼓纹和星辰山川纹。

在苗族蜡染中,最具代表性的是贵州丹寨、黄平、安顺、榕江苗族的蜡染。此外,黔西北纳雍、水城一带苗族的蜡染也颇具特色,它的图案密集、饱满,包括花、蝶、草和一些几何纹样等。

苗族的蜡染有着悠久的历史,宋代五溪地区的"点蜡幔"(蜡染)已很盛行。明、清时期,黔中一带苗族也多服用蜡染衣料。蜡染技艺是人类使用最早的印染工艺,该技艺又被称为"穿在身上的史书"。蜡染经过世代相传和不断的创新,基本上打破以前的设计模式和制作模式,以浓厚朴实的民族风情进行创新,体现了这门古老艺术的质朴的神秘感。

三、调研过程

1. 调研方法

"实地考察+调查问卷+随行访谈"三线并行。

2. 调研内容

本次调研采用"实地考察+调查问卷+随行访谈"三线并行的方法,力求全面考察苗族蜡染、崇明土布这两项非遗手工技艺。崇明土布小组和苗族蜡染小组分别于 2022 年 7 月 8 日和 7 月 13 日在网上发布了精心制作的调查问卷,试对这两项非遗手工技艺的现状进行调查分析。问卷内容包括大众对土布这项非遗手工业的了解情况、寻求大众对以土布、蜡染为例的非遗手工业没落原因和发展前景的看法及相关文创产品的购买意愿等。为了更深入地了解这两项非遗手工技艺,崇明土布小组和苗族蜡染小组分别于 2022 年 7 月 16 日和 7 月 17 日进行了线下实地考察。崇明土布小组前往江南三民文化村中的崇明土布馆,苗族蜡染小组则前往贵州省黔东南苗族侗族自治州丹寨县排莫村。他们在实地考察的同时,还采访了非遗传承人、场馆工作人员和路人,倾听了不同的人对于这两项非遗手工技艺的看法。除此之外,小组成员还将调研过程、调研成果制作成推文、vlog,发布在 SUIBE"截染布同"微信公众号和 b 站等平台上。

四、调研的成果

1. 收获

(1)调研成果。

为了探究苗族蜡染和崇明土布的发展现状,调研小组发布了"机械化浪潮下民族非遗手工业——以苗族蜡染和崇明土布为例"的调研问卷,共收集到近500 份有效问卷,来源于以上海为主的全国各地,具有普遍性。

被调查者认为以苗族蜡染和崇明土布为例的非遗手工业没落的主要原因是缺乏宣传以及传承人较少。

对于以苗族蜡染和崇明土布为例的非遗手工业的发展前景,绝大多数被调查者认为它们具有不小的优势,也具有深厚的历史文化韵味,值得被推广发扬。

被调查者了解苗族蜡染和崇明土布的方式有短视频介绍、书本杂志、旅游经历、相关文创、相关展览及学校课程等,其中短视频和旅游经历占较大比重。

在文创方面,91.01%的被调查者更愿意购买苗族蜡染和崇明土布手工艺品,仅有8.99%的被调查者青睐机器生产的标准化工艺品。对于非遗手工艺品人们有一定的购买意愿。

对于文创类型,38.2%的被调查者表示倾向于购买生活实用品,21.35%的被调查者倾向于定制纪念品。由此可知,当代年轻人非常重视产品的实用性和纪念价值。

对于文创价格,被调查者更倾向于中低价的非遗手工艺文创产品。其中51.12%的被调查能接受50~100元的产品,而33.97%的被调查者能接受50~100元的产品。

(2)实地考察与随行访谈的收获。

苗族蜡染小组拜访了苗族蜡染传承人张世秀老师。在参观了蜡染展品后,在张老师的指导下,小组成员们动手体验蜡染。经过点蜡、染色、除蜡这一过程,苗族蜡染小组的同学都做出了蓝白分明的蜡染方巾。

蜡染体验结束后,张世秀老师接受了小组成员的采访。在采访中,张老师表示,目前苗族蜡染的知名度不高,一定的原因在于当地地理位置较为偏僻,但更多在于没有销售商与他们进行对接合作,蜡染工艺品没有销售渠道与完整的销售链。她希望能够通过新媒体平台让更多的人了解到苗族蜡染独特的魅力,也希望青年人能够有机会接触到苗族蜡染文化,能够将苗族蜡染这一民族智慧的结晶继续传承下去。

崇明土布小组首先参观了崇明土布馆。崇明土布馆中呈现的土布花式繁多,成品丰富,充满活力,让人眼前一亮,打破了人们对于土布的刻板印象。场馆内随处可见用土布创新的小细节,让人沉浸融入土布的世界。在工作人员的介绍下,小组成员深入了解了崇明土布的发展历程及制作工艺。除了参观和学习之外,小组成员还动手制作了土布贴画和土布香囊。场馆工作人员进行了耐心细致的讲解。经过细心摸索后,小组成员顺利完成制作,成品小巧令人惊艳,整个活动过程给小组成员留下了深刻的印象。

为了更好地提出建设性建议,崇明土布小组采访了一位路人,询问其对于崇明土布未来发展的看法。小组成员在线上采访了何永娣,了解到了她创立的土布传承馆的目前的经营状况与面临的困难。从路人的角度来看,崇明土布正在焕发新的光彩,且制作工艺水平大大提高,未来前景值得期待,并愿意购买土布的文创作品;何永娣则表示目前土布的发展状况并不如宣传的那么乐观,且对于传承者鼓励政策不足,可能会出现后继无人的情况,希望政府部门能加大对崇明土布的扶持力度。对路人和何永娣的采访内容都非常具有代表性,有助于进一步结合实际情况思考崇明土布未来的发展之路。

(3)设计方面的收获。

崇明土布小组开展了"坠入盛夏"文创设计想法征集活动和优胜者采访专栏。以夏季为主题向社会征集崇明土布文创产品灵感,展现传统的崇明土布与现代社会思潮的碰撞。活动一经发起,大众积极响应,收获若干优秀的创意,最终"布制荷花花束"摘得桂冠,创作者在采访专栏中,介绍了其创作理念和参与感悟。

2. 存在问题及原因分析

一是基于调查问卷的数据。调查问卷数据在一定程度上可以反映苗族蜡染、崇明土布这类非遗手工艺的现状和基本情况。虽然这些手工艺已经被纳入了非遗范畴,但是它们的知名度依然非常低。一个重要的原因在于,它们缺少宣传,缺少传承人。不过,它们因独特的文化内涵、深厚的历史韵味、纯手工制作,还是有一定的市场前景的。有很多人愿意以中低价格对这些非遗手工艺进行体验。通过问卷可知,苗族蜡染和崇明土布的现状发展存在问题。大部分被调查者对于苗族蜡染和崇明土布所知甚少,46.07%的被调查者表示自己完全不知道苗族蜡染,43.59%的被调查者表示自己对崇明土布完全不了解,这两项非遗手工艺的知名度十分有限。超过一半的被调查者认为以苗族蜡染和崇明土布为例的非遗手工业没落主要是出于外部原因。其中89.74%的被调查者认为主要原因是缺少宣传,而76.64%的被调查者认为是因为传承人少。而被调查者了解苗族蜡染和崇明土布的方式有短视频介绍、书本杂志、旅游、相关文创、相关展览及学校课程等,其中短视频和旅游经历占比较大,分别占34.83%

和 25.84%。短视频和旅游作为较好的宣传方式,应被当地政府和相关产业大力应用并发展短视频宣传以及开发特色旅游路线,从而在一定程度上解决缺少宣传的问题。问卷调查显示,苗族蜡染、崇明土布之类的非遗手工艺具备多种优势,绝大多数被调查者认为它们具有独特的文化内涵、深厚的历史韵味,值得被推广发扬。超过 90% 的被调查者表示,他们愿意购买苗族蜡染、崇明土布这类非遗手工艺产品,而不是机械化产品。在文创调查方面,"在线上购物平台上购买 DIY 礼盒,与家人朋友一起跟着直播或者录播制作"的体验方式被超过八成的被调查者接受。这个方式于消费者与商家双方都有利,它有助于商家减少成本和时间,也能够使全国各地的消费者都能便于购买和体验。除了文创 DIY 之外,对于设计较为精良的其他文创产品,消费者愿意购买且更倾向于中低价位的文创产品,集中在 30～100 元的价格区间。此外,消费者关注文创产品的实用性和纪念价值。如果相关商家控制成本,注重开发更具备实用性或个性化的文创产品,定价在此区间范围内合理波动,一定能获得更多的消费者。

二是基于实地考察与随行访谈。通过实地考察和随行访谈,本调研小组发现土布和蜡染这两项非遗手工艺都有着复杂的制作工序和精巧的手工技巧,而巧夺天工的手艺背后都面临着传承人过少的困境,传承人过少就导致土布和蜡染的布艺品无法满足大众的需求,精美的布料无法形成完整的宣传和销售渠道,从而很大程度上影响了土布和蜡染的知名度,所以想要发展土布和苗族蜡染的非遗文化,首先要培养更多的传承人。通过考察和采访后的分析,调研小组认为现有的土布和蜡染的制作工艺没有与现代科学技术相结合,织一块方布、染一张方巾都要耗费很大的人力,这也是传承人过少的原因之一。如何把科学技术适当运用到织线和调制染料当中,是破解传承人少这一难题的关键问题。随着社会的变迁和农村现代化进程的加快,有着悠久历史的苗族传统蜡染和崇明土布濒临消亡。为了迎合当代人的审美需求,部分商人出于商业目的,任意改变苗族蜡染和崇明土布文化内涵,使其产品失去了原有的文化性和民族性。对于蜡染而言,原生态符号逐渐消失,大多数苗族青年男女紧跟社会时代新潮流,只喜欢穿流行服装,而对于蜡染的布衣则不喜欢了,阻碍了蜡染的传承之路。在国内外蜡染和土布市场产销需求量大的带动下,蜡染和土布的工艺变得简单,图案单一,做工粗糙,其独特的本土原生态符号逐渐消失。对于机械化量产的纺织品以及染布而言,土布十六页编织出的精美图案蕴含着劳动人民智慧，苗族蜡染的每一块染布上都用一滴滴蜡绘制着苗家人的生活，用十几味草药熬制出来的那抹天然的蓝色，其中的勤劳之美是机械化产品所不能比拟的。现在市场上传统缝制的服饰比用印染缝制的价格要高出两三倍，这是对蜡染和土布艺术价值、经济价值的肯定。如今，以蜡染为代表的贵州少数民族的文化资源也得到了较为长足的发展，其文化产品已经开始走上产业化的道路，并且市场规模日益扩大。充分利用文化资源，提升传统手工艺技能，将文化及其手工艺技能融于文化产品与文化服务的生产与制作，可以使非物质文化遗产不断发展，形成了产业化规模，从而实现了文化遗产的文化价值与经济价值的双赢。

三是在文创设计方面。目前市面上崇明土布的文创产品种类稀少，样式单一，缺乏创造力和创新性，无法满足挖掘潜在顾客和扩大市场的需求。常见的土布文创产品有土布贴画、土布衣物及配饰等，这些文创产品中土布的用途和展现形式略显单一，不能很好地吸引大众的眼球。在搜集和挖掘土布文创产品时，注意到一些令人惊艳的产品目前没有实现批量化生产，且售卖渠道单一，销售商家较少，造成可遇不可求的局面，也使市场缺乏良性竞争，品质难以提升。

在文创想法征集的活动中，本调研小组发现目前文创想法提供者所投稿的想法大多与当下流行元素有关，如奶茶杯套、夏日布艺荷花装饰品等，由此也可以看出当下大众对文创产品更注重其创造性、新颖性，具备流行元素的特质。在票选的过程中，本调研小组发现创意与新颖能助力文创产品受到了大众的喜爱。在本次票选中布艺荷花拔得头筹，其中不仅在于其将土布与夏日植物荷花相结合的创意想法，而且抓住了"新中式"这样的流行元素，打开了大众对土布文创更广阔的思路，使他们对土布的印象焕然一新。

然而在文创设计的想法上也有一些不足。一方面，布艺荷花制作工艺烦琐，尤其是花瓣的拼接，繁冗的制作过程必定会造成成本的上升，因此对于这样一件文创产品，大众的购买意向还有待商榷。另一方面，由于夏日荷花的特质，因此在土布花纹的选择上具有一定的限制，找到合适亮眼的布料需要一定的时间。

3. 解决方案

（1）加大宣传力度，挖掘潜在顾客。

苗族蜡染和崇明土布市场难以扩大的一个主要原因是大多数人对这两项非遗手工艺并不了解。因此，在互联网、短视频迅速发展的时代，可以与网络博主们合作,制作有创意的、符合年轻人审美的推广视频,利用大数据以及快速便捷的互联网信息进行宣传推广,让更多人走近这些非遗手工艺,也为以后推出文创产品带来潜在顾客。

(2)丰富体验活动,营造良好口碑。

目前,苗族蜡染和崇明土布展馆只开设了少量 DIY 活动,种类较少,方式单一,且必须到场体验。因此,可以开展更多的活动,如举办蜡染或土布设计大赛等。另外,考虑到有些顾客无法亲临现场体验,可以推出"通过网络平台销售 DIY 材料包,并向买家发送制作指导视频"的方法,既能拓宽非遗手工艺文创产品的销售途径,又能解决无法到场的难题。

(3)寻求政府扶持,培养非遗后人。

通过采访了解到,即使苗族蜡染和崇明土布已被纳入了非物质文化遗产名录,但是保护力度还有待加强,特别是在目前市场不太景气的环境下。针对非遗后代传承人,这些手工艺具有复杂的工艺,需耐心教学,细心学习。希望更多青年人能传承这项非遗,首先必须设身处地为青年人着想,给予他们相应的鼓励与支持。除此之外,学校应多开展与非遗项目相关的社会实践,让学生通过实践了解并较为深入地接触到苗族蜡染、崇明土布等非遗手工艺,利于培养更多的非遗传承人。

(4)充分利用地域性、文化性、创意性开发文创产品。

苗族蜡染和崇明土布文创产品的开发需具有鲜明的地域性、文化性、创意性等特征,因此,产品的开发应该具有地域性的特点。结合不同地区独有的文化性,如崇明土布有着浓厚的江南文化的特点,应结合其特性,开发具有地域性的文创产品。深挖当地文化内涵,赋予文创产品更高的文化价值,承载历史内涵、民俗风情,从而更好地满足购买者的需求。文创产品需打破一成不变的审美,为大众带来更好的视觉享受。创意越新颖,产品附加值越高,越能满足购买者的需求。

(5)注重产品开发的实用性和包容性。

苗族蜡染和崇明土布文创产品在开发过程中须考虑到产品的实用性。前故宫博物院院长单霁翔指出,一款好的文创产品,应该兼具实用性和趣味性,故宫文创产品之所以取得成功是因为兼顾了此两者。只有在兼顾创意的同时令其具备实用性,才能更加吸引人们的眼球。如蜡染可以与当地棉纺织厂等家居产品供应方合作,利用各种材料配合苗族蜡染手工技艺,开发"苗族蜡染+家居"的文创产品。这不仅能发扬苗族蜡染手工艺,同时带动了周边乡村经济的发展。

非遗文创产品的设计和开发与设计者本身所具备的传统文化内涵积累有着直接的联系,因此设计团队对于人才引进和观念渗透应该有较强的包容性。因而,苗族蜡染和崇明土布相关文创产品的开发需要引进人才以及具备较强的包容性,通过与非遗传承人的合作开发和推广,促进非遗主题与文创产品深度绑定,传播崇明土布悠久的历史背景和浓厚的文化韵味。

五、调研结论与总结

(一)调研结论

调研小组共收集了约500份有关崇明土布和苗族蜡染的有效问卷。通过分析问卷,调研小组了解了蜡染和土布的现状,得到初步结论,并提出初步建议。为了更深入地了解土布和蜡染,调研小组分别前往崇明土布馆和排莫村进行实地考察。在实地考察的过程中,体验了3项相关文创。

调研小组还进行了4次采访,通过采访非遗传承人、场馆工作人员和路人,倾听了不同的人对于蜡染和土布的看法和现状分析。为了更好地宣传从而提升土布、蜡染的知名度,本调研小组将线下实地考察和采访的过程剪辑成vlog,发布在b站等平台上,总共获得了近500的浏览量。此外,本调研小组还组织了1次土布文创设计征集活动,共收到12份投稿,展出7份投稿,展现出土布与现代社会思潮的碰撞,试图搭建将年轻人和土布连接的桥梁。本调研小组注册的公众号"截染布同",共发布了10篇推送,每篇获得了近150的浏览量,及时地跟进了暑期社会实践进程,加强了与青年人的互动。

调研小组也试结合本专业(工商管理专业),对苗族蜡染和崇明土布等非遗手工艺的振兴提出具有针对性的措施。结合管理学知识理论,建议建立非遗发展的有效长久机制,建立非遗的文化品牌,开发苗族蜡染和崇明土布的用途,如设计具有创新性的文创产品,赋予产品文化内涵,打破大众对非遗传统的固有印象。结合市场营销进行推广宣传,可以以文化旅游节、文化活动展示当地非物质文化遗产,推动贵州、崇明旅游业的特色化发展。通过"非遗＋互联网"模式,充分利用现代互联网资源开展产品生产、营销和流动。利用互联网进行营销,加大宣传力度,通过公众号、短视频平台、自媒体等方式,加大对苗族蜡染和崇明土布的宣传力度,提高其非遗所在地的知名度,传承和发扬中华民族传统文化。以非物质文化遗产为原型,设计文创产品。以新兴传播方式吸引年轻人,拓展非遗的传承、传播空间,以更具亲和力的姿态融入年轻人的日常生活之中。结合人力资源方向传承非遗,可以在人员配备上可以广泛采纳相关专业人士,如非遗传承人、相关文化研究人员的意见,在非遗创新的过程中确保非遗文化的精髓得以延续并且能够较好地融入创新的产品中。与此同时,也可以利用管理学中相关的分析方法,对非遗文化的发展前景进行客观分析,有利于非遗产品进入市场,被大众所接受。

(二)调研中存在的问题

1. 信息收集渠道单一

信息收集的渠道过窄,仅限于搜索引擎和当地非遗官方网站,由于学生的身份思维和调研渠道具有一定限制性,相关调研了解不到位。

2. 信息处理较为主观

调研小组根据问卷、实地调研得到的信息以及从中提出的建议具有主观色彩,缺乏一定的逻辑支撑,并不一定被所有人认同。

(三)调研长处

1. 准备较充分

在问卷调研与实地调研阶段都提前查阅了相关资料,对调研对象和地点有了较为充分的了解,对可能发生的突发情况也有心理准备和预防措施。

2. 时间安排合理有序

一方面,从 6 月调研小组决定参与本次暑期实践调研活动时,就开始积极准备材料,努力克服困难;另一方面,调研时间和地点分配合理,对于文字工作也会预留足够时间,规定好截止日期。因此,本次调研工作才能有条不紊地进行。

3. 沟通及时有效

本次调研分为两个专项小组,一人专门负责文字工作,组内事务由该小组长负责,杜绝了他人不了解实际情况的可能性;遇到重要事务则与组长沟通后征求大家意见。在互相尊重平等的工作氛围下,队员们都认真负责地工作,积极沟通信息。

(四)调研总结

本次暑期实践在最后的夏日圆满结束,调研小组一定会再接再厉,吸收经验教训,力争做得越来越好。

寻非遗之光,兴文化之魂

——关于上海沉香制作工艺现状的研讨及展望

团队成员:徐胤杰 朴柔祯 曹一轩 王晓亮
指导老师:朱朝晖

一、引言

1. 调研背景

在国发〔2005〕42 号文件中,国务院发表了关于加强文化遗产保护的通知,其中重点要求各省、自治区、直辖市人民政府等充分认识保护文化遗产的重要性和紧迫性,我国文化遗产保护面临不少问题,情况不容乐观。

我国是历史悠久的文明古国,非物质文化遗产是各族人民世代相承、与群众生活密切相关的各种传统文化表现形式,具有相当深远的历史与文化内涵。但随着经济全球化趋势和现代化进程加快,我国的文化生态正在发生巨大的变化,文化遗产及其生存环境受到严重威胁。

沉香制作工艺作为上海市重要的非物质文化遗产之一,具有重要价值的文化资源。本研究通过调查问卷及实地走访的方式对上海非物质文化遗产沉香制作工艺的发展现状进行了调查。根据调查,了解到沉香制作工艺人气低迷,大众对沉香文化知之甚少的困境,并基于自身科学文化知识提出建议及改进方案,呼吁广大青年大学生投身于非物质文化遗产继承和保护的行列。

青年是祖国的未来,提高青年人对文化遗产的重视度,促进青年人参与中华传统文化传承、保护工作刻不容缓。非物质文化遗产不但是历史发展的见证,更是珍贵的、具有重要价值的文化资源。沉香制作工艺作为上海非物质文化遗产,在中国的历史中具有深远的意义,但是近年来沉香制品产业逐渐走入低谷,人气低迷。这样重要的非物质文化遗产面临萎缩的危险。此次调研目的在于让大学生主动投身于沉香香品制作工艺传承之中,基于自身学科知识提出具有创新性发展建议,促进上海重要的非物质文化遗产沉香制作工艺得到大众广泛认知,将沉香制作工艺继承并发扬光大,带动更多青年投身于了解、保护、宣传和创新非物质文化遗产事业中去。

2. 调研时间

2022 年 7 月 10 日—8 月 11 日。

3. 调研地点

上海。

4. 调研对象

线下采访沉香制香专业人士、上海积善堂沉香负责人黄小雨、问卷调研上海市市民。

二、调研对象简述

本次调研围绕中国非物质文化遗产沉香展开,着重对沉香的制作工艺和市场契合性方面进行专题调研,希望能通过对沉香制作工艺的历史发展路径和发展现状,进一步了解沉香工艺的历史内涵,并希望能通过此次调研让更多人了解这项工艺,使沉香能更适应当代社会市场需求进行发展。

三、调研过程

1. 调研方法

线下采访、线上随机抽样调查问卷。

2. 调研内容

调研分为线上和线下两部分,线上部分主要以发放收集问卷的形式开展,通过收集群众对沉香文化的了解、兴趣程度,并结合他们的建议思考沉香文化未来应该以何种形式继续发扬光大;线下形式则是实地访谈,调研小组成员前往位于乌鲁木齐北路 444 弄 66 号的积善堂沉香馆,采访了沉香界知名人士黄小雨。通过访谈更加直观地感受了沉香文化,对沉香原料及各类工艺品的近距离观察加上黄小雨先生的详细讲解,小组成员进一步了解了沉香文化。

四、调研的成果

1. 收获

通过问卷数据分析得知,大部分人对沉香文化不甚了解,也未曾购买过沉香相关制品。而在购买沉香制品的人中,也有半数以上的人对沉香文化了解不多,大多购买的是首饰、线香这类物品,对是否为沉香制品并没有过多在意。此外由于沉香有时会与宗教文化相关,加之各类旅游景点会有真假不明的沉香制品出现,人们对沉香的兴趣似乎不大,沉香现有的营销方式似乎并不能很好地满足市场需求,拓宽受众面。

通过线下调研,通过对沉香界知名人士的访谈得知沉香的受众范围似乎一直不广,但具有较高的用户忠诚度,沉香行业即使没有刻意迎合市场营销方式,也能以相对平稳的姿态发展着;而沉香也不应该笼统地被看作"神性"的象征,沉香文化其实可以在潜移默化中融入我们的生活。

2. 存在问题及原因分析

第一,青少年对沉香制品的了解程度低,购买次数也相对较少,其主要原因是对其没有偏好。但是沉香手工制品的形式非常适合与文创产品以纪念品的形式相结合,刺激年轻用户的购买欲望。

第二,对于购买沉香的消费者,他们对于沉香制品的价格区间也相当宽容,这也证明了沉香制品的消费者具有相当的忠诚度,且复购意向相对强烈。但是在通过与沉香制作相关的专业人士黄先生访谈后得知,虽然对于偏年轻的消费者而言,沉香制品的购买意向并不强烈,但是其现存的总消费需求实际上要远大于沉香原材料的供给。受到沉香生产条件的限制,尤其是由于优质沉香的生产周期长、成本不可控、受到自然环境的强烈制约,优质沉香的现有存量难以满足未来几十年消费者的需求,而人工培植获取沉香的技术并未得到良好改进,与天然形成的沉香有天壤之别,只能通过国外进口的方式购买等级较高的天然优质沉香料。

3. 解决方案

通过对问卷调查及实地调研结果进行分析,针对问卷所反映出大众对沉香文化认识的现状以及对沉香制作工艺传承人的采访,我们小组提出如下建议。

（1）成立沉香制作工艺保护研究中心，健全文化传承机制。

保护研究中心可以由沉香行业专家牵头，多学科交叉综合研究。保护研究中心以引导大众对非物质文化遗产积极了解，自觉传承为宗旨，通过多种方式寻找沉香制作工艺发展新出路，如创建非遗知识宣传网站，利用新媒体广覆盖、跨时空地传播中华传统文化；开发沉香新产品，将沉香制作工艺与旅游项目、文创产品有机结合，挖掘沉香文化的商业价值。

（2）搭建沉香产业链，推动产销一体化，促进供需平衡。

沉香制作企业应传承好传统制作工艺，平衡好非物质文化遗产的保护与开发工作；要建设集研发、制造、销售于一体的完整供应链，有助于形成集聚效应，降低成本，提高沉香产业效益；加强产品的创新及宣传，构建自己的民族品牌，吸引青年消费者，提高市场竞争力。

（3）顺应经济全球化趋势，加强国际合作，开发国际沉香市场。

开展"沉香进校园"系列活动，探索校园文化建设新模式。学校可以以 6 月13 日"文化遗产日"为契机，举办"保护文化遗产活动周"校园活动，通过非物质文化遗产展演、图片展览、专家专场讲座、保护文化遗产动员会等形式，宣传沉香制作工艺等系列文化遗产，提升师生对传统文化的了解程度及审美水平，认识到保护传统文化遗产的紧迫性，自觉主动地参与到中华传统文化遗产保护行动中去。扎实推进沉香制作工艺与旅游相结合，深度挖掘非物质文化遗产的旅游价值。探索"非遗＋研学""非遗＋文创""非遗＋演艺"等多种开发模式。研学旅游是继观光旅游、休闲旅游后的一种全新文化旅游方式，可以将非遗与研学相结合，吸引游客及中小学生亲身参与沉香制作过程。

（4）将传统手工艺与现代创意结合。

推出沉香主题服装、饰品、日用品等，借助国潮吸引青年人关注沉香文化；将沉香制作工艺历史故事以实景演出、文旅演出、歌舞表演等形式进行再开发，让游客身临其境，沉浸在非物质文化遗产累积千年的深刻文化之中。

五、调研结论与总结

沉香制作工艺作为上海重要的非物质文化遗产之一，在中国历史上具有深远的意义，具有较高艺术与医药价值，不仅香气沉稳持久，能够使人心情平静，而且可以设计成挂件、手珠、摆件，供人玩赏收藏等。高档沉香香材历经百年，吸收大地精华,自古便被人视为驱虫避邪的圣物。此次调研,不仅破除了我们对沉香制品市场"人气低迷,逐渐走入低谷"的看法,而且让我们意识到在现代化不断推进的当代,仍然存在相当的传统文化受到技术条件的限制很难顺应时代发展。我们需要在未来增加对此的研发投入才能有效帮助传统文化不至于消亡,使其能够可持续地发展。

我们不仅发现与专业人士存在信息差,也强烈意识到断层一百多年的沉香文化需要重新被人们所认知,从而走向复兴,利用新媒体使上海重要的非物质文化遗产沉香制作工艺被大众广泛认知,尤其需要激发广大青年大学生投身于了解、保护、宣传和创新非物质文化遗产事业的积极性。

织影拾筑，华彩鄞遗

——聚鄞州非遗传承，探寻保护发展之道

团队成员：黄一诺　刘雅萱　毛媛熙
　　　　　万恒缨　刘　玥　王　术

指导老师：蔡　萌

一、引言

2021 年 5 月 25 日，文化和旅游部印发了《"十四五"非物质文化遗产保护规划》（以下简称"《规划》"）。《规划》明确指出在"十四五"时期，非遗项目在得到规划性保护与传承基础之上，在推动社会经济可持续发展和重大国家战略中的作用应该得到更大彰显。2022 年 12 月，习近平总书记对非物质文化遗产保护工作作出重要指示：要扎实做好非物质文化遗产的系统性保护，更好满足人民日益增长的精神文化需求，推进文化自信自强。要推动中华优秀传统文化创造性转化、创新性发展，不断增强中华民族凝聚力和中华文化影响力，深化文明交流互鉴，讲好中华优秀传统文化故事，推动中华文化更好地走向世界。2023 年 6 月 2 日，习近平总书记在文化传承发展座谈会上强调：只有全面深入了解中华文明的历史，才能更有效地推动中华优秀传统文化创造性转化、创新性发展，更有力地推进中国特色社会主义文化建设，建设中华民族现代文明。"优秀传统文化，是中华民族重要之基，值得青年学习与传承。

我国建立了 23 个国家级文化生态保护实验区（其中 12 个已经正式批准为国家级文化生态保护区），开展了非遗普及教育和专业培训。这些探索，大大促进了我国非遗文化保护体系的完善，为世界非遗保护可持续发展提供了中国经验。为构建非遗保护的长效机制，宁波经过长期努力，探索形成了以下几点：

① 开展捆绑式评估,体现保护工作的系统性;② 动态更新指标体系,适应非遗保护工作新趋势;③ 确立分类原则,对部分指标的适用性予以区分三大特性的非遗保护的"三位一体"模式,强调各级名录项目、传承人、传承基地相互联动,非遗展示馆建设国家、集体、个人相互联动,非遗生产性保护政府、企业、社会相互联动,非遗生态区保护整体性、传承性、持续性相互联动,形成"三位一体"的保护体系。实施"三位一体"保护——做到非遗项目、项目传承人、传承(传播)基地三联合。

此次实践队伍的暑期社会实践通过对宁波鄞州非遗馆、宁波金银彩绣艺术馆、宁波金银彩绣有限公司、宁波朱金漆木雕艺术馆、宁波博物馆、紫林坊艺术馆多地进行实地考察与调研采访,探寻当下"三金一嵌"非遗项目的保护现状、传承方式以及非遗文化与文旅发展之间的关系。

二、调研对象简述

宁波市鄞州区是一个历史悠久、文化底蕴深厚的地区,拥有丰富的非物质文化遗产资源。金银彩绣、朱金木雕、泥金彩漆与骨木镶嵌是宁波工艺美术史上最负盛名的工艺,合称"三金一嵌"。因此本次社会实践旨在聚焦非遗文化的发展与传承,聚焦宁波鄞州地区,以金银彩绣、骨木镶嵌、朱金漆木雕三项国家级非物质文化遗产为例展开实地考察与调研采访,体验各视角下非遗文化的传承方式,了解非遗为当地文旅和地方经济发展带来的推动作用,通过线下考察线上宣传的模式,探寻当下非遗项目的保护与传承方式,并放眼于未来,调研总结当下发展面临的困境,致力于推动非遗文化的未来发展。

2005 年,鄞州区全面启动非物质文化遗产保护工程,开展地毯式的非遗田野调查。鄞州非遗馆成立于 2008 年,2015 年 2 月升级改造后重新开馆,始终秉持"见人见物见生活"的理念,承担全区的非遗展示基地、研究基地、教育基地的功能。鄞州非遗馆集现场技艺展示、培训体验于一体,是宁波首家以非遗保护传承为主题的专业博物馆。

截至 2021 年 6 月,鄞州区拥有宁波朱金漆木雕、骨木镶嵌、宁波走书、宁波金银彩绣 4 个国家级非遗名录项目,红帮裁缝技艺、甬式家具制作技艺、鄞州竹编、龙舟竞渡等 20 个省级名录项目,以及 59 个市级名录项目和 111 个区级名录项目的保护体系;现有区级以上非遗代表性传承人 116 位,其中国家级代表性传承人 3 位、省级代表性传承人 17 位,市级代表性传承人 67 位;拥有非遗传承基地 129 个,其中传承基地 104 个,教学传承基地 25 个。市级非遗"三位一体"示范体 24 个,非遗专题展示馆 22 座。

三、调研过程

(一)线上调研

2023 年 7 月 5 日,在线上发布了面向各界人士的有关"对非物质文化遗产的了解程度和认识"自填问卷,共收到有效问卷 211 份。调研内容主要包括对非遗文化的了解程度、对民俗手工艺品的看法,以及利用非遗产品带动经济的认知。通过调查问卷,我们希望了解参与者对于非遗文化的认识和态度,对非遗文化在传承、销售和宣传等方面的现状、问题和改善路径的看法。

(二)实地调研

1. 金银彩绣有限公司

调研时间:2023 年 6 月 21 日。

调研方法:参观艺术馆展厅、观看金银彩绣制作过程、了解"糖心旦"品牌。

调研背景:宁波金银彩绣是具有工艺含量和文化附加价值的国家级非物质文化遗产,为了防止这项技艺消失,2008 年,宁波市成立了宁波金银彩绣有限公司,致力于宁波金银彩绣精品的研发与制作。2009 年,宁波金银彩绣传承基地正式落户宁波金银彩绣有限公司。2010 年,裘群珠女士筹资创建了宁波首家金银彩绣大型艺术馆,旨在传承和发展宁波金银彩绣工艺。艺术馆内设工艺厅、佛教厅、家居厅、收藏厅等展厅,收集了自明清以来优秀的金银彩绣绣品300 余件,并展出由公司自主研发生产的大量精品刺绣。作为中国优秀传统手工技艺之一,2010 年 5 月,宁波金银彩绣技艺被列入国家级非物质文化遗产名录,宁波金银彩绣艺术馆成为国家级非物质文化遗产基地。

调研情况:金银彩绣有限公司主要面向寺庙、佛教等特定人群售卖定制绣品,参与设计刺绣图案的工作人员表示当下产品的纹样经常在参考藏品的基础上加以创新,并融合现代元素进行建模。金银彩绣有限公司在对宁波金银彩绣传统工艺进行改良和创新的基础上,本着传承、创新和发展的宗旨,创作出适合日常生活应用的绣品,包括家居饰品,女性服饰以及宗教用品等。深究金银彩绣没落的原因,除了科技的冲击之外,工艺复杂、传承难度较大也是症结所在。

随着商品经济的发展,加之手工绣花成本大、收益小的原因,从事金银彩绣的人越来越少,目前,只有鄞州区下应街道史家码村的史翠珍等四五个五六十岁的妇女,以及原鄞县城内拥有六代传承谱系的老艺人许谨伦,还在坚守此业。

传承方式:金银彩绣艺术馆馆长裘群珠女士的女儿谢易格承袭金银彩绣工艺,结合这项非遗手艺创立新奢中式精品品牌"糖心旦",正在通过创立品牌的方式,发扬传统手工艺金银彩绣,并结合中国的传统工艺,形成更大的力量以支持非遗产业的发展。

2. 紫林坊艺术馆

调研时间:2023年6月22日。

调研对象:参观艺术馆展厅、采访艺术馆馆长。

调研背景:紫林坊艺术馆由中国工艺美术大师、国家级非物质文化遗产传承人陈明伟先生筹资建造,是宁波市首家对外免费开放的民办博物馆。艺术馆四面环水,外墙现代时尚而简约,馆内又颇具江南园林的雅致,是一座集现代建筑与中国传统元素于一体的三层围廊式建筑。"紫林坊"艺术馆以保护展示国家级非遗名录骨木镶嵌为主。一楼设国家非物质文化遗产"宁波骨木镶嵌"展示厅,详细地介绍了骨木镶嵌的历史渊源、历史沿革、传承谱系以及制作流程,被授予"骨木镶嵌传承基地"的称号。展示老红木高仿明清家具和骨木镶嵌家具150余件,其中一张投资280多万、耗时8 000小时打造的"骨木镶嵌红木万工床"堪为镇馆之宝。此外一楼还设有群星展厅,常年有各类艺术品展览、书画展览、摄影展览以及设计展览等展出,为广大艺术工作者提供了一个展示的平台。二楼设沉香阁、百件骨木镶嵌精品展示厅(民俗展示厅、文房展示厅、杂件展示厅)展示紫檀木雕刻精品100件,其中14件是总价值上亿元的沉香木瘤雕刻作品,收藏着中国工艺美术大师陈明伟先生三十余年来创作的百余件艺术精品。三楼是拓片艺术展示厅,展示拓片1 000余件。凝聚着众位匠人心血的骨木镶嵌产品被珍藏于紫林坊艺术馆之中,静待后人瞻仰祖国瑰宝的璀璨与智慧的光芒。

调研情况:骨木镶嵌的物件经常在生活中使用,小至首饰盒,大到床柜桌椅。其材质也来自宁波地区常见的材料,同时,它的选材大都为大众接受度较高的吉祥图纹、花草树木、山水图景、古代神话故事等;在博物馆中可见到许多成套的果盒,上面都描绘了"花中四君子"梅兰竹菊。"由于制作骨木镶嵌的步骤复杂，如今年轻人怕苦怕累，很难学好，这门技艺处于濒临失传的境地"。陈伟明说，自己很乐意倾其所有手艺传授给下一代，最大的心愿就是有年轻人热爱这一技艺和文化，并将其传承下去。宁波骨木镶嵌于 2008 年被列入第二批国家级非物质文化遗产保护名录，在政府的扶持及民间组织的大力支持下，宁波骨木镶嵌工艺的传承得到了一定保障，并在继承传统的基础上追求一定的创新。

3. 朱金漆木雕艺术馆

调研时间：2023 年 6 月 23 日。

调研方法：参观艺术馆、拍摄调研 vlog。

调研背景：宁波朱金漆木雕艺术馆位于宁波市鄞州区横溪水库大坝西侧，是一家集收藏、展示、研究国家级非遗技艺朱金漆木雕于一体的民办博物馆，该馆由国家级传承人陈盖洪先生集资创建。艺术馆占地面积达 3 800 多平方米，共有五个主要展厅，分别为流程厅、花轿厅、史料厅、综艺厅和造像厅，展出明清以来至现今的朱金漆木雕收藏品及木雕艺术精品达 1 500 余件。工艺流程厅内，摆放着 12 组栩栩如生的泥塑。每一组泥塑都代表着朱金漆木雕一道工艺流程；造像厅内，展示着数十件由陈盖洪团队创作的朱金漆木雕造像作品；综艺厅陈列着朱金漆木雕新品及各类木雕精品；二楼的史料厅展示的是清末宁波朱金漆木雕成套朱红家具以及有关物件；花轿厅内一顶全新制作的万工轿集中展现了朱金漆木雕的辉煌。这顶华丽炫目的万工花轿是艺术馆的镇馆之宝，曾获得第九届中国民间文艺山花奖。

调研情况：艺术馆五个展厅布局搭配合理，展品精致细腻，通过"实物作品＋展板文字介绍"和"作品照片＋展板文字介绍"的形式，又有各件展品运用搭配的方式，从工艺流程到产品实际应用，这一整套的展示，将非遗文化、历史遗迹和人文教育全面地体现出来。朱金漆木雕传统中那种熟练而完善的技巧和出神入化的表现能力，以及漆工与雕工相得益彰的关系等均极为罕见。由于缺乏传承制度和社会保障，朱金漆木雕工艺将难以继续以原来的形态存在发展下去，亟待抢救、扶持、挖掘、保护。因此，为了更好地实现朱金漆木雕传承与创新，宁波当地开展人才培养项目，希望培养出能够继承并再创造传统朱金漆木雕技艺的高端工艺美术创新设计人才。

4. 宁波鄞州非遗博物馆

调研时间：2023 年 6 月 24 日。

调研对象：非遗馆负责人、馆内老手艺师傅、相关工作人员及馆内参观的游客。

调研方法：观看多项非遗技艺制作过程、亲身体验骨木镶嵌与金银彩绣制作、采访非遗馆内老手艺人、线下随机问卷调查。

调研背景：2005 年，鄞州区全面启动非物质文化遗产保护工程，开展地毯式非遗田野调查。2008 年，鄞州非遗博物馆落成，秉持"见人见物见生活"的理念，集见人见物见生活展陈、现场技艺展示、培训体验于一体，承担全区非遗展示基地、研究基地、教育基地等功能，是宁波首家以非遗保护传承为主题的专业博物馆。鄞州非遗馆作为宁波市第一个非物质文化遗产主题馆，共设立 6 个分馆，共计 26 项国家级/省级/市级非遗项目入驻，每个项目都有 1～2 位老手艺师傅坐镇，亲手传承和教授非遗文化和手艺，每日均有非遗传承老师现场进行手工技艺展示，并开展非遗手作入门体验活动。

调研情况：在实地线下问卷与采访的过程中，馆内的老师傅非常热情，游客在填写问卷时表示可以在亲身体验制作非遗手工艺品的同时，感受到非遗工艺的乐趣和文化的传承内涵。在采访时，馆内负责人及老手艺人提到鄞州非遗博物馆为宁波市首家集展示、体验、销售于一体的非物质文化遗产展示馆，为非遗传承人提供了一个良好的展示及发展平台。经过与工作人员的沟通，我们了解到馆内越窑青瓷烧制、瓷画面塑、钉碗插花等技艺吸引着各地游客前来参观鄞州非遗馆，在体验制作的过程中，穿越文化长廊感受匠人精神，并充分宣传了当地的甬城风貌和促进宁波文旅发展。

5. 宁波博物馆

调研时间：2023 年 6 月 22 日。

调研方法：记录展品照片、拍摄调研 vlog，深入了解"三金一嵌"非遗历史与保护传承现状。

调研背景：宁波博物馆是宁波市"十一五"重点文化工程之一，是以展示宁波人文历史和艺术为主、具有地域特色的综合性博物馆，建筑面积 30 325 平方米，2008 年 12 月 5 日正式开馆。宁波博物馆陈列由主题陈列、专题陈列和临时展览三个部分组成。展览内容包括"东方神舟——宁波史迹陈列""阿拉老宁波——宁波民俗风物展""竹刻艺术——秦秉年捐赠明清竹刻珍品展"。馆内藏品丰富，囊括了从史前河姆渡文化至新中国成立以来的青铜器、瓷器、竹刻、玉器、书画、金银器、民俗等文物与非遗精品 7 万余件，较好地反映宁波城市的历史文脉与艺术特色。同时，博物馆内陈设众多关于鄞州"三金一嵌"手工艺术展品，颇具调研考察价值。

特色优势：宁波博物馆的建筑以"新乡土主义"的理念将宁波地域文化特征、传统建筑元素、现代建筑形式与工艺融为一体，传播着厚重的历史底蕴和乡土气息，充分体现了建筑本身也是一件特殊的"文物"和"展品"。"阿拉老宁波——宁波民俗风物展"展出了大量朱金漆木雕、骨木镶嵌、泥金彩漆、金银彩绣等宁波传统工艺品，并展现了甬剧、唱新闻、马灯调、宁波方言等宁波文化独具特色的历史。其中，"十里红妆"区域的万工轿、千工床和不少老式的婚嫁用品等更是"三金一嵌"的著名代表作品。

（三）采访

1. 采访一

时间：2023 年 6 月 22 日。

采访对象：紫林坊艺术馆馆长、中国工艺美术大师、骨木镶嵌国家级非物质文化遗产传承人陈明伟先生。

采访背景：陈明伟是国家文化部授予的第三批国家级非物质文化遗产"宁波骨木镶嵌"项目代表性传承人，荣获宁波 A 类高层次顶尖人才、"浙江工匠"、国家发改委授予的"中国工艺美术大师"等荣誉称号，其于 2008 年 9 月斥资建造了宁波市第一家对外免费开放的民办博物馆——以骨木镶嵌为主题的紫林坊艺术馆。其代表作沉香雕刻作品"人生如意"和骨木镶嵌作品"万工床"连续荣获中国文联民间工艺最高奖第十届、第十一届"山花奖"。陈明伟多年来致力于"骨木镶嵌"等传统工艺的保护、传承和创新发展，著有《宁波骨木镶嵌》一书，并被列入浙江省非物质文化遗产代表丛书。

采访内容：一是与紫林坊艺术馆相关。艺术馆是 2006 年开始建设，2008 年 9 月 28 日完工开始对外开放的。陈明伟馆长表示，手艺人对待技艺就像是对待自己的生命，这些作品就和他们的孩子一样，其中包含了非常深的情怀。他们从非物质文化遗产保护事业之初，大约 2000 年开始，那时各级政府也非常重视文化保护事业，宁波当地也出台了许多政策，而政策背后饱含着手艺师傅们对传统文化的深深的情怀。陈明伟馆长一心钻研骨木镶嵌技艺,后来得到他的恩师马承源先生的指点,建议他开一家专门展示骨木镶嵌技艺的展览馆,还亲自帮陈明伟在正门牌匾上提字,所以紫林坊的"紫"字,有"紫气东来"之意,而且骨木镶嵌也多用紫檀木,也与"紫"字照应,算是一语双关。"林"字是源于紫林坊落址的地方,树林郁郁葱葱,建筑也依循了中式古典建筑的风格来设计。

二是与骨木镶嵌传承相关。创办紫林坊艺术馆的初心当然是希望我们的优秀文化、传统瑰宝能够继续发扬光大。陈明伟馆长认为,在现在的时代发扬我们的传统文化,要靠"两条腿走路",一是要研究历史,挖掘历史,去提炼历史中留下的经典元素,二是要创造能够融入当今时代的东西。"收真创新",传承一定要做到这四个字。"收真"就是把历史上的骨木镶嵌,就像我们现在看到的万工床,就是手艺人根据历史的真迹再去创作,包括榫卯结构、家具技艺,也包含黄杨木的雕刻,都整合了传统的内部工艺,所以在这方面陈馆长等手艺人做到了"收真"。后来他们根据现实生活进行研究,才做到了"创新"。就像当代年轻人喜欢的衣服、包袋,手艺人们为了能够让骨木镶嵌在这个时代鲜活起来,就把它定制成符合年轻人审美的"奢侈品",这样它既融入了生活,又融入了市场,与此同时,陈馆长表示还有很多新的产品待开发,这样骨木镶嵌才真正"活"了起来。

紫林坊艺术馆展览是非售票的,大家可以免费地尽情参观,主要收入来源,包括选址建馆,都有政府的补贴与大力支持,才得以让这些作品有机会更好地面向大众。

2. 采访二

采访时间:2022 年 7 月 11 日。

采访对象:馆内负责金银彩绣、骨木镶嵌、朱金漆木雕三项传统手艺的老师傅。

采访内容:根据团队采访,我们了解到馆内老手艺人大多都已从事这个行业 50 多年,时间长者甚至已掌握这门手艺超过 70 年。手艺师傅们都是从家中长辈那里继承手艺,基本从十一二岁他们就学会了这门手艺。做这样的手工艺很难,一般都是从小跟家里人学起并且一辈一辈传下来,否则很难坚持下来,做出成绩。据成员采访,之前在没有非遗馆的时候,很多人是在人民公社制作并且传授技艺，现在的条件好了很多，但手艺人仍对当下非遗技艺的传承表示担心，他们说做这份工作最大的体会就是能感受得到国家是很重视非遗技艺传承的，但是随着时代的发展，用木头制作确实很麻烦了，而且一些技艺的零件也复杂，又细小，做起来很困难。现在做手艺的人很少了，希望年轻人多学，因此他们才在非遗馆带领游客进行体验，不然年轻人真的很难知道骨木镶嵌是怎么做出来的。负责金银彩绣的奶奶说，现在年轻的传承人不好找，现在在馆里教这些小朋友，让他们认识这些技艺，也是一种传承。白天她会到学校上课，有大学给她发了聘书，所以也会去高校宣传这门手艺。

3. 采访三

采访时间：2023 年 6 月 21 日。

采访对象：金银彩绣副馆长、"糖心旦"品牌创始人谢易格。

采访背景："糖心旦"品牌联合创始人之一谢易格，生活在一个富有中国古典文化气息的家庭，小时候喜欢跟着母亲在绣坊中玩耍穿梭，自小便被中国高级手工艺的价值和深藏其中的文化内涵深深吸引。长大后，谢易格成为中国国家级非遗金银彩绣副馆长与传承人，曾多次代表地区与国家参加国际文化交流活动，在交流的过程中，她也有了新的思考，她从 2016 年留学回国后就将时间全部投入在品牌的创立上，打造出"以东为骨，以西为韵"的新奢中式品牌，希望用这种方式将金银彩绣手艺传承下去。

采访内容：在品牌定位方面，"糖心旦"的工艺是属于国家级非物质文化遗产的高级手工艺，更有着精通金银绣艺、深谙中国文化的绣娘和刺绣工坊，这样的组合在国内相对稀缺。而在设计创新出众的同时，能够以传承多年的中国高级手工艺来进行制作，且具有丰富文化内涵的品牌很罕见，就这一点而言可以说是独一无二的。虽然国家始终在大力扶持非遗，但如果学习和了解的年轻人越来越少，手艺就会失传。而要是不能实现商业化，便无法吸引年轻人来参与和创造，所以谢易格当时就坚定地要走品牌化、市场化的道路。

在设计创新方面，传统的金银线，即以金银两色为主，颜色相对单一。而金银彩绣的定线颜色多样，不同的定线可以表现出不同的层次感和色彩感。在设计产品时不仅会考虑到传统刺绣的部分，还会以非传统的彩色绣线和混合材质完成整个设计。仔细看绣品上的每根定线的间距是一样的，这也是有难度的地方，要看绣娘的功力。但是对于包品不想做得过于传统，所以就加了一些串珠、钉珠、鸵鸟毛,希望打破大家对传统刺绣包品的固有印象。因为"糖心旦"的理念是"以东为骨,以西为韵",所以希望设计师在熟知东方文化的同时,也有西方文化的学习背景,用不同的视角去反观中国的历史,这样她创造的东西才更有生命力,更有未来性。

在品牌规划方面,我们正在努力把"糖心旦"打造成中国未来的奢侈品牌。很多人还觉得非遗技艺只是存在于旅游景点或者是博物馆的玻璃橱窗内,但其实有一些西方奢侈品牌已经开始和中国传统手工艺合作,说明它的传承意义和价值正在被不断证实,这也让我们更加坚信中国传统高级手工艺的潜力之大。但创建奢侈品品牌需要时间的沉淀,需要投入很多精力和金钱。我们希望真正把工艺做好、创新好,让它经得起时间的考验。在适当的时机再通过推广去让更多人熟知,我们希望通过这一品牌,通过产品的输出,能让非遗文化进入一个良性的商业循环,能让更多的年轻人理解当下的非遗的创新,实现中国传统高级手工艺的传承。

四、调研的成果

1. 收获

一是基于线上调研,调研小组以网络媒体为工具,针对上海对外经贸大学师生及其亲友进行了为期一周的自填式问卷调研,旨在通过调查问卷,了解参与者对于非遗文化的认识和态度,对非遗文化在传承、销售和宣传等方面的现状、问题和改善路径的看法。调研内容主要包括对非遗文化的了解程度、对民俗手工艺品的看法,以及对利用非遗产品带动经济的认知。通过此次问卷调研,我们将为后续的线下调研提供数据支持,进一步探索非遗文化的传承、创新发展以及对经济的带动作用,并提出相应的发展建议。此外,我们还将整理并结合线下调研数据和情况,以更全面、准确地了解大众对非遗文化的认知程度。

二是基于线下调研,我们的问卷调查对象主要是鄞州非遗馆以及宁波的游客,目的是有针对性地了解调查对象对鄞州非遗博物馆的看法以及其对非遗文化价值的认同感,了解非遗文化的现状。在实地走访中,我们调研了极具代表性的鄞州非遗博物馆、宁波金银彩绣艺术馆、紫林坊艺术馆以及朱金漆木雕艺术馆。通过多处实地调查对非遗文化的传承与保护、非遗企业的发展状况。在走访中，我们与非遗艺术馆的工作人员进行了详细的交流和访谈。我们了解了他们对非遗文化的重视程度、传承方式以及展览和活动的组织情况。同时，我们还观察了展馆内的展品和展览布置，以了解他们在展示非遗文化方面的努力和成果。

此次实地调研为我们提供了宝贵的实际观察和实践经验，对于进一步推进非遗文化的传承和保护具有重要意义。我们根据走访调研所获得的信息和观察，结合其他调研数据，综合提出关于非遗文化传承和推广的具体建议，以期为非遗的传承与创新贡献力量。

2. 调研分析

一是线上问卷分析。本小组于 2022 年 7 月 5 日，发布了面向各界人士的线上自填问卷。在问卷调查中获取了 211 份有效问卷，确保获得完全随机的样本数据，并从不同群体中获得有针对性的信息。

(1) 对非遗文化相关了解程度以及对宣传非遗文化相关内容意愿。

调查结果显示，调研对象对非遗文化相关了解程度的平均值为 2.6（满分为5），说明整体上来说，参与调研的对象对非遗文化的了解程度还有待提高。同时，只有 14 名调研对象表示非常了解非遗文化，相对较少，有 27 名调研对象完全不关心非遗文化，这也反映了一部分人对非遗文化的认知和兴趣较少；对宣传非遗文化相关内容意愿程度的平均值为 3.38（满分为 5），这意味着大多数调研对象对宣传非遗文化相关内容有一定的意愿，但依然有一定的提升空间。这也与调研对象对非遗文化了解程度的平均值相一致，即调研对象对非遗文化的了解程度相对较低，对于宣传非遗文化的意愿也相对一般。

综合分析调研结果，我们可以得出一些结论和建议。首先，在宣传非遗文化方面，需要加强对非遗文化的普及和推广工作，提高公众对非遗文化的认知和兴趣。其次，针对非遗文化了解程度较低的问题，可以通过开设非遗文化教育课程、培训班或举办非遗文化体验活动等方式，提升公众对非遗文化的了解和认知，以推进非遗文化的传承、保护和推广工作。

(2) 调研对象在过去接受过何种形式的非遗文化教育。

在此基础上，我们了解到了调研对象在过去接受过的非遗文化教育，调研数据显示，调研对象在过去接受非遗文化教育的形式主要为观看非遗文化纪录片和旅游参观两方面（见图 1）。

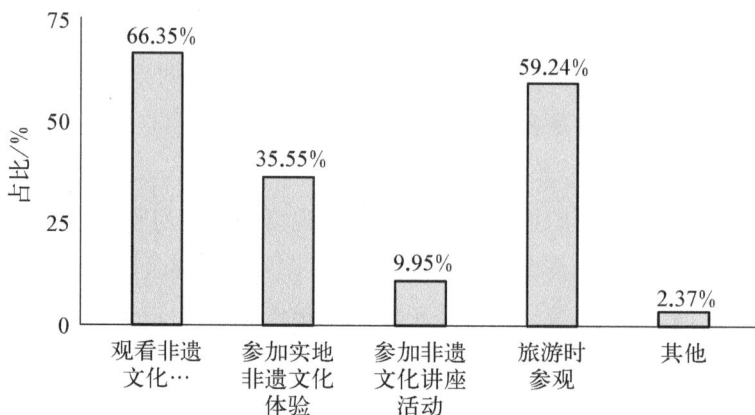

图1 调研对象在过去接受过何种形式的非遗文化教育

首先,观看非遗文化纪录片是一种有效的宣传和教育手段,可以继续利用这一媒介扩大非遗文化的传播范围,但需要注意内容的真实性和全面性,以提供准确和多角度的信息。其次,旅游参观作为非遗文化教育的形式,能够提供更加丰富的体验和感受,可以继续推广和丰富旅游参观项目,吸引更多人参与其中。同时,可以结合开展非遗文化讲座、工作坊和互动活动等形式,让参观者更深入地了解非遗文化的历史和技艺。

基于以上调研分析,我们应根据调研对象的非遗文化教育经历,结合不同形式的教育方式,全面推动非遗文化的传播和教育工作,以增强公众对非遗文化的认知和兴趣。

(3)何种形式的非遗文化宣传能够使人们产生兴趣并愿意深入了解。

我们调查了调研对象认为何种形式的非遗文化宣传能够使其产生兴趣并愿意深入了解,根据调研数据显示,大部分调研对象认为电影、纪录片等非遗文化宣传形式能够使他们产生兴趣并愿意深入了解(见图2)。

观看非遗文化纪录片是一种常见的非遗文化教育形式,这种方式具有广泛的覆盖面,可让更多的人了解非遗文化的多样性和独特性。然而,仅仅通过观看纪录片来了解非遗文化,可能存在信息传递的片面性和局限性,无法进行真正的亲身体验和深入理解。

旅游参观是另一种常见的非遗文化教育形式,人们可以近距离接触非遗项目和传统工艺,感受非遗文化的活力和魅力。然而,由于旅游参观通常需要时

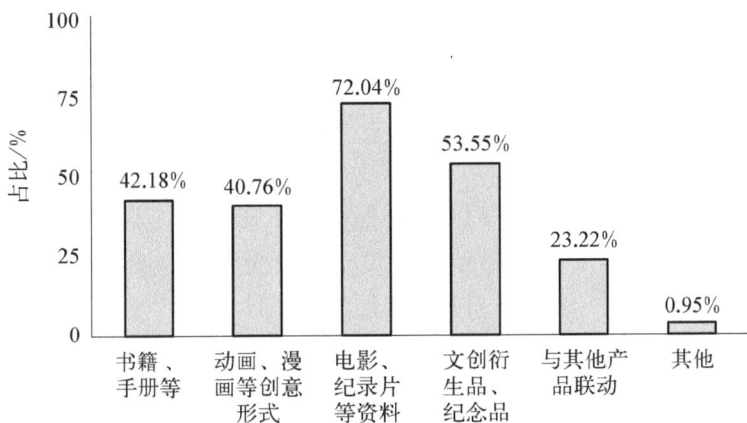

图2 何种形式的非遗文化宣传能够使人们产生兴趣并愿意深入了解

间和经济资源的投入，有一定的限制性，可能无法让更多的人参与其中。

综合分析调研结果，多样化的非遗文化宣传手段和形式，如借助社交媒体平台、举办展览和演出等方式，能够提高非遗文化的曝光度，吸引更多人的兴趣和参与。我们应根据调研对象的偏好，综合运用多种方式，全面推动非遗文化的宣传和普及工作。

（4）是否愿意为非遗文化活动的开展进行知识付费。

我们了解到，61.61％的人愿意为非遗文化活动的开展进行知识付费，这表明绝大部分受访者对非遗文化活动有一定的兴趣（见图3）。

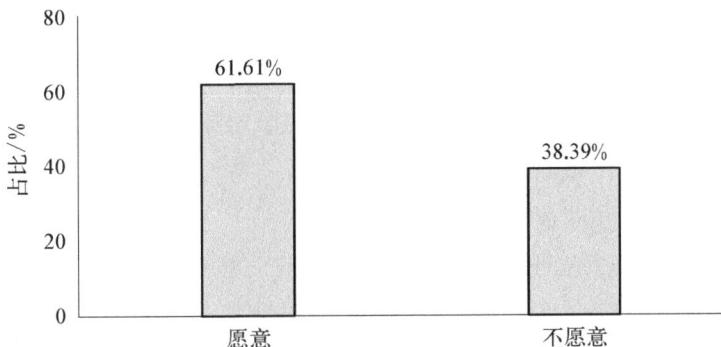

图3 愿意和不愿意为非遗文化活动的开展进行知识付费的受访者占比

针对知识付费意愿的受访者，可以提供多种付费方式，如短期课程、在线讲座、专家咨询等，以满足不同受众的需求。为了提升用户的付费意愿，非遗文化活动的知识付费内容应该具备高质量和独特性,提供有价值的知识和体验。

了解人们对非遗文化活动进行知识付费的意愿对于制订营销策略和推广活动非常重要。通过有效的调研分析,可以指导非遗文化活动主办方制定相应的付费策略,满足受众需求,促进非遗文化的传承和发展。

本小组共发放了 200 份线下调查问卷,由于在不同的非遗文化馆进行,问卷调查对象呈现出男女数量和年龄的差异。根据问卷答案,我们主要有如下发现。

(1)男女比和年龄比。

调研数据显示,本次问卷主要针对线下参观的游客,调研对象中大多数是以家庭为单位的游客,同时也有一些青年人来这里体验(见图 4)。

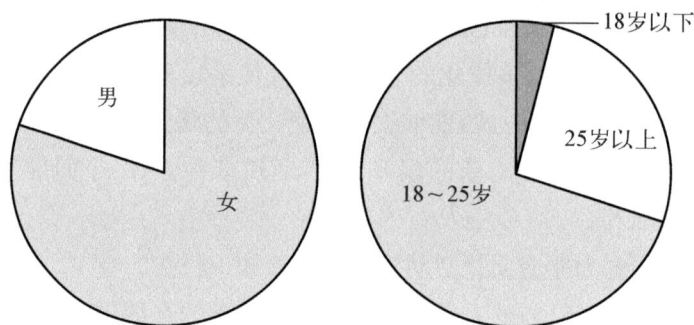

图 4　男女比和年龄比

家庭作为游客的主要单位,说明非遗文化具有一定的家庭吸引力和亲子教育的意义。对于青年人,非遗文化体验活动更具有互动性和创新性,满足年轻人对于多样化、趣味化的需求。我们应根据调研对象的特点和需求,传承和推广非遗文化,满足不同群体的需求和期待。

(2)选择去鄞州非遗博物馆的原因。

而他们选择来到这里的原因也不相同,出乎意料的是 50% 的游客是因为受到亲戚朋友的邀请才来到这里,而 22.73% 的游客是因为路过,9.09% 的游客是因为上次参观有遗憾,还有 18.18% 的游客通过老师的介绍和小红书等平台来到了这里(见图 5)。

考虑到大部分游客是由于受亲朋好友邀请而来,景区或旅游地应重视口碑和人际关系的影响,通过提供良好体验来吸引更多游客;针对因路过而来的游

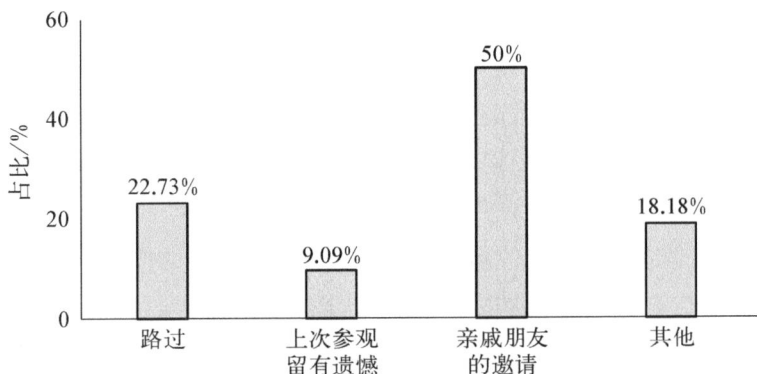

图5　选择去鄞州非遗博物馆的原因

客，景区或旅游地可以考虑提供特色服务，以使他们有更好的体验；对于因上次参观留有遗憾而来的游客，景区或旅游地应关注游客的反馈意见，并提供改进和优化的措施，以满足他们的期望；鉴于一部分游客是通过网络媒介了解的，景区或旅游地应加强在社交媒体和网络平台上的宣传推广，提高知名度和曝光度。

总之，了解游客来到这里的原因对于景区或旅游地的管理和宣传活动非常重要。通过有效的调研分析，可以更好地理解游客的动机和选择机制，并根据调研结果制定相应的管理和营销策略，以提高游客的满意度，吸引更多游客来访。

（3）对鄞州非遗博物馆的第一印象。

吸引游客来到这里是由于馆内的非遗文化种类比较丰富，而且可以亲身体验，也有一些游客因为鄞州非遗博物馆独特的设计来到了这里。

鄞州非遗馆的非遗文化种类丰富是吸引游客的重要原因之一，鄞州非遗馆能够集中展示多个非遗项目和技艺，提供丰富的非遗文化体验和学习的机会。这种多样性的展示能够满足不同游客的兴趣和需求，使游客对非遗文化有更全面的了解和体验。

鄞州非遗馆提供亲身体验的机会也是吸引游客的重要因素之一，通过参与其中，游客可以亲身感受非遗项目和技艺的魅力。鄞州非遗馆一般会设置互动展示和体验区域，让游客参与到传统工艺的制作过程中，使他们更加深入地了解和体验非遗文化的独特之处。

此外，鄞州非遗馆的独特设计也起到了吸引游客的作用，鄞州非遗馆的设计通常会融入传统文化元素和非遗项目的特色,以展示非遗文化的风采。这种独特的设计能够提供审美享受,使游客更愿意前来参观和了解非遗文化。

基于以上调研分析,我们应根据调研对象对鄞州非遗馆的认可和评价,继续加强展示内容和提供亲身体验,同时注重鄞州非遗馆的设计和布置,提高游客的满意度和参与度,进一步推广和传承非遗文化。

(4)宁波非遗博物馆在传承与弘扬非遗文化中起到的作用。

最后,参与本次调研的游客写出了他们印象最深的项目,我们选择以词云图的形式把它们呈现出来。

不难看出,宁波非遗博物馆在传承与弘扬非遗文化中起到了重要作用。首先,宁波非遗博物馆承载着非物质文化遗产的传承使命,通过展示珍贵的非遗文物和资料,将丰富的非遗技艺、传统民俗等传统文化元素进行展示和解读,提供了一个重要的平台,使得这些文化传统得以传承和弘扬;其次,宁波非遗博物馆作为非遗文化的代表性载体,通过展览和展示了非遗项目、非遗作品等,向公众展现了非遗的独特魅力和文化价值,让更多人了解非遗文化的辉煌历史,从而增强社会对非遗文化的认同感和保护意识;最后,宁波非遗博物馆还提供了丰富的互动和体验性活动,让观众能够亲身参与到非遗技艺的传承和保护中,通过参观、学习和体验等方式,让人们更加深入地了解非遗文化,从而更好地传承和弘扬非遗文化。

3. 分析宁波的骨木镶嵌、金银彩绣和朱金漆木雕三种非遗技艺的传承现状、文化保护现状和产业发展现状

1)骨木镶嵌

(1)技艺传承现状。

骨木镶嵌是一种精细的手工艺技术,利用骨头和木材进行拼贴、嵌入等共计15道工序制成独特的图案和雕刻,由于其技艺之繁复,成品之精湛素冠有"古拙入汉画"的雅称。骨木镶嵌的起源可以追溯至龙山文化,并在明清时期名噪海内外。骨木镶嵌的应用范围非常广泛,在日常家具、建筑装饰、日常器物上经常能看到骨木镶嵌工艺,因此被视为高雅精致的装饰品。在政府的引领下,骨木镶嵌技艺的保护与传承现状如下:① 开展了专属培训班、比赛和展览,以此培育新一代的骨木镶嵌工艺师;② 政府还制定了相关政策,加大对非遗项目的扶持和资金投入,鼓励企业和民间组织参与非遗文化的保护与传承;③ 推进非遗走进学校，鼓励当地高校组织"非遗进校园"系列讲座与体验活动，加强年轻一代对非遗传承的意识。

（2）文化保护现状。

20世纪80年代，骨木镶嵌工艺品尤其受欢迎，甚至远销国外。随着工业化进程不断加速，短短十几年，工厂倒闭，艺人星散。甘金云不愿看到传统手工艺被机器代替，便创立了"宁波江北慈城甘雨民间工艺坊"。除了"牛骨去油"这一需采用先进烧制工艺的步骤外，其余步骤都还保持着原始方法。对于骨木镶嵌技艺，宁波市政府采取了一系列措施来保护，如建立了专门的非遗保护中心与紫林坊艺术馆等骨木镶嵌技艺专属展览馆，更有国家级非物质文化遗产代表性传承人陈明伟、甘金云等匠心独运的手艺人坚守在骨木镶嵌的"守护之路"上。发乎于心，寄乎于手，灵巧的手指、粗粝的关节、厚实的手掌，一双双手诠释匠人的一生，赋予木材与骨片新生，在陈明伟、甘金云等大师的守护下，骨木镶嵌技艺的"魂"与"神"得以穿越千年。

（3）产业发展现状。

骨木镶嵌作为一项独特的工艺品，在市场上有着一定需求。近年来，宁波的骨木镶嵌产业得到了一定的发展，不少企业和工匠致力于创新设计和产品研发，开辟了新的销售渠道。为了更好地适应当前形势下不同国家与民族、不同阶层、不同消费群体对骨木镶嵌产品或作品的需求，骨嵌产品不仅逐渐被应用于现代室内设计和艺术品制作等领域，为传统工艺注入了现代元素，更是不断由传统的家具、妆奁向工艺礼品、旅游纪念品、办公文具用品乃至轻奢艺术品转化。从业者不断进行产品的自主研发与创新，甚至邀请客户参与到产品的设计中来，以便更好地满足消费者的需求。

2）金银彩绣

（1）技艺传承现状。

金银彩绣是一种独特的绣艺技术，主要通过金银线和彩色丝线进行刺绣，创造出丰富多彩的图案和花纹。在古代，金银彩绣常用于制作宫廷服饰、屏风、绣球等。然而，2000年前后，因科技的高速发展、生活方式与观念的改变，尤其是电子绣花技术的兴起，传统刺绣行业受到严重影响，宁波的大小绣品厂遭遇关停并转，企业解体后刺绣工人大多改行。宁波传统手工艺金银彩绣衰退到历史的最低点，逐渐淡出人们的视线，甚至面临失传的困境。如今现代技术快速发展冲击传统手工行业,同时刺绣的针法、配色都极大地考验着绣娘的耐力和技艺。金银彩绣绣娘曾表示,独自完成一幅具备金银彩绣技艺的作品往往需要耗费半年以上的时间。面对这种濒临失传却具有相当工艺含量和文化附加价值的非物质文化遗产,保护和传承工作迫在眉睫。2008 年,宁波市成立了宁波金银彩绣有限公司,专门致力于宁波金银彩绣精品的研发与制作。2009 年,宁波金银彩绣传承基地正式落户宁波金银彩绣有限公司。宁波金银彩绣有限公司自主研发生产的金银彩绣作品多次荣获省市、国家级奖项。这些荣誉和奖状的获得让宁波金银彩绣在社会上的知名度迅速提升,影响力也极大增强了。2010 年,宁波市创建了首家金银彩绣艺术馆,旨在传承和发展宁波金银彩绣工艺。开馆至今,金银彩绣艺术馆已拥有 5 000 多件金银彩绣藏品,最早可追溯到明清时期。2010 年 5 月,宁波金银彩绣技艺被列入国家级非物质文化遗产名录,宁波金银彩绣艺术馆成为国家级非物质文化遗产基地。2013 年,宁波金银彩绣技艺被纳入宁波市非遗“三位一体”保护示范项目体系。

（2）文化保护现状。

为了保护金银彩绣技艺,宁波市政府加强了对传统工艺的保护和管理,加大了对非遗文化的保护力度,制定了相关政策,鼓励企业和民间组织参与传承与发展。现今,通过政府的大力扶持与宣传工作,越来越多的人慕名前往金银彩绣展览馆拜师学艺;宁波博物馆更是开设了“金银彩绣研习营”,吸引了众多年轻一辈学习金银彩绣技法。研习营将博物馆中的文物元素与金银彩绣纹样元素进行融合提炼,并由平面设计专业的团队提供支援,帮助学员迸发灵感与创意,让金银彩绣穿梭在新时代的画卷之上;创立“糖心旦”品牌,将非遗手艺品牌化、市场化,融入年轻血液。将传统金银彩绣于现代流行服装设计中创新转化;筹划创建宁波金银彩绣博物馆,博物馆规划占地面积约 6 000 平方米,将成为全市、全省乃至全国最有代表性的金银彩绣作品和技艺的集中展示场馆。

（3）产业发展现状。

金银彩绣作为一项精湛的刺绣技艺,具有较高的艺术价值和收藏价值。近年来,宁波的金银彩绣产业发展迅速,不少企业和工匠致力于创新设计和产品推广,积极开拓国内外市场。同时,金银彩绣也逐渐被应用于时装设计、家居装饰等领域,展示了其独特的艺术魅力。由于金银彩绣技艺具有强烈的民族风格与元素,近年来也被应用于“糖心旦”等民族风轻奢服装品牌的设计之中,为金银彩绣技艺开拓出适应新时代需求的市场。

3）朱金漆木雕

（1）技艺传承现状。

朱金漆木雕是一种传统的木工艺技术，通过雕刻和涂漆，将木材制作成具有艺术价值的雕塑品。在古代，朱金漆木雕常被用于宫殿建筑、器物雕刻等领域，被视为豪华精美的艺术品。然而，在现代社会，朱金漆木雕的传承面临较大的挑战。

（2）文化保护现状。

为了保护朱金漆木雕技艺，宁波市政府制定了一系列政策来加强非遗保护和传承。成立了专门的培训基地和工作室，培养新一代的朱金漆木雕工艺师。同时，政府还加强了对朱金漆木雕作品的鉴定和管理，防止仿冒和侵权行为。

（3）产业发展现状。

朱金漆木雕作为一项具有悠久历史的传统工艺，具有较高的艺术和收藏价值。近年来，宁波的朱金漆木雕产业得到了一定的发展，不少企业和工匠致力于创新设计和产品推广，开辟了国内外市场。同时，朱金漆木雕也逐渐融入现代装饰和旅游文化等领域，为文化产业的发展做出了贡献。

以宁波的骨木镶嵌、金银彩绣和朱金漆木雕为代表的"三金一嵌"非遗技艺在传承、保护和发展方面面临着各自的挑战，也在适应新时代机遇的浪潮中创造无限可能性，焕发新的生机。同时，政府的支持和社会的关注使这些宝贵的非遗文化得以传承和传播，这为宁波的文化产业和民族精神的传承做出了重要贡献。在未来，希望能够加强各方合作，促进非遗技艺的繁荣发展，让更多人了解和喜爱这些独特的文化宝藏。

4. 解决方案

针对宁波非遗文化保护及传承提出以下三点建议。

（1）结合时代发展，宣传多元化。

调研中发现宁波非遗文化传承的宣传方式过于单一，仅仅依靠政府和当地的电视台进行宣传。在互联网的大背景下，非遗文化的宣传不能墨守成规，如今想要深入了解只能去宁波实地考察，而互联网的传播具有及时性，文化传播应该抓住时代特点，可以结合科技设计应用程序，让更多人了解其制作过程。通过抖音、快手等平台创建知识类的官方号，让更多人了解到非遗文化的历史，激发人们对宁波非遗文化的兴趣。宁波非遗文化的宣传可以利用这一途径,组建专业的团队,注册官方账号,通过图文以及视频、网络直播,以线上售卖的形式对非遗文化进行宣传和售卖相关产品。

（2）建立完整的体验体系。

针对调研中发现非遗文化的体验过程,不科学、不系统的问题。我们提出以下几点建议:科学安排,优化非遗文化的体验的流程。因为参与体验所需时间较长,除了应该有手艺人之外的相关人员指导,并且提前告知注意事项以及介绍此项非遗文化,以利游客感受到传统文化的魅力、非遗文化的魅力。体验内容应该由易到难,有需要长时间或者难度较大的非遗文化体验,可以适当降低难度,提供适合新手的文化体验,既可以让游客体验非遗文化,也可以提高他们的兴趣,使他们参与到文化传播的队列中。

（3）针对宁波非遗产业现状的建议。

一是寻求新的销售模式。调研发现非遗文化制品的销售主要依靠政府的牵线搭桥,或者线下手艺人自己的宣传,且当地游客数量较少。这种消费模式比较被动,没有固定的销售线路。如今网上购物是主流,但现在却没有一家专门的宁波非遗产品的售卖商店。线上售卖不仅传播更广,而且更节省人力,再结合线下实体店售卖,两者互补,形成良好的销售模式。且中小企业可以选择性价比更高的宣传方式,通过各个渠道达到最佳的宣传效果。品牌必须有自己独特的个性,例如,某公司,不断利用自身品牌向消费者推出一些活动优惠信息,定期组织宣传营销活动,不断提升它的品牌价值,顾客可以选择自己感兴趣的非遗,在网上可以购买相关的半成品,按照手艺人录制视频,顾客可以通过完善半成品过程体验非遗,公司能够提升销售量,扩大宣传规模。

二是加大宣传力度,提升宁波非遗的文化价值。除了依靠政府扶持之外,可以构建宣传平台。通过平面和电子媒体全方位、多角度地宣传宁波非遗,人们才能够认识到这种传统民间艺术发展的重要性。在认识中不断地提高非遗的文化价值,反映时代价值。

三是转变人才培养模式,提高行业从业人员的整体素质。要发展宁波非遗产业,关键是人才,在培养人才的方式上主要为手艺人们互相传授,这种培养方式不够系统,内容单一,效率较低。在这种形势下,应进一步改进人才培养模式,利用国家对于职业教育大力扶持的有利时机,将相关非遗的人才培养纳入高职教育的轨道，运用现代职业教育中"产学结合，校企合作"这种先进的教育理念和现代化的教学手段。高效地培养综合素质较高的非遗人才。这种培养模式既能发挥学校与非遗企业的各自优势，实现资源的优势互补，又能培养社会与市场需要的人才，为非遗行业的发展注入新鲜血液。

四是积极争取政府的支持，努力营造健康的发展环境。从资金、制度等方面积极争取政府的优惠政策，通过设立专项资金，争取政府的财政扶持，解决非遗行业面临的紧迫问题，打造适合宁波非遗发展的健康环境。

五、调研结论与总结

本次宁波"三金一嵌"的调研之旅为期4天，从2023年6月21日至24日。其中，6名同学参与线下实地调研，1名同学负责线上工作。参与线下调研活动同学于6月21日上午正式到达宁波市鄞州区，开启充实精彩的甬城"三金一嵌"非遗探访之旅。

此次调研旨在联系国家侧重点——非遗文化发展与传承，聚焦宁波鄞州地区，以"三金一嵌"——金银彩绣、骨木镶嵌、朱金漆木雕三项国家级非物质文化遗产为例展开实地考察与调研采访，通过线下采访、线上问卷、座谈交流等方式实地考察鄞州当地非物质文化遗产的历史传承，身处非遗传承一线与非遗人同频共振，试图找寻甬城"三金一嵌"非遗传承的难点、痛点，并寻找解决方案，助力非遗新发展。同时，成员通过亲身体验制作、参观拍摄等途径，致力于在体验的视角下探寻鄞州非遗的保护现状与未来发展，从而更加深入地介绍和展现非遗文化，让更多人了解非遗文化的魅力，促进非遗文化在更广泛的区域和更丰富的范畴内进行传播和推广。在此过程中，我们对于"三金一嵌"的了解也不断加深，也在一步步调研中发现"三金一嵌"非遗体系传承中存在的问题和其产业存在的许多弊端。

我们此次调研过程中发现的问题。

1. 企业管理问题

目前，"三金一嵌"大多数的企业、商铺规模偏小，市场开发能力偏弱，市场知名度低，制约了马尾绣产业的进一步发展。金银彩绣、骨木镶嵌、朱金漆木雕相关企业均为家族企业，大多由传承人创办，但由于自身限制，很多传承人并没有系统学习过公司经营与管理知识。

2. 人才的青黄不接

在非遗的生产性保护过程中,传承人不仅要恢复与重建传统的技艺和技能,学习和总结相关知识,最重要的是要积极地选好徒弟、带好徒弟。宁波"三金一嵌"传承人要主动寻找和积极培养技艺精湛、知识全面、对非遗保护和技艺传承有热切期望的年轻人。在传授的过程中,不仅仅着眼于技能的传授,更要注重文化修养的养成和优秀素质的培养。目前,宁波市"三金一嵌"培养传承人主要由务工人员、工艺美术专业的职高生、宁波市聋哑学校的职高生组成,整体素质和专业程度有待提高。而从整个社会状况来看,热衷于非遗的年轻人并不多见,非遗传承基地和传承人应该积极走向学校,与各类型的学校合作,在更广的范围中发现和培养学生。

3. 缺少企业间的合作

宁波"三金一嵌"虽然有传承基地、传承人,还有经营的公司,但各自为政,没有进行品牌形象方面的联合策划和宣传。政府和企业应该着重从这四个非遗项目的联合企业形象出发来策划宁波"三金一嵌"的统一规划宣传,以达到合力和省力的效果。

4. 旅游业的落后导致鄞州文旅产业发展缓慢

当地旅游业较为落后,无法实现"非遗＋旅游"模式的兴起,导致当地非遗文化传播滞缓,"三金一嵌"市场狭小,无法带动产业发展。

实地调研为我们提供了更加直观地了解非遗文化的机会。通过亲身感受和观察,我们深入了解到"三金一嵌"非遗技艺的独特之处,了解了传统工艺背后的文化内涵和历史渊源。这种深入了解非遗文化的方式,使我们能够更好地进行后续的宣传和推广。我们将此次调研的所见所闻详细地记录下来,通过对"三金一嵌"非遗作品的拍照记录,将实地调研成果生动呈现,能够用图片视频让更多人感受到非遗文化的魅力和价值。照片视频可以传递情感和故事,在没有实地体验的情况下,让观众们更好地理解和欣赏非遗技艺的独特之处。同时,通过将照片视频投放至各大媒体平台,可以扩大非遗文化的影响力,让更多人了解和认识宁波的非遗文化。

我们将此次调研过程及结果投放至各大媒体平台进行记录和推广。我们在抖音、微信公众号、视频号、b站等平台发布了调研成果,抖音和视频号幕后播放量达到 2 300,点赞数超过 500;微信公众号内总共发布了 7 篇推文,截至目前，浏览量总计达 1 500 次，每篇推文均获赞 50 以上；在哔哩哔哩平台发布 6 个调研 vlog，总播放量达到 3 250 次。与此同时，我们和松江区美育中心达成合作，通过转载公众号推文加强非遗普及；报社和网络报刊媒体发布也在积极筹备中。线上宣传的可观数据极大加强了宁波非遗和"三金一嵌"的宣传力度。总之，实地调研宁波非遗文化并拍照记录投放至各大媒体平台的活动，旨在向公众展示非遗文化的魅力，加强对传统文化的认知和尊重，促进非遗技艺的传承和发展。这是一项具有重要意义的活动，希望通过这样的宣传方式，让更多人了解、喜爱、传承非遗文化，为我国的文化事业做出贡献。

沿 塑 说 旅

——文化旅游视角下的非遗泥塑宣传与创新发展路径研究

团队成员：王 术 余 欣 付云玫 高琪琪 丁慧霖
　　　　　姜鸣旸 彭 恋 姚佳颖 陈 昊 余学文
指导老师：张艺伟

一、引言

1. 调研背景

（1）国内非遗文化事业发展。

习近平总书记曾对非物质文化遗产保护工作作出重要指示，他提出：要扎实做好非物质文化遗产的系统性保护，更好满足人民日益增长的精神文化需求，推进文化自信自强。要推动中华优秀传统文化创造性转化、创新性发展，不断增强中华民族凝聚力和中华文化影响力，深化文明交流互鉴，讲好中华优秀传统文化故事，推动中华文化更好走向世界。"

党的十八大以来，以习近平同志为核心的党中央高度重视非遗保护工作，从坚定文化自信、实现中华民族伟大复兴的战略全局出发，作出一系列重大决策部署。我国是非遗大国，通过出台激励政策、加强人才队伍建设、与文旅深度融合等举措，让非遗"护"得好、"活"起来、"传"下去，推动中华优秀传统文化创造性转化、创新性发展。

在多年发展进程中，我国非物质文化遗产保护工作获得了长足进步，截至2024年8月，我国有43个项目列入联合国教科文组织非物质文化遗产名录、名册，居世界第一；已建立国家、省、市、县四级非遗名录体系，认定非遗代表性项目 10 万余项。

但非遗保护工作也存在某些不足之处。本次调研结果显示,44.1％的受访传承人认为非遗领域"面临传承危机,主要靠国家和政府的保护",仅有 5.9％的受访传承人认为非遗领域发展"处于鼎盛时期",总体发展态势不容乐观。

（2）非遗泥塑发展现状。

非遗泥塑,即以黏土作为原材料,经手工匠人加工制造出来的民间手工艺品。它是我国一种常见的古老民间艺术,或素或彩,形态各异,手工艺者们将非遗泥塑雕刻成人物形象、飞禽走兽、历史典故、花果树木及种种的附属装饰物。非遗泥塑至今都广泛地流传在民间,而且即使时代变迁朝代更迭,也不失民族特色,依旧成为广大群众所喜爱的民间艺术。

我国的真正的非遗泥塑历史可以追溯到距今四千多年前的新石器时代。此后,泥塑雕刻一直没有间断过,不难看出,非遗泥塑在我国的历史渊源和不可撼动的历史地位。非遗泥塑雕刻不仅仅是具有审美价值的民间手工艺品,还是民族文化的纽带和历史的载体,是对当时的历史状况、自然环境、生产力水平、社会形态和人文精神的反映。

非遗泥塑作为我国民族艺术中的一颗璀璨明珠,不仅是一种价值符号,更是一个时代的记忆,见证了民族文化的蓬勃发展。但是随着经济的快速发展、消费者群体需求的多样化,传统非遗泥塑开始慢慢退出历史的舞台。随着人们对传统文化的重视和审美意识的提高,非遗泥塑市场的需求又在逐渐增加。

2. 调研时间

2024 年 7 月—8 月。

3. 调研地点

上海工艺美术博物馆、震旦博物馆、Arting365 工作室、四川大英汉陶博物馆、昆明云禾面塑体验馆、潮州大吴泥塑博物馆、长宁爱知里、中京爱依社区养老服务中心、上海市宝山区罗南中心校（美兰湖分校）、昆明市呈贡区洛龙街道宜和社区、上海市宝山区南大实验学校。

4. 调研对象

致力于泥塑工作的老师及相关工作人员、对非遗泥塑文化有浓厚兴趣的老人和学生。

二、调研对象简述

1. 专访上海工艺美术博物馆赵阔明面塑展区，并对其泥塑传承人鲍思诗进行访谈

访谈的主要问题集中在三点：① 泥塑艺术的历史及传承困境；② 泥塑非遗传承人对泥塑工艺与旅游业相结合的想法；③ 对泥塑非遗传承的计划和展望。

2. 对震旦博物馆开展调研

该博物馆举办了古代陶俑展，而陶俑又是非遗泥塑的一个种类，通过陶俑来感受非遗泥塑的魅力。本次调研主要关注三个问题：① 了解非遗泥塑的历史；② 非遗泥塑与旅游业结合可行性的问题；③ 非遗泥塑新型传播方式的思考。

3. 对 Arting365 工作室了解泥塑的叶老师进行访谈

该工作室开设了专门的泥塑课程。访谈的主要问题集中在以下四点：① 非遗泥塑工艺和现代泥塑创新融合的可能性；② 开展泥塑课程的现状和困境；③ 对泥塑课程的传播计划和展望；④ 泥塑课程的设置规则以及售卖体系。

4. 对四川大英汉陶博物馆开展调研并对四川省大英县文物管理所副所长徐小勇进行访谈

通过参观四川大英汉陶博物馆，来探索徐氏泥彩陶文化。本次访谈主要关注以下四个问题：① 了解泥塑的历史背景；② 非遗泥塑的传承与发展困境；③ 非遗泥塑创新方式的思考；④ 旅游业与非遗泥塑结合的发展空间。

5. 对昆明云禾面塑体验馆开展调研并对馆中滇派非遗面塑传承人刘丽春进行访谈

通过参观昆明云禾面塑体验馆，体验独具一格的面塑艺术魅力。本次访谈主要关注四个问题：① 面塑和泥塑的渊源；② 非遗泥塑之于现代新技术的优势；③ 非遗泥塑与旅游行业融合的可行性；④ 非遗泥塑与文旅业结合的可能性。

6. 对潮州大吴泥塑博物馆开展调研并对其馆长潘女士进行访谈

通过参观昆明潮州大吴泥塑博物馆，感受传统艺术与现代科技的完美融合。本次访谈主要关注以下五个问题：① 非遗泥塑的传承难题和销售困境；② 非遗泥塑与现代技术融合的优势；③ 对泥塑未来发展的展望和期望；④ 旅游元素与非遗泥塑结合的发展空间；⑤泥塑文创产品对文旅业的促进。

三、调研过程

1. 调研方法

本次调研采用了问卷调查和文本分析相结合的方式进行调研。

2. 调研内容

第一,在长宁爱知里为认知症老人们开设线下泥塑体验课程,此次实践内容有四个方面:① 深入了解爱知里创办历程;② 关注爱知里认知症老人心理和精神需求;③ 介绍非遗泥塑与文旅融合,多元发展的格局;④ 引导老人们体验非遗技艺,探寻非遗味道。

第二,调研中京爱侬社区养老服务中心的特色底蕴,此次实践课程内容有三个方面:① 调研养老一线服务中心设施情况;② 推广高质量文旅融合产品,让非遗"活起来";③ 创新文旅融合拓展泥塑实践方式。

第三,为上海市宝山区罗南中心校的学生开展一期特色暑托班之传统非遗泥塑课程,与学生交流泥塑体验的经历,此次实践内容有三个方面:① 分享非遗泥塑历史文化,拓展知识;② 了解在中小学生群体中对于文旅与传统泥塑结合的看法及认知度;③ 探讨"非遗+旅游"的有效链接,多元发展的活态传承。

第四,研究昆明市呈贡区洛龙街道宜和社区居委会开展非遗泥塑体验课程成果,党员师生共同实践,深入感受社区居民多元的活动氛围。此次活动的内容有三个方面:① 研究社区"产研一体"文化巷对于民俗非遗工艺发展的新模式;② 旅游为非遗泥塑提供更多实践场景,成功案例介绍;③ 特色"醒狮"泥塑体验。

第五,探究上海市宝山区南大实验学校学生传统文化素养,暑期特色非遗泥塑体验课程开展,此次实践内容有三个方面:① 非遗文化知多少问答;② 非遗泥塑特色精品旅游线路介绍;③ 旅游空间与传统非遗泥塑文化串联带来多样新体验。

四、调研的成果

1. 收获

在实践的两个月里,团队分别以短视频和新闻稿的形式在微信公众号、抖音、快手、b站、小红书、大学生云报网、中国大学生网、今日头条、搜狐网和网易新闻等平台上进行宣传,各平台浏览人次总数达到 20 万。

通过对上海、四川、云南和广东等地的非遗泥塑传承基地和养老机构进行走访调研,实践队收回 584 份多层级受访问卷,并进行数据分析,同时对 5 位非遗泥塑传承人进行线下采访并对内容进行文本分析,发现目前非遗泥塑面临传承人断层和老龄化、创新不足和市场需求变化、传播渠道有限、品牌意识薄弱等问题,面对这些问题,手工艺人普遍接受和新 IP 的联动和创新发展,有意向积极进行媒体宣传,信息网络平台将成为非遗泥塑文化推广的下一个阵地。另外,100%的传承人表示有意愿将非遗泥塑课程带入社区、学校,使不同年龄层段的公众都能对泥塑技艺有所了解。除此之外,社区工作人员和学校老师也对这一模式表示欢迎,提出"多元化拓宽课程形式"和"非遗泥塑课程题材与各地民俗结合"的建议,实践队也根据这些建议对后续课程设计进行了调整和跟进。

2. 存在问题及原因分析

(1) 传承困境。

第一,传承人断层与老龄化。

非遗泥塑技艺的传承高度依赖于老一辈手工艺人的经验传授。然而,随着老一辈传承人的逐渐老去或离世,许多独特的技艺和创作方法面临失传的风险。同时,年轻一代对传统手工艺的兴趣普遍不高,导致传承人断层现象严重,传承链条出现断裂。

第二,技艺复杂性与学习周期长。

掌握泥塑技艺需要长时间的练习和深厚的艺术修养,这一过程不仅要求精湛的技艺,更需对传统文化有深刻的理解与热爱,其背后的艰辛与付出不言而喻。在当前快节奏的社会环境中,年轻人往往难以投入足够的时间和精力去学习这些传统技艺,进一步加剧了传承人的短缺。

第三,创新不足与市场需求变化。

泥塑作品在样式和题材上往往具有浓厚的地方特色和很强的传统性,但这也限制了其在现代市场中的竞争力。并且其制作周期长且难以实现规模化量产,这直接导致了生产效率相对较低,难以满足现代市场快速变化的需求。同时,销售渠道的局限性以及产品定价偏高,进一步限制了非遗手工业的市场拓展能力。随着消费者审美观念的变化和市场需求的多样化,传统泥塑作品难以完全满足现代人的需求,导致市场萎缩。非遗泥塑传承人鲍思诗老师的见解尤为深刻,她指出,在当今快节奏的社会背景下,消费者往往倾向于追求即时满足的文化消费体验,而相对忽视了需要耐心与时间细细品味的传统手工艺术品的独特魅力。此外,3D打印等现代科技的迅猛发展,在一定程度上对传统手工艺市场造成了冲击,压缩了非遗产品的市场空间。同时,创新不足也使得泥塑技艺难以吸引更多年轻人的关注和参与。

（2）传播困境。

第一,传播渠道有限。

非遗泥塑的传播主要依赖于传统的展览、销售和文化交流活动,这些渠道在覆盖面和影响力上相对有限。在数字化和互联网高速发展的今天,传统传播方式已难以满足泥塑文化的广泛传播需求。同时,部分场馆针对老年人提供的传播、宣讲服务有限,老年人参与体验活动次数较少,一些老年人对泥塑也不够了解。

第二,品牌意识薄弱。

许多非遗泥塑手工艺人缺乏品牌意识,没有形成有效的品牌形象和市场推广策略。这导致泥塑作品在市场上辨识度低,难以形成品牌效应,进而影响了其市场价值和传播效果。

第三,文化认知度低。

尽管泥塑艺术具有深厚的文化底蕴和艺术价值,但由于缺乏广泛而深入的文化宣传和教育,普通民众对其认知度仍然较低。这在一定程度上限制了泥塑文化的传播范围和影响力。

第四,内容表达与呈现方式单一。

当前非遗泥塑的传播内容往往局限于作品展示和技艺介绍,缺乏有深度和广度的挖掘。同时,呈现方式也较为单一,多依赖于静态图片或简单视频,未能充分利用现代多媒体技术和虚拟现实（VR）、增强现实（AR）等新技术手段,使观众能够更直观地感受泥塑艺术的魅力,降低了传播效果的吸引力和互动性。

第五,沟通渠道有限。

不同年龄人群对非遗泥塑的接触渠道有限。老年机构、社区、学校等在和非遗文化机构的合作对接上通常缺少沟通联系的渠道,导致很多有价值的公益活动和宣传非遗的机会缺失。并且养老机构主要发挥了保障老年人健康检测、满足其基本物质需求的作用,学校以普通的教学工作为主,缺少一定具有新意的文化活动,而有价值的公益活动、或日常活动可以有效填补这项空白,也可以促进非遗泥塑文化的传播,拓宽其潜在的旅游受众,让更多人感受到泥塑魅力。

第六,市场无序与知识产权损害。

通过开发旅游资源,可以吸引更多的游客和资金投入到非遗泥塑的保护工作中来,同时也可以提高公众对非遗泥塑的认知度和关注度,从而激发更多人对非遗文化的兴趣。同时也可以促进地方经济的发展,增加当地的收入,一举两得。然而,非遗泥塑在文旅市场上常常面临无序竞争和知识产权损害的困境。市场上存在大量粗制滥造的泥塑产品,这些产品往往以低廉的价格抢占市场,严重损害了真正非遗泥塑作品的声誉和利益。同时,知识产权的缺失也使得非遗泥塑的传承人难以维护自己的合法权益,因此亟须规范市场秩序。

3. 解决方案

(1)非遗文化机构。

第一,场馆软硬件人性化升级。

通过实地走访,我们发现一些非遗泥塑场馆在设施设计上存在一些缺陷。因此,我们建议在多层建筑增设箱式电梯;在少层台阶处增设平滑式斜坡,便于腿脚不便、使用轮椅的老年群体。在泥塑展品介绍的部分,需要适当放大介绍文字的字号,调整字体,便于视力不佳的游客更好地了解和感受泥塑作品的魅力。部分实地调研的非遗泥塑场馆内开设泥塑制作相关的体验活动机会较少,参与对象多以来游玩参观的年轻人、小朋友为主,因此我们建议可以在场馆开放淡季举办一些适合的泥塑制作体验亲子活动,同时需要考虑非专业观众群体适合参与的程度。一些小朋友动手能力强、思路活跃但操作能力较弱,家长在参与时需要协助小朋友,我们建议在设计活动时也要考虑到各年龄段游客的参与感受,选择便于制作的泥塑样本用于教学共同体验部分,而一些精细秀美的泥塑样本则可以用于教学展示部分。

第二,增设志愿者讲解服务。

在联系上海及其他非遗泥塑调研地点的过程中,我们发现部分场馆并不提供定期或不定期的志愿者/工作人员讲解介绍项目。我们建议在条件允许的情况下,能够适度增设一定的年轻人志愿者讲解服务,通过面对面交流、答疑解惑的方式帮助对泥塑了解不深的游客进一步认识非遗泥塑文化,在参观学习的过程中给予一些人文关怀和陪伴,辅助非遗传统文化的传播。

第三,拓宽新媒体宣传途径。

团队调查走访发现,一些大型、超大型官方博物机构会在各个社交媒体平台开设官方账号,但一些地方性的泥塑文化机构、泥塑手艺人尚未开设网络媒体账号。例如团队走访调研的广东潮州大吴泥塑博物馆,在小红书上并未开设账号,但搜索页面会有少数个人用户上传游记感受,实际宣传力度较小。因此,如果能通过更多新媒体平台的多种媒体方式(例如文字、图片、视频、H5 互动游戏等)进行泥塑传统文化的宣传,则可以让更多的游客了解到当地特色泥塑文化。

同时,一些周边居民不了解当地非遗泥塑的原因还在于机构宣传模式受限。为了让更多人了解非遗泥塑传统文化有关知识,非遗场馆和机构可以通过与社区合作的方式,让周边地区的人们有所耳闻,同时采取"线下＋线上"的双轨宣传模式,在网络社交平台同步发布一些内容,实现本地居民到线下游客的转化,帮助推动"本地自由行",使得泥塑博物馆、泥塑体验活动能够成为"citywalk"中的一个乐活环节。

第四,创新多元 IP 联名互动。

在调研泥塑文化机构时,团队发现一些泥机构地点推出过泥塑相关纪念品、产品,但品种单一、款式普通,又或是没有推出过类似产品,导致对于游客,特别是年轻人的吸引力不大。但在采访上海工艺美术馆的过程中,团队成员了解到馆方也会收到亚文化、二次元展商或厂商的邀请来根据动漫人物制作特定的泥塑手办作品。因此,团队受到启发,希望未来能够有机会使传统泥塑机构与新潮流、新文化品牌进行合作,通过跨界联名合作实现传统与创新的火花碰撞。

(2) 养老社区机构。

第一,加强泥塑创新宣传与定期展览活动。

在实地走访过一些养老机构和社区后,我们了解到一些机构内开设的老年娱乐活动多为下棋、看书等传统的方式,缺少创新元素,过去也很少有以非遗文化手作课堂等为主要形式的活动开展。张晨认为,联合举办社区间文化遗产联展巡展活动,可以以此提高非遗艺术融入社区老年教育成果的知名度。因此,我们同样建议,一方面,要注重非遗泥塑传统文化在老年社区、老年群体中的宣传传播,提高非遗文化影响力;另一方面,可以采取定期或不定期的小型展览等线下活动来帮助拉近老年人与非遗泥塑之间的距离,非遗泥塑传统文化的受众群体不应仅局限于年轻一代,应同样加强对老年人群体的宣传。

第二,注重社区机构与非遗机构长期合作。

梁敏茹认为,有必要通过将非遗融入社区文化活动体系,引导大众在参与活动的过程中,了解非遗的文化内涵,潜移默化地感受美。养老机构、社区等在和非遗文化机构的合作对接上通常缺少一个沟通联系的渠道,导致错失了很多举办有价值的公益活动的机会。建议在未来社区机构方注重和非遗传统文化机构方建立友好联系,可以借助一些非遗公益组织的力量"牵线搭桥",达成长短期合作,实现社区活动的升级,加大非遗泥塑传播力度。

第三,社会学校开设泥塑课程,加强校内传播。

团队成员在罗南中心校美兰湖分校和大场镇南大实验学校实践的过程中发现,其实有不少同学对泥塑有一定的了解,他们从自己过往放假期间的旅游过程中了解到泥塑文化,并参与了泥塑手工活动,说明非遗泥塑传统文化的传播在年轻人群体中具备一定基础。因此,我们推荐学校可利用开展思拓课、劳动课、暑托班等课余活动的机会,引入泥塑手作体验活动,在校内加强非遗传统文化的宣传,在同学们心里埋下一颗种子,使同学们有兴趣自行选择泥塑文化传播地区进行旅游。

泥塑机构研学拓宽校外传播渠道。团队成员在与一些非遗泥塑地点的工作人员的采访过程中了解到,一些机构有接待学生团体游玩的经历,但接待次数较少。作为非常好的课外学习的机会,学校也可以借助春游、秋游的机会带领同学们前往一些泥塑机构进行研学活动,开启一场别样的、寓教于乐的传统文化畅游之旅。

五、调研结论与总结

(1) 众多手工艺者致力于非遗泥塑的创新发展。

走访了众多非遗传承人工作室与博物馆的队员们发现,许多手工艺者在保持传统技艺的基础上也会进行产品创新,开发出更多符合现代审美和市场需求的产品,以扩展泥塑产品的受众群体,例如,结合现代设计元素,创作具有时尚感的泥塑作品,或者开发泥塑衍生品,如文具、家居饰品等。

这些创新举措不仅让泥塑这一古老艺术形式焕发新生,还极大地激发了公众的兴趣,尤其是那些对传统文化充满好奇的游客,愿意亲自前往本地,亲身体验这份独特的文化魅力,从而促进当地文化旅游的繁荣发展。

(2)信息网络平台将成为非遗泥塑推广的下一阵地。

在线上调研采访的过程中,我们发现许多泥塑手工艺者和工作室都在互联网媒体开通了个人账号,通过社交媒体、短视频平台、旅游预订网站等多渠道布局,手工艺人们能够精准定位目标客群,以生动有趣的形式讲述泥塑背后的故事,展现其艺术价值与制作工艺,有效提升了泥塑旅游的知名度和吸引力。

在泥塑展览推广方面,网络信息平台还为非遗泥塑的推广提供了具有创新性的应用方式,让游客可以在虚拟环境中亲身体验非遗泥塑的制作过程和文化内涵。

(3)老人们对参与非遗泥塑课程有很大兴趣。

泥塑作为中国传统民间艺术的一部分,承载着丰富的历史记忆和文化内涵。参与泥塑课程,对于老年人而言,是一种回归传统文化、强化文化认同的方式,许多参加过课程的老人们表示他们感受到自己与民族文化紧密联系;而孩子们在动手制作中不仅能够锻炼手脑协调能力和创造力,提升空间感知能力和审美能力,还能培养专注力和耐心,促进情感表达,有利于心理健康。

在沿塑说旅团队的暑期实践中发现,无论是老人群体还是儿童群体,泥塑课程都展现出了其独特的魅力与广泛的受众基础。这种跨代共赏的现象,进一步证明了泥塑旅游具有巨大的市场潜力和社会价值。

(4)众多泥塑传承人有意愿将泥塑课程带入社区、学校。

调研团队还发现,为了进一步扩大泥塑的传播度与影响力,大多数手艺人都会选择主动走出工作室,将泥塑课程带入社区、学校,通过公益讲座、工作坊等形式,让更多人近距离接触并了解这一非遗文化。这种"接地气"的传播方式,不仅加深了公众对泥塑文化的认知与认同,也为文化旅游的深度融合奠定了坚实的基础。

(5)非遗泥塑赋能文旅发展的商业模式得到社会各界广泛认可。

从线上向社会不同人群发放的问卷结果以及线下到非遗泥塑传承人的工作室进行调研专访乃至面向社区与学校的相关工作人员的采访资料可以看出,非遗泥塑赋能文旅发展的商业模式会使旅游行业有更广阔的发展前景。

团队通过走访多个泥塑工作室与博物馆发现非遗泥塑行业充分利用互联

网和新媒体技术,推动线上线下融合发展。线上平台通过直播带货、社交媒体推广等方式扩大品牌影响力;线下则通过举办展览、体验活动等方式吸引游客参与,提升游客的文化体验感和满意度。

(6)开展非遗泥塑课程在旅游行业有着巨大的市场潜力。

此次调研中不少团队成员也发现,在许多旅游景点中旅游产品文化的普及宣传非常到位,但可供游客切身体验的相应项目与课程少之又少,而非遗泥塑与文旅结合可以催生新的市场需求和经济增长点,开设泥塑课程在旅游行业中的潜力日益凸显。它不仅丰富了旅游产品的文化内涵,如泥塑产品的销售、相关旅游产品的开发等,还为游客提供了深度体验与参与的机会,促进了文化旅游的可持续发展。

非遗农民画的推广与发展

——以上海市金山农民画为例

团队成员：余　涵　徐小雁　赵若愚
　　　　　赵雪筠　陈彭玄烨
指导老师：张兆琨

一、引言

1. 调研背景

在充分了解调研目标、确定调研任务后，我们小组前往金山农民画村寻访金山农民画画家，参观了各大画师的工作室，了解了当前金山农民画的发展境况，并及时记录了相关内容以备后续研究。除此之外，两位小组成员还在其中一位画师的工作室中体验了金山农民画的创作过程，绘制了两幅别有风味的农民画，更加深刻地体会到金山农民画创作的不易以及农民画独具特色的魅力。当日考察结束后我们了解到与金山农民画相关工作的主要筹备方主要是金山农民画村的委员会，由此我们制订了下一步的寻访计划。

为了更好地研究制定金山农民画的传承发展计划，我们小组前往金山的文化和旅游局以及金山农民画委员会进行访问。全方位考察了其他非物质文化遗产是如何传承的，总结其中的共性，从一般到个别，与金山农民画的实际情况相结合，制订属于金山农民画的发展计划。在此次考察中，我们吸收了前人经验，并结合上次在金山农民画村的所见所闻，初步制订了大致的方案，并对相关非物质文化遗产的建设方案和实际的落实情况做了详细的记录，为下一步工作的进行奠定了基础。

在进行了两次实地考察后，我们收集了一定的材料，对金山农民画业也有了一定的了解，并根据前两次考察中不同的角色分工为每个小组成员安排了不同的工作任务，在各大平台进行了一定的宣传，成果颇丰。

2.调研时间

2023年6月22日—7月4日。

3.调研地点

金山区中国农民画村、金山区非物质文化遗产中心。

4.调研对象

金山区农民画。

二、调研对象简述

我们将本次项目分为三个部分，主要是前期查阅资料，了解详细情况，对未来发展提出新愿景；中期实地探访金山农民画村，与画师交流，切身体会；后期通过画师提供的作品流向，对金山农民画进行更深层次的推广。

通过前期的查询资料，我们对金山农民画的起源、创作过程、发展历史、主要画师，以及衍生产品等都有了初步的了解，由此也确定了我们项目的目标与预期成果，对其未来发展有了逐步的规划。在小组成员进行了有序的分工后，我们开展了下一步的探访活动。

中期我们探访了上海金山农民画村，领略了画村内独特的自然与人文风景，并有幸与几位画师进行了交流，身体力行参与到了农民画的创作之中，对我们项目的推进与进一步的发展都有了极大的助力。画村内氛围宁静祥和，游客较为稀少，一户一户的房子内陈列着画师们的作品。我们了解到东北地区的农民画与金山农画相似又相异，都有着浓烈的生活气息。画作的色彩鲜艳，画面感强烈，是对生活的现实反映，又饱含着创作者对生活的美好愿景。在曹老师的指导下，我们临摹了两幅金山农画，亲身感受到了农画创作中需要用到的技巧与耐心。创作后签名盖章，对画作进行装裱，一幅完整的农民画就创作完成了。而画室内还陈列着许多的文创产品，在画师绘画完成后交由工厂印刷制作，将画作印在杯子、贴纸、抱枕、拼图上等，再进行批量生产，投入市场，形成了完整的文创产品产业链。但是同时我们也了解到，画作的订购仅有线下途径，这就意味着，要想订购一幅农民画，必须要有画师的联系方法，甚至亲自登门，所以这也极大地限制了画作的销量，也影响了画作的知名度的提升。并且每户人家只有一两个画师,人手少,创作周期长,销量小,所以画作本身想要多产多销,扩大市场,提高知名度,获得更长远的发展是存在一定难度的。

结束了探访之后,我们根据本次了解到的情况,分类型分平台分批次将农民画进行了推广。我们将农民画与现代潮流相结合,通过小众壁纸,"多巴胺"视频,微信推文等将农画发布在多个平台,也收获了一定的关注和点赞。但总体而言,关注度与点赞量不算很多,推广任务任重而道远。我们还需要对推广的内容与形式进行进一步的创新,以更符合当今时代大众审美的模式来进行展示。

总而言之,本次项目是想抓住金山农民画的特色,将其与现代潮流文化相融合,让更多的人能够看到我们的独特文化。我们的目标不仅仅是希望农民画走出画村,更是要走上国际舞台。但是本次项目中我们也发现了很多问题,不仅包括农民画本身的创作和销售问题,我们推广的情况也需要再不断地创新与完善。

三、调研过程

1. 调研方法

本次调研主要采用深度访谈法、实地观察法、文献调查法和统计分析法等。通过对中国农民画村的非遗传承人进行每家每户的走访,提问金山农民画发展传播及其相关问题,最后体验农民画制作过程。

2. 调研内容

(1)金山非遗项目的历史、现状和特色。

金山区目前的 60 个非遗项目是古老金山的一种活态存在和历史遗存,镌刻着金山人的智慧结晶与文化个性。其中不乏享誉海外的"金山农民画艺术"、独特精湛的"上海黄酒传统酿造技法"、舌尖流传的"枫泾丁蹄制作技艺"、流光四溢的"朱泾花灯会"、香甜软糯的"上海米糕"、工艺精湛的"金山丝毯织造技艺"、唇齿留香的"金山堰菜烹饪技艺"等特色非遗项目……其中小白龙信俗2021 年入选国家级非遗。

(2)金山区非遗项目文旅产业融合发展的典型案例和成功经验。

2023 年金山区"文化和自然遗产日"活动在上海金山嘴渔村·海智汇举行,现场异彩纷呈,吸引了众多市民游客。本次活动以"非遗'活'起来,金山有

'花头'"为主题,通过非遗展演、非遗体验、非遗市集三个板块,展现了金山近年来非遗保护传承的丰硕成果。

（3）金山区在非遗的传承、传播方面已做的工作以及遇到的问题。

金山区通过非遗推介会的形式,线上线下融合,展示展销结合,多方协作联动,集中呈现了近几年来全区非遗保护传承的丰硕成果,推动非遗融入现代生活,促进人民共享,努力以贴近年轻群体、以年轻人乐于参与的方式进行传播推广,动员全社会共同参与、关注和保护文化遗产。然而很多非遗文化都处于难以传承的困境,仅仅是保存都很勉强。有些非遗,例如金山农民画,发展相对较好,已经有了较为完整的相关文创周边体系,但是传播范围小,还需打开市场。

（4）如何更好地平衡非物质文化遗产的保护和当地经济。

2023 年金山将大力推进非遗场馆建设,此外,还发布了 5 条以非遗场馆和景区为核心的非遗游线:"渔海寻迹"非遗之旅、"金味品鉴"非遗之旅、"邂逅匠心"非遗之旅、"研学潮玩"非遗之旅和"红色人文"非遗之旅。

（5）小白龙信俗的传承保护。

在金山昌巷举行了"行走的民俗"——金山小白龙民俗文化旅游节暨"白龙祈年,福佑金山"舞龙展演,包括昌巷镇"三月三"民俗日活动、金山区非遗项目展《祥龙腾飞》小白龙巡游水果公园和"白龙祈年,福佑金山"舞龙展演。

四、调研的成果

1. 收获

本调研以金山农民画为例,主要探索用多样的电子化衍生品在各大平台进行推广,寻找更适合各种平台的推广方式,用最短的时间形成最好的电子衍生产品。

我们将各大平台分为:小红书、抖音、微博、b 站、微信公众平台,在这五大平台上发布了 8 篇不同形式的电子衍生产品,为期两周,获得了较为可靠的实验数据。

（1）小红书。

在这个平台上的发布主要为三种形式。

一是短视频的形式,我们发现当下最火的多巴胺视频主体就是鲜艳的色彩配上欢快的音乐,与农民画典型的特点配色鲜艳大胆相像,于是我们仿照"多巴胺视频",衍生出了农民画版的多巴胺,发布了 20 天,收获了 542 人次的浏览量,而后我们参照了多种热门的学英语视频,让农民画的历史与学单词相结合进行实验,发布 19 天,收获了 368 人次的浏览量。

二是图文结合的形式,通过对金山农民画从概念、内容、创作方式、特点、画家、历史以及主要分布地等多方面、多方位的分析,更好地推广金山农民画,浏览者可以更加全面深刻地了解认识金山农民画,进而由此发散思维和想象,产生进一步了解金山农民画相关的想法。共发布了八篇推文,发布的天数为 5～12 天,有 152～332 人次的浏览量。

三是通过电子衍生产品——壁纸的形式发布,利用修图软件将农画进行改良,与现代潮流相结合,制作独特吸睛的小众壁纸。为迎合当下年轻人追求的潮流文化,制作头像、壁纸等。发布的天数为 19 天,收获了 101 人次的浏览量。

最终综合考虑发布时长和浏览量,想要高的浏览量必须结合当下热点,与时俱进,从数据上可以看出农民画与多巴胺的结合在短期内有着较为可观的浏览量。而图文作品文字较多,浏览量较低。我们对比了三种电子衍生产品的推广形式,认为在小红书这个平台,更适合发布与当下热点相结合的短视频,在配乐上需选取轻松欢快类的音乐。

（2）抖音。

我们认为这个平台和小红书较为相似,所以在选择实验上,我们发布的内容参照了小红书的三种方式进行对比。除此之外,我们还新增添了一种电子衍生产品——文创进行实验,文创产品是宣传农画的另一途径,贴近生活的方式让人们更加关注农画。前期以图片介绍,研究关注度较高的文创产品,后期可以进行网络销售等。让农民画能够以商品的形式融入人们日常生活,增加农民画带来的经济效益。通过数据我们了解到,抖音与小红书平台相似,在发布的电子衍生产品——壁纸的形式中,发布了 19 天,收获了 157 人次的浏览量;在图文结合的形式中,发布了 7 天,收获了 234 人次的浏览量;而新增加的电子衍生产品——文创,效果却没有想象中的好,发布了 14 天,仅收获了 80 人次的浏览量。

最终结合多组数据来看,抖音与小红书的相似程度较高,新实验的文创电子衍生产品并没有收获更高的浏览量。所以我们认为对于抖音这个社交平台的内容发布,可以参考小红书,而它比小红书的受众群体更为广泛和全面,两个平台同时推广宣传,可以比单一平台的推广效果更好,能够做到让多层面的群体都了解到传统的非遗文化——金山农民画。

（3）微博。

微博相较于小红书和抖音而言存在时间较长，也更为人熟知和信任，在这个平台上，我们多方面地进行了尝试，有图文结合的方式，也有短视频的方式，还同时发布了电子衍生产品——壁纸和文创，但在图文结合上，与抖音和小红书的发布内容并不完全相似，我们换成了更贴合平台的内容，介绍了农民画的代表画家，我们认为对于金山农民画不仅要关注画作品本身，更应该重视深挖背后的创作人，从老一辈到年轻一辈，将农民画传承的故事与精神远扬，宣传中国传统艺术文化。每位创作画家的背后都有着属于他们的独特故事，我们也应从这一层面加大宣传力度，获取更多关注。从最后的数据可以看到，我们的多方面尝试皆获得了较为客观的数据。电子衍生产品——壁纸，发布了 19 天，收获了 1 017 人次的浏览量，大幅度地超越了抖音和小红书；而在文创方面，与抖音更有显著的对比，在微博发布了 14 天收获了 237 人次的浏览量，大幅度超越了抖音；在介绍创作画家的发布上，发布了 7 天收获了 1 092 人次的浏览量；但相较于抖音和小红书的短视频观看量，还是有略微欠缺。

从以上的诸多数据不难看出，微博是一个包容性较强的平台，无论是在文创方面还是壁纸方面，又或者农民画的图文介绍，微博的浏览量大多数都超越了小红书和抖音，所以在用这种方式推广时要把重心更多地放在微博上，只有这样才能发挥出最大的作用。

（4）b 站。

在这个平台上主要做了两个推广形式的实验，一是发布了和小红书内容一致的"多巴胺短视频"，来了解这种快节奏的短视频是否适合 b 站，视频发布了 13 天，共获得 151 人次的视频观看量，与上述小红书得到的 542 人次的视频观看量进行对比，远没有小红书的反馈好。二是发布了与小红书内容一致的用农民画历史学单词的视频，视频时长较长，内容更为丰富，发布的 15 天中收获了 209 人次的浏览量。

从以上的数据对比我们可以判断 b 站更适合发布时长较长，内容较为丰富的视频。

（5）微信公众平台。

微信公众平台号的受众为全年龄层面的群体。这个平台相较于前面的四大平台,有属于它的平台特殊性,所以我们没有选择过多的形式进行实验,曾发布了一篇介绍实验小组成员内容的推文,发布了 4 天,共收获了 29 人次的阅读量。相对来说,公众号的浏览量较少,可能不适合作为一个快速传播的媒介,但我们认为公众号的优点是方便寻找特定的内容,以及能很好地建立品牌形象。

由于公众号平台的特殊性,我们对于这个平台的浏览量没有过多的追求,但需要做的是持续运营,不断跟进团队的工作进展,注重清晰可观的内容,以便之后的查找。

我们认为对各大平台进行逐一尝试是十分重要,也是必须做的事,只有前期花时间实验出真正适合各类平台的推广方式,后续在电子衍生产品进行真正的传播和推广时,才能更好地做到用最短的时间,得到最好的反馈。

2. 存在问题及原因分析

在本次调研中,我们尝试通过数字化平台推广的方式,对金山农民画进行推广。在互联网时代下,b 站、抖音等数字化平台兴起,这是对文化推广及文化宣传极佳的方式。同时,近几年来,各大平台中也出现了较多博主通过短视频等方式对我国的非遗文化进行宣传及推广,收获了较好的效果,诸如汉服等元素,也通过此类方式流行起来。因此,通过前期的数据分析,我们决定选择通过小红书、b 站、抖音及微信公众号的方式进行推广。在小红书平台中,我们制作以金山农民画为背景的单词记忆视频,便于将金山农民画通过单词记忆的方式向外推广。在 b 站、抖音等平台,我们运用同样的短视频制作的方式,将金山农民画进行相应的推广,同时,我们运用微信公众号制作相应内容,发布推广金山农民画。同时,由于近几年"多巴胺穿搭"等较为流行,我们也制作了相关的宣传视频,在各平台上进行推广转发,收获了较好的数据。

在推广过程中,我们收到较好的调研数据。各平台推广中的数据显示,金山农民画得到了数字化平台中大多数人的喜爱,以可观的平台数据进行了相应的传播。通过对数据的分析,我们了解到,通过数字化平台等方式,推广金山农民画,是一个较为便利且接受度较高的推广方式。在大量的数据整合之后,我们选择在数字化平台对金山农民画进行宣传及推广。在宣传推广的 20 天中,我们收获了 500 多次浏览量,新制作的单词视频在 19 天内收获了 360 多次的浏览量。制作的电子衍生产品,诸如壁纸、表情包以及对金山农民画进行详细介绍的公众号等,也在 20 天内收获了近 500 多条浏览。综上所述,通过数字化平台接轨线性数字化时代及互联网媒体时代的方式,将是推广非物质文化遗产等文化性项目的极佳方式。我们也希望此类调研方式可以在之后类似的非物质文化遗产推广中得到使用。

3. 解决方案

就总体调研结果而言,本次暑期调研我们从前期准备、中期落实、后期调整、进一步跟进等多方面全方位地进行了调研,得到了较为良好的数据结果,同时也了解到了金山农民画目前推广的问题及根源所在,明确了进一步推广金山农民画的较好方式。确立了相应的分工,保证团队内各成员通力合作,相互协调,使本次暑期调研获得最优效果。在调研过程中,我们通过对传承人的实地采访及文旅局的走访等收获了多方位、全面化的调研结果,更全面地了解到了调研情况,便于中期进行全面设计。在中期实践中,我们也通过多平台实验等方式获得较好的调研成果。在后期数据分析时,将调研成果转化为可以进一步研究的方式方法。

至于金山农民画,从其原有的历史背景及现行的发展状况来看,我们在本次调研最终提出推广青山农民画的最佳方式应是长期的、多方位的、多平台的、多元化的,以吸引大众进行体验等方式,将金山农民画进一步引进大众视线。在本次调研过程中,我们也存在前期调研方向、信息收集不全面,在中期实践过程中,推广等方式不够全面多样,后期数据分析不够详细等问题。在对于金山农民画的推广和进一步的调研过程中,我们将对此类问题进行修正。

本次调研结束后,我们也对之后的工作进行了展望,我们希望通过暑期调研的方式,更全面地了解到当代非物质文化遗产传承的困难所在,也希望通过本次金山农民画的推广与发展的相应调研,能够吸引更多的人了解金山农民画,了解非物质文化遗产的传承及在互联网数字化时代下,对非物质文化遗产进行推广并做出适应于本时代的改良,将诸如金山农民画等非物质文化遗产进行进一步的推广,保护我国非物质文化遗产。

五、调研结论与总结

本次的暑期社会实践为期两个月,调研金山农民画推广与发展小组是由五名成员组成的,大家通过一次次的实地考察和线上讨论与交流,使彼此不断熟悉,联系紧密,而我们也从最开始只是对金山画有着浅显的了解,到如今切身地感受到这项中国传统非遗文化的魅力所在。农民画,是通俗画的一种,多为农民自己制作和自我欣赏的绘画和印画,风格奇特,手法夸张,有东方毕加索之美誉,其范围包括农民自印的纸马、门画、神像,以及在炕头、灶头、房屋山墙和檐角绘制的吉祥图画。现代农民会在纸面上绘制乡土气息浓郁的绘画作品,自20世纪50年代以来,逐渐形成了陕西宜君、南京六合、安徽萧县、西安鄠邑、江西永丰、延安安塞、江苏邳县(邳州)、上海金山等地的农民画画乡。全国各地的农村、牧区、渔岛、社区的数十个农民画画乡,以自己的方式记录着最广大群众对时代的感受。

而我们调查研究的则是农民画其中的一种——上海金山农民画,其中最为显著的特色便是它的作画风格,与北方的农民画有着极显著的区别,金山画更具有南方特色,让人一眼就能分辨出来。在整体的调研过程中,通过与多位传承人以及金山文旅局的多位老师沟通,我们意识到,上海金山农民画这一传统的非遗文化它与别的非遗文化相比最大的特点在于金山画不是不为人所知晓,只是较为小众,早在13年前便在上海世博园展出,在与金山画村周边餐饮店的老板的交流中也知晓了,近些年每年寒暑假都有大学生探访此地,了解这项非遗。从此也可以看出,金山农民画这项非遗文化存在的最大问题是传播方式及力度存在很大问题,在了解了这项非遗最关键的问题后,我们迅速与指导老师进行了讨论,确定了后续的实验方向。

我们确定采用当下风行的数字传播的方式来进行最快、最有效果的推广,将金山画全力推广出去,让广大群众都能了解这项非遗文化。经讨论,我们先通过罗列现年轻人常用的社交软件,然后在各大平台尝试不同的传播方式,最后总结出各类平台适合的群体、传播方式及传播内容。效果也很显著,我们得到了一组较有效的数据,总结这些数据,能够提升金山画在后续推广上的效率,用最短的时间,达到最好的效果。

在整个过程中,我们都在不断进步,但也存在许多的问题,比如在交流沟通上,从每个阶段的任务分配中可以感受到成员伙伴对整个项目上的迷茫。队长应该在每个阶段任务的最开始,先组织小组讨论,确保每个组员都明确方向,这样可以更好地推进项目;在最初的任务分配上也有着许多不足,整个队伍处于走一步看一步的状态下,没有设定好短期目标和长期目标,这也是经验的缺失造成的,应该在项目的最开始,就和组员们交待好整个项目的目标,根据目标对每名组员布置重点任务,这样可以预防在后期的任务分配中,产生重复和缺失。

整个项目基本结束,从大的方向来看,在这一阶段我们项目虽然还有着许多不足点,但也完成了我们最开始的目标,我们还处于实验阶段,通过此次的暑期实践,发现了各类平台发布什么内容可以在最短时间内达到最好的数字传播效果。而下一步的计划是充分运用这次实验得出的可靠数据,达成我们的目标,让金山农民画为更多人所知晓,并在这之后可以充分地结合当下年轻人的喜好,进行更多的联动,让非遗文化"时髦"起来,在一定的经济条件下,运用金山农民画配色大胆、人物写实等特色,与中国茶楼等进行联动,让更多的年轻人爱上非遗,爱上上海金山农民画。

沪剧保护传承与发展调研

——基于上海沪剧院的调研

团队成员：李　玥　费嘉怡　朱欣雨　朱欣宇
　　　　　金奕婕　赵晴愉　杨昕然
指导老师：唐　沛

一、引言

1. 调研背景

沪剧是上海地区传统的地方戏曲剧种，作为非物质文化遗产之一，具有悠久的历史和丰富的文化内涵。它起源于上海地区，以上海方言演唱，融合了音乐、舞蹈、表演等多种艺术形式，是中国戏曲文化的重要组成部分。

近年来，随着现代化和全球化的发展，沪剧面临着传承困难的挑战，沪剧艺术面临着越来越严重的生存危机，演出市场日益萎缩，观众减少，沪剧从业人员收入偏低，出现了人才流失和断层的现象，江南地区原有的数十个沪剧演出团体如今仅剩三个。年轻人对传统文化的兴趣下降，沪剧在年轻一代中的知名度和影响力受到限制。沪剧这一非物质文化遗产的传承与发展面临着巨大的考验。

2011年上海市文化广播影视局发放的调查问卷显示，年轻人对包括沪剧在内的戏曲类非遗项目很有参与兴趣的仅占13.2%，有点兴趣的占55.9%，兴趣不大的占30.3%。年轻人普遍认为戏曲看不懂，样式老，学不会，怎样巩固观众群体，培养年轻人对沪剧的兴趣，成为沪剧传承发展的首要问题。

青年沪剧演员丁叶波就沪剧的传承现状指出，扎根上海的沪剧是越来越"大众化"的，上海沪剧院持续开展"沪剧走进校园""沪剧走进乡村"等系列活动,并面向 4～12 岁的小朋友专门开办了沪剧训练营,常年学习人数在 300 人以上。在访谈中,丁叶波也指出了沪剧传承和发展所面临的问题,沪语在全国范围内属于小众语言,沪剧依托上海话方言,在对外推广过程中存在不小的挑战。

作为曾经的沪剧重镇,近年来松江的沪剧发展状况也差强人意。虽然各类戏曲团队数量不少,成员近 3 000 人(区级戏曲文艺沙龙队 4 支、街镇 32 支、居村级 169 支,民营剧团 20 家),政府也通过发布《松江区文化团队管理和扶持办法》、在本土"百姓明星"评选活动中开设戏曲比赛、加强市级专家老师辅导等方式,为戏曲文化团队提供政策、平台、资金等扶持,但沪剧在松江仍难逃衰弱之势。

同时,沪剧面临着许多沪剧名家在接受采访时都会提到的一个问题:沪剧依托于上海话方言,而上海本地人对沪语的掌握程度有所下降,对沪剧的理解和欣赏能力有限。现在的孩子从幼儿园开始就被教育说普通话,土生土长的上海人长大后也没有几个能够真正讲好沪语,能够听懂沪剧、学唱沪剧的人越来越少。年轻一代对上海话的"陌生"使沪剧传承,包括上海城市文化弘扬的前景都令人担忧。

2. 调研时间

2023 年 6 月 14 日—8 月 13 日。

3. 调研地点

上海沪剧院。

4. 调研对象

沪剧观众和沪剧演员。

二、调研对象简述

沪剧,作为上海市特有的地方戏剧种,是中国非物质文化遗产的重要组成部分,拥有悠久的历史和独特的艺术魅力。它源自浦江两岸的田头山歌和民间俚曲,经过长期的发展演变,逐渐形成了独具特色的表演形式和音乐风格。沪剧的发展历程可以追溯到清朝乾隆年间(1736—1795 年),当时的花鼓戏已经在江浙一带流行,至道光年间(1821—1850 年),这种以农村生活为题材的艺术形式逐渐形成了较为固定的表演模式,被称为"清装戏"。

到了 19 世纪末,随着上海城市化进程的加快,沪剧开始受到苏州滩簧等其他地方戏曲的影响,演出形式也更加丰富多样,从小型的舞台剧发展成为能够反映社会现实和时事热点的综合性艺术。1927 年以后,随着社会文化的变迁,沪剧开始尝试演出文明戏和时事剧,进一步增强了其社会功能和影响力。1941年,上海沪剧社的成立标志着沪剧正式确立了自己的名称和地位。

沪剧的音乐风格以委婉柔和、曲调优美著称,非常擅长通过细腻的情感表达来塑造现代生活中的典型人物。它的唱腔流派繁多,包括文派、刚派等在内的十三大流派,每一个流派都有自己独特的艺术特点和代表人物。这些流派的形成和发展,不仅增强了沪剧的表现力,也为后世留下了宝贵的艺术财富。

在舞台美术方面,沪剧同样经历了从简陋到精美的转变。早期的演出大多采用简单的凉椅和软墨画景,但随着时间的推移,尤其是 1950 年代以后,随着技术的进步和社会需求的变化,沪剧的舞台美术逐渐采用了更加先进的设计理念和技术手段,如硬景片、绘画天幕等,极大地提升了演出的视觉效果和艺术价值。

沪剧不仅是上海文化的重要载体,也是连接过去与现在的桥梁。它不仅保留了许多传统艺术的精髓,也在不断地吸收新的元素,与时俱进。2006 年,沪剧被列入第一批国家级非物质文化遗产名录,这既是对沪剧艺术成就的认可,也是对其未来发展的鼓励和支持。近年来,为了更好地保护和传承这一珍贵的文化遗产,相关部门和社会各界都在积极探索新的方式和途径,让沪剧这一古老的戏剧形式焕发出新的活力,继续在新时代的文化舞台上绽放光彩。

三、调研过程

1. 调研方法

访谈法和问卷分析法。

2. 调研内容

实地调研方面,我们小组分别于 2023 年 7 月 9 日和 7 月 14 日前往上海沪剧院进行实地调研。7 月 9 日,小队成员参观了上海沪剧院传习馆。在参观过程中,团队成员借助馆内数字化媒体设备,观看并欣赏了诸多经典沪剧戏目,如《雷雨》《星星之火》等,更切实感受到沪剧的魅力。同时,通过浏览馆内陈列藏品及剧照,团队成员也从中感受到沪剧这一非物质文化遗产的百年传承历程。通过本次调研,团队成员们借助馆内的介绍,更深刻地了解了沪剧。同时,团队成员们也切实体会到当前保护并传承沪剧的重要性。在此次调研中,小队成员也关注到有许多小朋友在家长的带领下来到沪剧院,了解并学习沪剧,因此小队成员也认为当前沪剧有着较好的发展前景,保护并传承沪剧文化,需要我们年轻一代携手共进,结合时代的发展,为沪剧注入新活力。7月14日,本社会实践小组的李玥、朱欣雨同学到上海沪剧院观看沪韵风华主题演出。在本场演出中有《少奶奶的扇子·劝女》《星星之火·启发杨桂英》《孟姜女过关》等精彩片段。在精彩绝伦的演出过后,两位同学随机采访了部分观众及沪剧演员,以了解他们对沪剧未来发展的看法。

采访对象 1 是上海本地人,观看沪剧的频率大概是一两个月一次。作为长期观看沪剧的观众,她有时会买票,有的时候也会得到赠票,最喜欢的剧目是《江姐》。她说到,虽然自己可以承受得起一张 120 元或是 180 元的演出票,但她还是呼吁可以多一些 80 元或者 50 元的低价票,让更多的人走进沪剧院,感受沪剧的魅力。她在采访时也指出,现在许多上海的年轻人或是小朋友已经对沪剧不感兴趣,她也希望作为非物质文化遗产的沪剧,能够得到弘扬。并且她也特别提出建议,旅行社可以和沪剧演出场所进行合作,为来沪的游客提供沪剧演出,推广沪剧,并且在沪剧演出的时候,可以在旁边的屏幕加上字幕,帮助游客理解。

采访对象 2 也是上海本地人,平时大概一个月观看一次沪剧演出,不仅是出于对沪剧的喜爱,更是希望能够支持当今的青年沪剧演员。她能够承受每月一次价格为 180 元的演出门票。她也指出,老年人对于花钱买票观看演出有些舍不得。同时,她也讲道:"沪剧也应该进入校园,对吧? 可以呼吁院方的领导,还可以呼吁上海市宣传部的,对吧? 这个需要与教育部共同携手才能把这个事情做好。培养一个沪剧演员是比较容易的,但是要培养沪剧年轻的观众,要培养沪剧的土壤,不是那么容易的事情。所以你们要用你们有道理的文章来感动领导,感动你们学校的同学。"她希望各大院校的领导、上海市宣传部、教育部共同携手让沪剧走进校园,把沪剧传承这个事情做好,培养沪剧年轻的观众,培育沪剧的土壤。

采访对象 3 是一名带爷爷奶奶来观看沪剧的大三女生,她的爷爷是一直支持沪剧的忠实观众,她自己也是在这样的环境下长大的,对于沪剧十分热爱。她是通过上海沪剧院的公众号知道演出的消息,才带爷爷奶奶来观看演出的。

她指出对于老年人,需要拓宽宣传的渠道,因为老年人不擅长使用电子设备,无法通过网络得知演出信息,因而需要更多渠道传播演出信息。她说:"因为像我爷爷的话,他会更加喜欢看青年演员的表演,所以需要做更多的宣传。然后我现在了解到这两年,尤其是在假期里,他们会到一些社区去做宣传,包括上党课和音乐戏剧党课。因为我觉得这些方面的宣传都是挺好的。主要还是需要加强宣传的渠道,比如说以前的电视上的七彩频道还是会播放比较多的沪剧,但是现在播放得比较少。"

四、调研的成果

1. 收获

在问卷调研方面,为了了解群众对于沪剧以及物质文化的看法,并基于此提出解决方法,本小组于 8 月 11 日发放问卷,截至 8 月 12 日,共收获了 113 份有效答卷。问卷从年龄,对沪剧、非物质文化遗产的认知程度,对沪剧的兴趣,对沪剧、非物质文化遗产的发展前景几个方面进行探究。

在问卷对象方面,本次回答问卷的对象多为青年人,老年人的数量偏少。因此问卷显示,年轻人对沪剧兴趣普遍不强,大部分人对沪剧仅有一定的兴趣,还有 6 人表示完全不感兴趣。同时,基于问卷对象多为年轻人,问卷显示大部分年轻人对沪剧不太了解,对其接触不多。

在沪剧发展前景这一问题上,结果显示认为前景乐观与难以确定的人各占一半,也有少部分人持悲观态度。总体看来大众是愿意支持沪剧、学习沪剧的,但从其他数据看来,沪剧的发展确实存在一些困难,沪剧的推广面临一定的困境。沪剧依托上海话方言,在全国范围内属于小众语言,对外推广存在困难。现今的孩子从幼儿园开始就被教育说普通话,上海人缺乏对沪语的掌握,导致沪剧传承困难。部分人认为沪剧已经失去活力,无法吸引更多观众,最终会被时代所抛弃。因此,小组认为可以增加社区的宣传,在社区进行沪剧演出,同时开展网络宣传,增加沪剧表演的新模式。

对于我国非物质文化遗产的种类,仅有一小部分的人能够做到对其非常了解,大部分人还是处在一知半解的阶段,也有一小部分的人表示完全不了解。针对非物质文化遗产对于当代社会的价值这一问题,几乎所有人都认为其有着传承中华民族历史文化的重要意义,但仅有一半的人认为非物质文化遗产有着推进着中华民族文化创新发展的意义。在发展前景一问题上与沪剧发展前景的回答基本相同。

在组员们的研究探讨中,发现沪剧与非物质文化遗产的发展息息相关,两者密不可分。大部分人还处于一知半解的阶段,需加大宣传普及力度,让沪剧走进社区,走进学校。并需要结合当代特色,开发沪剧表演的新模式吸引大众。此外也可开展体验活动,让更多的年轻人参与其中;政府也需要制定完善相关政策,推动各类非物质文化遗产的发展。

2. 存在问题及原因分析

在对沪剧演员的采访以及线下调研中,我们发现沪剧在上海市的传承面临困境,年轻人对沪剧兴趣不强,认为戏曲老旧并难以理解,而沪剧依托上海话方言也造成了推广上的困难。也有老年观众指出,老年人不是看不起沪剧,而是对于花钱买票观看演出有些舍不得。同时,她也希望各大院校的领导、上海市宣传部、教育部共同携手让沪剧走进校园,把沪剧传承这项事情做好,培养沪剧年轻的观众,培养沪剧的土壤。她也指出对于老年人,需要拓宽宣传的渠道,因为老年人不擅长使用电子设备,无法通过网络得知演出信息,因而需要更多渠道传播演出信息。

同时,结合问卷调研成果,我们发现沪剧推广受限主要有四个原因:其一,沪剧比较局限于江浙沪一带与沪语濒临消失是如今最大的问题。沪剧依托上海话方言,对外推广困难,加上上海人对沪语的熟练程度不高,导致沪剧失去了更多的观众和继承人。其二,现在的娱乐活动变多了,不像以前娱乐活动单一,就是线下看看戏,甚至现在大家连电视都不怎么看了,在结束了一天的工作之后人们也不愿意再走进剧院听一两个小时的戏剧,同时年轻人对传统戏曲的兴趣不高,可能与现代文化的冲击和认知差异有关。其三,在宣传方面也较为薄弱,现在的经费大部分都花在了创作上,很少用在宣传方面。其四,很多从事了沪剧行业的人在坚持了一段时间之后,觉得看不见未来或是觉得沪剧事业走向没落,然后他们就慢慢离开这一行业,真正坚持下来的人比较少,这一行业面临着人才流失的情况。就沪剧本身而言,为了适应现今快节奏的生活模式,将沪剧从三个多小时缩减到两个小时,这是很困难的。

但是在调研过程中,通过对沪剧演员郐逸萍的采访,我们也发现沪剧的发展具有一定的前景,也有不少年轻人正在为保护传承沪剧做出自己的贡献。正如郜逸萍,她成为一名沪剧演员,并建立个人的自媒体账号,并不是希望所有人都能喜欢上沪剧,而是希望所有人能知道沪剧的存在。她认为,并不是沪剧或是沪语专业的人才能作为传承人,只要从事沪剧事业,会唱沪剧,甚至会说上海话,就能被称作是一个上海的传承人。她表示自己目前始终坚持运营自媒体,例如b站、小红书,希望可以以此来宣传传承沪剧。现在也有很多人通过她的账号了解到了沪剧,重温沪剧,其中也有很多的小孩子,包括其他地区的人,这带给她很多的动力,她将在传承沪剧的路上继续坚持下去。

我们认为,沪剧的现状并没有我们想象得那么糟糕,还是有很多人热爱着沪剧,比如说沪剧演员在岗位上的坚持,年轻人慢慢了解沪剧,甚至去学习沪剧。沪剧也并没有我们想象的那么无聊,它还是跟着时代的步伐在不断进步的,我们不应该第一时间就将它拒之门外,我们要参与其中,尝试去观看一场沪剧演出,或是参观上海沪剧院的小白楼,了解沪剧文化,当我们真正接触了沪剧,才会发现它的魅力所在。希望沪剧可以驻留在人们心中,无论是上海人还是其他地区的人,都可以感受到沪剧与沪语的魅力。

3. 解决方案

(1)培养年轻观众的兴趣。

开展多样化的文化活动,如举办沪剧演出、沪剧宣传讲座、沪剧体验活动等,让年轻人更好地了解和感受沪剧的魅力。

(2)提高沪剧的知名度和吸引力。

加强沪剧在新媒体平台上的推广,制作优质的宣传片和短视频,让更多人了解和喜欢沪剧。

(3)加强沪剧教育和培训。

在学校和社区开办沪剧课程和训练营,提供给年轻人学习沪剧的机会,培养年轻一代对沪剧的兴趣和传承意识。

(4)制定沪语保护和传承政策。

加大对沪语的保护力度,推动上海人更好地保护和传承自己的语言文化,为沪剧的发展提供更好的语言环境。

五、调研结论与总结

我们小队通过近两个月的线下调研发现沪剧传承发展面临着许多挑战,包括年轻人对传统文化的兴趣下降、上海话衰落等问题。然而,通过培养年轻观众的兴趣,提高沪剧的知名度和吸引力,加强沪剧教育和培训,加大沪剧保护和传承政策的力度,我们可以为沪剧传承和发展找到一条可行的道路。

在推广沪剧方面,我们可以采取多种措施,例如,在校园内组织沪剧演出、戏曲欣赏活动和沪剧社团,鼓励年轻学生积极参与。同时,在社区层面也可以组织沪剧晚会和庙会,将沪剧文化融入日常生活中,增加市民的接触和了解。利用互联网和新媒体平台也是推广沪剧的有效途径,可以建立专门的沪剧官方网站和社交媒体账号,定期发布沪剧相关的资讯、演出信息和精彩片段,吸引更多年轻人的关注和参与。

在沪剧教育和培训方面,可以与学校和社区合作,开设沪剧课程和训练营。为了使沪剧更具吸引力,可以结合现代化的教学手段和内容,如使用多媒体教材、互动教学和戏曲表演实践,让学生在学习中获得更多的乐趣和成就感。此外,还可以邀请优秀的沪剧演员到学校和社区举办讲座或进行示范演出,与学生和社区居民面对面交流,激发他们的兴趣和热情。

在沪语的保护和传承方面,政府可以出台相关政策,鼓励和支持上海人使用和传承沪语。可以设立沪语教学中心,提供免费或低收费的沪语教育课程,让更多的人学习和掌握沪语。同时,可以组织沪语演讲比赛、沪语绘画比赛等活动,鼓励年轻人积极参与与沪语相关的文化活动,增强他们对沪语的兴趣和理解。

总之,通过多方面的努力和措施,我们可以促进沪剧的传承和发展,培养年轻一代对沪剧和沪语的兴趣,使沪剧成为当地文化的重要组成部分,为沪剧的传承和发展注入新的活力。这需要政府、学校、社区和社会各界的共同努力,共同为沪剧的传承和发展创造良好的环境和条件。

火土中生，妙手塑之

——云南戛洒傣族土锅文化调研

团队成员：代粤荬　张子玉　杨　美　韦硕滋

　　　　　甘滢淳　王睿璇　李思颖

指导老师：许　军

一、引言

1. 调研背景

傣族土锅是戛洒人的传统炊具，在其日常生活中具有重要意义，更是中华民族文明史上一笔十分宝贵的非物质文化遗产。土锅被广泛用于盛水、烹饪、煮浆、煮米等。除了实用功能之外，傣族土锅也承载着丰富的文化内涵。近年来，随着社会经济的快速发展和推进，非物质文化遗产正受到越来越大的冲击，这种冲击，不仅体现在非物质遗产活态流变性的特性使它在历史的长河中由于各种原因不断丢失，还在于对非物质文化遗产的保护和抢救处于攻坚克难境地，虽有一定成效，但更加行之有效的保护措施还有待完善和落实。随着国家和社会对非物质文化遗产的大力宣传，人们保护和传承非遗的意识也得到了显著提高，傣族土锅的研究和保护逐渐受到重视。研究傣族土锅有助于促进文化的传承，助力土锅文化的传扬，也是我们作为当代大学生义不容辞的责任。

2. 调研时间

2023 年 7 月 10 日—7 月 12 日。

3. 调研地点

云南省玉溪市新平县戛洒镇土锅寨。

4. 调研对象

傣族（花腰傣）土锅。

二、调研对象简述

1. 傣族土锅的历史和文化背景

（1）傣族土锅的起源和发展。

傣族土锅的起源和发展与傣族民族历史、生活方式和文化紧密相连。傣族土锅是傣族人民在漫长的生产实践中探索出来的独特烹饪器具，具有悠久的历史和丰富的文化内涵。

在土锅的起源方面，傣族土锅的起源可以追溯到古代的傣族社会，根源于傣族人民对土地和自然的理解和尊重。作为农耕民族，傣族人民长期以来依赖土地进行农耕生活，土锅作为一种烹饪和炖煮的器具应运而生。

在土锅的发展方面，人类制作陶器的历史久远，大体经历了从捏塑法、贴敷法、泥条盘筑法到轮制成型法等漫长的发展过程，至今已发展到用电子炉或陶窑烧制，而戛洒镇的花腰傣却还沿袭着人类三千多年前的制陶工艺，这不仅是对祖先技艺的传承，也是对古老时光的追忆。花腰傣稻烧陶主要产品有土锅、水壶、碗、水杯、储米器等数十种必不可少的生活用具，盛水能沁润甘甜，煮肉蔬则鲜美香醇，装谷米能干燥防虫，对傣家人的生产生活产生了重要而深远的影响。

傣族土锅伴随傣族民族的生活方式、文化传统和环境起源和发展。傣族土锅不仅满足了人们食物烹饪的需求，更承载着丰富的文化内涵和历史记忆，成为傣族人民文化认同和传承的一部分。

（2）土锅在傣族传统文化中的地位。

土锅在傣族文化中享有重要的地位，它承载着丰富的象征意义和文化内涵。它不仅是一种烹饪工具，更是傣族人民生活方式和傣族文化的象征。

土锅是傣族传统文化代表。新平县戛洒土锅寨位于戛洒镇西部，因祖祖辈辈、家家户户制作土锅而得名，是全国为数不多的、至今仍保留古法制陶工艺的乡村之一。傣族史诗中对傣族先民创造陶器过程的记录是："如今土做，也得晒干后，再用火烧它，使土变轻，装水水不吃，人用也好用，这叫作贡万（烧碗），这叫作贡莫（烧锅），这叫作贡蛊（烧盆）。"可见它贯穿了戛洒人生活的多个方面。

在戛洒，土锅是家庭生活的纽带。在家庭聚餐中，土锅常用于煮制丰盛的宴席和美食，象征着家庭的团结和幸福。在节日和庆典活动中，土锅更适用于烹调供奉、祭祀的食物，体现了傣族人民对祖先和神灵的敬仰。家人围坐在土锅旁共进美食，不仅是傣族传统饮食文化的延续，也是家庭成员之间亲密关系的体现。

土锅在傣族的民俗文化中扮演着重要角色。在婚嫁仪式、庆典和节日活动中，土锅常被用来展示传统菜肴和烹饪技艺，充分展示了傣族人民的热情和好客之风。

土锅在傣族文化中地位十分重要，它不仅是烹饪工具，更是文化传统的载体、家庭和社区的纽带，体现了傣族人民对土地、自然和传统方式的尊重和珍视。土锅的制作和使用，以及与宗教仪式和民俗文化的联系，都使它成为傣族文化中不可或缺的一部分。

2. 傣族土锅的制作工艺及特点

（1）材料选择和准备。

在材料选择上，制作土陶所用的土有三种：一种是田地里第一层土，黑色，黏性较差；二是田地里第二层土，色为灰黄色，黏性一般；三是地里第三层土，色为黑色，黏性比较好。在制作土陶过程中，以上三种土要按比例混合并用。

在准备上，一是晒土。在制作土陶前；以上三种土必须晒至干透，才能保证土陶的制作成功。二是舂土。舂土是当地土语，舂土就是用民族民间古老的方法舂土时用脚踩的堆把土舂细。三是做泥土，把舂好过筛后的土用水搅拌混合成泥土，用手反复地揉砸成方形的泥块。

（2）制作工序和技艺传承。

制作工序：

一是土陶制作。首先做锅底，根据锅形，用揉好的泥土先做成锅底的形状，然后把锅底做好后待两个小时，再用泥土加在上部做成锅口并内外慢慢敲打土陶。待过两小时后，左手拿扁圆石抵在土锅内，右手拿刻有花纹的木棒里外配合敲打土陶，将花纹印在土陶上。

二是抛光。把做好的土陶待12小时后用玻璃棒、木刀等慢慢地在土陶内外刮、磨进行磨光。

三是晒土陶。刚做好的土陶，一般晒3至4天后拿去烧制。

四是烧土陶。烧土陶所用的燃料是稻草、草灰等。首先铺一层稻草,然后把土陶堆在一起,大的土陶在下,小的土陶在上,锅口朝外两侧,一次烧制几十个。用稻草和草灰把土陶盖严,在四周同时点火,12小时后土陶自然凉,方可取回。用漫火烧土陶,烧出的土陶为红色,硬度较高,用手敲土陶上会有金属的响声。

(3)傣族土锅的特点和创新之处。

傣族土锅的特点有:位于戛洒镇西部的土锅寨,因其从古至今一直有生产制作土锅的行为而得名,是全国为数不多的、至今仍保留着600多年前元朝传承下来的方式制作陶器的乡村之一。在土锅寨随便走进一户人家,土陶随处可见。土锅寨目前仍保留着家庭传统作坊加工生产的习惯。且旧时土锅寨制作土陶有个特别的规矩,制陶技术传女不传男,传女儿和媳妇不传丈夫和儿子,为的是若遭到不测,妇女能有一技之长,而不致求生无路。用土锅烹煮食物,味道特别鲜美;盛装食品可以长久不变质,当地群众普遍有使用土陶制品的习惯。

傣族土锅的创新之处有:20世纪以来,随着金属、塑料等经久耐用生活用品在当地的出现,传统土陶逐渐被取代,土陶制品生产走向式微。但近年来,随着旅游产业的发展,土陶传承人们将传统土陶融入了花腰傣族,成为具有花腰傣族特色的旅游工艺品,重新焕发了生机,产品也由过去的注重实用转变为工艺收藏,品种也不断地丰富起来,花瓶、花盆、雕塑等不断出现,被爱好者当作民间工艺品收藏。

3. 傣族土锅的用途和烹饪特色

(1)戛洒的地域特点和土锅的用途。

在绕城溪流清澈见底、芳草花香萦绕鼻尖的戛洒江畔,流云飞瀑星罗棋布、云海日出缥缈奇秀的哀牢山脚,古树苍苔碧空蔚蓝、飞禽走兽牧野山涧的茶马古道间,静静坐落着一个隶属于云南省玉溪市新平彝族傣族自治县的彩色傣族小镇——戛洒。戛洒镇域内既有2 000余米海拔的高寒山区,又有510米的低海拔河谷热坝,呈明显垂直立体气候。镇域内资源丰富,自然条件优越,物产众多,盛产稻谷、玉米、甘蔗、香蕉、芒果、荔枝、竹子、烤烟等粮经作物。戛洒坝子田园风光迷人,花腰傣风情浓郁,传统民俗文化丰富。冬季气候暖和,属典型的干热河谷气候,冬季平均气温18~25度之间。夏季则潮湿炎热,这也给土锅的诞生创造了条件——土锅因缝隙大蒸发快,故装水异常清凉,便自然成为沿袭至今的生活物件，成为傣家生活中不可或缺的一件宝贝。

在没有冰箱的年代，哪怕是炎炎夏日，装在土陶罐子里的水依然冰凉爽口。土锅贮存的水不但不易变馊，隔夜舀起来喝清凉透心、甘甜可口。所以花腰傣人都喜欢把开水倒进土锅里放凉了喝。在这次的土锅探访行中，我们也发现每家每户都有几口贮水的土锅。本次实地调研活动正值酷暑，团队成员们在土锅寨村民家中喝到了"土锅水"，清凉甘爽之感涌入心田，令人难忘。

除了盛水之外，土锅用途广泛。春采的茶叶要靠它保鲜，秋收的大米靠它储存，肉食米饭、瓜果时蔬皆可装入其中，烹、煮、酿、藏，用土锅烧水煮饭、炖鸡、煮菜等，其味鲜美香醇，土锅煮出的汤锅更是风味独特。

（2）土锅对于花腰傣的烹饪意义（以戛洒黄牛汤锅为例）。

"戛洒"在傣语中意为"沙滩上的街子"，以花腰傣之乡闻名的戛洒位于滇中，自古以来便是哀牢山脚下、红河岸边的一个重镇。据史料记载，自古戛洒为迤西茶盐马古道交通关口，是商贸交易、交通往来的重镇，而汤锅是茶马古道上过往赶马人风雨中最热切向往和怀念的美食。再加上花腰傣悠长厚重的土陶文化，渐渐地，土锅煮出的汤锅便成了当地特色，是每一个外地游客来到这里都不愿错过的美食，也就有了"到戛洒不吃汤锅，就不算到戛洒"的说法。用土锅烹煮食物，味道尤为鲜美。土陶锅子做出的肉食更是香甜软烂。"戛洒黄牛汤锅"由此而来。

以土锅作为纽带连接的戛洒黄牛汤锅，对于每一朵花腰傣的族人来说，都有着生命中不可缺少的重要意义。汤锅的制作极为讲究。野生放养的牛肉肉质最好，煮牛肉的水要来自哀牢山群山中的溪水，炖牛肉的器皿自然要用代代相传的土锅，吃牛肉的佐料由新鲜小米辣、花椒、薄荷、芝麻等十多种调料组成，种类齐全，缺一不可。

本次出行的小伙伴们有幸目睹并品尝到了傣家土锅炖煮的戛洒黄牛汤锅。土锅汤黑里透黄，牛杂胳和作料在滚沸的汤里互相角逐，漂来荡去。牛肝、肺、肠、肚和柑子叶、平山巷子籽花、花椒叶、薄荷叶、生姜、没切过的大蒜等作料先后被倒入锅里，配上云南特有的干辣椒面，喝得酣畅淋漓，好不痛快。在冒着热气的汤锅上桌时，向村民伯伯要两杯傣家人自酿的苞谷酒，在酒香和牛肉香味弥漫的空气中，细细品味着土锅作为一个情感和物质纽带所蕴含的深厚精神内核。

对于每一个土锅寨的人来说,这一口土锅浓缩了千万年的光景,有苦难,有快乐,有哀愁,更有幸福与温情。它代表着质朴的人们对美好幸福生活的向往与追求。有了它的存在,人们就有了绵延的力量,有了它的存在,生命就会延续下去。

4. 傣族土锅的文化内涵

（1）傣族土锅与傣族人民生活方式。

土锅寨位于巍峨而神秘的哀牢山脚下,是一个因制作土陶而闻名的花腰傣村寨。居住在这里的花腰傣,因祖辈会用土烧制土锅、土陶而远近闻名,故取名土锅寨。这里从事制作土锅已有300年的历史。而在这个花腰傣村寨里,大部分人都会制作土锅。至今,土锅寨仍按古老的手工方法进行土锅、土陶的制作。这些土锅是人们用于煮食、装水的生活器皿。品种有贡万（烧碗）、贡宠（烧锅）、贡皇（烧盆）。

人生总有起落,精神终可传承。制陶的手艺是祖辈传下来的,传承人们也一代代传给了子孙。土锅寨的土锅,是低温烧制的,温度不能超过900度。烧制时,在棚子下面的灰烬里,铺上厚厚的一层稻草;将土锅坯子尽量紧密地堆在一起,上面蒙上厚厚的稻草,再盖上一些灰烬,点燃后焖上一夜,第二天扒拉开灰烬,就可以收获土陶了。至今,土锅依然是附近花腰傣人家最喜欢的生活器皿,这项诞生在花腰傣土地上的传统工艺,在花腰傣艺人的手中,逐渐散发出更加绚丽、璀璨的艺术光芒。历经岁月的坚守,也沉淀出花腰傣村寨的那一捧烟火气。

（2）傣族土锅的象征意义和文化价值。

从600多年前到今天,土锅在花腰傣人民心目中已经是一个不可取代的符号。无论现在有了多么先进的设备与设施,土锅所带给花腰傣人民的那一份乡愁是永远无法取代的。土锅的制作与应用代表了古时花腰傣人民的智慧。低温慢烧、制窑等方法则是花腰傣人民在数不清的岁月中逐渐总结、演化、改进而得来的。而用土锅烧汤能使汤汁更加鲜美,能使水变得更亮,则表现出在当时缺乏电力、缺乏铁器的环境下,劳动人民用土做铁,对天地、对自然最好的尊重。而土锅这一花腰傣的传统文化则会永远地流传在每一朵花腰傣人民的心中,无论走到哪里,走到何方。家中有一方土锅盛水,是花腰傣人民心中永远的"乡味"。

三、调研过程

1. 调研方法

本次调研通过拜访土锅寨傣家村民和土锅非遗传承人，实地考察和收集相关资料，深入了解并分析傣族土锅的历史背景、制作工艺以及文化内涵。

2. 调研内容

本书介绍了傣族土锅的相关内容。团队成员通过本次实地调研，亲身体验并学习了土锅制作的过程和技艺，深刻了解了非物质文化遗产土锅文化的精神内核。本书提出了加强传统技艺传承和保护的重要性，并提供了相应的措施和建议，旨在促进傣族土锅的文化传承和发展。

四、调研的成果

1. 收获

随着现代化进程加快，傣族的生活方式也发生了变化。人们日益依赖市场和现代化厨具，传统的土锅使用逐渐减少，这给土锅传承带来了挑战。新一代年轻人对土锅的兴趣和认同度可能不及前辈，导致传统技艺面临一些危险。

我们面临缺乏专业继承人的难题。土锅通常是通过师徒传承以及家族传承的方式来进行传承的。土锅的传承需要有经验丰富的老一代人传授技艺给年轻一代。然而，传统手工艺的传承并不简单，一个技艺人的培养需要长时间地联系、持之以恒的耐心和大量的精力投入。

同时，现代工业化和商业化导致大规模生产和标准化，土锅在市场上面临竞争压力。商业化的趋势可能降低土锅文化的活力。

2. 存在问题及原因分析

我们深知手工技艺沿袭传承的不易和挑战，尤其是傣陶不同于一些其他技艺，它通常需要两人配合才能完成制作，给传承人带来的经济效益不高。因此，近些年制作傣陶的手艺人逐步减少。团队成员本次拜访的"土锅王"刀正富老师作为非遗传承人，对土陶工艺的传承问题十分重视，在掌握了土陶制作的技艺后，把土陶制作技艺传授给妻子和同村的其他土陶艺人。现在，有十多名传承人在他的带领下，掌握了土陶制作技艺，成为花腰傣土陶制作的主要传承人。虽然土锅作为非物质文化遗产，其发扬光大整体呈向上的态势，但仍需居安思危,为傣陶的发展与传承做出贡献,为当地的乡村振兴留住人才。

刀正富老师说道:"时代在变化,人们的需求也在变化,我也必须学会变化,学会适应时代。这些陶器都是用花腰傣传统的手工技艺做出来的,同时融入了现代元素,才成为实用又好看的艺术品。"土锅传承,重中之重便是跟随时代步伐,不断改进与创新,才能使之不被时代洪流所淹没。近年来,戛洒镇的游客渐增,刀正富老师也转变思路,开设了"正富土陶工艺坊",开始做一些花腰傣民俗风格的土陶工艺品。在展示区里,精致的花瓶、烟灰缸、茶具等工艺品琳琅满目。这些兼具实用性与观赏性的花腰傣土陶工艺品,渐渐成为戛洒的特色旅游商品。

更加可喜的是,新平县政府也开始扶持花腰傣土陶产业,将傣族传统制陶技艺申报为省级非物质文化遗产,并培训本土人才,组织土锅制作户到各地学习参观,不断进行技术革新,研发创新,开拓市场,力图打造新平陶文化高地。"非遗＋旅游"的形式,丰富了游客的文化旅游形式,同时也组织傣陶传承人学习先进技术,不断扩大傣陶影响力,让民族文化更好地延续与发展。

3. 解决方案

(1) 加强土锅文化的宣传。

将土锅文化纳入学校的教育课程中,向学生介绍土锅的历史、制作技艺、意义和传承价值。可以组织参观活动,让学生亲身体验土锅制作。通过电视、广播、报纸、杂志、社交媒体等渠道,开展宣传活动,向公众介绍傣族土锅的历史、文化背景和制作工艺。通过教育和宣传从而使公众加深认知和理解,提高土锅传统的价值和重要性。同时,激发年轻一代对土锅的兴趣,鼓励他们学习和传承土锅的制作技艺,确保傣族土锅文化得以传承和发展。

(2) 政策和资金支持。

制定相关政策和提供经济资金支持,鼓励土锅制作技艺的传承和发展,如设立专门基金会、建立培训机构等。

(3) 加强土锅文化交流和合作。

加强傣族与其他地区以及国际的文化交流与合作,开展跨地区和国际的文化交流与合作,与其他地区或国家的文化机构、手工艺组织等进行合作,促进土锅文化的传播和传承,促进传统手工艺技艺的传承与发展。

五、调研结论与总结

(1) 保护与传承工作的重要性和紧迫性。

我国的 56 个民族在漫长的历史过程实践中,形成了各民族的传统文化,云南民族传统文化是各民族历史的沉淀,是各民族历史的反映,同时受到很强的地理环境的影响,具有各地域性特征,还受到各民族生活习惯的影响,具有民族文化的独特性。其中云南戛洒镇有一个名为"土锅寨"的花腰傣村寨,这里因千百年来制作花腰傣生活中常用的器皿土锅而得名。但是由于制作这些土锅的工序相当复杂,包括挖土、舂土、晒土、和泥以及拉坯等,总的来说,有几十道工序,所以说,现在的年轻人不想再做土锅了。"抛弃传统,丢掉根本,就等于割断了自己的精神命脉。"非物质文化遗产是一种无形的、不可重复的历史遗存和文化记忆,是中华民族的血脉。如何保护好这份遗产并使其传承下去,是人类社会发展的一个重要课题,其文化意义和价值不言而喻。就如同珍稀动物保护一样,这一工作已不容疏忽和懈息。在当今,党对各民族非物质文化遗产的挖掘和保护十分重视,始终将其作为关系到祖国统一、民族团结以及文化建设的重大事业来抓。培养专业传承文化人才,保护民族优秀传统文化,对每个人来说都极其重要。

(2)推动傣族土锅的文化传播和旅游开发。

非物质文化遗产的传播,一直是依附在当时或实用型,或观赏艺术型的物质产品上进行传播的,而土锅的传播是以人为载体,以口传身授的方式进行传承的。随着老一辈传承人的逝世,他们的技艺和文化逐渐消亡。随着全球化的推进,土锅文化受到了越来越大的冲击,传统的传播方式很难适应当今正在快速变化的传播环境,必须寻找新的传播渠道和传播方式。因此,网络、电视等媒体是傣族土锅的保护与传承的一个崭新和高效率的传播途径。

当然,我国非物质文化遗产保护工作的方针是"保护为主,抢救第一,合理利用,传承发展"。因此,对于非遗文化遗产,应是"在保护中开发,在开发中利用"。非遗需要传承,旅游就是一个很好的载体。而且非遗本身就是十分重要的旅游资源。发展"非遗＋旅游"产业,能够为旅游景点注入文化内涵,让人们的旅行更美好,也将为地方经济发展、群众就业增收提供新动能。

绣 锦 缘 福

——非遗婚庆刺绣的新生之路

团队成员：宋祝衡　蒋楷文　杨牧川　李翔华
　　　　　王　双　施安心　王一凡　沈珂羽
指导老师：孙益波

一、引言

1. 调研背景

非遗文化作为中国传统文化的重要组成部分，是国家宝贵的文化遗产，而非遗手艺人也是中国文化的珍贵财富，但是这些手艺随着时代的发展逐渐被淡忘或拒绝，这对于我们继承和发扬传统文化造成了巨大的阻力。因此，绣锦缘福项目应运而生，它在非遗刺绣技艺这一传统文化的基础上推出非遗婚庆刺绣，与城乡高质量发展的要求相结合，希望婚庆刺绣在婚庆市场上有越来越大的需求和影响力，致力于推动城乡社区的发展。

近年来，随着我国服装消费市场不断提升，消费者对传统服饰艺术的欣赏能力不断提升，刺绣品在服装消费市场的消费者喜爱程度不断上升，产销量均保持增长趋势，市场规模处于不断增长的趋势。

传统刺绣目前面临各类问题，学习难度大，制作周期长，设计应用模式单一，机械化生产冲击严重，传承发展老龄化等问题制约了传统刺绣的健康发展。

进入 21 世纪以来，保护传统刺绣艺术成为广泛共识。刺绣在新时代应符合制作周期缩短化、设计应用多样化、手工技巧独特化、传承队伍年轻化的发展需求，打破传统刺绣工艺的固有方式，积极创新技法的表现形式，探索与新材料相融合的设计，充分体现刺绣的新时代文化价值和艺术特色。婚庆刺绣需要创新的不仅仅是刺绣的技艺,更要懂得融合当代的艺术与需求,要在刺绣工艺与时尚的结合上开拓空间。推动婚庆刺绣的创新,需要融入时代元素,结合当下年轻人的审美需求,推动其创造性转化、创新性发展。

2. 调研时间

2023 年 6 月 23 日—6 月 24 日、7 月 1 日—7 月 2 日。

3. 调研地点

江苏省苏州市、云南省昆明市。

4. 调研对象

苏州民俗博物馆、姚建萍刺绣艺术品牌馆、中国刺绣艺术馆、苏州虎丘婚纱城、苏州刺绣博物馆、云南省博物馆、社交平台博主。

二、调研对象简述

1. 苏州民俗博物馆

苏州民俗博物馆是一个展示苏州深厚文化的地方,其中展示了许多精美的刺绣作品。在苏州民俗博物馆中,可以看到各种绣着花鸟、山水、人物等图案的苏绣作品。这些作品通常使用丝线制作,色彩鲜艳,线条细腻,精美绝伦。苏州民俗博物馆展示了许多花样刺绣作品,包括花卉、动物和传统图案等,这些作品通常绣在丝绸上,色彩丰富多样,线条流畅,展示了中国传统刺绣的精湛技艺。

2. 姚建萍刺绣艺术馆

姚建萍刺绣艺术馆,坐落于风景秀丽的金鸡湖景区李公堤三期商业街内。艺术馆面积五百余平方米,是姚建萍精品刺绣艺术的展览展示和对外艺术交流的窗口。馆内的主要展览作品有:巨幅代表作品《江山如此多娇》《百年奥运中华梦》,以及参考名家名作而创作的刺绣作品,如《父亲》《蒙娜丽莎》等。

3. 苏州虎丘婚纱城

苏州虎丘婚纱城位于虎丘山风景名胜区南侧,占地面积约 12 万平方米,总建筑面积约 30 万平方米,是中国首座婚尚全产业链综合体。虎丘婚纱城共分为 A 区(婚嫁购物中心)、B 区(婚嫁购物中心)、C 区(婚尚体验步行街)、D 区(会展休闲中心)四个功能区域,汇聚了婚庆产业的上万种产品、四百余家知名品牌,是集婚嫁商品、婚纱摄影、影楼用品、会展发布、人才培育、文化发展为一体的中国婚庆产业发展引擎与产业中心。

4. 苏州刺绣博物馆

苏州刺绣博物馆位于苏州城中景德路 274 号。作为中国四大名绣之首的苏绣有着两千多年的历史。从西汉到现代，约 300 平方米的展厅讲述了这漫长的苏绣艺术史，展现了苏绣不断演变及创新开拓的过程。

三、调研过程

1. 调研方法

本次调研采用访谈调研、问卷调查、文献综述、案例研究、实地调查等方法，探究婚庆刺绣的历史演进及创新发展过程。

2. 调研内容

第一小组上午到达苏州之后，首先参观了苏州民俗博物馆。在苏州民俗博物馆中可以看到一些婚庆刺绣作品，这些作品通常用于装饰婚礼用品，如婚纱、婚床等。刺绣图案多为喜庆的花鸟、祥云、龙凤等，展示了传统婚礼的独特风情。

第二天上午，小组参观了姚建萍刺绣艺术馆，欣赏了十分多样的秀丽的刺绣作品。姚老师助理们给来到现场的伙伴们以生动有趣的科普讲解，并且探讨了当今婚庆刺绣在时代冲击下的新格局与新发展。

第二小组来到苏州虎丘婚纱城，探寻有关婚庆的刺绣文化，虎丘婚纱城将在立足虎丘婚纱本土资源的同时引进国内外知名设计师品牌，为设计师作品提供展示的平台，为新人提供注入设计师灵魂的嫁衣定制，满足追求自我风格的新人的需求。在结合我国非遗婚庆刺绣文化的同时引进了国内外的现代婚庆婚纱设计，为婚庆刺绣文化带来了新的血液和智慧。

在苏州刺绣博物馆，第二小组还参观了刺绣大师的工作室，观摩了他们的创作过程，学习了刺绣的基本技法和工具的使用方法，亲手体验了刺绣的乐趣。我们还欣赏了一场刺绣服装秀，看到了婚庆刺绣与时尚的完美结合，感受到了婚庆刺绣艺术的无限魅力。我们对苏州婚庆刺绣有了更深的认识，也对中国传统文化有了更浓的情感。在苏州刺绣博物馆的最后，我们还与刺绣大师进行了交流，听取了他们对刺绣艺术的看法和心得，了解了他们对婚庆刺绣事业的热爱和执着。

四、调研的成果

1. 收获

（1）历史认知和技艺传承。

刺绣是针线在织物上绣制的各种装饰图案的总称，就是用针将丝线或其他纤维、纱线以一定图案和色彩在绣料上穿刺，以绣迹构成花纹的装饰织物，它是用针和线把人的设计和制作添加在任何存在的织物上的一种艺术，是我国民间传统手工艺之一，至少已有两三千年的历史。

中国的刺绣技艺源远流长，各地都有其独特的刺绣技艺和非遗手艺人。

苏绣是四大名绣之一，有两千多年的历史，定名且闻名于清，此后以苏州为主产于江苏地区的刺绣统称苏绣，是最为著名的刺绣派系。苏绣色彩文静雅致，绣面平整光洁、工整秀丽，构图多采取中国画的图形和布局，若是比较好的行家里手所绣，必有和国画一样的题字落款，很有文人画的情趣韵味。

苏绣也被用于制作床单、枕套和被套，这些物品上常常绣有吉祥的图案，如莲花、鸳鸯等，旨在祈求新婚夫妇生活幸福美满；苏绣的手绢、围巾、扇子等小物品常被作为婚礼上的礼物或饰品。这些精美的刺绣品不仅展现了出色的手艺，还体现了对婚礼的重视和祝福；苏绣的屏风、挂毯、墙饰等家居饰品经常被用作婚房装饰，给婚房增添了浓厚的传统文化氛围。

苏绣中的婚庆刺绣是一个体现中国传统文化、工艺和美学的领域。随着现代人对传统文化的重视，苏绣在婚庆领域的应用也越来越受到年轻人的欢迎，成为连接古老传统和现代审美的桥梁。

相比于著名的苏绣，云南的民族民间刺绣有着更加广泛的民间基础，彝绣、苗绣、瑶绣……每一个民族都有着历史悠久的刺绣文化和独特多样的技艺，成为中华民族刺绣宝库中的瑰宝。

（2）婚庆刺绣发展现状。

婚庆刺绣在经济方面发展的现状可以总结为以下三点。

第一，在婚庆刺绣行业，收入水平可能会因为地理位置、工作经验、行业需求等因素有所不同。总体收入水平高于传统的农、林、牧、渔业等，但低于新兴的信息传输、软件和信息技术服务业。

第二，刺绣行业市场规模庞大，涉及服装、家居纺织、酒店行业等多个领域。

根据行业的发展状况和地区的不同,市场规模会有所差异。随着刺绣产品的广泛应用和消费需求的增长,该行业为经济增长做出了一定贡献。此外,刺绣行业带动了相关产业链的发展,如织物生产、设计和销售等,进一步提升了对GDP的贡献,刺绣行业和该行业涉及的供应链创造了就业机会,还为政府带来了税收收入。

第三,婚庆刺绣行业的可持续性对于未来发展和社会经济的转型有着重要的影响。婚庆刺绣行业应关注环保和资源利用的问题。例如,采用可再生材料、使用可持续工艺、推广节能减排的生产方式等,有助于减少对环境的负面影响;行业从业者应积极承担社会责任,有利于树立良好的企业形象;随着科技的不断发展,婚庆刺绣行业采用创新技术,提高生产效率和质量,这些技术创新有助于满足市场需求,同时也能推动该行业的未来发展。

婚庆刺绣在社会方面发展的现状可以总结为以下三点。

第一,一般而言,大多数人对婚庆刺绣行业的了解停留在基础的认知水平上。人们可能知道它是一种精细的手工艺,需要高度的技巧和专业知识才能完成,但在婚庆刺绣行业的文化背景、艺术价值和历史渊源方面的深入理解可能较少。

第二,婚庆刺绣行业在社会服务方面提供了多种服务,婚庆刺绣行业提供的服务内容主要包括婚纱、礼服、鲜花等婚庆用品的刺绣定制和设计。婚庆刺绣行业的服务对象主要是那些准备结婚、举办婚礼的新人。婚庆刺绣行业的服务覆盖范围通常是在特定的地理区域内,根据婚庆刺绣工作室的规模和发展,以及市场需求而有所不同。他们的服务不仅仅满足了人们对于个性化婚礼的需求,同时也促进了相关行业的发展,如婚纱设计、婚庆策划等。

第三,婚庆刺绣行业面临的社会问题包括行业规范、从业人员待遇和经营欺诈等挑战。

婚庆刺绣在文化方面发展的现状可以总结为以下两点。

第一,婚庆刺绣产品具有丰富的艺术品质和文化内涵,以及在当今市场的价值等方面。婚庆刺绣在许多文化中都有悠久的历史,它可以包括各种不同的风格和图案,反映地域文化的差异。每种文化都为婚庆刺绣产品赋予了特定的意义。婚庆刺绣要求高度的技艺和细致的工艺,作为一种艺术形式,其美学价值被赋予了重要的地位。刺绣作品常常融合了色彩、线条和形状等元素,并通过细腻的手工艺呈现出精美的视觉效果。此外,刺绣也经常与其他艺术形式,如绘画、雕塑等进行融合,创造出更加丰富多样的艺术作品。在当今婚庆市场,刺绣产品因其独特的艺术性和文化内涵而备受青睐。

第二,婚庆刺绣行业之间的文化交流活动和交流渠道可以促进行业之间的合作和学习。行业展览和博览会是婚庆刺绣行业之间进行文化交流和展示的重要平台。随着互联网的发展,许多行业都有线上社交平台和论坛,这种线上交流方式使得不同地理区域之间的交流更加便捷,促进了全球范围内的文化交流和合作。一些行业组织和机构还会组织国际交流项目和参观考察活动,以扩大行业之间的文化交流和合作。

婚庆刺绣在信息压力方面的发展现状可以总结为以下两点。

第一,从业人员可以通过婚庆刺绣行业的协会和组织获取相关信息,包括行业动态、培训机会和技术更新等。在专业网络平台和社交媒体关注行业领域的专家、企业和相关讨论组,从中获取信息并与其他行业同行互动交流;参与行业展览和博览会是从业人员了解行业新趋势、产品和服务的重要途径。

消费者通常会通过婚庆服务商(如婚礼策划师、婚庆公司)获取婚庆刺绣相关的信息;消费者可以通过搜索引擎进行在线搜索,或者通过社交媒体平台(如小红书、微信公众号)和在线评论了解其他消费者的评论和评价。

第二,婚庆刺绣市场面临着一定的竞争压力,既有来自行业内的竞争,也有来自行业外其他相关产品市场的冲击。

婚庆刺绣行业内同行的数量和竞争力状态是影响市场竞争的重要因素。随着个性化婚礼需求的不断增长,刺绣行业的竞争激烈程度可能会提升。婚庆刺绣市场还面临着来自其他相关产品市场的竞争,如婚纱定制、礼服设计等。这些行业可能提供与婚庆刺绣类似的产品和服务,吸引了一部分潜在客户。随着时代的变迁和消费者需求发生变化,婚庆刺绣行业也需要不断适应市场的发展趋势。

婚庆刺绣在心理压力方面的发展现状可以总结为以下两点。

第一,消费者通常希望从婚庆刺绣和时代融合的产品中获得融合创意和传统的个性化表达、高品质和精细工艺、婚礼纪念和情感表达、富有创新性和特色的体验。

第二,通过婚庆刺绣产品消费者的消费反馈和评价,同时在社交媒体上收集他们对产品的讨论和分享,了解消费者对现有产品的意见,包括关于产品质量、设计、定制化能力、价格等方面的意见。

2. 存在问题及原因分析

（1）传承与发展方面。

第一,缺乏传承人和年轻继承者。许多传统婚庆刺绣的技艺传承者年龄较大,而年轻一代对这项技艺的兴趣不大,导致传承缺乏后继之人。

第二,市场竞争与商业化。随着市场竞争的加剧,一些商家可能更注重经济利益,而不是保护传统技艺的纯粹性,这可能导致刺绣工艺的缩水和低质量产品的涌现。

第三,缺乏政策支持。在一些地区,对于传统文化的保护和传承政策不够明确,可能缺乏有效的法律法规保护。

第四,文化认知减弱。随着现代文化的影响,一些人对传统文化的了解和认知减弱,从而降低了对婚庆刺绣这种非物质文化遗产的重视程度。

第五,设计创新与保守主义共衡。在传承刺绣技艺时,需要保留传统的技法和图案,同时引入现代的设计元素,以保持吸引力。

（2）市场化方面。

第一,消费群体的拓展乏力。婚庆刺绣的目标消费者主要是有着传统文化情感和审美需求的新人,但这部分人群的数量有限,且受到地域、收入、教育等因素的影响。

第二,附加值和品牌影响扩展路径欠缺。婚庆刺绣作为一种手工艺品,其生产成本较高,但其市场价格却不一定能够反映出其真实价值。

第三,互联网和电商平台的利用不足。互联网和电商平台为婚庆刺绣提供了一个广阔的展示和销售空间,可以有效地突破地域和时间的限制,拓展婚庆刺绣的市场规模和覆盖范围。

3. 解决方案

（1）传承与发展方面。

第一,建议政府制定支持政策。倡导政府出台相关政策,如设立刺绣艺术基金、提供场地资源等,支持刺绣传承与发展。

第二,举办展览和文化活动。组织婚庆刺绣的展览、文化节等活动,提升社会认知度,吸引更多人了解和参与。这些活动也提供了一个平台,使从业人员能够分享经验、讨论行业问题,并共同迎接挑战。行业之间可以相互借鉴和启发,提升刺绣技艺和提供更多多样化的服务。

第三,加强学校教育。将婚庆刺绣技艺纳入学校的艺术课程,培养学生对传统文化的兴趣,同时提供更多的学习机会。

第四,加强国际交流。通过参加国际艺术展览、文化交流活动等,将婚庆刺绣推广到国际舞台,增强国际影响力。同时通过国际交流,行业之间可以相互借鉴和启发,提升刺绣技艺和提供更多多样化的服务。

第五,媒体宣传与社会推动。通过电视、网络、社交媒体等渠道,宣传婚庆刺绣的价值和魅力,引导社会对传统文化的关注。

(2)市场化方面。

第一,创新设计与现代元素融合。鼓励传统刺绣艺术家尝试融合现代设计元素,创造出新颖、吸引人的作品,以吸引年轻受众。扩大婚庆刺绣的受众面,吸引更多的年轻人对婚庆刺绣产生兴趣和认同,是婚庆刺绣市场化发展的重要任务。

第二,建立市场合作与推广渠道。与婚庆行业合作,将刺绣作品应用于实际婚礼中,扩大市场需求,同时借助电商平台拓展销售渠道,提高婚庆刺绣的附加值,让消费者认识到其独特性和稀缺性,是婚庆刺绣市场化发展的关键。此外,打造婚庆刺绣的品牌形象,提升其在消费者心目中的地位和影响力,也是婚庆刺绣市场化发展的重要途径。

第三,充分利用互联网和电商平台。通过有效利用互联网和电商平台进行有效的宣传和推广,解决线上交易中可能出现的质量、物流、售后等问题,保护婚庆刺绣的知识产权和版权等举措,切实推动婚庆刺绣的市场化发展。

五、调研结论与总结

婚庆刺绣作为一项非遗技艺,拥有悠久而精湛的传统。在暑期社会实践项目中,小组成员们深入了解了婚庆刺绣的传承与发展。项目的主要目标是通过实践活动,促进这一非遗技艺的传承和推广。

在实践项目中,我们与一些富有经验和技艺的婚庆刺绣师傅进行了深入交流和学习。通过观摩他们的工作过程,我们了解到婚庆刺绣在婚礼仪式中的重要性和作用。婚庆刺绣师傅们耐心地向我们讲解了刺绣的基本知识、手法和技巧,并与我们分享了一些有关婚庆刺绣的历史背景和文化内涵。

除了学习之外,我们还有机会亲自参与到婚庆刺绣的制作中。我们学习了如何使用针线,如何选择合适的颜色和材料,以及如何绣制各种花纹和图案。通过这些实际操作,我们更加深刻地体会到婚庆刺绣的艰辛和精细。

在实践过程中,我们意识到婚庆刺绣的传承面临着许多挑战。一方面,由于现代人们生活节奏的加快和生活方式的变化,婚庆刺绣已逐渐被忽视和边缘化。许多年轻人对这一传统艺术缺乏了解和兴趣;另一方面,婚庆刺绣的传承者逐渐减少,师傅们年龄较大,缺乏年轻的接班人,这使得婚庆刺绣的传统技艺面临着严峻的危机。

为了解决这些问题,我们提出了一些建议。首先,我们认为应该加强婚庆刺绣的宣传和推广工作,提高人们对这一非遗技艺的认识和兴趣。可以通过举办展览、培训班和文化活动等形式,吸引更多的年轻人参与进来。其次,我们建议政府和相关机构加大对婚庆刺绣传承者的扶持力度,鼓励他们将自己的技艺传授给年轻人。最后,我们认为应该通过制定相关法律法规和政策,保护婚庆刺绣这一非物质文化遗产的传承和发展。

在该暑期社会实践项目中,小组成员深刻地体会到了婚庆刺绣这一非遗技艺的魅力。通过参与实践活动,小组成员认识到了文化传承的重要性。我们要保护好这些瑰宝,使婚庆刺绣这一非遗技艺得到更好的传承和发展。

点亮非遗之光，助力文旅振兴

——仙居县无骨花灯的发展路径探索

团队成员：高琪琪　郭烩霄　杨雨晴　叶文哲
　　　　　吴超阳　张聪义　夏营聪

指导老师：王雪辉

一、引言

1. 调研背景

浙江省仙居县针刺无骨花灯作为中国传统手工艺术的重要组成部分，是国家级非物质文化遗产之一，代表了该地区独特的历史、技术和审美传统。过去的研究主要关注该艺术形式的工艺、历史、文化和美学等方面。由于现代化的影响和经济发展的压力，这项传统工艺正逐渐消失或面临失传的危险。

（1）为保护文化遗产做出贡献。

无骨花灯工艺技术和技巧经过几代人的努力和传承，承载着丰富的知识和智慧。通过进行调查和项目推广，我们可以记录和保存传统工艺的技术和知识，确保它们不会因为时间的流逝而消失。这对于保护和传承我们的文化遗产至关重要，以便我们的后代能够了解和欣赏这一独特的文化财富。

（2）促进仙居非遗当地的经济发展。

无骨花灯不仅仅是一种文化遗产，也是一种潜在的经济资源。通过对这项工艺的调查和推广，可以为当地经济发展提供新的机遇。无骨花灯工艺品可以增强旅游业的吸引力，吸引游客前来欣赏和购买。本次实践也将助力创新开发针刺无骨花灯，使其与现代市场需求相适应。这将为手工艺人提供更多的就业机会和收入来源，促进当地社区的经济发展。

（3）在促进文化交流和跨文化理解方面做出贡献。

无骨花灯不仅仅是浙江省仙居县的独特文化标志，还可以成为促进文化交流和跨文化理解的桥梁。调查和推广此次项目将无骨花灯推广到网络等媒体平台上，让更多的人了解和欣赏不同文化之间的共同之处和独特之处。这有助于打破文化隔阂，促进不同文化之间的交流和理解。

2. 调研时间

2023 年 6 月 24 日—26 日。

3. 调研地点

浙江省台州市仙居县。

4. 调研对象

仙居县非遗项目针刺无骨花灯（灯彩）。

二、调研对象简述

仙居县非遗项目针刺无骨花灯（灯彩）

所属年代：唐朝。

所属地区：浙江省台州市仙居县。

类别：中国传统手工艺品。

特点：灯身没有骨架支撑，由绣花针刺成的纸片粘贴而成；造型优美精致、古朴典雅、工艺独特；轻巧可飞。

社会背景：2006 年 3 月，仙居针刺无骨花灯被中国艺术研究院收藏；6 月被批准为首批国家级非物质文化遗产；2014 年 8 月，仙居针刺无骨花灯荣获由联合国教科文组织认证评审的"2014 世界杰出手工艺品徽章"。

发展状况：手工艺品市场竞争日益激烈；消费者对于仙居花灯的文化价值认识不足；制作工艺和材料遭遇保护难题。

三、调研过程

1. 调研方法

本次调研采用文献调研、实地考察、访谈调查和问卷调查等方法。分析针刺无骨花灯商业化和文旅融合发展的现状与潜力，探讨其在地方旅游业等经济发展中的作用，并为当地政府和花灯非遗传承人提供可行建议和相关措施。

2. 调研内容

第一天到达仙居，采访非遗传承人方康哲，体验非遗花灯制作过程并且进行记录；第二天采访仙居文化和旅游局文化遗产科的工作人员，从工作人员那里获取了有关无骨花灯以及其他的一些非遗的官方资料，同时采访了另一位非遗传承人陈建伟；第三天实地调研仙居皤滩古镇，以街头采访和问卷的形式了解当地居民以及游客等对花灯的认识以及看法。在为期三天的实地调研结束后，我们对搜集到的采访信息及政府工作人员提供的相关资料进行了分析总结，并以推文和视频的方式展示调研结果，助力这项非遗文化的传播推广。成员经过热烈的讨论，最终确定了十篇推文，它们的主题分别为调研前导；无骨花灯的制作工艺；采访非遗传承人方康哲；采访非遗传承人陈建伟；采访仙居县文旅局文化遗产科工作人员；皤滩古镇实地调研；仙居生物多样性博物馆之花灯展览；对比当地其他非遗的发展状况；花灯相关推广总结；调研的整体总结。在结项报告中，我们共提出了七个有碍无骨花灯推广的问题，并对此提出了可行性建议。同时，我们提出了将无骨花灯与仙居文旅产业进行进一步结合。我们需要加大对无骨花灯的宣传力度，扩大灯节、灯展的规模，突出其独特性，丰富其多样性，使其成为新的城市名片。独特的工艺、精巧的造型，将吸引各地游客慕名而来。

四、调研的成果

1. 收获

通过在仙居当地的实地调研以及对于政府人员、传承人等人的访谈，发现仙居无骨花灯这一非物质文化遗产虽然有着非常美丽的艺术形态，但是在仙居当地，民众对其了解认识程度并不高。虽然政府和传承人都在努力使仙居无骨花灯得以传承并让其融入现代社会，为其注入鲜活的元素与时代接轨，使其绽放出内在文化价值的同时赋予其不俗的经济价值，以此使其在传承的过程中吸引越来越多的人和企业关注，来更好地促进其发展。但是调研发现了许多阻碍这一情况发生的因素，例如政府宣传力度不够，无骨花灯未能被大众和企业广泛了解；传承人之间有互不来往的现象，无骨花灯传承割裂现象严重；新生血液少，无骨花灯青年传承人寥寥无几等。这些都是导致无骨花灯与现代脱轨的原因，下面将会列举其中一些重要的问题，希望能够通过解决这些问题为无骨花灯的传承提供帮助。

2. 存在问题及原因分析

（1）花灯自身的问题。

无骨花灯作为一项非物质文化遗产,外观华美,制作精良,但无奈其商业价值没有能被很好地挖掘。以往,花灯更多地被用来照明,但进入现代社会,花灯照明这一功能逐渐淡化,其更多的是作为一种装饰品。目前无骨花灯商业产品种类以及数量均较为有限,并且少有能够与时俱进地适应现代化生活的花灯产品。同时,无骨花灯销售方式以及销售渠道受限于花灯繁杂的制作工艺以及运输要求,导致大部分手艺人制造花灯付出的劳动成本往往无法得到补偿,而仅靠政府的补贴传承人难以维持生计,从而导致传承人逐渐流失。

（2）花灯传承人才数量缺乏。

无骨花灯是一门复杂的手工艺技艺,需要传承者具备深厚的知识和技能。这些技艺可能需要多年的学习和实践才能掌握,使得年轻人可能因为时间和精力的限制而不愿意投入。同时,随着社会的现代化和工业化,人们的职业选择和生活方式发生了变化。许多年轻人可能更倾向于选择现代化的职业和生活方式,而非传统的手工艺技艺。若从经济因素方面考虑,无骨花灯手艺人可能并不是一个有稳定收入的职业,尤其是在初期的学习阶段。年轻人可能会选择追求能够带来更好经济回报的职业,而非选择投入时间和精力学习这门技艺。

（3）宣传推广上的问题。

根据我们线下的采访调查,大多数群众对于仙居无骨花灯缺乏认识和了解。了解无骨花灯可能需要通过博物馆、展览会等途径。然而仙居县内并无专门的非遗博物馆,只有不定时的为数不多的一些花灯展览,台州市的非遗博物馆则不在仙居县内,受交通的影响,群众无法轻易了解无骨花灯的相关知识。同时政府和个人对于无骨花灯的推广不足,没有充分利用互联网对无骨花灯进行推广宣传。同时,推广团队成员缺乏文化传播、非遗保护和艺术传媒等方面的专业知识,在宣传过程中,无法准确理解无骨花灯的文化内涵和历史价值,从而难以将这些信息传递给受众。

（4）资本的过度介入。

无骨花灯传承人介绍,在无骨花灯的发展过程中存在资本无序介入的情况,在促进无骨花灯商业化的过程中,过度追求经济利益,而忽视了其文化传承和艺术价值,破坏了其原有的历史和文化内涵。过于追求快速发展和盈利,忽略了技艺的深入学习和传承,造成传承的表面化,影响技艺的传统和精髓。并且资本的介入可能导致传承人之间的竞争加剧,争夺资源、市场份额和资金支持,引发了利益分配的问题,导致隔阂与矛盾的产生,严重影响了传承人之间的合作交流。资本的无序性既没有成功实现无骨花灯的商业化,又使市场环境变得更加恶劣。

(5) 非遗发源地开发程度低。

位于市中心较远的皤滩古镇,由于交通不便,正面临古镇旅游资源开发困难的问题。交通的不便使得许多游客放弃前往皤滩古镇。正如上文所述,古镇在宣传推广方面存在力度不够的问题,进而加剧了古镇旅游资源开发不足的局面。由于缺乏有力的宣传渠道和推广活动,群众可能并不了解皤滩古镇,更不用说深入了解其独特的文化和风貌。皤滩古镇旅游开发的不足也影响了服务质量。经过实地考察,本团队发现皤滩古镇周边缺乏多样化的旅游设施、餐饮、住宿等服务,从而使得游客在游览过程中可能遇到一定的不便。

3. 解决方案

(1) 传承中发展。

针刺无骨花灯是中华文明的重要组成部分,承载着丰富的文化内涵。作为农业文明的产物,它与现代工业文明难免会有所背离。因此,我们需要在传承针刺无骨花灯的同时,适应当代社会的需求,实现其发展和创新。为了使针刺无骨花灯这一悠久历史的传统技艺焕发生机,展现新的时代特色,从而成为广大人民群众喜闻乐见的花灯艺术,我们需要在保留核心技艺的基础上,结合时代需求,不断进行形式、表达、技艺和寓意方面的创新。唯有这样,这一传统技艺才能在发展中不断壮大,为人们的生活增添更多的乐趣和色彩。

(2) 续非遗薪火。

针刺无骨花灯具有制作工艺精巧复杂、灯体造型繁复多变、装饰纹样意蕴丰富等特点。然而,在社会发展的进程中,随着现代灯具全面进入人们的日常生活,传统花灯逐渐淡出人们的视野。同时,由于市场经济的冲击,作为非物质文化遗产的针刺无骨花灯面临着传承与发展的困境。

针对针刺无骨花灯的传承与发展,需要培养一批优秀的技艺传承人。可以将传承人的培养纳入当地的发展政策中,并认真落实国家关于非物质文化遗产的相关政策。政府以及相关部门可以持续在社区、院校中推广针刺无骨花灯艺术，并与当地职业学校、劳动部门联合开设针刺无骨花灯传习班，培养受训者对针刺无骨花灯艺术的兴趣，为其传承储备足够多的新生力量。与此同时，政府和相关部门也需要对传承人提供最基础的生活保障，避免非遗传承过程中不可抗力因素的影响。政府对花灯传承的扶持除了增加资金投入外，也可以采取更加灵活有效的方式，例如引入资本，为针刺无骨花灯打造若干相对有影响力的品牌，该举措在提供经济助力的同时，也能提升花灯非遗的影响力。

（3）现代化助力。

针刺无骨花灯这项传统技艺能在历史的漫长演变中保留下来，靠的是与时俱进，常变常新。对于无骨花灯的结构，设计师可以借鉴、提取其中契合当下的审美元素进行设计，探索传统艺术与现代设计结合的新路径，为传统文化的现代性表达探索新的方案；对于材料的革新，现代材料的不断发展为针刺无骨花灯的现代化应用提供了新的可能，如金属材料、树脂材料、高分子材料等可以使针刺无骨花灯的应用场景摆脱传统以室内应用为主的限制，更多被应用于户外等公共场合，同时延续针刺无骨花灯的使用寿命和拓展针刺无骨花灯的表现形式。

（4）文旅相结合。

对于针刺无骨花灯这项传统技艺类非遗，可以在传承人的带领和指导下，让游客参与到非遗制作的过程之中，操作简单步骤，进行互动体验，完成后的非遗成品可以作为纪念品赠送给游客。如设立能够提高非遗的公众参与度的项目——在皤滩古镇地理位置优越的"十八里长街"设立花灯日常展示区，在景点映月湖湖畔设立花灯体验区。体验区提供花灯系列半成品，游客可以参与花灯灯面的创作（自行创作图案或者与花灯制作人一起制作传统的灯面形象），制作一个属于自己的花灯。

同时，非遗工艺品的展出、售卖不一定局限于博物馆，旅游地可邀请非遗传承人入驻开店。在非遗店内，传承人兼具经营者、表演者、讲解者等多重身份，现场制作非遗产品，并向游客阐释非遗历史、技艺、内涵等，营造一种"即时、在地"的真实感。

（5）跨文化理解。

自媒体的迅猛发展，为长期束之高阁的非遗文化的传承提供了良好契机。

作为浙江省仙居县的独特文化标志，无骨花灯的传承不应只存在于政府的文件中，而是应该踏踏实实地贴近大众生活。若我们能使得那些原本陈列在博物馆中的展览品，通过短视频平台等媒介出现在人们的视野，那么势必会引起更多的关注，人们也能深入了解和欣赏不同文化之间的共通之处和独特之处。因此，要为无骨花灯做全方位的推广，需要多方助力。如政府可以通过自身较有影响力的权威平台发布相关公众号，媒体可以通过报纸、微博等渠道加强宣传，个人也可通过短视频平台分享自己的体验。在多方助力之下，各种文化都能够与针刺无骨花灯碰撞甚至融合。

五、调研结论与总结

本次实践活动，以文献调研为基础进行实地考察，通过对非遗传承人、政府工作人员及景区游客进行采访，我们深入了解了无骨花灯这项非遗的发展与传播现状，并分别从花灯自身及其他社会因素的角度思考无骨花灯未来的发展路径与其将要面临的挑战。

本次暑期社会实践小组共七人，其中五人参与了台州的实地调研。大家在实践中相互配合，相互协作，团结一致地应对出现的各种挑战。我们也曾在采访大纲上有过分歧，但我们积极沟通，不断交流，最终汇总出所有人都满意的采访问卷。我们还在仙居县结识了一名当地的高三毕业生，他热情地带领我们参观他的家乡，走访皤滩古镇，成为我们的导游。同时，本次社会实践需要参访多地，联系多名非遗传承人，随机采访游客，我们顺利地完成了任务。此外，通过近距离接触非遗文化，我们参与无骨花灯的制作，进一步增强了对中华优秀传统文化的热爱、对民族文化的自信。

在本次调研后，我们也将继续通过小红书、微信公众号等平台，以视频和推文的方式，对实践的开展过程进行记录，也将我们的建议提交给当地政府部门。在日常生活中，我们也会向家人、好友介绍这项非遗，助力无骨花灯进入大众视野。

苗韵蜡语传承创新

——我国苗族蜡染技艺保护现状及推广策略调研

团队成员：李雨珂　丰子欣　伍子曦　曾一洺
　　　　　严　娇　杭星月　陈思安　黄　烨
指导老师：汪世超

一、引言

1. 调研背景

（1）行业背景。

蜡染、扎染、镂空印花并称为我国古代三大印花技艺。贵州苗族、布依族等民族擅长蜡染。苗族蜡染在生活中随处可见，有很强的实用性，比如生活用品窗帘、门帘、被面、床单、儿童背带以及枕头等。2006 年，苗族蜡染技艺列为国家级非物质文化遗产。自古布依族人民就自种棉花、自纺、自织、自染、自裁、自缝衣服，布依族土布应运而生，2007 年 5 月，布依族土布制作工艺被列为贵州省第二批非物质文化遗产。自古每家都有纺车、织布机、染缸，妇女个个会织土布，扎染。20 世纪 60 年代至 70 年代是土布纺织的鼎盛期，因为那段时间国家凭票供应布料，布依族的纺织、扎染由此盛行。

随着经济全球化，现代文明逐渐取代传统文明，懂得土布纺织、蜡染、扎染技术的年轻一代的妇女渐少，至于独具民族特色的枫香染、豆浆染等技术更是濒临灭绝。普查发现 17 万布依族群众中只有近百人会纺花织布，但她们中的许多人已经不再从事这项工作了，设备也大量被毁坏。只有少量的属于商业目的手艺人会制作少部分土布在市场上出售。现在许多布依族小女孩都不知道什么是土布制作,穿戴土布的人少之又少。打工风潮一浪比一浪高,乡镇中很少见到青年男女,更不必说学习这种传统工艺的人了,多数从事手工制作扎染工艺的"匠人"年事已高,这项非遗面临着"人亡艺绝"的危险。因此可以说现在再不抢救,传统工艺可能很快就要消失了。

2017年3月,国务院办公厅通过《中国传统工艺振兴计划》以下简称"《计划》",《计划》表明振兴传统工艺,有助于传承与发展中华优秀传统文化,涵养文化生态,丰富文化资源,增强文化自信;有利于更好地发挥手工劳动的创造力,发现手工劳动的创造性价值,在全社会培育和弘扬精益求精的工匠精神;有助于促进就业,实现精准扶贫,提高城乡居民收入,增强传统街区和村落活力。

黔粤两地联系紧密,贵州黔南州罗甸县更是广州越秀区的精准扶贫对口帮扶地区。针对黔南州、黔西南州传统文化面临的困境,对于具有独特历史意义的濒危传统工艺项目,应加快实施抢救性记录,落实保护与传承措施,保护广大民族工匠的个性,挖掘具有创造性的手工的价值,激发因材施艺的灵感和精心手作的潜能,恢复和发展濒危或退化的优秀工艺和元素,同时还可以促进当地青年就业创业。因此,对传统工艺实行有效保护的工作刻不容缓。

(2)社会需求。

2006年,苗族蜡染技艺被列为国家级非物质文化遗产,2007年5月,布依族土布制作工艺被列为贵州省第二批非物质文化遗产。苗族蜡染有着悠久的历史,其时间甚至可追溯到上古时代,艺术成品在整个染织美术界都享有盛名,苗族蜡染技艺成为被国务院列入名录的第一批非物质文化遗产。而自古以来,布依族人民就自种棉花、自纺、自织、自染、自裁、自缝衣服,布依族土布应运而生。

2010年第六次人口普查结果显示,布依族人口约为287万人,以贵州省的布依族人口最多,占全国布依族人口的97%,主要聚居在黔南和黔西南两个布依族苗族自治州。但经华南师范大学研究生支教团实地考察调研发现,这些传统工艺存在现有产品款式较为落后、用途较为单一,且大部分传承人年事已高,导致工艺技术濒临失传、工艺产品市场衰退。面对曾经传承千年、在我国少数民族艺术发展史上具有重要代表性意义的苗族蜡染、布依族土布制作工艺,大部分后人感到陌生,而外界更是知之甚少。

贵州省,是全国贫困人口最多、贫困面积最大、脱贫攻坚任务最重的省份,而黔西南布依族苗族州、黔南布衣族苗族州更是位于我国脱贫攻坚的"主战场"。据统计,被誉为"中华布依第一县"的册亨县是国家级贫困县,现有贫困人口37 024人,贫困发生率为15.86％;而罗甸县贫困发生率为19.61％,当地经济社会发展仍有较大发展空间,人民群众生活亟须改善。同时贫困人口易地搬迁是当地扶贫工作的重中之重,2016—2018年,罗甸县需搬迁28 807人,册亨县需搬迁87 540人,是贵州省易地扶贫搬迁人数最多的县。而随易地扶贫搬迁而产生的是新市民融入、贫困群体就业、城乡一体化发展等问题。

2. 调研时间

2024年7月14日—16日。

3. 调研地点

贵州省织金县官寨乡、安顺市西秀区、贵阳市。

4. 调研对象

织金县文化馆、妥倮蜡染刺绣陈列室、安顺蜡染博物馆、贵州民族博物馆、多彩贵州风景眼文创园。

二、调研对象简述

1. 织金县文化馆

织金县文化馆是位于贵州省毕节市织金县城防路14号的事业单位,成立于1952年11月,至今已有超过70年的历史。该馆在推动当地文化事业发展中扮演着重要角色,不仅承担着组织群众文化活动、繁荣群众文化事业的职责,还致力于文化宣传、文艺活动组织、相关培训、业余创作团体管理、民族民间艺术遗产收集整理与保护等多方面的工作。

2021年9月18日,被文化和旅游部认定为第五批国家级非物质文化遗产代表性项目蜡染技艺(织金苗族蜡染)保护单位。2014年经上级部门验收通过,被评为"国家二级文化馆"。

织金县文化馆在推动公共文化服务体系建设方面取得了显著成效,包括加大投入、完善设施、丰富文化活动形式等。通过构建"链条完整、功能完善、全民共享"的公共文化服务体系,织金县基本形成了县、乡、村三级公共文化设施网络,文化惠民工作深入人心。此外,该馆还积极举办文化下乡演出,举办文化大赛等活动,进一步丰富了广大市民的文化生活。

随着社会的不断进步和改革的深入,织金县文化馆的职能和服务内容也在不断丰富和拓展。未来,该馆将继续坚持面向基层、服务群众的原则,努力提升服务水平,为织金县的文化事业发展贡献更大的力量。

2. 妥倮蜡染刺绣陈列室

妥倮蜡染刺绣陈列室位于贵州省毕节市织金县境内,这是一个展示苗族传统蜡染与刺绣艺术的重要窗口,苗族蜡染技艺在这里有着深厚的传统。

该陈列室由一位八十七岁高龄的苗族老人开设,她不仅是远近闻名的织布、蜡染能手,还从小学习画蜡花、做蜡染、织布、刺绣,作品远销欧美、东南亚等国。在当地政府的支持下,老人在自己家中开设了这家蜡染刺绣博物馆,这里既是她的家,也是苗族传统手工作坊和产品的陈列室、展厅。

陈列室展示了老人将全部技艺传给女儿的过程和成果。其女蔡群多次代表市县走上"多彩贵州"舞台并获奖,被誉为"毕节名匠",成为当地凭借技艺致富的"领头羊"。在蔡群的带动下,当地苗族村寨都开始制作蜡染,许多苗族妇女纷纷加入苗族传统文化产业创业队伍中来。

除了展示作品外,陈列室还提供了文化体验活动和教育课程,让参观者亲身体验苗族蜡染和刺绣的制作过程,加深对这一传统文化的理解和认识。通过展示和销售蜡染刺绣产品,陈列室不仅传承了苗族传统文化,还有效带动了地方经济的发展,促进了当地苗族村寨的繁荣。

3. 安顺蜡染博物馆

安顺被誉为"蜡染之乡",蜡染技艺在当地有着悠久的历史和深厚的文化底蕴。安顺蜡染博物馆的前身是省文化和旅游厅组织的"贵州蜡染文化展览",后移交给安顺文物部门,并以安顺府文庙为馆舍成立了博物馆。博物馆收藏了大量珍贵的蜡染文物和现代工艺品,为游客带来了丰富的视觉盛宴。馆内还设置了体验区,通过互动环节,游客可以更加深入地了解蜡染技艺的制作过程和文化内涵。

4. 贵州民族博物馆

该馆 2009 年建成并投入使用,2020 年晋升为国家一级博物馆,是面向社会免费开放的公益性事业单位。该馆的外形设计汲取了贵州侗寨鼓楼轮廓曲线的神韵,为三叉弧形堵式建筑,大楼六个面的每一面形状都构成"山"字形,建筑造型体现了贵州民族文化的内涵,颇具贵州地域及民族色彩。

博物馆的限定展览——《贵州世居民族历史文化展》的第二篇章"大美不言"是与苗韵蜡染有关的展览。陈列柜里是来自地方的蜡染艺术品,经典蜡染异彩纷呈,巧妙的灯光投射在每一件蜡染作品上,每一件蜡染艺术品在博物馆中散发光芒,这种光芒打破了地域限制,来到贵阳,展示给每一位游客,又使蜡染面向全中国;这种光芒打破了时间限制,来到当代,传承古法技艺,将少数民族的爱美之心展示给每一个民族。

5. 多彩贵州风景眼文创园

建设文创园是贵州非遗文化品牌化、市场化发展的重要一步。通过市场化运作方式,紧紧依托贵州丰富而深厚的民族文化底蕴和旅游资源,延伸和发展出"多彩贵州"的文化品牌,传承并弘扬非遗文化。多彩贵州风景眼文创园以非遗文化的传承、保护、展示、研究、交流和发展利用为目的,设立场馆共 15 个,其中可供游客参观的场馆共 9 个,包括多彩广场、多功能剧场、蝴蝶妈妈广场、枫木广场、云盘村布依文化陈列室、三品美术馆、非遗博物馆、皂角树广场、非遗生活馆。

苗韵蜡染是文创园的重点项目之一,游客穿过蝴蝶妈妈广场,可以感受到苗族的古老神话、千年神秘图腾的魅力,了解到"蝴蝶妈妈"在蜡染纹案中的重要地位。

三、调研过程

1. 调研方法

本次调研采用了人物访谈法、实地考察法、亲身体验法、资料收集法、问卷调研法、数据分析与总结等方法调研苗族蜡染技艺。

2. 调研内容

2024 年 7 月 14 日—16 日,实践小组深入贵州省织金县、安顺市西秀区等地,开展了对蜡染非物质文化遗产的实地调研。第一天首站到达织金县,团队在文化馆工作人员的指引下,找到了位于官寨乡的妥倮蜡染刺绣陈列室。团队不仅欣赏了丰富的蜡染作品,还亲眼见证了绣娘们的精湛技艺,深刻体会到蜡染作为"指尖上的芭蕾"的独特魅力与传承挑战。次日,团队转战安顺市西秀区蜡染博物馆,被馆内的蜡染巨作的精美所震撼,并亲身体验了蜡染的创作过程,感受从设计到上蜡、浸染、蒸煮的每一步艰辛与神奇。通过与博物馆馆长洪福远老先生的交流,团队感受到了馆长对蜡染文化的深厚情感与为了保护传承做出的不懈努力。第三天,在贵阳的贵州民族博物馆和多彩贵州风景眼文创园,团队进一步了解了蜡染在省会城市的保护、应用与发展现状,为"苗韵蜡语"非遗之旅画上圆满的句号。此行不仅加深了团队成员对蜡染文化的理解与认识,更激发了大家对于保护传承非物质文化遗产的责任感与使命感。

四、调研的成果

1. 收获

(1)织金县妥俐蜡染刺绣陈列室。

2024 年 7 月 14 日上午,实践小组抵达织金县城,尝试通过询问当地居民了解蜡染文化。令人惊讶的是,多数居民对蜡染知之甚少。后来,在出租车司机的帮助下,实践小组得知了织金县文化馆的信息,并乘坐 10 路公交车,共经约一小时车程,抵达了具有浓郁民族特色的官寨乡,来到妥俐蜡染刺绣陈列室。陈列室虽然空间不大,但展品丰富,展示了大量精美的织金蜡染和刺绣作品,令人叹为观止。除了观看绣娘的创作过程之外,小组成员还与陈列室的负责人蔡群老师进行了深入的交谈。她向同学们介绍了织金蜡染的历史、文化背景以及其在当地经济发展中的作用。在和她交流的过程中,同学们了解到,蜡染绣样的绘制不使用任何工具,仅仅依靠指尖和绣娘的纯熟的技艺。因此,织金蜡染享誉全世界,被称为"指尖上的芭蕾"。

行程分析:① 在织金县城,居民对蜡染的认知度较低,反映出蜡染文化在当地普及度不高的问题。② 通过出租车司机指引,调研小组到达官寨乡妥俐蜡染刺绣陈列室,发现这里虽地处偏远,却珍藏着丰富的蜡染和刺绣作品,是蜡染文化传承的重要阵地。③ 绣娘们的精湛技艺和严谨态度令人印象深刻,蜡染制作流程的复杂性和艺术性得以直观展现。④ 蔡群老师的介绍揭示了织金蜡染的历史深厚、文化独特及其在经济发展中的潜力,同时也指出了传承面临的困境。

(2)安顺市西秀区安顺蜡染博物馆。

2024 年 7 月 15 日,实践小组抵达安顺市西秀区安顺蜡染博物馆。进入博物馆,同学们首先被"蜡染贯神州"的牌匾所吸引,随后是详尽的蜡染简介与制作步骤展示,以及博物馆获得的荣誉与认证,使同学们深刻感受到蜡染文化的悠久历史与卓越成就。在馆长洪福远的孙女洪女士的热情邀请下,实践小组尝试了绘制蜡染花纹。

为了染上足够的颜色,同学们染了两遍,并在等待氧化期间,邀请馆长洪福远老先生接受团队的采访。洪老先生分享了自己与蜡染结缘的故事,从个人爱好到专业学习,再到与当地政府合作创建博物馆,展现了其对民族文化保护的远见卓识与深厚热爱。他的坚持与付出,让我们看到了一个真正拥有大智慧和一腔热血的文化传承者的形象,也让我们对蜡染艺术有了更深的理解,感受到了对文化应该具有先进的保护意识。

采访结束后,为了更直观地感受蜡染制作的魅力,实践小组来到了博物馆内的工坊,参与了染布的蒸煮过程。同学们将自己精心绘制的蜡染布料亲手放入了热气腾腾的蒸煮锅中。30分钟后,随着蒸汽的缓缓散去,一块块承载着同学们心血与期待的蜡染作品终于出炉。阳光下,那幽深而美丽的靛蓝色调显得格外耀眼,每一道线条、每一个图案都仿佛在诉说着古老的故事,让人既倾心于其外在的美丽,又深深为其背后的文化底蕴所折服。

行程分析如下:① 博物馆内展示的荣誉与认证彰显了蜡染文化的广泛认可与重要地位。② 在洪女士的带领下,调研小组成员亲身体验了蜡染制作,深刻感受到技艺传承的不易与魅力。③ 洪福远老先生的访谈揭示了个人兴趣与民族责任感如何结合,推动蜡染文化的传承与发展。④ 晾晒的蜡染作品展示了蜡染艺术的多样性和实用性,增强了小组成员对蜡染文化的认同感和保护意识。

(3)贵阳市"多彩贵州风景眼文创园"与贵州民族博物馆。

2024年7月16日,随着对各地蜡染技艺了解与体验的深入,实践小组圆满结束了地方之旅,并返回贵阳,开启了旅行的最后篇章——"贵州民族博物馆"与"多彩贵州风景眼文创园"的探访。

在贵州民族博物馆的限定展览——《贵州世居民族历史文化展》的"大美不言"篇章中,实践小组见证了苗韵蜡染的独特魅力。通过精心布置的展览,蜡染艺术品在灯光的映照下更显生动,它们不仅跨越了地域界限,向全国乃至全世界的游客展示了贵州少数民族的艺术瑰宝,更在时间的长河中传承了古老的技艺与文化,传递了民族之美。

在文创园内,每个场馆都独具特色,如蝴蝶妈妈广场以苗族古老神话为主题,通过精美的图腾和装饰,展现了苗族文化的深邃与神秘,让同学们深刻感受到了非遗文化的魅力与价值。

行程分析如下:① 贵州民族博物馆作为国家一级博物馆,展示了贵州各民族文化的丰富性和多样性,其中蜡染文化作为重要的组成部分,得到了充分展示。② 文创园内,蜡染元素被广泛应用于各类产品设计中,展现了蜡染文化在现代社会的创新应用和市场潜力。③ 通过博物馆和文创园的展示与推广,蜡染文化得以在更广泛的范围内传播,增强了公众的文化自信和保护意识。

2. 存在问题及原因分析

(1)认知度低。

在部分地区,尤其是城市周边和农村地区,居民对蜡染文化的认知度较低,影响了其传承与发展。

(2)传承人断层。

随着老一辈传承人的逐渐老去,年轻一代对蜡染技艺的兴趣和投入不足,导致出现传承人断层的现象。

(3)市场应用有限。

尽管蜡染文化具有独特的艺术价值和市场潜力,但在现代社会的应用仍显单一,未能充分满足市场需求。

(4)资金与政策支持不足。

蜡染文化的传承与发展需要持续的资金投入和政策支持,但仍存在资金短缺和政策落实不到位的问题。

3. 解决方案

根据调研报告中提到的问题,我们提出了以下具体的改进方案和建议。

(1)提高认知度。

一是教育与培训。在学校中引入蜡染技艺的课程,让儿童从小就接触到这项技艺,通过动手实践加深理解和兴趣。例如,在织金县的学校中开设蜡染兴趣班,邀请当地蜡染艺人作为讲师,让学生们亲自动手体验蜡染的制作过程。

二是公共宣传。利用社交媒体、电视、广播等媒体平台进行宣传,发布蜡染技艺的相关视频和文章,增强大众对蜡染文化的了解。例如,制作一系列蜡染制作过程的短视频,通过抖音、快手等社交媒体平台发布,吸引更多年轻人的关注。

三是社区活动。定期举办蜡染节庆活动,邀请当地居民参与蜡染体验活动,通过社区活动增强居民的参与感。例如,在安顺市西秀区组织"蜡染艺术节",邀请市民参与蜡染制作体验活动,同时展示蜡染作品,提高公众对蜡染文化的认知。

(2)加强传承人培养。

一是奖学金与补助。为愿意学习蜡染技艺的年轻人提供奖学金和生活补助,鼓励更多年轻人投身于这项技艺的学习。例如,设立"蜡染技艺传承人奖学金",为愿意学习蜡染技艺的年轻人每月提供适当的补助。

二是师徒制度。建立正式的师徒关系,让技艺高超的传承人能够系统地传授技艺给年轻一代。例如,织金县文化馆可以与蔡群老师等资深传承人合作,推出官方的师徒制项目,让年轻学员有机会跟随大师学习。

三是职业发展支持。为学习蜡染技艺的年轻人提供职业发展规划和支持,比如提供营销指导、产品设计等方面的帮助。例如,与安顺蜡染博物馆合作,为蜡染艺人提供产品设计培训和市场营销策略指导。

(3)拓宽市场应用。

一是产品创新。鼓励设计师将蜡染元素与现代设计相结合,推出符合现代审美的产品,如时尚服饰、家居用品等。例如,与当地设计师合作,推出一系列结合蜡染图案的现代服饰系列,吸引年轻消费者。

二是电商平台。利用电商平台推广蜡染产品,扩大销售渠道,提高产品曝光率。例如,通过淘宝、京东等电商平台设立专门的蜡染产品销售专区,方便消费者进行在线购物。

三是文化旅游。结合当地旅游资源,开发包含蜡染体验在内的文化旅游项目,吸引游客参与蜡染制作过程。例如,在多彩贵州风景眼文创园内设立蜡染体验区,让游客在专业人士的指导下亲手制作蜡染产品。

(4)增加资金与政策支持。

一是政府补贴。争取地方政府提供专项补贴,用于支持蜡染技艺的传承和发展。例如,向当地政府申请设立"蜡染文化保护与发展基金",用于开展蜡染技艺的传承活动。

二是税收优惠。为从事蜡染产品生产的企业和个人提供税收减免政策,降低运营成本。例如,为蜡染产品生产企业提供一定额度的增值税减免。

三是公益基金。建立专门的公益基金，用于资助蜡染技艺的研究、传承活动以及相关基础设施建设。例如，设立"苗韵蜡染公益基金"，用于支持蜡染技艺的研究和传承项目。

五、调研结论与总结

通过为期三天的实地调研，我们深入贵州省织金县、安顺市西秀区等地，对蜡染非物质文化遗产进行了全面考察。在首站织金县，我们见证了蜡染的独特魅力与传承挑战。次日，在安顺市西秀区蜡染博物馆，我们亲身体验了蜡染的创作过程，并与蜡染技艺的传承人进行了深入交流。最终，在贵阳的贵州民族博物馆和多彩贵州风景眼文创园，我们进一步了解了蜡染在省会城市的保护与应用现状。

此次调研不仅加深了我们对蜡染文化的理解与认识，更重要的是，激发了我们保护传承非物质文化遗产的责任感与使命感。我们深刻认识到，蜡染技艺的传承面临着认知度低、传承人断层、市场应用有限以及资金与政策支持不足等问题。针对这些问题，我们提出了一系列建议，包括提高公众认知、加强人才培养、拓展市场应用、增加资金与政策支持等。

展望未来，我们希望此次调研能够成为蜡染文化保护与推广的一个起点。我们将继续关注蜡染技艺的发展，探索更多有效的保护和推广途径。我们相信，通过社会各界的共同努力，蜡染这一珍贵的文化遗产将在现代社会中继续发光发热，并且能够被更多人所了解和欣赏。

此次调研让我们深刻体会到，保护和传承非物质文化遗产是一项长期而艰巨的任务，需要政府、社会组织、企业和个人等多方共同努力。我们期待在未来能够看到蜡染文化在保护与创新中焕发新的生机与活力，成为连接过去与未来的重要纽带。

第二篇
非物质文化遗产与文旅产业
高质量发展

青海藏族文旅产业现状及未来多元发展规划

——以玉树藏族自治州为例

团队成员：王家宇　朋措旺索　王曦瑶　杨亚妮

指导老师：张一博

一、引言

1. 调研背景

（1）基本背景。

青海省旅游资源丰富，类型繁多，目前已形成东部、中部和西部三大旅游区，省内以古墓群、古寺庙、古岩画、古城堡为代表的名胜古迹众多。汉族、藏族、回族、蒙古族、土族、哈萨克族等民族都有着悠久的历史和优秀的文化传统，保持着独特的、丰富多彩的民族风情和习俗。

青海省玉树藏族自治州（玉树市）位于青海省的西南部，地处青藏高原东部，境内平均海拔 4 493.4 米，地形以山地高原为主，通天河、扎曲、巴曲在玉树市境内流过。气候寒冷，年温差小，昼夜温差大，是一个以牧为主、农牧结合的半农半牧城市。

（2）政策背景。

在文化和旅游融合发展战略的背景下，文旅与其他领域融合趋势不断加深，彰显了"跨界合作"的发展理念。2019 年，国务院发展和改革委员会、文化和旅游部、农业农村部等各部委陆续发文，鼓励支持交通、体育、养老、健康等产业与文旅融合发展，在消费、用地、金融等方面，为产业融合发展提供政策支持和保障措施。具有极强包容性、产业带动性特点的文旅产业正在成为多产业发展的"增效器"。习近平总书记曾多次强调,要重视少数民族文化遗产的保护传承。在新的发展时期,推动民族文化传承发展,既是弘扬中华优秀文化、推动社会主义文化繁荣兴盛的必然要求,也是增进民族文化认同、促进民族团结的重要举措。而将民族文化与文旅产业相结合无疑是一种坚持在创新中传承民族文化,聚焦民族文化与旅游的高度融合,通过参与民族物质文化遗产保护提升、创新打造传统民族节庆、编创和出品民族文艺作品等方式,全方位促进少数民族文化事业的繁荣发展,增强各民族对中华文化的认同感的优良方式。

2.调研时间

2021年8月2日—8月8日。

3.调研地点

青海省玉树藏族自治州、西宁市。

4.调研对象

青海藏族文旅产业现状及未来多元发展规划。

二、调研对象简述

青海省位于中国西北地区,以其丰富的自然景观和独特的民族文化闻名,尤其是藏族文化,构成了青海文旅发展的重要组成部分。近年来,青海致力于推动文化旅游业的发展,将文化和旅游进行深度融合,不仅促进了当地经济发展,也加强了对外文化交流,提升了青海的知名度和吸引力。

1.藏族文化资源的开发利用

青海省藏族聚居区主要分布在海南、果洛、黄南、玉树等地区,这里拥有众多世界级的文化遗产和自然景观,例如,塔尔寺、青海湖、可可西里等都是国内外知名的旅游目的地。这些地区不仅自然风光旖旎,而且文化底蕴深厚,拥有丰富的非物质文化遗产,如热贡艺术、格萨尔史诗、藏医药等,这些都是青海文旅发展的重要资源。

2.重点文旅项目的建设

青海省实施的一系列重点项目,如青海湖国际生态旅游目的地、玉树藏族自治州文化旅游产业园区等,推动了藏族文化资源的有效利用。这些项目不仅注重对传统藏族文化的保护与传承,同时也强调与现代旅游服务的结合,如推出集观光、体验、休闲于一体的综合性旅游产品,满足不同游客的需求。

3. 生态旅游的发展

鉴于青海独特的地理位置和生态环境,生态旅游成为当地文旅发展的一大亮点。青海省提出"大美青海"的旅游品牌,强调在保护自然环境的前提下发展旅游业。通过建立国家公园体系,如三江源国家公园,以及实施严格的环境保护措施,确保了旅游开发与生态保护相协调,游客在享受自然美景的同时,也能保护当地的生态环境。

4. 文旅融合的创新实践

青海省还积极探索文旅融合的新路径,比如通过举办文化旅游节庆活动,如青海湖国际诗歌节、藏历新年庆典等,吸引国内外游客前来体验藏族传统文化。同时,利用数字技术,如虚拟现实(VR)、增强现实(AR)等,为游客提供了更加丰富多元的文化体验,让藏族文化以更加生动、直观的方式展现在世人面前。

总之,青海省藏族文旅的发展正朝着多元化、国际化方向迈进,通过不断探索和创新,努力将藏族文化资源优势转化为经济优势,为建设和谐美丽的新青海贡献力量。

三、调研过程

1. 调研方法

(1)文献资料收集。

通过微信公众号、百度、知乎等常见互联网渠道了解玉树文旅产业的大体情况,浏览州政府、州商务委员会官方网站,了解相关政策。同时,查阅知网、万方数据库等所刊登的权威期刊、论文,深入了解文旅经济发展,和玉树人民的经济收益状况,利用数据说明文旅产业的实际价值。

(2)实地调研。

探究玉树资源利用与经济发展现状差异,批判性地看待其中做得好的地方和有待改进的地方。亲自走访文旅内部,采访外来游客和当地居民,了解玉树旅游的实际状况和吸引力所在。通过摄影、拍摄 vlog 的形式进行记录,并制作相关推送文章。

(3)专家访谈。

对于调研中发现的问题与相关领域的专家交流,提高话题的广度和深度。

访谈的专家有当地文化和旅游局局长、玉树州博物馆馆长。拍摄视频并录音，做好访谈记录。

（4）小组探讨。

将调研所得的所有内容进行整合，开展小组的线上集体讨论。主要工作为总结玉树藏区文化产业发展现状及其优缺点，对这些内容进行分类整理，借鉴优势之处，对于不足之处提出相关建议或对策，最终探讨出一个能够助力青海少数民族文旅产业经济多元化发展的路径，并最终以调研报告的形式呈现。

2. 调研内容

本次调研采用线上线下相结合的方式。"青云遇藏"调研团队举办为期五天的实践活动，确定活动的主题，准备活动的问卷、采访稿，提出了很多需要提前准备的实践活动的问题。

8月3日，"青云遇藏"调研团队踏上了玉树州最大的盛会——赛马节。据说玉树赛马会是青海规模最大的藏民族盛会。玉树人无论祭山敬神、迎宾送客、操办婚事，都离不开赛马。届时藏族群众会身着鲜艳的民族服装，将各自的帐篷星罗棋布地扎在结古草原上，参加赛马、赛牦牛、藏式摔跤、马术、射箭、射击、民族歌舞、藏族服饰展示等极具有民族特色的活动。

8月6日，"青云遇藏"调研团队到达玉树的龙宝滩度假村，体验和观察旅游现状，绿油油的草原上站着许多热情又开朗的藏族同胞在迎接着大家。

8月7日之后，"青云遇藏"调研团队前往西宁根据地的青海圣源藏毯厂进行参观和调研，我们看到了许多具有民族特色的藏毯，有的是机织制作，有的是纯手工制成，各具特色，我们了解到该企业大部分产品是出口产品，也起到了一定的推动民族融合和带动当地扶贫的作用，这是值得我们好好思考和研究的地方。藏毯产业既符合青海省发展的目标，又符合绿色、低碳、循环发展的大趋势，大力培育和发展藏毯产业，就是青海省坚决贯彻习近平总书记对于青海的"三个最大"省情定位，坚持生态立省、决心绿色发展的缩影。极具原材料优势、藏文化地域优势和藏毯发源地品牌优势，在历经了家庭手工生产、乡镇企业简易加工历史发展阶段后，形成由小到大、由弱到强、形成产业配套、链条完整、品种齐全的产业发展格局。越来越多的牧区百姓与河源新村的百姓一道，一边保护着自己的家园，一边沐浴在绿色产业的春风里，用勤劳的双手脱贫致富。

四、调研的成果

1. 收获

本次问卷调研主要有三个主要对象,分别为玉树州本地居民、未参观过玉树的外地居民、曾经参观过玉树的外来游客,调研不同身份的人对玉树的看法,并从中提取出有效信息,与实际调研情况相结合,从部分推测整体玉树藏族文旅产业发展状况。

收到有效问卷 254 份,其中受访者中 19～25 岁占 50.79%,25 岁以上～45 岁占 22.05%,19 岁以下和超过 60 岁的占比约 15%。19～25 岁这一年龄段的人旅游动机较为充分,对新事物的探索欲较为强烈,且资金和时间较为宽裕,说明该问卷的调研主体设计得较为科学合理。

问卷结果显示,玉树居民与非玉树居民比呈 1∶3,在非玉树居民中有 68.42% 的人没有去过玉树,这与玉树的地理位置有关,玉树州位于青藏高原腹地,地处三江源头境内,平均海拔 4 千米以上,在全国 30 个少数民族自治州中,海拔最高,加之玉树州对外宣传的力度不够,交通设施欠缺,导致玉树出现"冷门"的状况,与小组成员最初调查结果相符。

在对当地居民进行发展情况反馈调研时,61.76% 的人认为发展旅游业后带来了新的消费热潮,33.33% 的人收入明显提高。旅游业的发展也带来了管理和交通方面的问题。31.37% 的人认为游客增多会影响管理,16.67% 的人认为对交通产生不利,由此看来,政府应加强对交通的管理,做好部门间的协商工作。除此之外,接受问卷调查的人中大多数表示愿意无条件支持玉树发展旅游业。

问卷结果数据显示,去过玉树的游客反馈,占 60.42% 的旅游者认为玉树缺乏具有意义的纪念品,54.7% 的人表示基础设施不健全,有关部门应该加强重视,完善基础设施,不仅能便利当地人民的出行,让人民的生活更加和谐美好,还能带动旅游业的发展,助力玉树建设。接近 55% 的旅游者表示玉树文旅产业在充分发挥藏族特色旅游优势方面仍需要改进,同时注重文化发展,举办文化活动占比 45%,在景区内完善服务管理,便于旅游者出行。

在对未去过玉树的非居民的调研中,问卷主要调研的主要方向是玉树的知名度,近 70% 的人都听说过玉树,但在他们之中,仅有 40% 的人知道玉树是藏族自治州,这样的结果令人深思。玉树应进一步加强宣传工作,带动当地经济发展。

2. 存在问题及原因分析

本次从生态、文化、产业等方面对玉树进行了调研,在调研过程中,"青云遇藏"调研团队不仅被玉树的风土人情美所震撼,还有感于两位受邀的访谈人员的独到见解。

(1)生态建设方面。

与投标书中所提出的不同,玉树对生态方面的重视程度远超全国大部分地区。习近平总书记在 2021 年 3 月 7 日参加第十三届全国人民代表大会常务委员会第四次会议青海代表团审议时的提到:"青海对国家生态安全、民族永续发展负有重大责任,必须承担好维护生态安全、保护三江源、保护'中华水塔'的重大使命,对国家、对民族、对子孙后代负责。"玉树也不负众望,曾经的三江源由于水源减少,湿地萎缩,生态环境迅速恶化,加上过度放牧、垦殖和采矿等人类活动的影响和破坏,三江源地区的水土流失越来越严重。过去 15 年来,在党和人民的共同努力下,三江源区水源含氧量增加到每年 408.95 亿立方米以上,草地平均盖度、产草量比十年前分别提高了 11%、30%。不仅如此,当地牧民收入年均增长超过 10%,生产生活条件明显改善。这都是玉树在生态建设上可圈可点的成就。玉树文化和旅游局局长也表示,玉树在文旅产业发展方面一定会采取保护多元利用的措施,尽可能地保护好"中华水塔",树立行业生态标杆。

(2)民俗文化现状。

在这次调研中,"青云遇藏"调研团队深切地体会到了玉树的民俗文化的独特性和可发掘性。2017 年 1 月,藏族文化(玉树)生态保护实验区由原文化部批准设立,这是继热贡文化生态保护区、格萨尔文化生态保护实验区两个国家级文化生态保护实验区之后,在青海省设立的第三个国家级文化生态保护实验区。在千百年的历史长河中,玉树地区由藏传佛教衍生出了多姿多彩的非物质文化遗产,其丰富多彩的口头传统、民族歌舞、民间技艺、传统美术、民俗节庆、史诗文化等,经过历代民众的传承发展,形成了积淀丰厚、特色鲜明的藏族文化形态,并已得到广泛的社会认同。此次小组调研的玉树赛马节便是玉树文化的集中展示。热情洋溢的舞蹈、精彩绝伦的马术表演,还有藏族歌舞剧,每一帧画面都彰显着玉树之美。玉树州作为青藏高原人类文明的发祥地之一,在 2010 年遭遇地震重创后,虽然部分文化产品被摧毁,但当地居民化悲痛为动力,齐心协力建设新的家园。玉树州博物馆馆长认为:"玉树是不缺文化底蕴的,玉树的非遗目前在国家级非物质文化遗产项目名录中增至 11 项,在省级非遗项目名录中增至 44 项,玉树需要的只是一个合适的契机。相信在不久的将来,玉树人民会打造出自己独特的旅游文化,设计出具有纪念和文化双重价值的文创产品。"

(3) 非遗文化产业。

在走访青海圣源地毯时,我们看到更多的是一个出色的民族产业对人民生活的帮助。藏毯编织与产业扶贫相结合,不仅能帮助农牧民持续稳定增收,解决当地农牧民就业困难的问题,而且扩大了藏毯传承人群的范围,增强对非遗文化的传承与保护。

总的来说这次调研使同学们对青海文旅产业的发展有了进一步的了解,并且与自身专业知识相结合。在调研一个旅游新模式时,不能单单纸上谈兵,只看表面,实地走访,深入了解当地情况也是至关重要的;且不能一味追求经济效益,需要分清主次,保护与发展并行,必要的时候,发展需要给保护让路,贯彻可持续发展理念。

3. 解决方案

(1) 进一步提升当地教育质量。

"教育是最廉价的国防",的确如此。回顾世界上那些最优秀、最伟大的国家,在它们成长的历程中无一不是把教育放在非常关键的位置。一个国家如果不重视教育肯定是没有希望的,一个国家真正的繁荣昌盛是离不开教育的。玉树州在灾后十年内,其普通高中资源从 2010 年全州仅有完全中学 4 所,目前全州共有中学 1 所,高级中学 5 所,高中在校生已达到 10 234 人;职业教育规模从 2010 年的 1 所职业学校到现在的 2 所职业学校,注册在校生数量升至 5 844 人,取得了较大突破,但是仍有一些教师岗位空缺。玉树州文化和旅游局局长阿夏江红希望玉树的人民能更多地走出玉树,看看草原以外的世界,在毕业后能回到玉树,帮助玉树进行建设,让世界看到玉树。

(2) 培养技术,传承非遗文化。

玉树非遗文化种类繁多,资源丰富,可以在文化遗产较为密集、保护基础浓厚、自然环境较好的部分区域,建立设非物质文化遗产体验中心,体验非遗文化的传承美与艺术美。并且可以开设一些培训班,不要让一代人的逝去成为藏族民族文化瑰宝失传的缺憾,帮助非遗文化的传承与发展,弘扬中华文化之美。

(3)进行市场调研,制作一些有意义的纪念品。

在调研玉树当地纪念品的过程中,小组成员发现大多数的旅游纪念品都是常见的藏族文化服饰或者用品,纪念店里的小商品千篇一律,没有新意,未能充分发挥玉树的地域优势。玉树本身的地理位置十分优越,地处万山之尊昆仑山,坐拥"中华水塔",自然资源丰富,人文底蕴浓厚,具有极高的生态文化价值,故应在做出充分的市场调研后,创造一些具有文化内涵的产品。

(4)建立游牧型旅游度假形式。

这条建议是阿夏局长在采访时提出的,现在的藏区旅游形式过于单一,没有新鲜感,不能充分吸引外来游客。玉树可以另辟蹊径,打造一种新型的旅游形式,这种形式既能给游客带来新颖的旅游体验,又能帮助当地牧民,提高牧民收入,实现互惠互利。该旅游形式将以度假村的形式进行,度假村的建成势必也会带来新的商业中心,餐饮业和商品区也会集聚在一起,带来新的消费热点。

五、调研结论与总结

在此次活动中,调研小组基本完成了投标书中的任务,了解了当前青海玉树文旅发展状况和定位模式,以及未来的发展想法,针对所发现的问题提出解决思路或措施,并反馈给了当地文化和旅游局;在收集问卷反馈情况后,针对不同采访对象的反馈结果和群体采访对象的问卷结果,进行问卷分析,并将其融入调研报告中,对文化节日开展以及组织形式提出建议,增强游客和节日参与者的体验感,将特色化的民族产业与旅游产业相结合,将民族风俗融入当地旅游资源,打造新型旅游城市 IP;通过对藏毯等相关手工业制作的走访,探究在青海脱贫过程中,非遗产品制造企业起到的不可或缺的作用,以及所提供的工作岗位对当地居民产生的影响,并借此提升社会对非遗产品制作和传承的关注度,促进消费与线下实体经济发展,形成多元化、有特色的文产行业,打造区域民族特色名片,带动当地区域实体经济发展;大学生社会实践作为高等院校实践教育的重要组成部分,要大力发展大学生素质教育,加强青年学生思想政治工作,社会实践是同学们接触社会、了解社会、服务社会,培养创新精神、实践能力和动手操作能力的重要途径。通过这次实践，我们小组在综合能力上有了进一步提升，增进了小组成员的感情，"青云遇藏"将会成为我们每一个人的美好回忆。但是，这次调研在很多方面仍然处理得不够严谨，比如这次调研的深度不够，时间周期短，前期调研不够充分，让这次调研多了几分遗憾，如果以后仍有机会，我们希望将它进一步完善。

非遗文化的保护与宣传对
文旅产业发展的影响

——以贵州省苗绣为例

团队成员：杨佳欢　　张紫嫣　　汪振廷　　周诗妍
　　　　　　赵玉婷　　段琼琳　　王美伊
指导老师：李佳璐　　杨　丹

一、引言

1. 调研背景

从"十二五"至今，文化产业作为"国民经济支柱性产业"与同样作为"战略性支柱产业"的旅游业进行着越来越多地融合发展。其中，文化旅游产业成为挖掘地方文化、完善旅游产业、促进经济结构调整、撬动地方经济腾飞的重要发展方向。"十四五"文化和旅游发展规划中进一步提出"推动文化和旅游深度融合、创新发展，不断巩固优势叠加、双生共赢的良好局面"，为实现这一目标，需要"提升旅游的文化内涵，以旅游促进文化传播，培育文化和旅游融合发展新业态"。文化是旅游的灵魂，旅游是文化发展的重要途径，文旅产业的发展离不开文化元素的支撑。

非物质文化遗产作为人类智力活动的成果，是研究一个民族历史文化的重要资料。我国是非物质文化遗产大国，5 000 年的古老文明与 56 个民族多元化的文化生态展现了中华民族丰富且广泛的民间文化艺术资源，许多种类或世界独有，或世界第一。

随着旅游产业的发展，旅游资源的范围越来越广，非物质文化遗产具有强大的吸引力，逐步成为旅游资源的重要组成部分。非物质文化遗产与旅游产业

168

的融合正逐步成为文旅融合发展中非常重要的研究领域,在强化旅游文化输出的同时,极大增强了旅游业的可持续发展能力。与此同时,面对全球化趋势的加强和现代化进程的加快,非物质文化遗产的保护与宣传工作也面临着严峻的挑战,这一现状对文旅产业发展的影响不容小觑。

贵州省位于中国西南腹地,是苗族人口聚集最多的省份,苗族非物质文化遗产丰富且大多保存完整。多地联合旅游公司利用苗族文化发展文旅产业从而增加当地旅游收入,同时也促进了文旅产业的发展。苗绣作为苗族代表性非物质文化遗产,具有较高的研究价值。如今贵州省多个苗族聚集地对苗绣非遗的保护与宣传已做出了一定的努力,但仍有一些问题亟待解决。

我们团队希望基于对贵州省苗绣非遗的调研分析,了解非物质文化遗产对文旅产业发展的影响,为贵州省乃至全国民族地区非遗的保护与宣传提供案例参照。

2. 调研时间

2022 年 7 月 1 日—30 日。

3. 调研地点

贵州省贵阳市、遵义市、毕节市、安顺市以及黔东南苗族侗族自治州。

4. 调研对象

苗寨居民、苗绣工坊手艺人、游客、文旅单位或旅行社工作人员、大学生等。

二、调研对象简述

贵州是一个多民族共居的省份,截至 2019 年 6 月,全省 3 个民族自治州、11 个民族自治县以及 253 个民族乡里遍布着 85 项国家级非遗与 628 项省级非遗,利用好地理优势展开针对非遗的调研是一个非常合适的选择。且贵州苗族人口多、分布广,可以较好地对比各地对苗绣非遗的保护与宣传及其给文旅产业发展带来的影响。

三、调研过程

1. 调研方法

实地调研法、问卷调研法、文献调研法。

2. 调研内容

本小组成员通过线上（如知网、中国非物质文化遗产网、贵州省文化和旅游厅官网、贵州省非物质文化遗产保护中心官网等）与线下（如贵州省博物馆文献资料展示栏）的文献资料查找，客观整体地了解非物质文化遗产现状、文旅产业融合发展的渠道以及贵州省苗绣非遗的保护与宣传路径等相关资料。通过这一方法，我们简化了定性文稿的分析处理工作，并使处理资料的过程标准化，调查研究也因此有了专业性支撑。

2022 年 7 月 1 日至 4 日，小组 7 人分为三个小队分别前往贵州省贵阳市、遵义市、毕节市、安顺市、黔东南苗族侗族自治州多地进行实地调查。我们根据不同人群设计不同问题，通过口头交谈等方式直接向被访问者（苗寨居民、苗绣工坊手艺人、游客、文旅单位或旅行社工作人员等）多方面了解苗绣非遗文化的可见度、吸引度、掌握度和潜在危机等相关信息，收集一线调研数据，深入了解苗绣非遗的实际情况，为后续调研分析苗绣非遗文化的痛点、难点提供案例。

四、调研的成果

1. 收获

2021 年 2 月，习近平总书记视察贵州时曾强调："特色苗绣既传统又时尚，既是文化又是产业，不仅能够弘扬传统文化，而且能够推动乡村振兴，要把包括苗绣在内的民族传统文化传承好、发展好。"习近平总书记对苗绣这种"指尖"工艺看得很重、评价很高，也为苗绣非遗的发展明确了方向，就是要"传承好""发展好"。

苗绣是苗族代代相传的一种在家庭内部传承的传统技艺，在改革开放前基本只用于满足自身需要。但是随着改革开放后市场经济的飞速发展，苗绣也逐渐走向了更为广阔的舞台，并且为苗寨居民带来了经济效益。然而苗绣也因此受到了现代经济文化的强烈冲击，所以在传承苗绣非遗的同时合理利用其发展文旅产业以实现社会效益与经济效益的高质量结合已成为当今的一大难题。

2. 存在问题及原因分析

（1）传承断代危机。

非遗保护工作的最大难点是解决培养传承人的问题，多数非遗以世代相传和拜师收徒两种方式得以延续，而造成一些非遗项目濒临灭绝的主要原因则是后继无人。传统技艺大多源于民间,在家族内代代相传,自给自足的小农生产模式是维持生计的手段。然而,在当今的社会主义市场经济环境下,传统技艺失去了以往的经济效益,不足以满足生活需求。后人纷纷转业转行,导致非遗技艺随着老一辈传承人的逝去而消失。再者传承人以家族或村落为单位,且学习一门非遗技艺需要耗费大量的时间和精力,容易使传承人与现代文化、学校教育脱节,而这不利于一个家族或村落积极健康的发展。

(2)设计创新能力不足。

苗绣在我国已经有 2 500 年的历史,在技法上大多延续从前的各种技法。民族文化是一个民族在历史过程中逐渐形成的,但是随着现代化进程的推进,苗绣的图案和技法一直没有得到发展和创新,与现代社会的审美需求有一定的差距。随着人们对非遗文化重视程度的提高,贵州省的苗绣非遗与外界的团队有了越来越多的合作,但在苗绣非遗传承和发展的过程中,苗绣元素更多地被应用于服饰设计中,发展空间较为局限,款式也较为单一,且相关产品价格颇高,而大众的接受程度有限。此外,由于传承人长期生活在自己的家乡,很少外出考察、学习,视野较窄,没有更好地了解现代社会人们的诉求。具有先进设计理念、创新力以及具有广阔视野的设计师的缺乏现已成为制约苗绣非遗发展的问题。

(3)生产模式落后。

贵州省的苗绣开发以家庭作坊模式为主,生产分散,难以形成产业,更无法满足市场的需求。苗绣工艺的复杂性导致苗绣服饰的制作需要较多的人力和时间,现代机绣的出现虽然在一定程度上可以节省大量的劳动力和时间,但仍有许多苗绣的技法是机器代替不了的,这就使得部分苗绣的制作在很大程度上只能依靠绣女的双手,产量非常有限。

苗绣制品主要分为两部分:一是古代流传下来的老绣品,二是苗族人日常生活中使用的新绣品。老绣品被看作苗绣制品中的精品,因此很多人反对将其开发,并将老绣品当作文物进行收藏,这使得老绣品的市场很难做大。新苗绣则是自绣自用的,其目前大多在本省销售,主要卖给前来贵州旅游和在贵州工作的外地人,在国内和国际市场上的艺术魅力和价值尚未得到过多重视。

(4)销售渠道单一。

调研发现,苗绣制品的销售渠道较为单一。大多数苗绣技艺的传承人都是年长者,然而他们并不会借助互联网对苗绣制品进行宣传和营销。自产自销的传统经营模式严重阻碍了苗绣非遗与文旅产业相结合,同时也容易使当地人逐渐失去对苗绣产业的热情。

3. 解决方案

(1) 实施非遗传承人群研习计划。

政府通过建立可行的传承机制,组织非遗传承人外出学习和考察,产生强基础、增素养、拓眼界的效果。开办苗绣传承学校,面向全省甚至在全国招收学员,培训苗族学员的刺绣技艺能力,提高学员的文化、艺术修养,使苗族学员在立足苗族传统刺绣文化的基础上实现创新。

政府应完善措施,并配备相应的专项基金,设立有效的资金管理和监督机制,使专项资金的拨放公开透明,切实保障专项资金一分不少地运用到非遗传承人保护体系上,为传承人提供物质保障与精神动力。此外,非遗技艺传承人的补贴普遍偏低,生活状况较差,民间艺术的传承和发展同样需要物质支持,相关部门应经常关注传承人的生产生活,及时了解他们的收入情况,制定有利于非遗技艺传承人的政策,增加其补助。同时还可以设立奖励机制,对每年做出贡献的非遗传承人给予一定的奖励,激发其创作的积极性和主动性。

(2) 依托教育载体,培养专业人才。

非物质文化遗产面临着严重的传承危机,大多数年轻人不愿意学习,政府可制定可行的政策把非物质文化遗产纳入职业教育教学体系。譬如针对苗绣设立一门必修课程,加强学生对非遗传统文化的保护与传承意识。课程的开设能够使学生们意识到非遗文化的重要性,从而增进他们对非遗文化的认识。将非物质文化遗产纳入教学课程,在保护、传承非物质文化遗产的过程中,可以发挥更为积极、直接、关键的作用。针对工匠型人才的培养,各职高院校应根据国家战略,以培养工匠型人才为使命,转变人才培养模式,以就业为导向,深化校企合作、产教融合。

(3) 创办新型作坊以及制定以市场为导向的苗绣开发战略。

新型作坊在顺应现代化市场的同时,能使作坊员工兼顾工作与家庭。政府应大力扶持新型作坊,鼓励其全面且有创新性地把苗绣发展成为一种产业,为其提供技术支持和创业资金,如果需要征地以扩大生产规模,还应出台相应的优惠政策。政府也可以与众多厂商、作坊一同商谈事宜,为新型作坊寻找市场。

根据不同的群体和需求,苗绣市场可以分为两部分,一部分是手工刺绣市场,另一部分则是机器刺绣市场。传统市场需求量较小,但价格昂贵;现代市场需求量大,但价格低廉,且消费群体主要为国内的普通民众。在传统市场中,苗绣生产应尽可能地对接国际需求,将产品销往国际市场;在现代市场中,苗绣生产则应融合潮流,努力走向省外,走出国门,走遍世界。

（4）改变宣传渠道。

随着互联网的发展,我国进入了数字时代,这在一定程度上给非物质文化遗产带来了前所未有的机遇和挑战。互联网的出现改变了传统的销售模式,使销售模式更加多样化。运用互联网这一媒介加大宣传力度,有助于将本民族、本地区的非遗产品推向全国甚至海外市场。随着产量的大幅提升和传承人收入的不断增加,非遗传承人对苗绣的热情也会持续高涨,这将更有利于非遗文化的传承与发展。同时,销售渠道的多样化也使得非遗技艺开始面向更广阔的人群,新媒体的出现不仅带来了新的消费市场,还带来了不同层次的消费者,这对于非物质文化遗产而言无疑是一个很大的机遇,也有利于对其进行保护与宣传。

（5）打造苗绣高地。

① 建立贵州苗族博物馆,向外界展示贵州苗绣藏品,吸引游客兴趣,同时在馆内开设文创店销售苗绣制品。② 定期举办苗绣技艺大赛,并借助媒体扩大贵州省苗绣非遗的知名度,在附近设置摊位销售苗绣制品。③ 制作高质量苗绣系列纪录片,包括但不限于拍摄并讲解刺绣过程、采访苗绣技艺传承人以及宣传苗绣电商平台。

（6）旅行社创新文旅产品。

随着经济的快速发展,我国人民的生活水平得到很大程度的提升,人们的生活发生了很大的变化,旅游已成为人们节假日休息放松的重要方式。然而国内的旅游产品缺乏创新、品种单一,观光型产品与度假型产品占主流,产品供给不足与人们旅游需求增加的矛盾长期存在。近年来旅游业竞争压力不断增加,除单调低质的旅游产品外,旅行社亦存在小、散、弱、差等问题。因此,旅游集团应尽快实现旅游产品的多样化、专业化转变,努力挖掘旅游地的文化资源,突出其文化特质,创新文旅发展方式,譬如设计苗绣非遗旅行专线,彰显自身高水平服务的同时也有利于避免同质化竞争。

以贵州省的旅行社为例,与民族民俗文创园、非物质文化遗产馆、苗绣工坊等建立合作关系,从而推出具有贵州特色、苗绣特色的旅游产品,让游客在一条有深度的、文化氛围浓厚的旅游路线里穿戴苗绣服饰,体验苗家风情,旅行社定能打造良好的口碑,成为文旅产业的一匹"黑马"。

(7)建立合作社和文创设计研发中心。

传统工艺的开发是一把"双刃剑"。坚持保护性开发的方针,将保护与适度开发相结合,苗绣等非遗文化才能得以在传承中发展创新。

将艺术界人士、设计界人士以及非遗传承人聚集在一起,共同研究非遗在文创产品设计中的应用,这既能宣传非遗文化,又能带来经济收益,从而实现双赢。

五、调研结论与总结

苗绣是著名的国家级非物质文化遗产,我们团队的成员全部来自夜郎故国,研究"锦绣黔程"再合适不过。从安顺市到毕节市、遵义市、贵阳市,再到黔东南苗族侗族自治州,在 17.62 万平方千米的土地上,我们与苗绣结下不解之缘。从苗寨居民到苗绣工坊手艺人,从游客到文旅单位或旅行社工作人员,我们的实地调研收获满满。

如今政治与经济环境的改善给苗乡的发展带来了前所未有的机遇。但同时在经济大潮的冲击下,大量青壮年走出了苗乡,涌向了城市,苗寨日益冷清,破坏着苗族文化的基础,很多色彩鲜艳制作精美的苗族服饰正在消失,苗绣技艺正随着老一辈的手艺人的逝去而逐渐消失。

我们认为苗绣非遗若要得到更好的保护与宣传,还需与文旅产业有效结合、相互促进。譬如在黔东南郎德苗寨,我们了解到当地居民自幼学习苗绣且认为掌握苗绣技艺很重要,但他们通过售卖苗绣制品只能获得很少的额外收入。寨民们也更愿意留在家乡继承传统,认为在大城市打拼太累而且花销很大,留在苗寨,依靠苗绣技艺和经营其他旅游项目也未尝不可。所以苗绣非遗若想获得更好的发展,大可结合苗寨当地的文旅产业,留住手艺人和传承人。旅游产业得以不断创新,做大做强,手艺人和传承人得以衣食不愁,积极行动,最终实现对非遗文化的保护和宣传与文旅产业的发展之间的相互成就。

经线上调研发现,人们对非遗文化的了解程度不深,但仍会被某地的非遗文化吸引，进而前去旅游参观和购买当地的非遗产品。在购买非遗产品的人群中，大部分人还是会选择在旅游地购买非遗产品，认为当地买到的非遗产品更正宗。所以我们更应该做好非遗文化与文旅产业相结合的工作，让非遗文化在带动当地文旅产业发展的同时，也让文旅产业促进对非遗文化的保护与宣传。此外，我们还应该利用好网络平台，提升非遗的曝光率，让精美的非遗产品为人知晓、受人追捧。

我们既为贵州省部分苗寨的发展感到振奋，也为苗绣非遗的前景感到担忧。我们会持续关注贵州省苗绣非遗，积极支持政府、旅行社等对其开展的保护与宣传行动。我们已为贵州省乃至全国民族地区传承非物质文化遗产的同时合理利用其发展文旅产业，以实现社会效益与经济效益的高质量结合提出了建议，同时针对全国范围内的非遗文化，我们还号召保护非遗从自身做起，不让珍贵的非物质文化遗产消失是我们每个人应竭尽全力担负起的责任。

非遗茶文化传承与发展现状调研

——以云南普洱市茶旅融合发展路径为例

团队成员：蒙雨乔　李思佳　李菲颖　张雨杨　吴宇杰

指导老师：张一博

一、引言

1. 调研背景

自《"十四五"旅游业发展规划》出台以来，党中央、国务院高度重视旅游业发展。在 2022 年 4 月的十九届六中全会中，习近平总书记强调推动文化和旅游工作高质量发展。同年 6 月 11 日，正值中国第十七个"文化和自然遗产日"，为加强文化遗产保护，深入贯彻落实习近平总书记关于文化遗产工作的重要论述，同时聚焦建党百年，云南省普洱市提出贯彻"非遗＋"的创新思路，着力发展非遗与多方建设。茶产业是普洱市农业的第一支柱产业，一直以来都承担着茶区经济发展、满足健康消费、稳定扩大就业、服务乡村振兴的重要任务。

深刻认识并准确把握国内外市场经济形势新变化新特点。普洱市同时拥有着自己茶产业的"十四五"发展规划，抓住我国发展的重要战略机遇期，推动茶产业高质量发展，促进产业转型升级，提质增效，加快农业农村现代化，促进国民经济发展，在众多方面都具有十分重要的意义。在全球产业融合升级发展的大趋势下，普洱市文化和旅游局将充分发掘茶叶产业价值，将"茶文化""茶旅游""茶康养"等多方产业相结合，进一步完善茶叶相关产业链，并通过政策引导提高非遗文化产业价值，进一步提高普洱市文化知名度。

2. 调研时间

2022 年 7 月 12 日—7 月 14 日。

3. 调研地点

云南省普洱市文化和旅游局、普洱茶马古城、普洱倚象山半山酒店、中华普洱茶博览苑、普洱非遗客厅。

4. 调研对象

云南省普洱市茶旅融合。

二、调研对象简述

云南省位于中国西南部,亚热带及热带高原湿润气候、含有微量元素的土壤等多方面因素造就了适宜茶叶生长的地理环境,其茶叶拥有悠久的生物、文化历史。普洱市作为云南省三大茶区之一,以茶闻名,形成了茶产业链。同时普洱市拥有广阔的茶山、茶马古道、中华普洱茶博览苑等多地,深刻地从地理、历史文化、产业技术等多方面体现茶文化在此发展。近年来,云南省普洱市将非物质文化遗产的传承保护与文旅产业发展相结合,在不断探索与实践中丰富旅游产品内容,拓展非遗传播面。2021 年 12 月,"普洱非遗客厅"入选《中国非物质文化遗产保护大事记(2021)》,非遗文化逐渐成为普洱市的记忆点和旅游形象的新名片。同时作为西南地区少数民族丰富地区,普洱市拥有自己独特的文化习俗、节庆典礼,应着力文旅产业的发展。

三、调研过程

1. 调研方法

(1)问卷调查法。

本课题组在此次调研中共发放了两种类型问卷,分别为实践准备前期发放的"普洱市茶文化旅游的公众接受度调查问卷",用于初步了解普通游客对于普洱茶文化的基础认识度;以及实地调研过程中随机抽取普洱当地游客发放的"普洱市茶旅相关景区游客旅游体验满意度调查问卷",确保获取到的数据真实有效。

(2)实地观察法。

课题组采取线上线下相结合的调研方式,线下调查组共派出 3 名同学前往普洱市进行实地考察,并拍摄照片、vlog 等素材记录真实调研情况,获取第一手材料。

（3）文献调查法。

课题组成员于实践前期在中国知网上搜集与普洱茶旅融合主题相关的论文，并通过《云南经济日报》《普洱日报》等媒体平台搜集与茶旅相关的报道，同时在普洱文旅、普洱发布等官方微信公众号中搜集文字资料，为调研中期做好充足理论准备。

2. 调研内容

课题组于计划开展实地调研前一周联系受访人，通过提交接洽函、联系引荐人等方式获得普洱市文化和旅游局方面的采访许可，最终调查组成员于7月12日如期于普洱市文化和旅游局会议室参加了座谈会，分别就普洱市茶文旅、茶康养、串珠成线等主题与文旅局局长进行深入交流，得到了局长耐心而详细的解答。

四、调研的成果

1. 收获

在上游茶园生产端，探究普洱茶生产现状。作为普洱茶的原产地，普洱的茶叶种植面积和产量位居全国前列。云南主要有西双版纳茶区、临沧茶区、普洱茶区以及保山茶区四大普洱茶产区，生产普洱茶的地区包括云南省西双版纳州、临沧市、普洱市、昆明市等。据中国茶叶流通协会统计数据，2019年，普洱茶农业产值约78.3亿元，占全国茶叶农业总值的3.26%。

普洱茶品种丰富，茶产业提质升级。普洱是有名的普洱茶乡，普洱市以普洱茶命名，是自古以来普洱茶的集散地，也是普洱茶品种最为丰富的地区。普洱市有邦崴过渡茶树王，有小、中、大叶种多种形态，有多种口感的古树品种，有野生型、过渡型、栽培型三种，茶树类型齐全，有"天然的茶叶博物馆""世界茶乡"等称号。近年来，普洱市积极响应健康中国战略，将生态有机作为普洱茶产业发展的主攻方向，推进有机茶园转换，全市有机茶园认证面积达49万亩，占全省有机茶园面积的46%，有机茶认证企业和认证证书数量均居全国地级市第一。

普洱市地理位置、自然风光优越，自然资源丰富。普洱市具有得天独厚的"一市连三国，一江通五邻"的地理位置，地处西南边陲，是独特的边境旅游之地；普洱市被北回归线穿过，各动植物资源多样丰富，分布着16个国家级、省级和县级自然保护区,有"动植物王国"的称号;森林覆盖率超过 50%,原始森林面积大,普洱市内峰峦相聚,云雾缭绕,茫茫无际,有"绿海明珠""天然氧吧"之称。

"茶文化"历史悠久,是闻名的"茶乡"。普洱市自古以来便是有名的"普洱之乡",茶树种类资源丰富,被称为天然的"茶叶博物馆""世界茶乡"。茶文化作为普洱旅游的主打品牌,有着茶文化旅游路线的独特魅力,例如中华博览园生态茶城、茶马古道、茶叶产品、茶宴等。

普洱市是一个多民族聚居的地方,民族文化丰富,分布有 14 种世居民族,这些不仅有独特的民族文化,更在长期的生产和生活中发现且利用了茶树,开创了种茶的历史。在长期的种、采、卖、饮普洱茶的过程中沉淀了厚重的普洱茶园艺文化、茶马古道文化、茶道文化、与茶有关的民间歌曲舞蹈等,茶本身的清香静谧演变成了普洱茶文化,有着自然、清幽、恬静的文化魅力,不断吸引着人们。

新兴茶旅融合标杆吸引力强。倚象山的半山酒店在茶旅融合发展方面做得较好,酒店依托思茅区绿水青山、茶山云海等优质生态资源,以房车营地为切入点,以野地露营、茶田休闲等为内容,集旅游、文化、体育、康养等为一体,在这里,云海、茶山美景尽收眼底,酒店还结合当地产业资源,拓展旅游项目,将采茶制茶、咖啡冲泡、绝版木刻等融入酒店体验项目,单纯的观光旅游向休闲度假体验转变,是一项"精品酒店"+"地方特色"+"民族文化"的综合式度假旅游项目,其区别于一般市场上的酒店形态,是"茶旅融合"的标杆项目,半山酒店带着普洱特有的茶山清香,带着普洱特有的民族文化,吸引了忙碌生活着的人们。

中华普洱茶博览苑以万亩生态茶园为建设背景,青山环绕丘陵相拥,景色秀丽,是茶海中的一颗璀璨明珠。整个景区从普洱茶的起源演化、发展嬗变、种植生产、民族渊源、烹制品鉴等不同角度为游客进行展示,让游客充分体验观茶、采茶、制茶、吃茶、品茶的乐趣。中华茶博览园将民族风情和普洱茶文化进行有机融合,构成了一幅具有普洱独特的地域文化和民族风情文化的风情画卷,使人流连忘返。

2. 存在问题及原因分析

(1) 机械化程度低,多为家庭作坊经营。

普洱茶叶种植区多为山地和丘陵,分布呈散状,茶园机械化程度较低,多数茶园依靠自然环境条件保证产量和品质,由茶农纯手工采摘,生产效率低。通过实地采访茶农和当地百姓得知,当地茶山多承包给当地村民种植,对水利灌溉等基础设施投入不足,茶叶初步生产制作加工质量参差不齐。

普洱茶的实际收益与产量不匹配,拓展空间大。作为普洱茶的原产地,普洱市的茶叶种植面积和产量位居全国前列,但实现的经济效益低,茶农收入较低。

茶产业市场竞争激烈,当地居民小农心态普遍。采访普洱文旅局瞿滨局长得知,普洱当地居民普遍存在小富即安的小农心理,并不热衷于将普洱茶品牌做大做强,安于现状的心理不利于普洱茶的进一步发展。

(2)普洱市宣传力度不足,宣传形式有待创新。

"只闻茶叶,不识城市",本身旅游条件优越的普洱市并不太出名,普洱市的开发程度和知名度较低。日常普洱品牌宣传多见于普洱市的本地日报、云南经济日报等省内媒体或公众号上,公众很少接触到这方面的信息。

市区与景区间交通条件不匹配,影响旅游体验。根据调查组成员的实际调查体验,普洱市区内交通便利,通达度高,以打车为出行的主要方式。但问题在于普洱市各大景区分散在市郊,距离市区距离较远,游客打车前往景点后也许会面临"有去无回"的窘境——能够打车到景点,但在景点处返程时却打不到车回酒店或者打车时间很长,同时打车往返费用昂贵也是调查组在采访当地游客时所收到反馈较多的一项。旅途消费超过景区消费,使游客在部分景区体验大打折扣。通过小组成员观察,当地游览景点游客部分为自驾游,旅游交通限制少,体验感较好;但前去游览的更多是为乘车的外地游客,交通问题亟待解决。

(3)旅游产品质量较低,旅游项目较为单一,茶旅融合项目较少。

旅游产品与其独特的茶文化以及少数民族文化结合程度低,特色不够鲜明,质量较低,种类较少,创新产品不多,周边产品多为茶叶、茶饼等单一物件,附加值不高;旅游项目多停留在观光层面,较为单一,沉浸式茶旅项目仍待进一步开发。

下游消费端以消费者为主要切入点,调研相关茶文化的普及程度及茶文化旅游的认可度。针对消费者端的旅游体验,调查组成员主要采取发放问卷星的方式获取数据。由实地交流与问卷数据可知,外地游客对普洱茶了解少且不够深入,仅有的了解也仅仅停留在普洱茶的名气之上,对普洱茶的历史文化并不太了解。普洱茶文化历史悠久,有连绵不断的茶山,清新淡雅的茶香,在人们健康生活水平以及保养意识不断提高的今天,茶文化旅游能让人逃离生活的忙碌,令人放松,享受,在游客中认可度较高。

3. 解决方案

(1)旅游文化产品方面。

加大高质量招商引资力度,拓展宣传面。通过实地调研茶马古城,调查组成员发现目前普洱周边产品多为民间商家自行开发的,销售产品的价格偏高且质量参差不齐。政府可积极引进优质商户,授权给予经营,提升游客的消费体验;同时政府可面向大学生等年轻群体进行宣传与合作,向年轻人讲普洱茶故事,打造优质城市明信片,从而吸引更多的年轻人认识普洱、愿意来普洱,解决"只闻茶叶,不识城市"的问题。

加大文创产品创新力度,提高茶文化旅游产品质量。质量和品牌已经成为区域性经济发展的强大推动力,实施质量和品牌战略是做大做强普洱茶产业的关键因素。目前普洱文创方面已经设计出的产品,如普洱茶唱片——将手机轻靠茶饼,便可听到优雅轻松的普洱经典歌曲。多推出此类有创意、新颖独特的文创产品,才能吸引更多的游客。

(2)茶旅融合路径方面。

茶叶生产销售:从源头茶园出发,改善茶叶的初步制作生产条件,保证茶叶的质量;同时加强对茶农与茶园经营者的培训,提升其发展意识,培养人才,以人为本。

加强旅游基础设施配置:基于普洱市经济发展水平不高的现状,调查组成员建议采用更灵活的方法,将为数不多的资金投入到关键的改善旅游体验的方面,把好钢用在刀刃上。充分重视交通不便利等基础问题,完善旅游配套服务,如景区建设、酒店餐饮、休闲娱乐等设施建设。

加大对茶旅融合项目的投资和支持:加大旅游项目中茶文化的附加值,对于倚象山半山酒店这类茶旅融合程度较深、品牌形象较好的项目,应扩大其规模,增设此类项目;对于制茶工艺展示所、茶文化博物馆、饮茶品茶市场等茶文化含量高的旅游项目应多投入多扩展,提升其质量和规模。

丰富各景区旅游项目内容:普洱拥有丰富的民族元素、非遗项目等优质文化资源,政府应考虑在不同文化要素间找到共同点并将其串联起来,实现1+

1＞2 的效果。比如少数民族文化元素与普洱茶文化的结合,民族歌舞,如《茶之魂》《普洱茶之歌》等,将特有的民族文化与茶文化、旅游发展结合起来,才能有更大的吸引力。

(3) 宣传方面。

普洱市应加大宣传力度,加强与新闻媒体、自媒体的合作,多制作质量高且特色鲜明的介绍宣传视频、旅游宣传手册、旅游产品文创产品、特色旅游项目和旅游景点,结合利用特有的茶文化历史故事、民族文化节庆,打造鲜明的普洱形象,通过各大渠道、各大媒体加大宣传力度。在宣传方面不可懈怠,需不断加大宣传力度。

五、调研结论与总结

(1) 调研简评与反思。

在此次调研中,课题组 5 名成员分为线上与线下两组,分别负责实地考察与文献资料收集整理工作。

在实地调研的过程中,线下组成员根据实际情况灵活安排调研先后顺序,同时注重采访与观察相结合,获得了较为详实有效的信息。同时线下组成员在调研走访过程中,对普洱市政府人员、普洱市当地居民以及外来游客等人员进行了采访交流,这不仅锻炼了小组成员的交流能力和应变能力,还丰富了小组成员实践的经验,为今后的实践活动打下了基础。同时,线上组成员也十分认真负责,积极"云"游普洱,通过各大网络平台搜查详细的图文资料,如普洱发布、普洱文旅、云南统战官网等平台,为线下组成员的实践提供了丰富的理论支撑。

本次不仅调研了普洱茶旅融合发展路径的发展状况与发展前景,对课题组的核心课题有了更为准确、深入的了解,同时还拓展了研究面,如普洱的民族文化与旅游资源、普洱百花齐放的非遗文化等等,这些都是值得探讨并进一步研究的课题,这对于本课题组茶旅路径的调研起到了相辅相成的积极作用。

但同时此次线下实践也暴露了调查组在前期准备方面的不足。在预期安排调研地点先后顺序时,小组成员虽考虑到不同景点之间距离远近及交通便利度的问题,但是并未能很好地结合普洱当地的实际地理区划情况,进行更细致的行程规划,导致出现了调研第二天路途中打车耗费较长时间的问题,这在一定程度上影响了调查组的调查进度。由此小组成员总结经验教训,明确今后在设计调研行程安排时一定要具体详细,提前了解清楚调研地各种交通工具通行情况及通行时长,以免出现浪费时间。

(2)调研成果拓展与期望。

课题组调研成果基本达到了预期效果,也获得了额外收获。在 7 月 12 日与普洱市文化和旅游局开展的座谈会中,调查组成员与局长瞿滨经过沟通后,了解到文化和旅游局方面对与大学生群体进行合作、共同宣传带货持肯定态度。文化和旅游局局长表示支持调查组成员作为普洱品牌宣传团队进行相关文创产品的设计宣传、特产的销售等工作。

调查组成员经过讨论后,认为这一设想具有较好的发展前景,是一个将大学生资源和社会资源对接的好机会。对于大学生的个人成长而言,与文化和旅游局进行合作,不仅与调查组成员所属的旅游管理、会展经济与管理专业对口,可以锻炼专业知识运用能力、公关运营能力及创业能力等,同时也可以借助这一契机吸引更多大学生参与,激发大学生创业活力。对会传学院乃至校级机构,如大学生创业中心等而言,调查组成员认为,如果能将普洱文旅这一资源与学校、学院平台对接起来,举办相关活动、开办相关展览等,也是一个促进贸大学子校内实践、丰富校内活动内容的良机。同时,调查组成员认为,当今大学生就业压力较大,与其等待资源,不如从象牙塔内走出去寻找资源,利用暑期社会实践这样接触外界的方式,拓展未来实践内容,丰富大学生活,这不仅是在当今社会下对接社会发展需求的方式,也是将所学付诸实践、以实践检验认识真理的方法。

调查组成员正积极与普洱文旅及学院方面等各方人员进行沟通,准备相关项目策划书,以明晰的规划推动这一设想的落地,期望未来能与普洱文旅方面有更多的交流与合作,让普洱茶旅融合这一调研项目不仅仅止步于暑期社会实践,而是能延伸得更远。

一片叶子富乡民，茶旅融合促乡兴

——茶旅融合赋能乡村振兴的安吉案例调研

团队成员：陈思安　黄心怡　周瑞淇
　　　　　吴熙平　胡雨洁　葛佳炜
指导老师：蔡　萌

一、引言

1. 调研背景

安吉白茶是中国六大茶类之一的绿茶，其加工原料采自一种嫩叶全为白色的茶树。该茶是一种罕见的变异茶种，属于"低温敏感型"茶叶。茶树产白茶的时间很短，通常仅一个月左右。为深入了解安吉白茶如何成为安吉的地方品牌、安吉白茶如何与地方旅游业深度融合和安吉当地如何在旅游业发展和生态环境保护之间取得平衡，"白茶旅梦"调研团队前往浙江省湖州市安吉县，通过实地调研茶企业和茶乡村揭秘白茶的特别之处，挖掘白茶带动经济发展的致富密码，探讨文商旅融合发展的独特模式，为全国具有地方特色的乡村提供有益借鉴，进而推动乡村振兴和共同富裕。

从横坑坞山脚一路向上，茶室、饭店、民宿等旅游场所为游客提供一体化的旅游服务。这些旅游场所依山傍水，环境清幽。游客呼吸着山间清新的空气，耳边传来潺潺的流水声，或是品茗静心，与水近距离接触；或是品尝当地特色菜肴，观赏主人种植的各类花草；或是走进民宿，体验游泳、泡温泉等游玩项目。为近距离地了解白茶母树的特别之处和了解安吉当地旅游业的发展现状，"白茶旅梦"调研团队走过崎岖不平的山路，同白茶祖树守树人、民宿老板、饭店老板和茶室员工开展了深入的交流以探索不同类型店铺的经营模式和以白茶为特色的待客之道。

曾被联合国评选为"世界最佳旅游乡村"的余村位于浙江省湖州市安吉县天荒坪镇，是天荒坪风景名胜区竹海景区的所在地。村域呈东西走向，群山环抱，秀竹连绵，植被覆盖率高达 96％。余村"两山"景区是"绿水青山就是金山银山"理念的诞生地、省级"两山"乡村旅游产业集聚区核心区，是全国首个以"两山"实践为主题的生态旅游、乡村度假景区。为了解余村的特色项目和致富路径，"白茶旅梦"调研团队深入余村走访参观特色旅游打卡点，倾听导游的相关介绍，感悟余村一步步的蜕变，以获取乡村振兴的宝贵经验，余村为全国其他乡村发展地方特色、平衡经济发展和生态环境保护提供了良好示范。

2. 调研时间

2024 年 6 月 28 日—6 月 30 日。

3. 调研地点

浙江省湖州市安吉县。

4. 调研对象

安吉龙王山茶业开发有限公司、黄杜村、白茶祖圣境、古道缘民宿、横坑坞饭店、青岩茶室 Coffee&Tea、一清茶事茶馆、余村。

二、调研对象简述

1. 安吉龙王山茶业开发有限公司、黄杜村状况

龙王山茶业始创于 1994 年，是最早开发安吉白茶的茶企之一，拥有 5 000余亩核心茶园基地、35 亩科技制造园，年加工能力达 10 万千克，是安吉首家省级农业数字化工厂、市级首批未来农场。刘仲华院士任公司科技创新首席顾问，建有研发实验室 700 平方米，是省级农业科技企业。核心品牌"龙王山"，其品牌价值超 10.42 亿元。公司安吉白茶生产、衍生品研发加工、研学旅游融合发展，年综合产品销售额近亿元。公司已初步形成了一个强有力的经营管理团队，拥有专业技术人才及本科以上骨干 24 人，在全国设有 500 多家经销网点。

"中国白茶看安吉，安吉白茶看黄杜"，作为"中国白茶第一村"的黄杜村就是白茶产业的始发地和核心区。黄杜村 90％的家庭都在从事白茶种植、加工与销售，全村共有有机茶园 1 500 亩，并建有国家级生态白茶基地。2005 年，全

村白茶销售总额达 3 000 万元,全村的人均收入达 2 万余元,白茶产业稳健地走上了发展的轨道。随着白茶产业的发展,黄杜村人民的生活水平大为提升。全村绝大多数的村民都住上了别墅房,电话入户率为 100%,全村拥有家庭轿车 80 辆,其中有宝马、奥迪等名牌车。

以白茶产业的发展为契机,黄杜村的村委抓紧实施"先锋工程",先后获得了省级生态村、市级文明村、专业特色村等荣誉称号,实现全村高效农业产业化,并完善村民交通、电力等基础设施,努力建设"生产发展、生活富裕、乡风文明、村容整洁、管理民主"的社会主义新农村。

2. 白茶祖圣境、古道缘民宿、横坑坞饭店、青岩茶室 Coffee&Tea、一清茶事茶馆状况

安吉白茶祖圣境位于天荒坪镇大溪村横坑坞山坳。白茶祖被列入安吉县古树名木保护名录,已有 1 000 年的树龄,保护级别为一级。安吉白茶的叶片随时令三变,早春低温时初生嫩叶灰白色,采茶制茶最好;春老时变为白绿相间的花叶,茶味醇厚浓郁;再晚些夏季时叶片就呈全绿色。1981 年在浙江农业资源普查时发现此树,次年安吉县林科所技术人员刘益民、程雅谷剪取此树枝条插穗,繁育出白茶品种"白叶一号"。

古道缘民宿位于天荒坪大溪村海拔 680 米的半山腰上,是依山而建、土墙黛瓦的夯土房子。古道缘民宿于 2017 年获得浙江省金宿称号。客房干净整洁,配有舒适的床品寝具,家具均采用实木定制的中式风格。民宿餐食美味,老板娘热情好客,服务周到,获得游客的一致好评。

横坑坞饭店位于天荒坪镇大溪村横坑坞 2 号,泉水汩汩,流泻向下,清澈见底。老板娘待人亲切,用自家采制的白茶招待顾客。亲抿一口白茶,唇齿留香,回味无穷,菜品丰富,咸淡适中。饭店主人爱养花,花朵种类多样,颜色各不相同,有映山红、吊兰等,交相辉映,颇有趣味。老板在饭店对面建造了一个茶室,因喜茶,平日里爱和茶友在茶室品茶畅聊。

青岩茶室 Coffee&Tea 位于天荒坪镇大溪村,内部装修简单,又不失清新格调。一进门,一股淡淡的茶香扑鼻而来。茶室的主要产品是茶和咖啡,并提供烧烤服务。在炎热的夏季,茶室员工会在泉水低矮并有岩石裸露之处放上小躺椅,供游客在品茶的同时与水近距离接触,以收获额外的凉意。茶室非常重视对垃圾的处理,严禁游客随地乱扔垃圾。茶室员工将客人遗留的垃圾统一收集，进而带到山下，以保持茶室的整洁美观。

一清茶事位于湖州市安吉县胜利西路。它的创始人钱群英女士是安吉茶馆业的领路人，她是国家一级茶艺技师、国家二级评茶师、安吉递一滴水茶艺馆馆主。一清茶事环境典雅，光线柔和，轻柔的音乐缓缓流淌，一楼售茶，二楼品茶。顾客有机会品尝用腊梅窨制的白茶，白茶淡雅又不失风味。在独特的素食火锅里加入了药材，滋补又美味。茶空间大气清雅，是让生活节奏慢下来的一方小天地，有一丝闹中取静的意味。

3. 余村现状

余村游玩项目丰富多彩。余村大草坪是一片空旷的绿地，举办过无数热热闹闹的活动，如市集、迷笛艺术周、世界读书日活动、巅峰少儿 Music 大赛、余村休闲市集活动、汉服巡游、民谣音乐节、项家皮影戏等精彩纷呈的活动在国庆假期如约而至。2017 年 11 月，余村获评第五届全国文明村镇；2019 年 7 月 28 日，余村入选首批全国乡村旅游重点村名单；2019 年 12 月 24 日，余村入选全国乡村治理示范村名单；2019 年 12 月 25 日，余村入选第一批国家森林乡村名单；2020 年 3 月，余村入选浙江第二批省级农村引领型社区名单；2020 年 9 月 9 日，余村被农业农村部办公厅公布为 2020 年中国美丽休闲乡村；2021 年 6 月，余村党支部被授予"浙江省先进基层党组织"称号和"全国先进基层党组织"称号；2021 年 10 月，余村被命名为"2021 年全国示范性老年友好型社区"；2022 年 1 月，余村入选浙江省 3A 级景区村庄名单（2017—2021 年）。

三、调研过程

1. 调研方法

本次调研以实地走访、询问调查和专家访谈为主要方法，覆盖了安吉县内的多个茶园、乡村旅游景点、当地村民委员会、政府行政部门及相关企业。通过收集大量的一手数据和信息，进行后期分析与整理，参考相关文献，对安吉县茶旅融合的各个方面进行全面深入的分析与评估。

2. 调研内容

安吉县作为乡村振兴的重要探索地，以其独特的生态环境和丰富的文化底蕴，吸引了广泛的关注和投资。将安吉白茶与旅游业相结合，是安吉县开展乡村振兴，增进人民福祉的一大亮点。本次调研旨在深入调研安吉县茶旅融合的现状与发展潜力,分析、提炼"茶旅融合,乡村振兴"的安吉方案。此行我们共计调研了8个项目:安吉龙王山茶业开发有限责任公司—黄渡村—安吉白茶观景平台—安吉白茶祖圣境及其山顶民宿—横坑坞饭店—青岩茶室—清茶室—余村,调研周期长,内容丰富,覆盖了"茶旅融合"生产—加工—经销的全阶段、全过程,调研细节力求兼顾广度与深度,服务国家战略,为进一步推动乡村振兴,推动乡村经济发展提供参考和建议。

四、调研的成果

1. 收获

安吉白茶与乡村旅游的结合。根据我们的实地探访,以安吉白茶为背景的旅游景点正在成为游客关注的焦点,上下游公司都有为"茶旅融合"付出自己的努力,并且在某些领域已经取得了可观的收入。

在对于龙王山茶业开发有限责任公司的调研中,我们发现他们在茶叶产业链上做了大量的探索和创新。通过高标准的茶叶种植、精湛的加工工艺以及强大的品牌推广,龙王山业不仅提升了当地茶叶的市场竞争力,也成功吸引了更多游客参与茶文化体验和茶园参观。

黄杜村将安吉白茶的种植和乡村旅游业相融合,成为当地乡村振兴的典范。通过开发茶园观光、提供茶文化体验和优质民宿服务,黄渡村吸引了大量游客,特别是注重生态环境和健康生活方式的城市居民。与此同时,这里的"安吉白茶观景平台"在全国已经有很高的知名度,并且特别发挥了明星效应,如前奥运冠军傅园慧游玩的经历,就成为宣传的重要材料。

在安吉白茶的起源地"安吉白茶祖圣境",我们发现这里天然资源丰富,生态环境优美,并且这里有安吉白茶的母树,具有很重要的科研、旅游价值。此外,这里依山傍水,森林茂密,山脚处开发完善,有一众峡谷,成为众多旅行团的目的地,已经初具规模。

山顶民宿作为乡村旅游业的重要组成部分,为游客提供了与自然和谐共处的住宿体验。通过提供当地特色的食品和服务,山顶民宿成功吸引了许多寻求放松和远离城市喧嚣的游客。

横坑坞饭店以其优质的农家菜和特殊的地理位置,成为游客喜爱的目的地之一。其建筑为饭店与居民住宅的综合体,规模和接待能力比较有限,附近有峡谷景区和茶室，还附有小型停车场，建设相对比较完善。菜品突出浙江地域特色，食材纯天然，质量高，与自然环境融为一体，以山上的鲜茶接待客人，切实将茶文化与当地餐饮业相融合，并服务当地旅游业，实现了茶旅融合。

作为安吉县人民政府重点关注的项目，一清茶事二十年来发展迅速。一清茶事有自己的茶田，并开设了品茶鉴茶相关课程，同时从事茶叶的鉴定与营销业务。茶室积极响应安吉县人民政府的号召，坚持"生态立县"方针，同时积极与外界开展交流，对采访持开放包容的态度，并与国际友人展开接触，让世界感受到了中国茶文化。

余村作为联合国世界最佳旅游乡村，展示了乡村旅游业的成功案例。他们通过科技和文化融合，与当地的自然资源进行了良性互动。并且这里有习近平总书记曾提出的"绿水青山就是金山银山"的"两山"石碑，是全中国著名的打卡地、各地党组织党建工作的目的地，极具人气。

2. 存在问题及原因分析

尽管龙王山茶业在市场推广和产品质量方面表现出色，但他们面临的挑战包括如何进一步提升服务水平，对接年轻群体，提升影响力等。

黄杜村面临的挑战包括如何在保持乡村原生态的同时，有效控制游客流量，以及如何提升基础设施和公共服务设施的品质和容量，以满足不断增长的游客需求。同时还可以进一步打造品牌，使安吉白茶从中国走向世界。

"安吉白茶祖圣境"需要改善道路建设和交通便利性，同时加强公共设施建设。山腰处开始过渡为水泥路，且道路坡度极大，开车危险系数高，道路建设问题亟需解决。

山顶民宿同样被交通问题所困扰。正常游客从驾车可停靠路段到山顶路段，之间至少有 30 分钟的通勤时间，并且山路崎岖，道路危险，缺少防护措施，这些问题都会影响到达山顶的游客数量。

余村面临的挑战包括如何在保持生态平衡的同时，有效管理游客流量和提升服务品质，加强旅游配套设施建设，以支持长期可持续发展。

3. 解决方案

山顶民宿需要解决的关键问题包括如何在保护生态环境的同时，提升服务质量和设施条件，尤其是道路与安全保障措施这两个方面，提升该区域的可通达程度，才能更好地发展。横坑坞饭店需要在保持特色的基础上，适度提升设施水平和服务能力,以满足不断增长的游客需求,同时保持乡村原生态的特色。

面对选址安全性的挑战,青岩茶室需要寻找有效的解决方案,加固自己的建筑结构,达到足以抵抗自然灾害的各项标准,并通过提升服务水平和创新体验,明确自己的用户画像与业务定位,再进行扩大化宣传,吸引更多游客以提升收入。

一清茶事经营人员数量较少,沏茶的茶道属于非物质文化遗产,需要支持推进传承与保护的工作。并且可以加强文化推广,与新闻媒体或自媒体合作,提升品牌的知名度,推动茶文化走向整个长三角地区。

五、调研结论与总结

安吉县作为乡村振兴的探索先行者,通过茶旅融合的方式,正逐步实现经济增长与生态保护的良性循环。但同时交通不便、基础设施落后等问题也制约了"茶旅融合"的深化发展。未来,需要政府、企业和社会各界的共同努力,通过有效的政策支持、技术创新和市场开拓,推动安吉县乡村经济实现更高质量的发展。

本次调研覆盖了安吉白茶产业链的各个环节,包括茶农、茶厂、市场销售以及当地特色茶室、民宿等。通过与不同群体的深入交流探讨,获取了多方面、多角度的信息,为调研提供了更丰富的维度。

通过实地考察和访谈,调研团队详细了解了安吉白茶的种植、采摘、加工生产、销售情况。安吉白茶在本地乃至全国有着广阔的种植面积,白茶种植迅速在全国发展,同时白茶加工已经拥有了先进的机器工业生产流水线,大大提高了白茶的生产加工的效率及稳定性,但由于白茶的季节性,机器利用率不高。在销售方面,安吉白茶根据销售情况培育了新型的茶种,增强了白茶品类的丰富性,同时在国内市场知名度较高,但国际市场的拓展不足,仍需加强品牌推广和市场营销。

同时,调研还了解了地方政府和当地政策,以及相关历史发展等信息。本次调研采用了实地考察、深度访谈和文献查阅相结合的方法,保证了多方信息来源的准确性、多样性和可靠性。

文献查阅为此次调研提供了理论支持和背景资料,帮助调研团队更好地了解了安吉白茶的历史发展变化等。

　　实地考察包括走访当地茶厂、茶园、茶室等，通过亲身体验和观察获得第一手资料；深度访谈了与茶厂负责人、茶农等相关从业人员，获取了相关资料信息和相关意见（见图1）。

图1　走访茶室和茶园

　　基于调研结果,调研团队提出了一系列改进建议,包括加强茶叶品牌的推广、茶叶与新式饮品的融合等方面。同时,本团队建议地方政府和企业加大对茶农和茶企的支持力度,通过政策引导和资金支持,促进安吉白茶的可持续性发展。

　　尽管调研顺利完成,但在路线规划和时间按安排上仍有优化空间。在未来调研中,本团队应更科学地规划路线和安排时间。在进行调查和采访前应对团队成员进行相关知识和沟通技巧方面的培训,以提高团队成员的专业素养和沟通能力,提升调研效果和效率。在信息记录方面存在着记录手段单一、信息遗漏的问题。在未来调研中,本团队应采用更多样化和高效的记录手段,以保证数据的完整性和准确性。

　　未来本团队将进一步深入调研安吉白茶产业的各个环节,特别是加工工艺和市场营销方面,获取更详细的数据和信息,为产业发展提供更有力的支持;开展更多专题调研,如安吉白茶与新式饮品的融合发展,有针对性地提出建议和策略。本团队将持续针对调研中提出的改进建议进行跟踪观察,评估其实施效果,并根据实际情况进行调整和完善,同时定期回访调研对象,了解改进措施的落实情况和效果,为未来调研提供参考和借鉴。

非遗佤族织锦传承保护与数字化创新的可持续路径探索

团队成员：陆怡君　罗　薇　字　桦　李　想
指导老师：狄　丹

一、引言

1. 调研背景

本次调研旨在深入探讨佤族非物质文化遗产织锦的传承与保护。近年来，全球化和现代化的进程对少数民族传统文化的冲击日益加剧，许多非物质文化遗产因外部文化的强烈冲击和年轻一代的离开而面临失传的危机。佤族织锦作为少数民族文化的重要载体，其独特的艺术价值和文化内涵亟须得到有效的传承和保护。然而，随着传统手工艺人的减少、市场化压力的增加，织锦的传承面临诸多的问题，包括技艺失传、文化内涵流失、传承人匮乏等。

调研的目的在于系统梳理佤族织锦在保护与传承方面的现状与问题，并探讨数字化时代下的创新路径。随着互联网和数字化技术的迅猛发展、普及，传统文化得以在更广泛的范围内传播，但同时也面临着如何保持其原真性和文化深度的挑战。本次调研通过分析织锦艺术在数字化推广、创新衍生产品设计，以及数字化教学体系方面的建设，为织锦的现代化传播提出建设性意见。

本次调研也着眼于佤族织锦如何在推动西盟旅游业高质量发展中发挥作用，探索文化产业与旅游业的深度融合。在旅游业的发展中，如何避免文化商业化和过度开发，维护非遗文化的原生态和可持续性，将是本次调研的重点之一。此外，随着国家乡村振兴战略的实施，非遗文化产业逐渐成为促进乡村经济发展的新动能。本次调研将考察织锦产业在为残障人士提供就业机会中的表现,以及其对乡村文旅振兴的推动作用。

本次调研既为佤族织锦的保护与传承提供了实证依据,也为少数民族文化在现代社会中的复兴和创新提供了理论支撑。理论上,本次调研借鉴了文化遗产保护、文化产业发展、乡村振兴等相关领域的研究成果,结合实际案例分析,为佤族织锦的可持续发展提出了切实可行的建议。通过本次调研,希望能够推动更多社会力量关注和参与少数民族非遗的传承与保护工作,促进文化多样性的维护和发展。

2. 调研时间

2024 年 7 月 25 日—7 月 28 日。

3. 调研地点

云南省普洱市西盟佤族自治县。

4. 调研对象

佤族织锦传承人和工艺师、西盟当地政府文化部门、残障人士及相关支持机构、西盟旅游从业者与游客、学术研究人员和文化专家、互联网与数字化平台。

二、调研对象简述

1. 现状分析

(1) 保护与传承方面。

佤族织锦的传承主要依靠口传亲授,技艺的掌握集中在少数传承人手中。尽管国家和地方政府加大了对非物质文化遗产的保护力度,但随着社会现代化进程的加快,传统手工艺面临传承人老龄化、后继乏人的困境。年轻一代受外部经济条件的吸引,对传承织锦技艺的兴趣逐渐减弱。

(2) 生产状况。

当前佤族织锦的生产仍主要依靠手工制作,这种生产方式虽然保持了技艺的原汁原味,但产量低且成本高,市场竞争力不足。市场需求的变化及传统工艺的现代化转型不足,使得织锦产品难以在大规模市场中占据一席之地。虽然也有部分企业和工坊尝试将织锦与现代化设计结合,但规模和影响力仍然有限。

（3）数字化与互联网推广。

尽管尝试过将佤族织锦推广到互联网平台，但整体数字化水平较低。织锦产品的在线销售和数字化展示尚未形成规模。此外，数字化教学和宣传资料不足，难以吸引年轻人和外界组织对织锦产品的兴趣。

（4）市场定位和挑战。

随着旅游业的发展和文化产业的推广，佤族织锦的市场需求逐渐增加。然而，市场定位和营销策略的不足使得产品的知名度和销售渠道有限。此外，如何平衡文化保护和商业化之间的关系，也是产业面临的一大压力。

（5）文化保护与支持。

佤族织锦工坊和展览馆的建设为织锦文化的保护与传承提供了平台，但整体设施和资源分配还不均衡。

2. 产业特点

（1）文化独特性。

佤族织锦具有深厚的民族文化内涵，体现了佤族人民对自然、生活的理解和审美观念。织锦的图案多取材于自然景象和民俗文化，具有强烈的地域特色和民族色彩。这种文化独特性使其在非遗项目中有一定的辨识度和影响力。

如图1所示，为佤族织锦中的独特元素——牛角。这些色彩鲜艳且细节丰富的牛角装饰展现了佤族文化对牛的崇拜和对自然的敬畏。牛角在佤族文化中象征力量和勇气，这样独特的文化美在织锦中被艺术地呈现。

图1　佤族锦中的独特元素——牛角

（2）手工艺价值。

佤族织锦采用纯手工工艺制作，技艺复杂且需要丰富的经验技巧。这种手工艺价值不仅体现在产品的美学特征上，更在于其传递的传统文化与历史记忆。精湛的技艺赋予了其极高的艺术价值，使得佤族织锦成为艺术创作的表现。然而，这种高附加价值的工艺在现代快节奏的市场中难以推广普及。

图2　织锦传承人在制作织锦工艺品

如图2所示,织锦工艺要求织工对线条和图案有极强的控制力,传承人需通过长时间的学习掌握这项技能。此外,制作一件织锦工艺品需要消耗大量的时间和劳动,在赋予织锦极高艺术价值的同时,这也使其难以适应现代市场。

(3)社区依赖性。

佤族织锦的传承与社区生活紧密联系。在传统文化中,织锦不仅是佤族女性的家庭劳动,也是在村落社区内传承技艺和文化认同的重要方式。这种社区依赖性在现代社会中面临严峻挑战,随着年轻人外出务工,社区传承的链条正在弱化。

如图3所示,展示了社区内不同年龄的女性共同参与织锦活动,表明了其社区内代际传承的特点。

图3　社区内不同年龄的女性共同参与织锦活动

三、调研过程

1. 调研方法

（1）文献研究。

通过查阅已有的学术论文、政府工作报告、相关书籍等资料,梳理和分析佤族织锦的历史背景、传承现状、文化价值与面临挑战,以此确定调研的理论框架和重点方向。

（2）深度访谈。

采访佤族织锦国家级非遗传承人、工艺师、残障人士、旅游从业者等。获取深入的一手资料和个人见解。

（3）问卷调查。

针对较大的样本群体(如西盟当地居民、游客、织锦行业从业者等)设计问卷,收集数据以量化分析各方对佤族织锦的认识、态度、需求和建议。

（4）实地考察。

前往佤族织锦工坊以及相关博物馆,观察纪录织锦的生产流程、产品展示及销售情况。考察西盟旅游景点与织锦文化的结合点,以了解织锦在旅游业中的实际应用和展示。

2. 调研内容

本次调研不仅仅关注佤族织锦的生产工艺与市场推广,还深入探讨了其与西盟文旅业的融合现状及存在的问题。通过实地走访、专家访谈和游客调查,多角度、多层次地分析了佤族织锦在传承、市场推广、文化教育等方面的优势与不足。

本次调研涵盖了产业发展、文旅融合、数字化推广、残障人士帮扶等多个维度,通过将实地调研与理论分析相结合,全面梳理了佤族织锦产业的现状、挑战及其未来发展方向。

在本次调研过程中,团队结合现代数字化技术和市场趋势,提出了具有创新性的解决方案,如加强数字化宣传、优化工匠激励机制、定制化技能培训等。这些建议既具有前瞻性,又具备实际可操作性,为佤族织锦产业的可持续发展提供了切实可行的方向。

四、调研的成果

1. 收获

（1）数据与案例的丰富积累。

在调研过程中，我们收集了大量的第一手资料和数据，包括工匠访谈记录、游客问卷调查、市场分析报告等。这些数据不仅为调研报告提供了坚实的基础，也为未来的深入研究积累了宝贵的资源。

（2）提升了社会关注与参与。

本次调研引发了当地政府、文化部门及社会各界对佤族织锦传承与发展的关注。调研成果的初步发布在当地引起了积极的反响，为后续项目的推进奠定了基础。

（3）促进了合作与交流。

调研期间，我们与当地的织锦工匠、文化传承人、旅游从业者以及政府部门建立了良好的沟通与合作关系。这为未来的深入合作、资源整合以及项目推进创造了有利条件。

2. 存在问题及原因分析

（1）产业与文旅融合面临的困境是游客了解度不足。

佤族织锦的宣传主要依赖于当地旅游景区的展示。这种宣传方式覆盖面有限，难以在更广泛的受众中引起关注。此外，对于线上销售渠道，特别是社交渠道和数字平台的利用还不够充分，许多游客在访问西盟前对佤族文化和织锦知之甚少，更少有为此到来的游客。

佤族织锦尚未形成统一的品牌形象和市场推广策略。虽然一些手工艺者在尝试推广，但整体的品牌认识度仍然较低，未能在游客心中建立起强烈的文化关联。缺乏统一的品牌推广使得游客难以将织锦与西盟文化联系在一起。

（2）文化教育和游客参与度以及体验深度不足。

游客抵达西盟后缺乏系统的文化教育机会。部分景区内虽有织锦展示和工艺品出售，但大多数游客只将其当作普通的手工艺品，未能理解其中的文化意义和历史传承。景区中游客对于佤族织锦的体验往往停留于表面，仅限于简单的工艺展示或短暂的互动。这种浅层次的文化体验无法让游客真正了解和感受织锦工艺的精髓，削弱了文化传播的效果。

（3）市场推广与定位模糊。

佤族织锦的市场定位相对模糊，导致其在旅游市场中未能形成明确的消费导向。对于游客来说，织锦仅仅被视为旅游纪念品，而非文化艺术品。这种模糊的定位使得游客对其价值和意义的认知较低。此外，在旅游市场上，佤族织锦面临着与其他地方特色产品的激烈竞争。由于缺乏独特的市场定位和有效的推广策略，佤族织锦产品容易被忽略。

（4）经济效益与工匠激励的矛盾。

在文旅融合中，虽然市场需求有所增加，但织锦工匠的收入提升并不显著。由于产业链条较长，工匠在整个产业中的收入相对较低，导致其积极性不足，难以吸引更多人参与到佤族织锦技艺的传承和创新中。部分传承者因收入与经济效益低的原因而放弃了织锦传承事业。

除此之外，对织锦工匠和传承人的激励机制尚不完善，特别是在经济效益的分配和工匠地位的提升方面仍存在不足，这使得许多人不愿意从事佤族织锦工作。

（5）地区发展不均衡。

佤族织锦与文旅业的融合在不同地区发展水平参差不齐。西盟当地的部分偏远地区在基础设施建设、政策支持等方面存在不足，限制了佤族织锦产业的进一步发展。这些地区的旅游业尚未形成规模，导致佤族织锦与文旅业的融合难以充分发挥其潜力。

（6）文化商业化的风险。

在追求商业利益的过程中，部分佤族织锦产品为了迎合游客的需求，可能会简化传统图案和工艺，导致文化内涵的流失。这种过度商业化的趋势容易使佤族织锦失去其独特的文化价值，变为商业化纪念品。

此外，佤族织锦工艺品同质化现象严重。为了提高销量，部分企业或手工艺人趋向于生产类似的产品，导致市场上佤族织锦产品同质化严重，缺乏创意性和独特性。这不仅削弱了佤族织锦文化的多样性，也影响了其市场竞争力。

（7）数字化基础设施和技术不足。

西盟地处偏远，互联网基础设施建设和技术支持不足，限制了数字化宣传的推广。佤族织锦产业整体上对数字技术的应用较为滞后。许多佤族织锦工匠和小规模生产者缺乏对现代数字工具和平台的了解，当地工匠和企业缺乏专业的数字化技能培训,未能充分利用电商、社交媒体等渠道进行宣传和销售。这使得这项手工艺难以与现代化市场需求结合,限制了产业的数字化发展。

（8）数字化内容生产能力不足。

佤族织锦的数字化宣传内容在质量和创意方面往往不足,内容创作缺乏专业性。许多内容以简单的产品图片和文字介绍为主,缺乏吸引力和感染力。尤其是在短视频平台和社交媒体上,未能通过生动的故事讲述和视频效果展示产品的文化背景和工艺价值。

尽管佤族织锦承载着丰富的文化内涵,但在数字化宣传中,这些文化元素未能得到充分的发掘和有效表达。缺少有吸引力的文化故事和背景介绍,从而影响了产品的市场吸引力。

（9）缺乏系统性的数字化战略。

佤族织锦缺乏统一的品牌定位和推广策略。各个企业和手工艺者往往各自为战,未能形成合力。品牌形象不统一,导致市场认知度较低,难以在竞争激烈的市场中形成独特的优势。

此外,数据驱动的营销不足。数字化营销的核心在于数据驱动,但佤族织锦产业在数据收集,分析和应用方面尚未形成有效的机制。缺乏对消费者行为、市场趋势的深度分析,导致数字化营销策略难以精准定位目标市场,影响了宣传效果和市场拓展。

（10）资金和资源的限制。

数字化宣传和市场拓展需要一定的资金支持,但佤族织锦产业的许多企业和工匠在资金方面较为有限,难以投入足够的资源进行高质量的内容制作、平台推广和技术升级。

（11）外部资源和合作机会缺乏也限制了织锦的发展。

与大品牌和现代化产业相比,佤族织锦在获取外部资源、合作机会和宣传渠道方面存在劣势。缺乏知名品牌、媒体平台和数字化服务提供商的合作,使得其在数字化宣传中的资源和渠道较为匮乏。

（12）技能培训和教育资源不足。

残障人士参与佤族织锦产业需要特定的技能培训,但由于师资力量等限制,许多地区难以提供系统的培训课程。这使得残障人士在学习佤族织锦工艺时面临困难,难以掌握复杂技艺。

（13）社会认知与认知不足。

社会偏见和歧视难以消除。尽管有些地区在大力倡导社会包容，但残障人士在市场上仍然面临偏见，部分雇主或同事可能对残障人士的工作能力存有疑虑，影响了他们的发展机会。

3. 解决方案

（1）提升游客的了解度与品牌认知，多渠道宣传推广。

制定线上与线下结合的宣传策略，通过社交媒体平台、短视频平台等现代化传播渠道，推出系列文化宣传片、工艺展示视频等，吸引更广泛的受众。同时，依托电商平台，推出线上佤族文化体验活动，邀请网红、文化博主进行推广。整合当地手工艺者和企业，建立一个统一的品牌推广平台。可以设立"佤族织锦文化节"或定期举办品牌展示会，强化品牌认知，提升文化关联性。

（2）深化文化教育与游客体验。

在景区内设立"佤族织锦文化体验中心"，提供系统的文化教育课程，包括历史背景、工艺展示、手工艺体验等。开发多语言导览系统，方便国内外游客深入了解佤族文化。

开发深度文化体验项目，如佤族织锦制作体验班、传统佤族织锦表演等，增强游客的参与感。通过这些活动，让游客亲身体验并理解佤族织锦工艺的精髓，从而增强文化传播效果。

（3）明确市场定位与拓展消费导向。

根据不同的消费群体，开发适合的产品线。将佤族织锦定位为高端手工艺品，并与普通旅游纪念品区分开来。加强与高端旅游市场的对接，打造具有收藏价值和文化意义的织锦产品。

通过文化故事的包装和讲述，突出佤族织锦产品的独特性和艺术价值。与文化艺术机构、博物馆等合作，开展主题展览和推广活动，提升市场认知度和竞争力。

如表1所示，通过分析佤族织锦的目标客户、竞争优势、市场策略和发展方向，明确其市场定位。这有助于提高其市场竞争力，并指导未来发展和推广策略。

表 1　佤族织锦的市场定位要素

市场定位要素	内　　　容
目标客户	1. 文化爱好者：对少数民族文化和传统手工艺感兴趣的人群。 2. 游客：到西盟等佤族地区旅游的游客。 3. 时尚消费者：寻找独特、手工艺元素的时尚产品消费者。 4. 企业客户：需要独特的文化产品作为企业礼品的公司。
竞争优势	1. 文化内涵：独特的民族文化背景与手工艺使产品在市场中具有显著差异化。 2. 品质保障：以高质量的制作工艺和材料赢得消费者的信任。 3. 文化体验：通过与旅游业结合，提供文化体验和互动活动。
市场策略	1. 品牌塑造：打造独特的品牌故事和文化形象，提高产品的知名度和影响力。 2. 拓展渠道：通过线上线下多渠道宣传和销售，包括电子商务平台、实体店铺和旅游景点专卖店。 3. 合作推广：与旅游公司、文化机构合作，拓展市场覆盖范围。
发展方向	产品创新：开发新的织锦手工艺品，包括家具装饰、时尚服饰、配饰等，满足多样化市场需求。

（4）优化经济效益与工匠激励机制。

提升工匠收入比例。通过缩短产业链条，减少中间环节，让更多的利润直接回馈到工匠手中。同时，推动建立工匠合作社，共享资源和市场信息，提升整体经济效益。

完善激励机制。政府和企业可共同设立"佤族织锦传承基金"，用于奖励优秀传承人和创新作品，并提供技术培训和发展机会，吸引更多年轻人参与到佤族织锦技艺的传承中。

（5）促进地区均衡发展。

加强基础设施建设。政府应加大对偏远地区基础设施的投入，改善交通、通信等条件，吸引更多游客进入这些地区。鼓励企业在偏远地区投资建设织锦工坊和文化展示中心，带动当地经济的发展。

制定差异化发展策略。根据不同地区的资源和文化特色，制定个性化的发展策略。鼓励各地区开发具有地方特色的织锦产品和旅游项目，避免同质化竞争，形成多元化的市场格局。

（6）改善数字化基础设施与技术支持。

提升数字化基础设施。加大对偏远地区互联网基础设施的投入，提升网络覆盖率和传输速度，支持当地工匠和企业进行线上宣传和销售。

加强数字化技能培训。组织具有针对性的数字化技能培训课程，包括电商运营、社交媒体营销、数字内容制作等，帮助工匠和小型企业掌握现代数字工具和平台的使用方法。

（7）提升数字化内容生产能力。

提高内容创作专业性。引入专业的内容创作团队，与当地手工艺者合作，制作高质量的宣传视频、图文故事等，展示佤族织锦工艺的文化背景和艺术价值。在短视频平台上，推出系列文化故事片，以生动的形式讲述佤族织锦的历史和传承故事。

挖掘文化故事。系统整理佤族织锦的文化背景，挖掘其深层次的文化故事，并将这些元素融入数字化宣传内容中。通过文化故事的传递，增强产品的吸引力和市场认同感。

（8）制定具有系统性的数字化战略。

统一品牌推广策略。建立统一的品牌形象和推广策略，整合各企业和手工艺者的资源，形成合力。在推广过程中，注重品牌的文化价值和市场定位，提升整体市场竞争力。

数据驱动的营销策略。建立消费者数据收集和分析机制，通过大数据分析了解市场趋势和消费者需求，制订精准的数字化营销策略。利用数据分析结果，优化宣传内容和推广渠道，提高市场拓展效果。

（9）解决资金和资源限制。

提供资金支持和资源共享。政府和企业可以设立专项基金，支持数字化宣传和市场拓展项目。鼓励企业与数字化服务提供商合作，提供技术支持并进行资源共享，降低中小企业和工匠的数字化推广成本。

促进外部资源和合作机会：加强与知名品牌、媒体平台和文化机构的合作，借助其平台和影响力，扩大佤族织锦的宣传覆盖面。通过合作，获取更多的外部资源和市场机会，推动产业的数字化转型和发展。

（10）提供技能培训和教育资源。

定制化技能培训。根据残障人士的特殊需求，开发专门的佤族织锦技艺培训课程,并配备相应的辅助教学工具。与残障人士服务机构合作,提供系统化、长期性的技能培训,帮助他们掌握佤族织锦工艺。

(11)提升社会认知与支持。

开展社会宣传与教育。通过媒体宣传和公众教育,改变社会对残障人士工作能力的偏见,营造包容的社会氛围。组织佤族织锦展示和比赛,展示残障人士的工作成果,提升他们的自信心。

(12)提高经济效益与保障可持续发展。

合理分配经济收益。确保残障人士在织锦产业链中的收入比例合理,通过绩效激励机制,鼓励他们持续参与佤族织锦生产。定期评估和调整收入分配政策,确保经济效益与工作成果挂钩,激发残障人士的积极性。

五、调研结论与总结

本次调研内容广泛,涵盖了多个研究方向。在这种情况下,如何在全面覆盖的同时,保持研究的深度,是调研过程中需要解决的一个重要问题。尽管我们在各方面都有所涉及,但在某些领域,如数字化推广和市场定位的研究上,还需更深入地探讨与实践。

由于时间和资源有限,本次调研的广度和深度在一定程度上受到了限制。特别是在偏远地区的实地调研中,因基础设施条件的限制,一些数据的获取和访谈的深入性受到影响。这是我们在后续工作中需要克服的一个关键挑战。

在本次调研中,团队成员在不同领域的专业知识得到了充分发挥,但在综合能力、跨领域合作以及调研技巧方面还有进一步提升的空间。今后需要加强团队的培训和能力建设,提升整体的研究水平和执行力。

在调研的基础上,我们将进一步探索佤族织锦在数字化宣传中的潜力。我们计划在电商平台、社交媒体等持续发布佤族织锦的宣传材料,打造统一的品牌形象,推广佤族织锦的文化故事与艺术价值。

根据调研中发现的困境,我们也会制定具体的帮扶方案,建议当地政府、残障人士服务机构和佤族织锦工坊开展定制化技能培训、建设无障碍工作环境,使残障人士更好地融入佤族织锦产业。

为了确保调研建议的有效实施,我们计划建立长期的监测与反馈机制。通过定期跟踪和评估,及时调整策略和方案,确保佤族织锦产业能够持续、健康发展。

海边更"京味儿"

——广西京族非遗传承与旅游创新发展研究

团队成员：蓝晓玥　韩钰瑶　张嘉蓉　刘　朵
　　　　　马婉婷　丁琢琦　唐　江　贾俊涛
指导老师：庞　骏　吴　婷

一、引言

1. 调研背景

2021年3月25日，由文化和旅游部主办的"全国非物质文化遗产保护与发展'十三五'工作会议"安排部署了"十四五"时期的非遗工作目标和任务，提出了加强非遗保护、传承与创新、提高保护能力和水平、深化非遗挖掘与传播等多方面的发展要求。要求加强非遗活化利用，推进非遗传承工作的全面开展。在国际文化保护领域，非遗项目申报政策对跨国申遗有相关规定和鼓励，即跨国申遗不占用该国的遗产名额，鼓励跨国申遗。

广西没有世界级非遗项目，如能通过我们的努力，探索中越两国民族非遗联合申报民间节日类世界非遗项目的可行性，对于改善和促进两国边境地区的文化、经济、社会发展都极为有利。

本次项目开展的意义主要有三点：首先，在文化认同层面上，非物质文化遗产是传承中华民族优秀传统文化的重要组成部分，具有较高的历史价值、美学价值和文化内涵，关注极具民族特色的非物质文化遗产的传承与保护对于增强该民族的文化自信和铸牢民族共同体意识具有重要作用；其次，非遗传承更是社会经济发展的重要动力，可以促进城乡区域经济和国民经济持续发展；最后，文旅融合是非遗活化利用的重要方式之一，在文旅融合发展的过程中可以实现非物质文化遗产的传承与区域经济的共同发展。当前我国非遗传承和传统文化都面临多种挑战和风险,因此我们更需要注重非遗的传承保护与旅游的创新融合与发展。

2. 调研时间

2023 年 7 月 25 日—7 月 30 日。

3. 调研地点

广西防城港城市之窗、广西防城港国际医学开放试验区、广西防城港北部湾海洋文化公园、广西东兴市京岛风景名胜区、广西东兴市竹山村、屏峰雨林公园、互市贸易区、广西东兴市华美达观楼、东兴国门景区、广西崇左市宁明县花山岩画、花山温泉风景度假区、广西崇左市德天瀑布。

4. 调研对象

相关地点工作人员、东兴文旅局有关部门、京族非物质文化遗产传承人、京族非遗技艺表演者、当地民众、当地游客。

二、调研对象

本次调研活动重点探究广西东兴以京族非遗为特色的文化旅游资源,调研分析该领域的发展现状和发展路径,结合专业知识,总结发展的成功经验,发现当前存在问题并思考解决方案。通过本次调研活动让更多人了解并参与到广西京族非遗的保护和传承中。

三、调研过程

1. 调研方法

实地考察、参观展览、亲身体验、人物采访、座谈会等。

2. 调研内容

2023 年 7 月 25 日—7 月 30 日,海边更"京味儿"调研小组前往广西防城港市东兴市,正式开启了为期六天的暑期广西京族非遗调研之旅。活动前四日,调研团队先后到东兴澫尾村、京岛风景名胜区、京族博物馆、竹山村、东兴国门景区等地开展调研,深入了解京族非遗保护传承与文旅融合发展的情况,对澫尾金滩哈节节庆活动的相关准备工作进行了解,并参与感受哈节节庆活动,探究京族非遗文化资源开发与利用现状,总结发展中的成功经验并探究其传播、利用效果有限的原因,分析春节节庆游资源拓展开发的可能性;考察国内首个京族博物馆的发展现状,并与京族博物馆馆长共同探讨了京族博物馆进一步发展的创新路径;调研京族的传统服饰,体验耙螺、高跷捕鱼、虾网围捕等京族传统技艺,学习海洋民族的劳作方式。此外,本次调研还留下了红色足迹,在东兴探寻中越界碑,沿着中越界河"北仑河"寻找竹山大清国一号界碑、大清国五号界碑、1368(1)号界碑、1369(1)号界碑、1366(1)号界碑 1377 号海上界碑共六块界碑,并制作成特别专题发布于公众号"京海拾遗"。

在东兴市政协与上海对外经贸大学座谈会上,调研团队与东兴市政协共同探索了中越两国京族非遗联合申报"独弦琴艺术"世界非遗项目的可行性,最终上海对外经贸大学与东兴市达成共识,并与京族博物馆馆长苏海珍签约,后期学院将与东兴市合作在校内举办京族博物馆展览,并计划开设京族独弦琴艺术相关选修课,聘请苏海珍老师到校内任教并在相关展览上进行独弦琴演奏,推动京族独弦琴艺术走进高校,为中越联合申遗的实现奠定基础。

活动后两日,调研团队前往崇左市,对崇明花山岩画及景区开发等进行拓展调研,学习花山岩画申遗成功的经验及花山温泉谷文旅融合发展的成功经验。

本次调研采用线上发放电子问卷和线下实地考察走访的方式,线上调查对象分布各地,具有较强的代表性。共回收有效问卷 85 份,线下实地考察走访广西壮族自治区防城港市、东兴市,调研对象为京族非遗传承人、东兴市文化和旅游局、当地居民、游客。

四、调研的成果

1. 收获

(1)中越联合申遗的实现具有可行性且能实现双方共赢。

广西壮族自治区东兴市是我国唯一的京族聚居地,同时东兴市与越南仅一河之隔,越南的主体民族为京族,越南对于京族非遗的传承与保护十分重视,但中越在京族非遗文化申请世界级非遗址双双碰壁,因此,中越联合申遗可以实现双方共赢,调研团队的这一设想也得到了东兴市的认可,后续需要我校在学术方面与谈判方面提供更多专业性支持,并与东兴市政府携手,共同为申遗努力。

（2）广西东兴市对于京族非遗的传承与保护高度重视，京族文化的保护、挖掘和开发工作不断得到加强。

该市拥有各级非物质文化遗产项目代表性传承人共 42 人，并设立了京族生态博物馆、京族哈亭、京族独弦琴艺术培训基地等民俗文化气息浓厚的专业场馆。同时，该市还通过开展京族文化进校园、进社区、进家庭等形式多样的活动，让京族文化不断得到传承与发扬。

（3）广西东兴市致力于推进京族非遗文化发展的现代化建设。

广西东兴市政府陆续出台了许多行动方案，为京族文化的传承发展提供了政策支持，同时，政府不断加大资金投入力度，为京族文化保护、传承和发展工作的正常有序开展提供资金保障。

2. 存在问题及原因分析

（1）大众对于京族非遗的知名度较低，京族非遗的传承工作任重而道远。

根据收集到的问卷我们发现，有超过 80% 的人并不了解京族非遗文化，有超过 50% 的人对于京族的非遗项目一无所知，有 54% 的人了解到广西京族非遗文化是通过网络媒体，这反映出京族非遗文化在宣传方面的薄弱，宣传的方式和渠道过于单一。东兴京族非遗宣传工作宣传内容质量也参差不齐，一些非遗项目的宣传内容缺乏深入的研究和准确的描述，导致公众对京族非遗项目的理解存在偏差。

（2）京族非遗文化传承老龄化，传承质量存在差异。

东兴京族非遗项目大部分依赖于人的现场展示而得以传承，独弦琴演奏、风吹饼制作技艺、高跷捞虾等京族非遗项目都出现了代表性传承人整体年龄偏大，而年轻的传承人水平存在差异，存在无法独立承担传承工作的问题。以京族独弦琴为例，近几年独弦琴年轻传承人逐渐增多，学习独弦琴的年轻人也逐渐增多，数量方面有所提升，但质量方面仍有不足，独弦琴传承工作还未形成各界合力和长效机制，多是靠传承机构与传承人主动作为，整体传承工作进步缓慢。

（3）国家级非遗项目京族独弦琴艺术中越联合申报世界级非物质文化遗产的问题亟待解决。

首先，我国京族独弦琴传承人数量较少，擅长弹奏京族独弦琴的人数量也较少，而京族独弦琴在越南则是民族乐器，在人数上两国存在一定差距；其次，我国京族独弦琴的教学工作也主要是由传承机构承担,近几年虽已走进东兴市的中小学,但在高校教学方面仍有所欠缺,而越南的音乐高校均设立京族独弦琴专业,在京族独弦琴社会地位上两国存在一定差距;最后,我国京族独弦琴还没有系统的培训方式与考核方式,在专业性、系统性上仍有不足,而越南对于京族独弦琴已有专业、系统的培训方式,对于演奏的技法也更为高超,在培训的专业性和系统性上两国存在一定差距。

(4)广西壮族自治区东兴市京族非遗文化与文旅产业实现了初步的融合发展,但其融合度不够高。

广西壮族自治区东兴市拥有丰富的自然文化旅游资源、人文旅游资源和社会旅游资源,京族非遗文旅发展初具规模,京岛风景名胜区极具京族非遗文化特色,已经成为东兴市重要的旅游景点之一,自建成以来基础设施建设不断完善,2010年被评为国家4A级旅游景区,为京族文化的展示提供了空间保障。但京岛风景名胜区的旅游开发与宣传一直以"滨海游"为主,没有充分利用京岛的京族非遗文化特色发展"非遗游",将非遗文化的保护与传承与文旅产业发展高度融合。

(5)广西壮族自治区东兴市将部分京族非遗项目开发为体验式项目,但京族非遗项目展示缺乏常态化,且形式单一,部分京族非遗文化与文旅产业的融合方式缺乏整体性、创新性与可持续性。

广西壮族自治区东兴市现已将京族传统的生产方式,如踩高跷捕鱼、拉大网、摸鸭蛋等逐渐开发成旅游项目,有效推动了这些传统生产技艺的传承。同时,借京族哈节这一京族传统节庆发展"节庆游",自2008年起,每年举办一次盛大的哈节,每年都会吸引大量游客前来旅游,有效带动了当地的经济和社会的发展。

但在调研访谈中我们发现,东兴市京族非遗项目的展示时间和地点具有较大限制性。高跷捞虾、耙螺、独弦琴表演等非遗项目没有常态化的演出,通常大型节庆活动政府聘请表演人员或旅行团聘请表演人员两种模式才能欣赏到非遗项目演出。京族非遗文化集中于东兴京族博物馆内展示,馆内展示形式较为落后,基本为陈列展览形式,而京族非遗文化技巧性和艺术性兼具,单一的陈列展览形式难以全面展示出京族非遗的文化底蕴及民族特色。高跷捕鱼、耙螺、独弦琴等项目现如今仅停留在观看表演层面上,缺乏创新性。

（6）京族非遗市场化运作不够成熟。

京族非遗项目在市场化运作方面的体系建设还需进一步完善，市场经济与京族非遗文化的传承与发展之间的适应性还存在差距。东兴市京族非遗景区网站、公众号、小程序未发挥功能，甚至没有网站、公众号、小程序等平台，造成京族非遗相关展演活动及体验活动的预约、购票存在困难。因为东兴市京族非遗市场化运作不够成熟，所以京族非遗文化难以与旅游产业形成更深度融合发展，将文化价值转化为经济价值。

（7）京族非遗文创产品产业发展尚未成熟。

广西壮族自治区东兴市文化和旅游局积极推动京族非遗文创产品的研究与开发，但如今市场上京族非遗文创产品数量少，东兴市本地及电商平台也难见其身影。同时京族非遗文创产品创新不足，多为钥匙扣、纪念金币、京族经典民间故事集等产品，难以引起新时代人群的消费欲望。总体来说东兴市京族非遗文创产品存在创新形式不够多，同质化现象普遍，产品种类不够丰富，文化创意不足，未能凸显本地特色。

3. 解决方案

（1）将京族非遗项目演出常态化。

游客可通过提前线上预约的方式预约观看京族非遗项目演出，景区工作人员通过预约人数灵活安排京族非遗项目演出活动，将以往的只有大型节庆活动政府安排或是旅行团预约的京族非遗项目演出活动常态化展示给游客，同时针对不同人群开展差异化体验项目，吸引更多游客参与。东兴市京族博物馆创新展示形式，将传统京族非遗文化与现代科技手段相结合，游客可通过扫描二维码观看相关展品的影像资料。并进一步打造互动式参观模式，通过三维重建、"VR/AR＋局部交互"、渲染等数字化方式，将与其相关的人物、社会背景、事件等要素以叙事场景的形式进行全景呈现，打造 3D 沉浸式虚实共生场景，对大众无法从实物中了解的信息进行补充，并能够身临其境地进行互动体验非遗技艺。

（2）东兴市京族非遗景区应主动创建并完善网站、公众号、小程序等智慧平台。

便利游客预约及购票，提升游客体验感。文创产品的研发设计应与时代需求相结合，避免出现设计理念滞后、文创产品同质化的问题，广泛调研公众需求,吸引文化创意人才打造传统京族非遗元素鲜明、艺术性实用性兼具、能与时下潮流相结合的非遗文创产品。通过线上＋线下,实体店＋网络电商平台的销售形式,在京岛旅游景区专设以京族特色土特产及文创产品为核心的展览销售园区,出售展现具有京族非遗文化特色的本民族手工艺品、土特产及文创产品,扩大京族非遗文创销售渠道,让文创产品走出当地,走向更广阔的市场。

（3）传承人定期向文化主管部门汇报传承工作。

提供传承活动内容、传承收入和传承支出等情况,并提交相关证据（如发票、收据、照片、视频等）,政府根据具体情况给予补助或予以报销。此外,还可以在核销制的基础上实行激励机制,给积极参与传承活动、传承效果突出的传承人以一定金额的奖励,形成保护传承的内生动力。与此同时,还要注重保护传承人的权利,提高其知名度、尊重度和认同感。各级地方政府可以设置"优秀传承人""文化使者""民间艺术家"等荣誉称号,用于授予本行政区级内的传承人并进行宣传表彰,给予相应的物质奖励、平台机会或提供相关待遇,满足传承人的获得感,吸引更多年轻人加入传承非遗的队伍。东兴市成立了专家组,研究制订京族非遗项目教学方案及考核制度,对传承机构实行统一领导及监督,对传承人实行定期培训制度,政府、专家组、传承机构、传承人多重力量集中发力,制订长效机制,不断推动京族非遗传承工作提量提质。

（4）提高宣传质量,加强京族非遗项目的研究和深度挖掘。

确保宣传内容准确真实,能够深入传达京族非遗项目的内涵和价值。拓宽宣传渠道,创新宣传手段,积极利用新兴媒体平台和社交网络,如通过直播、拍摄短视频等方式将京族非遗宣传扩大到更广泛的受众群体中去。同时,与学校、社区等机构合作,开展京族非遗宣传活动,让更多人了解和参与其中。建立稳定的京族非遗宣传机制,确保宣传工作的持续性。成立专门的京族非遗宣传机构或部门,负责统筹规划、组织实施京族非遗宣传活动,并与相关部门、机构形成合作机制,共同推进京族非遗传承与保护工作。助力推动京族国家级非遗项目——京族独弦琴艺术与越南联合申报世界级非物质文化遗产,通过此举进一步提高京族独弦琴的国际知名度。

（5）通过核销制和奖励机制鼓励传承人传承工作。

加大宣传力度,持续推动与高校共建实践教育基地,通过开设相关选修课程、传承人讲座,推动"京族独弦琴艺术进校园"专题活动在高校普及化,让京族独弦琴艺术走进高校,走向世界。另外,要加强中越交流沟通,积极向越南展示独弦琴在中国发展的良好境况,增强中越联合申遗的信心与决心。

(6)挖掘京族人民村落传统民居文化内涵。

围绕京族非遗民俗游,挖掘京族人民生产过程、生活习惯、巫头村、竹山村等村落传统民居的文化内涵,并将其贯穿于乡村旅游产品生产和消费的各个环节,形成以乡村京族非遗、传统民俗、传统建筑、传统作坊、传统小吃为特色的"京族村落景区"。东兴市文旅局相关部门可结合中越京族文化,提供京族非遗的沉浸式体验,以"印象"系列、"千古情"系列、"又见"系列等为例,打造一个具有京族民族特色和文化内涵的人物形象,以该人物形象的人生经历为主线编排大型歌舞剧表演,在表演中融入京族非遗技艺的表演,让京族非遗从静态观赏变为互动体验,观众得以更加直观地感受旅游目的地的文化魅力,在京族非遗文旅融合发展的传播推广上更有记忆点,提升京族非遗的知名度,同时还能带动当地居民就业,推动经济发展。

五、调研结论与总结

通过本次调研,我们从参与京族哈节这一传统的民族节日中感受到一个民族的历史文化与信仰,了解非物质文化遗产生长的土壤,在体验高跷捕鱼、耙螺和观看拉大网、独弦琴等表演中了解传统京族非遗技艺,观赏身着京族特色民族服饰的哈哥哈妹,感受到这个神秘的海洋民族的风采,品尝风吹饼、水籺、白糍粑等非遗美食,记住这份独特的非遗味道,在京族博物馆游览中探寻海洋民族独特的文化底蕴,从竹山村游览中细品这迁徙而来的民族古韵,看到了京族非遗传承中的后浪,听到了更多京族非遗传承人的声音,看见了他们传承的努力,在中越民族文化联合申遗的座谈会上看到了中越联合申遗的美好前景,在探寻中,我们也更加敬畏历史,在崇明花山壁画的游览和申遗经验学习中,我们也明白了申遗的成功任重而道远。因此,中国的当代大学生应该更具有社会责任感、历史使命感、民族团结意识,充分发挥自身的素质优势、群体优势,努力做好表率,为和谐社会的伟大事业做出贡献,增砖添瓦。我们需要开放包容,也需要铸牢中华民族共同体意识,不断培育非遗传承精神,做非遗的传承人,还需要让更多人了解并参与到京族非遗的保护和传承中。

本团队在微信公众号、微信视频号、小红书、抖音平台上对本次调研进行了宣传,设立了"京海拾遗"微信公众号,并开设了调研日常、人物专访、特别专题三个专栏对调研内容进行分类发布,单篇最高浏览量达 903 次,最高点赞量达 48 次,同时在微信视频号发布了 7 月 25 日—7 月 30 日 5 天的调研 vlog,从学生的视角展示了对于京族非遗文化的亲身体验和每日的调研日常,本团队针对不同平台的风格进行内容发布和调研宣传,在抖音平台上上传了京族春节相关的短视频,在小红书平台上发布了调研的手账。同时,本团队的实践调研活动得到了东兴市政府的认可,广西壮族自治区东兴市官方微信公众号发布了本团队的调研活动,同时团队成员也参与了推文的撰写。

基于年轻人的非物质文化遗产的创新与发展

——以金山农民画为例

团队成员：竺笑阳　秦立唯　仵昊元　邱圣智
　　　　　冯津扬　张子涵　曲振源
指导老师：王朝晖

一、引言

1. 调研背景

在全球化浪潮席卷全球，文化多元化成为时代特征的今天，非物质文化遗产作为民族文化身份和多样性的重要体现，不仅能够增进相互之间的了解和尊重，增强社会的凝聚力和稳定性，更是连接过去与未来，传承智慧与情感的桥梁。在这一背景下，非遗的保护与传承工作愈发凸显其紧迫性和重要性，国际社会纷纷投以高度关注，力求在全球化的洪流中守护住这份人类共同的宝贵财富，其保护与传承日益受到国际社会的广泛关注。特别是在中国，作为拥有五千年文明史的古老国度，非遗资源之丰富、种类之繁多，堪称世界之最。丰富的非遗资源不仅是中华文明的重要组成部分，也是实现文化自信、推动文化创新发展的关键所在。

金山农民画，作为上海金山地区特有的民间艺术形式，植根于上海金山地区深厚的乡土文化之中，以其独特的艺术风格、丰富的生活内容和鲜明的地域特色，成为非遗保护与传承的典范。它不仅是对农耕文明时代生活状态的真实记录，更是中华民族创造力、想象力和审美情趣的集中体现。然而，随着现代化进程的加速，传统文化与现代文明的碰撞日益激烈，金山农民画面临着传承断

214

层、创新不足等挑战。一方面,老一辈传承人逐渐减少,导致技艺传承出现断层,许多珍贵的艺术手法和创作理念面临失传的风险;另一方面,年轻一代对传统文化的兴趣逐渐减弱,创新动力不足,使得非遗项目难以适应时代变化,难以吸引更多年轻人的关注与参与。因此,基于年轻人的视角,探索金山农民画的创新与发展路径,不仅对于非遗的可持续传承具有重要意义,也是推动文化创新、实现"强国有我,青年有为"时代使命的具体实践。

2. 调研时间

2024 年 7 月 22 日。

3. 调研地点

中侨职业技术大学、金山农民画村。

4. 调研对象

中侨职业技术大学艺术学院戴红梅书记、金山农民画院朱希副院长、金山农民画村著名画家曹秀文。

二、调研对象简述

(1) 上海金山农民画的保护与传承状况。

金山农民油画起源于 20 世纪 50 年代,最初是农民表达生活和文化的一种艺术形式。如今,它已经发展成为具有较高艺术水平的独立艺术流派。金山农民油画的保护与传承的主要情况如下。

在政府支持方面,上海市及金山区政府对金山农民油画的保护和传承给予了较大的支持,包括政策上的扶持和资金上的投入。

在传承机制方面,金山农民油画的传承主要依靠"师带徒"以及家庭传承的方式,同时也有一些学校(如中侨职业技术大学)和培训班开设专门的课程,培养年轻一代的传承人。

在现代化与市场化结合方面,在保持传统技艺的基础上,金山农民油画也在不断进行现代化改良,以适应市场需求。艺术家们通过展览、艺术节等形式,推广这一非遗项目,使其在现代社会中获得新的生命力。

(2) 上海金山农民画与旅游的融合情况。

金山农民画与旅游业的融合正在成为推动地方经济和文化发展的重要手段。主要表现为以下几点。

一是文化旅游品牌化：金山农民画已经成为金山区的文化旅游名片。当地通过举办农民画展览、文化节等活动，吸引了大量游客，提升了地区的知名度。

二是旅游产品开发：将金山农民画与旅游商品结合，开发出一系列具有地方特色的旅游纪念品，如手工画作、印有农民画元素的日用品等，深受游客喜爱。

三是旅游线路整合：将金山农民画村落与其他旅游景点、文化遗产点进行整合，形成一条完整的文化旅游路线，游客可以在欣赏农民画的同时，体验金山的风土人情。

（3）上海金山农民画的现状分析。

金山农民油画与旅游的融合正处于不断深化的阶段，但也面临一些挑战和机遇。

在挑战方面，虽然金山农民画在文化和旅游融合中取得了一定成绩，但仍存在品牌推广力度不够、市场认知度有限等问题。此外，信息过于发达，原创作品容易出现抄袭盗版如何在保持艺术原真性的基础上进行商业化开发，也是一大挑战。

在机遇方面，随着文化旅游业的兴起和人们对非遗文化的关注度提升，金山农民画具有进一步发展的巨大潜力。通过加强政府、企业和艺术家的合作，推动文化产业与旅游业的深度融合，可以进一步提升金山农民画的知名度和影响力。

三、调研过程

1. 调研方法

（1）文献研究法。

通过广泛搜集与金山农民画相关的历史文献、学术研究成果、政策文件等资料，进行系统的梳理与分析，以把握金山农民画的发展历程、艺术特色、传承现状及其面临的问题。同时，借鉴国内外非遗保护与创新的成功案例，为金山农民画的创新发展提供理论依据和经验借鉴。

（2）实地调研法。

采用问卷调查、深度访谈、参与观察等方法，对金山地区的农民画家、年轻创作者、文化工作者、社区居民等进行实地调研，深入了解金山农民画的创作环境、传承机制、市场需求以及年轻人群体的认知与态度。通过第一手数据的收集与分析，揭示了金山农民画创新发展的实际需求和潜在空间，为提出具有针对性的策略建议提供实证基础。

2. 调研内容

调研研究旨在通过理论探讨与实践探索，实现以下三个主要目标：一是深化对金山农民画艺术价值与文化内涵的理解，提升其在当代社会的认知度与影响力；二是揭示金山农民画传承与发展面临的挑战，特别是年轻人参与度不高、创新能力不足等问题；三是探索基于年轻人视角的金山农民画创新路径，包括创作理念、技术应用、市场推广等方面的创新实践；四是构建促进金山农民画可持续发展的策略体系，为地方政府、文化机构、社区及年轻人提供具体可行的行动指南，共同推动金山农民画在新时代的焕新与发展，践行"强国有我，青年有为"的时代精神。

具体而言，调研将从年轻人的视角出发，探讨非遗传承与创新的理论基础，提出适应新时代要求的非遗发展模式，为非遗研究提供新的视角和方法论参考。同时，通过对金山农民画案例的深入分析，可以为同类非遗项目的保护与传承提供理论借鉴，促进非遗研究的跨学科融合与深度发展。金山农民画有着极高的艺术价值。金山农民画与以往的绘画创作不同，它是农民通过对多年的农村生活的所见所闻和对自然现象的观察，并加上自己的独有的见解描绘而成，主题内容丰富多彩。在金山民间的传统艺术中，金山农民画有多种不同的表现样式。质朴的江南风情是金山农民画取材之源泉，并将民间艺术语言也融合在其中，夸张的艺术手法、大胆的色彩反差常存在于金山农民画中。

金山农民画作为中国非物质文化遗产的重要代表，其传承与发展对社会产生了深远影响。这种独特的民间艺术形式不仅丰富了人们的精神文化生活，还促进了社会和谐与进步。调研致力于探索金山农民画在当代社会的创新与发展路径，特别是如何通过年轻人的参与和创意，为传统艺术形式注入新的活力。这不仅能够促进金山农民画的活态传承，增强其社会影响力和市场竞争力，还能够激发年轻人的文化自觉与文化自信，培养他们对传统文化的兴趣与责任感。此外，通过实地调研与项目实践，调研将为金山地区乃至全国的非遗保护工作提供具有可操作性的策略建议，助力地方文化产业的创新发展，促进经济社会的全面进步。不仅如此,我们可以通过挖掘和弘扬乡村文化资源,提升乡村文化的软实力和竞争力,可以吸引更多的人才和资源向乡村聚集,促进乡村的全面振兴和发展。

四、调研的成果

1. 收获

年轻人对金山农民油画的理解存在一定的困境,这进一步提高了其传承的难度。

(1) 传承渠道不畅。

传统的传承方式主要依赖于"师带徒"或家庭传承,但这种模式对现代年轻人的吸引力较小。新的传承渠道,如线上学习、互动体验等,尚未得到充分开发和利用,导致年轻人参与的积极性不高。

(2) 文化距离与代际差异。

一是生活方式的差异。金山农民画源于农村生活,内容多表现传统的农村风貌和民俗文化。然而,许多年轻人生活在城市,成长环境与这些画作表现的内容相去甚远,这使得他们在情感上难以与这一艺术形式产生共鸣。

二是审美与兴趣的转变。年轻一代的审美观念受全球化、多元文化和现代艺术的影响较大,他们更容易被流行文化和现代艺术形式所吸引,而对金山农民画这种传统艺术形式的兴趣较低。传统艺术形式难以满足年轻人对个性化和创新的追求。

(3) 认知与理解的缺失。

一是历史与文化背景知识匮乏。金山农民画蕴含着丰富的历史文化背景,但这些内容往往在年轻人中传播不足。年轻人缺乏对这些背景的了解,导致他们无法深入理解和欣赏这种艺术形式的独特价值。

二是教育体系中的缺位。在目前的教育体系中,非物质文化遗产的内容较少进入课堂,许多年轻人从小缺乏对金山农民画等非遗项目的接触和学习机会。这种教育缺位导致他们对这种艺术形式的认知停留在浅表层面。

(4) 传承方式与平台的不足。

一是缺乏适合年轻人的传承渠道。传统的传承方式主要依赖于口传心授和家庭传承,这种方式对现代年轻人的吸引力较弱。新的传承方式,如线上平台、互动式体验、跨界合作等，尚未得到广泛应用和推广，使得年轻人难以找到便捷且有吸引力的方式来接触和学习金山农民画。

二是社会参与度低。社会上关于金山农民画的展览、活动和工作坊等互动平台较少，尤其是针对年轻群体的活动较为稀缺。这种低参与度进一步加大了年轻人接触和了解这一艺术形式的难度。

（5）市场化与价值认知的偏差。

一是商业化的冲击。在市场经济的推动下，一些金山农民画作品可能更多地迎合市场需求，而忽略了艺术本身的文化传承意义。年轻人可能因此将其视为一种商品，而非文化遗产，导致他们对其文化价值的认知出现偏差。

二是文化身份认同的模糊。随着全球化进程的加速，年轻人对自身文化身份的认同感可能减弱，他们更容易认同全球流行文化，而忽视或淡化本土文化，如金山农民画。这样一来，金山农民画在年轻人中的文化认同感和传承动力也就相应减弱。

2. 存在问题及原因分析

年轻一代对非物质文化遗产的了解与认识不足，是金山农民油画传承过程中面临的主要问题之一。

一是兴趣缺乏。许多年轻人对传统文化的兴趣较低，特别是在面对快速发展的数字化和全球化文化时，传统非遗文化如金山农民画往往难以引起他们的关注。

二是教育与传播不足。现有的教育体系和大众媒体对于非遗文化的宣传和教育力度不足，年轻人缺少深入了解非遗文化的机会和平台。金山农民画的独特价值和文化内涵未能通过有效的方式传达到年轻群体中。我国当前非遗的传承普及仍主要是依靠自发推广，即传承人通过自己的努力在市场经济中传承宣扬非遗文化。

三是市场问题。纯市场机制的传承不适合非遗保护，非遗行业大多生产精神产品及文化产品，其极高的"生产成本"却常被社会忽视，而文化精神类产品在我国当前居民消费中仅占据极小比例，这使得非遗从业者举步维艰，行业发展极其缓慢，最终必然消失。

四是文化隔阂。金山农民画作为一种根植于农村生活的艺术形式，与当代年轻人的城市生活存在一定的文化隔阂，使得他们难以在情感上产生共鸣。

五是创作题材。在现代快节奏的时代,很多年轻人已经忘记了农村是什么样子,对农村生活没有体验,而金山农民画又是以农村生活为主题创作,故很难吸引到年轻人。王彬雪提出"如果保持传统,则必然导致缺乏创新;如果融入现代元素,又很容易失去农民画本身的特色"。

六是过度商业化。20世纪90年代后期,市场上开始大量复制或丝网印刷,造成绘画过程简化,作品质量下降。由于农民画大量复制,造成价格被压低,原创农民画作者的收入受到很大影响,许多农民画家不愿意从事农民画创作,农民画行业发展遇到困境。

3. 解决方案

(1)增强年轻人对非遗的认识。

提升年轻人对非物质文化遗产的认知度是传承发展的关键。针对金山农民画,可以通过多样化的教育方式激发年轻人的兴趣。在中小学课程中融入非遗相关内容,让学生从小接触并了解这一艺术形式。高校可开设专门的非遗课程,深入探讨金山农民画的历史、技法和文化内涵,就像乔晓光所说,"可开设有关非物质文化遗产的民俗学课程,这样既丰富了学生的知识,又促进了非遗的传承。可以设立非物质文化遗产的专业,或者由各个专业根据自身学科设立非物质文化有关的选修课。如北京大学教授段宝林曾经面向全校学生开设过'民俗学'选修课。"社区文化中心也可组织非遗讲座和工作坊,邀请民间艺人现场示范,让年轻人近距离感受传统技艺的魅力。

利用新媒体平台是吸引年轻人群体的有效途径。制作短视频、动画等形式新颖的内容,通过抖音、b站等年轻人喜爱的平台进行传播,使非遗知识更易被接受。举办线上线下结合的非遗知识竞赛,设置丰厚奖励,调动年轻人学习的积极性。同时,鼓励年轻人参与非遗保护工作,如志愿者项目,让他们在实践中加深对非遗的理解和认同。

(2)拓宽年轻人接触非遗的渠道。

创新非遗展示方式是吸引年轻人的重要手段。利用虚拟现实(VR)、增强现实(AR)等技术,打造沉浸式的金山农民画体验空间,让年轻人身临其境感受创作过程。开发互动性强的非遗主题手机应用,融入游戏化元素,提高年轻人的参与度。在城市公共空间设置非遗互动装置,如智能触摸屏幕,让路人可以随时了解和欣赏金山农民画作品。

跨界合作为非遗注入新活力。与时尚、设计等领域合作,将金山农民画元素融入现代产品设计,如服装、饰品、家居用品等,使非遗融入年轻人的日常生活。鼓励年轻艺术家与传统艺人合作创作,碰撞出新的艺术火花。组织非遗创意集市,为年轻创业者提供展示平台,促进非遗与现代商业相结合。

(3) 丰富年轻人非遗旅游的体验。

打造沉浸式非遗旅游体验是吸引年轻人的有效方式。在金山地区建立农民画主题公园,设计互动性强的体验项目,如 DIY 农民画创作、虚拟画家体验等,让游客亲身参与艺术创作过程。对现有的金山农民画村进行重新改造和开发,开发"非遗＋乡村旅游"路线,让年轻人在体验乡村生活的同时,深入了解金山农民画的文化背景。

结合节庆活动推广非遗旅游。举办金山农民画艺术节,邀请知名艺术家和网红参与,增加活动的吸引力。设计"非遗打卡"活动,鼓励游客在社交媒体分享体验,扩大影响力。开发特色非遗文创产品,如金山农民画主题的明信片、农民画地毯等,满足人们的收藏需求。

五、调研结论与总结

1. 实地调研的不足

(1) 调研方法单一。

当前的调研过于依赖传统的问卷调查、访谈等方法,而忽视了现代科技手段的运用,如大数据分析、社交媒体监测等。这些方法可以更有效地捕捉和分析金山农民画的受众群体、传播渠道以及市场反馈等信息。

(2) 文化传承与创新的平衡问题。

在调研过程中,如何平衡金山农民画的传统元素与现代审美需求是一个重要问题。一方面,需要保留和传承其独特的艺术风格和文化内涵;另一方面,也需要考虑如何与现代生活相结合,进行创新和发展。这一平衡点的把握在调研中可能存在一定的难度。

(3) 调研范围受限。

实地调研往往受限于时间、人力和资金等因素,导致调研范围不够广泛。这可能使得调研结果存在一定的片面性,无法全面反映金山农民画的整体状况和发展趋势。

2. 改进与展望

（1）多元化调研方法。

引入现代科技手段，如大数据分析、社交媒体监测等，与传统的问卷调查、访谈等方法相结合，形成多元化的调研方法体系。这有助于更全面地了解金山农民画的受众群体、传播渠道以及市场反馈等信息。

（2）注重文化传承与创新的平衡。

在调研过程中，应充分考虑金山农民画的传统元素与现代审美需求的平衡问题，既要保留和传承其独特的艺术风格和文化内涵，又要与现代生活相结合，进行创新和发展。这有助于使金山农民画在传承中焕发新的生机与活力。

以 绣 载 道

——成都蜀绣文化及其商业发展调查

团队成员：张烨文　唐婉馨　杨凡丁　梁恩童　艾明熙

指导老师：汪世超

一、引言

1. 调研背景

本次调研旨在深入探索蜀绣这一非物质文化遗产在当代社会的保护、传承、创新与发展。调研的深度和广度涵盖了多个关键领域，下列四个角度从目的和意义的角度讨论了此次调研的背景。

（1）非物质文化遗产的保护与传承机制。

蜀绣作为四川省的代表性传统手工艺，其技艺的传承和文化价值的保护是调研的首要目标。小组成员将细致考察蜀绣的历史沿革、技艺流程、文化内涵，以及在当代社会中传承与保护的现状和挑战，与相关负责人密切交谈，从而总结出合理且适用的保护手段。

（2）蜀绣文化产业的探索与发展。

在文化产业日益成为经济增长新动力的背景下，蜀绣的产业化探索对于其传承与创新具有重要意义。小组成员将全面分析蜀绣在设计创新、生产流程、市场定位、品牌建设、销售策略等方面的现状与潜力，探讨如何通过产品创新、提升品质、强化品牌效应，与网络合作等策略，促进蜀绣文化产业的可持续发展。

（3）传统艺术与现代设计的融合创新。

在追求个性化和创新性的当代社会，如何让蜀绣这一传统艺术与现代设计相结合,成为一个值得深入探讨的课题。小组成员与部分负责人深入探讨如何通过将蜀绣与现代科技融为一体,满足现代消费者对个性化、高品质产品的需求。

(4) 教育与人才培养体系的构建与优化。

蜀绣技艺的传承和创新离不开专业人才的培养。小组成员亲身体验了蜀绣的制作过程以及观摩了大师们的杰作,同时了解了非遗传承的主要人才来源与培训手段,认为蜀绣技艺能够持续传承和创新发展。

2. 调研时间

2023 年 8 月 3 日。

3. 调研地点

绣兰道蜀绣艺术慧馆(大慈寺店)、绣兰道艺术中心。

4. 调研对象

蜀绣代表作品、其技术历史,以及其商业发展轨迹。

二、调研对象简述

绣兰道蜀绣艺术慧馆坐落在成都锦江区潮流时尚与传统文化并存的太古里商圈的千年古寺大慈寺内。历史的古韵、人文的雅致、艺术的光辉和街巷的购物休闲氛围交融,太古里这个丰富多彩、拥有不同层次、充满生活气息的公共空间让千年传统技艺蜀绣在新时代焕发了勃勃生机。太古里的国际视野、创新设计理念激活了古老的技艺,使千年的蜀绣技艺成为时尚生活的符号。绣兰道蜀绣艺术慧馆开启了以成都中心 CBD 腹地太古里为中心的商业新篇章。

绣兰道艺术中心地处南丝绸之路的起点新都区、升庵故居腹地、斑竹园夏河溪公园的核心区域。门临千亩湿地草坪,院外绿道曲径环绕,动静交织,风光宜人;绣兰道艺术中心建设风格集川西民居与现代建筑艺术的深度融合,相得益彰,于传承中创新,于创新中回归,清新脱俗,充分演绎了"悠然见南山"的田园牧歌意境。

绣兰道艺术中心积极响应国家"文化强国"的号召,继承与发扬蜀绣文化,根据不同的人群需求,定期组织多元化的蜀绣体验活动,让社会各界人士了解并喜爱蜀绣文化,并进行各领域跨界合作,与品牌公司、社会团体、政府机构合作共同推广蜀绣艺术文化,提升当代社会群体的精神素养。

三、调研过程

1. 调研方法

我们运用了实地调研中的观察法和实践法（见图 1）。

图1 实地调研

（1）观察法

在绣兰道蜀绣艺术慧馆（大慈寺店），我们首先参观了蜀绣作品，通过观察蜀绣作品，我们直观地了解了蜀绣的艺术风格和表现形式，对蜀绣的发展过程、特色以及技术水平有了更深入的认识。这能够让我们直接从实物中获取信息，为后续的调研提供了丰富的视觉和感性材料。

（2）实践法

在绣兰道艺术中心，通过亲自动手制作蜀绣，我们不仅加深了对蜀绣制作工艺和技法的理解，还亲身体验了蜀绣制作过程中的困难和挑战。这种方法使得我们的调研更加深入和具体，能够从实践者的角度去感受和理解蜀绣文化的内涵和价值。

2. 调研内容

蜀绣文化具有丰富性与独特性。

在四川省成都市绣兰道蜀绣艺术慧馆，蜀绣非遗传承人、四川绣兰道文化艺术发展有限公司总经理刘珈伲亲自为我们介绍了蜀绣文化的历史发展及其独特性。

蜀绣历史悠久，最早可上溯到三星堆文明。蜀绣的发展基于蜀地富饶，尤其是所产丝帛质好量大。西汉文学家扬雄《蜀都赋》云："锦布绣望，芒芒分无幅。"并描述在成都随处可见"挥肱织锦""展帛刺绣"的情景。另有扬雄《绣补》诗，诗中表达了作者对蜀绣技艺的高度赞誉。西汉末，蜀地"女工之业，覆衣天下"（摘自《后汉书》）。据文献记载，蜀国最早的君王蚕丛已经懂得养殖桑蚕；三国时期，蜀锦蜀绣就已经驰名天下，作为珍稀而昂贵的丝织品，蜀国经常用它交换北方的战马或其他物资。

唐代末期，南诏进攻成都，掠夺的对象除了金银、蜀锦、蜀绣，还大量劫掠蜀锦蜀绣工匠。据《元和郡县志》记载，在唐代，蜀绣作为贡品进入宫廷，成为皇帝奖赏功臣的主要物品；五代十国时期，四川相对安定的局面为蜀绣的发展创造了有利的条件，社会需求的不断增大，刺激了蜀绣业的飞速发展；宋代，蜀绣之名已遍及神州，文献称蜀绣技法"穷工极巧"，蜀绣的发展达到鼎盛时期，绣品在工艺、产销量和精美程度上都独步天下。清朝中叶以后，蜀绣逐渐形成行业。在这一时期，刺绣产品开始由专业的设计师进行设计，产品逐渐划分为穿货、戏衣、灯彩三个行业。1915 年，蜀绣在美国巴拿马太平洋万国博览会上获奖，为蜀绣赢得很大声誉。

到 1925 年前后,仅成都就有刺绣从业人员一千多人,店铺六十余家。20 世纪 50 年代,蜀绣遍布四川民间。70 年代末,川西农村几乎是"家家女红,户户针工",刺绣从业人员达四五千人之多。1981 年后,蜀绣有了较大发展,除蜀绣厂专业从事刺绣的工人外,农村郊县加工刺绣的人员迅速增至七八千人;1982 年的中国工艺美术品第二届百花奖评选,以及 1985 年的巴黎博览会,蜀绣都赢得了极高的荣誉。

如今,蜀绣以一种全新的姿态回到人们视线内,蜀绣工艺被众多现代设计师、艺术家所认识与喜爱,越来越多品牌通过将这一传统手工艺与时尚、科技、艺术等现代产业进行跨界结合,蜀绣正迎来一个前所未有的崭新春天。

蜀绣以其纯熟的工艺和细腻的线条跻于中国的四大名绣之列,在其悠久的发展历史中逐渐形成针法严谨、片线光亮、针脚平齐、色彩明快等特点。蜀绣用成都地区练染的各色散线(较粗松的丝线)或丝线(较细紧的丝线)绣制于本地所造绸缎上。

据统计,蜀绣针法有 12 大类,130 余种之多,是四大名绣之最丰富者,而 70 余道衣锦线更是为蜀绣所独具。常用的针法有晕针、铺针、滚针、截针、掺针、沙针、盖针等,讲究"针脚整齐,线片光亮,紧密柔和,车拧到家"。各种针法交错使用,变化多端,或粗细相间,或虚实结合,阴阳远近表现无遗。

在成都新都蜀绣艺术中心,绣兰道"知道学堂",上海对外经贸大学暑期社会实践调研团队在蜀绣非遗传承人熊嘉雪和李桂红的悉心指导下开始动手实践,体验蜀绣的魅力。许多人都是第一次拿起绣花针,老师从基础的劈丝分线、系针打结开始,教授大家蜀绣的基础针法——滚针。大家专注于手中的一针一线,以扇为纸,以线当墨,以针做笔,细致地绣出叶子和花朵,将最美的牡丹花开绣于扇面之上,感受"一根丝线分十二根,一根绣针百转千回,花从指间生"的美妙。

四、调研的成果

1. 收获

本小组通过拜访在成都顶尖商业区中立店的绣兰道,调查其独特的将传统非遗文化与现代商业模式相结合的经营形式,了解蜀绣的历史及相关代表作。

同时又亲身体验蜀绣制作过程,探索非遗绣品创作技巧,结两种方法对成都蜀绣文化及其商业发展进行研究。

2. 存在问题及原因分析

(1) 传承人才短缺。

年轻人对传统手工艺兴趣减少,导致技艺传承困难,蜀绣从业者年龄结构老化,缺乏新鲜血液,培养一名熟练的蜀绣工匠需要长时间,而在当前快节奏社会中,年轻人缺乏耐心。各层次人才的缺乏是蜀绣行业面临的另一个重要问题。这不仅包括高技能的刺绣工匠,还包括能够将传统技艺与现代设计、市场需求相结合的创新型人才。人才断层可能导致技艺传承困难,创新动力不足。

(2) 产品创新不足。

传统蜀绣产品设计较为单一,难以满足现代消费者的需求,缺乏将蜀绣与现代设计、时尚元素结合的创新产品,产品同质化严重,市场竞争力不足。虽然蜀绣是传统工艺,但在现代市场中,创新是保持竞争力的关键。蜀绣行业在产品设计、工艺改进、材料应用等方面的创新不足,难以吸引年轻消费群体。

(3) 现代化程度较低。

生产工艺较为传统,缺乏现代化设备和技术支持,管理模式落后,难以适应现代企业经营要求,数字化转型滞后,难以充分利用大数据、人工智能等新技术。

通过问卷调查发现,消费者对蜀绣产品的关注点和需求点正在发生变化。传统的蜀绣产品可能无法完全满足现代消费者的审美和实用需求,这要求行业必须进行创新和调整。

(4) 生产成本高昂。

手工制作成本高,难以实现规模化生产,原材料价格上涨,增加了生产成本压力,人工成本逐年上升,影响企业扩大利润空间。

蜀绣行业的产业链可能存在不完善的问题,包括原材料供应、生产加工、销售渠道等环节的协调性不足,影响了整体产业的效率和竞争力,更导致了高昂的生产成本。

(5) 国际竞争力不足。

在全球化背景下,蜀绣产业的国际化程度仍然较低。这限制了蜀绣在国际市场的知名度和影响力的提升,也使得产业难以充分利用国际资源和市场机会。

（6）文化价值传播不足。

蜀绣的文化内涵未得到充分挖掘和宣传，消费者对蜀绣工艺和文化价值认知不足，缺乏系统的文化教育和普及活动，作为非物质文化遗产，蜀绣不仅是一种工艺，更承载着深厚的文化内涵。然而，在文化价值的传播和教育方面还存在不足，难以让更多人理解和欣赏蜀绣的文化魅力。

（7）市场推广不足。

蜀绣品牌知名度不高，缺乏有效的市场营销策略，线上销售渠道开拓不足，难以适应电商时代的消费模式，国际市场开拓不足，缺乏针对海外市场的推广策略，蜀绣行业在市场营销方面存在明显问题，包括营销渠道单一、推广方式陈旧、与目标消费群体沟通不足等，导致产品难以有效触达潜在消费者。

3. 解决方案

根据我们参观绣兰道蜀绣艺术慧馆（大慈寺店）并体验蜀绣制作的经历，以下是一些对非遗蜀绣保护的调研建议和改进方案。

调研建议有以下五点。

（1）深入调研蜀绣传承现状。

全面了解绣兰道蜀绣传承人的数量、年龄结构、技艺水平及传承意愿。调研蜀绣技艺在年轻一代中的认知度和兴趣度，评估传承的可持续性。

（2）深入了解市场需求与消费者偏好。

通过问卷调查、社交媒体互动、游客访谈等方式，收集游客和消费者对蜀绣产品的兴趣点、购买意愿及改进建议。分析市场数据，了解蜀绣产品在国内外市场的销售情况、竞争态势及消费者需求变化。

（3）评估蜀绣技艺的传承与创新。

调研蜀绣技艺的传承现状，包括传承人数量、技艺水平、教学情况等。分析蜀绣技艺在图案设计、色彩运用、针法创新等方面的优势和不足。

（4）考察生产与制作工艺。

实地考察绣兰道文化艺术发展有限公司的生产工坊，了解原材料采购、生产工艺流程、质量控制等环节。

（5）评估保护与传承的资源配置。

考察绣兰道在蜀绣保护方面的资金、人力、物力等资源的投入情况。评估现有资源的利用效率，识别资源配置的不足之处。

改进方案包括以下五点。

（1）加强传承人保护与培养。

因为在我们调研的过程中了解到愿意传承蜀绣技艺的年轻人越来越少，所以为了蜀绣传承与延续，我们要加强对传承人的保护与培养。对现有传承人进行建档立卡，提供必要的政策扶持和资金补助，确保他们的生活和工作得到保障。实施"师徒传承"计划，鼓励老艺人带新徒弟，传授技艺和经验。设立传承人培养基金，支持年轻一代学习蜀绣技艺，培养新的传承人。

（2）创新传承与宣传方式。

利用现代科技手段，如数字化记录、在线教学等，扩大蜀绣文化的传播范围。

与高校、职业院校展开合作，开设蜀绣专业课程，培养专业人才。举办蜀绣技艺培训班、工作坊等活动，吸引更多人参与蜀绣的学习和传承。

利用社交媒体、短视频平台、旅游网站等多种渠道进行品牌宣传，提高品牌知名度和曝光率。与成都本地及周边地区的旅游景点、酒店、民宿等建立合作关系，进行联合推广，吸引更多游客前来体验蜀绣文化。打造绣兰道蜀绣品牌，提升品牌的知名度和美誉度。通过参加国内外知名展会、举办蜀绣文化节等活动，展示蜀绣的独特魅力和文化内涵。定期举办蜀绣文化节、手工艺品展览等主题活动，邀请知名艺术家、设计师参与，提升品牌的影响力和市场吸引力。利用新媒体平台进行品牌宣传和推广，吸引更多消费者关注和了解蜀绣文化。

（3）完善保护机制与政策支持。

争取政府和相关部门的政策支持和资金扶持，为蜀绣保护提供有力保障。推动完善非遗保护相关的法律法规体系，明确非遗保护的原则、目标和责任主体，为蜀绣等非遗项目提供法律保障。建立健全蜀绣保护机制，包括传承人认定、技艺传承、产品开发、市场推广等方面的制度和规范。

加强与其他非遗项目的交流与合作，共同推动非遗文化的传承与发展。加强与国际组织和机构的合作与交流，积极与国际非物质文化遗产保护组织建立联系，参与国际非遗保护项目和活动，分享蜀绣保护的经验和成果，学习借鉴其他国家和地区的非遗保护经验，推广蜀绣文化。举办国际蜀绣展览和研讨会等活动，吸引国际友人和专家关注蜀绣文化。鼓励蜀绣企业拓展国际市场，将蜀绣产品推向世界舞台。

（4）增强蜀绣制作体验区的互动性与教育性。

在蜀绣制作体验区设置更多互动环节，如让游客选择简单的图案尝试刺绣，或提供半成品供游客完成绣品，增强参与感和成就感。设立专门的蜀绣教学展示区，通过视频、图文、实物等多种形式展示蜀绣的制作过程和技巧，同时安排专业人员进行现场演示和讲解，提高游客对蜀绣技艺的认识和兴趣。定期在社区举办蜀绣文化讲座、工作坊和展览，让居民近距离接触蜀绣，了解蜀绣的历史、技艺和文化内涵，增强社区居民对蜀绣文化的认同感和保护意识。

（5）推动蜀绣与现代设计的融合。

引入现代设计理念，鼓励设计师将现代设计理念融入蜀绣产品中，创新设计款式和图案，使蜀绣产品更加符合现代审美和市场需求。跨界合作，与时尚、家居、艺术等领域进行跨界合作，推出具有蜀绣元素的时尚服饰、家居用品和艺术品等，拓宽蜀绣产品的应用领域和市场空间。从而大大提高蜀绣的使用率，将蜀绣融入人们的生活中，从而拓展蜀绣的生存空间。

五、调研结论与总结

通过本次调研我们深刻认识到，蜀绣作为中国非物质文化遗产的重要组成部分，其传承与发展不仅关乎技艺的保存，更关系到对文化多样性的维护。面对传承人才短缺的现状，我们必须加强年轻一代对蜀绣技艺的培养和兴趣引导，确保这一古老艺术的形式得以流传。

同时，蜀绣要在现代社会中焕发新生，就必须在保持传统精髓的同时，不断创新产品设计，满足现代消费者的审美需求和实用需求。这要求我们引入现代设计理念，探索蜀绣与现代生活的融合点，开发出既有传统韵味又符合现代市场需求的产品。

最后，政府和社会各界的支持对于蜀绣产业的发展至关重要。政策扶持和资金投入，可以为蜀绣的保护和传承提供坚实的基础。此外，加强市场推广和品牌建设，利用现代营销手段提升蜀绣的市场知名度，是提高其市场竞争力的关键。

非遗品牌商业化创新路径探索

——以嘉兴五芳斋粽子为例

团队成员：曹　奥　余思豪　周俊哲　顾俊怡　江振楠

　　　　　曾智睿　吴嘉翊　姬诗语　冯宇洋　陈屹楠

指导老师：全　华

一、引言

1. 调研背景

在中华民族悠久的历史长河中，传统美食不仅是味蕾上的享受，更是文化的传承与记忆的延续。粽子，作为中国传统节日端午节不可或缺的食品，承载着深厚的文化底蕴和民族情感。其中，五芳斋粽子以其独特的制作工艺和口味，成为粽子行业的佼佼者，并成功入选国家级非物质文化遗产名录，展现了其深厚的文化价值与历史意义。

近年来，随着全球化的加速和现代化进程的推进，许多传统技艺和文化遗产面临着被遗忘和消失的风险。随着近年来对非遗文化的日渐重视，五芳斋粽子作为非遗文化的代表之一，其制作技艺的传承与保护显得尤为重要。然而，在实际操作中，粽子生产的集约化和商品化趋势，以及年轻一代对传统技艺的陌生感，都使得这一传统技艺的传承面临挑战。因此，我们开展了关于五芳斋粽子与非遗文化的社会实践调研，旨在深入了解五芳斋粽子的历史渊源、制作工艺、文化传承现状以及面临的挑战，为非遗文化的保护与传承提供实践经验和理论依据。

2. 调研时间

2024 年 7 月 19 日—7 月 21 日。

3. 调研地点

浙江嘉兴。

4. 调研对象

五芳斋粽子总店、五芳斋非遗文化体验馆、五芳斋良库咖啡联名店、嘉兴粽子文化博物馆、真真老老月河景区门店、游客及当地居民。

二、调研对象简述

五芳斋作为中国著名的"中华老字号"品牌，拥有悠久的历史和深厚的文化底蕴。自成立以来，五芳斋始终坚持传统工艺，注重产品质量，以其独特的口感和高品质深受消费者的喜爱。五芳斋粽子制作技艺在 2011 年被文化部列入国家级非物质文化遗产名录，这不仅提升了品牌的知名度，也进一步巩固了其在市场上的领先地位。

在产品研发方面，五芳斋不仅坚持传统，还注重创新。近年来，五芳斋推出了包括传世臻粽高端系列、创新的 FANG 粽系列以及新工艺的锁鲜粽系列在内的多款新产品。这些产品不仅满足了消费者对多样化口味粽子的需求，也在市场上赢得了良好的口碑。

五芳斋在销售渠道上也不断扩展，建立了覆盖全国的销售网络，包括实体店、超市和电商平台等多种渠道。虽然五芳斋在全国范围内的销售网络较为广泛，但公司在 2024 年第一季度的业绩却出现了一定的下滑，营业总收入同比下降，且净利润也处于亏损状态，这表明五芳斋在当前市场环境中面临了一些挑战和压力。

五芳斋的优势在于其深厚的品牌历史和文化传承。作为百年老字号，五芳斋一直以高品质的传统粽子著称，其独特的制作工艺和口感深得消费者的信赖。在我们对当地人的采访中也可以印证这一点。同时，五芳斋在品牌影响力和传播方面也做得非常出色。通过与各大 IP 的合作，五芳斋推出了一系列跨界联名产品，这些具有独特设计和文化内涵的联名粽子不仅提升了品牌的市场竞争力，也吸引了更多年轻消费者的关注。

在创新方面，五芳斋不断推动产品多元化和生产技术的现代化升级。例如，五芳斋与江南大学等高校合作，成立专门的研发中心，运用现代科技手段对粽子制作技艺进行改良和提升。此外，五芳斋还注重自动化生产技术的提升，已经掌握了粽子定量灌装、粽子保鲜生产等多项关键技术，极大地提高了生产效率和产品质量。

尽管五芳斋在品牌建设和产品创新方面取得了显著成绩，但其也存在一些不足。粽子作为一种具有强烈节令性的食品，除在端午节期间外，其他时间的市场需求较为有限。这导致五芳斋的销售额在端午节后会出现明显的下滑，市场业务存在"天花板"。在对游客的采访中，我们了解到尽管五芳斋是一个知名品牌，由于粽子的知名度不及其他地方特色小吃，对旅游业的总体贡献有限，更多的是发挥锦上添花的作用。

此外，尽管五芳斋在自动化生产和产品研发方面做出了诸多努力，但在面对激烈的市场竞争时，依然存在一定的挑战。例如，五芳斋在2024年第一季度的营业收入和净利润均有所下降。同时，诸如真真老老粽子等品牌也对五芳斋的品牌地位造成了冲击。这反映出在当前复杂多变的市场环境下，五芳斋的盈利能力和市场应对能力仍需进一步提升。

三、调研过程

1. 调研方法

（1）文献研究。

收集和分析嘉兴五芳斋粽子的历史文献、品牌发展报告、市场分析报告等，了解品牌的发展历程、市场定位、产品创新等信息。

查阅相关国内外学术论文、期刊文章、研究报告等，了解非遗品牌商业化创新的新理论、实践案例和成功经验。

（2）实地调研。

参观嘉兴五芳斋粽子的总店和五芳斋良库咖啡联名店，了解门店产品结构、消费人群、跨界创新融合等方面的实际情况（见图1）。

在五芳斋粽子的非遗文化体验馆进一步了解五芳斋粽子的非遗文化、制作技艺、历史传承以及相关的民俗风情和文化创新。

前往不同的销售点进行观察和记录，了解消费者的购买行为、偏好、反馈等信息。

参观嘉兴粽子文化博物馆，对粽子的历史由来，国内外粽子比较、发展演变，进行深入了解和认识。

图1 参观嘉兴五芳斋粽子总店

（3）深度访谈＋随机采访。

与嘉兴粽子的手工艺者、管理人员等进行面对面访谈，深入了解他们的品牌理念、创新思路、市场策略等。

与消费者、当地人进行访谈，了解他们对五芳斋粽子的认知、购买动机、消费体验、口味偏好、诉求等。

（4）线上下问卷调查。

设计针对消费者的问卷，调查他们对五芳斋粽子的认知、购买频率、购买渠道、口味偏好、价格接受度等。利用网络平台和社交媒体，进行大规模的在线问卷调查，扩大样本量，提高数据的代表性。最后对数据进行统计分析，了解消费者的需求和偏好，为品牌创新提供数据支持。

（5）线上网店与营销渠道调查。

对五芳斋在天猫、京东、淘宝等线上购物平台的开展情况进行调研，包括投放产品的种类、促销方式、消费者评价等，找出其可借鉴或者可改进的地方。

通过五芳斋在微信公众号，小红书、抖音、b站等短视频平台开设的账号内容进行研究，获得其线上营销运营的方式和经验。

2. 调研内容

（1）实践行程回顾。

在为期三天的暑期社会实践中，我们团队在嘉兴围绕五芳斋粽子这一非物质文化遗产品牌，开展了深入的系列考察与调研活动。7 月 20 日至 22 日，我们依次访问了五芳斋粽子总店、嘉兴五芳斋非遗文化体验馆、五芳斋良库咖啡联名店以及嘉兴粽子文化博物馆、真真老老粽子，全面了解了五芳斋粽子的经营创新、文化传承、商业创新及市场布局。

（2）群体采访亮点。

通过与嘉兴本地人、五芳斋员工、游客的交流，我们收集到了丰富的反馈。五芳斋粽子不仅在嘉兴人心中是情感的纽带，更是日常饮食的一部分，体现了品牌的深厚根基。同时，五芳斋有着强烈的社会责任感，如为下岗职工提供就业机会、关注环卫工人的需求，展现了其作为企业的担当。游客的反馈则揭示了五芳斋在品牌影响力上的双重性，既是吸引游客的文化符号，又在一定程度上影响着旅游体验。

（3）公众号推文影响。

我们精心策划的五篇公众号推文，包括活动项目展示、实践创新之旅、五芳斋粽子广告文化介绍及采访纪实，共获得 1 000 余次阅读点击量，有效提升了项目的社会影响力。推文不仅记录了实践活动的点点滴滴，更引发了公众对非物质文化遗产保护与商业化平衡的思考。通过新媒体的传播，五芳斋的品牌故事得到了更广泛的传播，增强了其文化价值与市场影响力。

四、调研的成果

1. 收获

总体来看待非遗品牌可供借鉴的成功经验，以五芳斋为例，其成功可以大致分为品牌基础硬实力的沉淀和社会层面的创新融合发展战略两个方面。

（1）创新融合发展战略方向。

基于我们的线下调研结果，五芳斋通过跨界合作，如与良库咖啡等品牌的联合，完成了品牌的跨界融合，塑造品牌形象的同时，还拓宽了消费场景。这种跨界融合不仅限于产品层面的结合，更在于文化、体验与服务的深度融合。考虑到非遗文化普遍面临多元创新难题，其他的非遗品牌也可以借鉴此模式，寻找与自身品牌调性相符的合作伙伴,共同打造具有文化特色的消费场景,提升品牌的影响力和市场竞争力。

除了线下的创新战略外,于线上五芳斋也通过年轻化战略和产品矩阵创新,成功吸引了年轻消费者的关注。其不仅保留了传统粽子的经典口味,还推出了多种创新口味和形式的产品,如速冻类、烘焙类等,满足了不同消费者的需求。

同时在线上调研过程中发现,五芳斋的宣传十分注重品牌形象的年轻化,意在通过社交媒体、短视频平台等渠道与年轻消费者建立联系。其他非遗品牌可以借鉴其年轻化战略和产品矩阵创新,通过不断创新和迭代产品,提升品牌的吸引力和竞争力。

此外,五芳斋的广告宣传和文化传播方面落实相当到位,通过创意广告、文化展览、非遗体验馆等多种形式,将品牌文化传递给广大消费者。其创意广告不仅具有视觉冲击力,还蕴含了深厚的文化内涵,有效提升了品牌的知名度和美誉度,这也是其他非遗老字号可以学习的。

(2)品牌基础硬实力的沉淀。

再落实到五芳斋这个品牌本身,五芳斋品牌在发展过程中对于"老字号"这一概念有着清晰认知,品牌注重创新的同时,也不忘打造品牌在群众心中塑造的老字号形象。其始终注重社会责任的履行,通过参与公益活动、支持文化传承等方式,树立企业形象,为品牌的长远发展奠定坚实基础。其他非遗品牌也应同样重视社会责任的履行,不要忘记老字号的社会责任。

2. 存在问题及原因分析

可以确定的是,五芳斋以"非遗品牌"制订的品牌发展战略,于大方向上无疑是正确的,但综合到此次调研的实际体验上,其品牌战略的落地与预期上出现了一定程度上的落差。

(1)跨界合作。

在跨界融合方面,跨界融合本身作为一次品牌出圈以及消费场景拓宽的机会,其应该侧重展现产品在创新上所具备的韧性,但在良库咖啡店中,唯一可以体现五芳斋粽子的仅仅是粽子礼盒。换而言之,此次融合可以说是仅仅止步于品牌,在产品上仍存有发展空间。

在线下文创产品体验中,我们调研了文创雪糕,综合考虑其售价,该雪糕的口味并未达到应有水平。同样为口味问题,为了稳定高产,其采用工业化生产是正确的方式,但工业化生产导致的口味下降,自然不利于品牌形象,但这个问题也是绝大多数非遗食品规模化所要面临的。

(2)海外前景。

将目光着眼于国际市场时,可以发现其出口对象主要是海外华人,外国人对粽子的认知大部分仍然仅停留在"听说过"的层面。所以粽子这一极具文化色彩的食物,其国外市场仍旧有待发掘。

3. 解决方案

(1)跨界合作。

针对五芳斋跨界融合程度不高的问题,建议其更加注重合作过程中的文化融合和体验创新的实际落实,确保跨界合作能够真正提升品牌形象和消费者体验,而非单纯追求噱头和话题性而忽视产品本身的质量和消费者体验。

针对于文创产品口味欠佳的问题,建议五芳斋加强产品研发和品质控制,增强文创产品的创意性是拓展市场的重要手段,但其实口味才是夯实品牌消费者市场的基础。此外,注重市场调研和消费者反馈,或许能够更好地为产品的下一步改善做铺垫。

针对工业化生产口味欠佳的问题,建议加强生产过程的品质控制和技术创新,在进行产品创新的同时也要确保技术上的迭代更新。

(2)海外前景。

建议五芳斋加强海外市场调研和品牌建设,了解不同国家和地区消费者的需求和偏好。并且,注重产品的绿色、健康、品质标准以及食材来源的稳定性和可靠性,在提升产品的国际竞争力的同时,也能很大程度上避免国际上存在的绿色壁垒。当然,还可以通过参加国际展会、与当地企业合作等方式拓展海外市场,提高品牌的知名度和影响力。

五、调研结论与总结

在为期三天的社会实践中,我们的团队深入探究了五芳斋这一国家级非物质文化遗产品牌在商业化创新路径上的实践与探索。通过实地考察、群体采访和新媒体传播,我们不仅领略了五芳斋粽艺的魅力,更对其品牌文化、社会责任和市场策略有了深刻的理解。

成员感悟

在参与此次暑期社会实践的过程中,我有幸深入探索了五芳斋这一国家级非物质文化遗产的品牌魅力。从五芳斋粽艺长廊的粽香四溢,到嘉兴五芳斋非遗文化体验馆进行手工体验,再到嘉兴粽子文化博物馆,每一步都让我对中华传统文化有了更深的敬畏和理解。

最让我感动的是与五芳斋粽子技艺传承创新者胡建民先生的交谈。他不仅向我们展示了粽子的制作工艺,更分享了他对传统技艺的坚守和对创新的追求。这让我意识到,非物质文化遗产的保护与传承,不仅是对过去的怀念,更需要与时俱进,与现代生活相结合,才能焕发新生。

在与嘉兴本地人的交流中,我深刻感受到了五芳斋对当地社区的深远影响,无论是为下岗职工提供再就业机会,还是关注环卫工人的需求,五芳斋展现出了一个企业应有的社会责任。这种将品牌价值与社会责任相结合的理念,无疑为品牌赢得了更广泛的尊重和支持。

我见证了五芳斋品牌故事的广泛传播,新媒体传播不仅加深了公众对非物质文化遗产的了解,也增强了品牌的文化价值和市场影响力。这让我认识到,新媒体不仅是传播的工具,更是连接过去与未来、传统与现代的桥梁。

此次实践,不仅是一次对五芳斋品牌的深入探究,更是一次对中华传统文化保护与创新的深刻思考。它让我意识到,作为新一代的年轻人,我们有责任,也有能力将传统文化的精髓传承下去,同时以创新的精神赋予它新的生命,让世界听见更多的中国故事。

继续探索和传播中华文化的瑰宝,让世界听见更多中国的声音。

师生互动感悟

在与老师的每一次交流中,我们都深刻感受到了知识的力量与智慧的启迪。从老师为我们精心挑选的研究课题开始,我们就被引领进入了一个充满无限可能的世界。老师的话让我们对嘉兴五芳斋粽子这一非遗项目有了更深刻的认识,激发了我们对中华传统文化传承与创新的无限热情。

在选题阶段,老师不仅为我们指明了研究的方向,更引发了我们对中华传统文化与现代市场融合的思考。粽子,作为嘉兴的非遗项目,承载着丰富的文化价值,而五芳斋品牌则成为我们研究的焦点。老师对粽子文化的深刻理解,以及对五芳斋品牌引流、提高品牌知名度的独到见解,拓宽了我们的研究视野,让我们意识到,要让粽子成为弘扬中国美食文化的载体,走向世界,需要深入研究市场策略、品牌运营与文化传承的结合点。老师的选题指导,不仅是一次学术上的启迪,更是一次文化上的传承。

在调研项目实施的过程中,面对复杂多变的市场环境,我们时常会遇到各种问题。老师总是耐心倾听,用他深厚的学识和敏锐的洞察力,为我们解答难题,使我们对市场运作、品牌策略有了更全面的理解。无论是对五芳斋被收购的市场行为分析,还是对如何开拓海外市场的策略指导,老师的解答都直指核心,不仅解答了我们的疑问,更激发了我们对市场趋势与消费者心理的深入思考。老师不仅教会了我们如何研究,更教会了我们如何思考,这种思维的启迪,对我们未来的学习和职业生涯都将产生深远的影响。

与老师的每一次互动,都如同一场知识与文化的盛宴,不仅丰富了我们的学术积累,更滋养了我们的心灵。在老师的指导下,我们不仅完成了项目,更收获了成长与智慧。这段经历,将是我们人生旅途中宝贵的记忆,激励着我们在未来的道路上不断探索,勇于创新,以实际行动传承与发扬中华文化的瑰宝。

历时三天的"五谷芳远沁,粽香满禾城"暑期社会实践项目,不仅是一次对五芳斋粽子品牌文化与市场策略的深入探究,更是对中华传统文化与现代市场融合的深刻反思。通过实地调研、群体访谈、新媒体传播等多种方式,我们不仅领略了五芳斋粽子制作技艺的精湛与品牌文化的深厚,更对其在传承非遗文化、拓展市场影响力方面所做的努力与探索有了全面的理解。

从调研项目本身来看,我们通过对五芳斋粽子的深入研究,不仅提升了品牌知名度,还为其未来在市场上的发展提出了建议。我们运用实地调研、国内外比较、市场诉求问卷等方法,系统地分析了五芳斋粽子的现状与发展潜力,为品牌的引流、线上线下运营策略的优化以及消费品种和消费群体的拓展提供了科学依据。这一系列努力不仅有助于五芳斋粽子自身的发展,更为其他非遗品牌提供了可借鉴的范例,有利于推动整个非遗文化的传承与创新。

从非遗品牌的角度来看,调研项目的成功实施为其他非遗品牌提供了重要的启示。它告诉我们,非遗文化并非孤立存在的,而是可以与现代商业运营紧密结合,通过创新的方式可以焕发新的生机与活力的。这不仅有助于非遗文化的传承与保护,更能为其注入新的经济动力,实现文化与经济的双赢。

从文化强国的角度来看,此项目的意义更为深远。它展示了中华文化的独特魅力和深厚底蕴,增强了民族自信心和文化自豪感。五芳斋粽子走向世界,不仅能向世界展示中国美食的精湛技艺,更可传递中华文化的核心价值观和精神内涵,为构建人类命运共同体贡献力量。

从发展旅游强国的角度来看,此项目也具有重要的推动作用。五芳斋粽子作为嘉兴乃至中国的文化名片,其知名度的提升将吸引更多国内外游客前来品尝五芳斋粽子。这不仅能够促进当地旅游业的发展,更能通过旅游这一载体,进一步传播和弘扬中华文化,提升中国的国际影响力和软实力。

总之,此次调研不仅是一次学术研究的实践,更是一次对非遗文化传承与创新、对文化强国和旅游强国建设的有益探索。我们深刻认识到,只有不断创新、勇于实践,才能更好地传承和弘扬中华优秀传统文化,为非遗品牌的新时代振兴贡献自己的力量。

探寻千年文脉，传承石雕技艺

——大足石刻现状及文旅发展调查

团队成员：付云玫　杨鑫怡　孙语笛

白　杨　金芝姗　麻方静

指导老师：庞　骏　张一博

一、引言

1. 调研背景

党的"二十大"报告提出，坚持以文塑旅、以旅彰文，推进文化和旅游深度融合发展。"十四五"时期，国家政策提出要坚持"以文塑旅、以旅彰文"，打造独具魅力的中华文化旅游体验，文旅融合发展进入高水平阶段。为推动旅游产业实现快速目标，各地区各部门应重点推动旅游与文化产业共同发展，推动构建类型多样、分布均衡、特色鲜明、品质优良的文旅供给体系，推动文化和旅游业态融合、产品融合以及市场融合。

"以文塑旅、以旅彰文"，是文旅发展的重要手段。进入 21 世纪后，国家加大了对非物质文化遗产保护和传承的投入，使一批具有历史价值、处于濒危状态的重要资料和珍贵实物得到抢救和保护。《求是》杂志发表了习近平总书记的重要文章《把中国文明历史研究引向深入，增强历史自觉坚定文化自信》，文章指出，我们要积极推进文物保护利用和文化遗产保护传承，挖掘文物和文化遗产的多重价值，传播更多承载中华文化、中国精神的价值符号和文化产品。

大足石雕是非物质文化遗产的重要组成部分，是中华文明多元一体、绵延传承的生动见证。同时，大足石雕技艺依托着大足石刻不断传承、发展。此次暑期社会实践，课题组深入富含巴蜀文化的重庆市大足区，多角度调研大足石刻的文化发展现状和文物保护情况、相关景区的运营情况以及大足石雕技艺与当地旅游发展结合的现状分析。

2.调研地点

重庆市大足石刻文创园、大足石刻景区、刘能风石雕石刻工作室、大足区美术馆。

3.调研时间

2023年7月10日—12日。

4.调研对象

大足石刻相关景区负责人及游客、大足石刻非遗传承人、非遗保护中心副主任、重庆大足区石刻协会会长。

5.调研方法

观察法、问卷法、访谈法、查找资料文献。

二、调研对象简述

课题组前往重庆市大足区境内通过"线上＋线下"问卷、文献资料搜集、实地调研、相关专家访谈等形式对大足石刻非遗项目进行了实地考察，观察和记录了石刻的历史、文化、艺术等方面的信息，包括石刻的种类、规模、年代、风格、内容等；分析了大足石刻宗教文化发展现状、石雕技艺的保护和修复情况，以及大足石雕与大足区旅游业发展融合的现状，深入探寻大足石刻与大足石雕发展的难点和不足，并结合专业知识能力为其提供可行的建议；同时为弘扬大足石雕非遗文化，更好地传承大足石刻及其背后的思想文化内涵，深化大足区的文旅融合和发展。课题组通过新媒体渠道开展了各项文化宣传及普法保护活动，坚持助力大足石雕非遗的保护和传承，以及当地文旅产业的发展。

2023年7月10日，"寻游石刻"小队到达实地调研的第一站——大足石刻文创园，正式开启了调研大足石刻之旅。重庆大足区石刻协会会长及文创园负责人段勇带领团队成员先后参观了文创园展厅、实践基地、正在改造的粮仓等地，并接受了团队的采访。段勇向小队成员介绍了大足石刻园区人才培养、文创品牌建设以及石刻产业带动乡村振兴的未来规划。

2023年7月11日，"寻游石刻"小队分为两组，分别到达了实地调研的第二站——大足石刻景区。第一组以跟团游的形式从北山开始游览，而另一组以个人游的形式以宝顶山为起点。两组成员在北山和宝顶山景点群进行了深度游览和调研,身临其境地感受石刻的记录与传承过程,感受中华民族优秀文化的无穷生命力。

7月12日,"寻游石刻"小队前往调研第三站——刘能风石雕石刻工作室和大足美术馆,开展当天的调研活动。大足区非遗保护中心副主任陈学文老师带领小队成员拜访了刘能风老师,参观了刘能风老师的部分雕刻作品、石雕的生产环境以及各式各样的石雕石材。团队成员与刘能风老师进行了交流,并以其个人石雕经历和体验为切入点对刘能风老师进行了采访。刘能风老师介绍了工作室收徒情况、大足石雕技艺传播情况、石雕产品营收情况、政府支持情况等。

最后大足区非遗保护中心副主任陈学文老师带领小队成员参观了大足美术馆,参观结束后小队成员对陈学文老师进行了采访。陈学文老师介绍了大足区非遗中心对非遗项目的保护与传承工作,从政府扶持、人才引进、技术创新等方面向小队成员展示了大足区非遗中心所做的工作,同时也讨论了目前工作的不足之处。

赴大足区调研的三天中,寻游石刻小队拜访了大足石刻文创园,走进了大足石雕的世界,参观了宝顶山石刻和北山石刻,探索了大足石刻的奥秘。

1. 调研成果

调研前期,寻游石刻小队展开了一次线上会议,明确了各个成员的项目分工,首先开启了前期的线上问卷调研。问卷面向各个群体,以此为后期调研提供了充足的数据支撑。样本中有97.6%的人对大足石刻感兴趣,网络媒体和社交平台是大足石刻宣传的主要渠道,答卷者更倾向于在大足石刻景区中体验性价比高的游玩套餐,在富有趣味且舒适的参观过程中了解石窟历史文化知识。

重庆大足区石刻协会会长及文创园负责人段勇老师向我们介绍了大足石雕与大足石刻相伴相生的历史渊源,在近年来打造出"大足雕刻"这个全国知名劳务品牌,创造了更多的就业机会和就业岗位,此外,大足雕刻产业引入电脑建模等新科技,与四川美术学院等高校确立了"高校+园区+工匠"的人才培育模式,并在大足职教中心开设三年制石雕特色中职专业课程,让大足石雕这一非遗在创新中不断传承,不断创新。未来,大足文创园以"雕塑艺术""工艺美术""数字文创""文化旅游"为主导产业,致力于打造中国中西部最大雕塑文创产业基地、成渝双城经济圈特色产业高地、巴蜀文化旅游走廊目的地，创建国家级文化产业示范区。

非遗传承人刘能风老师提到大足石刻最与众不同的地方在于大足的石材是用红砂石进行雕刻的，红砂石质地较软，更加适合雕刻。刘能风石刻石雕工作室一边延续以前的销售模式，将石雕作品作为旅游纪念品投入市场实现营收；同时也联合一些博物馆、爱好者进行收藏石雕产品或者展出。线上宣传亦是必不可少的手段，由于刘能风石刻石雕工作室口碑佳、做工精细，他们发布的作品在各大平台上广受好评，收到了许多石刻订单，并使大足石刻的发展获得艺术各界的关注。此外，大足石雕是一项国家级的非物质文化遗产，政府也会向相关工作室提供资金、环境、技能培训等支持。"国家级非遗这块牌子，是荣誉也是压力，我们一定要坚持做下去。首要的是守正，因为大足石雕是我们艺术的瑰宝、东方的明珠，但是我们也要结合现在的形势，在传承中发展，在传承中创新"。刘能风老师对于大足石刻的传承和发展有着独到的见解，他用一颗赤忱之心坚持热爱、传承文化。

大足区非遗保护中心副主任陈学文表示，大足石雕是国家级非遗项目，要按照非遗的十六字方针进行保护，"具体来说，是要举办一些培训活动，发展更多的非遗传承人。我们要开设培训班，邀请专家教授、行业的领军人物、传承人来培育更多石雕爱好者和传承人，让我们的石雕队伍越来越壮大，让石雕技艺一代代传承下去，让我们的大足石雕更加辉煌。"

还应加强文创产品的研发，与四川美术学院、中国美术学院、专家等进行合作研发文创产品。"比如像刘能风老师的《知足常乐》作品，很受欢迎，是销售爆款"。同时这些作品也会参加各级各类的比赛，在更多更大的平台展示大足石雕的魅力。

2. 调研分析

（1）线上调研问卷分析。

小组于 2023 年 7 月 4 日，在线上发布了面向各界人士的自填问卷。在问卷调查中所获取的 183 份有效的问卷结果确保小组获得完全随机的样本数据，并从不同群体中获得有针对性的信息。

在我们的调查对象中，88.5%的答卷者处于 18～29 岁的年龄段，11.5%处于其他年龄段。我们针对不同年龄段的调查对象分别进行信息集取。

问卷表明,有超过一半的人是通过网络媒体了解到大足石刻。网络媒体是应用最广泛的传播途径。但根据小组对大足石刻官方账号的运营调研,其视频广播效果还有待提高。

由当提到大足石刻丰富的文化景象,97.6％的答卷者表示对大足石刻会十分感兴趣。对此我们可以看出,年轻人对于大足石刻丰富的文化底蕴是较为感兴趣的,这也从侧面反映出其文旅发展受限的原因绝对不是因为其文化底蕴不够吸引人。

有意向去大足石刻旅游的游客在交通方面更愿意选择线上媒体的跟团游套餐。跟团游套餐带来的是旅游交通的方便,可以看出游客在体验大足石刻景区的过程中最看重的是旅游过程中的便捷和体验感。

(2)实地调研分析。

第一,大足石刻发展现状。

在大足石刻文物保护方面,从 2018 年开始,大足石刻研究院组织实施"四百工程"。除各种系列展览外,大足区在四川美术学院成立了大足学研究院,并积极搭建大足学国际学术研讨平台,积极开展国际学术交流活动,先后召开"大足学国际学术研讨会""大足石刻修复国际学术研讨会""中国石质文物保护国际学术研讨会"等学术交流活动二十余次。

大足区还将以创建中国南方石质文物保护科研基地为目标,启动大足中小型石窟三年滚动保护计划,从长效机制、本体保护、安全防范、环境整治、设施配套等多方面入手,全面改善中小型石窟文物保护管理现状。

在景区管理方面,大足石刻景区与各种旅行社合作,推出多样的套票套餐吸引游客,从司机接送到导游讲解,但缺少餐饮和合理的旅游路线安排。

据大足区文旅委提供的统计数据,2020 年国庆与中秋双节期间,大足区共接待国内外游客 164.0 万人次,同比增长 40.77％,实现旅游总收入 12.4 亿元,同比增长 47.37％,其中,大足石刻景区共接待游客 7.2 万人次,门票收入 322.7 万元。虽然大足石刻拥有丰富的旅游文化资源,得到学术界的高度重视,但是由于旅游文化传播力的不足,普通大众的关注度和景区游客量还不够高,大足石刻文化的影响力尚没有达到期望值。景区面临着客流量不足、路线规划不合理、基础设施建设不完善等问题。

在媒体宣传方面,航拍、H5、大数据、虚拟现实技术(VR)等新技术在大足石刻旅游文化融合传播中已得到广泛应用，但是在抖音等新媒体平台宣传方面，大足石刻的官方账号作品内容混乱、定位不清晰，反映出其宣传力度不够，与平台粉丝互动少，仍需要在短视频等多种新媒体平台提升宣传效果。

第二，大足石雕技艺传承现状。

大足区石雕产业从业人员共有 28 675 人，已经进入工艺品生产企业的有 5 134 人，占总数的 17.5%。据调查，该产业从业人员受教育程度普遍不高，高中及以上文化水平的占 32.83%；初中文化教育程度的占 64.08%；小学及以下的有 889 人，占 3.09%。

大足石雕代表性传承人刘能风于 1991 年成立了相关公司，近 30 年来，已培养 300 余人，并且在"传帮带"的发展模式下，最高峰时学习石雕的学徒达到了 1 万人。但大部分仅在大足本地及附近地区培养石雕工匠人才，大足石雕技艺传承的地域范围仍然有限。

第三，大足石刻文创园产业发展现状。

大足石刻文创园于 2019 年初建，累计签约入驻企业 162 家（含园中园项目）、协议资金 209 亿元，其中文化企业占比超过 70%，签约项目落地率达 70%。引进教授 5 名，国家级工艺美术大师 6 名。

大足石刻文创园积极实施《大足石刻文创园三年行动计划》。园区建设处于雏形阶段，还无法成为游客的活动场所，不过正在招揽各地的雕刻艺术大师进行园区建设。

同时打造了"大足雕客"全国知名劳务品牌，与四川美术学院合作举办国家艺术基金支持项目"大足石雕技艺传承与发展"，与四川省雕塑家协会共同举办川渝雕塑家论坛，拟与中国雕塑杂志社和四川美术学院共同举办"中国·大足当代摩崖雕刻国际创作营"，与中国珠宝玉石首饰行业协会共建中国珠宝玉石首饰特色产业基地，与中缅经济合作发展促进会共建中缅经济合作产业园，致力于发展"石雕＋雕塑＋珠宝"的石雕产业。

三、建议及改进方案

（一）针对大足石刻景区文旅发展的建议

1. 完善景区内基础设施建设

在调研中我们发现，大足石刻景区存在基础设施建设不完善的问题，建议如下,景区内因山势起伏大,很多地方会采取观光车接送的模式,建议景区可以根据当天的游客量及时增加或减少在景区主入口到大足石刻博物馆的观光车数量,避免游客在烈日下长时间等观光车;对于大足石刻博物馆,我们建议大足石刻博物馆应及时提供空调服务。大足石刻博物馆的三楼两侧仅有两排长凳,无法满足游客休息的需求,建议在博物馆内休息的地方添置多排长凳,最好在博物馆内设立专门的休息区域为游客提供休息空间。在大佛湾景区,我们发现了和大足石刻博物馆同样的问题——大佛湾的入口处,游客在重庆的烈日下等待,休息空间地方酷热难耐。建议在阴凉的地方设置足够的休息场地设施。此外,我们认为大足石刻景区餐饮服务太少,无法吸引游客在景区内长时间游玩。

2. 开发商业街运营,打造社区文化

建议重新打造南宋街,鼓励当地居民租赁店铺,一则完善景区基础设施建设,二则带动当地居民就业,满足其生活需求。可在南宋街销售大足特色美食、发展石刻写真,吸引游客,引入其他大足区民间手艺等特色文化,丰富南宋街商业模式,带动景区经济发展。

3. 合理规划景区路线,修改旅行社路线安排

景区内地势起伏大,为优化游客的游览体验,我们建议景区推出一条全面的、能够一次性逛完大足石刻的路线。前往大足石刻景区游玩的游客可以将南宋街作为进入景区的第一站,搭配南宋街的石刻写真,先后前往球幕影院和游客中心,接着可乘坐大巴直达大足石刻博物馆,参观大足石刻的展品,了解大足石刻及其他石窟艺术的历史后,之后徒步前往大佛湾景区参观千手观音、华严三圣等,然后前往大佛湾附近的圣寿寺虔心祈福,最后回到南宋街休息。在保证游客游览体验的同时,能够激发游客在每一个地点消费的欲望,起到推动文旅发展的作用。

(二)针对大足石雕技艺保护和传承的建议

大足石雕与大足石刻相伴相生,大足石雕技艺依托着大足石刻的发展,对大足石雕技艺发展的建议也关乎对大足石刻发展的建议。

1. 与时代结合,大力发展新媒体平台运营

大足石刻旅游文化传播信息较为单一,对文化元素提炼不足,内容生产不够深入,作品内容缺乏创意,缺乏传播策划能力,没有长久的新媒体运营的计

划。建议积极充分挖掘大足石刻与大足石雕技艺背后的文化底蕴，以大众喜闻乐见的形式吸引更多受众的关注，例如具有趣味性的动漫形象或动漫画展，会更受年轻人的喜欢。

2. 优化运营团队的组织结构，吸纳更多运营人才

线上问卷可反映出，通过网络媒体提升大足石刻的知名度是非常重要的部分。除在新媒体平台内容创意的输出之外，大足石刻运营团队的结构也需及时优化，注入新鲜力量，结合时代旅游热潮，充分宣传大足区的当地文化，学习"淄博烧烤""贵州村超"等热门话题的营销方式，以"真诚"为主题打造大足区的文化名片。

3. 扩大传承人的培养范围，提高传承人的文化素质水平

据了解，大足石雕技艺的传承人大部分是重庆本地的工匠或重庆附近有密切合作的学校学生，学徒培养数量还需进一步提升。通过策划"非遗进校园"的活动，将活动推向中国各个省份，不局限于四川、云南及国外等地，可考虑向中国北方城市的高校组织石刻石雕展览，吸引更多人才了解大足石雕技艺。运用现代职业教育中"产学结合、校企合作"的教育理念和现代化的教学手段，高效地培养综合素质较高的大足石雕人才。这种培养模式既能发挥学校与大足石雕企业的各自优势，实现资源的优势互补，又能培养社会与市场需要的人才，为石雕石材行业发展注入新鲜血液。

4. 加强石雕技艺在城乡公共文化空间的运用，焕新城乡文明建设风貌

在建筑装饰方面，大足石雕技艺可以充分发挥石雕技艺的观赏功能，为当地公共空间增添富有石雕特色艺术气息的建筑物，例如在广场、公园、道路、社区等公共场所装饰建筑物，提高当地建筑物的艺术价值。

5. 加大石雕技艺扶持力度，积极出台相关政策

向有意向与大足石雕合作的企业、个人团队及石雕石材产业提供更大力度的优惠政策，为大足石雕打造宽松的就业环境，完善其基础设施建设。

(三) 针对大足石刻文创产品的发展建议

在调研过程中，我们接触到一部分关于大足石刻文创产品，认为在文创方面还可以创作出一些年轻人更喜欢的文创形式，以多样的类型吸引游客的目光。小组以大学生的视角、以大足石刻为设计灵感，为大足石刻设计了一个佛系动漫形象，该灵感来源宝顶山石刻的千手观音和景区的莲花盆栽，因为大足

佛教文化繁盛,所以有许多莲花。千手观音是大慈悲的象征,她能够默默地保佑人们渡过各种难关、消除各种病痛。二者作为大足的代表相结合,希望让更多的人了解大足石刻文化。计划后期将该文创形象与实物产品结合。

同时,我们设计了书签、建筑物挂件等迎合年轻人喜好的文创产品。

以宝顶山数珠手观音的形象为设计理念进行创作。数珠手观音以其秀丽妩媚、典雅精美的形象被视为北山观音精品之精品。花冠和服饰参考了大足紫檀石刻制品中数珠手观音的形象。希望将古代的石雕作品与现代绘画相结合,展现出与众不同的佛像样貌。

四、调研总结

此次实地调研活动为期 3 天,即 2023 年 7 月 10 日至 12 日。5 名同学参与线下实地调研,1 名同学负责线上工作。参与线下调研同学 7 月 9 日于重庆市大足区维也纳酒店汇合,进行大足区实地调研。

此次调研分为大足石刻实地调研、人物采访两个方面,我们采访了市级大足石雕代表性传承人刘能风、大足区石刻协会会长段勇、大足区非遗保护中心副主任陈学文三人。在大足石刻实地调查方面,主要参观了大足石刻文创园、大足石刻景区、大足石刻博物馆,拍摄调研 vlog 视频。在此过程中,我们对于大足石刻的了解不断加深,也在调研中发现了大足石刻与大足石雕发展中存在的问题和景区运营存在的许多弊端。

实地考察中发现的问题有以下三个。

第一,景区管理问题。

大足石刻景区没有系统的运营管理规划,大部分游客无法个人自行前往大足石刻景区。景区内地势起伏大,如果游客自行查看地图规划路线,无法规划出最节省时间和力气的路线,而跟团游方面的旅行社其路线安排有不合理之处,且无法把大足石刻整个景区包含在路线安排中。在天气炎热的情况下,顶着烈日听导游讲解的效果不佳。

第二,大足石刻文创园建设时间晚,缺乏与景区联动合作。

大足石刻文创园于 2019 年初建成,目前仍处于规划建设当中,无法与景区合作联动产生更多附加值。此外,大足石刻文创园与景区有一定的距离,如要从景区到大足石刻文创园还需要乘坐大巴或驾车前往园区。

第三，大足石雕技艺的传承仍需要大力发展。

刘能风先生在传授石雕技术的同时也会传授理论知识。大足石雕技艺需要更多高质量水平的师资队伍和高素质人才，大足石雕技艺的传承需要面向世界招揽更多的人才。

在问卷中我们也了解到，很多年轻人对恢宏的石刻和丰富的三教文化都十分感兴趣，但是很多人并不了解中国八大石窟之一——大足石刻。这让我们意识到大足石刻拥有的丰富的文化底蕴，但其知名度较低。大足石刻的文化定位与其知名度不符，这对于大足石雕的保护和传承也会受到一定的影响。

我们将此次调研过程及推文在各大媒体平台进行记录和推广。除每日的调研记录之外，还为三位被采访者制作了采访特辑，后续也计划为大足石刻拍宣传片、组织"非遗进校园"等活动。我们在抖音、微信公众号、微信视频号、小红书等平台发布了调研成果。微信视频号浏览量 1 400 次以上，点赞量 200 次以上，微信公众号推文浏览量达 600 次，这大大提升了大足石刻的知名度，效果良好。

非遗赋能、活动增彩：文旅融合视角下传统民俗节庆的复苏、延续与发展

——以上海龙华庙会为例

团队成员：徐　军　晋冰倩　王博海

指导老师：王春雷

一、引言

1. 调研背景

文化和旅游部发布的《"十四五"文化和旅游发展规划》中提到要培育文化和旅游融合发展新业态。要推进文化和旅游业态融合、产品融合、市场融合，推动旅游演艺、文化遗产旅游、文化主题酒店、特色节庆展会等提质升级，支持建设集文化创意、旅游休闲等于一体的文化和旅游综合体。传统民俗节庆是非物质文化遗产的重要展现平台，是将传统文化和节庆旅游充分融合的重要平台。而庙会作为一种典型的传统民俗节庆活动，在文旅融合发展的过程中发挥的作用值得探讨。文化是旅游的灵魂，如何更好地利用好当地的民俗文化资源，做好文旅深度与广度融合是目前必须解决的问题。上海龙华庙会是华东地区著名的庙会之一，其产生时间可以追溯到唐代。上海龙华庙会作为观察上海的一个窗口，在上海地方文化的研究中起到了重要的参考作用。时隔八年，2023年上海龙华庙会在徐汇龙华广场"焕新"开启，参与人数达6.95万人次，活动反响热烈。本调研计划以上海龙华庙会为例，通过实地调研、访谈的形式，探究龙华庙会这类民俗节庆与上海文旅融合高质量发展之间的关系，并提出具有创新性且可行的实践措施，为推动上海文旅融合高质量发展事业等提供借鉴和参考意义。

2. 调研地点

龙华寺周边地区、龙华街道、龙华街道龙南家园邻里汇。

3. 调研时间

2023 年 8 月 7 日—10 日。

4. 调研对象

龙华寺工作人员、龙华街道附近居民及安保人员。

5. 调研方法

实地访谈调研、案例研究、文本分析。

二、基本调研情况

2023 年 8 月 10 日，小组成员一同前往龙华寺进行调研。小组成员一同参观了龙华寺，深刻感受了龙华寺的禅意氛围。在龙华寺工作人员的帮助下，参观了龙华庙会的举办地，并详细了解了龙华寺和龙华庙会的历史。在走访过程中收集到的信息让我们对龙华庙会有了更加详细的了解，为后期的调研奠定了更加深厚的基础。

随后，小组成员到达龙华庙会的举办地——龙华塔附近，找到当地负责附近治安的安保人员，咨询 2023 年 5 月上海龙华庙会的实际举办情况，对龙华庙会的举办地、规模及参展摊位有了大致的了解。小组在采访完安保人员后，与前来龙华寺购买中秋月饼的当地居民进行了一次访谈，了解到当地居民对龙华庙会再次开放的感受，以及之前龙华庙会的功能。

2023 年 8 月 13 日，"龙华庙会"小组成员一同前往本次调研第三站——龙华街道龙南家园邻里汇。经过游客和居民的推荐，小组成员三人前往龙华街道周边居民区开展调研活动。龙南家园邻里汇是集邻里文化活动、帮扶中心、日常休闲娱乐为一体的综合活动场所，是周边居民主要的休闲活动场所。

小组三人在龙南家园邻里汇人员的帮助下，详细浏览阅读了龙华街道故事的发展脉络，了解了龙华地区悠久的发展历史，一幕幕老照片、一条条时间轴线展现了龙华地区重大的意义时间节点，以及龙华地区经久不衰的生命力。

小组三人在此次实地调研中更加清晰地了解了龙华地区的渊源历史，对龙华寺、龙华庙会的重要性有了更为清晰的认知，为撰写调研报告提供了丰富的参考资料。

三、调研结果

(一) 调研简述

1. 文旅融合视角下的传统民俗节庆活动管理

如何使传统民俗节庆活动与旅游融合焕发新活力是当前文旅融合发展中重要的研究课题,相关学者对此展开了相关调查研究。例如,杨兵珂和杨前进通过实地考察的方式,探讨了文旅融合背景下西江千户苗寨文化体验旅游开发存在的问题,并提出了具体的开发策略;蒋玉华和周珂以呼伦贝尔民俗文化遗产旅游活动开发为研究对象,针对文旅融合背景下呼伦贝尔民俗文化遗产旅游活动开发中存在的问题,积极寻找顺应呼伦贝尔民俗文化遗产旅游活动开发的思路与对策;杜彬以云南文化遗产资源为例,对旅游第三空间的生成和文化旅游活动的开发进行了探索性研究,以促推文旅融合发展。

2. 案例研究:上海龙华庙会发展

上海龙华庙会是华东地区的庙会之一,其产生时间可以追溯到唐代。20世纪 20 年代以后,龙华庙会由乡村庙会向都市庙会转化。龙华庙会一般在清明前后举行,此时正是春播时间,因此庙会就成为农用物品的交易场所。发展至明代时期,龙华庙会由单一的礼佛庙会发展为兼容商贸、娱乐的综合性庙会。清朝后期,龙华又因为桃花而声名大噪,赏花游春和逛庙会结合起来,扩大了庙会的规模。因为桃花一般在农历三月十五前后进入盛花期,而三月十五日又是龙华寺的香火会,因此,庙会会期自然后延,以农历三月十五为庙会正日。庙会的规模和影响进一步扩大,娱乐内容也有所增加,庙会进入全盛时期。

2008 年,上海龙华庙会被列入第二批国家级非物质文化遗产名录。龙华庙会在成为非遗后,徐汇区将其整体定位由"商贸性"调整为"文化性"。庙会目标被定为:"强化民俗展示功能、文化传播功能、时尚休闲功能,打造民俗文化都市游特色的文化庙会。""从非遗保护的视角组织龙华庙会活动已经成为主办方开展庙会活动的主要出发点,将传承民俗文化放在首位。" 2008 年至 2016 年连续举办了六届,时隔八年,该庙会 2023 年再次举办。相关报道显示,为期 4 天的 2023 年龙华庙会举办过程中,主会场龙华广场参与人数达 6.95 万人次,其中 5 月 1 日达到巅峰,当日参与人数达到 2.5 万人次。作为全国具有标志性意义的民俗非遗项目,2023 年上海龙华庙会从活动空间、运营形式、宣传推广等多方面进行创新，积极推进上海知名节庆品牌高质量发展，推动徐汇城区能级和核心竞争力不断提升，进一步推进了文化和旅游深度融合发展。其中，对于该庙会为何间隔八年重启的原因、游客来访的动机以及如何持续性放大庙会效应等还需要进一步了解。

（二）调研成果

小组 3 天共采访了 6 次，共获得八千字的第一手访谈资料，了解了龙华庙会时隔八年举办的根本原因，了解了此次举办龙华庙会展现的实际问题、实际情况及周边居民态度，并为之后龙华庙会的有效举办提出相应的建议。

（三）调研分析

1. 龙华庙会延迟举办的原因

（1）龙华街道史迹修缮工作。

启动实施龙华烈士陵园周边环境综合整治项目，是为了进一步优化地区品质、塑造公共空间、提升地区精细化管理水平，更好地保护龙华历史风貌，传承龙华历史文化。为此，徐汇区盯紧三个时间节点完成了三大类 40 余项的整治提升任务，即 2020 年国庆节之前完成龙华革命烈士纪念地保护利用展示及功能拓展项目；2021 年 5 月前完成龙华烈士陵园周边综合整治工程；2021 年 7 月 1 日前完成龙华广场改建项目。因此，龙华庙会举办场所需要进行修缮是 2020 年及之后龙华庙会停办的主要原因。

（2）城市空间发展，庙会商贸功能被替代。

在上海这个现代化、国际化程度极高的都市，龙华庙会原本具有的许多功能已被形形色色的现代商业、服务业形式所取代。2015 年，主办方为了增加地域特色，用 KT 板将百乐门等民国时期上海景点街景做成仿真置于龙华寺周围，希望营造"怀旧"的海派文化氛围，在搭建而成的"百乐门"舞台上进行民俗、戏剧表演，包括吴桥杂技、汉服表演、评弹、滑稽戏、说唱、歌舞等节目。而对于这样的"怀旧"的现场设计，来参加庙会的老年人找不到认同感，年轻人认为没有特色。一是在庙会举办方面，"政府赞助人"制度打破了传统庙会的运营模式，造成了庙会举办的资金困境；二是内容上日益呈现出"意义空心化"的庙会逐渐成为一种"文化展演"而导致地域民众的文化认同感缺失。

2. 各方对龙华庙会复苏的态度

龙华寺作为场地方承办庙会，对于庙会的复苏保持乐观的态度，他们认为，龙华寺本身所具有的文化符号及历史底蕴,将在龙华庙会的重启中获得适应新时代的变化,对龙华寺本身作为非物质文化遗产进行传播也具有极大的益处。而周边居民则对龙华庙会的重新举办持观望态度,他们认为再举办的龙华庙会,丧失了之前龙华庙会的"味道",摊位少,商品种类匮乏,价格不接地气,缺少民俗活动。

3. 龙华庙会未来发展导向

民众对龙华庙会期待的是其洗尽铅华之后所沉淀出的文化符号意味,也就是其作为传统文化遗产的意义与价值。这正是当下社会与都市中的"稀缺资源"之一。因此,最重要的任务是寻找并塑造具有吸引力的核心意象,进一步明确并强化民众对龙华庙会的"品牌联想"。民俗庙会的传承保护,应在遗产经济学的认知下展开,在传统与现代中融合重建,将龙华地区的古朴气质、桃花元素、龙华塔庙前广场空间等内外结合,同时联合龙华街区,策划民众喜闻乐见的文化活动,打造跨年龄、多元生动的庙会新貌。

同时,对庙会文化符号的保护和利用,才是庙会重生的关键所在。庙会的"非遗保护"应该是将新的生活方式结合稳定的民俗心理,依据外部客观的基准,使得传统庙会本身的价值定位向更高层次转移,比如举办可以细分受众的专场——"文房市集""怀旧市集",而非简单地把本来扎根于地域社会的文化通过"脱域"和"再嵌入"进行"再现"这一模式进行模仿和复刻。

四、建议及改进方案

(1) 联动庙会传统文化,复刻龙华庙会集市特点。

在都市类传统庙会的传承之路上,应理清平台上不同位置的主体及其作用关系,让信仰、经济、生活回归本位,强化庙会自身的经济运营能力,政府不应该再扮演"投资人"的角色,而应该积极搭建商贸平台,只有传统庙会自身的经济运营能力得以彰显,真正顺应当下民众的实际需求,才能让传统庙会具有当下社会生活的意义。

(2) 结合现代创新技术。

在发掘和保护节庆"原生态"文化内涵的同时,要关注"稀缺度",发展带有地域特色与传统格调的新时代节俗。结合现代创新技术,设计多层次、分众化的高质感文化体验,提升公众的互动参与度。节庆产品不仅仅限于有形的纪念物,可以带来愉悦感、节庆氛围,具有象征意义的文创活动也可引发游客的视觉、情感消费。同时,利用好龙华现有的"塔影空间",构建新时期的龙华庙会空间。

（3）开拓多渠道宣传。

要使节庆文化吸引更多国内外游客,就要把握世界文旅发展的趋势,借助社会多方力量了解受众心理,精心策划地方特色浓郁、能够展现现代精神风貌的节庆示范样本,制作吸引国内外游客的小视频、宣传册,从机场、车站、地铁、街道的装饰,到手机、网络、电视、广播栏目,推送相关信息。不断丰富线上产品,在已经推出的相关 App、科技助力云端游等平台加大节庆文化宣传力度,通过文旅部门、公众号、新媒体平台的共同合作,做好视频分享、美文快递等传播工作,不断提升节庆文化品牌的知名度、美誉度与影响力。同时,通过媒介进行全方位精准宣传,吸引游客关注,积极与友好城市开展交流合作,拓展节庆活动新渠道、新方式,开创文旅融合的新路径。

五、调研结论与总结

本次调研关注非物质文化遗产的重要传播媒介——庙会,作为展现非遗文化的主要平台,庙会不仅能够有效传承和弘扬本地文化,而且能够带动本地旅游经济发展,庙会更是连接非遗文化和旅游的关键。小组通过实地调研龙华街及周边地区,全面了解和掌握龙华庙会的背景信息、各方观点以及广大受众对其态度和参与意愿等,发现其停办原因有政府规划、庙会商贸性丧失及社会影响衰退。小组对龙华庙会活动的举办给予了切实可行的改进建议,对于推动龙华地区非遗文化传承、树立地方文化形象、推进上海文化和旅游事业融合高质量发展等具有重要意义。

叩响西域灵魂

——新疆木卡姆传播现状及文旅产业发展路径探索

团队成员：马宇琪　　吴昀徽　景潇萱　努尔开买尔

　　　　　如先古丽　曹焕敏　田雪康　胡拉玛

指导老师：张兆琨

一、引言

1. 调研背景

在文旅融合发展的新时代，非物质文化遗产作为中华优秀传统文化的重要基因载体，关注民族地区的非遗保护和利用现状，围绕非遗项目和区域性保护，非遗传播和普及日益受到政府、社会和学术界的共同关注。习近平总书记在新疆考察调研时指出："中华文明博大精深、源远流长，是由各民族优秀文化百川汇流而成""要加强非物质文化遗产保护传承，把各民族优秀传统文化发扬光大"。

小组成员家乡皆属于新疆维吾尔自治区。新疆维吾尔自治区有着多种多样的非物质文化遗产，值得被更多地关注和挖掘。因此，小组选择新疆作为此次实践地点，以新疆木卡姆为代表，探索新疆非遗的文旅融合路径。新疆维吾尔木卡姆艺术植根于中华文化沃土，是中华民族的艺术瑰宝，在增强文化认同、坚定文化自信、构筑中华民族共有精神家园方面有着重要意义。

小组的部分成员就读于旅游管理专业，期待通过此次研究，增强木卡姆文化对旅游者行为的影响，将其作为吸引点，与现代旅游业相结合，促进其传承与开发，扩大其影响并衍生旅游产品。

2. 调研地点

新疆木卡姆艺术剧团、叶尔羌汗王宫、新疆博物馆、莎车县恰热克镇。

3. 调研时间

2023 年 6 月 27 日—7 月 18 日。

4. 调研对象

十二木卡姆、新疆木卡姆艺术剧团、木卡姆艺人。

5. 调研方法

问卷调查、实地考察、实地采访。

6. 调研目的

通过对维吾尔族十二木卡姆的发展现状以及与旅游产业相结合程度的调查,寻求其新的发展方向,促进木卡姆文化与旅游的结合。

二、调研简述

1. 规划阶段

(1) 小组成员和指导老师一起商讨出一套基本方案,明确实践方向。

(2) 小组讨论制订实践的具体内容与时间安排。

(3) 提前询问了解目的地的情况,确定实践活动的安排。

2. 线下走访

线下走访以行业调研为主,分为两组,分别采访了新疆木卡姆艺术剧团和喀什莎车木卡姆之乡。国家一级木卡姆编导老师阿娜尔古买合苏木以及有多年演奏木卡姆经验的民间艺人热合曼爷爷和徒弟,从两方面了解木卡姆的发展现状,以及他们对木卡姆的感受。

3. 问卷调查

我们设置了两套针对游客的不同问卷,分别在线上线下发放。通过问卷来了解我们这次实践活动所做的推送有没有帮助他们更多地了解木卡姆文化,以及木卡姆对新疆旅游发展是否有推动作用。

4. 平台推送

小组每一次实践结束后都将实践过程中的所见、所闻、所感与拍摄的照片、视频结合起来做成一篇推文发表在公众号以及其他新媒体平台上。

5. 总结研讨

在所有实践活动结束以后,小组与指导老师召开了一次线上会议,对我们的实践过程及调研结果进行了总结与分析,完成了调研总结与心得体会的缀写,并对此次活动的不足之处提出了建议及改进方案,最后在指导老师的点评中完美结束了此次实践活动。

三、调研过程

1. 线下调研成果

为了更好地了解木卡姆文化,小组分为两队,一队前往新疆木卡姆艺术剧团,另一队前往莎车县恰热克镇的莎东非物质遗产博览园。

2. 新疆木卡姆艺术剧团

(1) 十二木卡姆除了用民族乐器外还有小提琴的演奏,演绎风格多样。

(2) 新疆木卡姆艺术剧团致力于将文化宣传与旅游相结合。

① 文化旅游体验。木卡姆艺术剧团为游客提供了精彩的木卡姆艺术表演,让游客亲身感受维吾尔族的文化艺术。这吸引了更多游客来到新疆,促进了当地旅游业的发展。② 文化交流与传承。木卡姆艺术剧团通过演出和工作坊等形式,与国内外的艺术团体、文化机构和学者进行交流合作。这有助于推广木卡姆艺术,增加文化交流的机会,并为传承该艺术形式做出贡献。③ 主题旅游活动。新疆木卡姆艺术剧团与旅行社合作,组织了文化主题旅游活动,为游客提供全面的木卡姆艺术体验,如观看表演、参观音乐、舞蹈和绘画工作坊等。这为游客提供了与当地文化深入接触的机会,增强了旅游产品的多样性。④ 旅游演艺场所合作。新疆木卡姆艺术剧团与旅游景区、酒店、剧院等合作,将木卡姆艺术融入旅游演艺场所中。这样的合作可以增强旅游目的地的文化吸引力,吸引更多游客前来观光和体验。

新疆木卡姆艺术剧团复排的大型音舞诗画《木卡姆印象》,运用全息影像、三维全景观演模式等多媒体艺术手段,在展示传统木卡姆艺术特色的同时引入现代文化元素,浓郁的民族风情、鲜活的时代气息,引发了观众高度的共情与共鸣。这些新方法、新模式,不仅为维吾尔木卡姆艺术"活"起来、"火"起来开辟了新路径,也增强了游客的体验感,打造了地方文化品牌,在新疆文旅融合高质量发展中大放异彩。

此外我们也在调研中采访新疆木卡姆艺术剧团国家一级舞蹈编导—阿娜尔古买合苏木时了解到一项新疆木卡姆艺术剧团助力新疆旅游的一项活动,2023 年 7 月 10 日,中国文化和旅游资源全球发布系列活动之新疆秋冬季文旅资源推介会在北京举办。在此次新疆秋冬文旅资源推介会上,来自新疆木卡姆艺术剧团的演员为现场参加活动的萨尔瓦多、摩尔多瓦、卡塔尔等多国驻华使馆外交官、相关文旅企业和新闻媒体代表,以及通过线上参加此次活动的悉尼、新加坡、吉隆坡、老挝、东京、大阪等城市的中国文化中心、驻外旅游办事处负责人表演了中国新疆维吾尔木卡姆经典片段《朱拉》和舞蹈《和谐麦西热甫》。

3. **莎车非物质文化遗产博览园**

(1)在莎车非物质文化遗产博览园中,游客可以参观当地的传统手工艺品的制作过程,如丝绸织造、木匠工艺、青铜铸造等。此外,还有各种传统民俗表演和文化活动,包括十二木卡姆的音乐、舞蹈等。

(2)该博览园内的建筑和布局也体现了莎车地区的传统建筑风格和文化特色。游客可以漫步其中,感受其古老的氛围和独特的魅力。

莎车非物质文化遗产博览园的建设旨在传承和保护莎车地区的非物质文化遗产,同时也为其提供了一个展示和交流的平台,吸引游客了解和体验莎车的独特文化。它也成了当地旅游业的一个重要推动力,吸引着众多游客前来欣赏和学习。

莎车地区作为十二木卡姆的发祥地之一,将已有的建筑或者遗址与十二木卡姆文化相结合,将文化与旅游相结合。比如叶尔羌汗王宫里的木卡姆表演,大家在欣赏其建筑风格的同时欣赏十二木卡姆的表演,更有利于深化大家对十二木卡姆的认识与记忆。

4. **十二木卡姆之乡莎车县恰热克镇**

我们前往莎东县恰热克镇,采访了一位年过七旬的木卡姆文化传承人——热合曼爷爷(见图 1)。当我们问到现在是否有年轻人来学艺时,得到的回答是:有。我们很高兴看到在现代社会中会有人去选择自己心中所爱,追求热爱,传承文化,这些年轻人是发自内心地热爱木卡姆,希望它能够传承下去。当问到他们的愿景时,他们说:希望非物质文化遗产十二木卡姆能受到更多的关注,希望艺人能将自己的技艺展示给大家。

5. **线上调研成果**

为了更好地探究大家对十二木卡姆的了解程度,对不同的人群发放了问卷,调研结果显示来观看木卡姆表演的在 18～25 岁,这一年龄段的人占大多数;虽然本地居民多,外地游客也占 37.93%;但是因为宣传的问题,大家知道木卡姆,但不了解的占多数;而十二木卡姆对于大家的吸引程度是不一样的。

图1 与木卡姆文化传承人热合曼爷爷合影

大家对于木卡姆的了解虽然不深,但还是有很多人对其充满了好奇,但如果我们不改变木卡姆的现状,那么作为非物质文化遗产的十二木卡姆只会淡出大众的视线。对于木卡姆发展存在的一些问题和大家对发展方向的愿景,我们都通过问卷进行了了解。

从数据上我们可以清晰地认识到十二木卡姆需要宣传,不能让人们对木卡姆的认识仅停留在听过名字上。但是想要真正地去认识木卡姆的话,人们应该身临其境地感受木卡姆的魅力,那么新疆就是最好的去处。

四、调研的成果

1. 存在问题及原因分析

(1)文化传承问题。

随着现代化进程的推进,年轻一代对于木卡姆艺术的理解和接受度有所下降。这主要是因为当代文化娱乐方式的多样性,使得传统艺术形式面临严峻的挑战。能够专业表演木卡姆技艺的艺人数量有限,而且年龄偏大,新生力量的培养和引入不足。

(2)资金资源支持不足。

部分木卡姆艺人和相关机构还面临着资金短缺的问题。这使得他们在创作、表演和教学等方面的活动受到限制,表演机会也较少,可以表演的舞台较少,缺少平台。

(3) 旅游业发展不平衡。

虽然木卡姆文化对旅游有着很强的吸引力,但是与当地旅游业发展的结合力度较弱。一方面,游客对木卡姆文化的了解并不深入,木卡姆相关文旅产品性价比较低,形式较少,吸引力也不足;另一方面,新疆部分地方过度发展的旅游业也可能对木卡姆艺人和其文化环境产生一些负面影响,而非相辅相成的关系。

(4) 宣传不够全面。

有关木卡姆的制作场所和产品展览较少,缺少对木卡姆本身的了解。

(5) 宣传力度不够。

对木卡姆作为世界非遗的宣传力度较弱,对其也不够重视。新疆民族乐器种类丰富,了解木卡姆的人却极少。

(6) 当地自然环境局限。

在走访莎车和乌鲁木齐时,我们注意到存在的一些大环境的问题。新疆地广人稀,部分地区的基础设施相对落后,交通不便,影响了游客的出行体验木卡姆和旅游业发展。

(7) 创新力度不够。

非遗木卡姆在今天,缺少和当今潮流的结合,缺乏新鲜血液和与时俱进的能力。

2. 解决方案

1) 文化传承问题

(1) 开设一些公益性课程。为中小学生开设木卡姆相关课程,培养学生的兴趣,传授木卡姆乐器演奏技巧。

(2) 设立木卡姆传承基金,资助和培养专业的木卡姆演奏家。

(3) 举办木卡姆传统乐器制作技艺比赛,鼓励年轻人尝试学习相关技艺。

(4) 成立木卡姆艺人联谊会,为木卡姆艺人提供交流平台。

2) 资金资源支持问题

(1) 建议政府加大对木卡姆文化相关活动和组织的资金支持。

(2) 鼓励一些企业开展木卡姆文化公益慈善活动,寻找一些具有相关情怀的企业家为家乡事业做宣传,为木卡姆艺人和机构提供资金。

(3) 尝试开展一些募捐活动,为木卡姆事业募集资金。

3）旅游业发展问题

（1）开发具有地方特色的木卡姆文化旅游产品，提高性价比，如结合户外活动的木卡姆乐器体验等，并安排相关讲解员。

（2）建立木卡姆音乐展览馆，丰富展示样式和旅游内容。

（3）优化舞台设施，举办高质量的木卡姆音乐会，吸引游客。

（4）展现民族热情，致力于将木卡姆的精彩表演和新疆大美山水融合在一起，展现新疆旅游业"山美，水美，人更美"，将疆音传遍祖国山川。

4）宣传问题

（1）制作微电影、纪录片等，通过短视频平台（抖音、快手、小红书、b站等）传播木卡姆文化。可以适当请一些当红流量明星、网红进行宣传，也可以通过熟人进行宣传，不求多但一定要精益求精。

（2）在各类媒体开设木卡姆文化专栏，进行跟踪深度报道。

（3）举办木卡姆艺术节，吸引大型媒体的关注。组织木卡姆艺术节等大型活动，邀请国内外的艺术家和观众参与，为木卡姆艺术进行宣传和展示。

5）创新问题

（1）鼓励木卡姆音乐与其他文化、艺术形式进行交流融合，如话剧背景音乐、影视作品配乐等。

（2）鼓励将传统木卡姆和其他乐器如扬琴、竖琴、钢琴、大提琴、小提琴等合奏，丰富演奏形式。

（3）使用新媒体进行木卡姆音乐创作和传播，在流行音乐中加入木卡姆艺术元素。

（4）可以和新疆其他非遗进行联合，合作办展或设立主题公园。要想文化非遗单独"出圈"势单力薄，合作共赢更适合当下的境况。

五、调研结论与总结

此次暑期社会实践我们共走访了新疆木卡姆艺术剧团，叶尔羌汗王宫、莎车县恰热克镇和新疆博物馆。

新疆木卡姆艺术剧团自成立以来，剧团发扬新疆地区的民间传统文化，致力于将创新和传统相结合的表演形式。正如剧团的阿导所说，新疆木卡姆艺术剧团的演奏中会融入小提琴等现代乐器，这充分体现了传统文化——木卡姆的与时俱进。通过对叶尔羌汗王宫的参观,我们了解了古代叶尔羌汗王朝的历史和文化。王宫的建筑宏伟壮观,体现了当时叶尔羌汗王朝的财富和地位,王宫内的壁画和雕塑也展示了叶尔羌汗王朝的文化艺术水平。我们参观了十二木卡姆的展厅,他们的服饰以及演奏所用到的乐器都被展出,都塔尔、坦布尔、艾捷克、热瓦普。伴随着十二木卡姆的优美乐声,我们结束了本次王宫之行。除此之外,我们在新疆博物馆深入领略了一番新疆一路走来的历史。精美的木卡姆文创被陈列在展区,随着来来往往的游客走出乌鲁木齐,走出新疆,去往全国各地,将独特的新疆艺术发扬光大。

此次实践过程中我们还发布了宣传视频,建立了多个平台的官方运营账号,发表了多篇推文,不仅使小组成员加深了对主题、对木卡姆的理解,更使得木卡姆艺术发扬光大,为推动新疆文旅建设贡献力量。

新疆艺术剧院木卡姆艺术团党委副书记、团长地力下提·帕尔哈提表示:"中国新疆维吾尔木卡姆艺术是新疆丰富的文化旅游资源中极具代表性的'璀璨明珠',通过高质量的艺术作品向全世界推介新疆的旅游资源是职责使命,也是传承中华文化的历史责任,更是向世界传播中国声音、讲好新疆故事的必然要求。我们将坚持以人民为中心的创作理念,深入挖掘新疆多民族优秀传统文化精华,讲好新疆故事,展现新疆之美,创作生产更多有历史厚度、思想深度和人性温度的文艺精品,积极推动以木卡姆为代表的中华优秀传统文化走向世界。"

将文化宣传与旅游业发展相结合,会为我们带来丰富多彩的文艺体验。在旅游目的地,人们可以通过参观博物馆、艺术展览和文化遗址,深入了解当地的历史、文化与传统。这种结合不仅仅是为了满足人们对旅游景点的好奇心,更是为了通过艺术和文化的呈现,传递、宣扬当地的独特价值观和精神内涵。文化宣传与旅游业发展相结合可以促进当地文化产业的繁荣发展。通过将当地独特的文化元素与旅游景点相结合,吸引更多的游客和参观者前来,从而推动当地文化产业的发展。文化宣传与旅游业发展相结合还可以帮助传承和保护地方文化遗产。通过向游客介绍当地的文化历史和传统,使他们增强对文化遗产的认知和重视,进而促进对文化遗产的保护与传承。总之,文化宣传与旅游业发展的结合为我们提供了更多的文艺体验和文化交流的机会。无论是游客还是当地居民,都可以通过这种方式更好地了解和欣赏到当地的文化魅力,这也促进了文化的传承与发展。

曙光在田埂跳跃

——以叶榭镇为例探究非遗与旅游产业的融合

团队成员：顾佳怡　谭玘瑄　朱怡雯　王文静　朱春艳

指导老师：庞　骏　吴　婷

一、引言

1. 调研背景

为深入学习党的"二十大"报告精神，促进文化事业和文化产业的发展，响应文化和旅游部《"十四五"非物质文化遗产保护规划》，敬畏历史，敬畏文化，敬畏生态，全面保护好历史文化遗产，推动非物质文化遗产保护发展与城乡高质量水平发展结合，使之根脉相续，永葆活力，成为人民美好生活中最具民族特色的一部分，为实现中华民族伟大复兴提供强大精神支撑。我们实践小组这次调查研究了上海松江叶榭镇非物质文化遗产的经济价值，就《草龙求雨》从各个层面探讨经济价值和经济效应，综合利用各种评估方法。调查这些非物质文化遗产是否会对叶榭镇的经济发展产生蝴蝶效应以及产业发展的带动效应，从而进一步对当地非遗与旅游融合发展进行总结，找到亮点，同时找到缺点，提出改进意见及措施，帮助当地文旅更深层次地发展，充分展现非物质文化遗产的魅力，提高叶榭镇的知名度，促进叶榭镇经济政治文化的多方面协同发展。

希望可以通过这次活动培养大家的能力，能够了解、掌握和运用更多知识，能够在实地考察中了解到更多以叶榭镇为代表的上海非遗文化与旅游产业的融合发展的案例，响应国家对于振兴非物质文化遗产发布的政策，为非遗传承贡献出自己的绵薄之力。

通过本次对叶榭镇非遗产品的实地调查，我们希望了解叶榭镇非物质文化遗产保护的基本方法及其传承规律,总结非物质文化遗产保护中出现的各种实践问题,非遗与旅游相互助力,以开放式创新模式推动非遗产品的传播。

2. 调研地点

上海市松江区叶榭镇。

3. 调研时间

2023 年 7 月 25 日。

4. 调研对象

叶榭镇非遗。

5. 调研方法

观察法、问卷法。

二、调研对象简述

1. 调研内容

我们小组通过线上线下相结合的方式,选择观察法和问卷法的调研方法,在对叶榭镇实地考察的过程中,同时发放了两份问卷。

在实地考察中,我们重点观察了叶榭镇乡村振兴展示中心、叶榭镇社区文化活动中心及叶榭软糕。而在叶榭镇乡村振兴展示中心可以看到文旅融合,推进产业发展的过程,是叶榭镇历史变动、经济发展中一颗夺目的明珠,是当地重要的发展路线;在叶榭镇社区文化活动中心,详细地展示了叶榭镇的非物质文化遗产,使小组对当地非遗的了解进一步加深,并且感受到其魅力所在。叶榭软糕作为叶榭镇最为出名的非遗之一,热度较高,有老夫妻经营的正宗叶榭软糕店,也有八十八亩田推出亲手参与叶榭软糕制作的新潮流。

通过两种调研方式,我们对叶榭镇与旅游产业的融合进行了分析,对调研成果进行探讨,剖析优点,寻找不足之处,提出改进方案,进一步推动文旅融合。

2. 问卷

考虑到叶榭镇本地人对当地的发展与历史变迁有着更为深刻的认知,我们发放了两种问卷,共 223 份,其中针对叶榭镇人发放问卷 50 份,针对叶榭镇外人发放问卷 173 份。

在针对叶榭镇本地人的问卷中,填写问卷的大部分为中老年人,40 岁以上的占 62%,而 25 岁到 40 岁的占 26%,80% 都是附近居民,长期居住,并且认为叶榭镇近年来当地特色发生变化是占比最大的,占比 46.67%。本地人最希望改善的是交通,占比高达 84.44%;其次为宣传力度不够,占比 55.56%,认为是当地特色不够凸显,活动不够多占比最低,只有 33.33%,可见当地人对叶榭镇的特色与活动举办还是比较满意的。

3. 调研分析

根据实地调研和问卷情况,分析如下。

在实地走访过程中,我们首先来到了叶榭镇乡村振兴展示中心,这里介绍了叶榭镇乡村振兴的具体做法和成效。在工作人员的带领下,我们参观了农旅文融合展示馆,这里陈列了叶榭镇的文旅资源和产业项目。接着,我们又来到了叶榭镇社区文化活动中心,这里不仅是居民们休闲娱乐的好去处,也是丰富精神文化生活的重要场地。但是,这样的规划设计存在一些问题。叶榭镇乡村振兴展示中心虽然位于叶榭镇内,但位于叶榭镇和马鞍街道交界处,尽管有专人负责维护,但在这乡野与卡车来往之地,显得格外荒凉。而从本次调查结果来看,我们认为旅游发展不足、交通不便是导致叶榭镇文旅发展不充分的主要原因之一。根据调查问卷的结果,我们可以发现,当地居民对于交通不便问题的态度还是比较一致的。同时当地居民大多也赞同对于叶榭镇的宣传力度远远不够,这也就导致叶榭镇文旅发展不充分的问题依旧没有得到有效解决。

通过对叶榭镇外的问卷大数据分析,我们可以发现问卷基于大部分是上海人,且了解或听说过叶榭镇的情况下,去过叶榭镇的大部分人觉得其文旅融合成效一般,不具特色。这点与针对当地居民展开的问卷中显示的当地居民对叶榭镇的特色与活动举办还是比较满意的情况有矛盾。

我们认为,除了交通不便的客观原因之外,叶榭镇本身的文旅特色对外来游客吸引度不高也是关键所在。我们认为,叶榭镇本身文旅特色吸引力不够主要原因可能在于以下两点。

一是为叶榭镇特色互动性不强,游客对于走马观花式游览的记忆不深。叶榭镇作为一座具有江南水乡韵味的小镇,其文化旅游产品主要以传统的人文景观为主,例如江南丝竹、叶榭软糕等,其与其他的文化古街、文化遗址特色相比,并没有太多新奇的地方,难以吸引游客前来体验。此外,由于叶榭镇作为一个古镇景区,本身具有较强的地域性和季节性,在旺季时游客众多,而淡季时则门可罗雀。在此情况下,游客对于叶榭镇上各种特色活动体验感较差。

二是叶榭镇地方特色性不强。在江南地带,有许多类似非遗产品。比如青阳木雕、竹编、泥塑等。而在这些非遗产品中有一部分是通过师徒口传心授的方式传承下来的,因此这些非遗产品具有极强的地域性和季节性。

旅游发展不足、交通不便是造成叶榭镇文旅发展不充分的主要原因之一,当地居民对交通不便问题持高度一致认可,但叶榭镇本身的文旅特色对外来游客吸引度不高也是关键所在,特色互动性不强和地方特色性不强是其文旅特色吸引力不够的主要原因。

三、建议及改进方案

(一) 完善旅游基础设施建设,开设更便利的交通系统

叶榭镇位于浦南地区,距离杭州仅 161 千米。即使从松江前往叶榭镇单程也至少需要两小时的车程,这样的地理位置在很大程度上难以吸引游客。与此同时,叶榭镇内并未开通地铁,公交站也只是零星分布,游客在镇内观光也有着诸多不便。叶榭镇内的景点相对较少且距离较远,景区内部的饭店、展厅数量少,旅游的基础设施建设不完善,这是叶榭镇发展不充分的客观原因。

小组认为叶榭镇相关负责人员应该重视交通问题,积极申请财政拨款,积极拓宽融资渠道,建立健全叶榭镇开放景区的基础设施建设,吸引游客前来观光。

(二) 加大文旅宣传力度

在确定叶榭镇作为考察地点之前,小组的一半成员并未听说过叶榭镇,对于它的特色文化更是知之甚少,甚至部分上海本地人都不了解叶榭镇。由此可见,叶榭镇对文旅宣传的重视度相对较低。

小组认为,叶榭镇的相关宣传部负责人可以采取更加贴近年轻人的方式,例如在 b 站、抖音、小红书等社交平台上发布新的视频,对叶榭的非遗文化进行宣传,提高自身知名度和对游客的吸引力。对于部分景区的管理也应当加以规范。

(三) 增强叶榭镇本身文旅特色吸引力

正如上文的分析,叶榭镇本身的文化并不是互动性很强的类型,游客几乎没有与叶榭镇特色文化深度的互动。在单调的走马灯式的观赏后,很少有游客能够深刻铭记叶榭镇。这就需要对叶榭镇本身的文化载体等进行创新,发掘更

加深厚的文化底蕴。

在小组考察的过程中,叶榭镇最具有文化底蕴的产品是叶榭软糕,但是叶榭软糕的制作过程和背后的故事我们都无从得知。虽然有一家正宗叶榭软糕的老字号店铺,还有八十八亩田提供体验叶榭软糕制作过程的服务,但是背后的文化符号仍然不够有代表性。我们认为,可以加大对于叶榭软糕、青龙饺、草龙以及江南丝竹等各项非遗的宣传力度,采用更受年轻人欢迎的方式走进市场,例如开设更多叶榭软糕制作体验馆,开设丝竹小课堂,制作舞草龙视频等。

(四)寻求科学的发展指导,确定合理的发展方向

在叶榭镇的实地考察中,我们前往的几个目的地之间相隔较远,交通不便,且叶榭镇内的公共交通设施不够完善,会削弱游客探索叶榭镇文化底蕴的积极性。小组认为可以寻求更专业的学者的意见和建议,探索文化和旅游产业发展更深层次的融合道路,对镇内旅游景点景观做出更合理的规划,完善旅游基础设施建设。

四、调研结论与总结

这次考察我们发现听说过叶榭镇的人和当地居民的表述不一,除了交通不便的客观原因之外,叶榭镇本身对于外来游客的吸引度不高。其原因可能有两点:其一,特色互动性不强,走马观花式的游览不存在记忆点;其二,地方特色性不强,未将非遗产品传播到大众视野中。对此,我们提出了四点可行性建议:① 完善旅游基础设施建设,开设更加便利的交通系统;② 加大文旅宣传力度,在现代化的城市传播非遗;③ 增强本身的文化特色和互动,在根本上提高服务品质;④ 寻找科学的发展指导,确定合理的发展方向。

吟花咏柳　伏羊斗酒

——徐州非遗彭祖伏羊节的探索与发展

团队成员：周　涛　刘文锡　农　苑

指导老师：余芳芳

一、引言

1. 调研背景

（1）江苏省推动文化和旅游融合。

依据《江苏省贯彻"十四五"旅游业发展规划实施方案》，进一步推动文化和旅游高水平融合、高质量发展，扩大优质旅游产品供给，激发旅游消费活力，优化现代旅游业体系，打响徐州文旅品牌，提升旅游治理能力现代化水平，建设一批富有文化底蕴的世界级旅游景区和度假区，建立完善的休闲度假体系，加快发展红色旅游、乡村旅游，大力发展数字文化和智慧旅游，旅游富民效应更加彰显，旅游强省建设取得重大进展。

（2）省厅打造"非遗＋"。

根据江苏省文化和旅游厅联合江苏省财政厅出台《关于推动文旅消费提质扩容促进文旅市场加快全面复苏的若干政策措施》，围绕加大纾困帮扶力度、丰富优质文旅产品供给、激发文旅消费新动能三方面对文旅企业进行帮扶，深化非遗资源活态利用。打造非遗快闪、非遗美食、非遗研学等特色项目，开发具有徐州特色的"非遗＋"文化旅游产品，并打造"徐州伏羊食俗"传承体验基地。联合电商企业，联动举办"非遗线上购物节"，展示非遗活力，促进非遗消费。

（3）习近平总书记高度重视非物质文化遗产的传承与保护。

非物质文化遗产是中华优秀传统文化的重要组成部分，习近平总书记一直高度重视非物质文化遗产的保护工作,多次作出重要指示批示。习近平总书记在文化传承发展座谈会上强调:"在新的起点上继续推动文化繁荣、建设文化强国、建设中华民族现代文明,是小组成员在新时代新的文化使命。"江苏省作为非遗大省,近年来,进一步加大非物质文化遗产保护传承力度,通过创造性转化和创新性发展,将非遗更好地融入现代生活。

2. 调研地点

江苏省徐州市。

3. 调研时间

2023 年 7 月 10 日—8 月 10 日。

4. 调研对象

徐州彭祖伏羊节。

5. 调研方法

访谈调研、观察调研、实地调研、专家咨询。

二、调研对象简述

1. 非遗发展现状

随着国家对非物质文化遗产保护和传承力度的加强,非物质文化遗产产业规模不断扩大。非物质文化产品逐渐丰富。传统技艺制作的工艺品、演出活动、旅游纪念品等产品层出不穷。随着市场竞争的加剧,非物质文化产业呈现出了明显的分化趋势。一方面,一些知名品牌和企业逐渐形成规模效应,实现了品牌价值和市场份额的提升;另一方面,一些小微企业由于资金、技术等方面的限制,生存困难。

"徐州伏羊食俗"入选第五批国家级非物质文化遗产"民俗"类国家级非遗项目。目前伏羊节已经具有规模,有了固定的传统,连续举办多年,参与人数众多,民间活动形式多样,品牌形象初具雏形,提升了伏羊节的知名度。

彭祖伏羊节用一口羊肉"出圈",成为舌尖上的非遗,也赋予了徐州这座城市独特的底色。在徐州拥有大量的历史文化遗产。徐州市非物质文化遗产展示馆组织徐州剪纸、徐州香包、徐州面塑等非遗项目,共 20 位传承人代表进行现场展示和教学。徐州的非物质文化遗产丰富多彩,可圈可点,现今非遗文化传承人才辈出,在传承创新方面做了很多有意义的工作。

2. 伏羊节带动产业增长

伏羊节不仅仅是吃羊肉,将传统文化与现代生活相结合,让更多的人了解和关注中国的传统文化,同时,伏羊节还能促进旅游业的发展,为当地的经济带来积极的影响。徐州市文化和旅游局围绕"加快文化强市建设、打造区域文化高地"的奋斗目标和重点任务,推进各项工作。2022年,全市共有在建文旅项目共87个,总投资额达800.55亿元。

3. 徐州旅游产业发展

徐州作为淮海经济区的中心城市,具有广阔的旅游发展前景。目前徐州市各级政府高度重视旅游业发展,无论是景区的建设还是接待能力以及旅游收入都在稳步提升。虽然也遇到了一些问题,比如经济基础较为落后,旅游资源开发并不充分等,但是从总体上看,徐州的城市旅游发展呈现着向上的态势。

根据目前问题和现状,徐州市旅游业可以利用徐州伏羊食俗让人们了解蕴含的民俗文化,同时带动了美食经济文化的发展。改进基础设施旅游交通建设,方便外地游客旅游路线规划和服务。将徐州的非物质文化遗产融入景区中,使景区得以动态展现以及提高游客与景区景点之间的交互性,给游客留下深刻印象。创新徐州品牌营销,基于互联网+这个新兴模式,积极利用微信公众平台、抖音、小红书等社交软件进行推介和分享旅游感受,并且加强与提供相关旅游信息在线和服务预定的旅游公司的合作。借助带有厚重民俗特色的节日活动,通过大众传媒的宣传,可以有效吸引游客来访。

4. 媒体互联网的发展

近年来,江苏省文化和旅游厅还鼓励各地采取在现场开设直播间的形式,让非遗代表性传承人、非遗专家学者等利用网络,当起"直播达人"。联动打造非遗特色品牌。注重省市联动,打造"一市一品牌",以老字号、非遗工坊、大师工作室为重点,推出镇江"非遗嘉年华"、徐州"彭祖伏羊节"、常州"舌尖上的非遗"等特色活动。注重线下线上融合,依托阿里巴巴等平台设立线上非遗美食、非遗进景区等专区,对地方特色非遗制作技艺进行云直播、慢直播。

增强城市的历史文化保护意识,就要增强社会公众的文化自觉性,特别是在城市化进程中保护历史文化遗产,成为一项非常重要的任务。非遗的保护不仅仅是某个单位或某个传承人的责任和义务,而是由政府主导,全社会参与,相关部门承办,多方努力才能更好地进行。注重技术和文化的结合,加强对非遗文化的保护和传承,创新非遗传承方式,让传统文化在现代社会中焕发新的生命力。

三、调研过程

(一)调研对象基本情况

对徐州市人民政府的走访调研可知,理论上徐州彭祖伏羊节是"吃"出来的国家非遗项目,但是经过小组成员对徐州市文旅局、商务局、非遗办、烹饪协会、民间各个有关餐饮行业负责人的走访得知,政府对伏羊节期间的活动参与程度并不高,主要靠几千年来徐州及周边地区流传的伏羊节习俗、老百姓的生活习惯自发组织,主要靠民间组织徐州烹饪协会主办,比如在宣传这一十分重要的环节上,徐州市文旅局2023年是第一次参与宣传徐州彭祖伏羊节,就连徐州文旅的抖音账号也是前几个月"淄博烧烤"在全国火起来的时候被网友们"逼迫"注册的,而且作品的风格也受到了那些热情好客且想为家乡做贡献的网友们的"倾情指导"。

在资金方面,由于烹饪协会是民间组织,他们并没有过多的资金能够投入到伏羊节全方位的发展上,例如场地的准备、方案的策划和参办商家的安全问题等。

政府只参与民间组织烹饪协会的主会场活动,时间一周左右,但是伏羊节将在整个三伏天举办,徐州真正深入大街小巷的和伏羊节有关的餐饮店实在是太多了,基本上每走几步路就能找到一家可以吃到羊肉的馆子,且徐州及周边地区的人都有吃羊肉的习惯,徐州有自己特产的小山羊,不膻且鲜美,徐州在地理位置上来看也处于北方,民风粗犷热情好客,很容易采访到各行各业的人。

从主办方处了解到,伏羊节的初衷是促进拉动徐州及周边地区的消费,因为夏天本就是餐饮的淡季,而且徐州之前是资源型城市、重工业城市和交通枢纽,没有被当作过旅游城市,到了夏季最炎热的时候餐饮行情下滑比较严重,当地一直都有民间到了三伏天自发开展伏羊节活动,例如喝羊肉汤,且没有赞助商,无法激发人们的消费欲望和政府的配合。现伏羊节有徐州市文旅局的帮助,在各大媒体上都有宣传,而且在全国多个城市都有分会场,如宿迁、常州、南京、上海等地均有分会场,很多城市的地铁站和高铁站也有徐州彭祖伏羊节的宣传海报和展示板,2023年也加入了圣火采集传递等仪式,徐州的各界名人和全国各地热爱徐州美食的人们都参与其中,圣火传递至当地各大学学院,如徐州医科大学、中国矿业大学等。

（二）调研分析

1. 缺乏政府支持,项目落地仅依靠民间组织

政府对伏羊节举办和宣传的资金、人力、资源等投入较少,活动基本上依靠民间组织举办。但该节日对活动周边经济起到了极好的带动作用,能够促进徐州的消费。

2. 缺少节日特色活动,旅游资源未获得系统性整合

由于徐州伏羊节举办次数较少,尚未形成具有特色的节日项目,虽然主办方举办了"水上竞技""啤酒之夜""万人伏羊宴""摄影比赛""观光旅游""民间工艺品展销"等活动,但部分活动与伏羊节并无关联。另外,徐州地区内针对"伏羊节"的旅游景点较少,大部分外地游客来到这里后会选择逛动物园、海洋馆,或漂流等项目,参与伏羊节的人较少。

3. 伏羊节社会普及率不高

公众对伏羊节的了解程度不高,完全不了解、了解但印象不深或只了解与美食相关的知识是当下大众对伏羊节的普遍态度。

此外,在伏羊节上给人们带来深刻印象的活动不是"万人伏羊宴"就是"啤酒之夜",而如"伏羊节摄影""伏羊节书画展"这一类活动却鲜为人知。伏羊节作为一个传统的历史节日,其中蕴含着的不仅是彭祖的养生文化,也彰显着汉代的刘邦情结,更包含了两汉文化艺术。当前伏羊节的主办方已经意识到了这个问题,也在努力将侧重点从饮食方面向文化方面过渡,但侧重点仍然在饮食方面。因此,深层挖掘伏羊节的文化内涵,增加活动趣味性,深层次挖掘伏羊节的内在文化价值、展现文化底蕴和风采是当务之急。

4. 伏羊节活动尚未形成完善的产业化链条

徐州伏羊节的节庆活动已具备一定的规模,但是伏羊节的产业化链条并不完善。就伏羊节的节庆食品来说,虽然当地有牛羊肉屠宰场,但各大饭店、餐馆都偏好采用自己屠宰肉类。从羊肉制品的角度来看,徐州的羊肉菜品众多,各有千秋,但并没有出现一道统一的、最具有徐州伏羊节特色的菜品。

另外,徐州伏羊节在非活动期间的氛围并不浓厚。打造徐州伏羊节的品牌形象,不仅是节庆期间的宣传,更应该注重在平时的推广。而当前市面上关于

伏羊节的特产以及周边产品并没有出现,这一部分的市场还有很大的潜力。

5. 活动会场基础设施配置较低,消费者满意度不高

由于徐州伏羊节活动举办的场地多为临时搭建的,场址也多为较为宽敞的公园或者广场,所以很多时候硬件设施并不到位。

此外,伏羊节活动参与人数众多,这一状况也给附近的交通、卫生设施等带来了巨大的压力,有时候难以满足如此多的人的需求。

四、调研建议和改进方案

1. 提高伏羊节相关活动的趣味性、多样性、参与性和文化性

活动是打造节日品牌、节庆产品的核心。活动丰富、有趣,民众才愿意参加。"万人伏羊宴""啤酒之夜"受欢迎的原因就在于此。例如可以烹饪羊肉为题,举办"厨王争霸赛"以羊为装饰对象、举办"选美大赛",评选"装扮最具个性奖""最上镜奖""最文艺奖""最另类奖"等,举行"羊羊运动会",设置跳高、跑步、斗羊、跳远等比赛项目等。在活动设置时要注意不要设置太多门槛,增强活动的参与性。

此外,文化性是节庆的灵魂。伏羊节的相关活动不能只停留在吃羊肉的物质层面,必须深层次挖掘与之相关的文化内涵。虽然现在的名称是"彭祖伏羊节",但现阶段伏羊节的活动除了开幕式的祭祀彭祖的活动之外,主要是以伏羊宴、小吃展、啤酒之夜为主,对彭祖及其养生文化等挖掘不够。可联合徐州的名中医馆,举办一些彭祖养生知识普及的活动,如教大家做药膳、简单的夏季保养知识等等。还可以举办诸如"万人齐做养生功"等活动,将彭祖的养生理念和方法传播给大众,增强活动的文化性,同时发扬徐州的彭祖养生文化。

2. 进一步加强交通、环卫、休息等基础设施建设

对于节庆活动来说,良好、齐全、完善的配套设施建设是提高消费者满意度的基本保障,也是品牌塑造的基础。徐州伏羊节举办地在徐州市北的九里山附近,离市区偏远。附近公交车较少,出租车难打,活动场地可进入性较差,交通非常不方便。以上因素均对伏羊节品牌塑造带来了影响。主办方应选择固定的活动举办地,并加大对环卫、休息等基础设施的投入,并协调交通部门,增设公交路线,提高活动现场的可进入性。此外,主办方也可选择在配套设施较好的地方举办活动,提高游客的满意度。

3. 提升节庆活动的宣传力度

消费者在"信息获取的便利性"等宣传推广方面满意度比较低,说明彭祖伏羊节在这方面需要改进。品牌的塑造需要强化节庆产品在目标受众心目中的形象,受众的接触率越高越利于品牌塑造,宣传效果越好,品牌知名度越高。而徐州彭相优羊节在宣传频度和力度上仍需要进一步提升。主办方需要建设并维护好伏羊节官方网站,及时发布和更新最新信息。

积极做好节庆活动的宣传推广工作,利用 2023 年推出的"徐州伏羊节"吉祥物和 logo,邀请当地及地区知名媒体进行提前预热报道和对活动过程的追踪报道。在徐州市人流密集区主要街道两侧投放宣传广告。在举办地附近主要交通干道设置指引牌,活动现场外围增设海报等,增加节庆的氛围,强化伏羊节品牌在大众心中的认知,提高其知名度。

此外,还应充分利用微博、微信、小红书、抖音等自媒体进行营销,提升伏羊节的知名度。

可以通过与旅行社合作的方式招徕外地游客。参加的外地游客比重提升了,伏羊节的品牌影响力才能通过口耳相传等方式逐渐扩大。

4. 做好活动现场的管理工作

活动现场,即节庆活动产品的消费现场。应维护好活动现场的秩序,提供引导、咨询、接待、保卫、保洁等服务,加强安全管理,杜绝各类事故发生,为消费者营造安全和谐的活动场所。同时,营造活动现场的节庆氛围,激发消费者的参与热情。

五、调研结论与总结

(一) 项目调研特色

整体调研节奏快,效率高,徐州本地同学的优势体现得较为突出,了解徐州这座城市整体的节奏,熟悉大街小巷的餐饮店的分布,清楚怎么样通行最节省时间,且在徐州各行各业均有可以接受采访的人,如来自餐饮业、和教育行业的工作人员,以及医护人员、政府职员、明星、运动员和网红等,可以在最短的时间内高效产出成果。

(二) 项目调研效果

开始正式调研之前就已经做好了准备工作,提前电话联系好了主办方和各赞助商,也预约好了去市政府采访学习的时间,小组成员住在徐州市行政中心地铁站旁边,每天早上去市政府调研很方便,乘坐地铁只需 20 分钟,调研第一天就与主办方之一的七百岁羊汤馆取得了联系,也采访了健身博主孙良轩,了解了文旅局商务局和烹饪协会的一些细节。第二天先后采访了烹饪协会和文旅局推广处,获得了很多方案上的指导和近些年来有关伏羊节的大量数据和参考资料,还采访了主办方七百岁羊汤馆、赞助商高沟酒业、百威中国、贵州习酒和香飘飘等。苏宁凯悦酒店也邀请小组成员去空中餐厅品尝拍摄他们的伏羊节套餐,小组成员采访和联系了众多徐州的各界明星与网红,如演员范明老师和王劲松老师、体育国手许昕和张雨霏、健美运动员鹿晨辉、健体运动员席鑫和孙良轩,对他们都或多或少做了采访,后续会持续更新小组成员采访的内容。

同时小组成员制作的宣传视频也被文旅徐州官方抖音账号点赞,这是对小组成员调研工作的极大支持与肯定。

(三) 关于徐州的总结

伏羊习俗相传起源于上古时期尧帝时期的彭祖,"伏羊者,乃炎夏入伏天的羊肉也。伏天食用羊肉的习俗,暗合'天人合一'的质朴养生理念,在伏天吃羊肉对身体是以热制热,排汗排毒,将冬春之毒、湿气驱除,是以食为疗的大创举"。当然不是只吃些羊肉串,喝些羊肉汤这么简单,相传彭祖是中国烹饪界和中华养生学的鼻祖,每年的伏羊节也会在彭祖园举行祭祀大典,八大菜系的传承人都会来祭祀彭祖,羊方藏鱼这道菜也出自彭祖,在中国传统古典菜中被称为第一名菜,显而易见,"鲜"这一个字就能体现出这道菜的美味。徐州菜虽然不在八大菜系之内,但是它悠久的历史和上千年来不断征战交融的文化,使徐州菜被人们所喜爱。

当然不能只关注徐州的美食方面,徐州是历史悠久的城市也是一座英雄的城市,有着徐州博物馆、淮海战役纪念塔、龟山汉墓、狮子山楚王陵和汉文化景区等,使人们能够了解徐州这个城市的历史和过往,自古以来征战不断的历史让徐州的人们无比坚韧和乐观热情,也造就了淮海地区独特的民俗民风。古代时候徐州被称为五省通衢,现在的古黄河边还立着这块牌坊,如今徐州是四省交界处,这个地区的人们饮食习惯和风俗大都相同,也就使大家感觉徐州不同于江苏其他地区的饮食习惯和风俗,位于交通枢纽让徐州能够更好地进行文化交流和交融,热情好客,不拘小节,更像是北方人的风格;而一城青山半城湖,满城的山山水水和古建筑更像是在南方。

（四）下一步计划

此次调研，获得了徐州多方的支持和肯定，比如主办方烹饪协会和文旅局认可小组成员提出的校地共建的计划，在每年三四月份开展项目策划大赛，让我校学生积极参加到每年伏羊节的具体项目设计竞赛中，最终的优胜者在每年伏羊节期间前往徐州，投身到具体的活动运营中学习调研。同时也与多家酒店洽谈了合作与赞助，方便小组成员到了徐州后有住的地方。烹饪协会则负责前去调研同学的特制服装和一日三餐，徐州苏宁凯悦酒店表示后续每年的彭祖伏羊节都可以为胜出的来徐州调研的同学提供最优惠的住宿价格。

经调研，小组成员打算之后把重心放在宣传工作和收集各种素材上，小组成员手上掌握的资料和数据很丰富，但是质量非常高的宣传素材还是不够多，之前把很多工作中心都放在了采访上。现阶段工作已基本完成，接下来就是更加深入地去挖掘有关伏羊节的各种文献和历史，因为宣传整个徐州的范围太大，工作量太大，短时间内没办法产出有质量的工作成果，下一步应将重心放在提升工作质量上，做深做精，持续维护全网多平台项目账号的运营，与之前联系好的明星和网红进行下一步的共同创作，真正为家乡发展做出贡献。

匠心漆艺，与城共"栖"

——上海市漆器非遗与旅游融合发展模式调研

❦

团队成员：祝　佳　殷月祺　李宇航　李欣怡
　　　　　唐治丰　潘　超　安　琦
指导老师：李　欣

一、引言

1. 调研背景

上海，作为中国现代化的代表城市，既具有深厚的历史文化底蕴，又在全球化进程中发挥着引领作用。上海的发展魅力和旅游资源，吸引了海内外游客的目光。然而，在现代化进程中，一些传统文化元素不可避免地受到冲击，非物质文化遗产面临着被边缘化甚至消失的风险。因此，如何在现代化的进程中保护、传承和发展非物质文化遗产，成为亟待解决的问题。

"匠心漆艺，与城共栖"项目正是在这一背景下诞生的。该项目旨在深入研究上海市的漆器非遗项目，借鉴成功经验，探索文化传承与旅游产业的有效融合模式。漆器作为中国传统工艺的代表之一，蕴含着丰富的文化内涵。通过对漆器非遗项目的深入研究，可以挖掘其背后的故事，传承其技艺精髓，并将其与旅游业相结合，为游客呈现一幅融合创意与传统的精彩画卷。

本项目的研究意义不仅在于探索非物质文化遗产与文旅融合的模式，更在于总结出可供其他非遗项目借鉴的经验和教训。通过案例研究和数据分析，可以发现非遗传承的难题和文旅融合的优势，从而为其他地区的非物质文化遗产保护与发展提供具体指导。同时，本项目还有助于促进上海市非物质文化遗产的可持续发展，为城市的文化自信和创新驱动发展赋能。

80

2.调研地点

闵行区群众艺术馆、上海漆艺博物馆、漆器国家非遗文化体验馆。

3.调研时间

2023年7月10日—20日。

4.调研对象

漆器工艺传承者与经营者。

5.调研方法

发放问卷调查、实地考察调研、面对面对话访谈。

二、调研过程

1.上海漆艺博物馆

2023年7月18日，小队成员祝佳、李宇航、安琦前往上海市闵行区华漕镇的上海漆艺博物馆参观以及对馆长进行采访。

在馆长的指引下，队员先参观了漆艺博物馆的漆器，欣赏了各式各样的漆艺作品，了解作品背后的漆艺知识、匠心精神、风土人情与历史渊源等。

随后馆长邀请队员进入其办公室，耐心解答队员们提出的关于漆艺文化的问题。谈话中，队员感受到了馆长对漆艺的热爱，了解到馆长对漆艺过去发展兴衰的反思，以及对未来漆艺如何发展的展望与规划，深受震撼。

调研进入尾声，馆长带领我们实地参观了漆艺人的工作环境，他们仿佛与世隔绝，其身上的那份专注与沉静，令人动容。同时，队员们也见到了许多漆艺半成品，了解了精美的漆艺艺术品的"成长史"。每一件漆器都既是大自然的馈赠，又饱含着匠人的汗水与巧思。

2.漆器国家非遗文化体验馆

7月16日，小队成员殷月祺、唐治丰、潘超前往上海闵行区的"漆器国家非遗文化体验馆"，了解了漆器的相关知识，亲身体验了漆珠、漆盒的打磨、抛光过程，并且采访了漆器国家非遗文化体验馆主理人陈怡女士，通过实地调研，考察"打造体验馆"方式对于漆器的保护效果。

漆器国家非遗文化体验馆坐落于美丽的浦江郊野公园，馆藏有诸多国家级非遗传承人、鄱阳脱胎漆器髹饰技艺大师李波生的作品，而李老师的两位儿子则分别负责场馆和体验课程的创新设计。漆器国家非遗文化体验馆的一楼为主展示空间,通过工作人员的讲解,可以清晰地了解到"脱胎漆器"的制作全过程,正是这样一道道细腻的工艺造就了脱胎漆器质地轻、做工精美、耐摔耐腐蚀等特质;二楼为体验空间,漆珠、漆画、漆葫芦等具有不同难度的体验课程为游客提供了丰富的选择;三楼为民宿,共同构成了漆器国家非遗文化体验馆的主体部分。此外,漆器国家非遗文化体验馆积极结合文旅元素,设置了露营、团建、生日活动等主题,打造漆器国家非遗文化体验馆特色的文化名片。

"漆珠的打磨是一个极其锻炼耐心,渐入佳境的过程",小队成员潘超说。未打磨过的漆珠呈现在人们面前时表面凹凸不平,用砂纸打磨后,其内里的精美纹路才开始一层一层显现出来。一颗小小的漆珠打磨,就要费 1 个小时之久,要使漆珠最终能呈现完美的圆球形,需要熟练地掌握打磨角度和区域打磨程度,可以想见"漆器"这项技艺凝结了多少匠人的智慧结晶和心血。

随后,我们对漆器国家非遗文化体验馆主理人陈怡女士进行了采访。

陈怡女士对我们的到来非常惊喜,热情地和我们分享了许多漆器发展现状、漆器传承中遇到的困难,以及面对困难漆器国家非遗文化体验馆所做的相关努力。

陈怡女士认为,漆器传承的痛点主要是人们对其不了解。瓷器被称为"China",而漆器却被称为"Japan",虽然漆器发源于中国,却是古代贵族才有资格享用的奢侈品,漆文化的民间普及率和认知度极低。

陈怡女士表示,虽然部分大学有设置漆画专业,但是由于现实原因,选择坚持下去的人依旧很少,能坚持下来的青年艺术家都是非常热爱漆器技艺,愿意付出自己的时间、精力、金钱去延续这一项的美丽艺术的人,如果有一天漆器技艺失传了,将会是人类文明的一大损失。

谈及我们为什么要保护漆器技艺,陈怡女士认为,因为漆器非遗所承载的超越时间的厚重生命感和文化记忆,是我们所不能割舍的,人们永远会因为那一份情感而动容,能够穿越千年感受当时的美好。

3. 网络调研问卷

非遗漆艺是中国传统文化的瑰宝之一,经过千余年的历史发展,积淀了丰富的技艺和独特的艺术风格。然而,随着现代社会的发展和科技的进步,非遗漆艺面临着越来越多的挑战。

通过问卷调查等手段,我们希望能够掌握以下信息——了解度、购买类型和用途、非遗漆艺的传承与保护、兴趣度、参与度。

这项调查的意义在于了解公众对于非遗漆艺的了解程度,可以帮助相关机构和组织更好地开展宣传和教育工作,提升公众对非遗漆艺的认同感和兴趣。调查公众的兴趣和期待,可以为非遗漆艺的发展提供参考;了解公众的需求和喜好,有助于相关机构和组织在传承和创新方面做出更有针对性的努力;了解公众的态度和看法,可以为非遗漆艺的保护和传承提供支持。公众的参与和关注是非遗漆艺传承和保护的重要推动力量。

三、建议及改进方案

漆器国家非遗文化体验馆的侧重点在于体验,虽然也有相应的展品展示,但是缺少相关的介绍人员以及介绍的文字以及装饰,而展品相对于上海漆艺博物馆较少。并且根据本次实地调研,漆器国家非遗文化体验馆仅在周末有相应的体验项目的,这反映出漆器国家非遗文化体验馆的专业人员相对紧缺,因此这一可体验的优势在漆器国家非遗文化体验馆就会大大减小,并且在展品方面的优势也远比不上上海漆艺博物馆。

上海漆艺博物馆的优点是有足够的展品,缺点是没有足够的体验档期安排。首先漆器国家非遗文化体验馆应该在不同的时间段增加相应的人手,在客流量相应增大的时候增设相应的体验课,比如在暑假这个时间段,体验的安排应该相应地增加。有关漆器器具的介绍可以相应地增加,并不是只有陈列。上海漆艺博物馆也可以在人流量相应增加的假期以及周末开设相应的体验课,增加体验课开设的次数,以此提升漆器国家非遗文化博物馆的趣味程度,吸引更多的游客。

在这种情况下,参观和实践两种方式相辅相成,正如豫园的游园活动,正是将参观和实践相结合才达到了吸引游客的目的,并且在这对于非物质文化遗产的传播更加有力,也为非遗的相关从业者提供了更多的机会。单一的参观或者实践的方式相对于两者结合的传播效果是比较差的。

在调查问卷方面,研究非遗漆艺公众了解度的调查对于推动非遗漆艺的保护与传承具有重要的意义,但也存在一定的局限性。为相关机构和组织制订更加有针对性的宣传、推广和教育策略提供指导,同时提升公众对非遗漆艺的参与度,提高关注度和认同感。公众的参与和支持是非遗漆艺传承和保护的重要推动力量。

四、调研结论与总结

虽然队员都是第一次进行这样的社会实践,但是大家积极的态度和对该项目的热情让我们的项目获得了一个较为不错的结果。通过这次调研,我们近距离深刻接触了漆器——这一项看似冷门的非遗技艺,了解了当下国内专业人士以及大众对于漆器的态度和想法。

漆艺的发展潜力以及后备力量都是很强大的,我们队伍的目的便是作为从业者和群众之间的桥梁,互通双方的需求和想法,从而助力漆艺的现代化发展。队员牢记这一点并展开实践,获得了较好的成果,同时我们的脚步不会停,愿漆艺能在业内专业人士的帮助下走向全世界。

寻访笔墨工坊，品悟非遗技艺

——毛笔、墨锭非遗制作技艺的宣传与传播调研

团队成员：高琳淇　李逸飞　刘铿铿　孙天羽　徐璠漪
　　　　　钟飞宇　高心雨　贺紫硕　胡　悦
指导老师：高　静

一、引言

1. 调研背景

党的"十八大"以来，党中央高度重视非遗保护传承工作，文化和旅游部深入学习近平总书记关于非遗保护传承工作重要论述精神，落实"保护为主、抢救第一，合理利用、传承发展"的工作方针。

上海经济发达，海派文化知名度高，但鲜少有人知道上海有着200多项非遗。以文房四宝中的笔、墨为例，上海的中小学生都要参加写字等级考试，考试分硬笔字及毛笔字两部分。很多学生写了一手好毛笔字，却对笔、墨知识的了解少之又少。基于此现象，我们小组以"寻访笔墨工坊，品悟非遗技艺"为主题开展社会实践。

上海市杨浦区笔墨工坊是国家级非遗生产性保护示范基地，由上海周虎臣曹素功笔墨有限公司经营运营，坐落于杨浦合生茶岸文化创意园，是集"生产、旅游、研学、文创、科研"五大功能于一体的笔墨文化美学空间。上海周虎臣曹素功笔墨博物馆是以中国传统毛笔和墨锭为展览主题的专业博物馆，参观者能够获得生动直观的制笔制墨资料，并观赏周虎臣曹素功的实物与历史照片。

2. 调研地点

上海市杨浦区笔墨工坊、上海市黄浦区上海笔墨博物馆。

3. 调研时间

2023 年 7 月 9 日—18 日。

4. 调研对象

周虎臣、曹素功笔墨博物馆和上海市杨浦区笔墨工坊。

5. 调研方法

文献研究法、访谈调查法、问卷调查法、实地考察。

二、调研的成果

（一）调研简述

2023 年，7 月 9 日，小组成员陆续到达位于杨浦区军工路 1300 号合生茶岸文创园 16 栋的笔墨工坊。

在活动现场，我们首先了解到了制笔工艺，制笔工序大致分为备料、水盆、成笔三个制作阶段。随后参观了制墨工艺，整个制墨工序大致包括点烟、制墨、翻晾、描金四个阶段。通过参观制墨工序我们也了解到，曹素功制墨有"轻胶三万件"之说，描金时强调"精描细饰法"，赋予了墨锭简洁高雅的海派书画气质。随后，小组成员来到场馆的三层，看到了上海市杨浦区笔墨工坊的镇馆之宝——"大如意墨"和"特大狼毫"，同时看到了"世博纪念墨"。

在参观之余，成员们也采访了在场的工作人员，问了一些有关上海市杨浦区笔墨工坊客流量以及体验度的问题。在墨锭非遗继承人等相关工作人员的指引下，亲身感受墨锭形成的最后一步——描金。参观结束后，小组成员与上海市杨浦区笔墨工坊负责人在场馆入口处以及大门处合影纪念。

之后，我们就本次实地调研中的发现展开了讨论，并设计了问卷，了解大众对于笔墨技艺非遗的了解程度和意愿，形成了我们的问卷分析报告。我们还发布了有关上海市杨浦区笔墨工坊的相关介绍推送，并提出了笔墨技艺非遗宣传的改进建议。

（二）调研成果

此次调研目的在于以下几点。

（1）体验周虎臣毛笔制作技艺、曹素功墨锭制作技艺，了解这两项非遗技术。

（2）提高人们对文化遗产的重视度，促进参与中华传统文化传承、保护工作。小组采访非遗传承人、体验笔墨工艺、举办知识讲座、制作问卷调研、开设微信公众号等方式对进一步了解和宣传上海市杨浦区笔墨工坊。

（3）基于自身学科知识提出创新性发展建议，促进上海重要的非物质文化遗产——周虎臣毛笔制作技艺、曹素功墨锭制作技艺得到大众广泛认知，带动更多群众投身于了解、保护、宣传和创新非物质文化遗产事业中去。

为了进一步调查大众对于非遗笔墨制作技艺的了解程度，我们发放了调查问卷，收到有效问卷 198 份。

此次接受调查的人群中女性占比约 59%，男性占比约 41%，女性占比较高。且其中年龄为 19～30 岁的人群所占比例为 69.39%，占据了将近 70% 的比重，而 0～18 岁年龄段与 31～50 岁年龄段所占比例相当，均为 14% 左右，占比最小的为 51 岁及以上的年龄段，比重仅为 3.06%。由青年群体占比较大我们发现，此次问卷调查呈现出明显的年轻化特征。

有 63.27% 的被调查者表示平时接触过毛笔墨锭，仅有 36.73% 的人表示未接触过。该数据表明，我们中的绝大多数人都曾接触笔墨等器具，只有少数人由于缺乏条件等原因还未曾接触过。我们得出结论：大多数人都仅为浅层次地接触过毛笔墨锭一类器具，但是对其中具体的内容了解的较少，对与之相关的专业知识了解甚少。

而关于"是否了解毛笔墨锭属于上海的非遗文化之一"这一问题，有将近80% 的被调查者选择了"否"这一选项，仅有 20% 左右的被调查者表示了解。这表明，大众几乎都对毛笔墨锭等非遗笔墨技艺不太了解，相关知识的大众普及度还有待提高，需要上海笔墨非遗持有者加大宣传力度，提高公众对此的关注度。

其中约 37% 的被调查者表示接收到过有关笔墨非遗技艺的宣传，而 63% 的人选择了未接收过。由此，我们发现笔墨非遗技艺的宣传力度明显较小，相关宣传工作还需加大力度。因此，我们得出结论：笔墨非遗的传承在宣传上有着较大突破空间。在非遗技艺的传播上应综合利用网络和新闻媒体等数字化传播媒介，创新宣传方式，拓宽宣传渠道，让更多的人了解笔墨非遗这一宝贵的物质与精神财富，从而带动大众自主担任起保护与继承笔墨非遗的重任，推动笔墨非遗发扬光大。

我们发现，对于"愿意在博物馆以何种形式体验非遗毛笔墨锭"这一问题，人们意愿最高的形式为参观实物,与之相对的为参观制作过程,其占比均达到80%,现场体验书法占比约70%,占比最少的亲手制作这一形式也有63%的被调查者选择。这表明关于毛笔墨锭非遗的体验,大众最喜欢的方式为参观,通过眼睛直接感受笔墨非遗的魅力。同时也乐于亲手体验,以最直接的方式推进非遗的传承。

在"对于上海非遗文化技艺的推广与传承的意见与建议"方面,公众呼吁度最高的关键词为"宣传",其次为"力度",另外"文化""传承""大众"等关键词也深受大众关注。因此,我们得出结论:为推动笔墨非遗技艺的传承,上海应加大宣传力度,丰富宣传方式,引导公众对笔墨技艺的态度由知识上的表层了解转向情感上的深度认同,自觉成为笔墨非遗技艺的传播者、继承者、弘扬者。

(三)调研分析

本次调研主要采用了实地调研和问卷调查两种形式,得到以下结论。

对于非遗笔墨技艺的受众群体与市场情况,经过实地参观体验笔墨工坊与上海笔墨博物馆,结合网络资讯,可得知绝大多数是由学校组织中小学生进行社会实践活动,鲜有已工作的成年人,也少有主动前往游览参观的人。学生、书法从业者以及爱好者是毛笔、墨锭的最大受众群体。在信息化时代,规模化的键盘文字构筑了人与人沟通的桥梁,从而逐步取代了生动真实的书法,且综合问卷数据结果显示:大多数人都只浅层次地接触过毛笔墨锭,未曾深入了解过相关知识。当下同类型的非遗开拓了手账、文创产品的市场,而笔墨技艺非遗市场的发展相对较落后。

在实地调研上海市杨浦区笔墨工坊的过程中,我们就遇到了以学习非遗传统文化为由来此学习参观的中小学生队伍,这间接反映出近年来非遗文化由于宣传扩大及政府扶持确实鼓舞了青少年学习传统非遗。然而,受众群体仍有待扩大。基于中小学生在互联网使用能力的局限性,他们很难将笔墨体验以鲜活的方式呈现到大众眼前,因而非遗笔墨文化大体上被局限在了青少年群体,很少有其他人群能了解到上海市杨浦区笔墨工坊这样的非遗笔墨体验场馆。其原因被归结为缺乏宣传力度、宣传不全面及宣传方式单一。对于这一非遗的宣传应具体到"笔墨"这一名称,并具体列出体验场馆等内容。这与问卷调查中当被问及对非遗文化传承的建议时,大多数受访者给出"扩大宣传"的建议这一点相符合。

　　尽管当下大众对笔墨技艺非遗的了解相对较少，我们仍坚信其具有良好且广阔的发展前景。首先，参观过上海市杨浦区笔墨工坊的受访者无一不感叹笔墨技艺的精妙，且都愿意对外宣传笔墨技艺非遗。其次，未参观过上海市杨浦区笔墨工坊的受访者同样展现出极强的想要了解笔墨文化的意愿，人们观赏实物与制作过程的兴致颇高，也期望能亲身体验描金的过程。最后，问卷数据表明，大众对参观展馆和体验非遗技艺的活动预算基本集中于 200 元以下，且100 元以下占比最大。而上海市杨浦区笔墨工坊的门票为 100 元，体验费为150 元，远超大部分人的预算。宣传部门与笔墨工坊应更多地深入大众群体，考虑大众对于参观的诉求，如预算、期望体验方式等，定能更好地激发群众的参观体验兴趣，从而推动笔墨非遗文化的传播与继承。

三、建议及改进方案

　　提升上海笔墨技艺非遗的社会影响力。上海市杨浦区笔墨工坊作为一个新的 4A 级景区，本应对大众有较强吸引力，但调查显示，参观过的人仅有13.2％，只有 40.82％的人知道这两项非遗技艺。

　　第一，设立属于上海市杨浦区笔墨工坊的各种媒体、平台的官方账号，并不仅限于微信公众号，还有大众点评、微博、抖音等账号。其大众点评平台的账号经电话核实非官方账号，浪费了这一平台的流量资源。在当今快节奏的信息时代，这些平台拥有极大的用户量，适合用于加大宣传力度。

　　第二，上海有小学生写字等级考试，可将非遗宣传融入小学的书法课课堂，促进非遗与校方达成合作。与中高大学联合举办兴趣类宣传讲座。在各个年龄段的学子心中，播下一颗非遗的种子，助力每一位青少年成为非遗的传播者、弘扬者。

　　第三，上海作为一个会展文化丰富的城市，历年都可以看到许多展览的举办，例如漫展、美术展等。上海非遗可与滨江西岸进行联合，在其场馆中举办非遗展览，展览中必不可少的是对于非遗的展示。可以邀请非遗传承人在展览现场进行表演并举办体验活动，让参观者可以体验一些不耗费较长时间的非遗制作过程。最后设立商品区，售卖一些包含非遗文化的产品及非遗作品。包含非遗文化的产品可为文创、钥匙扣、冰箱贴等，定价需适合大众的消费水平；非遗作品则视非遗传承人的需要或要求而定。展览中还可设计参观路线，加入集章环节。当今手账文化也很流行,热爱集章的人不在少数,容易吸引青少年。可增设茶歇区或选址于周围有可坐下闲聊的咖啡店,为中老年人提供便利,满足他们的需要。

四、调研结论与总结

在本次暑期调研活动中,我们实地采访调研了上海市杨浦区笔墨工坊和上海市黄浦区周虎臣曹素功笔墨博物馆。为深入调查、了解周虎臣毛笔制作技艺、曹素功墨锭制作技艺的传承情况以及其具体制作工艺,同时为更好地帮助年轻人理解和珍惜传承国家非遗文化,我们通过采访非遗传承人、体验笔墨工艺、制作问卷调研、开设微信公众号等方式进一步了解和宣传笔墨工坊。

在经过实地调研调查后,我们小组通过线上会议的形式,展开头脑风暴,挑选有关大众对于非遗笔墨制作技艺的了解程度与了解意愿的问题设计调查问卷,并广泛发放,在两周后回收。结合数据与实地调研情况,我们发现上海市杨浦区笔墨工坊的参观体验被局限在了青少年群体且普及面不够广阔。虽然大众对于了解传统笔墨文化有较强的意愿,但是由于所调研的两项笔墨技艺非遗的传播渠道缺失,范围窄,大众了解的方式较少,难度较大。

因此我们进行了一些可实行性调研并提出相关建议。由b站等视频媒体平台牵头,举办专题知识讲座,发布互动视频,使笔墨技艺非遗融入各年龄段学生的校园生活;利用会展业及旅游业加大对于非遗文化的教育和宣传,加强青年人保护文化的意识,让非遗更好地宣扬、传承下去。同时,博物馆等实地体验场馆提高服务质量,使体验价格更加亲民,提升体验感。

舞千年之文脉，承中华之傩俗

——南丰跳傩的可持续性保护与开发设计探索

团队成员：梁欣怡　吴恩卓　杨若琳　朱梓欣

指导老师：狄　丹

一、引言

1. 调研背景

（1）响应国家和学校号召，支持非物质文化遗产保护工作。

自 2006 年以来，我国愈发重视非物质文化遗产的保护与传承，并出台一系列政策，从上至下，由内而外积极推动非物质文化遗产的保护工作，多次公布了国家级、省级非物质文化遗产名录，南丰跳傩正是第一批入选国家非物质文化遗产名录的项目之一。此外，项目团队响应学院与学校的号召，加强高等院校与非物质文化遗产的联系，推动社会主义文化强国建设，推动非物质文化遗产与乡村振兴、文化产业与旅游产业有机结合。综上，团队开展以"传承与发展南丰傩舞"为主题的非物质文化遗产项目调研，前往南丰傩舞发源地进行实地调研，致力于在国家和学校的宣传与鼓励下延续传统傩舞风华，扩大中华优秀传统文化影响力。

（2）突破南丰傩舞发展困境，拯救中华优秀传统文化。

团队在项目筹备阶段的检索过程中发现，处于江西省南丰县的南丰傩舞近年来陷入发展困境。在以往，南丰傩舞的传承主要依靠口耳相传；但在现代社会，随着经济发展和生活节奏的加快，越来越少的年轻人愿意花时间学习和传承南丰傩舞，导致传承链出现断层、面临断裂的危险。由于缺乏有效的保护和利用机制，南丰傩舞的生存发展环境并不理想。针对以上现象,团队开展有关南丰傩舞的调研,探索其发展困境,剖析其未来发展路径,并就南丰傩舞发展的痛点问题,提出具有针对性的相关建议和可行性方案。

2. 调研方法

文献分析法、田野调查法,以及问卷调查法。

二、基本调研情况

南丰县石邮村的傩班由 8 人组成,通常称为"伯",按进班先后排定为大伯、二伯……八伯。傩班八个伯的座次严格递进,若前面有伯去世或退出,则后面的七伯八伯续上,保证香火延续。八个伯有着严格的分工,八伯负责挑担,而只有大伯、二伯才有资格从神龛上取下面具。按族规,傩班采取口口相传的教育方式,技艺绝不外传,只有傩班弟子才有机会学习。

项目团队主要与如今南丰跳傩非物质文化遗产传承人叶根明先生进行交流。叶根明先生自幼对南丰傩舞产生浓厚兴趣,并选择加入傩班,经历了多年严苛的傩舞训练。从 2006 年起,已位至大伯的叶根明先生为使传统的傩文化得以传承,在课余时间和寒暑假期向村中的孩子教授南丰傩舞技艺。12 年来,这个傩班先后培养了 80 多名"小傩师"。此外,叶根明先生还出资在全国各地开展"南丰傩舞进校园"活动。与叶根明先生进行访谈交流,有助于团队掌握傩班及南丰傩舞发展现状。

小组成员于 7 月 5 日抵达南丰县,在南丰县周边进行走访调查,观赏傩面具雕刻,感受傩文化的魅力与风采。

小组成员于下午抵达石邮村,在石邮村内开展更深层次的实地调研工作。本次实地调研主要是以南丰傩舞为例探索其发展现状。小组队员在南丰傩舞非物质文化遗产传承人叶根明先生的带领下参观游览了石邮村,近距离观察了南丰傩舞的文化生存环境,亲身体验了傩文化的神秘氛围。此外,在游览石邮村的过程中,叶根明先生还带领团队参观了村内的古建筑。在此过程中,小组成员还对叶根明先生进行了访谈,使得小组成员对南丰傩舞的历史由来、发展现况以及发展困境有了更近距离、更深层次的了解,顺利完成了实地调研工作。

三、调研的成果

1. 线上调研内容

线上调研方式主要是发放调查问卷。问题主要方向包括以下三类：一是南丰傩舞的影响力，主要包含其大众认知度及喜爱程度；二是南丰傩舞目前面临的问题，以传承；资金场地等因素设置多选答案；三是南丰傩舞宣传，主要是了解大众倾向何种宣传方式。调研期间，项目在微信、百度贴吧等社交网络平台发放问卷，并收集问卷共 111 份。通过线上问卷的发放，小组成员得以掌握以上有关南丰傩舞的信息。经讨论，项目将选出以下几个具有参考意义的问题，对数据进行简要分析。

在问题"您是否知道南丰傩舞？"中，75.68%的人选择"否"，仅有 24.32%的人选择"是"。在问题"您是否参加过南丰傩舞活动？"中，选择否定答案的人占比高达 91.81%，仅有 8.19%的人参加过南丰傩舞活动。在问题"如果打算去看南丰傩舞表演，您更倾向于哪种形式？"中，20.72%的人选择在网上观看视频或者直播，36.94%的人选择现场观看，42.34%的人表示两种方式都能接受。在问题"您认为如何让更多人了解和关注南丰傩舞？"中，68.47%的人选择拍摄相关纪录片或短片，71.17%的人选择制作宣传资料，79.28%的人选择利用新媒体宣传，85.59%的人选择举办更多相关活动。

2. 实地调研内容

团队选取傩文化氛围浓郁的石邮村作为调研地点，并在南丰县周边进行走访调查。

（1）"头人制"南丰跳傩宣传传承机制。

在实地调研过程中，团队成员从南丰傩舞传承人叶根明先生的话语中了解到，南丰傩舞的传承方式为"头人制"，即吴氏一族选择一人作为"头人"，管理傩班运营，外姓人则为傩班弟子，负责练习和表演南丰傩舞。在这样的制度下，南丰傩舞得以流传至今且保存完好。

（2）缺乏相关保护措施，傩文化生存空间缩减。

团队成员了解到，有关政府部门对南丰傩舞这一非物质文化遗产固然实施了保护措施，然而其扶持资金与保护工作并不到位。自 2013 年起，为提高南丰跳傩的知名度，叶根明先生自掏腰包，在本地和外地多个地区开展了"南丰傩舞进校园"活动；与此同时，还以课后兴趣班的形式开设南丰傩舞教学班，吸引年纪比较小的孩子参与南丰傩舞的学习和传承。

（3）文化认同感衰减，内驱动力不足。

南丰傩舞蕴含着丰富的文化内涵，把人们对美好生活的向往寄托于南丰傩舞表演之中，是当地居民美好愿望的集中反映。

在调研过程中，团队成员发现石邮村中多数居民为老年人，多数年轻人均为生计涌入大城市中。偶尔也会有外地人憧憬南丰傩舞而慕名前来，但人数较少。南丰傩舞这一非物质文化遗产亟待从当地旅游产业中汲取新能量、新生机。

四、调研分析

通过文献资料查阅、实地调研、深度访谈以及问卷数据分析后，得出以下结论：南丰傩舞发展困境由多方因素导致，包括受众面小，展示形式单一，认识不深、人才匮乏、创新乏力、融合不深、支撑不力、内容质量不高等，都是南丰傩舞传承发展正在遭遇的困境。南丰傩舞复兴之路任重而道远。

首先，南丰傩舞的传承主要依靠口耳相传，缺乏系统的教材和教育机构。南丰傩舞演员老龄化严重，年轻一代由于各种因素没有充足的时间参与南丰傩舞排练。由于南丰跳傩本身对体力要求比较高，以及当年那批少年现在大多外出经商或务工，基本上没有机会组织进行南丰傩舞表演。在传统文化日益边缘化、传统艺术兴趣日渐减弱的背景下，越来越少的年轻人愿意投入时间和精力去学习和传承南丰傩舞。

其次，有关政府部门财力支持不足，可供南丰傩舞发展的资金短缺。南丰傩舞大多数是面向本地居民的春节公益演出，其演出收入均由外人组织表演场次来决定，并不稳定；而演出所需的道具、服装均需要定期维护和更换。没有专项经费投入，傩班成员也没有固定的收入，很难维持傩班的日常运转。

最后，在与南丰跳傩当代传承人叶根明先生的访谈过程中得知，南丰傩舞目前发展停滞的情况也有部分来自当地宗族的限制。

南丰傩舞不仅仅是一种艺术形式，更是一种文化记忆和地方精神的载体。在参观和调研南丰跳傩发源地石邮村的过程中，团队成员从庄严古老的傩神庙中感受到南丰傩舞的魅力。南丰傩舞的传承者们为南丰傩舞发展做出众多尝试,取得了一定成果。南丰傩舞的发展依旧任重而道远,单凭传承人们的付出仅仅是杯水车薪。保护和传承好南丰傩舞,就是保护中华的文化根脉,也是维护民族文化多样性的必要行动。

综上,南丰傩舞面临诸多挑战,找到合适的未来发展路径已刻不容缓。让这份独特的文化遗产得以重新焕发光彩,既响应了我国提出的建设文化强国战略,也丰富了世界文化多样性。由此可见,要加快推动其创新性传承、创造性发展,使之更好地展示社会主义先进文化优越性和人民群众对美好生活的向往,这需要当地政府统筹谋划、多部门联动落地,让傩文化在乡土中国走深、走实、走远,使傩文化兼具群众基础和发展活力的双重属性。

五、建议及改进方案

在此次社会实践活动中,小组成员来到南丰县进行实地考察。当文献中的数字、屏幕里的影像变成亲眼所见、真实可感的现实画面,小组成员深深感受到傩文化的魅力与风采。小组成员与南丰傩舞传承人叶根明先生进行了深入交流,更加清晰地认识到南丰傩舞的历史渊源、保护传承现状及未来发展规划。同时,在实地走访的过程中,也发现了阻碍南丰傩舞传承发展、亟待解决的问题,并对促进傩文化的创造性转化、创新性发展进行了思考与探究。

(一) 科学规划,做好顶层设计

南丰傩舞非遗文化的独特属性决定了其传承发展需要传承人、社会、市场和政府多向发力。要在充分调研、科学论证的基础上,编制具有指导性、可操作性的传承发展专项规划,引领傩文化可持续发展。积极探索"傩文化＋文旅""傩文化＋节会""傩文化＋媒体"等融合发展模式,大力推动南丰傩舞文化走融合化发展之路。

1."傩文化＋文旅"

2023 年 2 月 22 日,文化和旅游部印发《关于推动非物质文化遗产与旅游深度融合发展的通知》。将傩文化与当地的风景民俗相结合,推出傩文化探访之旅、体验之旅等文旅产品,从南丰傩舞的起源、发展、成就多个角度,抓住故事、舞蹈、面具、服饰多个元素,开设综合展厅和体验场馆,提高南丰傩舞的普及度和认知度。依托傩文化带动旅游发展,带动经济提升,再以经济提升反哺傩文化遗产保护,以"傩文化＋文旅"模式促进两者良性循环。

2．"傩文化＋节会"

在南丰，每逢春节，初一"起傩"，半月之内，傩班走村串户，舞姿翩翩，娱神娱人，祝福纳吉。元宵后一至三日"收傩"（圆傩），结束一年一次的傩事活动，这是十里八村春节的传统活动。借此南丰傩舞表演节目将本地的美食、手工、民宿、民俗活动等配套相融合，吃住游、唱跳演让节日凝聚了更多人气，让傩文化有更多载体，在观赏与参与中提升自身吸引力。

3．"傩文化＋媒体"

做好傩舞非遗线上线下宣传推介，借助短视频、网络直播等媒体用原生态的舞台场景，用原汁原味的生活场景，展示舞者技艺，讲述南丰傩舞故事，分享南丰傩舞文化……数字媒介的交互性、便捷性、沉浸性等特点，可以为非遗文化信息的表达提供更多的选择，使得文化的展示方式更加多元化，传播的内容更具吸引力。

（二）多措并举创新搭建平台，深化产业融合

1．文化推动乡村振兴

南丰傩舞文化源自民间、扎根民间，传承与发展须依靠民间力量。推动南丰傩舞文化进乡村，以此撬动乡村旅游可持续发展。积极开展"南丰傩舞进万家""送戏下乡"等活动，在乡村、馆所、景点等地建立馆所、舞台、传习点、展区，并组织文化艺人广泛开展群众性文化活动，推动傩文化进入寻常百姓家，融入日常生活。

2．文旅"牵手"

依托良好的生态环境、优美的自然风光、丰厚的文化底蕴，积极引导企业将南丰傩舞文化等搬上旅游产业发展的"舞台"，设计制作文创产品；组织文艺团队、非遗传承人走进景区表演南丰傩舞，建立南丰傩舞展馆、面具作坊，让游客在体验中感受非遗魅力。通过南丰傩舞和旅游有机结合，唱响文化旅游"大戏"。

3．节会"代言"

坚持节会搭台，以旅游文化节、文旅推介会、民俗活动等节会为契机，举办南丰傩舞展演展览，让各类节会为南丰傩舞文化当好"推介官"。

4．文媒"联姻"

做好南丰傩舞非遗线上线下宣传推介，借助短视频、网络直播等媒体用原生态的舞台场景，用原汁原味的生活场景，展示舞者技艺，讲述南丰傩舞故事，分享南丰傩舞文化……利用数字媒介的交互性、便捷性、沉浸性等特点，为非遗

文化信息的表达提供更多的选择,使得文化的展示方式更加多元化,传播的内容更具吸引力。

(三) 育好人才,让南丰傩舞传承后继有人

南丰傩舞传承人年龄普遍偏大,年轻人认为与当代生活脱节,加上学习难度大、耗时长,收入、待遇等都缺乏足够的保障,入行的愿望普遍较低,吸引力不足,面临后继乏人的窘境。民俗学者马知遥曾介绍:"其实,大多数的非遗起初不是用来观赏的,而是一种谋生的手段。当非遗产不能养家糊口,必然带来自身危机。"他认为,非遗传承保护的最大难点就是如何解决非遗传承人的生计问题。

因此对于现有的南丰傩舞传承人,一方面,当地政府要充分予以资金、政策扶持,增强传承者待遇的吸引力,助推南丰傩舞文化的保护传承;另一方面,拓宽展演渠道,增强圈粉效应,让文化传承人在文化消费中获得更体面的收入。最重要的是要加强新生代传承力量的扶持与培养,特别要加强南丰傩舞非遗文化传承基地的建设,积极解决南丰傩舞从业人员的职称、编制和待遇问题,让更多传承人能安心专注于技艺的学习和传承。

简而言之,傩文化传承任重道远,应在传统与现代、乡村与城市、文化与市场的对接中,用生活唤醒它、用它点亮生活,在绚丽多姿中感受文化之美,寻味文化。

六、调研结论与总结

基于查阅相关资料后拥有的理论基础,项目团队从实际视角出发,走访南丰县石邮村,对南丰傩舞传承人叶根明先生开展深度访谈工作。通过线上对民众的问卷调查以及线下对传承人的访谈,项目团队可从双重视角发现探索南丰傩舞传承所面临的发展困境,了解传承人的诉求以及观众的兴趣所在。并就此提出可行性建议,推动南丰傩舞在保护和开发的方面走向持衡之路,让商业化和非遗文化一同发展。

江西省南丰县位于江西省东南部,交通便利,具有良好的地理优势。南丰地区傩文化氛围深厚,拥有丰富的民俗文化资源,具有优越的文化环境,将两者相结合,有利于吸引大量游客前往。南丰非遗文化与旅游产业尚待更深层次的结合。南丰作为风景优势与人文优势兼具之地,应充分发挥其优势,将文化产业与旅游产业有机融合,加强非遗的保护与传承工作,加强规范化管理,加大宣传力度,从而推动文旅产业的持续发展和繁荣。

以文促旅，助力乡村振兴

——文旅融合背景下四川甘孜藏族自治州理塘县乡村振兴模式的探索

团队成员：王　睿　刘梦瑶　唐小凡　张家强　张文岚
　　　　　李洁茹　陈飞龙　曾　汐　吴昌嵘
指导老师：张　丽

一、引言

1. 调研背景

理塘县，坐落于中国四川省西部的藏族聚居区，在 2020 年 2 月，该县成功脱贫摘帽，使近 97% 的绝对贫困农村人口摆脱了贫困的枷锁。同年末，丁真在网络上的迅速走红，为这片土地带来了前所未有的关注和丰富的发展机遇。值此全国全面脱贫之际，以"巩固脱贫成效，接力乡村振兴"为战略导向，当地政府利用这一契机乘势而上，与旅游投资公司紧密合作，积极推动文化与旅游的融合发展，成效显著。对于理塘县而言，如何在新的起点上持续做好这一战略的实施，需深入探索与实践。

2. 调研时间

2021 年 7 月 20 日—7 月 24 日。

3. 调研地点

四川甘孜藏族自治区理塘县。

4. 调研对象

当地文化旅游局办事人员、乡村振兴局办事人员、商户以及居民。

二、调研对象简述

四川甘孜藏族自治区理塘县，是一颗镶嵌于中国西部高原的璀璨明珠，以其雄浑壮丽、海拔超 4 000 米的高原地貌而闻名遐迩。这里不仅是藏族文化的深厚沃土，更是近年来中国脱贫攻坚战役中的一颗耀眼新星。丁真凭借其纯真质朴的形象迅速吸引了国内外广泛关注，为这片古老而又神秘的土地带来了前所未有的发展机遇。特别是当地旅游业，借此东风，短时间内实现了游客量的激增，达到了历史数据的新高峰，为地方经济发展注入了强劲动力。理塘县不仅自然风光旖旎，更蕴含着丰富的藏传佛教文化资源，古老寺庙与虔诚信徒共同编织出一幅幅动人的文化画卷。在全球目光的聚焦下，当地政府与旅游投资企业携手并进，充分利用这一难得的历史机遇，大力推进文化与旅游的深度融合发展，不仅有效提升了理塘的国际知名度，也极大地促进了当地文化的传承与创新。站在全国全面脱贫的新起点上，理塘县积极响应国家"巩固脱贫成效，响应乡村振兴"的战略号召，致力于在保护中发展，在发展中保护，探索出一条符合自身特色的乡村振兴之路。

三、调研过程

1. 调研方法

本次调研主要采用了实地观察法和访谈调查法，对四川甘孜藏族自治区理塘县的现状进行实地探索，对当地文旅产业发展和乡村振兴有了较为全面的认识。

2. 调研内容

第一天，小组成员抵达甘孜藏族自治州理塘县。

第二天，我们先到理塘县文旅局与相关人士进行了一次长达三小时的交流。在交流过程中，我们了解到，自丁真走红之后，理塘县开始借助微信公众号和抖音等新媒体来让大众了解理塘。工作人员也向我们介绍，理塘县本身就是一个很有文化底蕴和文化优势的县城，如八一国际赛马节、刺绣、唐卡、骨瓷等。其文化优势在于：论诗人有仓央嘉措，论环境有格聂神山，论食物有虫草、牦牛肉。最后我们问到是否会借助新技术来发展理塘的旅游业，工作人员说理塘正在开发一个叫作"一部手机游理塘"的 App，目的是给想要来理塘旅游和正在理塘旅游的游客提供帮助,同时也会通过VR来提升游客的体验感。下午我们去参观了仓央嘉措诗集博物馆,讲解员带我们参观了博物馆并且讲解了很多关于仓央嘉措的生平事迹。

第三天的上午,团队前往长青春科尔寺参观。长青春科尔寺又称为理塘寺,是康区第一大格鲁派寺庙。下午四点,前往理塘县乡村振兴局,与局长黄旭东进行了一次交流。在交流的过程中,我们了解到理塘县的工作重心是巩固脱贫攻坚成果和衔接乡村振兴工作。在交流中,谈论到现有的巩固措施、理塘县过去旅游产业面临的问题以及乡村振兴示范点的具体实施等问题。对此,团队成员都受益匪浅。

第四天的上午,团队成员共分为两组,分别前往勒通古镇和居民街对当地商家和居民进行访谈。访谈内容为丁真的爆火对古镇和当地店铺发展的影响;丁真的走红和理塘本身富有的自然风光与人文历史,为当地旅游业发展带来了契机,带动当地居民收入增长,促进理塘旅游业快速发展;理塘政府在发展旅游业的同时,注重对自然生态和人文历史的保护,理性开发,坚持可持续的发展理念;当地商铺对理塘文化旅游发展的建议。

第五天,团队返程,结束此次理塘县的调研。

四、调研的成果

1. 收获

对理塘县文旅局进行的采访我们了解到,理塘县当下文化产业和旅游业发展的进程和未来可能的方向。甘孜理塘,是一个平均海拔4 300米的高原小县城。文化和旅游局文化股副股长说,因为海拔原因,本身就吓退了很大一部分游客,很多游客都只把理塘当作川藏旅游线路上的一站,停留半天就离开,所以自然环境对于当地旅游业的限制是一个很大的问题。当地住宿条件也因此有所欠缺,需要更大规模的改善。

但与此同时,环境又给其带来了很大的优势,当地有名的旅游景点,如格聂神山、沿途的野温泉、毛娅大草原还有广阔无垠的跑马场都是上天的恩赐,当地旅游机构也都在尽可能地宣传这些自然风光。

除了自然风光之外,理塘的文化底蕴也是十分深厚的。八一国际赛马节是旅游名片之一,能够吸引包括西藏在内的基本上全国马术爱好者慕名而来。当地的刺绣、唐卡、妮热、骨瓷等手工艺都独具地域特色，针对这些，当地有一个聚集点——仁和古街被用作对外大量的宣扬、讲解和传承，这个街道群除了在文化传扬方面大有裨益之外，对游客的接待和休憩也是一个优秀的范例。街道上有很多当地美食馆，一些民宿也正在投入建设或已使用。对于文化的保护和宣扬，当地政府和文旅局都做了许多努力，除了仁和古街的建设外，传习所、梵音馆、下巴黑陶工坊等场所都能帮助游客有效了解当地文化。

与此同时，当地政府也响应国家号召，积极申报非遗和宣传非物质文化遗产，虎皮帐篷和当地秋雨祭祀用的贝壳也被收录在北京国家博物馆中，当然，这些在当地也是能够在一些博物馆中看到的。除此之外，文旅局也进行过几次文化普查，发现了很多日常中被忽视的文化精髓。

对于乡村振兴局的采访使我们更多地了解到当地脱贫和乡村振兴的现状和发展方向，现在主要是在巩固脱贫、防止返贫阶段，乡村振兴局主要针对当地的贫困居民进行切实跟进。当地居民主要的收入来源是种植、养殖业，而政府也紧抓这一点推动振兴进程，现在也有一些成就，如建立了省级星级现代农业园区，培育了大量种植养殖大户、致富带头人和科技示范户，引进物流企业，线上销售额的大幅增长。旅游业的发展必定也能推动振兴进程，只是现下的情况是旅游业与居民的联系还不够紧密，这种发展必然需要时间，当下将巩固措施做好也是十分合理和明智的策略。文旅局局长也讲述了一些未来的发展方向和已定政策，其中，文旅产业就是重要的一环，像完善国道318、227沿线旅游公共服务等都是刻不容缓的。

随着丁真的爆火和新媒体的广泛应用，理塘县开始被更多的人所熟知。在对当地街道进行走访的过程中我们发现，丁真的走红确实给当地商铺的客流量带来了一些影响，尤其是景点例如仁和古街的餐饮和旅店类。工作人员说有更多的游客和丁真的粉丝前来。流量的增加可能带来一些问题，比如对自然环境的破坏，但当下还并没有出现，希望将来也不会有。普通街道上的商铺大多是外来居民，不乏一些在理塘县已待了十年左右的"老人"。据他们说，最近几年的发展的确是飞速的，政府对于道路及两旁的房屋都进行了改善和建设；游客很少到普通街道上，一般都是直接去景区，而来购物的大多是当地居民，有少数的游客光顾也更偏向于来购买土特产。当地的经济发展与旅游的联系还不够紧密，如果形成类似"居民-商铺-游客"的居旅一体化经济格局，必然能大大推进文旅产业的发展。

丁真对于当地旅游业的发展起到了一定的推动作用,但是更多的挑战仍然是面向当地政府和文旅产业本身的。但由于这次偶然的走红,理塘县旅游业存在的一些问题也逐渐暴露出来——坐落于高山之间的理塘县交通不便,住宿和饮食产业的不完善,景点的宣传和相关文化产业的呈现方式存在问题,最关键的海拔问题亦十分突出。但当地已经在积极地提升基础设施,尽量向周边低海拔地区扩建,在气候适宜的山谷建造更多的民宿;在街道上设立氧气瓶自动售卖机等。丁真的走红也带来了很多启发,适当利用网络和新媒体的力量进行宣传和指引是不错的方式。而理塘县文旅局现在也在运行自己的网站和开发一些旅游指导 App。

对于理塘县的文旅产业发展,科技其实是至关重要的。当地的自然条件恶劣,非当地人很容易出现缺氧、头疼等高原反应,而仅有供应氧气和一些药品对于提高旅游的舒适度而言是远远不够的。希望在未来,先进的科技可以更多地解决这些问题。同样,当地的博物馆可以使用一些 VR 技术来向游客讲解手工艺品的制作过程,甚至可以带领游客"飞跃雪山"等,这也是能很好地向游客展现文化和自然优势的方式之一。

综上,通过调研,团队发现理塘县的文旅发展当下还正处于初级阶段。由于理塘县近十年间逐渐从以农牧业为主转型为以旅游业主导的经济发展模式,文旅产业的发展对其乡村振兴和脱贫巩固有着巨大影响。从理塘县的文旅产业发展来看,其优势相较于其余藏族旅游地区在于其有本地的特色,并且当地文旅局在坚守可持续发展的基础上持续对当地旅游地区进行开发打造。此外,理塘县还实行多民族文化融合交流政策,当地政府把握资源,发掘当地本身存在的优秀文化,传承发扬当地的特色文化。

2. 存在问题

(1) 高海拔、恶劣气候条件等自然环境因素的影响。

由于其海拔高,很多游客来此地都易出现高原反应,能在当地停留一晚以上的游客少之又少;再者,理塘是自驾通往拉萨、稻城亚丁等网红旅游城市的必经之地,因此大多数游客都仅把理塘当作过路休整地,并未有将此地视为旅行目的地的想法,也就导致理塘县很多酒店、商店都倾向于建造在国道 318 两旁,而理塘县内的酒店、商店数量不多,且经营状况不是特别良好。当地居民文化普及程度也相对较低，大多当地人习惯于说藏语，听不懂普通话，所以与游客沟通困难。加之当地的年轻一辈很多都选择去外地工作，留下来的居民大多都是习惯藏族生活习俗的老一辈，所以尽管政府加大了对教育的投资，但成效甚微。

（2）资金的短缺。

当地经济发展的关键在于促进符合理塘实际情况的文旅业，两者是相辅相成的，对当地的脱贫攻坚及之后的乡村振兴工作有极大影响。理塘县在2020年实现了全面脱贫，正处于脱贫攻坚成果巩固阶段，以衔接乡村振兴。现有巩固措施有防止返贫动态监测和振兴产业。前者是政府深入居民生活，一旦发现脱贫不稳定户则制订相应措施帮助稳定；后者主要是推进旅游业发展以提高当地收入，解决资金短缺问题。

文旅产业作为理塘县经济发展极重要的一环，是当地实现脱贫巩固和推进乡村振兴的重点所在。理塘县政府抓住了丁真带来的流量，大力发展文旅产业，目前正处于实施阶段，且由于各种问题的存在其成效在短期内不能显著得以显现，但通过政府、各单位及全县人民的努力，理塘县能够完成脱贫攻坚，实现乡村振兴。

3. 解决方案

（1）交通和基础设施。

理塘县位于川西高原西部，属于涉藏地区，地理位置偏僻，从东部到达理塘县只有318国道和227国道两条通道，且大部分为盘山公路，进藏车辆密集，行驶难度大，耗时长，危险性高。基于主要受到地理位置和地形地势影响，加之理塘县自身经济实力以及行政等级原因难以通过自身改变交通现状，只能与上级部门加强沟通协作，逐步提升交通通达度。理塘县旅游产业在持续健康发展，理塘县有理由在政府修缮进藏通道时提交申请，酌情、着重完善通往理塘县的交通设施。

随着理塘县客流量的日益增大，理塘县的交通急需改善，在县内以及县城周边必须增设基础设施，如加油站、诊所、餐馆、车辆修理厂、快递站、驿站等。理塘县当地政府部门尤其应当加大应对高寒缺氧的医疗保障投入，例如在县城入口处开设氧气房，提供抵抗高原反应的药品，改造宾馆内部的氧气供给等。

（2）宣传推广。

理塘县的知名度远远不及周边的稻城亚丁等景区，文旅产业宣传工作还处于不成熟的阶段，理塘县完全可以通过加大短视频平台以及 App 广告的投入等方式，提升在大众视野中的出现率。理塘县确实具有深厚的文化底蕴，同时丁真的走红也为理塘县旅游业的发展创造了活力，如今名人效应带来的经济效益是极其巨大的，但单一宣传自身的文旅资源已经不能满足消费者的旅游需求，因此理塘县可以选择丁真等知名人士作为代言人，利用互联网加以宣传。同时理塘县的旅游资源较为丰富，而网络上的相关介绍以及评论信息较少，造成许多慕名而来的游客难以对旅游行程做出较好的规划，这就需要理塘县加大知名景点的宣传力度，着重宣传当地质量稳定、有特色、吸引力强的旅游资源，一是提高游客的旅行满意度，二是减少负面评价，因为有些游客由于景区选择不佳会做出负面评价，这些评价在网络上会被迅速传播，而游客往往会因为负面评价而选择放弃来此旅游。这就要求理塘县提供一个针对游客的开放平台，实时帮助消费者选择合适的旅游目标。

（3）产业布局。

经过小组成员在理塘县内几天的走访以及考察，发现理塘县的产业布局以及城镇布局不够合理，大部分游客会选择位于城镇中的惠民宾馆，而高端的宾馆均位于城镇外围区域。城镇能提供高档服务的商家均集中于景区附近，当地的特产经销商都离宾馆以及景区较远。虽说理塘县面积不大，但还是会造成消费与服务的位置不匹配的问题。而且城镇中的商户有很大一部分不懂普通话，这就造成了消费者有钱没处花的问题，因此理塘县需要对城镇中的布局做出适当调整，将可以提供高质量服务的商家向消费者靠拢，做到供有所需，需有所供。

（4）人才政策。

通过理塘县旅游局工作人员的介绍，我们得知理塘县年轻的工作人员主要是本地人员，因为外来人才很难适应当地的气候环境，这要求理塘县加大吸引外流人员的回流，以及提升当地人口的素质，增加教育投入，培养具有开阔视野的人才，学习发达地区的发展思路并加以因地制宜。一方面，在教育过程中必须着重培养乡土意识，这对留住人才至关重要；另一方面，理塘县也应当适当提高外来人才的待遇水平，吸引并留住外来人才，为理塘县的发展提供新力量。

另外，重中之重是加强普通话的全民培养，语言不通会错失巨大的提升效益经济的机会，可以通过设立普通话培训班等方式提高当地的普通话普及度。

（5）产业模式创新。

理塘县的旅游业发展模式较为传统，基于得天独厚的自然资源完全可以进行创新。游客大多喜欢参与式消费，可以利用这一偏好，适当开放一些可让消费者能身临其境地体验其过程的文旅项目，例如放牧、做藏服、采摘果蔬等，或者开发一部分高端旅游项目，如草原热气球、高山索道、滑草等。

（6）生态治理。

针对旅游垃圾以及生态环境被开发破坏的问题，一方面，理塘县应当加大宣传的力度与范围，如增设广告牌，增设垃圾桶，开设检查岗位，适当处罚等；另一方面，政府部门要加大勘察力度，及时大力整治过度开发区。

（7）上级单位补助。

理塘县发展的瓶颈已不再是需求方面的问题，而是供给方面的问题，要提高高质量的文旅产业供给，离不开的是人和资金。理塘县在自身努力的同时，也少不了需要国家对其进行扶持，政策是发展的重点，因此理塘县必须加强与上级部门的沟通与协调，争取到优势资源来支持自身的持续发展。

五、调研结论与总结

通过这次调研，不难发现四川甘孜州自治区早在几年前已经开始深耕文化旅游产业，不遗余力地推广旅游资源，而此次丁真现象只是恰好提供了一次绝佳的推广契机。仔细梳理会发现，甘孜州的文旅产业，从资源整合到持续推广，再到借助网红爆发，身体力行地实践了文旅产业发展的三部曲。

1. 资源整合，文旅牧农商协同发展

理塘县地处四川省西部、甘孜藏族自治州西南部的高原之上，面积 1.43 万平方公里，历来是通往滇、藏等周边省区的重要枢纽和文化、商贸中心，也是"茶马古道"几大干线的交汇点之一。但全县平均海拔 4 300 米，被誉为"天空之城"。因为地处高海拔地区，氧气稀薄，生产生活环境相对恶劣。2000 年，彼时全国已经基本解决农村绝对贫困人口温饱问题。但理塘全县农牧民人均年纯收入仅为 595 元，处于绝对贫困状态。在脱贫攻坚的政策背景下，理塘县致力于文化旅游扶贫工作的开展，对文旅产业集中打造。具体来说，就是推进"文旅

体农商"融合发展,探索出了"旅游＋牧业""旅游＋农业""旅游＋林业"等发展新模式。在专业合作社的统一运营下,集草原、宗教、文化及餐饮购物、休闲观光于一体,将普通放牧地变成综合性景区。霍曲吉祥牧场就是一个成功的案例:2014 年,霍曲吉祥牧场专业合作社成立,村民以土地、牦牛等资源入股,而专业的旅游公司则负责设施设备建设、运营管理、吸引游客。在农业发展上,理塘县打造了 3A 景区——藏巴拉花海景区,集农业种植、观光、采摘体验于一体。这些都是在丁真火起来之前,理塘在旅游发展方面的重点。此外,理塘县还深耕文化,把千户藏寨、勒通古镇打造成"百科全书式景区"。盘点下来会发现,在丁真的家乡,有千户藏寨,有精彩的赛马,有格聂神山、毛娅草原、藏巴拉花海、长青春科尔寺……如果没有这些丰富的旅游资源,即使有了爆火的丁真和蜂拥而来的游客,也不是长久之计。

2. 精彩发力,打造精彩赛事传递形象

2020 年 7 月 29 日至 31 日,以"相约圣洁甘孜·畅游自驾天堂"为主题的 2020 年四川甘孜山地文化旅游节主会场,在素有"天空之城"之称的理塘县举行。也许很多人不清楚,自 2016 年以来,甘孜州已经连续五年举办山地文化旅游节,向全社会各界展示甘孜州的自然风光、山地运动、人文景观等。而山地文化旅游节也成为甘孜州展示民族文化、提升文旅品牌的重要舞台。除了"山地旅游节"之外,甘孜州还通过赛马节、仓央嘉措诗歌节等节庆,促进旅游发展;通过最美康巴汉子评选、百汉秀、骑闯天路高海拔自行车极限赛、理塘县半程马拉松赛、越野赛道汽车拉力赛等,发掘理塘县旅游发展新亮点,持续向外界推广其独特的旅游资源。

3. 厚积薄发,借助网红符号"一炮而红"

付出总有回报。由于理塘县及甘孜州近些年对文化旅游的重视和持续推广,大批文化学者、摄影爱好者到理塘采风。丁真的拍摄者波哥,来理塘县的目的是"世界高城的微笑"的项目,偶然发现了丁真,将其发到网上而引发热捧。所以丁真的走红是偶然现象,也是必然的结果。正因为文旅协同发展,宣传推广,让大家对理塘县旅游文化产生了认同,喜欢理塘县的文化属性和文化氛围,才最终催生了火遍全网的"丁真现象"。从这个意义上说,文化产业的发展是一个厚积薄发的过程,丁真作为一个网红符号,仅仅起到了助推作用,也许能让一个景区"一夜爆红",但能否持续,最终还要看旅游景区本身的吸引力、文化魅力，以及当地政府监督管理等各方面的能力。

所以，旅游业是现代服务业的重要组成部分，已经成为我国国民经济的战略性支柱产业。当前，以互联网为代表的现代信息技术持续更新迭代，为旅游业高质量发展提供了强大动力。可以说"丁真＋理塘县"正是凭借互联网技术打造出来的文化旅游典型。由丁真"带火"的理塘县以及甘孜州是否能够像"香格里拉"一样成为旅游胜地不得而知，但是可以确定的是，文旅产业只有脚踏实地挖掘文化精粹，全心全意打造旅游精品，在此基础上做好文旅融合，才是推动今后文化和旅游高质量发展的题中要义和有力抓手。

同时在数字化背景下，数字信息技术为农村文化旅游注入新鲜活力，乡村游已经成为旅游产业的热点。数字文化旅游是乡村旅游与数字经济融合的新业态，数字文化旅游实现了对乡村文化旅游资源的有效整合，有效降低了乡村文化旅游门槛，并提升了互动性，同时加入直播、文创、电商等多个产业，延伸了乡村文化旅游产业链条。在数字化背景下，农村产业将会出现更多的产业模式，也将为乡村经济振兴注入新的活力。

文旅产业与时偕行，民族发展灼灼其华

——以贵州苗寨侗寨为例探究我国
少数民族文旅产业发展新成就

团队成员：田珮妤　刘晗睿　　陶顺然　蔡俊逸
　　　　　尚欣怡　陈光熹宇　钟添裕
指导老师：汪世超

一、引言

1. 调研背景

随着国家不断地带动着各个地区共同发展，贵州作为当初的"夜郎之地"，人们再次刷新了对其的认知。作为拥有大量少数民族文化的地区，贵州的文旅产业一直以来都是备受人们喜爱的，西江千户苗寨就是最典型的例子。在时代的发展中，人们能够很容易地在网络中查看到许多旅游视频，这样的搜索便利性以及广泛性使人们更加倾向于"云享受"。但是这些少数民族地区面临着年轻劳动力流失、收入来源单一的问题，大多数受过高等教育的年轻人选择离开寨子，脱离原本的生活，使得具有民族特色的部落式生活方式逐渐消失，也让那些较为古老的民族知识仅仅存在于寨中老人的记忆中，少数民族的优质文化面临着青黄不接，濒临失传的困境。

小组希望借本次调研，结合贵州文旅企业的自身优势以及时代发展特点，在尽我们所能的情况下宣传家乡的少数民族文旅产业，也希望能够帮助面临困境的少数民族文旅寻找出合适的发展办法，在打破困境的同时让贵州少数民族的文旅产业发展更上一层楼。

2. 调研时间

2021 年 7 月 14 日—8 月 20 日。

3. 调研地点

贵州省黔东南苗族侗族自治州黎平县肇兴镇肇兴侗寨、贵州省黔东南苗族侗族自治州从江县岜沙苗寨。

4. 调研对象

以岜沙苗寨、肇兴侗寨为例的少数民族文化旅游项目。

二、调研对象简述

贵州省是我国西南地区的一个大省，所在之地以山地、高原、盆地等地形为主，在一定程度上决定了省内具备丰富的森林资源和水资源，这就为当地发展提供了优越的自然环境。此外，冬暖夏凉的气候更是让贵州成为全国知名的避暑胜地，为当地旅游业的发展带来了天然的资源优势。除了这些自然资源外，不得不提的是贵州境内居住着的 49 个少数民族和 16 个世居少数民族的民族资源。少数民族在贵州地区的广泛分布为这片自然风光秀美多姿的土地增添了更多的具有民族特色的历史人文气息。

侗族和苗族都有着悠久的历史，黔东南位于贵州省东南部，是一个以苗族、侗族为主的自治州，黔东南州黎平县更是被称为"天下第一侗乡"。

在社会主义市场经济迅速发展和文化日益多元化的今天，原生态的少数民族文化以其独有的魅力闻名遐迩，侗乡黎平及苗家从江的旅游资源亦因此得到了相应的开发，从而在一定程度上促进了当地经济的发展。与此同时，侗族与苗族文化作为亚文化受到市场经济的影响，存在文化涵化的问题。少数民族传统文化生态被开发，发生着急剧的改变：民俗文化式微、当地民族特色淡化、为迎合旅游市场不同民族的文化同质化、价值观蜕变等现象较为普遍。

三、调研过程

1. 调研方法

访问调查法、问卷调查法、实地调查法、定性研究法。

2. 调研内容

根据线上调查问卷分析可得出以下结论：游客大多数是年轻人并且多数为汉族；很多人未去过肇兴侗寨以及岜沙苗寨，并且大多数人对侗族、苗族文化了解不够，从侧面反映出了肇兴侗寨以及岜沙苗寨的宣传力度不够；有八成的调查人对少数民族文化感兴趣,且大都集中于饮食方面,结合实际情况可看出,少数民族的非物质文化遗产并没有得到很大的关注;受调查人中有半数以上的人认为,除了去当地旅游之外,通过观看博主旅游视频、纪录片也能够引起他们对民族文化的兴趣;受调查人认为贵州少数民族受到的关注度较低的原因是多方面的,文化宣传和旅游特色结合度不高,缺乏推广市场以及宣传力度不够是排名前三的原因,这在一定程度上为少数民族的文旅产业带来了阻碍,这给我们的线下调研提供了明确的方向。

四、调研的成果

1. 收获

根据实地调研,小组发现肇兴侗寨以及岜沙苗寨在近年来改善了交通,创新了营业方式,在一定程度上促进了当地的文旅产业发展。

两个少数民族村寨面临的问题不同,一是民族文化的传承问题,二是宣传方面的问题,三是产业创新问题。对于这三大问题的解决,团队认为可以将三者结合起来,视作一个整体来解决。首先需要利用现如今高度发达的网络手段,将少数民族村寨里的文化遗产,例如侗族大歌、蜡染、扎染手艺等,深入发掘意义及价值,利用自媒体等手段向外推广,提升其知名度,在村寨内设置文化陈列馆,方便游客对其文化加深了解,也能够为寨民提供更多的就业机会,在提升其知名度以后,呼吁寨内外年轻人们重视文化传承,参与家乡建设,达到将三个问题看作一个整体,按顺序环环相扣,层层解决问题。

2. 存在问题及原因分析

肇兴侗寨:民族文化的渐渐流失、宣传力度不够、丰富的非物质文化遗产没有得到应有的重视,产业创新方式仍需继续创新。

岜沙苗寨:年轻人逐渐脱离部落式生活、年轻劳动力流失、收入单一、寨内孩子就学存在问题、营业方式创新不够、宣传力度不够。

随着改革开放的不断深入,外来文化不断流入少数民族地区,昔日宁静的村落生活逐渐被喧嚣的城市生活打破,传统的民族文化也日渐褪去原有的色彩。在市场经济的不断发展中,多数青年外出谋生,与当地的民族文化处于隔阂状态,苗族文化受外来文化的影响较大。研究发现,在黔东南地区,多数青年对自己民族的历史文化、民族风情知之甚少,很多人对苗族的文化图腾图案只是一知半解，对本民族的特色文化也是知之甚少，如对于吹奏芦笙、演唱古歌、蜡染服饰等文化青年一代很少有人知晓，甚至有的不会讲苗族的本土的语言。岜沙苗寨德高望重的寨老滚拉旺说："现在外出打工的年轻人越来越多，跟外面接触久了，男孩子不喜欢再留户棍、穿青布衣。有的外面读过书的孩子，回来后连枪也不喜欢背了。这个没有办法，其他寨子都是这样，这也是无可奈何的事情。"

青少年，是民族的希望，是向外透视民族文化的窗口，同时也是吸收外来文化的重要载体。在积极倡导文化发展，弘扬民族文化的旗帜下，青少年的文化素养、文化水平影响着一个民族的发展。目前，在黔东南苗族地区，青少年对本民族的文化认识的现状是不容乐观的，可以说，黔东南少数民族文化在青少年传承中呈现出日益衰弱的趋势。

文化的传承发展是一种动态结构，其间在文化固有的属性的基础上，往往受到外界的影响较大，处于不断的变迁当中，在文化的传承发展中往往会吸收其他文化的营养，还会受到个人对文化价值的判断等因素的影响。黔东南侗族、苗族少数民族文化在传承发展过程中存在着诸多问题，具体原因可分大致分为两个方面。

（1）主观原因。

当地人对民族文化的价值认识不足。文化传承实质上是一种文化的再生产，是民族群体的自我完善，是民族意识的深层次积累，是民族文化符号的延续与再现，传承发展的过程当中，充分挖掘文化的内涵，在多元文化的影响下，又要充分利用外来文化的精华部分，融入自身文化里，并加以创新，使其更具有活力和生命力。此外，少数民族文化是具有包容性，在多元文化的作用下，对外来文化的有效吸收，其并不等于改变自身文化的属性，而是丰富文化自身的内在营养，注重文化的内在精神，其间也存在文化外核的可变性。

随着旅游业的发展，尤其是少数民族地区的民族风情旅游，许多民族文化得以挖掘、再现、传播，民族文化价值得以显现。青少年是外来文化与自身文化的连接者，对于文化的价值属性传播极其关键，对文化价值的认识直接关系到文化的传承发展。

（2）客观原因。

传统节日的过分渲染影响了民族文化的创新发展。黔东南少数民族文化承载于传统节日、祭祀活动、农村风情建筑之上，苗族、侗族的建筑具有极强的地域风貌,蕴含着丰富的文化符号。黔东南的少数民族文化是体现在农村文化上,农村是农民在长期的共同生产生活过程中所形成的农村特有的、相对稳定的生活方式与观念体系的组合。随着人民生活水平的提高,在节日之际,为了丰富传统节日,在举办各种活动中,增添许多原本不属于本族文化的色彩,甚至夸大文化的内涵,在一定范围内或时间内影响着文化的发展,久而久之使文化逐渐失去原来的本真性;此外还有旅游业的大力发展改变了人们的传统生产、生活方式。旅游业是一个极具经济效益的行业,保存完好的村落风土人情为旅游业的发展提供了条件,同时旅游业也能够增加人们经济收入,提高人们的生活水平,但在一定程度上既是苗族传统文化的传承和发展的重要途径,又是苗族文化传承和发展障碍。一方面,黔东南苗族和侗族都是没有文字的民族,在传承发展过程中只有通过某种活动或仪式完成,或是对本民族通过口耳相传的方式延续下去,旅游业的发展迎合了民族文化的传承发展趋势,是向外推行民族文化的载体,是民族文化传承发展的有力途径;另一方面,旅游业属于服务业,背后蕴含着历史事迹、英雄人物、民族文化,黔东南旅游业的发展,多数依靠民族传统文化,所以挖掘发展民族传统文化是黔东南少数民族地区旅游业发展的有力保障,也充分体现了民族文化的价值所在。旅游业的发展,在一定程度上影响着文化的发展。存在着过分凸显文化的内涵所在和没有体现文化的真实性的问题。

旅游业在发展过程中,也影响着人民的日常生活,处在旅游景点的传统村落中的人们,有的穿起了民族盛装,有的学习吹奏芦笙,有的唱起了少数民族歌曲,各文化符号随处可见,各种文化资源也被挖掘出来,可以说旅游业的发展推动了民族传统文化的传承发展。但是由于政府、企业为了追求短期的经济效益扩大旅游的规模,修建了一些旅游设施,改变了农民原有的生活方式。在旅游业的作用下,面对民族文化所创造出的经济效益时,他们更多关注的是文化所产生的经济效益,只是把它当作一种可用来满足游客好奇心的工具,刻意逢迎以获得更多的经济回报,以经济利益来衡量文化的价值性,能给他们带来直接的经济收入,他们就觉得是好文化;没有给他们带来收入的文化,便认为是没有价值的文化。

3. 解决方案

为了黔东南苗族文化的传承发展,要树立对黔东南苗族文化的自信心,必须坚持以中国特色社会主义文化为指引,挖掘和弘扬黔东南苗族文化的优秀传统文化,建立加强黔东南苗族文化教育机构,引导青少年对优秀传统文化的认识、传承和发展。在此过程中,小组提出以下建议。

(1)尽可能实现旅游发展与黔东南少数民族文化的合理转化。

鉴于黔东南的旅游业的发展背后都隐含着传统文化的价值导向,对于黔东南旅游开发与文化传承发展之间的相互作用,政府应发挥其应有的职能,既对苗族文化采取积极保护的措施,又对影响文化传承发展的相关旅游项目的开发采取相应的措施。黔东南政府可以制定一套针对黔东南侗族、苗族地区,尤其是具有保存完好的传统村落的少数民族文化保护法规,规范旅游市场,有效将民族文化转化为旅游资源,并且文化内涵对于旅游价值的承载力要相一致。同时要处理好当地居民与外来开发商之间的关系,外来开发商是以获取苗族文化背后的价值所带来的利益为目的,这容易引起开发商与当地农民之间的矛盾。对于此现象,开发商要对当地苗族文化的历史性、民族性有进一步的认知,不要在利益的驱使下看待苗族固有的传统文化。当地居民应对自身文化充满自信心,在承担维护传统文化的责任同时,更要引导开发商更具体地了解苗族文化,使得黔东南苗族文化与旅游发展有序结合,共同发展,通过文化带动旅游发展,使旅游促进文化的传承发展。

旅游业是一个具有长期性、综合性的产业,是一个对生态环境、历史古迹、民风民俗、英雄事迹等依赖性极强的产业。对于民族文化鲜明的黔东南来说,民族的传统文化是旅游业的依托,要使黔东南少数民族地区的旅游业充满活力与生命力,必须保护、发展、传承好黔东南的少数民族文化。少数民族文化的形成经过历史岁月的洗礼,体现着少数民族人民的心理特征,时刻影响着少数民族人民的日常生活,也就是说少数民族文化具有极强的民族性。随着旅游业的发展,少数民族文化背后隐含的价值逐渐显现,在利益的驱使下,给少数民族文化的发展带来负面的影响,为了追求利益的最大化,有时会过度解读文化所蕴含的本意。所以在旅游开发的过程中,要坚持走可持续发展道路,既要挖掘少数民族文化的价值所在,遵循文化发展的自身规律,保持文化的本质,要认识到黔东南旅游发展主要是以民族的传统文化作为支柱,把旅游发展和文化传承发展有机结合,将文化传承发展视为一项长期性工作,而不是急功近利,保存好文化的地域性和挖掘文化的民族性。此外,黔东南政府应该注重当地的文化资源的价值,积极寻找文化保护与社会经济共同发展相结合的有效途径,从而达到经济发展与文化发展相结合、文化发展与社会效益的统一,尤其在旅游的开发过程中做到旅游开发与传统文化保护传承共同发展,实现多赢,引导人民群众对自己的文化产生认同感,形成自觉保护民族文化的意识,建立相应的民族传统文化保护体系,外来投资者和游客要尊重当地的风俗习惯。同时,在旅游于文化的开发中,坚持可持续发展原则,让黔东南的少数民族传统文化在旅游开发中得到保护和传承。在旅游开发的背景下,少数民族传统文化必然吸纳外来文化营养成分或舍去自身文化糟粕,但只要对我们的文化有利,能够促进少数民族文化的发展,我们要用理性、发展的眼光看问题,合理、适时地开发传统文化,同时结合自身的实际情况对传统文化进行创新,给黔东南少数民族传统文化注入源源不断的新活力,使少数民族传统文化不断丰富,在发展的同时得到保护和继承。

(2)解决文化保护和新发展的冲突。

文化与旅游业,传统与创新相结合文化保护与新发展其实是相辅相成的关系。对传统文化只守护发扬不光大,可能只是一潭死水,无人问津。发掘当地文化内涵,加以宣传,吸引游客,可以促进带动当地旅游业。

小组认为,首先,对于侗寨苗寨的宣传可以着重向新媒体转变,如抖音、b站等软件,可以通过视频的方式,宣传当地旅游业,吸引更多年轻人来到这里旅游。年轻人也可通过社交软件将本景区宣传出去,达到1+1大于2的效果。其次,在景区中对于一些有特色的建筑,可以为其建立二维码,游客可以通过扫码观看讲解视频,了解与建筑的相关历史文化。此外,景区可以创建官方微信公众号,可以配有地图,将重点旅游地点标记出来,游客通过导航可以找到重点景点,点击相应图标,获得该景点的相关信息。游客通过关注公众号也可以在其他时段获取该景区的信息,提升回头客,也有利于游客给朋友分享该景区。景区内可以设立专门的导游团,由当地较为年轻的居民组成,负责带领游客进入景区重点特色区域,并且讲解当地侗族文化。这不仅增加了当地年轻人的就业机会,也能让年轻人了解当地文化。

对于当地居民而言,也可以提倡其利用自身优势,发展农家乐一条龙,让游客有对当地民俗文化有更好的了解。政府也需要对当地的待业青年人进行培训,让年轻人参与旅游业的发展。

（3）提出解决部分民族地区产业过度商品化问题的方案。

旅游开发的关键环节是不能一味迎合市场,在旅游开发中做到适度开发,保持文化的原真性。故而对于装饰品、工艺品（如扇子、陶器等）的设计应该突出当地原生态特色和个性,如增加当地人文风景文化彩绘、当地传统语言或文字,才能更好地吸引大众,从而满足旅游市场的需求。

此外,创立旅游方面专业人才组建的管理团队。经采访得知,当地的旅游业管理团队是以政府为主导的,而旅游业的发展更需要与旅游相关专业的人来监督、指导,因此职业经理人是十分有必要的。职业经理人不但可以使旅游区运作更清晰、更符合行业规范（如规范商品溢价的问题）,而且能够根据旅游区的特色制定适合该旅游区发展的新方案,选择具有本地区特色的旅游产品,而这也是解决产业过度商品问题的前提。同时旅游区扩大宣传,大力宣传本地旅游区特色化商品,吸引游客,围绕市场,促进旅游文化消费,增加特色商品的供应,使特色商品得以发展。

五、调研结论与总结

贵州的文旅产业 GDP 增值比重持续提升,贵州旅游业活力迸发,西江千户苗寨就是最典型的例子。但是在时代的发展下,人们更加倾向于"云享受",这为知名度不是很高的部分少数民族文旅产业带来了很大的困难。

这些少数民族地区面临着年轻劳动力流失、收入来源单一的问题,大多数受过高等教育的年轻人选择离开寨子,脱离原本生活,使得具有民族特色的部落式生活逐渐消失,也让那些较为古老的民族知识仅仅存在于寨中老人的记忆中,少数民族的优质文化面临着青黄不接,濒临失传的危机。

本次调研希望结合贵州文旅企业的自身优势以及时代发展特点,宣传少数民族文旅产业,也希望能够帮助面对困境的少数民族文旅发展找到合适的办法,在打破困境的同时让贵州少数民族的文旅产业发展更上一层楼。

通过发放线上问卷和线下问卷,我们得知文化宣传和旅游特色结合度不高,缺乏推广市场以及宣传力不够成为阻碍贵州少数民族旅游业发展的主要因素。而通过采纳各界建议以及学习借鉴其他地区文旅产业成功例子能够获得一些可尝试的方案。

政府的政策支持和建立非物质文化遗产保护项目是最大限度帮助贵州少

数民族文旅产业健康发展的首要方案。非物质文化遗产保护项目,能够在国内甚至世界范围内提升当地的少数民族文化的知名度;交通的便捷性能够使更多人前来感受贵州的喀斯特地貌特色;少数民族自身内部的迭代更新能够保证文化的传承,而这是保护当地文化的重中之重。当地居民对于自身民族文化传承的积极性和对自身的认可能从根源上解决对于贵州少数民族文旅产业健康发展的主观性问题;对于新技术的使用,新媒体技术和大数据的使用能够更好地推广少数民族文化,大数据对于客户爱好精准投放的短视频,能够将更多人的视线聚焦于此,有利于宣传民族传统文化。

政府和国家的政策项目、当地居民自身的积极性再加上新技术的运用,三方结合,能够最大限度地推动贵州少数民族文旅产业健康发展。

传承指尖技艺，创造指尖经济

——贵州三都马尾绣产业带动乡村振兴实践调研

团队成员：潘胜紫　韦晓晴　涂　腾　甘雨倩
　　　　　姜翰翔　覃玉菡　陈丽竹

指导老师：余芳芳

一、引言

1. 调研背景

2021 年 5 月 25 日，文化和旅游部印发《"十四五"非物质文化遗产保护规划》（以下简称"《规划》"）。《规划》中详细指出在"十四五"时期，非遗项目在得到规划性保护与传承基础之上，在推动社会经济可持续发展和重大国家战略中的作用应该得到更大彰显。2022 年，政府工作报告指出在乡村振兴方面应支持脱贫地区发展特色产业，推动非物质文化遗产与乡村振兴的有效结合。从地方两会到全国两会，各地积极响应国家号召，将非遗与扶贫、非遗与乡村振兴相结合，如贵州省印发了《贵州传统工艺振兴计划》，通过加大对非物质文化遗产保护的资金和政策支持力度，整合传承群体、高校和企业的资源，搭建合作平台，促进传统工艺振兴，带动贫困人口脱贫，实现乡村振兴。

我国非物质文化遗产广泛扎根于农村，在新时代之下，在新的沃土里，非遗文化重获新生。在贵州三都水族自治州的水族马尾绣，是流传于水族自治县传统美术，国家级非物质文化遗产之一。贵州水族马尾绣，作为一种手工技艺类的非物质文化遗产，在面临保护、传播的迫切需要时，又蕴含了带动经济、协助脱贫，振兴乡村的机遇。

此次实践队伍的暑期社会实践以贵州省三都县非遗水族传统技艺——水

族马尾绣为典型案例,通过实地调研了解水族马尾绣的保护传承现状,调研马尾绣产业发展现状,剖析马尾绣产业对于乡村振兴发展的优势与劣势,从而分析其成功之处与不足之处。在深入了解马尾绣保护传承现状以及马尾绣产业发展状况的基础上,从实践出发为其不足之处通过专家访谈并结合所学知识提出可行意见与建议。

2. 调研时间

2022 年 7 月 8 日—7 月 11 日。

3. 调研地点

水族马尾绣博物馆、三都水族自治县水仙马尾绣有限公司、三都水族自治县雪花湖小镇集市、三都水族自治县文化馆、三都自治县姑鲁景区等。

4. 调研对象

水族马尾绣。

二、调研对象简述

马尾绣作为水族独有的民间传统工艺,是水族妇女世代传承的以马尾作为重要原材料的一种特殊刺绣技艺,同时也是首批国家级非物质文化遗产。它分布在三都境内三洞、中和、廷牌、塘州、水龙等乡镇的水族村寨,是贵州省三都水族自治县一种现存最古老而又最具有生命力的原始艺术,被称为刺绣的"活化石"。

从马尾绣的制作过程来说,马尾绣的工艺十分复杂,采用这种工艺制作的绣品具有浅浮雕感,造型抽象、概括、夸张。但由于社会变革等方面的原因,马尾绣的工艺传承出现严重断层,现代马尾绣的工艺制品质量下降,人们已很少愿意使用。这次的暑期实践团队希望通过实地调研将马尾绣文化传播到更远的地方,让非物质文化遗产重新绽放光芒。

2006 年 5 月,贵州省三都水族自治县申报的水族马尾绣经中华人民共和国国务院批准列入第一批国家级非物质文化遗产名录。2016 年 8 月,三都水族自治县文体广电局文化馆非物质文化遗产保护中心发布正式文件《国家级非物质文化遗产名录项目马尾绣——"十三五"时期(2016—2020 年)保护规划书》,更加正式地规划了对于水族马尾绣的相关保护以及传承。2022 年 5 月,贵州省文化和旅游厅、贵州省教育厅以及贵州省人力资源和社会保障厅联合发布的文件《省文化和旅游厅等三部门关于公布"贵州省非物质文化遗产传承人研培基地"名单的通知》，公布了为培养水族马尾绣传承人而选定的26家非遗企业、贵州民族大学等11所院校作为研培基地。

但在三都水族马尾绣培训中和三都水族马尾绣产业发展中仍存在一些问题，如培训方法尚待改进，没有达到"质"的效果；经营马尾绣企业的多为马尾绣传承人，对市场和产品不熟悉，不具备市场竞争力。这些问题都得进一步解决。

三、调研过程

1. 调研方法

小组成员发布了面向各界人士的有关"对马尾绣了解与否及了解途径"的线上调研问卷。在实际调研之前，小组成员通过大量阅读相关参考文献、政府相关文件，初步了解了水族马尾绣、马尾绣的用途以及马尾绣手艺的传承等必要性问题。

在线下调研过程中，实地走访了代表性的马尾绣博物馆、马尾绣著名企业、水族自治县县政府以及雪花湖马尾绣特色小镇，并对主要的相关代表人物，如马尾绣主要传承人、马尾绣绣娘、马尾绣企业负责人、政府相关负责人等，进行了有关马尾绣状况的采访。团队通过采访对所需要的信息进行深入调查，分析马尾绣文化及产业在未来发展规划中的难点。

2. 调研内容

第一天，小组成员与三都水族马尾绣博物馆及非遗马尾绣传承人韦桃花访谈。水族马尾绣博物馆是非遗马尾绣传承人之——韦桃花女士创立的马尾绣特色博物馆，其馆内收藏众多马尾绣展品，馆内展品主要分为两类，一类是韦桃花女士亲手制作的马尾绣制品，包括马尾绣衣服、马尾绣饰品、马尾绣鞋子以及马尾绣包等；另一类是韦桃花女士多年以来在三都村寨收集到的马尾绣老物件，其中包括背带、鞋子等。

第二天，采访三都水族自治县水仙马尾绣有限公司吴永枝女士及至三都水族自治县雪花湖小镇集市采集问卷样品。上午，团队成员们在三都水族自治县水仙马尾绣有限公司观看并体验了马尾绣制作过程，并就该公司目前规模、营业范围等经营状况问题对吴永枝女士进行采访。马尾绣产业的发展能够解决许多妇女的就业问题，非遗产品能够对乡村振兴起到积极的推动作用。下午，团队前往集市,发现当天是赶集日,人员聚集较多,便于采集问卷样本。通过实体随机问卷调查方法,成员们收集当地居民对于马尾绣的了解、马尾绣传承情况的了解、马尾绣带来的经济效益以及对马尾绣宣传方式及途径等方面的看法。

第三天,与三都水族自治县文化馆负责人潘瑶主任访谈。团队成员通过对三都水族自治县文化馆负责人的采访,更进一步地了解关于马尾绣企业的政策扶持、马尾绣相关培训机构、马尾绣发展面临的问题以及政府对马尾绣文化发展的规划问题。

第四天,至三都自治县姑鲁景区摄影及采访非遗马尾绣传承人宋水仙。上午团队完成了产蛋崖宣传片的拍摄工作,以新模式的拍摄方式,结合水族传统文化,以"视频拍摄＋写真拍摄"的模式为基础,队员穿水族传统服饰,即马尾绣制品进行拍摄,再加上后期视频剪辑制作,最后发布在视频平台上,对马尾绣进行宣传。下午,成员们对非遗马尾绣传承人宋水仙进行了访谈。宋水仙是三都县著名的马尾绣传承人,也是第一批国家级非物质文化遗产项目水族马尾绣代表性传承人。

四、调研的成果

1. 收获

(1) 大众对于马尾绣的了解具有区域性。

本地人基本表示对马尾绣有一定的了解,但是对于外地人而言,马尾绣是较为陌生的技艺。

(2) 马尾绣的宣传方式及途径有待改变。

对于问题"请问你是从什么途径了解到马尾绣的?"的结果分析中,其中选择"身边人讲述"的受访者占大多数,其次是通过网络和各类媒体进行了解。由此可以得出初步结论——马尾绣的宣传方式和途径极其狭窄,有待后续的改变。

(3) 大众对于马尾绣带来的经济效益看法具有差异。

在商户回复的问卷中,团队发现对于马尾绣带来的经济效益看法也是褒贬不一的。大规模的马尾绣商户不仅出售马尾绣制品,还在售卖马尾绣图案和绣样以及负责马尾绣绣娘的联络工作,搭建了初步的"马尾绣生产线"。但是在集市上,街边摆摊售卖马尾绣制品的商贩人数较少,货源主要为自产自销,没有固定的供货途径，因此对马尾绣带来的经济效益状况表示并不乐观。

（4）马尾绣技艺传承人们已担起技能培训、传承工作。

以传承人韦桃花为例，当地政府在三都职业技术学校开设了马尾绣相关专业后，韦桃花担任了两个班级的授课工作，每个月有十几门课。在韦桃花的指导下，其学生制作的马尾绣作品在省级比赛中荣获特等奖、一等和二等奖等，说明马尾绣进入校园是非常好的一种传承和发展方式。

（5）据对三都水族自治县文化馆马尾绣负责人潘瑶主任的采访，已有多项助力马尾绣产业发展的支持政策。

2. 存在问题及原因分析

（1）企业管理问题。

马尾绣大多数的企业、商铺规模偏小，市场开发能力偏弱，市场知名度低，制约了马尾绣产业的进一步发展。马尾绣相关企业均为家族企业，大多由传承人创办，但由于自身限制，很多传承人并没有系统学习过公司经营与管理知识。例如韦桃花女士，由于主客观因素，她的文化水平较低，普通话较差，在沟通方面大多只能使用水族语言以及地方方言。而在采访宋水仙时，她告诉成员们，她能向团队成员介绍马尾绣文化与历史方面的内容，但是对于其公司经营方面她是一窍不通的，团队成员只能与他的儿子、儿媳妇进行沟通。

（2）企业管理者眼界较低，资金人才的投入不合理。

潘文田作为韦桃花女士的大儿子以及当地电商方面的负责人，初中毕业就外出打工，他向团队成员表示他在这方面拥有二十年的经验，马尾绣不是花几天时间就能弄明白的。当被问及如何为马尾绣做宣传时，潘先生表示主要通过马尾绣的直播，但其在寻找百万主播做宣传时并没有进行筛选。他还打算从事直播带货的形式进行马尾绣制品售卖，但并没有相关专业的人做推广宣传，导致投入的资金可能有比较大的风险，无法得到利润保证。

（3）人才的青黄不接，绣娘的综合素质比较低。

据了解，马尾绣的绣娘年龄基本上都在 40 岁以上，来自当地农村，文化基础薄弱，她们做出来的产品很难迎合现在的市场。马尾绣这门艺术应有新的血液流入，使其具有新的表现形式、新的表达主题和思想。没有年轻人的投入，传承会面临文化和年龄断层，马尾绣的市场也会逐渐狭小，这严重阻碍了马尾绣技艺的创新及马尾绣产业的发展。

（4）缺少企业间的合作。

通过走访发现，马尾绣手工艺品已经有了跟随时代的身影，马尾绣不仅仅用于做背带、衣服，甚至还融入高跟鞋、手提包、耳环、发箍、戒指、抱枕等很多文创品的制作中。但是消费者对此依旧"不买账"，究其原因，是尽管马尾绣刺绣工艺十分精美，但部分工艺品的质量却不尽如人意，无法实现消费者追求的质优价廉。

（5）旅游业的落后导致马尾绣文化与产业发展缓慢。

当地旅游业较为落后，无法实现"非遗＋旅游"模式，导致马尾绣文化传播滞缓，马尾绣市场较小，无法带动马尾绣产业的发展。

3. 建议及改进方案

（1）与时代结合，寻求新的宣传路径。

在调研中，发现马尾绣的宣传方式过于单一，仅仅依靠政府和当地的电视台进行宣传，在互联网的大背景下，马尾绣的宣传不能墨守成规，互联网的传播具有及时性，马尾绣的传播应该抓住"互联网＋"的机会。可以结合科技设计应用程序，让更多人了解马尾绣的制作工艺。可通过抖音、快手等平台创建知识类的官方号，让更多人了解马尾绣的历史以及水族相关的民间趣事，让大家增加对贵州马尾绣的兴趣。马尾绣的宣传可以利用这一途径，组建专业的团队，注册得到官方认证的马尾绣账号，通过图文、视频、网络直播、线上售卖的形式对马尾绣进行宣传和售卖，让更多人认识到这种传统民间艺术发展的重要性，并不断提高马尾绣的艺术价值和收藏价值。

（2）寻求新的销售模式。

在调研发现，马尾绣制品的销售主要依靠政府的牵线搭桥，由于当地旅游业较为落后，游客数量较少。这种消费模式比较被动，没有固定的销售线路。如今网上购物是主流，但在淘宝上却没有一家专门的马尾绣售卖商店。线上售卖不仅传播更广，而且更节省人力，再结合线下实体店售卖，两者互补，能够形成良好的销售模式。且中小企业可以选择性价比更高的宣传方式，通过各个渠道达到最佳的宣传效果。品牌必须有自己独特的个性，比如某公司不断利用自身品牌向消费推出一些活动优惠信息，定期组织宣传营销活动，使它的品牌价值不断在提升，营销变成了这家公司的主要核心。可设计相关应用软件，比如马尾绣制作的小游戏，让人们身临其境，切身体会马尾绣绣品制作的过程。这样的方式既能轻松又能很好地让人们了解马尾绣，同时，有效地将马尾绣以现代化的方式展现在大众眼前。

（3）通过创新增加马尾绣商品种类。

长期以来，马尾绣商品的种类较为单一，这就进一步导致产品功能较少。创新作为一种基本的企业行为，其具体的表现形式是多种多样的，涉及企业活动的各个方面。根据其场合的不同，可分为产品创新、工艺创新、市场创新和管理创新。对于马尾绣来说，面临的主要是产品创新、市场创新和管理创新三个方面。首先，马尾绣产品可以不拘泥于服饰这一类品种，可以拓宽产品制造的思路，例如可以制造发饰或者挂件等；其次，马尾绣亟须市场创新，改善或创造与顾客交流和沟通的方式，把握顾客的需求，销售产品。马尾绣可以进行线上调研，根据调研结果把握市场需求，同时应该与现代科技相结合，利用大数据分析市场情况，进而做出改进；最后，马尾绣相关企业也需要管理创新。现在的马尾绣企业仅由十几个本地妇女组成，规模还比较小，但如果能改善或创造更好的组织环境和制度，使企业的各项活动更有效，那么会大大提高生产效率。

（4）转变人才培养模式，提高行业从业人员的整体素质。

要发展马尾绣产业，关键是人才，马尾绣在培养人才的方式上主要为绣娘互相传授，这种培养方式不够系统，内容单一，效率较低。马尾绣应进一步改进人才培养模式，利用国家对于职业教育大力扶持的有利时机，将马尾绣的人才培养纳入高职教育的轨道，运用现代职业教育中"产学结合、校企合作"这种先进的教育理念和现代化的教学手段，高效地培养综合素质较高的马尾绣人才。这种培养模式既能发挥学校与马尾绣企业的各自优势，实现资源的优势互补，又能培养社会与市场需要的人才，为马尾绣行业发展注入新鲜血液。

（5）积极争取政府的支持，努力营造健康的发展环境。

从资金、制度等方面积极争取政府的优惠政策，打造适合于马尾绣发展的健康环境，通过设立专项资金，争取政府的财政扶持，解决马尾绣行业面临的紧迫问题。

五、调研结论与总结

此次实地调研活动为期4天，其中5名同学参与线下实地调研，2名同学负责线上工作。此次调研，团队成员分为人物采访、马尾绣实地调研两个方面。

采访对象包括国家级马尾绣传承人宋水仙和韦桃花、三都水族自治县水仙马尾绣有限公司管理人吴永枝、三都水族自治县桃花马尾绣艺术品制作有限公司管理人潘文田、三都水族自治县应丽马尾绣贸易有限公司管理人潘承丁以及三都水族自治县文化馆主任潘瑶等六人。在马尾绣实地调查方面,团队参观了马尾绣博物馆、实地问卷调查、拍摄马尾绣香包制作教程以及拍摄水族马尾绣写真。在此过程中,团队对马尾绣的了解不断加深,也在之后的调研中发现马尾绣传承中存在的问题和其产业存在的许多弊端。

市场上已经出现马尾绣机器刺绣。由于手工刺绣耗费太多时间精力且价格昂贵,机绣能够满足较为日常的穿着需求,且价格低廉,机绣逐渐取代了手工刺绣。而在调研中,成员们发现马尾绣是一门静下心来才能做好的艺术,面对当今社会快节奏,很多人不愿意继续从事着没有固定收益的工作,年轻人更是如此。没有新鲜血液的投入,马尾绣的传承和创新都存在着很大的问题,针对马尾绣传承面临的难点和痛点成员也提出了相对应的建议。

此外,此次调研过程及结果都投入各大媒体平台进行了记录和推广。除了实地走访之外,团队还与吴永枝女士合作制作了一个虎头香囊挂件教程视频发布到网上供大家学习。为了迎合年轻人的喜好,成员还拍摄了一套水族马尾绣服装的写真,发布到网上之后获得了比较热烈的反响。团队成员在抖音、微信公众号、微信视频号、微博和哔哩哔哩上均发布了调研成果,其中抖音视频播放量达到 40 万次,点赞数 3.3 万次,为马尾绣文化的宣传提供了热度和流量。

创新非遗文化新形态，振兴城乡发展新模式

——以贵州傩文化为例

团队成员：江宛芊　丁科伊　熊芮佳　张思远

李嘉馨　李以柔　易沐洋

指导老师：施毅婷　庞　骏

一、引言

1. 调研背景

2023 年 2 月 13 日，新华社授权发布《中共中央 国务院关于做好 2023 年全面推进乡村振兴重点工作的意见》，第十八、十九、三十条指出"发展乡村旅游休闲等生活服务"、"培育乡村新产业新业态，实施文化产业赋能乡村振兴计划，实施乡村休闲旅游精品工程"、"加强农村精神文明建设"。可见，助力乡村振兴需要经济与文化两手抓，用经济夯实新农村发展基础，用文化助力新农民转型。

非物质文化遗产作为中华民族优秀历史文化的"教科书""活化石"，不但提升了民族文化自信，在赋能乡村振兴方面也有着至关重要的作用。近年来，中共中央办公厅、国务院办公厅印发了《关于进一步加强非物质文化遗产保护工作的意见》以及《"十四五"旅游业发展规划》《"十四五"非物质文化遗产保护规划》等，亦凸显了用非遗打造文旅产业对于脱贫攻坚的重要抓手作用。

针对以傩戏、傩面为代表的非遗傩文化助力乡村振兴问题，2022 年中共贵州省委办公厅、贵州省人民政府办公厅印发了《关于进一步加强非物质文化遗产保护工作的实施意见》，特别指出支持高校毕业生加入、打造非遗空间、推出非遗主题旅游路线等。中央电视台也为贵州傩戏打造了戏曲特别节目，并且贵州省内也建设了"中国傩城"等，传播非遗文化。但是傩文化发展仍面临受众群

体局限,传承人缺乏,与经济发展、大众审美脱节,实体产品种类多元化不足等问题。因此,立足当代社会,聚焦青年一代偏好,利用当代信息技术与旅游资源,进一步将经济与文化融合打造乡村旅游精品工程,推动乡村文旅产业创新发展,将成为傩文化传播、"城乡振兴"问题解决的重要动力。

然而,由于古书中对"傩"的解释是驱鬼逐疫,同时傩戏是以戏曲的形式表示安庆,表达百姓的美好祈愿,这使得傩文化偏离当代科学的主流思想唯物主义,逐渐小众化。当下,傩文化不断受到城市主流的冲击,与当代主流意识形态不尽相同,且因其自身神秘且略带可怖的色彩渐渐淡出人们的视线。

起源于中国傩面的日本能面在世界文化产业传播广泛,而傩面却无人知晓。虽然作为数字科技与文化传播优秀平台的米哈游在游戏中设计了热门角色"魈",但依然没有提高社会对傩文化的关注度。

2. 调研时间

2023 年 6 月 6 日—7 月 8 日。

3. 调研地点

① 上海市上海中心 B1 层、上海市城隍庙;② 贵州省铜仁市市区、江口县。

4. 调研对象

(1) 上海市混知文化发展有限公司品牌总监、细刻非遗文化传承人周誉坤。

(2) 贵州省江口县傩文化协会会长兼非遗传承人石东平先生、傩面制作非遗传承人杨云霞女士、江口县书画协会会长梁必轩先生、江口县发改委局长杨易奎先生、江口县文体广电旅游局副局长张兴屹先生、中国人寿保险财产保险股份有限公司江口县负责人李仁友先生。

二、调研对象简述

傩文化作为我国的一项非物质文化遗产,起源于上古时期,几乎贯穿在中华民族几千年的历史发展进程中。它悠久的历史和神秘的色彩吸引了许多国内外学者对其进行研究。

傩文化具有几千年的历史,贵州作为傩文化资源最丰富、发掘保护最早的省份,流传着"中国傩戏在贵州"的说法。2003 年始,政府下发了一系列非遗保护政策,众多学者聚焦贵州傩文化,研究傩文化的保护与推广,多年来对傩文化的传承、贵州傩文化博物馆等做了大量的分析,指出了一系列傩文化的保护与推广方向。由于傩文化的起源时间长,傩文化对我国的其他文化或多或少有一定的影响,比如有些学者进行了傩文化对筇竹寺罗汉造像的影响研究、赣西傩文化元素在陶瓷装饰中的创新设计研究、傩文化对舞狮的影响等,这些都充分地说明了傩文化在我国历史长河中有着重要的作用。

学者吴电雷提出屯堡傩面具生产亟须走上产业化发展道路,重点要做好产品宣传、拓宽销售渠道、加快品牌创新工作;黄朝斌、顾琛认为要正确认识非遗商品化的原真性保护与创意再造的关系,使傩雕等传统工艺实现创造性转化和创新性发展,发挥出非遗文化应有的价值。

三、调研过程

首先,以贵州省江口县傩文化发展为例,通过实地访问非遗传承人、相关文创产商与旅游合作方。了解傩文化发展现状,考察已有的宣传、营销模式,从会计的角度,结合市场营销、旅游管理知识,明确当下的市场定位,将现代大众需求与发展路径相结合,在文创产品方面等浓缩成本。

其次,通过采访与文献资料研究找到傩文化发展的痛点、堵点,以及可以抓住的困境中的机遇,挖掘傩文化背后的深层价值,结合受众特性探索国潮新方式,强化非遗精神文明内核。

最后,在"兴文化 促振兴"的背景下,我们希望能既避免置文化于孤立无援之地,又防止过度消费导致其内核缺失。我们期望将非遗及其传承人与周边文旅产业相连,将现代科技与文化资源相结合,将城乡、乡乡资源合理调配,实现傩文化多样化的传播、新时代变革性突破。为国家非物质文化遗产进一步推进保护措施提供了优良经验与方向指引,为激发乡村经济与文化融合发展内生动力提供借鉴,为探寻乡村振兴、打造新农村提供新路径。

四、调研的成果

1. 收获

(1)贵州傩文化呈现特点。

贵州傩文化形式多样、种类丰富。贵州由于其独特的地理位置与自然环境,是少数民族较多的省份之一,例如侗族、彝族、土家族等,都有自己民族特色的傩文化特色。"一面行傩"实践团队此次调研重点关注以"地系"为代表的傩文化。

贵州傩文化聚焦于农村。通过走访以及文献研究,"一面行傩"团队发现贵州傩文化呈现农村集聚倾向。无论是傩面制作的手工匠人,还是傩戏表演的团队都是在农村孕育、发展的。

贵州傩文化呈现多神崇拜状态。贵州傩文化相较于其他地区傩文化更为丰富的原因是在少数民族傩戏中不仅信仰儒、道、佛,很多地区的人们在傩戏祭拜中还信仰其他神灵,神的种类与来源十分多,其信仰与人们的心理与精神需求结合在一起。

(2) 贵州傩文化资源发展现状。

在文化及现象研究文献方面,理论界的学者也对傩文化进行了大量的学术研究,著有许多优秀的期刊文章与书籍,专门针对傩文化进行了相关的论述与总结。同时,"一面行傩"团队在实践过程中发现,一些非遗传承人已经开始撰写傩文化相关书籍,希望以个人的、哪怕十分微小的力量为傩文化的传承贡献一份力量。

在实践与开发方面,贵州省的一些民间手工匠人以及传承人已经开设相关兴趣培训班,包含教授傩面制作与上色、傩戏舞蹈与技艺、傩文化相关知识等,为热爱傩戏、有兴趣、愿意自主传承与保护傩戏的学徒提供了重要的学习场所与途径。同时,在贵州地方政府推出的"傩文化旅游资源招商引资"项目的拉动下,不乏有个别以传播傩文化为目的的公司,与非遗传承人合作开发相关文创、利用当地旅游资源进行融合宣传。此外,"一面行傩"团队还发现当地一些从事书画艺术的工作者也在尝试将传统傩文化与现代审美艺术相融合。

(3) 调研成果。

"一面行傩"团队在调研前期进行问卷研究,共收集问卷 150 份,其中有效问卷 145 份,填写群体覆盖 23 个省市(见图 1)。

对问卷进行分析后发现只有近 22% 的人了解傩文化。但是,超过 40% 的人知道热门游戏中的角色"魈",在知道原神角色魈的人中有 77% 的人都知道"魈"的面具为傩文化中的傩面,由此可以看出利用游戏来宣传我国的非物质文化遗产傩面具有一定效果。

在其余几个关于傩面和傩文化的相关问题上,大部分人都对傩面表现出了极大的兴趣,都愿意参与傩面的制作和观看傩戏表演及傩文化相关的走秀,超

关于傩文化的相关问题　　　　　知道原神的角色"魃"的人

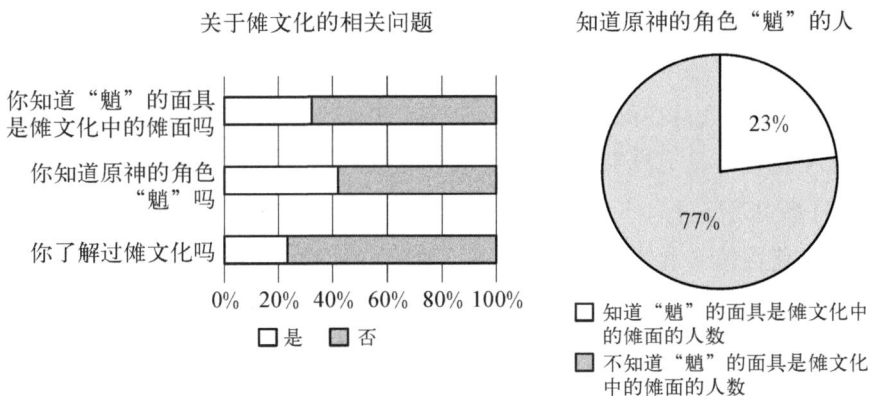

图1　调研问卷汇总

过三分之二的人表示支持傩文化走进校园。可见,"一面行傩"团队进行傩文化研究并推进其创新性发展有较大的受众群体与开发空间。

"一面行傩"团队在贵州当地的实践调研过程中,通过与传承人的对话、政府基层工作人员的交谈、艺术工作者的分享、路人的随机采访,发现傩文化有固定的受众群体,并且其背后有着相当复杂的体系。傩文化传播发展陷入"围城"模式,外边的进不来,里边的也出不去,这就需要一股外力去打破——提取傩文化中具有代表性的元素与形象,结合大众偏好打造国潮品牌。

2. 存在问题及原因分析

通过线上问卷调研、实地走访非遗传承人等方式,"一面行傩"团队总结了以下傩文化发展至今遇到的痛点问题。

(1)巫文化束缚,意识形态质疑。

傩文化起源于中国远古时期,是一种古老而神秘的传统文化,由于古时科技不发达,用傩文化来表达人定胜天的愿望,希望通过自己的努力改变命运。随着改革开放,科学技术的发展和人民思想的不断进步,傩的寓意随着社会的进步不断地发生演变,现在多意为庇佑祈福,酬神还愿。古书中对傩的解释是驱鬼逐疫,同时傩戏是以戏曲的形式表示安庆,通过傩戏来表达百姓的美好祈愿,偏离当代科学的主流思想,逐渐小众化。当下,傩文化不断受到城市主流的冲击,与当代主流意识形态不尽相同,渐渐消失在大众视野。

(2)缺乏参考模式,商业化不足。

在大数据时代,由于缺乏宣传,傩文化发展受限,市场难以建立。同时也缺乏相似的市场参考模式,在商业化的道路上尤为困难。从调研结果来看,农村对傩戏的需求在逐渐减少,傩文化中可商业化的只有傩面,但从市场来看,傩面的销量低迷,并且只在部分区域引发关注,产业链上下游不完善。这些问题都导致傩文化在市场上没有占比,商业化不足。

（3）局限于农村,信息化冲击。

傩文化根植于农村,发展在农村。但随着社会的快速变迁,傩文化固步自封,与社会脱轨,农村也在逐渐减少。在调研过程中,我们发现了解傩文化的人寥寥无几,傩文化的传承人大多出生于农村,对于电子产品的使用熟练度欠佳,跟不上时代潮流的进步和发展,在保留传统文化的同时,加入新的元素更好地发展文化。因此,如果不对傩文化加以改进和创新,随着我国的城市化,它会逐渐消亡。

（4）零散分布,缺乏典型代表。

傩文化的内容丰富,历史悠久,分散在我国很多地区,但多数了解的人也是只知其一不知其二,单单是以傩戏为主体传承傩文化。党的"十八大"以来,国家与人民对于文化自信的重视程度有着明显提升,但傩文化的宣传力度仍不足,以至于人们特别是年轻人,所了解到的关于傩文化的知识少之又少,导致傩文化的影响力降低。

（5）徒弟难觅,处境堪忧。

大部分傩的传承是家族内代代相传的,但寻找傩的继承人有一定的困难。首先,傩文化继承人需要有一定的天赋,需要从小开始学习相关内容,最重要的是要对傩文化感兴趣。随着市场经济的发展,傩的传承人没有固定收入,年轻人会选择外出维持生计;其次,傩文化的学习内容繁杂、枯燥,在市场经济环境下,年轻一代更愿意追求有经济价值的事情;最后,改革开放以来,中国社会的教育制度的一系列重大变迁,全社会重知识、重人才。在当今这个重视知识文化的社会,家长更愿意让孩子把精力都集中在课堂知识的学习上。

3. 解决方案

傩文化因其自身神秘且略带可怖的色彩渐渐淡出人们的视线。随着国风潮流的兴起,越来越多的年轻人看到了中华优秀传统文化在当下的创新性发展。通过走访调研,我们发现江口的政府和民间艺人已经开始推动"傩"年轻化、潮流化,向其发展注入新的动力。

（1）设计衍生文创，打造国潮品牌。

通过走访江口县书画家协会会长梁必轩先生的工作室，我们看到了傩文化与当下艺术元素融合发展的可能性。梁先生因为家乡在江口，从小潜移默化地受周边傩戏表演等影响熏陶，看到了傩文化背后深层的审美与艺术价值。尤其是傩文化中具有代表特色的傩面具，不同的表情与配色是不同的情绪表达，这能给艺术创作带来很多灵感与想法。梁先生指出，艺术家要饱含对社会、生活的热爱与激情，要主动将传统的东西进行现代化的转化，缩小传统与现代的差距。

梁先生的绘画也给我们提供了创作文创产品的思路，傩文化中元素丰富，傩面具造型多，可结合多类特征，解构提取艺术特征与流行元素结合，重新应用至现代产品，以多形式、多渠道、多载体宣传，扩展使用领域，吸引青年人的关注。

我们的调研结果支撑了我们将傩文化商业化的期望，因此我们建议结合傩文化特征，解构提取艺术元素，重新应用至现代产品中，例如将傩文化元素与壁纸，表情包等载体结合，扩展使用领域；与一些品牌合作，打造联名款式，将我们感受到的傩文化魅力转换成日常生活触手可及的物品，如表情包、平安扣等。

（2）多样化推广，新渠道传播。

与沿河县傩面制作非遗传承人——杨云霞女士的交流中，我们了解到乡村手工匠人大都对于互联网直播抱有积极的态度，他们十分愿意将传统文化与手工技艺记录并传承下来。他们希望越来越多的年轻人能了解到每一门传统手工艺；能以新的视角看待传统工艺，让它不被时代的洪流冲走；能走进乡村手工匠人，帮助他们利用先进技术去保护、增强民族文化自信。

因此，我们建议，在学习电子设备技能（如视频剪辑等）的前提下，以傩文化非遗传承团队为主体，将传承人傩戏表演、傩面制作及傩文化 IP 等各类丰富内容通过自媒体平台进行宣传，提升大众对傩文化知名度的同时，用直播带货的形式让制作的傩面相关生活类产品及傩文化系列文创周边走出贵州，走出农村，走向全国及世界，迎击信息化冲击。

（3）借节日之大势，转痛点为亮点。

在与县文旅局党组成员、副局长张兴屹的采访过程中，我们了解到当地的梵净山旅游景区现在已经有一套运营模式。每年当地文旅局会联合多方举办大型特色活动,并且提供一定的政策支持。张兴屹指出:"先做,积累经验。"这是很重要的,他们会将活动成果对比指标性体系,进而调整支持力度。张兴屹先生认为傩文化虽然神秘但是没有宗教意识,具有一定的开发价值。可以提取傩文化中的典型元素进行宣传,适应当下年轻人的喜好,让越来越多的年轻人看到传统文化进行新发展的可能性。

因此,我们建议提取傩文化本身具有的神秘感将其与人气节日之一的"万圣节"相结合,"聊斋志异风"的中式神秘体现它与平常节日中西式恐怖氛围的差异化,做场景式旅游。在欢乐谷等游乐园,以节日主题特色的形式开展,我们期待把"万圣节"的恐怖转变为更有哲学韵味的中式"诡谲",用青年群体容易理解和愿意参与互动体验的方式进行传播,使傩文化不仅"活起来",而且"亮起来"。

五、调研结论与总结

"一面行傩"团队以贵州省的傩文化以研究对象,不仅因为其为我国非物质文化遗产,保护开发是适应国家政策与发展的需要,也因为傩文化自身受众局限于外界对于其内核的误解问题等。团队认为以傩文化为例,帮助人们正确理解一些正在被边缘化的文化内核并适应时代发展,找到新发展路径,树立正确的价值观,这对于进而增强民族文化自信与文化软实力是十分有意义的。

"一面行傩"团队以"挖掘傩文化积极内核""寻找傩文化现代审美价值"为思路,兼顾经济与人文,结合团队成员的专业知识进行实践调研。调研前,我们通过查阅论文对傩文化现状有了基本了解后,与上海当地优秀新媒体创作者"混知文化"和旅游业从业者沟通交流,对振兴傩文化有了大体思路和方案。带着初具雏形的方案,通过实地走访调研,一方面,抓住了与两位非遗传承人线下沟通交流的机会,结合相关文献资料不断深入挖掘傩文化的精神内核;另一方面,通过与当地文旅局等政府机构对接,得到了与当地民族文化艺术家的交流机会,拓宽了傩文化商业化的新思路,我们调研之前设想的服装文化走秀活动获得了有效支持。

我们的调研中,不仅仅渗入了外界新思路、新知识,我们对外界的结果产出也在一步步地进行着。在实地走访调研的过程中我们携傩面,着古装,拍摄着变装短视频。通过当下爆火的短视频来多样化宣传傩文化的同时,也与当地居民以及游客密切交流宣传傩面以及傩文化。

总体上,我们的调研在不断地输入与产出,通过实践不断更新改善我们之前的设想。我们深入其精神内核,分析傩文化发展存在的痛点,同时挖掘其浓烈的外在特点,并结合上海对外经贸大学学生的商业思维不断思考如何使这种非遗文化带动当地经济发展。我们认为旅游业与手工艺品的制作与销售是促进当地经济发展的关键,而在这之前首先要宣传好傩文化,提升它的知名度,因此我们设计了文化服装秀,以"非遗传承人"作为网络红人宣传傩文化,结合游乐园节日主题活动设计傩文化展示平台等青年一代喜闻乐见的形式,多方面宣传傩文化。

"一面行傩"实践团队返程后,根据实践过程中收集的材料进行归纳整合。以"傩之艺""傩之行""傩之难""傩青春"四大板块为主,进行简报与推文制作,在团队、学院、学校公众号进行宣传,浏览量最高达 300＋。同时,实践团队还剪辑了宣传视频,在小红书、b 站等平台进行宣传,浏览量最高达 300＋。实践活动得到了社会的一定关注,于 8 月初,上海电视台就此实践活动对"一面行傩"实践团进行了采访。此外,在实践过程中,江口县政府宣传科也对我们调研的过程进行了跟拍和记录。

这次去贵州进行傩文化的相关调研源于热爱,发展于扶持。在与江口县傩文化传承人石东平和沿河县傩面制作人杨云霞交流的过程中发现,傩面不仅看似亦人亦妖,有着淳朴的色彩搭配、张扬的造型,颇具神秘色彩,并且其间也有神秘的故事。但因其源远流长、地方派别各异,各种面具所扮演的角色和其背后的故事,还未能系统地收集整理成册,以便保留和推广;此外,傩戏中的表演、唱念蕴含着古代人民原始美好的祝福,也是现在许多农民的精神寄托,很难被城市化发展所取代。在实践过程中我们也有幸在梁必轩先生处看到其以傩面为主题的绘画作品,让我们看到本地艺术家已经开始将传统非遗文化和时尚现代元素相结合,看到了傩文化的艺术审美价值。由此,我们在实践过程中一次又一次不断地确认了傩文化的精神内核是正面的,不论是具有原始力量的粗犷外表还是积极向上的内在都值得我们去发展它,它无疑是具有广阔的市场潜力的。

弘扬非遗文化是一件持久而富有意义的事情,不让我国文化流失,让更多的人看到我国非遗是我们青年一代的历史使命。《人民日报》的报道写道:"我们每一位中华儿女,不仅应是'非遗'的欣赏者、见证者,更应该有责任、有义务成为'非遗'的保护者、传承者,让子孙后代能够从'非遗'中感受到中华民族源远流长、博大精深的璀璨文明,从而留住我们自己的根。"而"一面行傩"团队认为真正的非遗不能仅仅活在非遗名录中,而是让它们活在我们每一个寻常百姓的家中,我们要用新思维、新方法,让非遗活起来,火起来,掀起新的国潮新风。想要傩文化能够走出乡村,走出贵州,不仅传承人要转变思维、走出舒适区去往更大的发展舞台,大学生也要为其和优质的平台牵线搭桥,用年轻的思维发掘非遗的文化魅力,促进非遗商业化发展,让非遗文化带动乡村振兴从而绽放光彩。

未来,"一面行傩"团队计划联手成功非遗品牌,推动商业化落地。为我们引荐城隍庙周师傅的姜明学长他俩有着很深的交情,周师傅对我们也表示充分信任和授权,我们期待傩文化与周师傅的微雕这两个非遗项目后续能进行合作,融合推广。同时,"一面行傩"团队也将继续与非遗传承人、当地艺术家保持联系,对接信息,并有计划地与他们协商在"一面行傩"全平台账号发布新内容,探索"直播傩面制作第一线"傩文化直播答疑、与上海艺术类展演合作等营销模式。此外,"一面行傩"团队还计划通过与校园活动相结合,推动傩文化进校园。在校内开设劳动教育课程面向大学生进行普及宣传,请沿河县傩面制作人杨云霞女士通过线上讲座的方式为上海对外经贸大学的学生和老师介绍傩面扮演的角色和背后的故事,简单展示其制作现场和工艺过程;并与梁必轩先生沟通,在校内举办傩文化主题画展,鼓励传统文化与时代新潮相结合。

非遗茶文化与乡村振兴创新
融合发展的调研

——以福建安溪铁观音茶业为例

团队成员：姚又鸣　孙伊卓　宋涵凝　王佳怡　张　茜

指导老师：狄　丹

一、引言

1. 调研背景

在乡村振兴战略背景下推进特色产业的发展，要因地制宜、合理运用地方基础资源，以实现地方优势产业效益最大化。我国作为茶叶大国，茶产业始终是支撑产茶区地方经济发展的重要支柱，也是推动乡村振兴、实现脱贫攻坚的重要产业，全国从事茶产业的人员多达 7 000 万余人。我国福建泉州的安溪县，是我国铁观音的主要产区，当地的铁观音茶文化系统于 2022 年 5 月 20 日被联合国粮食及农业组织（FAO）正式认定为全球重要农业文化遗产，而早在 2008 年安溪铁观音茶文化系统就列入第二批国家级非物质文化遗产名录。伴随着其世界级名片的增加，安溪铁观音的知名度进一步提升，但在产业发展中还存在优质茶产量不足，产业发展现代化水平不足等问题。

2. 调研时间

2024 年 6 月 27 日—6 月 28 日。

3. 调研地点

福建安溪。

4. 调研对象

泉州安溪——铁观音茶产业。

二、调研对象简述

1. 泉州安溪——铁观音茶产业现状

泉州安溪是世界名茶铁观音的故乡,自古就有"闽南茶都"的美誉。安溪产茶几乎与置县同时,已有 1 000 多年历史,其中盛产的乌龙茶早在宋元时期就通过"海上丝绸之路"蜚声中外。安溪是名茶铁观音、黄金桂的发源地。安溪茶叶生产历史之久、产量之多、制作之巧、质量之高、茶艺之精、饮茶之盛堪称华夏一绝。随着茶业的发展,安溪逐步形成了独特的茶文化。全国共有 6 大类 74 种旅游资源,安溪就拥有 6 大类 41 种。

近年来,随着经济的发展,具有浓郁茶乡特色的安溪文化(茶歌、茶舞、茶艺、茶餐、高甲戏等)和自然与人文浑然一体的茶文化旅游呼之欲出,成为安溪新的经济热点。安溪还被誉为"茶树良种的宝库"。如今,茶产业是安溪经济发展的支柱与引擎。在安溪,80%的人从事与茶相关的产业,农民纯收入的 56%来自茶产业。

但据我们的调研了解到,安溪茶产业主要仍靠着老一辈茶农的坚持运作。随着时代的发展,越来越多的年轻人不愿再子承父业,接手家族的茶产业,而选择离开家乡去大城市发展,导致农业文化遗产保护和传承缺失高素质人才。对此,安溪政府实行设立茶校、开办茶艺师考核并推出相关有利政策等举措,鼓励青年人留乡传承本地茶文化,推动茶产业的高质量发展。

因此我们以安溪县虎邱镇为主要考察地,围绕安溪茶叶职业技术学校、安溪茶文化展馆、万壶馆、虎邱镇镇政府、乡村振兴示范村芳亭村以及安溪茶厂等地展开调研。所考察人员多元,包括"铁观音"非遗传承人、乡村振兴项目工作者、茶农、茶商以及教职人员等相关人员。

2. 安溪茶业职业技术学校

安溪茶业职业技术学校素有"茶师摇篮""铁观音黄埔军校"之称,坐落在3A 级风景区洪恩岩山麓,是全国乌龙茶专业人才培养基地,福建省茶产业技工培养、涉茶职业资格与高技能人才培训考核、紧缺专业人才培训等基地,是福建省首批、安溪第一的省部级重点职校。30 多年的职教办学经验,有着深厚的历史文化底蕴,先进的教育设施与丰富的校园生活,为四方学子提供求学治学的理想场所。多年来,福建省安溪茶业职业技术学校以茶检与茶艺等省级重点示范专业为依托,建立起全国唯一乌龙茶(铁观音)人才培养基地、福建省评茶师、茶艺师高技能人才培训考核基地、泉州市劳动力转移培训基地、安溪县茶业培训、茶文化传播、"阳光工程"培训、生育关怀教育基地,大力开展涉茶实用技术培训,培养茶叶茶文化专业人才,并因此一直享有"茶校"和"茶师摇篮"之美誉。涉茶人员慕名而来学习,接受铁观音等专业茶叶知识培训,学校成为安溪茶文化展示与传播的一个"窗口"。为了解茶相关学科专业的培养状况和发展现状,我们选择安溪茶业职业技术学校实地走访,拜访了茶专业职教人员,深入交流了茶专业发展现状和未来规划。

三、调研过程

1. 调研方法

实地调研法、在线调研、文献调查法、访谈调研法、田野调研。

2. 调研内容

本次暑期调研中,项目团队于福建省安溪县展开了两天一夜的线下调研考察工作。本次调研以安溪县虎邱镇为主要考察地,以茶文化、茶产业、乡村经济为三个调研方向,考察访问了安溪茶叶职业技术学校、安溪茶文化展馆、万壶馆、虎邱镇镇政府、乡村振兴示范村芳亭村以及安溪茶厂等地。所考察的职业结构多元,涵盖"铁观音"非遗传承人、乡村振兴项目工作者、茶农、茶商以及教职人员等相关人群。

表 1　调研基本情况概览

调研方向	组织机构	调研人群
茶文化	安溪茶文化馆、万壶馆	茶艺传承人、茶农
	安息茶叶职业技术学校	茶校校长、在职教师
茶产业	安溪茶厂	安溪茶厂讲解员
乡村经济	芳亭村	芳亭村村委干部
	虎邱镇镇政府	虎邱镇副镇长等政府工作人员

调研考察工作方式主要以走访考察展开,通过与"铁观音"非遗相关工作者以及政府工作人员的交流采访,更加全面系统地了解到铁观音非遗传承文化、

茶文化以及茶产业发展过程及现状,同时对安溪当地乡村振兴工作有了更为清晰立体的认识。通过实地考察乡村情况,亲身探索乡村新兴农产业发展,团队旨在探究安溪铁观音带动当地乡村进一步振兴产业、经济的现状及未来走向。

四、调研的成果

1. 收获

(1)问卷调研成果。

本次问卷的对象主要聚焦在19~25岁的青年群体。据统计,大部分的问卷参与者日常喝茶频率不高,且日常喝茶方式多为购买零售茶饮以及奶茶等快销茶饮。问卷结果显示,近44%的人有较强的意愿去了解、传承铁观音非遗茶文化、茶艺,且有近67%的人有较强意愿投身到乡村振兴事业当中。

(2)当地茶艺传承人及茶农的访谈成果。

通过与当地茶艺传承人及茶农的访谈中,团队了解到安溪铁观音作为一项成功且享誉中外的世界非遗文化,依旧面临着传承人"老龄化"这一难题。当地中青年劳动力流失,茶艺、茶叶种植传承人也难以注入年轻血液,这对于非遗传承带来一大牵绊的同时,也为当地乡村振兴创新化、年轻化带来一大阻碍。

(3)安溪茶叶职业技术学校调研成果。

在安溪茶叶职业技术学校的调研期间,团队了解并关注到当地对于铁观音相关技艺、产业传承的重视。该职业学校不仅能够响应国家教育政策改革,给予学生工作技能教育,同时也对应了当地特色产业。该学校对于铁观音文化、产业也制订了多重发展方向,既能达成学校的教育本职目标,也对铁观音文化产业宣传起到了积极作用。

(4)当地乡村振兴示范点走访成果。

走访当地乡村振兴示范点——虎邱镇芳亭村期间,团队在当地讲解员的带领下了解到,芳亭村作为一个历史悠久的革命老村,保留了自身鲜明的农业特点,发展农产业以带动群众致富、改善人居环境以助力乡村振兴。"茶香"是芳亭村"四香"特色之一,芳亭村得天独厚的自然条件为茶叶种植和茶苗培育产业带来了可观的农业收入。同时,芳亭村结合当地生产桂花的特点,研发并售卖特色桂花铁观音,将当地多种农业特色之间进行产业搭桥,形成并开拓了创新型产业赛道,为当地乡村振兴工作发展带来了创新型发展思维和道路。

（5）政府采访成果。

在同虎邱镇镇政府相关工作人员的采访中，团队了解到当地乡村茶产业的发展现状。当地铁观音产业已经形成了较为稳定的供给结构，随着时代热潮的推进，茶叶销售渠道除了面向各家茶厂，也成为当下所流行的"奶茶"行业的主要供给者。同时，对于前期团队所关注到的传承人"老龄化"问题，政府工作人员也提出了相关的人才引进、青年返乡优待政策支持。

此次实地调研，团队关注到了"铁观音"非遗文化传承、产业开发以及安溪当地乡村振兴工作发展现状。非遗文化传承面临传承人"老龄化"、传承人文化水平较低等问题，而铁观音产业面临的是产业饱和度高的问题，需要寻求更多创新型产业开发以及销售渠道，乡村振兴工作开展同样需要发展多赛道、吸引青年人才以搭建更为广阔的振兴平台。

2. 存在问题及原因分析

调研小组通过探访泉州当地茶产业全产业链深入探寻铁观通过产业振兴、文化振兴、人才振兴、生态振兴和组织振兴等方面的助力乡村振兴的实际效果体现，并发现其存在的问题。

（1）茶产业缺乏体系化和专业化发展。

安溪茶产业涵盖茶产销、茶包装、茶科研等全产业链。在茶叶销售方面，占全国近 1/4 的市场份额，名列全国县域涉茶电商第一位。实践小组在探访过程中发现，从铁观音交易市场到泉州市的铁观音品类过多，行业之外的买家分辨其品类、质量等难度略高。这给混入铁观音市场的次级茶叶经销商带来可乘之机，于非遗铁观音品牌形象无利。因此规范交易市场散户交易方式，并进行茶叶质量检测是必须的。

安溪把握茶叶消费新潮流，增强品牌向心力。于乡政府问访时了解到，安溪茶产业与"东方树叶""奈雪的茶""茶百道"等饮品品牌合作，充分发挥安溪茶产业多样性，丰富了产品体系。茶餐厅利用茶叶开展营养功能性食品创制，所存在问题为茶餐厅的茶制菜式宣传不充分。

（2）茶文化抽象，不易传播。

安溪县对铁观音农遗核心区实行原生态保护。经过调研探访，团队成员发现隶属安溪县的各个村落都将茶文化融入生活情景，并在村落建成观光路线等，有一定的旅游价值。同时村政府也致力于对外宣扬茶文化，但是存在的问题是,实地进行探访与参观的人数过少,多为基层到村落走访,所以深层次的茶文化传播依然存在桎梏。

团队成员也了解到,当地每年举办的茶王赛事有一定的传播效力,茶产业技能大赛内容包含从采茶、制茶到泡茶品茶等一整道产业链的各个工序。在福建全省都具有一定的影响力,对于安溪茶文化的继承与发展产生了积极作用。

（3）缺少中高端产业人才。

团队成员探访茶校,发现其开设了茶艺、戏剧、直播、茶点等多种课程,培养专业性人才。队伍建设机制较为完备,茶叶技术人才相较其他产茶区,储备充足、接续有力。存在问题的是下游产业的基础劳动力存在老龄化现象,团队成员在访问镇政府时了解到青年劳动力呈逐年减少的状态。大多在采茶制茶等机械工艺方面由经验丰富的制茶大师教导中老年群体进行运作。关于后续劳动力补充的问题,主要来源是返乡人群经过培训进行基础劳动,这所对应的问题就是需要完善产业链各个环节培训体系,需要做到科学有效,以此保证茶叶的基础产出。

（4）生态产业链有待完善。

安溪县从"县域大生态—茶山小生态—土壤微生态"三个层面立体推进,持续抓好生态茶园建设、造林绿化和茶山生态修复,筑牢茶产业的生态底色。严格把控茶叶质量,在全国率先开展有机肥替代化肥、去化学农药化等"双减"行动,首创县域农资监管与物流追踪平台,让每杯茶从田间到舌尖全过程可追溯。

（5）产业集约化发展不足。

安溪现有茶叶专业合作社 1 613 个,家庭农场 822 家,58%的农户加入合作社或进入企业务工。通过"龙头企业＋合作社＋基地＋家庭农场、农户"的利益联结机制,茶园生产合作、质量联控比例提升,有效规避了小农生产应对大市场的产业风险,实现了规模经营、质量联控、集约管理,让农民获得更多增值收益。调研小组在泉州探访家族性茶作坊负责人,了解到个体茶叶经销商的存在当地占比超过半数,多数依然靠经验收茶制茶。所以依然存在依靠铁观音名气售出却依然存在质量问题的情况。同时,电商平台销售额度逐年增长,逐渐成为个体经销商的主要收入来源。规范电商平台关于铁观音茶品类源头质控是保证铁观音茶品类形象的重要手段。

3. 解决方案

1）降低传承技艺门槛，促进非遗茶文化传播

（1）建立产业专业工作者与非遗传承者良好沟通渠道，同时提高非遗传承人教育水平。

非遗工作者的传承机制具有灵活性、动态性，与之接触的管理人员和政府工作者作为"门外汉"，往往不能完全把握非物质文化遗产的本质，对管理对象的实际需求与痛点定位不清，对各个环节的具体情况把握不清。这就需要在非遗现代化体系的设立过程中积极地细化与修正。在管理体系建立的初期，为追求高效、便捷和标准化，难免有笼统、层次模糊、非塔状而扁平化的特质。要调和两者，就要从社会外界赋予的量化标准和业内专业人士、相关原住民的自然标准中寻求统一，建立好良性的沟通渠道，在扁平的管理体制上给专业人士留有充分的活动空间。

另外要注意的是，管理端要更多地肩负起普及政策和灵活执行调整的责任，要注意传承人文化教育水平的限制，有耐心、有准备地去做足基层工作。同时也可以通过组织教育，开阔非遗传承人的眼界，突破地域文化的限制，这不但有利于机制与体系的对接，也增加了非遗发展的可能。

（2）远离娱乐性质的劣质营销，打造专业成熟的茶文化营销产业链。

非遗茶文化的传播途径，不仅是指宣传一方面，也包含传承和发展非物质文化遗产的技艺资料。在乡土文明消解的大趋势中，新媒体的引进往往显得热闹而无效。能够长期对非遗相关 IP 进行跟踪报道的，仍然是传统纸媒和电视频道这样有层层筛选的塔状传播体系。

娱乐性质营销偶尔破圈的机遇出现在爆款影视话题中，但非遗文化品牌在这种语境下，始终处于附庸品地位。李子柒的视频、梦华录的点茶，都只是一时热闹，没有真正推动产业的复兴。在途经失灵的同时，偶有的"爆款"幸运儿，比如在短视频平台流行的绒花、草帽编制、印泥制作等，又在不断地刺激着营销者的神经，使人往往忽视了流量变现的难度，转而急迫地为了劣质营销的沉没成本不断加码，形成恶性循环。

事实上，与其跟着劣质营销乱窜，不如投入稳定曝光，脚踏实地地进行宣传部署，针对各目标用户精准投放。在打造 IP 的过程中，要做好充分的投入准备，如定期举办茶歌山歌赛，鼓励茶歌非遗传承人开班，开设铁观音特色茶点教

学直播,实现非遗营销产业链的专业化与适应化,为非遗茶文化对乡村振兴的推动链条,扣好每一个环。

(3)扭转茶文化非遗本身淡出日常经济生活现状实现,同外界经济对话,打造茶品牌以实现对内对外传播。

茶文化非遗是具有独立价值的IP,有充分的探索空间。要在乡村振兴的拉动过程中"添把火",就要唤醒逐渐淡出当地民俗民风的非遗的生命力,对过往的文化生态进行修复。鼓励非遗相关的文化IP的设立,积极推动IP品牌影响力的扩张,激发原住民对自身文化的发掘整合和创造,激发外界主动了解并传播的热情。

于外,集中人气才有人力,尤其应以年轻群体为目标群体进行文化传播,利用好网红经济等新经济形式,打造突破地域的品牌价值。于内,寻根溯源,搭建观赏性强、传播性强的非遗配套场景,如举办品鉴会,评选各县、村茶王,由当地龙头企业牵头举办比赛,将其实用性焕发为新的流行性,激发出非遗的新经济活力。

2)重塑茶旅产业生态,跟上现代经济的脚步

(1)寻找适合产业化规模生产的茶文化实体形式,打造茶品牌独特IP的同时激发当地经济活力。

长时间以来,非物质文化遗产都是受保护的对象,要求非遗发挥产业结构优化等经济引领作用的难度可见一斑。非遗过去是精神文化财富,现在则要分解成各种独立的生产要素,才能发挥出最大的作用。

要提升规模效益,避免不了的就是强调工业性质。非物质文化遗产最可贵的是其历史文化底蕴,但是其厚重、人文的特性与现代工业节奏调性容易产生不和。应当在政府筛选和规划后,以更加凝练、更加明确的特质出现,打造一块地域活招牌,拉动旅游业务与其配套服务产业的发展,提升出口产品体量。

这就要求在非物质文化遗产的分类中做定向选择,挑选出适合产业化的、具有实体产出品形式的非物质文化遗产进行规范生产。

团队在调研中得知当地已与多个饮料品牌形成了较为稳定的合作关系,如喜茶、茶颜悦色、可口可乐等,建议打造多样化茶产品,持续升华与茶企、饮料企业、奶茶品牌的合作,扩大销量,在茶文化IP的基础上发展地域品牌,进而演变成经济IP,提振乡村经济的活力。

（2）结合当地民俗文化，推进茶品牌特色印象建立。

借鉴于国风潮流下而大火的特色奶茶品牌——茶颜悦色，将传统文化融入进奶茶这一快销饮品产业能够在饱和的市场内博取到更高的市场关注度和更鲜明的品牌独特性。而茶颜悦色的成功也引起了国内其他奶茶品牌的改革，国内已有多家国风奶茶品牌。

为在竞争激烈的"国风"潮流奶茶品牌市场给消费者留下独特的品牌印象，开辟创新市场赛道，团队将注意力转移到福建独特的民俗文化。

福建临海，自古信奉、敬仰海神妈祖。在福建当地也流传着许多神话故事，同时福建本地也保留着供奉妈祖的习俗。该特色民俗是福建人民自古以来用以寄托平安与幸福的信仰，近年来也逐渐进入国内其他地区的视野，并在社交媒体上引起大众的热烈讨论，成为福建特色地域标签。

以该地域民俗文化作为 IP 故事底蕴可以是以现今较为流行的"国风"奶茶为基础，用以神话、民俗打造品牌差异性，不囿于中国传统文化的风雅气质，不附着于大众认知下的国潮特点，着重打造民族特色文化形象，书写一方民族故事，寄托闽文化下的信仰，因而使该新兴品牌文化同市场内现有品牌形成差异优势。

（3）在非遗茶文化内涵的限制下基于特色产品适当突破与创新，避免同质化竞争，推动茶产品出海。

非遗茶文化具有独特性的特点，凝聚了群众认同与中华文化价值。传统是财富，是根本，也是限制，无视限制只会摧毁长远利益，本末倒置。比如，尽管数字化更全面地展现了非遗的魅力，但产业在寻求突破性的同时，也必将磨损部分非遗技艺沉淀的、反浮躁的文化内涵。又比如在向当代社会大众收集和丰富非遗素材库的同时，蹭热点，顺潮流也被看作传统技艺的媚态的表现，这些都对非遗茶文化的宣传和发展产生了不利的影响。

突破性发展不是盲目地推翻保守观念就能实现的，而是应该创新的步步堆叠，从量变到质变，协同发展，助力第三产业的优化转移工作，形成自然生长的风尚。

此外，团队了解到芳亭村当地黄金桂发展成熟，产业有自己的独特销路，外贸外销销售渠道广泛。当地产业可以学习黄金桂的外销经验，依托特色优势，主打中低端茶叶，与发展较成熟的铁观音产业形成差异化优势，避免同质化竞争，推动当地乡村振兴纵深发展。

五、调研结论与总结

本次调研主要围绕福建安溪铁观音非遗文化与当地乡村振兴工作的发展现状的实践内容展开。团队以安溪铁观音茶文化、茶产业以及乡村振兴工作现状作为调研切口，以小见大，探究安溪铁观音在享誉中外、产业饱和的状况下，同当地乡村振兴工作的创新性发展方向和产业赛道。

通过采访调研与线下考察，团队了解了当下安溪铁观音产业的发展现状，探究了未来发展路径。在信息时代，以网络为媒介，注重发展线上传播模式，能够更加有效、广泛地宣扬铁观音非遗文化，但为避免劣质营销与同质化宣传，团队倾向于为安溪铁观音打造成熟文化宣传：发展各领域茶文化产业，进行稳定宣传，以线上线下相结合的方式，将醇厚茶文化作为宣传底蕴，融合新媒体传播手段，打造稳定、健康的宣传结构。

在乡村振兴方面，利用线上宣传推广的模式助力当地非遗文化类企业发展，不仅可以宣扬非遗文化，同时，还可以进一步解决农民收入等问题，推动农业发展，实现共赢，助推乡村振兴。同时挖掘新兴特色产业，进行产业连接，搭建稳定的农产业结构，以强带弱，进行产品创新，产业帮扶，该发展方向不仅可以进一步宣传铁观音产业，也能够为当地乡村振兴搏出新型赛道、打造更为广阔的发展平台。

团队充分发挥社会实践在青年学生思想政治教育中的重要作用，探究了如何合理开发利用非物质文化遗产来带动乡村经济从而进一步缩小城乡差异，为安溪铁观音非遗文化助力乡村振兴做出一定的贡献。

传承音乐文化，助力乡村振兴

——"乐"韵新疆之非遗维吾尔族乐器助其发展

团队成员：约提库尔·吾不力卡司木　　祖姆热提·阿力普

约尔开什·奥斯曼　　　　艾里夏提·吾拉木江

凯迪尔耶·艾尼瓦尔　　　安凯尔·艾尼瓦尔

祖木热提古丽·阿布迪米提　穆斯塔帕·麦合木提

麦尔哈巴·托合提　　　　穆尼热·吐鲁甫

指导老师：那孜拉·阿不力孜

一、引言

1. 调研背景

维吾尔族乐器制作起源于汉代古龟兹国，至今约有两千年的历史。它在选材和制作方面要求严格，精选上等桑木，音响效果特殊，常用于十二木卡姆组曲、婚礼、家庭宴乐，是维吾尔族传统文化的重要组成部分。新疆喀什古城里的乐器巴扎上，每天都会传出不同的演奏声，不亚于舞台上的演出，这条街的乐器制作已有百余年的历史，随便走进一家，就能遇到一位乐器制作大师。

麦麦提吐尔逊·阿巴伯克日家就是擅长做都塔尔、热瓦普、弹布尔、艾捷克、手鼓等乐器的家族。作为自治区级非物质文化遗产代表性传承人，家族制作乐器的第五代传人——麦麦提吐尔逊·阿巴伯克日对乐器传承的未来充满着期待。

依明江·吾守尔一家三代一同演奏新疆传统民间乐器。2012 年，他们一家手工打造的新疆传统民间乐器弹布尔尺寸打破了吉尼斯世界纪录。依明江·吾守尔介绍，从选料、木材加工、调音到网上销售，都是一家人自己做，一把成品的乐器最低售价 500 元。因为制作的乐器品质音色好,时间久了有了一些名气,慕名而来的订单让他们有些忙不过来。在技艺得到传承的同时,这份坚守也为这家人带来了稳定的收入,年收入达 12 万元。

疏附县制作民族乐器的历史源远流长,是新疆最具盛名的民间乐器制作地之一。2013 年,中国新疆民族乐器博物馆在这里落成开馆,成为喀什地区民族乐器保护传承、展示宣传和学术研究的重要基地。

2. 调研时间

2023 年 7 月 20 日—7 月 23 日。

3. 调研地点

新疆喀什疏附县的民族乐器村。

4. 调研对象

民族乐器——非遗维吾尔族乐器制作技艺。

二、调研对象简述

"维吾尔族乐器制作技艺",在选材料和制作方面要求严格,特别甄选上等桑木,音响效果特殊。维吾尔族乐器制作精美,音色独特,多用于家庭宴乐,是维吾尔族传统文化的重要组成部分。主要乐器有都塔尔、热瓦甫、艾捷克、达甫、胡西塔尔、萨塔尔、卡龙等,在形制结构、音序排列、音域音色等方面经过长期改善已基本定型。

维吾尔民族乐器,形制别致,纹饰精美,音质出色,具有浓郁的民族风格,而且形成独特的乐器体系,它们以优美的旋律丰富了维吾尔民众精神生活,成为中华民族绚丽多彩的传统音乐文化的重要组成部分。

2006 年 3 月,新和县的民族乐器制作技艺被列入新疆维吾尔自治区第三批非遗名录。2008 年 6 月,加依村的民族乐器制作技艺被列入第二批国家级非遗名录。加依村现有国家级非遗项目代表性传承人 1 名、自治区级非遗项目代表性传承人 4 名。

村里源源不断的乐器制作订单包括了 10 余种乐器,如热瓦普、都塔尔、弹布尔、卡龙、艾捷克、萨塔尔、唢呐……其中,大部分现代乐器还保留着古龟兹乐器的韵律,古今乐器虽音色有别,但都已成为龟兹文化延续的重要载体。

新疆喀什地区一处农家小院内,村民热合曼·阿布都拉在自家的葡萄架下，娴熟地将竹片在火上烤弯，再用工具削成不同的形状，动作干净利落，他在赶制一件民族乐器。热合曼·阿布都拉所在的疏附县吾库萨克乡有个村庄叫乐器村，世代相传的乐器制作技艺一直保留至今，也因此于2000年被国务院命名为"中国新疆民族乐器村"。由于远离商业市场，自然资源相对匮乏，民族乐器产业长期以来没有得到有效的开发，2010年5月，广东省对口支援新疆喀什地区以来，当地传统的民族乐器及手工艺产品也在逐步走上产业化、市场化之路。

热合曼·阿布都拉是村中做乐器最有名的手工艺人，乐器制作在这个家族已经传承了5代。他从6岁起便开始跟随父亲学习，50余年的工作经验使得他的制作技艺炉火纯青，都塔尔、热瓦甫等维吾尔族乐器是他的拿手"好戏"。2008年，热合曼·阿布都拉被列入国家级非物质文化遗产项目——维吾尔族乐器制作技艺代表性传承人名录。

三、调研过程

1. 调研方法

访谈观察法：去往新疆民族乐器村，采访村长和负责人，就相关乐器进行探讨与研究。

问卷调查法：邀请当地游客参加团队调查活动，并且配合填写问卷。

会议调查法：与制作技艺的传承人见面，探讨制作技艺的历史传承情况与未来发展趋势，并给予建议。

2. 调研内容

（1）经济方面。

第一，调研参与制作维吾尔族乐器的人员的收入水平，并比较他们与其他行业从业人员的收入情况。此调研可以提供一个了解维吾尔族乐器行业的收入水平和行业优势的视角。第二，对于维吾尔族乐器在社会经济中产生的影响，可以通过对相关统计数据的收集来了解该行业的经济贡献情况。例如本地主办的维吾尔族乐器博览会对于本地经济的贡献。第三，了解维吾尔族制作技艺业务的可持续性，以及它们如何影响该制作技艺未来发展和社会经济的转型。相关因素包括制作技艺的技术革新、材料的环保性、从制作人员的培训水平等。

（2）社会方面。

第一，调研公众对于维吾尔族乐器的了解程度和其认知水平。这可以深入了解公众对于维吾尔族乐器的基础知识，对于维吾尔族乐器的文化背景、艺术价值以及历史渊源的了解程度。第二，了解维吾尔族乐器对社会的服务情况，包括具体的服务内容、服务对象、服务区域以及对公众的贡献度等。这可以使我们评估该行业对社会的正面影响力和价值。第三，调研维吾尔族乐器所面临的社会问题，比如制作人员是否受到公平待遇，是否存在经营欺诈等。这有助于发掘行业在社会方面的问题和改进方向，以促进其可持续发展，保障消费者利益，提高行业诚信度。

（3）文化方面。

第一，调研各维吾尔族乐器之间的文化交流活动和交流渠道，考虑与该行业相关的各个文化传统和历史传承，加深对于维吾尔族乐器的文化背景和影响的了解。第二，分析维吾尔族乐器的艺术品质和文化内涵，包括历史和文化的参考背景、技艺细节的传承、艺术背景及其在当今市场的价值等。这可以帮助我们了解维吾尔族乐器作为文化遗产的重要性，以及行业对于文化传承和保护的价值和意义。第三，调研维吾尔族乐器的对外推广方式和行业参与的大型文化活动，例如相维吾尔族乐器展览，以及在推广和传播文化，提升维吾尔族乐器的认知度和市场价值等方面的贡献。这有助于该非遗进一步发挥在文化交流方面的积极作用。

（4）信息压力方面。

第一，调研参维吾尔族乐器制作人员和相关消费者获取相关信息的途径和频率。第二，分析市场的竞争压力，包括行业内同行的数量和竞争力状态，以及行业外其他民族乐器对维吾尔族乐器的冲击。第三，调研维吾尔族乐器制作人员和消费者对于信息咨询服务的需求和评价。

（5）心理压力方面。

第一，了解消费者希望从维吾尔族乐器和时代融合的产品中获得什么，了解消费者的期望和需求。第二，考虑到制作维吾尔族乐器的手艺人的日益减少，需要研究别的民族乐器手艺人的情况，了解他们如何处理心理压力和困难的情况。第三，对消费者的反馈进行分析，以了解他们购买维吾尔族乐器的预期和体验，是否满意当前市场上的产品。

3. 调研行程

2023 年 7 月 20 日，团队在线上发布了有关"对新疆维吾尔族乐器了解与否及了解途径"自填问卷，共收到有效问卷 163 份。

2023 年 7 月 21 日，去往新疆民族乐器村，与村长和负责人进行谈话，参观乐器村，了解乐器村的情况。

2023 年 7 月 22 日，去往新疆民族乐器村的每个制作工房，采访技艺师傅，观看制作的过程并录制视频。

2023 年 7 月 23 日，团队采访制作技艺的传承人以及村委相关工作人员，并探讨制作技艺的历史传承情况与未来发展趋势。

四、调研的成果

1. 收获

总体来看，维吾尔族乐器的起源和流变是与当地文化和历史的发展息息相关的，在维吾尔族乐曲的演奏和传承过程中，更是承载着深厚的文化底蕴和民族精神。因此，对于维吾尔族乐器的研究和保护，不仅是对其历史文化遗产的维护，也是对中华优秀民间音乐文化的守护和传承。

（1）线上调研。

通过与 up 主交流、与维吾尔族乐器手艺人访谈进行在线访谈，团队成员深入了解了他们的想法；通过使用相关搜索引擎，输入"维吾尔族乐器"或"维吾尔族乐器制作技艺"等关键词，了解该领域最新的作品和展览；通过社交媒体平台，如抖音、微博、小红书和微信公众号，搜索相应的话题或者使用相关的标签，搜集更多的参考信息；通过维吾尔族乐器相关的书籍和期刊，了解更广泛的相关乐器和手艺人，艺术家，获取到行业信息。

团队成员通过在线式问卷，收集了行业人士和对其感兴趣的人的观点和数据。从问卷数据可以得知，大众认为能够促进民族乐器与乐器制作手艺的传承与宣传的看法。超过一半的人认为打造工艺纪念品，游客参观博物馆、乐器的制作，举办宣传活动和借助互联网宣传能够促进民族乐器与乐器制作手艺的传承。

（2）线下调研。

团队成员通过参加维吾尔族乐器相关的展览，观摩展览中的乐器、与其他参展观众进行互动和交流等方式，获取更多的信息。团队成员采访了参展的各种维吾尔族乐器或手艺人，了解他们的发展模式、产品创新、市场营销等方面的信息，发现维吾尔族乐器的发展趋势。通过实地走访维吾尔族乐器制作技术非遗传承人，参加非遗传承人相关论坛，通过观察和交流了解非遗技艺的传承现状、作品类型和艺术风格等方面的信息。通过邀请维吾尔族乐器的手艺人或艺术家进行面对面的访谈，了解他们的发展现状和未来计划等。

通过线下走访相关的城乡非遗手艺人及行业企业和机构以及对相关工作人员和客户进行访谈和调研，收集所需信息和数据，团队成员后续进行了细致的分析。综合所有的调研结果，形成了关于维吾尔族民间乐器制作行业挑战和发展的具体事件重要意义以及维吾尔族民间乐器技艺和推广产品的调研报告。团队成员积极讨论，互相交流，通过查询资料以及分析调研数据提出相关的意见及想法，并对其进行汇总，及时总结收获以及经验撰写成果报告。

以微信推送和 vlog 等多种形式进行推广，实践团队将会把本次体验过程、感悟等通过团队微信公众号推送，助推更多人加强对维吾尔族乐器制作技艺的认识和欣赏；同时，会将队员在此次活动中的探寻过程（探访维吾尔族乐器制作过程、采访非遗手艺人）拍摄成视频，以 vlog 的形式来向大家展示乐器制作相关技巧和历史文化。

对于维吾尔族乐器制作技艺行业发展建议以论文的形式发表，通过总结分析各项调研，得出当前维吾尔族乐器的市场现状与问题；综合亲身实地探访和体验的感受，针对维吾尔族乐器手工技艺行业的机遇和挑战，提出相关的建议并向有关单位和团体提出，助力推动行业更好、更快速地发展。

这次社会实践活动采用线上与线下相结合的方式进行调研，有助于提升非遗教育的效果，扩大其影响力、覆盖面，提高其知名度，非物质文化遗产蕴含着诸多优秀的传统文化元素，但再好的资源如果不能转化为生产力，那它也仅仅以一种资源存在而已。将全媒体引入非遗教育，可以有效地帮助人们深入了解非遗文化的历史发展脉络，丰富和拓展非遗教育内容，增强亲和力和说服力，在全社形成关注、保护和自觉传承非遗文化的氛围，接受非遗文化熏陶，这种潜移默化的文化渗透方式不仅有助于个人形成正确的世界观、价值观、人生观，而且也有助于在全社会弘扬中华优秀传统文化。全媒体包括新兴媒体和传统媒体，新兴媒体可以让非遗文化的内容采用不同的传播渠道进行传播，方便人们在各种接收终端欣赏、学习。我们可以利用全媒体技术的全方位、多渠道的特点，将非遗文化多媒体化，实现文化的传播交流。新兴的媒体技术降低文化信息传播的成本，拓展可利用的渠道，方便人们以更直接有效的方式来获取循环传播的文化信息。因此，非遗文化只有创新传播载体，才能永葆生机与活力，得以在时代中传承。

2. 维吾尔族民族乐器制作技艺中存在问题及原因分析

（1）民族乐器的传承范围有限以及失去个性。

维吾尔族乐器的传统制作工艺传承以口口相传作为主要的传承模式。这种传承方式缺少完整性和系统性，并且没有结合时代潮流发展趋势，一定程度上阻碍了制作技艺的传承。维吾尔乐器的创作者和演唱者逐渐减少、传承渠道狭窄导致少数民族声乐的音乐特色逐渐受到主流音乐的影响，从而导致文化个性的消失。

（2）专业人才不足，缺乏标准化的教学机构。

乐器的生产与制作依然保持着传统手工的制作方式，对此，制作人说："一天不能完整地制作出一把都塔尔，但十天可以制作出十把都塔尔。"这些乐器的制作包括很多精细与繁琐的细节，制作周期相对来说比较长。维吾尔民族乐器的演出需要专业的艺术家和工作者，但现实情况是，民族乐器制作技艺的学习与培训机构匮乏，培养民族乐器技艺方面的专业人才和艺术家的数量不足，这也成为制约民族乐器发展的问题。

（3）许多民间技术和民间艺术后继无人。

疏附县吾库萨克乡托万克吾库萨克村是新疆民族乐器制作地之一，全村近一半村民从事乐器制作。近年来，由于市场需求的下降以及农村劳动力的外流，越来越多的村民逐渐放弃乐器手工制作工艺，很多乐器的制作工艺面临失传的危险。维吾尔乐器传统的技能和民间技术是老一辈人智慧的结晶，其中饱含着我国劳动人民的勤劳和质朴的特性。乐器制作技能的掌握需要几年甚至几十年的时间，现代人甚少有人愿意花费长时间去学习一门技能。除此之外，在维吾尔族民间的传承方式主要以血缘关系连接为主，血缘关系的因素导致传承的单一性。年轻一代对民族文化认识不足，许多传统技能和民间艺术后继无人，这些传统的技能和民间技术是老一辈人智慧的结晶，在追逐潮流中开始西方化，这就导致我们珍贵的民族技艺（如都塔尔）面临失传的危险。

（4）传统乐器文化在创新方面存在不足，难以吸引更广泛的受众。

为了让传统乐器在当代音乐中发挥更重要的作用，我们需要将其和现代音乐进行融合，创造出更具有现代感和时代感的作品。这不仅可以更好地表达传统乐器的特色和魅力，也可以拓展传统乐器的市场和受众群体。

3. 解决方案

（1）注重传统维吾尔族乐器的教育和普及。

维吾尔族传统乐器的教育和普及也非常重要。要将传统乐器纳入音乐教育的课程体系，培养更多的传统乐器演奏和制作人才。此外，还可以通过音乐会、音乐节等文化活动，让更多的人欣赏传统乐器的音乐之美，提升其知名度和影响力。

（2）加强创新发展民族乐器。

可以加强民族乐器文化的创新，探索新的音乐形式和表现方式，例如融合其他音乐元素、与其他民族乐器合奏等。维吾尔族乐器发展需要引进并培养专业人才和艺术家。为了让传统乐器在当代音乐中发挥更重要的作用，我们需要将其和现代音乐进行融合，创造出更具有现代感和时代感的作品。这不仅可以更好地展现传统乐器的特色和魅力，也可以拓展传统乐器的市场和受众群体。

（3）促进对民族乐器的发展和利用。

国家应鼓励新疆维吾尔族自治地区人民群众、企事业单位、社会团体参与到都塔尔的保护工作当中，开展关于都塔尔的文艺活动，支持民众对关于都塔尔进行创作、改编、出版、表演、展示、产品开发、旅游活动等，发展都塔尔相应的产业，使都塔尔发挥已有的或潜在的价值。

五、调研结论与总结

本次暑期社会实践报告题为"'乐'韵新疆——传承音乐文化"，团队以疏附县为讨论对象，进行了三次实地调研活动。团队成员前往新疆乐器村，与村长进行交流，采访技艺师傅，以及与每位制作技艺传承人见面和探讨制作技艺的历史传承情况。

通过本次调研活动，团队成员充分认识到维吾尔族乐器不仅是中国音乐文化中的重要组成部分，而且是中国文化多元化的体现。我们应该继续维护不同民俗的独特性，推动不同民族文化的传承，让多元文化成为推动中国文化走向世界的强大力量。

非遗灵璧石文化的传承机制
与创新发展路径调研

团队成员：胡智勇　吴　曦　郁金香　兰敏婧　吴紫心

指导老师：高　伟

一、引言

1. 调研背景

灵璧石的发展前景在文化传承方面有着巨大的潜力。灵璧石为中国四大奇石之首，自古就受到文人雅士的追捧，对人们的文化品位、道德修养有着深刻的影响。随着社会的发展，越来越多的人开始重视传统文化的传承，而灵璧石正是优秀传统文化的重要组成部分。它不仅有着悠久的历史，更是一种艺术。所以，未来优秀传统文化的传承将会得益于灵璧石文化的蓬勃发展。灵璧石的发展前景在旅游业方面也有着巨大的潜力。灵璧石是一种具有独特魅力的文化景观，对游客有着很大的吸引力。随着旅游业的发展，越来越多的游客来到中国，他们希望了解中国的传统文化，而灵璧石正文化是中国传统文化的重要组成部分。由此可见，灵璧石文化的发展会对地区旅游业的发展方面产生强大的助推作用。

2. 调研时间

2023 年 7 月 21 日—7 月 28 日。

3. 调研地点

安徽省灵璧县。

4. 调研对象

灵璧石。

二、调研对象简述

"南观迎客松,北赏灵璧石",作为当代中国赏石文化的瑰宝,灵璧石是安徽省独有的珍贵资源,具有较高的观赏价值、收藏价值。灵璧石深得历代文人雅士的喜爱,随着赏石文化的不断发展,灵璧石以其独特的魅力成为安徽省对外交流的一张名片,成为安徽省对外开放的窗口,成为安徽省经贸合作与增进友谊的桥梁。灵璧石除了有悠久的历史之外,还有极高的美学价值、人文价值、艺术价值和经济价值。作为观赏石的灵璧石同样具有形式美和意境美的双重内涵,"以无意识的形式存在于审美者的深层心理结构之中",是大自然鬼斧神工创造了灵璧石独特的形体美。人们通过视觉感受获得想象、联想等,来表达意境之美,愉悦心情之感,用灵璧石的"外师造化,中得心源"来感悟自然之美,陶冶情操,借物喻志。灵璧石是大自然赋予人类独特的天然艺术品,大自然的神奇力量造就了千变万化、形态各异的灵璧石。它具有极高的美学价值和艺术价值,必将提升其经济价值。当前非遗文化的创新性发展迫在眉睫,也引起了学界和业界的众多关注。其中,安徽赏石文化的代表——灵璧石文化正经历转型发展关键时期。

本次调研基于当前的时代背景,针对灵璧石的发展和内涵文化宣传存在的问题,深入研究灵璧石在安徽省经济发展中起到的"催化剂"作用。本次调研表明灵璧石文化对安徽省的经济发展具有推动作用,并且具有潜在的文旅价值,但更需要多元化、创新性发展,才能更好地传承非遗文化,推动城乡高质量发展。

三、调研过程

1. 调研方法

本次调研采用了文献研究法、个案研究法等研究方法,在大量市场调研和后期分析的基础上,从灵璧石的溯源出发,分析整理资料,拟调研群众对灵璧石文化的了解程度和对其创新性发展的接受程度,进一步打开灵璧石文化的国内外市场,在调研其对于安徽省经济发展的作用的同时,向更多人展示中华文化之博大精深,肩负起传承文化的时代使命。

（1）文献研究法。

在此研究过程中,我们查阅了大量文献,如陈东升的《中国奇石盆景根艺花卉大观》、丁文父的《中国古代赏石》、谢天宇的《中国奇石美石收藏与鉴赏全书》,以及中国期刊网等文献,整理分析出灵璧石起源、发展和内涵文化宣传存在的问题,找到项目痛点。

（2）个案研究法。

在此研究过程中,我们首先确立了以灵璧石迎客松以及其背后文化内涵作为研究对象。灵璧石迎客松作为上海世博会镇馆之宝,曾在上海世博会展出期间迎接了 260 多万名游客,并入选外交部"蓝厅"进行展出:其外观伸出一侧枝桠,如同展开一双臂膀欢迎远道而来的客人,这也代表着开放的安徽也正张开双臂,热情欢迎世界各地的朋友。鉴于此,我们对灵璧石的国际外交属性有了更深刻的认知并对此进行追踪研究。

（3）探索性研究法。

在此研究过程中,我们通过对灵璧石的已知信息以探索、创新的方式,拟将灵璧石背后的文化内涵拟人化,打造出一部灵璧石系列漫画以及系列视频,再结合国内外各大视频网站,并邀请中华文化推广类博主一同推广,以此来提升国内外对灵璧石文化的了解程度,尝试将灵璧石文化带出安徽、走向世界。

（4）实地调研法。

在此研究过程中,团队成员通过实地调研走访的方式来到安徽省灵璧县及相同地质年代的周边地区,展开对于灵璧石及其背后文化内涵的调查研究。通过这次走访,我们对于灵璧石的造型、石肤、色泽、硬度、声音等特点有了更深入更切实的认知,为我们创造"石灵"提供了丰富生动的素材。同时也进一步地感知到灵璧石的多元美,筑牢我们将其向世界传播的信心和决心。本次调研针对灵璧石的发展和内涵文化宣传存在的问题,拟从灵璧石多元发展和文化国际接轨方向开展研究调查,并结合国内近似矿石类古玩物品发展案例调查研究国内灵璧石多元发展路线及其内涵的中国文化与世界文化多样性的交融碰撞。

2. 调研内容

基于灵璧石文化在安徽省内的认识度较高而在别的省份较鲜为人知,且灵璧石作为观赏奇石的一种,是安徽省非物质文化遗产传播的载体,为安徽省的经济发展做出了一定的贡献。在安徽省内设有专门的博物馆进行知识的讲解和传授,本次调研分为线上调研和线下实地调研两部分,探讨灵璧石这一安徽特有的观赏石对安徽经济发展的作用及对其未来的展望。

针对灵璧石这一赏石文化能有更加源源不断的内生动力,更好地促进安徽省的经济发展,线上调研小团于7月21日至8月1日10天时间发布了250份问卷。

线下实地调研小队于7月28日前往安徽省地质博物馆、安徽省灵璧县磐石国家公园,并向相关工作人员进行学习和调研。

四、调研的成果

1. 收获

从问卷数据可以看出,虽然大家对灵璧石文化了解的并不深入,了解灵璧石文化的人数为128人,占总填写问卷人数的51.2%;不了解灵璧石文化的人数为122人,占总填写问卷人数的48.8%,但认为灵璧石赏石文化现今还有发展意义的有224人,占比为89.6%;而认为没有发展意义的仅有26人,仅占比10.4%。91.2%的人认为灵璧石文化具有多元发展的潜力,8.8%的人认为灵璧石文化没有多元发展的潜力,他们对灵璧石文化的发展前景持怀疑态度或者有其他的观点。

综上所述,根据填写者的选择,大部分人认为灵璧石文化具有多元发展的潜力,也反映出大部分人对于灵璧石文化的发展持乐观态度,但仍有少数人对此持不同意见。可以看出,绝大多数人认为灵璧石赏石文化仍有较大的发展空间,对这一特殊的文化能持续发展持肯定态度。也就意味着,大多数人相信灵璧石这一非遗文化对安徽省经济发展也有着持续推进作用。

但从问卷中也能看出灵璧石文化现今的发展途径较为单一,导致除了安徽本省人以外对灵璧石文化的认知度不高,这也是灵璧石文化发展至今最大的困境之一。要使灵璧石文化能持续、稳健地促进安徽省的经济发展,必须突破当前困境,即借助现在的科技力量,进一步探索灵璧石文化多元发展的途径。

综上,灵璧石文化迄今仍然具有很强的发展韧性,对安徽省经济发展也在发挥持续的推动作用,但如果能突破调研发现的困境,灵璧石这一特殊的非遗文化能越走越远,越走越强劲。

2. 存在问题及原因分析

虽然近年来灵璧石文化得到了空前的发展,灵璧石越来越引起中外藏石界的瞩目,然而,灵璧石文化也存在一些突出问题,一是滥挖滥采现象严重,在一定程度上破坏和浪费了灵璧石的资源;二是一些功利主义者为了从中牟利,煞费苦心地巧施伎俩,蒙骗世人,也在一定程度上破坏了灵璧石的声誉。

对于灵璧石文化当下的发展困境,我们看到的是灵璧石作为一种自然资源,具有稀缺性、不可再生性的天然属性。考虑到灵璧石产业的长远发展,绝对不可竭泽而渔,所以在这种情况下,如何挖掘灵璧石文化,丰富灵璧石的文化内涵,将灵璧石产业发展为灵璧石文化产业至关重要。本次调研以此背景为切入点,整理分析出灵璧石起源、发展和内涵文化宣传中存在的问题,找到项目痛点,结合网络时代的大背景,借助新媒体传播平台,采取更加生动具象的表现形式进行推广,让灵璧石文化以一种更加灵活的方式为人们所了解和熟知。

3. 解决方案

(1) 推动灵璧石文化的多元化发展。

要拓宽灵璧石文化的传播渠道,提升影响力,需实施多元化的发展战略。具体而言,可以打造灵璧石文化旅游品牌,通过举办灵璧石文化节、赏石大赛等活动,吸引国内外游客和赏石爱好者的关注,提升灵璧石文化的知名度和美誉度。同时,利用数字技术,如虚拟现实(VR)、增强现实(AR)等,建立线上灵璧石博物馆,开发文化 App,为公众提供便捷的信息获取和交易平台,使灵璧石文化以更加生动、直观的方式呈现给大众。

此外,还应开发灵璧石文化创意产品,将灵璧石元素与现代设计相结合,创造出具有独特文化特色的产品,如灵璧石雕塑、文具、家居饰品等,提升灵璧石文化的附加值和商业化潜力。同时,推动灵璧石文化与其他产业的融合,如时尚、艺术、建筑等,创造出更多元化的文化产品,拓宽灵璧石文化的发展路径。

(2) 加强灵璧石资源的保护与可持续利用。

灵璧石资源的稀缺性和不可再生性,决定了我们必须采取有效措施,保护这一珍贵的自然资源。应制定严格的法规和政策,明确灵璧石资源的开采、运输、销售等环节的监管要求,加大对非法开采、贩卖灵璧石行为的打击力度,维护市场秩序,可持续利用资源。

同时,实施科学开采计划,根据灵璧石资源的分布情况,制定合理的开采方案,避免过度开采和资源浪费。对已经开采的矿区进行生态保护,保持水土,维护生态环境的平衡。此外,建立灵璧石资源数据库,收集灵璧石的种类、分布、开采情况等信息,为科学开采和资源保护提供数据支持。

（3）提升灵璧石文化的内涵。

灵璧石文化作为中国传统文化的重要组成部分，具有深厚的历史底蕴和艺术价值。为了提升灵璧石文化的内涵，应深入挖掘其历史价值，组织专家学者对灵璧石的历史文化进行深入研究，揭示其独特的文化内涵和艺术魅力。同时，将灵璧石文化纳入教育体系，开设相关课程，培养年轻一代对灵璧石文化的兴趣和热爱。

此外，举办灵璧石文化培训班、讲座等活动，邀请专家学者、艺术家进行授课和指导，提升公众对灵璧石文化的认识和鉴赏能力。加强与国际文化机构的交流与合作，举办国际赏石大会等活动，展示灵璧石文化的魅力，推动其国际传播与交流也是保护其文化传承的重要途径。

（4）规范灵璧石市场，打造文化品牌。

为了维护灵璧石市场的秩序和声誉，应建立行业自律机制，成立灵璧石行业协会，制定行业规范和标准，加强行业自律。同时，推动相关法律法规的完善，明确灵璧石市场的监管要求和处罚标准，为市场监管提供法律保障。

在加强市场监管的同时，还应打造灵璧石文化品牌，制定品牌发展战略，明确品牌定位、品牌形象和品牌推广策略。通过新媒体平台、广告、公关活动等多种渠道进行品牌宣传和推广，提升灵璧石文化品牌的知名度和美誉度。同时，加强对从业者的培训和指导，提升其专业素养和服务水平，为灵璧石文化的传承与发展提供有力的人才保障。

综上所述，通过实施多元化发展、资源保护、文化传承与市场规范等综合性措施，团队成员认为可以有效应对灵璧石文化发展面临的挑战，推动其持续、稳健发展。同时，这些措施也将为安徽省乃至全国的经济发展注入新的活力，推动文化产业的繁荣与发展。

五、调研结论与总结

灵璧石文化作为中国传统文化的重要组成部分，具有深厚的历史底蕴和艺术价值。然而，在现代化进程中，灵璧石文化的发展面临着诸多挑战。团队的五名成员因对石文化的热爱而相聚一组，并且快速讨论，确定了研究灵璧石文化这一课题，试图以创新多样的方式带领灵璧石文化走进世界人民的视野，让中华传统文化不断发光发热。于是，2023 年 7 月 28 日，团队成员从上海来到了安徽省博物馆和地质博物馆进行实地走访,以问卷和访谈的形式展开了对灵璧石文化的调研,并且在确保所有成员安全的前提下获得了良好的调研反馈,顺利完成此次调研活动,由此我们也得到了一系列切身感悟。

经调研,我们发现灵璧石虽然被誉为我国"四大奇石"之一,但其国内外知名度却远不如其他石头。而它作为文化遗产的一部分,具有很高的文化旅游和经济价值,人民大众也十分支持推动其创新型发展和向国际接轨。因此我们认为只要对其充分利用、发掘,便能对安徽省乃至全国的文化经济发展起到推动作用。通过本次调研,团队成员更加深入地了解这一非物质文化遗产,不断地探索它的多元化和国际化发展。由此我们拟将灵璧石文化"拟人"化,赋予其石灵的形象,并且根据实地调研反馈意见制作一系列符合大众意愿的文创产品,提升其知名度,从而拉动灵璧石赏石文化的交易。

灵璧石文化的发展绝非一朝一夕就能促成的,但团队成员将持续为之努力和奋斗。我们相信灵璧石这一优秀中华传统非遗文化能够为安徽省当地的经济文化发展带来巨大的效应,也能够巍峨地屹立于世界之林,向国际同胞们展示我们泱泱大国厚重的文化底蕴和聪明智慧。

"奇"乡"艺"土看羊磴，文化赋能新乡村

——以贵州羊磴镇为例探究社会参与艺术资源助力乡村振兴建设的实践路径

团队成员：苟帧语　尹　航　文媛媛　陈福圆

　　　　　孙上耘　李梓萌　汤幸琪

指导老师：王鹏飞

一、引言

1. 调研背景

党的"十九大"提出了乡村振兴战略，在七年的逐步落实和伟大实践中得到进一步发展，并对消除绝对贫困的伟大成果做出了巨大贡献，在赓续以人民为中心的伟大精神血脉，持续优化和深入践行乡村振兴战略，向社会主义现代化强国远大目标迈进的过程中，党始终认为最艰巨、最繁重的任务仍在农村，最广泛、最深厚的基础仍在农村，最大的潜力和后劲也仍在农村。乡村振兴首先是振兴"人"，村民作为乡村振兴的主体，赋能村民既是乡村振兴的前提，又是乡村振兴的目的。因此，乡村振兴很重要的一条是要激发村民的内生动力。在唤醒村民的聪明才智的实践中，充分探索悠久淳朴、多元鲜活、源远流长的乡村文化的教育作用无疑是在这一过程中的"最佳选择"，乡土风情引流、历史故事讲述、非遗体验旅游等在近年来通过文化建设实现脱贫振兴的案例比比皆是。文化是旅游的"灵魂"，探索和弘扬各具特色的乡村文化形成可持续的模式，是当代推进乡村振兴伟大实践的"必经之路"。而经过悠久乡村艺术发展积淀和具有鲜明社会参与特色文化的羊磴村是符合实践探究目标的最佳案例之一。

2. 调研时间

2024 年 6 月 29 日—7 月 15 日。

3. 调研地点

贵州省遵义市桐梓县羊磴镇。

4. 调研对象

羊磴镇素人艺术家、羊磴镇居民、羊磴镇基层有关部门及民间组织，羊磴镇艺术博览会、艺术乡场及其他公共艺术场景和艺术文化资源。

二、调研对象简述

2012 年，羊磴镇艺术爱好者们成立了羊磴艺术合作社，并与四川美术学院进行了合作。四川美术学院的学生也到羊磴艺术合作社开展绘画、泥雕、木雕等实习。随着双方合作的深入推进，交流日益频繁，当地人民深受影响，许多人开始学画画、学木雕，艺术氛围在当地十分浓厚。截至 2023 年，羊磴艺术合作社共有社员近 60 名，除了该镇本土艺术爱好者之外，还有来自桐梓县城区的艺术爱好者以及四川美术学院的部分老师。在接下来的时间里，包括羊磴"土而奇"艺术馆、艺术乡场以及其他的艺术空间也开始如雨后春笋般出现。随着全面推进乡村振兴，羊磴镇延续了十年的羊磴艺术合作社项目，2023 年，羊磴镇艺术爱好者、艺术家群体、桐梓县文联各文艺家协会的会员一起，向桐梓县民政局正式申请成立了独立法人的"桐梓县羊磴艺术协会"，这是中国唯一的镇级艺术协会。随着"桐梓县羊磴艺术协会"的成立，一个"乡土而新奇"的乡村艺博会也随之举办。"土而奇"源自当地一句土话——"土耳其"。有趣的是，正是中国人了解世界之后，才让人们知道了这个名字，并在不知不觉中融入成为当地的俚语，"土而奇"意味着"乡土而新奇"，是来自农耕文明绵延不绝的传统，通过专业艺术家和乡村艺术爱好者的合作协商，转化为充满想象力和生命力的创造，乡土而新奇，呈现的是最广大的乡土社会绵延千年的基因和活力，镇政府把一排位于安置楼底层的门面房交给我们作为主展览场地，并对整个小镇做了打扫和"厕所革命"，艺术馆馆长胡现坤自发组织的利用公共艺术空间展开的"烟头计划"也推动了实用性乡村艺术文化的转化和艺术空间的塑造，展览空间分布在全镇近 20 个场所，既有沿街门面改造的"艺术馆"、搬迁后的政府办公楼，也有蛋糕店、照相馆、草药铺，还有羊磴人家的老宅。

三、调研过程

1. 调研方法

（1）问卷调查法。

在本次暑期社会实践项目开启的前期和调研中，调研团队都充分利用问卷填写的方式进行项目相关问题数据的筛选和分析，设置有关羊磴镇艺术文化发展情况、外来游客量、生活感受等具体问题，为本次调研前期关键难点的确定以及后期发展建议书的撰写提供了很大的帮助，提高了本次调研相关结果的普适性和科学性。

（2）访谈调查法。

采访是本次调研的核心调研方法，也是本次调研成果呈现的主要形式，在本次关于羊磴镇的实地调研中，调研团队在调研期间采访了大量羊磴镇艺术文化建设和发展的主要人物以及主要参与者，包括常驻羊磴的公共艺术空间羊磴艺术馆的馆长胡现坤师傅、小春堂的主人谢小春师傅，还有来参与艺术博览会和艺术乡场的昆明理工大学大学巴胜超教授、云南艺术学院邹洲教授、云南大学向丽老师等学者，并以此为素材制作了人物专访稿、羊磴故事集和纪录片，生动形象地呈现了本次调研的过程和有关成果。

（3）对比研究法。

在本次项目调研的过程中，进行实践内容总结和建议书的撰写使用到的主要研究方法是对比研究法，调研团队通过查阅与羊磴情况相似的乡村发展情况信息和乡建发展历程，通过对比先进且得到长足发展的案例，并进行模式学习，在失败案例中总结经验，以此实现理论联系实际，在实践中探索、检验和发展真理，也让本次调研成果之一呈现给羊磴镇基层部门的发展建议书更加贴合实际情况。

（4）个案研究法。

除对比研究法外，本次调研的总结复盘阶段还采取了个案研究法，既独立研究了羊磴镇的发展，具体问题具体分析，遵循了矛盾的普遍性规律，又充分把握了矛盾的特殊性，使本次总结报告及纪录片的调研结果更为切合羊磴镇的具体情况。

2. 调研安排

6月29日—6月30日,文媛媛、苟帧语,贵州省遵义市桐梓县羊磴镇。

7月8日—7月15日,全体队员,在贵州省遵义市桐梓县羊磴镇进行为期一周的实地调研。

3. 调研基本方略

(1) 回溯文化演变,整合艺术资源。

羊磴村参与式艺术实践十年间积累的丰富艺术文化资源和发展成果缺乏系统性的整合,调研团队计划在实践探究羊磴村参与式艺术文化建设十年演变的基础上,利用好团队技能,深入了解羊磴乡村艺术文化,拍摄关于羊磴人文艺术以及美育乡村的发展历程的纪录片。在与村民和相关艺术家的近距离沟通和采访中,调研当地情况,探索其未来发展路径。

(2) 推进公众参与,助推模式推广。

尽管羊磴艺术协会和合作社在推动艺术与日常生活的融合方面做了很多努力,但仍存在艺术与生活连接不够紧密的问题。在深入当地实践的一周中,调研团队以自身专业知识为基础,为羊磴策划了"参与式博物馆"实践模式,结合羊磴已有的羊磴艺术合作社、艺博会和乡愁馆,进一步加强艺术与当地群众的互动,使参与式公共艺术模式更具普适性,投入更广泛的文化赋能乡村振兴的实践。

(3) 聚焦文化特点,打造艺术胜地。

近年来乡村经济的发展离不开公共参与式的艺术文化在村落的生根发芽,这对村落文化氛围和广大民众也起到了推进和教化作用。因此,公共参与式艺术文化亦是羊磴村最主要的文化特色之一,不同于普通旅游目的地的营销和打造,调研团队将羊磴村的目标人群定为人文艺术领域的专家以及爱好者,在现有的资源基础上挖掘、整合并宣传羊磴村更多的乡村艺术资源和文化 IP。提升艺术赋能乡村振兴发展的影响力和可持续性。

四、调研的成果

1. 收获

(1) 羊磴镇艺术文化发展计划。

羊磴镇"素人艺术家"的发掘、培养和成长,是"桐梓县羊磴艺术合作社"十年实践中最重要的成果。胡现坤从一个乡村艺人通过艺术,成为"羊磴乡愁馆"

的馆长,除了做工之外,其他时间几乎都在馆里照看展品,维护挤满小学生的绘画教室,向到访的领导群众讲解作品;谢小春把自己家里的杂物间改造成一个向公众开放的文化馆"小春堂",展出自己画的风趣、生动的"年代画";木匠郭开红通过和艺术家们的共同工作,开始了自己的雕刻之旅,创作了许多令人眼前一亮的精彩的木雕作品;因为"桐梓县羊磴艺术合作社",作为90后的李小松得以重拾少年时候的梦想,他巧妙地运用身边的随手可得的材料和网上购得的机械零件,凭借他来自生活的感受力,制作完成各种妙趣横生的技术之作。艺术家张增增、李娜与李小松兄妹组成团队,通过协作对话,完成一系列介于家用电器与艺术装置之间的艺术作品,每件作品都对应着一段小松的生命感悟和情感历程。这些与个人人生经历和体验融为一体的乡村"科技"艺术作品,其中丰富的想象力和独特的作品语言让人叹为观止。除了这些代表性人物以外,羊磴镇的村民对于乡村艺术公共活动的积极参与和常去参观公共艺术空间都推动了羊磴镇艺术文化的深刻发展,将羊磴镇发展艺术文化带来的美育价值体现得淋漓尽致。每年开办的"乡土而新奇"艺术博览会有效地展现了艺术家和村民之间以艺术为桥梁产生的神奇交互反应,或许会对乡村文化振兴和乡村艺术文旅产生深远的影响。

(2)羊磴艺术文化资源情况。

调研团队将羊磴镇的艺术文化资源分为三种。第一种是承载羊磴艺术文化的实物资源,比如素人艺术作品,包括"老奶奶的画""老烟鬼"烟头制成的"眼帘",承载着乡愁的年代画等,又比如艺术创作的公共艺术空间,比如"乡土而新奇"艺术博览会、桐梓县羊磴镇艺术馆、羊磴艺术协会、小春堂等。第二种是无形的羊磴镇艺术文化,比如朴素地用艺术记录年代,用艺术表达乡愁,用艺术抒发对美好生活的向往,以及用艺术传递保护自然生态环境和养成好习惯的价值理念,这都是羊磴镇艺术文化的传承者、发展者和见证者对美好生活的热爱和表达。第三种是最为核心和宝贵的人的精神,羊磴镇艺术文化十几年的发展和实践在这片"奇乡艺土"上培育和影响了大批的素人艺术家,他们以实际生活阅历和丰富的想象为灵感来源,借助无形的文化和有形的艺术实物和公共艺术空间,创作出能够体现羊磴镇生活色彩和文化特征的艺术作品,通过朴素的个人表达让个体与群体的精神得以共鸣、凝聚和健康成长,通过创造力的激发以实现羊磴镇艺术文化资源的繁盛和可持续发展。

（3）羊磴艺术文化乡建特点。

羊磴镇艺术文化乡建的主要特点有以下三点。

第一，羊磴镇艺术文化乡建是基于村民作为素人艺术家结合自身经历和对美好生活向往而创作的艺术作品展现的，因此具有明显的公共性，既体现了羊磴镇素人艺术家们对于艺术内容和呈现形式的偏好，又具有显著的地域性和时代性，艺术创作具有一定的雅俗共享的艺术价值。

第二，羊磴镇艺术文化乡建具有较强的可持续性，在近十年羊磴艺术文化融入乡村建设的实践中，羊磴镇艺术文化创作并未明显的同质化的窘境，同时在艺术文化资源创造和发展的过程中，对原有生态环境和社会环境维护得较好，并未产生明显的投入产出边际效应递减的情况，羊磴镇的艺术文化仍在传承中持续创新，得以深化发展，艺术活动仍旧在进行多样化和价值化实践，因而具有明显的连贯性和可持续性。

第三，羊磴镇艺术文化乡建实践具备深刻的美育价值，通过艺术文化资源的创造和发展的实践探索，羊磴镇的社会文明和谐情况都在不断变好，村民的表达能力、知识水平都得到了较大的提升，对于羊磴镇社群集体的认同感、归属感和凝聚力也有了较大提升，审美能力和艺术创作能力得到了提高，初步实现了艺术乡村振兴的部分目标效果，影响了更多羊磴镇村民踏上了素人艺术家的道路，具有较高的美育价值。

2. 存在问题及原因分析

（1）艺术介入乡村建设的影响。

艺术既是乡村振兴的手段亦是乡村振兴的目的，乡村艺术可以通过激发自我表达让村民个体的精神得以健康成长，让潜在的创造力得以充分地释放，还可以通过艺术特有的共情体验，来获得文化的共享进而获得群体的共识。进而增强乡村建设中村民的认同感、归属感和凝聚力，艺术在乡村振兴中的意义和价值应有利于个体精神的成长和振奋，素人艺术家创造的艺术作品大多具有独特的表达内容，他们通过自己的艺术，让人生和生活中群像的各种遭遇以及愿望获得审美化的呈现，痛苦和诉求通过共享和沟通进行反向的疗愈，在这一过程中，人的价值得以实现并获得了意义，并有了主动追求美好生活的意志和愿望，亦为创造和探寻向往的生活注入了磅礴的动力，而乡村建设和振兴的终极目的亦是实现协同发展，满足村民对美好生活的需要，因而艺术于乡村建设而言既是手段,亦是目的。

(2)羊磴镇独特的艺术乡建模式可否推广为普适化的乡村建设方法。

羊磴镇的艺术乡建模式是可以推广的,但前提是在这个模式的本质未改变的情况下。据羊磴艺术协会秘书长付臣亮介绍,"羊磴艺术合作社"始终践行"五个不是"原则,强调不是采风,不是体验生活,不是社会学意义上的乡村建设,不是文化公益和艺术慈善,不是当代艺术下乡。"长年以来,合作社与本地居民建立了紧密联系,通过设立参与式美术馆如门面美术馆和家庭美术馆让居民主动参与。此外,以本地居民为主导的'烟头计划'和'老年计划'等项目,缓解了当地的环境卫生问题和老龄化问题"。简言之,羊磴镇的模式更多是以基层政府为背书或"大股东"来实行,以村民和艺术家自由参与创建的一场长期大型活动,在一开始就没有人会知道羊磴模式会走向何方,但随着该模式的发展、更多公共艺术场景的出现,艺术协会和展览会及其他活动的开销变大,仅仅根据现有的资源搭建商业模式,难以支撑持续的商业运转,必须要考虑以此为出发点搭建更大的艺术商业平台和结构。没有外来者的乡村艺博会只能是乡村的自我娱乐,这也说明,在模式合理完整的情况下,只有充分的外部资源的进入,才能重塑乡镇公共空间的新的价值和意义,这时可能又会因外来的资本介入而走向不可控的方向,因此,羊磴镇的艺术乡建模式在本质未改变且可持续的情况下是有推广可能的,规避不确定性和机遇不稳定性是推广的关键。

(3)羊磴镇是否具有发展成为旅游目的地的可能性。

羊磴镇有发展成为旅游目的地的可能性,但还不具备发展旅游业的条件,旅游目的地主要构成主要包含以下四个要素:旅游吸引物、旅游服务支持型企业、基础设施和可进入性。在旅游吸引力方面,羊磴镇旅游得天独厚、源远流长的乡村艺术文化资源,且本身具有更新性和可持续性,对于学术人士,特别是艺术类学术人士参与商业旅游研学具有极大的吸引力。在旅游支持型企业方面,需要羊磴镇积极开辟销售和传播渠道,需要注重目的民宿经济的发展,还要适当地发展商业化餐饮,维护生态环境,制作一些带有羊磴特色的特产和创意文创,策划针对外来旅游者的活动等,在食、住、行、游、购、娱多方面满足旅游者的需求。基础设施方面是羊磴镇的短板,应在开展旅游目的地建设前优先完善基础设施,但这又会遇到羊磴镇艺术文化乡建过度商业化以至于同质化的问题,因此平衡开发和保护显得非常重要。在可进入性方面,羊磴镇的地理位置偏僻,交通不便，因此优化当地的交通系统也是一个值得研究的难题，因此羊磴镇本身的艺术文化资源为羊磴镇成为文旅目的地带来了可能性，但因基础设施的可进入性和旅游支持型企业方面的欠缺致使羊磴镇还没有发展成为旅游目的地的条件。

3. 解决方案

（1）革故鼎新羊磴艺术，创作扎根人民群众。

文化是民族的根，是旅游的魂，人民是历史的创造者和建设者，村民群众是文化赋能乡村振兴的核心力量。在专业艺术家带头将艺术文化引入羊磴镇后，羊磴镇的乡风建设和美育建设都发生了翻天覆地的变化。客观世界中矛盾律有特殊性，在这一阶段，羊磴艺术发展立足于广大村民群众的日常生活意趣和美好生活需要，既诞生了"老太太的画""老烟鬼""眼帘"等优秀的乡村素人艺术作品，又建成了"桐梓县羊磴艺术合作社""小春堂"等文化特色浓郁的艺术场景，还涌现了胡现坤、谢小春、程必兰等杰出的素人艺术家，真正地把羊磴镇这一"偏远乡镇"变为名副其实的"奇乡艺土"，这一变化关键在于对文化建设的创造和把控，在于将羊磴镇艺术发展与人民美好的生活需要相结合，因此，在羊磴镇后续的乡村艺术文化建设中，应始终铭记初心，时刻秉持人民群众至上的发展理念，不忘来时的路，走好现在的路，开辟未来的路，将羊磴镇优美的自然风光、瑰丽的文化宝藏、百年的乡居故事描绘好，书写好，讲述好。

（2）清洁维护自然环境，生态文旅绿色发展。

羊磴镇通过艺术文化发展乡村文旅为羊磴镇创造储备了优秀丰富可再生的旅游资源和旅游目的地吸引物，这些自然或人造目的地吸引物多以其承载的艺术文化属性得以呈现，具有明显的可持续性，这对羊磴镇经济、文化、农业和旅游业发展都提供了可持续长足稳定发展的机会，而随着羊磴镇作为艺术研学旅游目的地发展的过程中，势必会遇到旅游目的地建设中常见的开发和保护问题，羊磴镇的艺术文化是源于生态、自然与生活的，当这些灵感源泉被破坏，羊磴镇的艺术文化或将不复存在。因此，在独具特色的"奇乡艺土"艺术乡镇建设中，应始终秉持"绿水青山就是金山银山"的绿色发展理念，在秀美清洁的生态环境和和谐友善的社会环境中汲取艺术文化的灵感和优化创新的动力，在万水千山间收获繁华锦绣，为羊磴镇绘就富有生机的美好生活和更辽阔的"奇乡艺土"。

（3）挖掘亮点立足时代，创新内容自成一派。

以不息为体，以日新为道，羊磴镇乡村文旅和乡建发展主要源于对现代艺术与乡土风情进行了巧妙的融合和内容创作,以及以此发展出的包括但不限于艺术写生、艺术空间、艺术集市和"土而奇"艺术博览会等各种形式的羊磴特色艺术表达,不仅为羊磴镇经济发展和乡村美育注入了蓬勃发展的动力,也有效地提高了邻里之间的认同感和凝聚力,增强了羊磴镇居民的归属感和向心力,临渊羡鱼,不如退而结网,因此,在接下来的羊磴艺术文旅模式发展的过程中,要紧抓关键、中心和重点,在创造多元艺术表达形式的同时更应该集中精力创造更多优秀、多元又独具特色的羊磴艺术产物和内容,注重内容策划、内容创新、内容表达和内容营销,借以此在竞争激烈的乡土和非遗文创市场中打响名号,打造"羊磴品牌"的 IP,推动艺术赋能乡村经济发展和乡风建设所创造的民生福祉为全体羊磴镇居民共享,脚踏实地,行稳致远,精益求精,锐意向前。

(4)开辟多元传播渠道,可视表达顺势而为。

道在日新,艺亦须日新,新者生机也。网络时代的高速发展为艺术表达、文化传播提供了高速便捷且低成本的渠道,极大地突破了时空限制,为具有优质内涵和创意表达的内容开辟了提升流量和浏览量的途径,在羊磴镇的艺术文旅资源发展、创作和向社会大众传播的过程中,依靠特色文化传播渠道和通过主流媒体运营来提高曝光度和知名度是必不可少的路径,因此,在羊磴镇文旅模式长足发展,羊磴品牌打造的过程中,要积极提高文化内容传播的质量和引流能力,讲好羊磴故事,努力开辟更为多元的线上线下传播渠道,还要注重品牌效应的创造,可以通过艺术联名或是社群活动对接赞助等方式打响羊磴文化 IP,传播羊磴艺术文化"乡土而新奇"的内涵,同时,在传播推广羊磴艺术文化的过程中也要进行清醒的复盘和反思,在秉持羊磴特色文化属性的基础上与高屋建瓴的大众艺术文化求同存异,兼收并蓄,助推瑰丽多彩的羊磴艺术文化走出大山,走向更广阔的社会文化土壤,并焕发光彩。

(5)公共艺术赓续传递,美育价值凝聚共识。

羊磴镇的艺术文化资源发展带有鲜明积极的美育意义,其以艺术博览会、艺术空间和素人艺术创作为载体,在公共艺术文化传播中,以广大羊磴镇民众为利益群体自发决定了羊磴艺术文化发展的走向和羊磴价值理念的选择性传递,这种民众自发表达的方式很好地契合了"美育"的社会内涵,展现了社会美育通过凝聚共识、共情,进而塑造集体积极向上的共同文化观和价值观的社会意义,因此,羊磴镇对于艺术文化资源发展应继续全面而完善地汲取当地社会文化和历史深刻悠远的源头活水，在艺术文化活动的举办中，提高羊磴镇民众的参与与表达，引导他们通过围观、聚集来同享、同思、同乐，以此来推动羊磴镇艺术文化的美育效能，"润物细无声"地在时间广度和社会宽度上覆盖整个羊磴镇的公共空间，并塑造出独具羊磴镇特色、具有强烈识别性的价值观和文化形态，通过美育推动羊磴镇艺术文化扎根于活的时代、活的生活，达到兴文促旅，发展福祉由羊磴镇人民共享的初心和目的。

五、调研结论与总结

在本次调研的过程中，调研团队结合成员特长，运用调研所收集的图片、视频、采访资料，独立创作了一部以羊磴镇艺术文化资源溯源和发展现状为主题的纪录片，旨在讲好羊磴镇故事，宣传好羊磴镇艺术文化，让更多的艺术、人文爱好者认识羊磴镇，爱上羊磴镇这一乡村艺术汇集的旅游目的地。

在未来的长足发展中，团队会继续做到以下五点。

（1）持续跟进羊磴镇"艺术乡场"项目的发展情况，与当地羊磴镇艺术协会和羊磴镇政府保持联络，及时了解新的艺术项目和相关活动。

（2）重点关注"长物集艺"的品牌建设，调研乡村艺术作品与农产品联名合作成果，探索其他商业合作路径。

（3）继续完善故事集的撰写以及参与式博物馆的策划，协助当地羊磴镇艺术协会成员打造参与式博物馆，形成新的本土 IP。

（4）以"奇乡艺土"资源为基础，联系其他研究艺术乡建方向的专家教授，参与到更多类似的以艺术振兴乡村为发展路径的建设项目当中，进行对比和学习，将积累与总结的建设经验转化为实践，继续助力羊磴镇发展，并为未来计划艺术乡建的地区提供材料。

（5）借助学校提供的宣传平台，让更多人了解羊磴镇，在此基础上寻找可能的合作机会，为羊磴镇乡村艺术家的作品提供更多的销售渠道，筹集项目资金。

本次调研成果有助于帮助羊磴镇更好地开展乡村艺术美育工作和乡村艺术资源可持续发展模式的探索和规划，更好地践行党的二十大有关乡村振兴发展"在精神上铸魂，培养乡村文明新风尚，在文化上植根，挖掘传统文化新元素，在气质上焕颜，进行美丽乡村新家园"的重要指示。

Y-DNA检测
在刑事侦查中的应用

尹国兴 著

上海交通大学出版社
SHANGHAI JIAO TONG UNIVERSITY PRESS

内容提要

Y-DNA检测是近年来兴起的一项刑事侦查新技术,被列为刑侦"黑科技"之一。本书以 Y-DNA 检测和 Y-DNA 数据库为重点,系统讲述了 Y-DNA 破案的科学原理和实际应用,面向基层刑事侦查人员,可为相关领域专家学者参考,适合专业人士阅读。本书可读性较强,同样适合关注遗传学和生物技术的人员借鉴。

图书在版编目(CIP)数据

Y-DNA检测在刑事侦查中的应用/尹国兴著.—上海:上海交通大学出版社,2019
ISBN 978-7-313-21792-9

Ⅰ.①Y… Ⅱ.①尹… Ⅲ.①基因-检测-应用-刑事侦查-研究
Ⅳ.①D918

中国版本图书馆 CIP 数据核字(2019)第 169040 号

Y-DNA检测在刑事侦查中的应用

著　　者:尹国兴
出版发行:上海交通大学出版社　　　　　　地　　址:上海市番禺路 951 号
邮政编码:200030　　　　　　　　　　　　电　　话:021-64071208
印　　制:苏州市越洋印刷有限公司　　　　经　　销:全国新华书店
开　　本:710mm×1000mm　1/16　　　　印　　张:16.5
字　　数:282 千字
版　　次:2019 年 9 月第 1 版　　　　　　印　　次:2019 年 9 月第 1 次印刷
书　　号:ISBN 978-7-313-21792-9/D
定　　价:98.00 元

前　言

2016年8月26日，甘肃省白银市警方抓获了28年前强奸杀人系列案件的犯罪嫌疑人高某勇，指控其在14年内以残忍手段强奸并杀害了甘肃白银和内蒙古包头的11名女性。由于过去刑侦技术落后，疑犯在逍遥法外28年后方才落网。这次成功破案的关键，是使用了Y-DNA姓氏检测的新技术。该案的侦破，使得这项在民间一直默默无闻的医学检验技术一战成名，受到社会广泛关注，牢牢占据了媒体的重要版面。

通过检测人类Y染色体DNA侦破刑事案件是一项生物技术，起初来源于亲子鉴定，是亲子鉴定技术的精简改编。Y染色体DNA遵循严格的父系遗传规律，而姓氏的传递也与父系遗传有关，是与父系遗传相偶联的历史文化现象：父亲Y染色体传递给子代的同时，也将自己的姓氏传递给子代。Y-DNA破案法，即以Y染色体DNA侦破案件的方法，强化了对Y-DNA的检测，通过与数据库中已知姓氏家系的同源对比，找到待测样本的家族群体，首先确定嫌疑人的姓氏，然后顺藤摸瓜，筛排家系中的男性成员，从而锁定目标嫌疑人。

就甘肃白银这起案件而言，疑犯有作案11起的案底。一方面，警方在作案现场提取了案犯留下的含有遗传物质的身体遗留物，获取其Y-DNA信息，然后录入违法人员数据库中，以备进一步查找。另一方面，与他同姓的远房堂叔因行贿获罪被监视居住，警方因此采集此人的血样。此人遗传数据录入违法犯罪人员Y-DNA数据库中，经初步对比，发现与该案疑犯的Y-DNA信息相符合。这一结果表明，案犯与此人有相同的Y染色体遗传，是同一家系的男性成员，所以案犯姓氏较为明确。

为了进一步确认，样本又送到甘肃省公安厅做复核检验，结果符合前期检验，从而进一步确定案犯姓氏。随后，警方收集罗列了这一家系所有男性成员的Y-DNA信息，经筛排分析，确认高某勇具备作案条件，为该案的目标犯罪嫌疑人。高某勇归案后，对其本人指纹和DNA与案发现场指纹和DNA检验对比，确认来自同一个体。经审讯,案犯对犯罪事实供认不讳,多年悬案由此得以侦破。

Y-DNA 姓氏检测,无须针对整个 Y 染色体,只需选取其中一些特异性的片段作为标记物。DNA 中有一种特异性的碱基序列称短串联重复顺序(short tandem repeat, STR),Y 染色体上的 STR 称 Y-STR。姓氏检测一般都是通过检测 Y-STR 实现。

目前中国约有 15 亿人,其中汉族数量约 12.5 亿,可谓人口众多。但中国人 Y-DNA 的多态性是有限的。若以 Y-DNA 区分,中国约只有 100 万个姓氏家系。换而言之,中国人口的绝对数量虽然不断增加,但 Y-DNA 的多态性并不会相应增加。Y-DNA 的多态性分析,是通过电泳实现的。每个遗传家系都有固定的 Y-STR 电泳谱带,相当于家系的"条形码",而这种"条形码"又与每个家系的姓氏相对应。通过扫描和检验这种"条形码",可以确定男性个体的家族归属,从而做出有效的姓氏检测。

姓氏检测包括直接检测和间接检测。直接检测是通过与被测样本有明确亲缘关系的遗传样本的比较直接得出姓氏结论。例如,某男子在作案现场留下了毛发、血液、指甲、皮屑等遗传物质,但嫌疑人已逃之夭夭。此时,可寻找与嫌疑人有相同 Y-DNA 渊源的亲属,如祖、伯、父、叔、子、侄、孙等近亲或远亲,进行 Y-STR 的同源对比,直接确定(或排除)嫌疑人的姓氏。间接检测是只有被检测的遗传样本,没有直接可比的亲缘材料,而仅与数据库中的 Y-DNA 姓氏信息进行对比,此时获得的是姓氏的概率信息。例如,某男子的遗传样本与数据库中的信息对比,可知事主可能的姓氏。甘肃白银系列杀人案的侦破,是通过直接检测疑犯与其远房堂叔的 Y-DNA,对比确定疑犯身份的。

甘肃白银系列杀人案的破获,是 Y-DNA 破案法在刑侦领域的一次具体应用,为未来破案提供了积极的借鉴和参考。既往亲子鉴定和 DNA 鉴定,都是作为司法审判的证据在法庭上使用,对公安机关侦破案件没有帮助。因为 Y-DNA 父系遗传的特性,通过 Y-DNA 检测,可以确定留在犯罪现场的人类遗传物质的主人性别;如果来自男性,可以进一步检测出姓氏,确定其家系来源。这样便缩小了排查范围,为破案提供便利条件。

Y-DNA 破案法将姓氏检测应用在刑事侦查领域,大大降低了破案成本,节省了警力,提高了公安机关的工作效率。而且,姓氏检测操作简单、成本低廉,Y-DNA 数据库很适合基层普及,是一项符合中国国情的实用技术体系。Y-DNA 姓氏检测技术的普及,将改变中国刑警的工作状态,成为中国科技史上闪光的一页。

Y-DNA 检测可以明确样本间的血缘关系,是一项成熟的生物技术。1998年,这项技术证明了一黑人男子是美国第三届总统托马斯·杰弗逊家族的直系后裔,显示这名男子的生父是杰弗逊家族中的某一成年男性。这是通过不同个体 Y 染色体间的两两比较得出的结论。

但是,这还不能满足姓氏检测的需要。因为在实际操作中,往往只有待测一方的生物检材或遗传标记信息,而可供比较的另一方信息难以寻获。因此,使用工程技术手段,不断积累和升级 Y-DNA 数据库必不可少。待测样本的数据信息与数据库中的已有信息逐一对比,寻找同源姓氏家系,以此确定姓氏和家系。姓氏检测乃至检索查询的新功能,是在数据的积累中得以形成并不断强化的,与原来的亲子鉴定已然完全不同。

一个姓氏家系的 Y-DNA 好比是一个战士,姓氏家系的 Y-DNA 组成数据库好比是一支军队,一个战士和一支军队的功能显然是不一样的。Y-DNA 数据库的功能比单个 Y-DNA 要强大得多,姓氏检测的顺利进行,基于 Y-DNA 数据库的建设和完善。

其实,姓氏检测技术的真正作用不局限于如何节约警力、提高工作效率,还在于成效明显高于其他刑侦方法(例如指纹鉴定、疑犯模拟画像),可用来侦破大案、要案和疑难悬案。甘肃白银系列杀人案动用了很大警力,采用了各种办法,均不能奏效,在采用该新技术后迅速侦破,该技术的优势和特色显得十分突出。

基层 Y-DNA 数据库的建设和姓氏检测技术,是破案的有力工具。如果 Y-DNA 数据库已经覆盖了足够多的家系,凡男性参与的各类犯罪,其破案率理论上可达到 100%。而且,Y-DNA 破案法的普及可有效预防犯罪,对犯罪行为形成有效威慑,使一些有计划、有预谋的犯罪不再发生。在普及了 Y-DNA 检测和 Y-DNA 数据库的某些地区,有证据显示,恶性案件的发生率已经呈现出"断崖式"下降的趋势,社会治安有了明显改善。

Y-DNA 破案法和 Y-DNA 数据库的普及,将为国家的长治久安提供有效的技术支撑,实现更快地破大案,更多地破小案,更准地办好案,更好地控发案。目前,中国各地的 Y-DNA 数据库建设已成流行趋势,基层干警和公众有了解和掌握这项技术的强烈需求。这是提升基层干警技术侦查水平的良好契机,也是对公众很好的科普教育。本书结合真实案例,详细描述了 Y-DNA 检测的原理和应用,消除读者的疑问和困惑,给读者启发并带去长远的福祉。

目　　录

第一章

Y-DNA 概述

1. 细胞、细胞核、蛋白质与基因

  细胞是生命活动的基本单元,人体结构是由各种细胞组建起来的。功能各异的人体细胞构成了组织,分为上皮组织、肌肉组织、结缔组织、神经组织。例如,表皮属于上皮组织,心肌属于肌肉组织,骨骼属于结缔组织。各种组织结合在一起,形成了人体的各个器官,从而构成了复杂的人体。

  人体细胞包括细胞膜、细胞质和细胞核。细胞质中有多种细胞器,包括线粒体、高尔基体、核糖体、内质网和中心粒等(见图 1-1)。作为遗传物质的核酸,主要存在于细胞核中。核酸是遗传信息的载体,包括核糖核酸(RNA)和脱氧核糖核酸(DNA)。其中,编码某一蛋白质的 DNA 链即是一个基因,是有遗传效应的 DNA。基因在染色体上有具体的位置和编号,称"基因座"或"位点"。

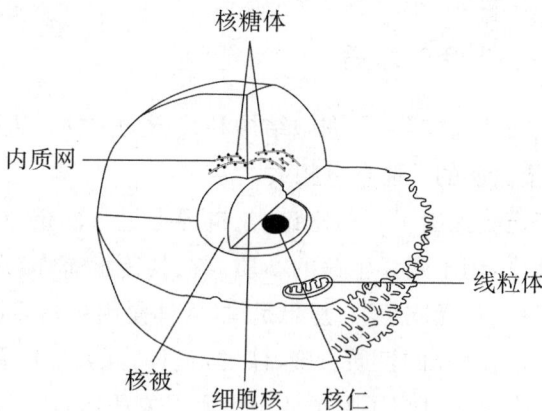

图 1-1 人体细胞的基本结构

DNA 是生物体遗传信息的载体,由 C、H、O、N、P 五种元素组成。DNA 分子的基本单位是脱氧核苷酸,由一分子磷酸、一分子脱氧核糖和一分子含氮碱基构成。DNA 分子分为三级结构。DNA 链以磷酸糖为骨架,由 A(腺嘌呤)、G(鸟嘌呤)、C(胞嘧啶)、T(胸腺嘧啶)四种碱基连贯而成,这四种碱基连贯而成的单链,即 DNA 的一级结构。1953 年,美国科学家 J. Watson 和 F. Crick 发现了 DNA 双螺旋结构,是按照碱基的互补配对原则形成的双链,即 DNA 的二级结构。其中,G 与 C 配对,中间以 3 个氢键相连;A 与 T 配对,中间以 2 个氢键相连。以双螺旋结构为基础,进一步盘曲折叠,形成更加紧密的超螺旋结构,即 DNA 的三级结构(见图 1 - 2)。

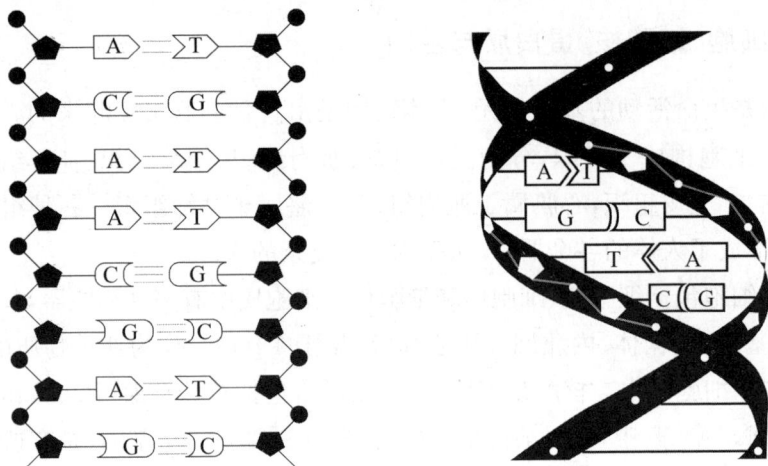

图 1 - 2　DNA 链平面结构和立体的双螺旋结构

2. 蛋白质——生命的本质

蛋白质是细胞的功能成分,是细胞结构和代谢的主体。人体和细胞内的各种生命活动,都与蛋白质的功能息息相关。

东汉医学家张道陵提出了元白之论,是世界上最早的蛋白质理论。他把蛋白质置于突出的地位,用于阐释生命的本质。在其传世著作《老子想尔注》中提到:"魄,白也,故精白,与元同色"。意思是说,人体是由蛋白质构成的,所以精液也是蛋白质,与乳汁有一样的性质。魄,体魄,机体;元,乳汁,蛋白质;色,颜色,性质。张道陵的元白之论开启了人类认识生命现象和本质的历程。

迄今为止,蛋白质的研究已经十分细致和深入。氨基酸是蛋白质的组成单位,分为必需氨基酸和非必需氨基酸。必需氨基酸在人体内部不能合成,只能依靠对外摄取;非必需氨基酸在体内可以合成。氨基酸与氨基酸脱水缩合形成二肽,进而形成多肽。多肽链是蛋白质的基本结构(见图 1-3)。

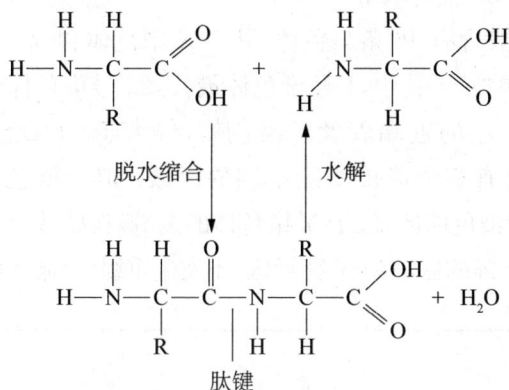

图 1-3　氨基酸与肽键

蛋白质分为四级结构。一级结构是由氨基酸组成的多肽链,其肽键顺序由基因上遗传密码的排列顺序所决定。各种氨基酸按遗传密码的顺序,通过肽键连接起来,成为多肽链。蛋白质的一级结构决定了蛋白质的二级、三级和四级结构。二级结构是指多肽链中主链原子的局部空间排布即构象,包括 α-螺旋、β-片层、β-转角和无规则卷曲。在二级结构的基础上,蛋白质再进一步盘曲或折叠形成具有一定规律的三级结构。具有 2 条或 2 条以上独立三级结构的多肽链结合在一起,此为蛋白质的四级结构。

3. 染色质、染色体与 Y 染色体

细胞在分裂期,DNA 聚集在一起,与蛋白质一起组成了复合体,即染色体。DNA 一般呈酸性,可以与碱性染料结合被染色,所以称染色体。染色体一般为分散状态,称染色质。在细胞的有丝分裂期,染色质发生卷曲、折叠,成为在光学显微镜下可见的染色体。

染色质是遗传物质的载体。1879 年,W. Flemming 提出"染色质"一词,用以描述细胞核中能被碱性染料强烈着色的物质。1888 年,Waldeyer 正式提出染色体的命名。经过多年研究,人们逐渐认识到,染色质和染色体是在细胞周期不同阶段可以相互转变的形态结构。

染色体的中心区域是着丝粒,控制着细胞的有丝分裂。以着丝粒为中心,从

中心到两边叫"臂",短臂记为"p",长臂记为"q",终端叫端粒。p(Yp)、q(Yq)又细分为区、带等。染色质中的蛋白质为碱性蛋白,包括组蛋白和非组蛋白。组蛋白富含精氨酸和赖氨酸,能和带有负电荷的 DNA 结合。非组蛋白种类很多,包括 DNA 聚合酶、RNA 聚合酶等。

　　人类体细胞一般含有 46 条染色体,其中 X 染色体和 Y 染色体为性染色体,决定了男女性别的差异。其中,1 号染色体最长,22 号染色体最短。Y 染色体为男性所特有,是第 3 小的近端着丝粒染色体,仅大于 21 号和 22 号染色体(见图 1-4)。Y 染色体有 2 个遗传功能不同的区域:拟常染色体区和 Y 特异区。5% 的区域属于拟常染色体区,位于 Y 染色体的两端,在减数分裂的时候与 X 染色体交换重组;其余 95% 的区域为 Y 特异区,不发生重组,遵循严格的父系遗传规律。

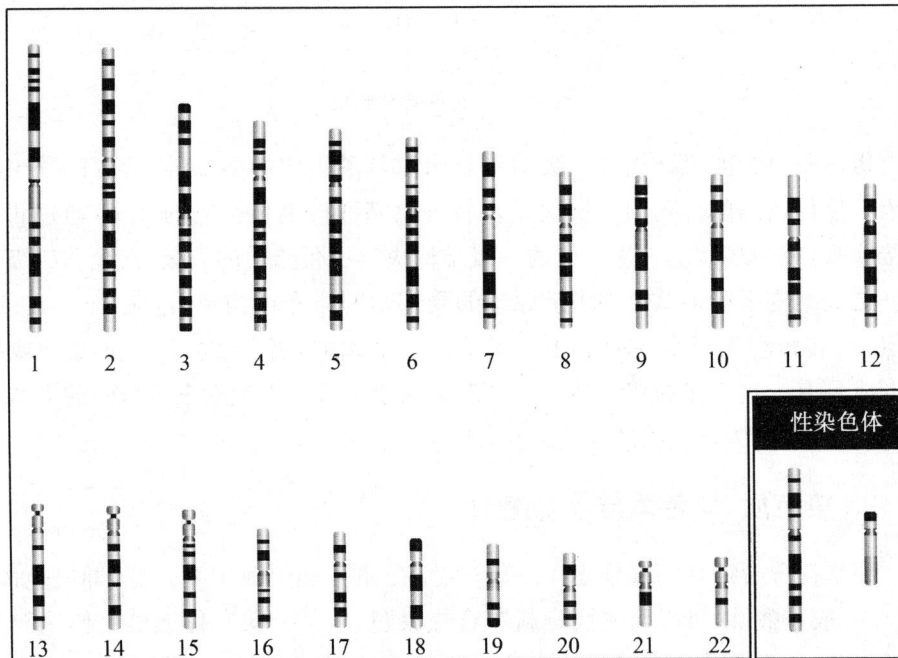

图 1-4　人类染色体

4. Y 染色体的遗传特性

　　X 染色体和 Y 染色体为同源染色体,是人类的性染色体。有学者认为,两个性染色体 3 亿年前起源于一对常染色体。人类的 Y 染色体非重组区呈单倍体父系遗传,除了拟常染色体区外,Y 染色体在减数分裂期间不与 X 染色体进行重组交换,只能从父亲遗传给儿子。Y 染色体传男不传女,因此,Y 染色体控制的性状只在男性后代中表现。

Y 染色体有以下区、带:短臂和长臂各只有 1 个区。短臂只有 1 个带(Yp11),分为 3 个亚带(Yp11.1,Yp11.2,Yp11.3),Yp11.3 又分为 2 个亚亚带(Yp11.31,Yp11.32)。长臂分为 2 个带(Yq11,Yq12),Yq11 分为 2 个亚带(Yq11.1,Yq11.2),Yq11.2 分为 3 个亚亚带(Yq11.21,Yq11.22,Yq11.23),还有学者将 Yq11.21 再分为 2 个带(见图 1-5)。

Y 染色体上有编码睾丸决定因子的基因,决定了男性特征。胚胎之初,生殖腺的发育男女是一致的,18 周后性别决定区 Y 基因(SRY)控制性别分化。SRY 的作用是调节性腺的发育。如果不存在 SRY 基因,性腺发育为卵巢,产生雌性激素,促进发育形成女性生殖系统;如果存在 SRY 基因,性腺发育为睾丸,产生雄性激素,促进发育形成男性生殖系统。

图 1-5 Y 染色体的分区和分带

Y 染色体上没有生命必需的基因,女性没有 Y 染色体,也可以正常生活。从功能的角度来讲,所有正常男性的 Y 染色体都是一样的,Y 染色体各异性应与功能无关。

Y 染色体并不是一成不变的,存在一定的变异性。父系遗传中世代积累的突变,经过漫长的年代,形成了 Y 染色体特异区的 DNA 多态性,包括长度多态性和序列多态性。随着越来越多的 Y 染色体上多态性标记被发现和应用,Y 染色体在父系鉴定和群体遗传研究方面显示了突出的价值。

5. DNA 编码区与非编码区

DNA 上有编码区和非编码区。基因即编码区,是蛋白质的遗传密码所在,可以表达为蛋白质。一个基因的长度从几千碱基到几万碱基数量不等。人类只有不到 3 万个基因用于编码蛋白质。DNA 非编码区不能指导蛋白质合成,其中有大量的重复顺序,表现出长度多态性和序列多态性。序列中的单核苷酸多态性(SNPs),在人类基因组中分布广泛,Y-SNPs 是鉴定父系遗传重要的标志点。

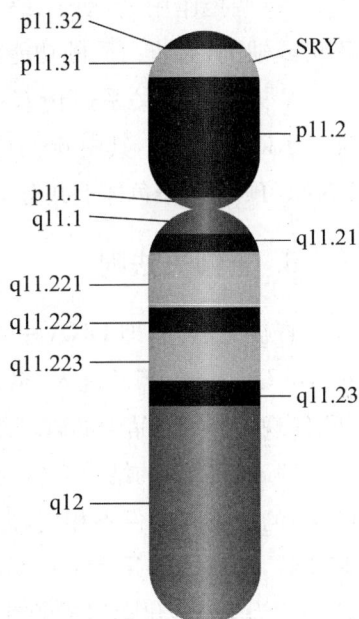

非编码 DNA 不能转录为相应的信使 RNA(mRNA),也不能进行蛋白质的翻译,但非编码区是不可缺少的。因为非编码区上有与 RNA 聚合酶的结合位点,具有调控作用,启动子、终止子位于非编码区。这些是遗传信息转录过程中不可或缺的,对蛋白质的功能状态起着调控作用。

Y 染色体与父系遗传有关,有与性别有关的基因序列。Y 染色体上约含 5.9 万 kb 的 DNA,其中 60% 位于其长臂的异染色体区 Yq12,其短臂约含 1.3 kb DNA。预测 Y 染色体上共有 7 117 个基因,已克隆出的基因有 200 多个。

6. 查伽夫法则

查伽夫法则,即 DNA 中 A∶T=G∶C=1∶1 的法则。20 世纪 40 年代末,Erwin Chargaff 等通过人、猪、牛、羊、细菌和酵母等多种 DNA 样品水解物的分析,发现 DNA 样品中的碱基组成有一定的规律性和定量关系。

Chargaff 等的结果表明,在不同生物的 DNA 之间,4 种脱氧核苷酸 A、T、C、G 的数量和比例不相同,但无论哪种物质的 DNA,嘌呤碱基总数等于嘧啶碱基总数,都有 A=T 和 G=C, (A+G)/(T+C)=1, (A+C)/(T+G)=1。这被称为 DNA 化学组成的查伽夫法则,也就是后来确定的双链 DNA 的碱基互补配对原则。1952 年,Chargaff 向 J. Watson 和 F. Crick 讲述了这一规则,从而确定了 DNA 双螺旋结构的基础理论(见图 1-6)。

图 1-6   J. Watson 和 F. Crick 发现 DNA 双螺旋结构

7. "废物 DNA"

"废物 DNA",或称垃圾 DNA,是指细胞内不合成蛋白质的那部分 DNA。人类基因组中包含 30 亿个碱基序列,编码蛋白质的 DNA(外显子)只占全序列的 3%左右,与编码基因有关的序列(内含子)加在一起只占 5%,剩余部分占了 95%,与蛋白质的合成没有直接、明显的关系。

人类基因组 DNA 中大量的重复序列,因为不表达蛋白质或 RNA 产物,一度被称为"废物 DNA"。这些 DNA 其实有重要的用途,除了维护染色体正常的形态结构,还有重要的辅助功能。所以,废物 DNA 是生命活动不可或缺的细胞成分,并不是真正的"废物"。

Y-DNA 中绝大部分为非编码区,表现为父系单倍体遗传。其中有 Y-STR、Y-SNPs、Alu 元件、InDel 元件、DNA 甲基化表观遗传等,这些是用于家系识别和个体识别的重要遗传标志点。

8. 转录、逆转录与翻译

DNA 是双螺旋结构,是遗传信息的载体。mRNA 转录遗传信息,将双链 DNA 信息转录成单链 mRNA 信息,经转运 RNA(tRNA)翻译成多肽链,进而完成蛋白质的合成。遗传信息从核酸到蛋白质的过程,F. Crick 称之为"中心法则"(见图 1-7)。

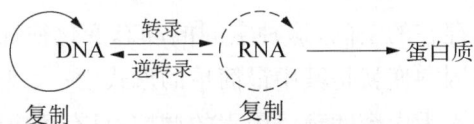

图 1-7　遗传信息传递的中心法则

DNA 与 mRNA 除了双链和单链的区别以外,在结构上也有差异。在核糖的第 2 个碳原子处前者是 H,后者是 OH,碱基也变换了 1 个,即 DNA 中的胸腺嘧啶 T 在 RNA 中被尿嘧啶 U 所取代。两种碱基的差别很小,尿嘧啶 U 比胸腺嘧啶 T 仅多了 1 个甲基。

转录是在由 RNA 聚合酶和辅助因子组成的转录复合物的催化下,从双链 DNA 分子中复制生物信息生成 1 条 RNA 链的过程。在低级生命体(如病毒中),还有逆转录存在。以 RNA 为模板合成 DNA,通常这与转录过程中遗传信息从 DNA 到 RNA 的方向相反,故称为逆转录。

mRNA 由起始密码子 AMG 开始,每 3 个核苷酸组成的三联体构成 1 个密码子,64 个密码子编码 20 个氨基酸。tRNA 为三叶草形,在蛋白质合成中处于关键地位,不但为每个三联子密码翻译成氨基酸提供了接合体,还为准确无误地将所需氨基酸运送到核糖体上提供了载体。

在蛋白质合成期间,存在于 mRNA 上代表一个多肽的核苷酸序列翻译为多肽链序列。tRNA 能够与核糖体的 P 位点、A 位点结合,其顶端突起部位通过密码子与反密码子的配对与 mRNA 相结合,而其 3' 末端恰好将所转运的氨基酸送到正在延伸的多肽上。

Y-DNA 编码区有特异性的序列,可表达为功能蛋白质,如 Y-GATA-H4、Y-GATA-C4 等,是家系鉴定中经常使用的重要标志点。

9. 环境、基因调节与基因突变

基因调节是指蛋白质对基因状态的调控,是生物适应环境变化的一种内在调节机制。例如外源性胰岛素介入,内源性胰岛素的表达就会被关闭;外源性吗啡进入体内,会对内啡肽的表达产生抑制。但这是一种功能调节,不会遗传给子代。

表观遗传是指 DNA 序列不发生变化,但基因表达发生了可遗传的改变。表观遗传受环境因素的调节,是生物体为了适应环境而发生的分子改变。表观遗传可以遗传给子代。在 Y-DNA 上,同样有表观遗传相关位点,受环境因素的宏观调控。

环境是生命物质存在的空间,这种空间的动态变化往往会导致细胞核内部基因物质的变化。基因突变就是其中最简单的形式之一。基因的功能状态受到以物理、化学、生物因素为内容的环境因素的调控,只有适应环境,个体的生存才能够延续。在代谢过程中,生物体不断与外界环境进行物质、信息、能量的交换,形成了平衡和谐的相互关系。如果以物理、化学、生物因素为内容的环境发生变化,生物与环境之间已达成的动态平衡就会遭到破坏,从而威胁个体的生存。

无论是常染色体还是性染色体,基因突变是重要的现象。既往观念认为,基因突变是 DNA 复制的过程出现了某种"错误"。基因突变发生于基因组内部,在编码区和非编码区都有突变出现,只是非编码区的基因突变不与蛋白质的表达发生关系。研究表明,基因突变,包括移码突变和点突变,同样是蛋白质介导的生物学事件,是一种基因编辑现象,也是由基因参与调控这一过程。

放射线是诱发基因突变的重要环境因子。放射线作为一种环境因素作用于生物体,改变了生命物质分子的能量状态,扰乱了正常的生命秩序,导致伤害发生。放射线先作用于细胞质,然后作用于细胞核。但核酸构成的细胞核对放射线的作用比蛋白质构成的细胞质敏感,因而细胞质对细胞核的作用很大程度被放射线对细胞核的直接作用掩盖了。为了探讨环境、细胞质与细胞核的相互作用关系,就需要引进细胞核自体移植的技术方案。

10. DNA 的修饰和甲基化

除了 DNA 中的遗传密码外,细胞中还存在着其他指令,负责在不改变基因序列下决定基因的表达或不表达,此即表观遗传。表观遗传是指 DNA 序列不发生变化,但基因表达却发生了可遗传的改变。这种改变一般是通过 DNA 的修饰作用完成的。

表观遗传标志会一代一代传下去,老一辈的 DNA 修饰会在子代中继续存在,一个基因一旦开启或关闭则意味着在后代中永远开启或关闭。例如,狼和狗有亲缘关系,但狗会摇尾巴而狼不会。狗在与人类接触的过程中,进化出了摇尾巴的功能,这是与人类交流的一种有效方式。这个功能首先是一种表观遗传,然后被固化,稳定遗传下去,形成了狗与狼一个标志性的行为区别。

人是有知识、有道德的文化群体,与动物有异。进化论表明,人是由猿进化而来,但人与猿有本质的不同,不单是外观形体和基因物质的不同,还有精神和文化气质的差异。这是有遗传学基础的社会现象,是由表观遗传支配的。

对于人而言,一个人的生活方式或受到的压力有可能影响到儿女和孙辈,有长远的效力和记忆,由此形成了一个家族的传统和家风,所谓"老子英雄儿好汉"。基因没有好坏之分,但表观遗传有好坏之分。一个好的传统,好的家风,可以代代相传。这并不是说这个家族有了一个好基因,但一定是有一个好的表观遗传在起作用。俗语说"龙生龙,凤生凤,老鼠的儿子会打洞",这种差异,除了基因的差异,DNA 修饰的表观遗传也是一个不可或缺的重要因素。

DNA 的修饰并非与生俱来,而是后天形成。随着年龄增长,为应对不同的生活方式和环境变化,DNA 修饰会发生很大的变化。同卵双胞胎的 DNA 序列完全一样,但在行为和生活细节等方面会表现出差异,这在很大程度上就是 DNA 修饰起了作用。

DNA 甲基化在基因表达和调控中起重要作用,是一种重要的表观遗传修饰。一个基因发生了甲基化,通常这个基因的表达会被抑制。例如,冷藏过的番茄,其芳香物质显著减少,变得不好吃。因为低温诱导了 DNA 甲基化的瞬时增加,芳香物质的产生减少了,所以番茄味道变差了。细胞内部,DNA 甲基化还与衰老及个体的年龄推断有关,DNA 修饰作为衰老指标直接预测个体年龄和寿命,已经显示了很好的前景。

基因组 DNA 中的 5-甲基胞嘧啶(5-^{m}C),是一种稳定存在的表观遗传修饰,这种非基因序列的改变会使基因表达水平改变。启动子区域的甲基化与去甲基化调控着基因的沉默与表达。DNA 甲基化犹如一把锁,当甲基化出现,基因表达被锁死,基因处于沉默状态;当去甲基化发生,锁被打开,启动子开始工作,基因开始表达,产生各种蛋白质的性状。

由于外界环境的作用,DNA 甲基化后基因表达被关闭,这种抑制作用可以传递给子代。相比 DNA,表观遗传标志更容易发生变化,然后影响基因的活性。DNA 的甲基化在群体中广泛存在,而且具有个体特异性,即便是同卵双生子,DNA 甲基化的水平也是不同的,因此,可以使用 DNA 甲基化修饰进行同卵双胞胎的个体识别。

11. 获得性遗传与表观遗传标记

《晏子春秋·杂下之十》有"橘生淮南则为橘,生于淮北则为枳,叶徒相似,其实味不同。所以然者何? 水土异也"之说,形成了"南橘北枳"的成语。意思是说环境变了,事物的性质也变了。这里面涉及一个遗传学中十分重要的观念,即获得性遗传。

获得性遗传是后天发生的遗传,指生物在个体生活过程中,受外界环境的影响,产生带有适应意义和一定方向的性状变化,并能够遗传给后代的现象。在不同的自然环境中,生活着不同形态功能的生物,这是人们可以看到的最简单的事实。

获得性遗传是 20 世纪最具争议的经典遗传学话题,提出和支持这个学说的代表人物有拉马克、米丘林、李森科等。摩尔根的基因理论和弗朗西斯·克里克中心法则的提出,一度否定了获得性遗传的存在,将之列在了"伪科学"之列,但基因修饰的发现和表观遗传在理论上的完善,使获得性遗传的经典理论卷土重来。越来越多的证据证明,获得性是可以遗传的,尤其在生物的群体进化中发挥着重要的作用。获得性遗传的关键是看是否有表观遗传标记出现,也就是 DNA 的修饰达到了怎样的水平。之所以称为"表观遗传修饰",是因为这种表面的修饰可以稳定遗传给子代。表观遗传使生物体的性状遗传与环境变化之间联系得更加紧密,获得性遗传学说也因此具有了坚固的分子生物学的支撑。

获得性遗传在个体识别中也有重要作用。同卵双胞胎有相同的基因,有相同或相近的外观,但是因为他们所处的环境和经历不同,DNA 的修饰水平是不一样的,因此可以通过科学的方法检测和鉴别。在 Y 染色体上,不同个体 DNA 修饰的水平不同,上面有很多的甲基化位点,这也是家系识别和个体识别的重要参照物。

12. 细胞核自体移植方案

细胞核移植是研究核质关系的有力工具,也是体细胞动物克隆的核心技术。方法是将静息期的哺乳动物体细胞核移植入去核卵母细胞中,经过电融合后,开始启动发育,并在培养基中形成胚胎。这是体细胞核移植的一般过程,需要体细胞和生殖细胞的参与。

细胞核自体移植技术是一项细胞工程技术,从核移植发展而来。与核移植技术相比,细胞核自体移植操作上的最大特点是可只使用一个细胞或一种细胞,而此前所有的核移植都是在两种细胞间进行的。该技术的核心是利用环境与细胞质作用,通过改变细胞质以调控细胞核内基因的状态,从而获得适应新环境的细胞株、生物品系,是研究环境因子、细胞质、细胞核相互作用的基础工具(见图 1-8)。

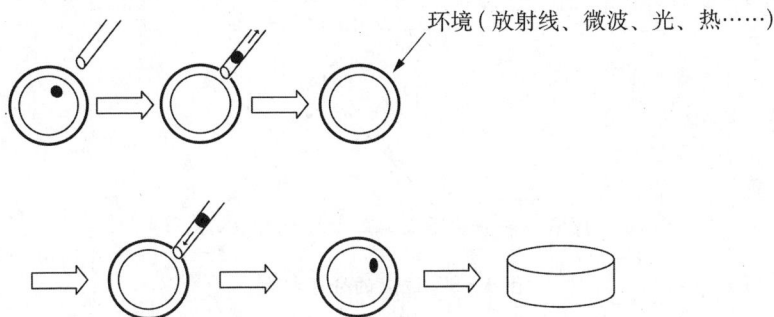

图 1-8 细胞核自体移植方案

环境因子与核质关系的建立和协调有重要作用。环境因子作用于去核细胞,省去了环境因子对细胞核的直接破坏作用,在高能量下,保全了细胞核的结构和功能。此时环境因子对细胞质内蛋白质的直接作用成为环境损伤的主要对象,此后将细胞核重新移回,蛋白质的损伤就会对细胞核内的基因状态造成影响,从而构成蛋白质对基因表达的调控以适应环境因子的作用。这种基因调节可以稳定遗传给子代,是生物适应环境变化在分子水平的反映。

细胞核自体移植通过改变细胞质的功能状态以对细胞核内的遗传信息进行调控,借助显微操作系统,产生环境作用因素,可以对去核细胞进行处理,或对移出的细胞质进行处理,使细胞质具有与先前不同的功能状态,并对细胞核的表达产生影响。高能环境因子的作用,如绿色激光、X线、高能电流等,会造成细胞内线粒体的不可逆损伤,引起细胞的凋亡。所以在移植的过程中要注意适度补充新鲜的线粒体,以保证细胞的存活率。

DNA 双键断裂是放射引起 DNA 损伤的主要机制之一,它的修复途径包括同源重组和非同源末端连接两种方式。Y 染色体有大量的移码突变及甲基化修饰位点,这些现象与环境因子有密切关系。因而,细胞核自体移植也是研究 Y-DNA 遗传的有力工具。

13. 适应的分子机制

适应是一种生命现象,即生命体对环境有适应性。生物不断适应环境的过程,也就是进化的过程。整体而言,在环境因素的作用下,基因决定蛋白质的结构和功能,蛋白质决定基因的表达和调控。基因表达和基因调控,是表观遗传发生的重要环节。基因与蛋白协调作用形成的系统构成了生命体适应环境的动力机制(见图 1-9)。

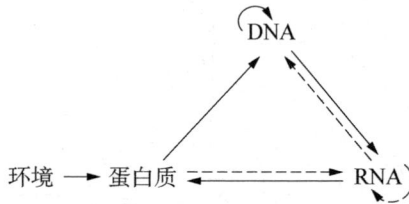

图 1-9 适应的分子机制

适应的分子机制强调生命重要分子间的整体关系。适应的分子机制,揭示了环境、蛋白质、DNA、RNA 间的整体关系,可以对生命系统的起源及其动态变化作出解释。

表观遗传受到环境因素的调控,此过程中 DNA 序列不发生变化,但基因表达发生了可遗传的改变,这是生命体适应环境变化的一种机制。DNA 甲基化在常染色体是很重要的表观遗传标志,在 Y 染色体上,也有大量的甲基化位点。

14. DNA 分子钟

1967 年,日本群体遗传学家木村资生提出分子进化的中性学说,认为:①进化过程中的核苷酸置换,其绝大部分是中性或近似中性的突变随机固定的结果,而不是正向达尔文选择的结果;②许多蛋白质多态性必须在选择上为中性或近中性,并在群体中由突变引入与随机灭绝间两者的平衡维持。

按照中性学说,基因突变的发生是以恒定的速率进行的,就像钟表一样走时准确。这一假说被称为 DNA 分子钟。一般而言,物种间 DNA 碱基的差异随着分化时间的增加而增加。在实际情况下,碱基替换大部分并不满足分子钟的假设。但是,可以设计相应的方法校正分子钟的失误,使误差在可控范围内。在 Y 染色体和 Y-STR 体系中还没有发现明确的分子计时器,但分子钟的假设通过校正在此依然成立,也成为计算个体间代际间隔的重要依据。

蛋白质水平也存在速度恒定的变异。某一蛋白在不同物种间的取代数与所研究物种间的分歧时间接近正线性关系。多肽间的免疫距离(如抗原性)与其氨基酸取代百分数,有良好的线性相关,如尿溶菌酶、哺乳动物 RNA 酶、细胞色素、清蛋白、大肠杆菌色氨酸合成酶等。免抗血清是估算球形单体蛋白间序列差异的有效工具,其适用范围在 0~30% 的氨基酸差异。

15. 遗传密码的起源

1944 年,美国微生物学家 Oswald T. Avery 等指出,DNA 是遗传的物质基础。DNA 上每 3 个连续的碱基编码 1 个氨基酸的规则,称为遗传密码。1961 年,美国科学家 Nirenberg 和德国科学家 Matthaei 破译遗传密码,揭示了 DNA 编码表达成为蛋白质的规则。DNA 编码经过转录和翻译,氨基酸合成了多肽链,多肽链经过折叠卷曲后成为蛋白质,产生相应的功能。

遗传密码的起源是生命科学的核心问题之一。遗传密码的产生是在生物进化中形成的,与生命起源问题联系在一起。DNA 动态变化过程,包括点突变、移码突变和基因修饰,也是与生命起源和遗传密码起源问题联系在一起的。

核酸中的核苷酸序列与蛋白质中的氨基酸序列之间有对应关系。连续的 3 个核苷酸序列为 1 个密码子,特指 1 个氨基酸。这个规则的建立,是从无序到有序的过程,是蛋白质功能的体现。其中,空间构象与立体化学、信息输入密码等有关学说,用以解释各种突变现象,解释基因表达的调控。

在分子进化过程中,信息流向为从蛋白质到核酸的过程,将蛋白质适应环境的信息通过 DNA 永久保存。氨基酸和核苷酸在高温、高压的热环境下相互作用,使蛋白质与核酸建立紧密的联系,从而形成了遗传密码(见图 1 - 10)。密码子与氨基酸之间存在立体化学联系,有相互作用的立体空间规则,这也应该是一种密码体系。

		C	A	G	
U	phe	Ser	Tyr	Cys	U
	phe	Ser	Tyr	Cys	C
	Leu	Ser	Ter	Ter	A
	Leu	Ser	Ter	Trp	G
C	Leu	Pro	His	Arg	U
	Leu	Pro	His	Arg	C
	Leu	Pro	Gln	Arg	A
	Leu	Pro	Gln	Arg	G
A	Ile	Thr	Asn	Ser	U
	Ile	Thr	Asn	Ser	C
	Ile	Thr	Lys	Arg	A
	Met	Thr	Lys	Arg	G
G	Val	Ala	Asp	Gly	U
	Val	Ala	Asp	Gly	C
	Val	Ala	Glu	Gly	A
	Val	Ala	Glu	Gly	G

图 1 - 10 遗传密码表:64 种密码子与 20 种氨基酸的对应关系

厦门大学赵玉芬教授曾提出核酸与蛋白质共同起源的观点,提出"磷是生命化学过程的调控中心"。因为磷酰化氨基酸能同时生成核酸及蛋白质,又能生成 LB-膜及脂质体。她认为,原始地球火山频发,焦磷酸盐、焦磷酸酯类化合物容易在地表积累,其 P - O - P 键含有的能量,通过与氨基酸形成 P - N 键,最终转移到肽键和核苷酸的磷酸二酯键中。她推测,磷酰化氨基酸在生成蛋白质和核酸的过程中,蛋白质与核酸可以通过磷酰基的调控作用相互影响,从而产生原始密码子的雏形,并进一步进化到遗传密码的现代形式。

对 Y 染色体而言,Y - DNA 序列的动态变化是受环境宏观调控的,是与遗传密码的起源有重要关系的基础生物学问题。

16. 细胞分裂与细胞周期

细胞分裂是细胞机体成长壮大的主要方式,是生物体生长、发育、繁殖、遗传的基础。有核细胞分裂的方式包括有丝分裂、无丝分裂、减数分裂。其中,有丝分裂是人体细胞分裂的主要方式。

DNA 复制后一个细胞分裂成为两个细胞的繁殖过程,称有丝分裂。两个子细胞的 DNA 与母细胞完全一致。母细胞的 DNA 平均分配到两个子细胞中,此称 DNA 的半保留复制。细胞分裂对维持细胞生命非常重要,一旦某个环节出错,比如染色体的分配异常或出错,就会引发严重的疾病,例如唐氏综合征、癌症等。

连续分裂的细胞从一次分裂完成到下一次分裂完成为一个细胞周期,包括分裂间期和分裂期两个阶段。分裂间期占细胞周期的 $90\%\sim95\%$,分裂期占细胞周期的 $5\%\sim10\%$。分裂期包括前期、中期、后期、末期(见图 $1-11$)。

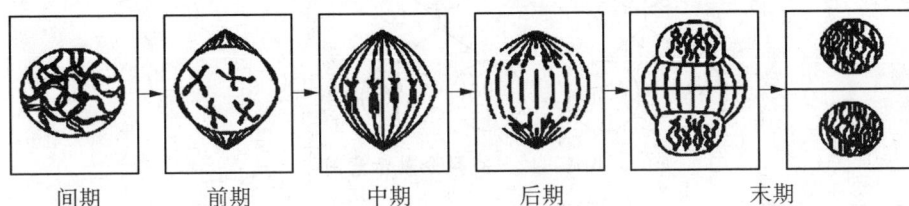

| 间期 | 前期 | 中期 | 后期 | 末期 |

图 $1-11$　细胞分裂周期

分裂间期:主要完成 DNA 分子的复制和有关蛋白质的合成。前期:核仁逐渐解体,核膜逐渐消失,出现染色体和纺锤体。染色体散乱分布在纺锤体中央。中期:染色体形态稳定,数目清晰,整齐地排列在赤道板上。后期:着丝点一分为二,姐妹染色单体分开,成为两条子染色体,染色体数加倍,子染色体平均分配到细胞两极。末期:染色体和纺锤体消失,核膜和核仁重新出现,在赤道板位置出现细胞板,形成新的细胞壁,将一个细胞分裂成两个子细胞。

细胞处于饥饿状态时,代谢处于停止的状态,为静息期。细胞分裂时,尤其是在减数分裂的过程中,是产生基因突变的高发阶段,包括移码突变和点突变。Y 染色体(拟常染色体区除外)是单倍体父系遗传,发生在 Y 染色体上的基因突变可以世代积累并向子代传递。

17. 减数分裂与基因突变

人体细胞在生殖过程中,精母细胞和卵母细胞分裂 2 次,但 DNA 只复制 1 次,精子和卵子分别为单倍体。人体细胞 23 对染色体,为二倍体,精原细胞复制 1 次,变成了四倍体,其后连续分裂 2 次,每个精细胞只有 23 条染色体,为单倍体(见图 1-12)。受精之后,精卵结合,又形成了 23 对染色体的胚胎细胞,开始了发育过程。

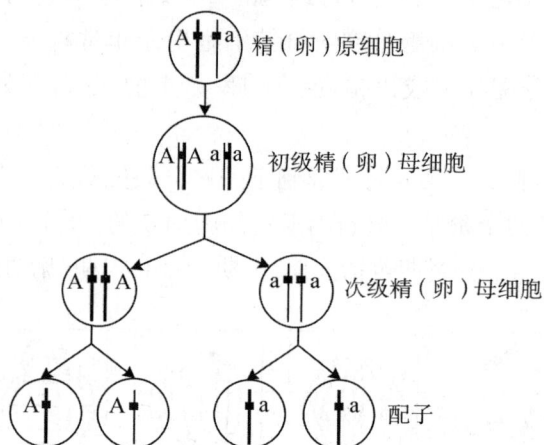

图 1-12 减数分裂示意图

减数分裂是 Y 染色体突变的高发阶段,一般认为,每 1 000 次减数分裂会发生 1~4 次的突变,而且不同的位点突变率不同。移码突变和点突变是一种基因编辑的现象,现认为是一种基因调控行为。Y 染色体在减数分裂过程中形成的突变,可以在父系遗传中世代累积,从而成为鉴别家系姓氏的基础。

18. 等位基因与遗传多态性

DNA 长度多态性或序列多态性,是指在同一位置人群中存在多个等位基因,每一种长度、每一种样态都是一种等位基因。基因或非编码区的 DNA 标记在染色体上的位置,称为基因座或"座位""位点"。但位点有所不同,可以是指一个碱基位置。

同一基因座上不同序列被称为等位基因,可以是编码区的序列,也可以是非编码区的序列。非编码序列不表达为蛋白质,一般不称为基因,之所以称"基因座""等位基因",是翻译成中文时人为附加的,英文原本没有"gene"一词,但长期以来约定俗成,所以一直沿用了这一说法。

体细胞一对同源染色体上相同的位置,带有两个基因。从群体来看,在同源染色体上的这两个位置上存在的基因序列差异可以有两种以上,如某甲是 aa,某乙是 ab,某丁是 bc,即一个基因座上可以有多个序列的形式,它们之间存在一级结构上的差异,被互称等位基因。对于 Y 染色体而言,某甲为 a,某乙为 b,某丁为 c。某一个个体的某个基因座有一对等位基因 ab,这个位置其他人可以是 cd,或 ad,或 bc,或 ac,或 bd。对于 Y 染色体而言,则是单倍体 abcd。从群体的角度看,这个基因座在人群中发现了 4 个等位基因 abcd。这种现象为遗传多态性,等位基因越多,多态性越高,意味着遗传资源越丰富。

同源染色体同一个基因座上的两个等位基因不同,称杂合子,相同则为纯合子。等位基因的特异性,称基因型,是基因在体细胞两条染色体上的组合。如果在一个基因座上有 2 个等位基因 A 和 a,那么可能存在 3 种基因型:AA、Aa、aa。AA 与 aa 为纯合子,Aa 为杂合子。

19. 移码突变与基因编辑

基因编辑是对目标基因进行编辑,造成特定 DNA 片段的缺失、加入、重复等。移码突变是受到基因调控的行为,并非是随机和偶然的事件。在环境的动态变化过程中,基因通过编辑行为,使物质和能量在新的水平达到平衡。

如果想使某个基因的功能丧失,可以在这个基因上产生 DNA 双键断裂,非同源末端连接修复的过程中往往会产生 DNA 的插入或删除,造成移码突变。如果想把某个特异的突变引入到基因组上,需要通过同源重组来实现,这时候要提供一个含有特异突变的同源模板。正常情况下同源重组效率非常低,而在这个位点产生 DNA 双键断裂,会极大地提高重组效率,从而实现特异突变的引入。DNA 双键断裂是放射引起 DNA 损伤的主要机制之一,它的修复途径包括同源重组和非同源末端连接两种方式。

与特异突变引入的原理一样,在同源模板中间加入一个基因,这个基因在 DNA 双键断裂修复过程中会被复制到基因组中。CRISPR/Cas9 技术是一种基因编辑技术,自 2013 年问世以来不断改进,显示了无可比拟的优势,被认为能够在活细胞中有效编辑任何基因。

17

第二章

Y-DNA 与姓氏

1. 姓氏是什么？

姓氏是中国人用来标识家族系统、表明血缘关系的编号。在现今社会仅仅是一个家族的称谓，用来显示家系间名称的差别。但在遥远的古代，姓与氏是两个完全不同的概念，尤其是在国家出现之前，姓氏是最主要的族群观念。姓氏的传承，由先辈传给后代，代表了一个人、一个家族和一个地域的成就和尊严。姓氏自上而下的传递，是一种社会历史行为，不会轻易为某一个人的行为和意志所更改或转移。

姓氏是祖先所传。东汉许慎《说文》："姓，人所生也……因生以为姓。"可见，姓是人出生的地方，最初是一个地理名词。姓氏不仅是家系的编码代号，也是地理称谓。

史载，轩辕黄帝的部族称有熊氏，黄帝二十五子，得其姓者十四人。所谓"得姓"，即有封地、有成就的黄帝后裔所建立的诸侯国。姓是封地之名，是炎黄子孙的身份地位的标志。氏为氏族部落，范围要比姓大得多。黄帝的部族有熊氏，为庞大的部落联盟，所占地域广阔，所含民族和人口众多，除了黄种人，还包括黑人、白人的部落系统，其势之大，不仅跨越了不同的民族，也跨越了不同的人种（见图 2-1）。可见，"姓"是有血缘关系的人的结合体，而"氏"以血缘为纽带，但已远远超越了血缘关系的范畴。

历史上，因为战争和迁徙等原因，姓氏的消失和更新经常发生，收养、继养、入赘、赐姓甚至直接改姓，这在一定程度上会影响姓氏与父系血统的关联程度。所以，姓氏的传递并不完全遵从父系遗传。人群调查表明，至少有 85％的姓氏遵从姓氏传递的社会历史行为，各种中途改姓的情况所占比例不到 15％。

图 2-1 轩辕黄帝之山（今河北省承德县上谷村）

中国最大的姓氏人口已达 1 亿，家系来源有上百种，如用 DNA 鉴定，其 Y 染色体类型多种多样。而不同姓的人可能又有共同的来源。例如，中国 100 个大姓中有 53 个起源于姬姓。因此，从 Y-DNA 来讲，中国传统的姓氏编码有不合时宜的成分。姓氏的编码代号到了现代，应该有更科学、更准确的表达方式。

2. 姓氏起源和流变

姓氏，古时有强烈的地域性，首先是一个历史地理学的学科名词。"姓"对应着后来的国家、邦国、诸侯之类的观念，而"氏"不只是国家，而是超越了国家，是联邦、部落联盟，相当于小型联合国。

中国姓氏起源于旧石器时代，先有氏，后有姓。迄今约 4 万年前，有巢氏出生，他教民众在大树上建造房屋，结巢而居，所谓"构木为巢，以避群害"（《韩非子·五蠹》），人类的生活条件因此大为改观。在中国古典天文中，有巢氏为柳宿，是南方朱雀第三星，他教民众在大树上建造房屋，是木工的祖师，是鲁班、孔子等人的上级星神。在山西左权县桐峪镇有巢氏之山，历史上是有巢氏的山川望祭之所在（见图 2-2）。中国有"巢湖"的地名，有"巢"姓人口，这些遗存或许与上古有巢氏有某种关系。

《庄子·胠箧》提及古之十二君，分别为容成氏、大庭氏、伯皇氏、中央氏、栗陆氏、骊畜氏、轩辕氏、赫胥氏、尊卢氏、祝融氏、伏羲氏、神农氏，都是上古时期的部落联盟，地位比姓要高。姓为封地之名，如方雷氏，有方姓和雷姓两大姓组成一个氏族部落。到了夏朝，中国进入了国家阶段，氏族文化消退暗淡，诸姓兴起，逐渐演变成了现代的姓氏。

3. "张王李赵遍地刘"

在汉族的姓氏人群中，以张、王、李、赵、刘等姓氏居多，民间有"张王李赵遍

图 2-2 "上三皇"祭祀区内的有巢氏之山及其祭坛(今山西左权县桐峪镇)

地刘"之说。据估计,中国 87％ 的人口都姓《百家姓》中的姓氏,逾 1/5 的中国人姓李、王或张,总数超过 2.75 亿人。中国某些家族人口的数量,比一些国家的人口总数还要多。但是,这些众多的同姓氏人口并不是来自同一血统,而是有着不同的遗传背景,因而同姓之间有成百上千的姓氏分支。而且,从遗传学来看,这些分支彼此的亲缘关系很远。这与中国姓氏的悠久历史有很大关系。

如果从 Y 染色体分析,中国大约有 100 万个家系。以元代初年 5 500 万人口的基数起算,除去一半的女性,每个家系平均有 20～30 名男子。如果将历史断面放到三国时期,一说当时只有 700 万人口,以同样的标准,约只有 14 万个姓氏家系。可见,100 万的姓氏家系的估算应该是一个上限。

据中科院发育生物学研究所袁义达等统计,中国历史上共出现了约 23 000 个姓氏,常用的有 4 000 个,人口排名前 19 个占了中国人口数量的一半。除了常见的姓氏,其余是一些非常罕见的姓氏,一个家系中通常只有很少的成员,甚至更多的早已灭绝消失了,只有研究历史文化或研究他们的古代遗骸时才有用处。这些罕见的姓氏中可能只包含有一种或几种 Y 染色体分型。对于这些稀有姓氏而言,理论上,姓氏可以与 Y 染色体分型有很好的对应关系。

4. 改名换姓:改变不了 Y 染色体

染色体是一个人内在的生物学本质,是与生俱来且伴随终身的。由于各种原因,社会上总有人改头换面、改名换姓、隐姓埋名,但这些都改变不了 Y 染色体的本质,如俗话所谓"跑得了和尚跑不了庙"。

不同姓氏的人有不同的 Y 染色体,同姓的人也可以有不同的 Y 染色体。对于人口基数很大的姓氏家系,同姓而不同 Y 染色体是很普遍的现象,究其原因,是多方面的:①远古时期是一家,Y 染色体的突变的世代积累所致;②不同姓氏来源的人取同姓;③改姓(如赐姓、避讳、避祸、少数民族随汉姓、随君主或长官改姓);④入赘随母姓;⑤收养义子;⑥族外过继;⑦儿子不是父亲所生。

5. 中国姓氏与外国姓氏有本质差异

中国是世界上最早使用姓氏的国家,记录了男性 Y 染色体的进化史。姓氏自古为世袭,由父系传递,几千年来,祭祀祖宗,烟火不断,成了中国姓氏家族的头等大事。据估算,以有巢氏为起点,中国的姓氏文化已有 4 万年之久,可谓源远流长,有着极其丰富的历史文化内涵。

人类 Y-DNA 分型的总数估计为 1 000 万,中国人约为 100 万。由于历史的原因,中国的每个姓氏都应含有多种 Y 染色体。把这些富于多样性的 Y 染色体数据收集起来综合研究,建立相应的数据库系统,具有重要的科学意义。

相比之下,外国姓氏的起源时间很短,没有如同中国的历史文化内容。从起源来看,英国有姓氏的历史 500～700 年,日本一千多年,美国追随英国,有姓氏的历史只有几百年。欧洲部分国家使用姓氏的历史只有 400 年,土耳其到 1935 年才以法律形式规定使用姓氏。犹太人由于历史原因很晚才使用姓氏。日本直到明治维新时期才颁布法令,要求每个人必须有姓。此种背景下形成的姓氏传递,很难寻找到与 Y 染色体遗传的长久关联。其后大规模的调查研究也证实了这一点。

如果单纯从 Y-DNA 而言,中国人和美国人并不是同一种生物,美国人姓氏之间 Y-DNA 的差异要再过一万年才能进化达到中国人的水平。比之于国内,国外对姓氏文化研究的热情不高,主要是因为外国人姓氏历史很短暂,因而其历史文化有限。从遗传学来看,外国人各个家系 Y 染色体的差异不大。例如,日本人姓氏多达十多万,必然有大量姓氏来源相同,在 Y-DNA 的水平很难显示出明显的差异,这就在一定程度上限制了 Y-DNA 技术的使用。但是,即便在这种情况下,Y-DNA 检测还是有积极的作用。2018 年 4 月 25 日,美国联邦调查局破获了 40 年悬而未决的系列强奸杀人案,素有"金州杀手"之称的 72 岁犯罪嫌疑人迪安吉罗(Joseph James De Angelo)被捕。这一典型案件,就是通过 Y-

DNA 的同源对比找到了疑犯所在的家系,进而顺藤摸瓜,找到具体的男性个体,从而完成了案件的侦破。

6. 为什么没有"姓氏基因"?

基因是编码蛋白质的 DNA,是蛋白质信息的载体。在 Y 染色体有一些遗传标志点,显示家系的差异。但这些标志点绝大多数处于非编码区,不表达成为蛋白质,与某一特定的蛋白质功能没有关系,所以一般不称为基因。Y 染色体上的蛋白质只能从父亲遗传给儿子,某些蛋白质的结构可能有家族特异性,有"姓氏基因"的某种性能,但这些蛋白质并没有生命体不可或缺的功能。

远古的母系氏族社会时期,父系遗传的观念还没有出现。此时姓氏并不是父系遗传,只是封地的称谓,是男女成员共有的地域标记。进入了父系氏族社会,才有了父系遗传,Y 染色体的传递才与姓氏的传递绑定在了一起,才有了"姓氏基因"的说法。而且,地球上的各个民族间由于文化发展水平的差异,很多至今也没有姓氏,当然也不存在"姓氏基因"。"姓氏基因"是由于历史的原因人为附加在 Y 染色体上的一种观念,是一种文字的编码,并不存在所谓的"姓氏基因"。

7. 什么是 DNA 分型?

DNA 分型是一种实验室技术,是检测 DNA 多个基因座上基因型,明确 DNA 在人类群体中的个性特征,为个体识别和家系识别提供参照。某个人的基因型具体是哪一种类型,不同的基因座上的等位基因的具体长度、重复次数和状态,不同的姓氏家系、不同的个体对应着不同的 DNA 分型。

DNA 分型有二倍体分型和单倍体分型。二倍体分型是体细胞常染色体和 X 染色体的分型,是二倍体的状态,细胞内有两个等位基因,检测出的结果是来自父母的两个等位基因的分型;单倍体分型是父系遗传的分型,只能检测出一个 Y-DNA 分型。

对于群体而言,DNA 分型是指群体中等位基因的总数。群体可大可小,大的群体为人类群体、种族、民族群体,小的群体一般为家系或乡村局部地区的群体。

8. 重复序列是怎么产生的?

非编码区有大量的重复序列,是基因组中反复出现的某一 DNA 片段,即重复单元。其产生与基因突变有关，包括点突变和移码突变。DNA 序列多态性是碱基突变引起的，为单个的碱基突变，即点突变。例如线粒体 DNA 第 369 位碱基，一个人的为 G，另一个人的为 A，就是点突变造成的。DNA 长度多态性是移码突变造成的，因为重复次数不同造成了序列的长短不同。在细胞分裂过程中，碱基不等交换，或者 DNA 复制的时候 DNA 聚合酶的滑移所引起的移码突变，造成碱基的插入或缺失。这是一种基因编辑行为。

一般而言，DNA 序列的各个等位基因虽然没有好坏之分，却有先后之别，也就是说，在进化上有早晚的差异。如何知道序列多态性产生的先后顺序呢？首先，重复顺序遵循从少到多的积累过程，重复次数多的通常起源要晚，故而重复次数少的序列是祖先 DNA 序列。但这只是一般性的结论，并不是确切的结论。因为基因非编码区的碱基的缺失属于基因突变事件，由此导致的重复序列减少也是等位基因进化的一种方式。DNA 同源序列的产生顺序，具体是要与模式生物的 DNA 序列做比较才能得知，有研究选择与灵长类的大猩猩的 DNA 序列做比较，人与大猩猩共有的 DNA 序列起源在先，大猩猩没有而只有人类才有的起源在后。另外一种方法是同古代人类 DNA 序列做比较，寻找出二者间的差异，从而确定等位基因产生的先后次序。

9. 细胞表面的活性多糖

细胞膜是具有流动性和超流动性的生命结构。细胞膜表面的蛋白质和脂类常常连接有长短不一的各式多糖分子链，是细胞膜表面的装饰物。这些多糖分子既不是蛋白质，也不是核酸，既不是细胞的骨架，也不是细胞的核心成分，而更像是细胞上面长出的"头发"。

这些轻飘的"头发"，貌似无用，却无比重要。《老子》第十章说："有之以为利，无之以为用。"大意是说，没有用的，才是最有用的。《老子》的这一哲学思想对于细胞尤其适用。细胞表面的活性多糖，对于维护细胞的形态、行使正常的细胞功能是不可或缺的。

年轻、活力旺盛的细胞，细胞膜的多糖分子分布搭配合理，相当于一个人长了一头茂盛秀丽的头发，很容易被功能分子识别，从而顺利完成各种细胞功能。但是，随着时间的推移，营养不良、衰老或疾病状态的出现，多糖分子开始损伤脱落，也就是相当于一个人的头发稀疏脱落。随之而来，细胞识别的功能也相应退化甚至消失。细胞膜表面的多糖凋零脱落，细胞膜的微生态恶化，导致了细胞功能的异常及疾病、衰老或亚健康状态的出现。

正常的上皮组织细胞若有接触抑制的表现，两个细胞接触后就会停止生长。但当表面活性多糖缺失后，细胞间不能相互识别，丧失了接触抑制的功能，此时两个细胞虽然已经接触了，但彼此不知道，仍然继续生长，不断扩增，于是癌症就发生了。精卵结合，也是细胞识别，当卵子或精子的表面多糖缺失，精卵间不能正常识别，不能完成受精，就会造成不孕不育。

表面多糖的缺失导致细胞的衰老退化，作用于不同的细胞和组织器官，就会导致相应的功能缺失，心脑血管疾病、免疫疾病、糖尿病、感染等疾病和症状陆续出现。活性多糖是细胞养生保健的重要成分，可以帮助衰老和退化的组织细胞重建细胞膜功能，恢复细胞膜微生态，消除营养不良的状态，使细胞变得年轻而充满活力。中国古代医药讲求固本培元，标本兼治，一个很重要的方面就是充分发挥了天然药物中活性多糖的生理作用。

细胞膜表面的活性多糖的状态，也与细胞深处的基因突变和基因修饰有直接关系，因而调控着细胞的功能活动。Y-DNA 功能状态，不仅与环境因素有关，与细胞表面的多糖修饰成分也有某种联系，是 Y-DNA 发生突变和重复的诱发因素。

10. Y-DNA 与人文地理

中国在古代称之为"神州"，英雄辈出、人杰地灵，可见，这一名称是被古人寄托了丰富的情感。中国人的 Y-DNA 延续了家族的血脉，蕴含了家族起源和流变的信息。因此，姓氏与"神州"一样，被人们赋予了丰富的感情色彩，人们引以为荣并世代传递。

Y 染色体（拟常染色体区除外）由于严格的父系遗传，随机的遗传漂变容易被迅速固定，成为研究人类进化特别是地理起源分布的符号标志。姓氏不只是父系遗传的文字编码，还有丰富的历史文化内容，政治的、经济的、宗教的、宗法的、艺术的、科技的、文化的基因，都可以通过姓氏文化得到展现。民族是由家系组成的，家系是一个民族的组成细胞，因此，姓氏家系的历史是中华民族史的组成部分。

短串联重复序列（STR）是基因组中广泛存在的一种重复结构，核心序列重复次数的不同构成了长度多态性。Y-STR 因为具有较快的突变速度，能分析人群系统内部较短的演变历史和较近人群间的遗传关系，所以被用来做姓氏人群的检测分析。Y-DNA 非重组区为严格的父系遗传，Y 染色体特异区在减数分裂时不发生重组，这就积累较多的突变，记录了人类的进化史，因此，Y-DNA 的多态性是探索人类起源、进化和迁移规律有价值的工具。

Y-STR 不仅应用于破案,也是人类学研究的重要手段。与常染色体相比,Y-STR 呈连锁遗传,不发生重组,不随机分布,不同种族、民族和不同地域甚至不同姓氏家族人群间的基因差异显著,这种特性应用于人类学研究的基础,在人类的起源、进化、繁衍、迁移、发展、演变等方面。

考古中无法用文物鉴别来解决的问题,例如同一居住地点居住着几个族群的人,人群是否迁徙,文化断层背后是否有居民变迁,都可以用遗传手段来解决。对成片墓地的遗骸,可以了解墓主间的亲缘关系,了解族群的起源和发展历程、古代社会形态、健康和疾病状况、生产生活质量等方方面面的信息。遗传学的研究,尤其是 Y 染色体的研究证明,东亚的现代人具有共同的非洲起源。在 18 000~60 000 年前,最早的一批非洲人进入东亚的南部,然后随着东亚的冰川期结束,逐渐北进,进入东亚大陆。另一支迁移的路线从东南亚大陆开始,向东逐渐进入太平洋群岛。

11. 姓氏与个人身份的关系

姓名是个人身份的重要标志。居民身份证是中国公民最常用的证件,其中很重要的一栏就是"姓名"。名字是一种纯文化的东西,是主观多变的,没有检测的物质基础,所以用仪器设备检测不出名字。但姓氏,是可以用科学的方法检测的。

姓氏的传递有遗传学基础,是与 Y 染色体遗传相伴随的现象。父亲把自己的姓氏传递给儿子,也把自己的 Y 染色体传给了儿子。同一家系的男子,有相同的 Y 染色体,而不同家系的人,Y 染色体是不同的。因此,理论而言,姓氏是可以检测的,至少在很大程度上是可以检测的。

另一方面,因为只有男性才有 Y 染色体,所以姓氏检测只针对男性而言,对于女性则不适用。但是,因为 Y 染色体姓氏检测针对的是各类犯罪的情况,尤其是暴力犯罪,大多是由男性参与和主导的。据报道,暴力犯罪女性所占的比例只有 3%。所以,单纯检测 Y 染色体可以解决大多数的犯罪问题。

12. 时间与 Y-DNA 的进化

物种在进化过程中,环境和时间是重要的影响因子。不同环境决定了不同的选择压力和基因突变的速率。不同的时间决定了分子进化所处的不同阶段。这就好比是列车的不同到站。对于一个物种而言,时间变量积累到一定程度,物种就会进化到新的水平。

Y-DNA 分子在环境的动态变化中不断改变自身的结构,以适应环境变化和时间的流逝。在父子相承的传递过程中，Y 染色体也在慢慢积累变化，使得父系遗传中距离越远的个体间 Y 染色体的差异越大。

祖先的突变可以稳定保留在后代的 Y 染色体中。例如，Y-SNPs 的突变速率极低，突变一旦发生，可以在后代中永久保留，后代只能积累突变，而不会丢失祖先的突变。可以说，绝大多数情况下，祖先的 Y 染色体出现的 SNPs 突变特征在后代中都能找到。

13. 危险的姓氏

在姓氏文化中，有一类改名换姓的现象与战争有关。在古代战争中，一个士兵如果捉住了对方的将领，不仅可以使他成为自己的奴隶，还可以占有他的姓名、声名和业绩，乃至于其前辈祖先也可以一并据为己有，从而实现姓氏家族的血统更替。这种现象在古埃及、我国辽金时期都有所发现。

将敌人的姓氏和名字据为己有，是古人奖励军功的一个办法，这也是一个打胜仗的方法，称为"厌胜"。在敌强我弱的时候，我方士兵使用对方皇帝、将军或名人的名字，使对方在心理上有所忌惮，从而在战场上占得先机，多一分胜算。

在中国的姓氏中，已经发现有这样的状况存在。例如，孔姓一般认为是圣人孔子的后代，但 Y-DNA 检测显示，孔姓并非是单一的族源。其中，有一支来自鞑靼。这是因为，在元末战争之时，鞑靼人将自己改姓为孔，从而将自己有效掩护起来，随时服务于战争的需要。遇到这种情况，姓氏检测要特别谨慎，注意为当事人保密，因为信息一旦泄露，不仅会给当事人的生活带来很大的麻烦，甚至会有性命之虞，乃至于带来整个家族的灾祸。姓氏检测作为一种技术手段，给人们带来了便利，但也存在一定的危险性，所以需要谨言慎行，避免其社会危害性。

研究人员检测了山东孔姓的 Y-STR 单倍型，并据 Y-STR 单倍型推断了 Y-SNP 单倍群。如表 2-1 所示，发现曲阜孔姓有 3 种高频单倍群：C3、Q1a1 和 O3。其中，O3 是汉族最常见的类型，在孔家出现的频率远低于汉族中的频率（60%～70%）。这表明，孔子的后代在遗传过程中曾有血统的更迭。

表 2-1　孔姓 Y 染色体单倍型频率（%）

单倍型	C3	Q1a1	O3	O1	R	N	O2	C3c	G	J
频率/%	46.06	27.01	20.66	1.25	1.16	0.98	0.89	0.54	0.09	0.09

第三章

Y-DNA 破案法的科学原理

1. 现象与本质

现象与本质既对立又统一，唯物辩证法认为，现象与本质是一个事物的两个方面。现象是事物的外在方面，是表面的、多变的，可以直接被人感知和认识；本质是事物的内在方面，是稳定的、深刻的，人只能间接把握，只有通过科学研究和科学实践才能获得本质。

Y 染色体遵循严格的父系遗传的规律（拟常染色体区除外），是家系遗传的内在本质。而姓氏传递也遵循着父系遗传的规律，可以世代保持不变，这是家系遗传的外在现象。内在本质与外在现象相辅相成，可以透过现象看本质，通过本质看现象。这是 Y-DNA 姓氏检测技术发明设计的整体思路。发明技术是为了侦破各类案件，尤其是社会影响恶劣的大案、要案和疑案，以维护国家和社会的长治久安。

2. 姓氏传递与 Y-DNA 传递的偶联关系

姓氏的父系传递是一种社会历史行为。父亲把自己的姓氏传递给子代，以此累积，不断进行，成为悠远的历史传统，这种行为具有社会历史性。与此同时，Y 染色体的传递也是按照父系遗传的规律进行的。

姓氏传递与 Y 染色体传递之间存在耦联关系，这是 Y-DNA 破案的科学基础。一般而言，同一条染色体上的基因相互连接，一同遗传给子代，这一现象叫连锁遗传，与性染色体相关的叫伴性遗传。姓氏传递与 Y 染色体的传递耦联在一起，符合连锁遗传或伴性遗传的规律（见图 3-1）。

客观而言，姓氏传递的现象或规则，是人为附加在 Y 染色体上的，并不是客

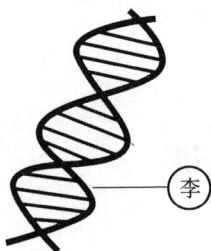

图 3-1　Y-DNA 与姓氏传递的偶联

观规律使然。所谓客观规律,一般指自然规律,并没有人的参与。姓氏的父系传递虽然不是自然规律,但这种行为有悠久的传统,不会轻易因某个人的行为和意志改变。因此,从此角度而言,姓氏传递与 Y 染色体传递耦联的现象也是客观的,以此为出发点而进行的姓氏检测是较为科学、严谨的。

中国姓氏具有历史悠久、传承稳定、同姓聚居的特征,提示了中国人的 Y 染色体具有相对隔离性,人群间的 Y-DNA 分型差异明显。Y-DNA 破案法将 Y 染色体检测技术与姓氏相结合,在侦查、技侦等技术手段的密切配合下,可以有效拓展应用空间,实现价值。随着研究的深入,Y-DNA 破案法不仅可以告知生物检材的姓氏,还可以检索查询其地理、外观特征,包括种族、民族、发色、身高等信息,为破案提供更多的资料和线索。

刘超等调查了广州汉族 50 个二代家系,5 个包含祖父、父、子、伯、叔、堂兄、堂弟,观察 70 次减数分裂。各基因座均未观察到突变基因,同父系 12 个 Y-STR 基因座的基因型相同。

3. 实验室技术与实用技术的差异

Y-DNA 检测是直接对生物学本质作出的检测,而姓氏检测是通过现象对生物学本质的检测。姓氏检测技术的突破性在于把表面现象和生物学本质联系起来,抓住了现象与本质的关系,实现了对家族姓氏信息的检索功能,从而把实验室技术变成了实用技术,在科学研究与现实应用间架起了桥梁,扩展了 Y-DNA 检测技术的应用范围,增强了社会参与度和操作性。

Y 染色体承载了历代中国人姓氏传递的生物学本质,也是 Y-DNA 破案法的核心对象。但对于非实验人员来说,Y-DNA 并没有实际操作性。Y-DNA 检测虽然是一项很成熟的技术,但如果抓不住宏观表象,就失去了抓手,就不能把 Y-DNA 检测的实验室成果付诸更为广泛的社会实践。

实验室技术与实用技术之间有本质区别,二者尽管有相同的科学内核,但外壳包装不同。实用技术有面向社会、基层的外壳包装,人们容易识别和使用;而实验室技术只停留在实验室阶段,不具备社会功能。

为了说明这一问题,以制碱法为例。碱是日常生活所需,也是重要的化工原料。纯碱,即 Na_2CO_3,实验室中制碱通常是很简单的化学反应。例如侯氏制碱

法,总反应方程式为:

$$NaCl(饱和) + CO_2 + H_2O + NH_3 \rightleftharpoons NaHCO_3 \downarrow + NH_4Cl$$

$$2NaHCO_3 \xrightarrow{加热} Na_2CO_3 + H_2O + CO_2 \uparrow (CO_2 循环使用)$$

这一制碱反应在实验室中很容易实现。但这只是其科学内核,工业化的制碱要复杂得多。侯氏制碱法的新工艺将合成氨工业与制碱工业组合在一起,也就是把氨厂和碱厂建在一起,联合生产,解决了生产中的难题。从制碱的例证,很容易看出实验室技术和实用技术的差异。

4. 姓氏检测的新理念

姓氏检测是一个新的理念,是以社会实践为目的的一门应用科学。姓氏检测最早来源于亲子鉴定,是亲子鉴定技术的精简改编。具体而言,就是省略了亲子鉴定技术中对常染色体的检测,同时强化了对 Y 染色体的检测。"姓氏检测"的提出,首次将"姓氏"和"检测"两个原本不相干的事物结合到了一起。通过对待测生物样本的数据与已知数据的比较,得出待测样本的家族姓氏信息,以最大可能排查嫌疑人,为侦破各类案件提供参考。Y-DNA 检测为公安机关提供了一种相对客观,且难以毁灭篡改的证据形式,成为犯罪的有效证明。

在真正的罪犯被抓住之前,理论上,所有怀疑对象都是可能的嫌疑人。姓氏检测,有针对性地指出了疑犯的家系姓氏,缩小了排查范围,节约了时间和警力,提高了公安机关的工作效率。运用 Y 染色体鉴定技术检测姓氏的方法,其核心是首先获知某一姓氏或姓氏分支内个体间 Y 染色体 DNA 顺序符合率的正常分布范围,然后将待测样本与各个姓氏的 Y 染色体 DNA 顺序符合率与此姓氏正常分布范围相比较,由此获取待测样本的姓氏信息。通过实验室检测,可基本确定当事人的姓氏,或确定若干姓氏作为当事人的参考姓氏,是身份鉴定的基本工具。

传统的 DNA 技术可以确定某一个人的身份,但缺点是在大样本的情况下,费用昂贵,效率低下。古语云"过犹不及",在身份鉴定的过程中,很多情况无须精确到个人,只需要定位到男性家系即可。常染色体在寻找和识别家系的过程中被忽略不计。一旦有实际需要,可以通过家系找到个人,通过全 DNA 的 STR检测完成个体识别。

国外早期提到的姓氏检测,是家族内部或相互之间的 Y-DNA 分析,是个体识别的一种应用。2000 年,英国 Bryan Sykes 应用 Y-STR 遗传标记对自己的姓氏家系进行了研究,使用了 DYS19、DYS390、DYS391 和 DYS393 基因座检测了英国 48 个姓 Sykes 的男性,其中 21 个拥有这个家系的核心单倍型。但这种家系分析不涉及对未知姓氏的检测分析,与姓氏检测是不同的理念。这是在同一家系内的分析,都是已知的家系,是家系内部的研究或是家系间的比较,不是对未知样品的姓氏检测。因为没有引进 Y 库的概念,仅仅是个体识别,无法进行大样本的家系识别和姓氏检测。

5. Y 库来自数据的积累

姓氏是个人身份的标志,姓氏检测是研究鉴定一个男子身份的科学手段,Y库是对男性个体进行姓氏检测的基础设施。Y 库里收集了目标区域尽可能多家系的 Y-DNA 数据,以备对比分析。Y 库中的数据,来源于实践中 Y-DNA 数据的不断积累,收集的数据越健全、越完备,对比检出率也越高,结果也越准确。

Y-DNA 检测可以明确样本间的血缘关系,是一项成熟的生物技术。1998年,这项技术证明了一黑人男子是美国第三届总统托马斯·杰弗逊家族的直系后裔,显示该男子的生父是杰弗逊总统家族中的某一成年男性。这是通过不同个体 Y 染色体间的两两比较得出的结论。

但仅仅如此,还不能满足姓氏检测的需要。因为在实际操作中,往往只有待测一方的遗传样本,而可供比较的另一方难以找到。因此,还要使用工程技术的手段,不断积累和升级 Y-DNA 的数据库。待测样本的数据信息与数据库中的已有信息逐一对比,寻找同源的姓氏家系,以此确定其姓氏和家系。姓氏检测新功能的出现,是在数据的积累中得以形成并不断强化的,与原来的亲子鉴定已完全不同。

Y-DNA 数据库的功能比之于单个的 Y-DNA 要强大得多,姓氏检测之所以顺利进行,是基于 Y-DNA 数据库的建设和完善。

6. 姓氏的直接检测

每一个家系都有特征性的 Y-STR 电泳谱带,只要选择足够多的位点,不同家系间的差异就会得到充分的显示。国外 2009 年公布了 William Carpenter 家族的 100 多个位点,这些位点已经足够显示家族的特异性。

直接检测就是检测有明确亲缘关系的遗传样本而直接得出姓氏结论。例如,一男子在作案现场留下了毛发、血液、指甲、皮屑等遗传材料,但嫌疑人已逃之夭夭。这时,可找到与嫌疑人有相同 Y-DNA 渊源的亲属,进行同源对比,直接确定或排除嫌疑人的姓氏。

在边远的农村和乡镇,人口少,家系的数量也少,而且人口流动性小,人员相对稳定,所以案件的发生一般集中为本地人作案。再者,如果是熟人作案,嫌疑人只限于个别的家系和少数个体。这些情况下使用 Y-DNA 姓氏检测技术,直接排查或确定目标嫌疑人,可以显示出很高的办案效率。目前,基层使用 Y-DNA 破案大多是通过直接检测实现的。

7. 姓氏的间接检测

间接检测,就是只有被检测的遗传样本,没有直接可比的亲缘材料,而只是与数据库中的 Y-DNA 姓氏信息进行对比,这时获得的是姓氏的概率信息。如,某男的遗传样本与数据库中的信息对比,可知事主可能姓张,也可能姓王或李,然后给出各姓氏的可能性大小。Y-DNA 姓氏检测技术的结论只是相对准确的结论,还需要配合现场侦查和传统手段,缩小范围、反复核对,最终锁定一个目标。

在大城市、人口流动性大的样本条件下,Y-DNA 作为家系排查的主要对比指标,会出现疑犯与多个不同家系的 Y-DNA 单倍型匹配,造成无法排查的情况,或由于 Y-DNA 突变,造成家系对比无法确定或误判的情况,这些都需要根据人员流动的规律和次序与传统的刑侦手段配合解决。

现场遗留有犯罪嫌疑人生物物证的杀人或强奸杀人案,案发地为较为偏僻的农村,一般为本地人作案,嫌疑人可能有比较稳定的家系遗传背景,这个可以通过直接检测解决。但如果发生在大城市和人员组成复杂的地区,单靠这一项技术排查犯罪嫌疑人就会有困难。例如,2006 年 10 月武汉某郊区董某(女,37岁)被杀案、2006 年 10 月河南某县郑某(女,16 岁)被奸杀案、2006 年 3 月湖北某县舒某(女,16 岁)被奸杀案,3 起案件案发地为县城和乡镇,居住人口多,外来人口多,无应用 Y-DNA 家系排查法的条件,所以,虽经大量 Y-DNA 排查,未找到嫌疑家系。此 3 案已破获 2 案,但均根据对犯罪嫌疑人刻画特征结合 STR 检测认定罪犯。特别是 2006 年 10 月,武汉某郊区集镇上董某(女,37 岁)被杀,通过现场勘察及调查走访,可明确罪犯为典型的外来人口。对于外来人口作案,可以与邻县区或省内 Y-DNA 数据库的协查寻找目标嫌疑人的姓氏家系,对案发当地的人口的家系筛查无太多意义。

8. 改姓也可以检测

真相是表现本质的现象,但改姓是假象。改名换姓,改变的只是表面现象,并未引起细胞内部 DNA 的本质变化。除了医学领域的移植物,如肝移植、肾移植、骨髓移植、造血干细胞移植等特殊情况,普通的化装易容一般不涉及生物个体遗传物质的改变。

作为一种社会现象,改姓可以用生物技术进行检测,使之成为确证的或否定的事实。姓氏检测只是一个工具,提高了人类的技能,本身不排斥改姓的情况。

要想知道是否有改姓的情况,要对样本进行科学检测。具体地说,是与标准的姓氏家系对照。如果相符,则无改姓,或曾经有改作他姓,如今又改回;如果不符,则可显示改姓之事。而且,通过数学模型计算代际间隔,可以大致知道改姓发生的时间。

改姓的现象是客观存在的,历代都有,但是只是作为个别现象。大部分的姓氏传递还是按照社会历史约定俗成的规则进行的,这是社会的主流。这种规则,有社会历史性,也可视作一种客观规律。

9. 如何计算代际间隔?

在代际传递的过程中,基因组内的基因会不断发生突变,这是生物体的常态。同理,Y 染色体 DNA 的突变也是一种常态。随着技术的发展,在传代过程中的突变现象经常可以检测。

一种学说认为,这种突变的速率基本恒定。但是,如果从宏观进化上看,处于不同环境条件下的生命体,其 DNA 突变率也是不同的,尤其是减数分裂期间,是突变的高发阶段。但是,即使出于某种原因导致了计算出来的突变速率出现了偏差,也有科学的办法加以校正。因此,基因突变的速率在很大程度上是可知的,根据突变的数量可以计算出家系分化的时间和减数分裂的次数,从而得知样本间的代际间隔。

常用的 STR 遗传标记突变率在 $0.01\%\sim0.64\%$,突变率变化和其重复单位的大小及序列、等位基因的长短、重复单位间的同源性和侧翼序列有关。

依靠宏观样本的整体观测,估算出基因座的突变率,然后通过突变计算代际间隔,以此衡量样本间亲缘关系的远近。父本与子 n 代间 Y-DNA 顺序的符合率 k 与子 n 代任意个体间 Y-DNA 顺序的符合率 k 分别按照下式估算:

$$k = 1 - n\alpha$$

$$k = 1 - 2n\alpha$$

n 为后代与其父系祖先的代际间隔;α 为父子间代际传递中 Y-DNA 突变发

生的频率。

10. 姓氏检测与家系排查法

Y-DNA检测，也就是利用Y染色体鉴定技术侦破案件的方法。其核心是姓氏检测，也叫家系排查、家系分析或家系识别，包括横向家系排查和纵向家系排查两部分。家系排查是传统的遗传学研究方法，在Y染色体分析前已经出现，早期是通过外观的遗传性状或疾病的症状表现来实现的。姓氏检测，强调的是实验室检测；家系排查强调的是实验室外的排查，各有侧重。

横向排查，是姓氏家系之间的排查，寻找与待测样本Y-DNA信息相同的姓氏家系。通过横向Y-STR筛查可以迅速明确地锁定嫌疑人所在家系。纵向排查，是家系内部的筛查，找到具体的姓氏家系后，家系内部纵向采血，分析常染色体STR亲缘关系分析或ABO血型检验、指纹对比等技术手段，排查其中的男性成员，寻找目标嫌疑人，之后通过个体识别的两两比较，确定或排除嫌疑人。

姓氏检测，是根据姓氏传递与Y染色体之间的偶联关系，有科学和历史文化基础。利用Y染色体进行家系排查的生物学本质与姓氏检测是一样的，都是Y染色体的分析鉴定。但比较起来，姓氏检测的说法更具有现代性，应更适合于非专业人员的参与和操作，适合大众普及。

近年来，中国各地公安机关利用Y-STR检验技术破获了一大批案件，充分彰显了该项技术在侦查破案中的重要作用。目前，Y-DNA家系排查法仍然多用于农村地区，特别是以家族式群居的自然村落和乡镇。此类地区相对偏僻，人员流动小，家族以群居为主，家族人群相对固定，此环境中居住的人群遗传关系相对稳定。

Y-DNA家系排查的方法必须遵循一定的方法和程序：①现场或死者身上找到有明确排查和认定价值的生物物证和检材；②一定要根据现场勘察情况，结合案情调查，确定案件是否为本地人作案，可能的重点区域和村落；③了解各村落的家系分布、遗传及关联，并制作家系遗传方框图；④根据犯罪嫌疑人特征刻画，决定抽取相关人员血样的数量及分布；⑤根据Y-DNA检测结果进行对比，查找嫌疑人家系及溯源；⑥找到家系后，一定要结合ABO基因型结果、ITO法（一种适合于计算两个亲属之间具有各种血缘关系机会的方法）和常染色体STR检测排查、指纹排查等认定犯罪嫌疑人；⑦对于明确是非本地人员和流窜作案的现象，要根据人员流动的特点及时协调邻近区县和相关省区的Y-DNA数据库协助调查，寻找有关的家系线索，以尽快侦破案件。

对于Y染色体而言，犯罪嫌疑人同一父系的亲属，理论上都具有和其相同的单倍型。也就是说,应用 Y-STR 家系排查法,通过对现场检材的分型数据与同一父系中任一男性的分型数据进行对比,就可以肯定或否定这个父系中所有的男性。这相对于常染色 STR,能够快速缩小排查范围和锁定案犯家系,为侦查活动提供方向,从而大大节约资源。

11. 家系遗传谱系图

家系遗传谱系图,即家系遗传方框图,是遗传学的研究工具,以此勾画显示家系成员和基因向下传递的方式(见图 3-2)。在家系调查过程中,完备的家系遗传图谱可以清晰显示家系成员的组成和相互关系,便于结合案情确定 Y-STR 的检验对象,从而确定疑犯的家系,进而确定疑犯本人。

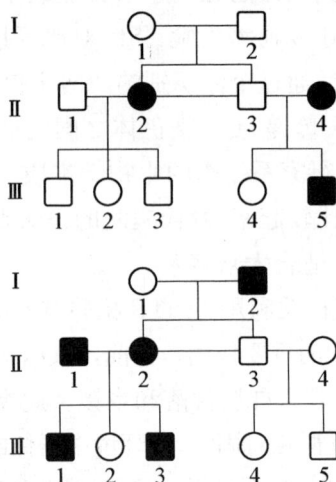

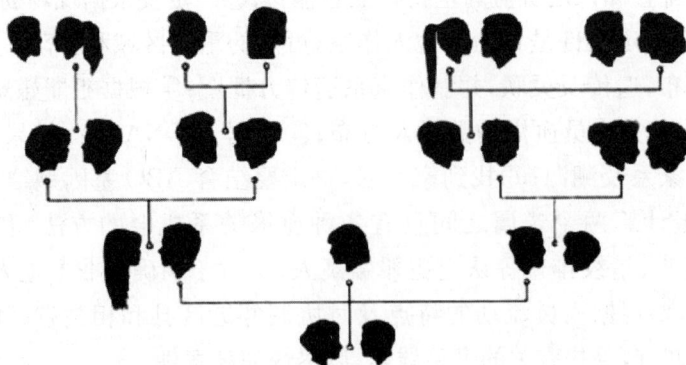

图 3-2 家系遗传图谱

在实际应用中,"家族"经常与"家系"并用,二者有一定的区别。家系,是遗传学用语,是科学的语言,强调的是自然属性;家族,是民俗用语,强调的是社会文化属性。

再者,在制备家系遗传图谱时,改姓和过继的现象要勾画在遗传谱系之内,以免遗漏重要信息,导致疑犯漏网,致使整个家系排查失败。婚外生育也是重要排查点。

12. 等位基因的频率

等位基因的频率,即基因频率,是指某一特定等位基因与该基因座中全部等位基因总和的比例,是某一种等位基因在某一个遗传群体中出现的概率。一个基因座上所有的等位基因的频率等于100%。

基因频率是通过群体抽样调查获得的。不同人种或人群中,同一基因座的同一等位基因,频率可以不同。等位基因的多态性现象是基因突变引起的,并且稳定遗传给子代。当某个突变的基因在人群中出现的概率>1%的时候,成为新的等位基因,多态性增加。

等位基因的频率是 Y-STR 检测使用最多的参数。多个基因座的等位基因频率,是某一个复合系统的整体概率,是由多个基因座复合而成的。如,某个基因座在人群中出现的频率为0.4,另一个基因座的频率是0.6,那么两个复合出现的频率为 $0.40 \times 0.60 = 0.24$。这时如果还有第三个基因座,频率为0.7,那么三个基因座同时出现的频率为 $0.240 \times 0.700 = 0.168$。随着基因座的增加,与这一组合匹配的人群的数量也就越小。这样的组合,随着基因座数量的增多,在人群中出现的频率越小,直到锁定人群中的某个家系、某几个人,乃至某一个个体。

根据人群调查的结果,如果两个人有 6 个 Y-STR 位点完全匹配,他们拥有共同父系祖先的概率一般会大于95%,差异有统计学意义;如果有7~9个STR位点完全匹配,那么概率将近100%。实践中,为了使家系识别和个体识别的结果更精确,通常会选择更多的 STR 基因座进行检测,15 个 STR 基因座的试剂盒,个体识别率达到了 0.999 999 999 999 999 998。在此基础上,目前开发出了 17~40 个基因座的 Y-STR 复合检测体系,已经完全可以满足家系识别和个体识别的基本要求。因此,Y-STR 检测技术已成为常用的 DNA 鉴定手段之一。

13. 基因多样性

基因多样性是群体遗传调查中用来显示一个种群中基因的多样性,或者说是基因库的丰富程度。累积基因多样性(total gene diversity,TGD)采用直接计数法计算各个基因座的等位基因频率(gene diversity,GD),各基因座等位基因与单倍型检出频率采用直接计数法,等位基因多样性及单倍型多样性 GD 值按公式 $GD = n(1 - \sum Pi^2)/(n-1)$ 计算(式中 n 为样本数,Pi 为基因频率或单倍型频率)。对于 Y 染色体来说,GD 值即等于个体识别能力和非父排除率,常用 Y-STR 基因多样性如表 3-1 所示。

表 3-1　常用 Y-STR 的基因多样性(GD,$n = 2\,000$)

基因座	GD 值	基因座	GD 值	基因座	GD 值	基因座	GD 值	基因座	GD 值
DYS456	0.637 5	DYS522	0.671 5	DYS392	0.749 6	DYS388	0.504 6	DYS459 a/b	0.527 3
DYS389 I	0.623 0	DYS460	0.670 8	DYS448	0.722 3	DYS19	0.716 8	DYS635	0.758 9
DYS437	0.509 1	DYS458	0.805 1	DYS449	0.881 0	DYS385a/b	0.965 4	DYS570	0.821 4
DYS389 II	0.761 0	DYS390	0.680 8	Y-GATA-H4	0.588 4	DYS393	0.553 6	DYS627	0.844 9
DYS438	0.441 4								

基因频率是某种基因在某个种群中出现的比例。基因型频率是某种特定基因型的个体占群体内全部个体的比例。前者是某基因个体数占全部基因数的比例,后者是某基因型个体数占群体总数的比例。相关计算:

(1) 设二倍体生物个体的某一基因座上有两个等位基因 A 和 a,假设种群中共有 N 个个体,而 AA、Aa、aa 三种基因型的个体数分别为 n_1、n_2、n_3,那么种群中 A 基因的频率和 AA 基因型的频率分别是:

① A 基因的频率 = A 基因的总数/(A 基因的总数 + a 基因的总数) = $(2n_1 + n_2)/2N$ 或 $n_1/N + n_2/2N$;

② AA 基因型的频率 = AA 基因型的个体数/该二倍体群体总数 = n_1/N。

(2) 基因频率与基因型频率的计算关系,由上述①②可推得:

A 基因的频率 = $n_1/N + 1/2 \times n_2/N$ = AA 基因型的频率 + 1/2Aa 基因型的频率。

14. 单倍型多样性

　　单倍型多样性(haplotype diversity，HD)，是衡量一个群体变异程度的重要指标。单倍型多样性是指样本中随机抽取到两个不同单倍型的频率，单倍型多样性高的群体说明其遗传多样性高，遗传资源丰富。对 Y 染色体而言，呈现单倍型非重组的父系遗传，多样性越高，群体在进化上越完备，一般具有更高的环境适应性。

　　其中：
$$HD = 1 - \sum_{i=1}^{k} HP_i^2$$

第四章

Y-DNA 数据库

/ 1. 什么是 STR?

人类基因组 DNA 中有一种特异性的碱基序列,称短串联重复顺序(short tandem repeat, STR),Y 染色体上的 STR 称 Y-STR,具有家族特异性。所谓姓氏检测,就是以 Y-STR 为主体的医学检测。

人类基因组内 STR 序列极其丰富,有 20～40 万,目前发现的已有 8 000 多个。STR 是由 2～6 个碱基组成核心的串联重复顺序,重复次数一般为 10～30 次,核心序列复制数目因人而异,数目不同所致的长度变化产生了长度多态性。STR 广泛分布于人类基因组中,平均每 10 kb 出现一个。多态性的 STR 基因座大部分位于非编码区,只有少数(如 C4、H4)位于编码区。鉴于 4 bp 核心序列便于扩增,结果相对稳定,所以通常选择 4 bp 左右的核心序列用于 STR 鉴定。

STR 遗传标记在生物物证鉴定中的优势:

(1) STR 在基因组中分布广泛,可供使用的遗传标记数量较多。凡是含有有核细胞的生物检材,都可以作为检验对象;

(2) STR 基因座的等位基因片段长度小,易扩增。现场陈旧腐败的检材,只要 DNA 降解残留物含 STR 的 DNA 片段大于 400 bp,就可能检测出其基因型;

(3) 对检材模板 DNA 的需求量小。标准 STR 检测对模板 DNA 浓度的需求量为 0.125 ng/μl～1 ng/μl。如烟头、牙刷、指纹、果核、骨骼、牙齿等过去其他检测手段无法检验的检材,使用 STR 都可能获得分型结果;

(4) 采用复合扩增技术,联合使用多个 STR 遗传标记,对个体和家系的识别率高,可达到同一认定。

2. 什么是 Y-STR?

Y-STR 指存在于 Y 染色体上的 STR,多位于非编码区,长度为 2~6 bp,也称为微卫星,因多不参与蛋白质的表达,所以一般不称为基因。Y-STR 的多态性分布具有明显的种族、民族、地域和家族等差异,原因在于 Y 染色体在遗传过程中除拟常染色体区外,其余部分不与 X 染色体发生交换、重组,此区序列的改变仅仅由突变引起。这些突变构成了人类 Y 染色体非重组部分的多态性,其序列结构变异程度低,进化速度慢,由父亲稳定传给儿子。

Y-STR 也可在编码区,如 C4 基因座和 H4 基因座位于编码区。Y 染色体上已经发现 700 多个 STR 标志点。这些标志点在实践中有的逐渐被淘汰,如 DYS288;有的被合并,如 DYS19 与 DYS394 合并,DYS635 与 C4 合并。除拟常染色体区以外,Y 染色体整体为连锁遗传,Y-STR 间没有等位基因的交叉互换。Y-STRs 是一个人的遗传背景,也是一个家系发源和迁徙的地理信息所在,不管多远的祖先、多远的子孙都记录在 Y-STR 里面,因而是 Y-STR 家系遗传检测的有力工具。一部分 Y-STR 在 Y 染色体上的定位如图 4-1 所示。

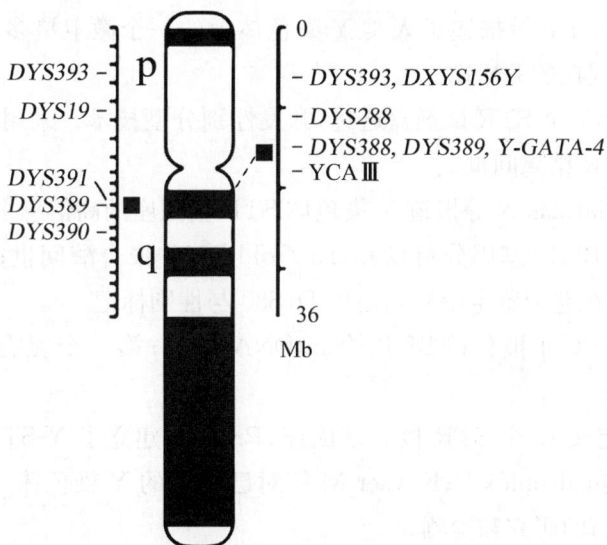

图 4-1　人类 Y-STR 在 Y 染色体上的定位示意图

但是,并非所有的 Y-STR 基因座都适于用作 Y-DNA 分型。一般认为,理想 Y-STR 基因座应具备以下特点:①等位基因片段长度为 95~500 bp,最好在

400 bp 以下;②具有规律的 3~5 bp 重复序列,Stutter 带出现率较低、较少,或序列中没有 InDel 等位基因;③等位基因在群体中的数量为 10 个以上,等位基因之间易于区分;④突变率低,不超过 0.2%;⑤具有高度种属特异性,为人类所特有。

3. STR 和 Y-STR 简史

1976 年,Cook H 等首次报道了存在于人类 Y 染色体上的串联重复顺序。

1985 年,Jeffreys A 研制出多基因座 RFLP 探针。

1986 年,CellMark 公司和 Lifecode 公司在美国推广 DNA 检测。

1988 年,Saiki 等首次发现人类基因组存在 STR,这些片段能够被聚合酶链式反应(PCR)扩增,具有高度多态性;美国联邦调查局(FBI)开始把单基因座 RFLP 探针应用于办案中。

1990 年,群体统计学用于 RFLP 方法被质疑;PCR 技术开始用于 DQA1 检测。

1991 年,Edward 建立荧光标记 STR 复合扩增技术;Chelex 提取法发明。

1992 年,NRC Ⅰ 报告;FBI 开始用 PCR-DQA1 办案;毛细管电泳分析技术首次描述;Roewer L 等描述了人类 Y 染色体上的一个微卫星多态性的基因座 Y-27H39,即现在的 DYS19。

1993 年,第一个 STR 试剂盒通过,开发性别分型技术。采用毛细管电泳检测的第一个 STR 结果问世。

1994 年,Mathias N 等报道 Y 染色体 STR 基因座的高信息量。

1995 年,ABI310 基因分析仪和 TaqGold DNA 聚合酶问世;英国 DNA 数据库成立;FBI 在遗传鉴定中开始使用 D1S80 与性别标记。

1996 年,NRC Ⅱ 报告;FBI 开始 mtDNA 检测;第一个复合 STR 试剂盒通过。

1997 年,定义 13 个 STR 核心基因座;Prinz 等建立了 Y-STR 多重扩增体系,并命名为 QuadruplexⅠ;Kayser M 等对已发现的 Y 染色体 STR 的多态性进行了较为全面的研究和检测。

1998 年,FBI 建立国家 DNA 联合检索系统;美国前总统 Thomas Jefferson 和时任总统 Bill Clinton 成为 DNA 检测对象;2 000 个 SNPs 杂交芯片发布。

1999 年,复合 STR 系统在多个实验室合法化;FBI 停止使用 DQA1/pM/D1S80;ABI3700 型 96 阵列毛细管高通量 DNA 分析仪推出。

2000 年，FBI 和其他实验室停止使用 RFLP 办案，转向复合 STR；PowerPlex16 试剂盒首次可单管扩增 CODIS(Combined DNA Index System)全部 STR。

2001 年，推出五色荧光 Identifiler STR 试剂盒；首个 Y-STR 复合系统发表。

与常染色体 STR 相比，Y-STR 的发现一度十分缓慢。20 世纪 90 年代前期，只有 5 个 STR(YCAⅠ ⅡⅢ，DYS19，DXYS156X/Y)被详细地描述，且其中只有 DYS19 被用于法医学。至 2001 年底，研究者只发现了约 34 个 Y-STR 基因座。随着人类基因组计划的完成，至 2006 年底，有文献报道，确认并命名的 Y-STR 基因座已经达到 417 个，数量已经足够相关检测的技术要求。

复合物扩增(multiplex PCR)检测技术是 Y-STR 的主要检测技术。STR 位点因其 PCR 产物片段短，分子结构简单，PCR 反应中引物与模板退火温度相似等特点，为多位点复合扩增提供了条件。此后，许多研究者尝试用不同的 Y-STR 组合和不同的检测方法，开发不同的多重 PCR 扩增体系。

另一方面，商业化的 Y 试剂盒也逐步发展起来，检测涉及的 Y-STR 基因座越来越多，结果也越加精确可靠。复合物扩增技术在近 10 年来破获了大量的刑事案件，不仅应用于杀人、强奸这类案件中，盗抢、爆炸、交通事故等案件也已充分使用了这项技术。

4. Y-STR 基因座的命名

基因座的命名是有顺序、有规律的。人类基因组中，每个基因座用数字编号来命名，使之没有重复，便于检索，可以像查字典一样方便查找。

一般而言，位于非编码区的基因座用 DnSm 表示，是在某一条染色体中的位置。D 代表 DNA，n 是基因座所在的染色体的编号，S 指单复制序列，m 是基因座在染色体上的序号，如 D13S317，表示第 13 号染色体上的第 317 号基因座；再如 D5S818，表示第 5 号染色体上的第 818 号基因座。

Y-STR 的命名以 DYSm 表示。D 表示 DNA，Y 指 Y 染色体，S 是单复制序列，m 指基因座在 Y 染色体上的序号；如 DYS19，表示 Y 染色体上的第 19 号基因座。还有以核心序列命名的，例如 YCA，是 Y 染色体上基因座，重复单位为 CA 两个碱基。再如 Y－GATA－A7.2(DYS461)，是 Y 染色体上以 GATA 为核心的重复顺序。

STR 基因座的等位基因，以核心序列重复的次数命名。例如 D13S317 基因座,其核心序列为 GATA,基因片段中的 GATA 重复 8 次,等位基因命名为 8,重复 12 次,命名为 12。如果检测到 D13S317 基因座的表现型为"9,14",说明此基因座是杂合子,来自父母的一对等位基因一个重复了 9 次,一个重复了 14 次。

还有一类,因为发生了插入或缺失突变,为不完整的核心序列,即不完全等位基因,其碱基数目在小数点后面标记。例如,酪氨酸羟化酶基因 TH01 位点如果检测出等位基因"9.3",说明其核心序列(TCAT)n 中 n=9,即 TCAT 重复了 9 次,并且包含了一个 CAT,所以命名为"9.3"。

位于编码区的基因座按照编码区基因座命名,如酪氨酸羟化酶基因 TH01,01 所涉及的重复区定位于酪氨酸羟化酶第 1 个内含子。有时在一个基因座名字前加一个前缀 HUM-,表示来自人类基因组。因此,STR 基因座 TH01 正确的写法是 HUMTH01。此外,还有 Y-GATA-A10、Y-GATA-C4 和 Y-GATA-H4,也是编码区的标记。其中,C4 是补体蛋白基因,H4 是组蛋白基因。

5. STR 单倍体分型

人体体细胞一般是二倍体,由来自父母双方的两个单倍体组成。单倍体分型是精子或卵子的基因型。因为常染色体在减数分裂过程中,有基因的交换和重组,所以单倍型的基因型不稳定,理论上可表现出来多种组合。

但是,Y-DNA 有不同于常染色体的特性,就是除了拟常染色体区之外,不发生重组交换,直接遗传给子代。这部分 Y 染色体的单倍体分型,是家系间的遗传标记点,具有家系识别和个体识别的功能。

荧光标记下,二倍体分型有 2 个等位基因(见图 4-2),单倍体分型只有 1 个等位基因。Y-STR 基因座均位于同一条染色体上,在减数分裂中不发生重组,呈连锁单倍型遗传,对单复制 Y-STR 基因座,每个男性个体仅有一个等位基因。若现场检材的 Y-STR 分型单个基因座上检见两条以上谱带,可在一定程度上提

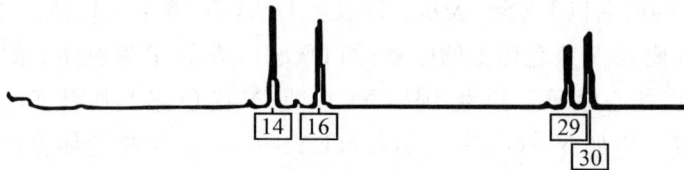

图 4-2 荧光标记下的二倍体分型

示混合样本中的男性人数,这对于奸杀案的侦破很有帮助。

6. 引物、核心序列与侧翼序列

引物,是一小段单链 DNA 或 RNA,作为 DNA 复制的起始点,在核酸合成反应时,作为每个多核苷酸链进行延伸的出发点而起作用的多核苷酸链。在引物的 3'-OH 上,核苷酸以二酯链形式进行合成,因此,引物的 3'-OH 必须是游离的。在 Y-STR 扩增时,需要根据不同的序列设计不同的引物。

核苷酸重复序列内每一个重复的最小单元,称为核心序列。重复序列起始和终止点之外的核苷酸序列为侧翼序列。对于 Y-STR 而言,侧翼序列是引物的结合位点。核心序列的重复次数是不同的,不同的重复次数之间互为等位基因。如图 4-3 所示。

图 4-3　Y-STR 的结构和遗传标记原理

7. Y-STR 的比较优势

人类 Y 染色体属于性染色体,因其特殊的遗传方式,在个体识别、亲子鉴定、混合斑样品中男性成分的检测、追溯父系迁移历史等方面都有独特的应用价值,是常染色体及线粒体 DNA 的重要补充。

与常染色体 STR 和 X-STR 相比,Y-STR 具有三大特点:

第一,正常男性特有。Y 染色体为男性特有,而且在男女混合样品的鉴定中,可对男性成分进行精确分析,不受女性成分干扰。

第二,父系遗传。除突变因素外,同一男性家系中的所有男性个体 Y 染色体非重组区是相同的,STR 分型结果一致。

第三,呈单倍型遗传。Y-STR 基因座均位于同一条染色体上,在减数分裂中不发生重组,呈连锁单倍型遗传,对单复制 Y-STR 基因座,每个男性个体仅有一个等位基因。若现场检材的 Y-STR 分型单个基因座上检见两条以上谱带,可提示混合样本中的男性人数。

上述特点决定了 Y-STR 在侦查破案中具有广泛的应用价值,通过家系排查,可在一定区域内进行快捷、有效的大面积排查,快速锁定犯罪嫌疑人所属家系,然后在该家系内综合利用常染色体 STR 检验等技术确定嫌疑人。只要数据库量足够大,信息、数据对比在几秒钟内就能完成。

8. Y-STR 数据库

Y-STR 最初是用于亲子鉴定和个体识别的 Y-DNA 序列,具有与常染色体 STR 相同的作用。Y-STR 可用于同一姓氏家系内部亲缘关系的排除或确认。

以 Y-STR 做个体识别,两个样品等位基因相同,就代表一个 Y-STR 数据;如果不相同,就是两个 Y-STR 数据。既往在完成两两比较后,这一个或两个 Y-STR 数据就没有别的用途了。但实际上,这就是一个最简单的 Y-STR 数据库,只是库中只有一两个检测数据而已。Y-STR 数据库是数据的积累,由少到多,逐步而成,改变了过去 Y-DNA 亲子鉴定的数据单独对比的状况。数据库要求把各次 Y-STR 的检测数据全部收集整理起来,再按照编码次序有序排列,发挥这些数据的整体性,依靠海量数据实现姓氏的检索和查询功能,从而完成姓氏检测。

Y-STR 数据库,简称 Y 库,即 Y 染色体数据库或 Y-DNA 数据库,Y-STR 是库中的主要组成部分,其中也包括 Y-SNPs、Alu 插入多态性、InDels 插入缺失多态性、DNA 甲基化修饰等相关的 Y 染色体检测鉴定的数据。

家系间的生物学差异在于 Y-DNA 的不同,为了在 DNA 水平区分不同的家系,需要数据库保存多样性的信息。在相同覆盖面积的前提下,Y 库比常规 DNA 数据库样本数量要求少 2~4 个数量级,运转高效,因此更经济、适用,对于人口众多的中国来说,尤其如此。

DNA 数据库为个体识别库,收集检测的是个体的信息。而 Y 库是家系库,只需收集和列举家系的数据,一个家系中不管男性成员有多少,只要有一个男性的 Y 染色体输入即可满足建库的要求。一旦需要查找某一家系中的某个人,可通过 Y 染色体找到家系,进而做家系内部的筛查,直到找到个体。这一方法增加了 Y 染色体的可操作性,满足了实际工作的需要。

随着 Y 库和 Y 染色体鉴定在越来越多的案件的成功运用,姓氏检测在侦破案件中的价值逐渐体现。为了加强 Y-STR 的使用效力,针对 Y 染色体的数据库建设正日益扩大。利用 Y-STR 单倍型建库进行家系排查,对相对封闭的姓氏聚居区域发生的案件,或以姓氏亲缘为纽带的团伙性案件的侦破,具有其他技术不可替代的作用。

9. 单个 Y-STR 的用处

Y-STR 的突变是在减数分裂过程中形成的,一般只在传代过程中出现。所以,理论而言,单个个体的 Y-STR 位点在其一生中会保持不变。因此,在样品的对比过程中,如果有一个 Y-STR 基因座不同,就可以有效排除嫌疑人。在实际操作中,通常是复合多个基因座进行检测,使用单个基因座检测的情况很少发生,但单个基因座在解读检测结果的时候非常有用,一般只要发现一个基因座不符,就可以排除嫌疑人的作案嫌疑。

而且,根据所在的基因座等位基因出现的频率,在很大程度上可用来排除嫌疑人所在的家系。根据位点的不同,排除效率不一样,因为每个位点的突变频率不一样,不能说有一个位点不同就可以排除。在亲子鉴定中,不能根据一个 Y-STR 结果就排除亲子关系。如要否定亲子关系,需检查 2 个以上的位点。所谓的真三联,父母双方与子女一方的数据吻合(见表 4-1、图 4-4)。但是,因为基因突变的存在和检查位点数目的增加,目前排除亲子关系需要 3 个位点的不同(见表 4-2、图 4-5)。

表 4-1　真三联的 STR 基因型表现

遗传标记	母亲	孩子	父亲
D7S820	8, 11	8, 8	8, 11
D3S1358	16, 16	16, 16	16, 16
D2S1338	18, 20	20, 22	17, 22
D19S433	13, 14.2	13, 14.2	14.2, 14.2
νWA	17, 17	14, 17	14, 20
FGA	21, 23	23, 26	21, 26

表 4-2　不符合遗传规律的基因型表现

遗传标记	母亲	孩子	被检测男性
D7S820	9, 11	10, 11	8, 13
D3S1358	15, 16	15, 18	14, 16
D13S317	7, 13	9, 13	11, 15
D16S539	8, 9	9, 10	8, 13
νWA	14, 15	14, 17	14, 20

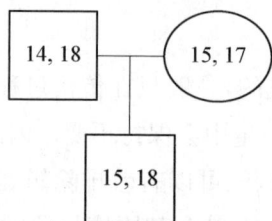

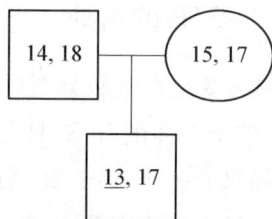

图 4-4　真三联　　　　　　　图 4-5　真三联突变

10. 如何构建 Y 库体系？

　　Y 库即 Y-DNA 数据库或 Y 染色体数据库，主要是指 Y-STR 数据库。如果单纯从 Y-DNA 来分析，人类家系的总数约 1 000 万，全中国家系的数量在 100 万左右。这是 Y 库数据容量的总体规模。

　　Y 库是新一代的 DNA 数据系统，国内外陆陆续续在开展建库工作。但因为外国的姓氏产生时间晚，姓氏传递与 Y 染色体的联系远不如中国紧密，在 Y-DNA 水平很难显示出不同姓氏人群间有本质差异。所以，国外的 Y 库基本是分型库，储存的是 Y-DNA 的自然分型。基于我国的实际情况，Y 库强化了姓氏的检测和检索功能，因而有更多的现实需求，所以中国 Y 库的建设走在了世界的前列。

　　Y-STR 家系排查法目前多应用于农村，特别是以家族式群居的自然村落，以此为基础构建乡村级别的 Y 库，进而构建省市地区和全国的 Y 库。我国是一个多民族国家，56 个民族有着各自的民俗、风情、生活习惯和聚居地。特别是一些少数民族，对外交流少，民族特征明显，在民族的演化过程中有很强的父系群体遗传特征。具有这些特征的居住人群，遗传关系相对稳定，适合构建 Y-STR 基础数据库。

　　如何向上溯源，且使划分的家系少而精，同时还能做到全面、完整，这是一个重点，也是一个难点。可以设想，以村为单位，对村落家系进行统计，同时对迁入和迁出人员进行备案，然后交由办理人员进行梳理，绘制出全面准确的家系图，然后层层递进，最终得到某个地区总的家系分布图。在上述基础上对每个家系选取 1～2 名代表性人员进行采样，然后检测 Y-STR 分型。

　　Y-STR 基因座的突变率与常染色体 STR 基因座接近，一般为 $0.1\%\sim 0.65\%$，因此，在建立 Y-STR 数据库时要充分考虑突变带来的问题。对于入库个体的背景资料和亲缘关系要尽可能详尽。另外,对于改姓、过继、入赘甚至妻子出轨的情况要详细记录,以免在家系中追查嫌疑人时遗漏,导致检测失败。

11. 五代采样法

理论上,一个父系遗传的家系有相同的 Y 染色体。但是,因为不确定基因突变的存在,使同一父系的个体在某些位点存在微小的差异,而且这种差异随着减数分裂的进行而世代积累。所以,在家系调查采取血样的时候,五代以内需采取 1～2 个样本,五代以外还要另取样本。

12. 家系资料的搜集

搜集家系资料是 Y-STR 数据库建立的必要条件,也是核心环节。在我国,完整的多代家系基本只存在于农村。但是,据统计,1990—2010 年,我国的行政村数量从 100 多万锐减到 64 万,每年减少 1.8 万,每天减少 50 个。随着自然村落的逐步消亡,对 Y-STR 数据库建立的迫切性更加凸显。

Y-STR 数据库建设和使用者主要是刑侦部门,但整个建库工作需要治安、刑侦、警务保障等多个部门协同配合。例如,社区民警对辖区内的人员情况最了解,因此,家系调查工作的主力应是派出所社区民警和户籍警。

中国大多家族有完整的传世家谱,在家系资料的搜集整理中发挥重要作用。家谱不仅在建立 Y 库中有用,而且在排查家族中的嫌疑人也很有用。因此,收集、保存和复制各地的传世家谱,也是 Y 库建设的一项重要内容。

家谱也叫族谱或宗谱,中国现存的历代家谱有 50 000 余种,是记载同宗血亲集团世系、人物、事迹的重要资料。清代章学诚《文史通义》:"夫家有谱,州县有志,国有史,其义一也。然家谱有征,则县志取焉;县志有征,则国史取焉。"

13. Y 库可能的种类

不同的目的决定了 Y 库所选择的人群,针对不同的服务和管理对象,选择建立相应的 Y 库,以方便工作的展开。一般而言,不同姓氏支系可选择收集 1～2 个样本,建库按照由少到多、从简易到复杂的顺序进行。

Y-STR 分型检验及数据库自动化对比技术已经在法医实践中得到了广泛应用。"盗抢骗"类侵财案件多为团伙作案,并且团伙成员具备明显的地域性。地域性职业犯罪团伙成员多系血缘、亲缘、地缘等因素聚集在一起,而这 3 个联系因素与基因遗传之间呈相关性,特别是 Y 染色体非重组区(NRY)的遗传标记。钟小伟等提出，Y-STR 数据库在查处此类犯罪有独特优势，可以为构建全国地域性职业犯罪高危群体 Y-STR 数据库、推动侦查方式的转变创新提供帮助。

家系是主干，个体是主干上的枝叶，因而常规 DNA 数据库是 Y 库有益的补充。理论上，Y 库可以分为很多种类，可按照人群、地域和职能部门进行分类。

从人群来分，Y 库可分为：①违法犯罪人员 Y 库；②村镇常住居民 Y 库；③城市居民 Y 库；④城市外来人员 Y 库。

从地域划分，Y 库可分为：①乡镇库，为乡镇派出所所有；②县级库，为县市公安局所有；③市地级库，为地区公安局所有；④省级库，为省公安厅所有；⑤国家库，为公安部所有。

按照国家职能部门划分，Y 库可分为：①公安系统 Y 库；②国家安全局系统 Y 库；③检察院系统 Y 库；④军队系统 Y 库；⑤武警系统 Y 库。

14. 如何选取检测用的 Y-STR

目前，检测可用的 Y-STR 基因座有 500 多种，而且有日益增加的趋势。选择符合扩增能力强、多态性高、适合中国人群的基因座，是建立 Y 库的基本要求。选择和确定合适的 Y-STR 复合检测系统，及时做出分析，不仅节约费用，而且会取得事半功倍的效果。

但是，选择什么样的遗传标记，选择多少个遗传标记，还需要对这些基因座的多态性进行研究，不断完善各个基因座的群体遗传学参数，从而筛选能够满足建立 Y 库所需的基因座。5～6 bp 重复单位的基因座比 3～4 bp 重复单位的基因座突变率低，在群体遗传学和进化学研究中的意义更大。随着分子生物学、遗传学的不断发展，相关研究的逐步深入和技术人员的不断探索，多态性高、稳定性好、适合中国人群的 Y-STR 位点将被筛选出来。结合 Y-STR 数据自动对比功能的不断更新完善，各地区的 Y-STR 数据库正在逐步建立健全。

选择 STR 扩增体系的时候建议遵循以下原则：

（1）筛选退火温度相近、相互间及引物在靶片段之外同源程度低的基因座作为一个反应体系。

（2）确保扩增产物的特异性和平衡均一性。

（3）需要系统研究所需基因座的遗传特征，如多态性、稳定性、扩增特异性以及统计在人群中的分布频率等。

（4）引物设计尤为关键。除了基因座的长短适中、具有相似的物理特性和反应动力学特点、Tm 值相近、GC 含量等一般的引物原则以外，还要尽量避开与 X 染色体的同源体。

（5）为了优化标记染料的 PCR 产物的大小范围，移动调整 Y-STR 两侧的侧翼区引物的位置，PCR 产物的大小可方便调整。

（6）引物的设计和选择上，应避免形成引物二聚体（Primer dimmers，PDs）。

Y-STR 基因座与 STR 基因座除了位置不同外，并没有物理化学上的特殊性，因而上述选择 STR 的原则在 Y-STR 的选择时仍然有用。此外，Y-STR 检测体系等位基因分型标准物峰高均衡、明确，且等位基因覆盖完整，也是一项基本要求。

Y-STR 有很大的潜在商业用途，大部分 Y-STR 在公开发布时可能已经取得了相关的专利保护。所以，选择 Y-STR 时也要考虑该基因座是否有专利保护，以及是否在专利保护期之内。

15. 以 Y 试剂盒为基础构建 Y 库

为了方便鉴定 Y 染色体，商业化的 Y 试剂盒已经十分普及。对于基层实验室，Y 库的构建用现成的 Y 试剂盒是方便之选。美国 ABI 公司的 Y-Filer Plus、PowerPlex 不断升级换代，越来越多的基因座参与检测，荧光标记物从四色、五色发展到六色，性能也优越可靠。

这些试剂盒使用固定的 Y-STR 序列，有固定的排列，容易统一标准，实现不同地域、部门间的交流对比。但是美中不足的是，其并不是专业为中国人量身定制的，而是国外根据自身的调查而设计。中国人分布较高频率的某些等位基因可能并未包括在内，而包括在内的则多样性很低。

Y-filer ® Plus 试剂盒是第 1 个六色荧光 27 个检测位点的 Y-STR 复合扩增试剂盒，在 17 个 Y-STR 位点的基础上增加了 10 个检测位点。其中含有 7 个快速突变 Y-STRs，用于区分男性亲缘关系个体，有 11 个 miniSTRs 长度 < 220 bp。

Plus⁺ 增加性能包括：①针对疑难案件检材提高了灵敏度；②在男性/女性混合物且女性成分很高的情况下，提高了等位基因恢复和色间平衡能力；③提高了男性/女性混合物的分辨能力；④扩展了等位基因 ladder；⑤缩短扩增时间；⑥针对单一来源样本可以实现直接扩增。

16. 以复合扩增检测系统构建 Y 库

Y-STR 复合扩增体系,用于建设专业的大型 Y-STR 数据库,解决了生物检材的对比源问题,从而持久地发挥社会效用。Y-STR 检测的结果逐步积累成为 Y-STR 数据库。

Y-STR 数据库的构建是一个系统工程,一般可分为 4 个阶段,包括 Y-STR 基因座的研究筛选组合及引物的设计,建立复合扩增系统,对照标准的系统研制,实际案例的应用和评估。

可供检测的 Y-STR 基因座越来越多,从最初的几个基因座发展到 40 个基因座。王新杰等报道了 29 个和 63 个 Y-STR 基因座的复合扩增系统,经检验,完全可以满足构建 Y 库和实际应用的需要(见表 4-3)。

表 4-3　29 个基因座的相关信息(内标:LIZ-500)

基因座	等位基因范围	片段范围/bp	荧光标记物	标准品 007 基因型	标准品 9948 基因型
DYS456	12～19	85.5～113.7	6-FAM	15	17
DYS389 I	9～16	139.0～167.8	6-FAM	13	13
DYS437	13～17	180.2～195.9	6-FAM	15	15
DYS447	21～29	203.4～243.0	6-FAM	25	25
DYS389 II	24～34	252.4～292.8	6-FAM	29	31
DYS438	8～13	308.9～335.1	6-FAM	12	11
DYS522	9～15	348.2～371.4	6-FAM	11	10
DYS460	8～12	100.1～116.0	HEX	11	11
DYS458	14～20	130.1～155.0	HEX	17	18
DYS622	17～20	166.7～178.4	HEX	19	19
DYS390	18～27	190.5～226.3	HEX	24	24
DYS392	10～17	242.4～263.6	HEX	13	13
DYS448	16～23	288.6～332.1	HEX	19	19
DYS449	26～38	344.6～392.2	HEX	30	30
DYS391	6～13	88.0～115.6	TAMRA	11	10
Y-GATA-H4	8～13	121.9～142.5	TAMRA	13	12
DYS388	10～16	151.2～169.6	TAMRA	12	12
DYS19	10～19	176.0～211.0	TAMRA	15	14
DYS385a/b	7～25	236.5～307.5	TAMRA	11, 14	11, 14

（续表）

基因座	等位基因范围	片段范围/bp	荧光标记物	标准品 007 基因型	标准品 9948 基因型
DYS527a/b	15～28	329.3～378.6	TAMRA	21, 23	21, 22
DYS393	8～15	104.1～131.7	ROX	13	13
DYS459a/b	7～10	141.9～154.8	ROX	9, 10	9, 10
DYS635	20～26	166.7～190.6	ROX	24	23
DYS439	8～15	201.2～228.6	ROX	12	12
DYS570	14～23	241.7～276.8	ROX	17	18
DYS627	16～25	312.3～348.4	ROX	21	22

17. 个案积累模式建立 Y 库

个案积累模式建立 Y 库以解决个案为目的，发案时才开始建库，一边排查一边建库，两者同步进行。建库的基础可以是 Y 试剂盒，也可以是专业的 Y-STR 复合扩增检测系统。这一模式建立的 Y 库并不是办案人员积极主动进行的，而是迫于破案的严峻形势在仓促间作出的行为选择。

个案积累是以侦破某一案件为目的的 Y-DNA 检测，需要排查人员建立一个临时 Y 库。在案件侦破以后，这些数据仍然有用，把个案的数据积累起来，从而形成更加完整健全的 Y-STR 数据库。Y 库是侦破案件的副产品，但这个副产品有持久的效力，将成为下一个案件检测对比的依据。

Y-STR 姓氏检测是侦查破案的一个新方向。各地将近几年案件中所有的 Y-STR 数据库进行整理，将分散的信息集中起来，在经费有限的情况下，用已有信息建立区域 Y-STR 数据库，这将对以后案件中没有犯罪嫌疑人或侦查方向的案件起到重大作用，尤其是家族群居式生活地区发生的案件。

例如，2011 年 8 月 17 日，在内蒙古赤峰市松山城区动力机胡同发生 1 起杀人案。一男子将一女子扼杀于城中村出租公寓内，逃离现场。松山警方采取多种方式进行侦破，仅调查走访群众数量就至少 10 万人。此案被上级公安机关数次督办，至少花费数百万元上，但也未能侦破。

在传统的侦破方式久侦未能奏效的情况下，松山警方在公安部第二研究所的支持下，提出了建立 Y-DNA 数据库与现场提取的生物检材得出的 DNA 数据进行对比的思路。县级公安机关建立 DNA 数据库，全国还不多，成规模发挥作用的更少。这是一个系统工程，包含采血、检验、录入、对比等工作，在数据库的构建过程中,他们坚持边建边用,用实战成果检验 DNA 数据库的效果。2012 年 12 月,在 Y 库建设到一半的时候,通过对犯罪现场获取的烟蒂进行 DNA 数据对比,破获了发生在松山区东部乡镇的系列盗窃变压器案件。到了 2013 年底,这起杀人案利用 DNA 技术攻破。犯罪嫌疑人王某某提心吊胆、度日如年的 26 个月,松山警方也经历了对 DNA 技术掌握运用从无到有、从有到精的过程。

18. 全面建库模式建立 Y 库

Y 库是维系国家安全和公共安全的基础设施,早建早得益。全面建库模式快速、高效、节约,一次成型,一劳永逸,而且事前经过精心准备和周密论证,科学性和系统性比个案积累模式要高。

乡镇地区人口多,但家系数量少,很容易实现全部家系的覆盖,因而适合全面建库模式构建 Y 库。在人口多、构成复杂、人员流动性大的地区,全面建立 Y 库工作量大、资金投入大、建库周期长,因而建库过程需要精心设计并逐步进行。

扎实可信的家系调查一般为 5 代,包含 10～200 人。每个家系采样 1～2 人,比例占区域内男性的 1/200～1/10。例如,人口 200 万的地区,男性 100 万,全面建库预计应采血 5 000～100 000 人份。这类地区建库时要做好规划,把采血和建库分成两步实施:首先把血样收集齐备,然后一并分析入库;然后可先进行人员稳定局部地区的建库,进而建立流动人员数据库,分区域、分层次建库;再通过综合集成,完成大样本 Y 库的建设。

19. Y-STR 的突变

Y-STR 基因座的突变,是由于在 DNA 复制过程中 DNA 聚合酶发生滑脱,导致重复序列中核心序列次数的改变。STR 基因座的突变表现为重复单位数目的改变,主要分为单个重复单位突变和多个重复单位突变两类,前者占突变事件的 90%。

Y-STR 基因座的突变率整体约为 0.2%。Y-STR 的突变率约为每 1 000 次生育发生 1～6 次突变,突变率为 0.1%～0.64%。以美国 ABI 公司 Y-Filer 试剂盒中的 17 个基因座为例,父子间出现一个突变的可能性为 3.3%,平均 33 对父子间就有 1 对父子发生突变。因此,在大规模的 Y-STR 数据库搜索中,单倍型不一致的样本仍有来源于同一父系的可能。

Y-STR 突变属于父源性突变,是由世代父系遗传中的突变积累所致。人类 Y-STR 的突变率和突变特征与常染色体 STR 的突变率和突变特征一致。在统计突变次数时,必须考虑 DYS389 Ⅰ 和 DYS389 Ⅱ 的结构特殊性。如果 DYS389 Ⅰ 发生突变,DYS389 Ⅱ 也会出现重复片段的不一致,看似发生了两次突变,实际只发生一次在 DYS389 Ⅰ 的突变。

　　邓志辉等通过对 93 对父子进行家系调查,证实了 DYS19、DYS385、DYS389 Ⅱ、DYS391 等 6 个 Y-STR 基因座按单倍型父系遗传,同时发现 2 例分别有 1 个 Y-STR 基因座(DYS389 Ⅱ、DYS19)出现基因突变,父子间的等位基因相差 1 个核心序列。在父亲遗传给儿子时,1 案例的 DYS389 Ⅱ 基因座的等位基因 28 突变为等位基因 27,减少了 1 个核心序列;另 1 案例的 DYS19 基因座的等位基因 16 突变为等位基因 17,增加了 1 个核心序列。考虑到 Y-STR 基因突变,应用 Y-STR 基因座进行亲子鉴定时,一般至少要 3 个 Y-STR 基因座不同才能排除亲子关系。

　　王新杰等观察了山东汉族人群 1 020 对父子样本的 63 个 Y-STR 基因座的突变,其中 806 对父子未观察到突变,214 对父子观察到突变。在 1 020 对父子中,176 对表现为一个基因座出现一步突变,占总观察数的 17.255%,与未突变父子对累计,共占总观察数的 96.275%。在另外突变的 38 对父子中,有 19 对观察到 2 个基因座出现一步突变,1 对观察到 3 个基因座出现一步突变,7 对观察到 1 个基因座出现二步突变,3 对观察到 2 个基因座一步、二步突变各出现 1 次,2 对观察到 1 个基因座出现三步突变,余为其他突变形式,没有观察到超过 4 个的基因座的突变同时出现。

　　良好的突变数学模型可描述突变的频率。重复序列变化为整数的突变,例如 11～13,通常属于滑变,变化数量越大,随机匹配率越低。在序列多次重复时,Y-STR 容易发生一个重复的改变。增加一个重复比减少一个重复更容易发生,这些突变不但具有基因座特异性,而且具有等位基因特异性。典型的突变通常只发生在单一的重复单位连续出现至少为 11 次的时候。重复序列变化为非整数时,如 11 降至 10.2,通常是因为碱基缺失,其随机匹配率通常极低,可能低至 10^{-8}。也就是说,这事只有某个家系或某个家系中的个别人才拥有的标志点。

　　Y-STR 突变率与父亲年龄之间的关系存在争议。有学者认为,Y-STR 突变率与父亲年龄之间没有明显的相关性;也有学者认为,Y-STR 的突变率与父亲年龄相关,且随着父亲年龄的增大而增加。

　　Y-STR 呈父系遗传,儿子与生父有相同的 Y-STR 单倍型,可在父子、兄弟、叔侄、祖孙关系鉴定中发挥重要作用。但是,突变也是一个必须要考虑的客观因素。2005 年 6 月,司法部司法鉴定所接受了 1 例亲子鉴定,委托者在异地检测中已经多次被排除亲子关系,认为与事实不符,委托再次鉴定。结果作出了"不排除父母与子女间血缘关系"的鉴定,从而拨开重重疑云,拯救了一个和睦家庭的亲情。

20. 低突变率与高突变率的 Y-STR

突变率的观察值是通过家系调查获得的。例如,研究人员调查了 350 个家系父-母-子真三联的 D7S21 位点,发现 2 个新突变个体,则 D7S21 位点的观察突变率为 0.29%。Kayser 等研究发现,Y-STR 位点每代的平均突变率为 0.28%,而多数 Y-STR 的突变率<0.1%,因而突变率>1.0% 的 Y-STR 位点称为快速突变位点。

不同的 Y-STR 突变率不同。一般认为,Y-STR 突变率变化和重复单位的大小及序列、等位基因的长短、重复单位间的同源性及侧翼序列有关。其中,核心序列越大,突变率越小,例如,DYS390 的突变率高,DYS392 的突变率低。STR 间没有理化属性的差异,但突变率不同,推测是某些蛋白质在这一过程起了作用。

常用的 STR 遗传标记突变率在 0.01%~0.64%,例如 DYS426 的突变率为 0.009%。如果是突变非常活跃的位点,不能只靠一个位点就排除亲缘关系,至少需要 2 个才有统计学的意义,满足实际应用的需要。

低突变率的 Y-STR 在家系识别中可用于判断远源亲缘关系,高突变的 Y-STR 用于判断近亲关系和个体识别。Y-STR 位点突变率相对较高,将其作为遗传标记研究人类进化和人群迁移有一定的局限性。所以,远源亲缘关系的研究一般使用低突变率的 STR,或使用突变率更低甚至不突变的 SNPs。常用的高突变位点有 DYF403S1b、DYS449、DYS518、DYS526a、DYS526b、DYS547、DYS570、DYS576、DYS612、DYS626、DYS627、DYF387S1、DYF399S1、DYF403S1、DYF404S1 等。

王新杰等调查了 1 020 对父子共 2 040 份男性血样本的 63 个 Y-STR 基因座,除 10 个基因座未检出突变外,其余 53 个基因座共检出 244 次等位基因突变,63 个基因座的平均突变率为 0.38%。其中 DYS713 突变率最高,为 1.86% [95%(CI)1.13%~2.58%];其次是 DYS576,为 1.57% [95%(CI)0.9%~92.53%];DYS438 等 10 个基因座突变率最低,为 0.098% [95%(CI)0%~0.55%]。

马立宇等检测了白族 110 例无关个体 13 个 RM Y-STR 位点遗传多态性分布。在 DYS570、DYS576、DYS518、DYS526、DYS626、DYS627、DYS449、DYS547、DYS612、DYF387S1、DYF399S1、DYF403S1 和 DYF404S1 等 13 个 RM Y-SIR 基因座中,基因多态性(GD)值分布在 0.726 2(DYS526a)～0.871 1(DYF403S1a)之间,由 13 个 RM Y-STR 基因座组成的单倍型系统中单倍型有 110 种,单倍型多样性为 1。

刘亚举等分析了 27 个 Y-STR 基因座的突变率和 95%CI,结果在河南汉族 1 000 对父子样本中,共发现 27 000 次 Y-STR 等位基因的遗传传递。在 DYS456、DYS576、DYS570、DYS481、DYF387S1、DYS627、DYS458、DYS460、DYS437、DYS439、DYS392、DYS385a/b、DYS393、DYS391、DYS635、DYS449、DYS533、DYS448、DYS389Ⅱ、DYS19、Y - GATA - H4、DYS518 等 24 个基因座中检出突变,共计 92 次,平均突变率为 95%CI0.34%(0.27%～0.42%)。其中突变率最高的基因座是 DYS627,为 1.0%(0.48%～1.83%),其次是 DYS576 和 DYS518,均为 0.9%(0.41%～1.7%),突变率较低的是 DYS437、DYS439、DYS392、DYS391、DYS533、DYS448,为 0.1%(0%～0.56%),而 DYS390、DYS438、DYS389Ⅰ基因座均未观察到突变事件。

21. 简单重复序列与复杂重复序列的 Y-STR

Y-STR 位点称 DYS(DNA Y-chromosome segment)或 DYF,重复序列有简单和复杂之分,即简单 Y-STR 和复杂 Y-STR。简单的重复序列内容单一,复杂的重复序列内容多样。

例如 DYS443、DYS444、DYS448、DYS453、DYS455、DYS456、DYS457、DYS458 是简单重复序列的 Y-STR,核心重复单位分别为:TTCC、TAGA、ATCTCT、TTAT、TATC、TCTA、TCTG、TTTC、DYS437、DYS444、DYS448、DYS457、DYS458 是复杂重复序列的 Y-STR。如 DYS437 核心序列为(TCTA)$_{9\sim12}$(TCTG)(TCTA)$_4$…(TCTA)$_2$TCTA;DYS444 重复区序列为(TAGG)$_5$TAGATACA(TAGA)$_2$TAAAT(TAGA)。

22. Y 库的使用和维护

Y-STR 数据库(Y 库)在刑事侦查中得到越来越广泛的应用。河南、湖北、山东、广东、内蒙古、河北、江苏等地建设的 Y-STR 数据库,为侦破各类案件提供检测和协查咨询,在预防和打击犯罪方面产生了积极作用。

Y 库的作用不只是在刑事侦查方面,而是一种有各种潜在应用的社会基础设施。面对社会需求,需要对 Y 库进行维护和更新,不断完善和补充数据。Y 库数据要注意保密,防止外泄和滥用。

23. Y 库与常规 DNA 数据库的区别和联系

Y 库是针对 Y 染色体的检测,主要是一个 Y-STR 的数据平台。Y 库强化了姓氏家系的识别功能,个体识别的功能则被弱化。常规 DNA 数据库是机体的 DNA 数据,是以 PCR-STR 反应体系为核心的检验平台,是个体识别的体系,可以精确识别个体,但缺乏家系的识别功能。Y 库的建库参照 DNA 数据库进行,是对常规 DNA 数据库的补充,加强了 DNA 数据的实用性和操作性,最大限度地提升了常规 DNA 数据库的应用价值。

常规 DNA 数据库一般分为 4 类:

(1) 基础数据库。储存有 DNA 数据库中各基因座的染色体定位、有关群体的基因频率和基因型资料,有关应用参数(H、Dp、PE、PIC)等的 DNA 数据。

(2) 前科库。储存违法犯罪人员的 DNA 分型数据代码的 DNA 数据库。

(3) 现场库。储存刑事案件现场检材的 DNA 分型数据及案件信息的 DNA 数据库。

(4) 失踪人员库。储存失踪人员父母、配偶、子女以及被怀疑为失踪人员的 DNA 分型数据及相关信息的 DNA 数据库。

DNA 数据库采用三级数据库结构。一级为中央 DNA 数据库、二级为省级 DNA 数据库、三级为市级 DNA 数据库。常规的 DNA 数据库的作用有:

(1) 查询犯罪嫌疑人。将现场的 DNA 数据与数据库中数据对比,如果与某人对比匹配,提示为犯罪嫌疑人,提供破案线索,缩小侦查范围。

(2) 串并案件。将现场的检材与库内数据或某一个现场的检材的数据比较,如果匹配,提示案件为同一个人所为,为串并案件提供依据。

(3) 查询失踪人员。将失踪人员(如无名尸体或丢失的孩子)的数据及家属的数据输入库中,与相关数据对比,以此寻找失踪人员。

Y 库是家系库,也是主干库,各级各类的 DNA 数据库是枝叶。在偏远的山区城镇,家系来源清晰,建库容易,是 Y 库的重要应用场合,也是 Y 库重点的普及地区。

24. Y-STR 的常用检材

除了红细胞,构成男性身体的每一个细胞都有 Y-STR 的成分。对于受试者个人,一般是抽血检验。对于侦破案件,常用的生物检材有留在现场的精斑、混合斑、唾液、皮屑、带根部的毛发、血液或血斑等,人体分泌物和排泄物也有 Y-DNA 成分(见表 4-4)。可分为如下 4 个方面:

表 4-4　生物样本中的 DNA 含量

样品类型	DNA 含量
血液(ng/mL)	20 000~40 000
血痕(ng/cm²)	250~500
精液(ng/mL)	150 000~300 000
性交后的阴道拭子(ng/mL)	10~3 000
带根毛发(ng/根)	1~750
脱落的毛发(ng/根)	1~12
唾液(ng/mL)	1 000~10 000
口腔黏膜拭子(ng/mL)	1 000~1 500
尿液(ng/mL)	1~20
骨骼(ng/mg)	3~10
组织(ng/mg)	50~500

(1) 体液、分泌物及其斑痕。如血液、血斑、精液、精斑、尿液、尿斑、唾液、唾液斑、汗液、汗斑、乳汁、羊水、分泌物、排泄物、耳垢等。

(2) 人体组织。如肌肉、皮肤、肝脏、脑组织、指甲、毛发、牙齿、骨骼等。

(3) 各种体液的混合斑。如精液与阴道分泌物的混合斑,精液与血液的混合斑,血液与汗液或尿液的混合斑等。

(4) 现场遗留物和个人物品。现场遗留物如烟蒂、饮料瓶、瓜子壳、果核、用手勒过的绳带,个人物品如剃须刀、口香糖、手表、牙刷、毛巾、衣物等。

案例:2005 年 12 月,某地发生 1 起强奸杀人案,死者徐某(女,14 岁,学生),下晚自习骑车回家途中遇害。死者衣着不整,颜面部青紫肿胀,颈前区有掐痕,处女膜新鲜破裂。死者右手示指、中指的混合 DNA 分型相同且 Y-STR 分型相同。因此,可以肯定指甲内男性组织成分为罪犯遗留。

25. Y-STR 检测种族

Y-STR 反映了不同人群间分子进化的差异,人种差异也会在 Y-DNA 水平有所反映。R. Deka 等筛查了 5 个微卫星位点在 15 个不同地域人群中的分布,发现多数人群在这些位点的等位基因分布很相似,只是 DYS390 的 203 bp 等位基因在非洲很常见,而其他地域的人群却很少。这些人群均具有所推测的祖先单倍型,在人类进化上很保守。这些数据,或许有益于检测样本的种族属性。

26. Y-SNPs 及其特性

单核苷酸多态性(single nucleotide polymorphisms,SNPs)是指基因组中单个核苷酸变异所引起的 DNA 序列多态性,由碱基的置换或颠换引起。SNPs 在不同人群中具有不同的等位基因频率。Y 染色体上有大量的 SNPs 位点,呈单倍体遗传,在评价不同群体间的主要差异方面有效,尤其是在个体识别和家系识别中有重要的应用,在姓氏检测和查询方面应可发挥更大的价值。

SNPs 是人类基因组中最常见、分布最广的 DNA 多态性,至少占据已知多态性的 90%。SNPs 只有 2 个等位基因,三种基因型,不如多等位基因的 STR,但分布性高,弥补了等位基因的不足。SNPs 是一类早期突变,进化上十分保守,比 STR 具有更高的遗传稳定性,而且更容易扩增,没有基因漏扩和 Stutter 带的影响,有利于基因分型。SNPs 是二态的,易于自动化批量检测及计算机分析,以确定基因频率。因此,SNPs 被视作新一代的 DNA 分子标记。

与 STR 相比,SNPs 的价值表现在如下几个方面:

(1) SNPs 的 PCR 扩增产物长度可以小于 100 bp,而 STR 的扩增产物一般都为 300~400 bp。因此,SNPs 比 STR 更适于降解的 DNA 样本。

(2) 在建立包含更多遗传标志的复合扩增系统方面的潜力更大。

(3) 样本的处理和数据分析更易自动化,因为它并不需要按片段大小电泳分离。

(4) 它在每个等位基因上不出现 Stutter 带,这有助于简化等位基因分析。

(5) 通过对 SNPs 遗传标记筛查,使预测种族起源和某些身体特征成为可能。

常染色体 SNPs 是二等位基因标记,有三种可能的基因型。例如,一个 SNPs 等位基因 A 和 B,可能的三种基因型是 AA、BB 和 AB。就 SNPs 而言,混合结果的解析是一个很大的困难,因为它很难将杂合子与纯合子的混合物分开。

从 SNPs 等位基因结果中获取定量信息的能力,在尝试解析混合结果时显得尤为重要。

SNPs 位置通常只含有两个等位基因,需要更多的 SNPs 遗传标记才能获得比多等位基因 STR 基因座更高的识别率,平均需要 25～45 个 SNPs 基因座才能获得与 13 个核心 STR 基因座相同的随机匹配率。另一项研究表明,等位基因频率在 20％～50％的 50 个 SNPs 理论上可达到与 12 个 STR 基因座相近的似然比率。这在理论上已经完全满足姓氏检测的需求。

Y 染色体(除拟常染色体区之外)为严格的单倍体父系遗传,从亲代到子代一旦形成突变,就会稳定遗传给子代。Y 染色体可以通过 Y-SNPs 标记分成 A－T 等多种分型,各民族有各自不同的比例,如汉族一般有一大半为 O 单倍型,其余多为 C、D、N、Q 等单倍型。因此,Y-SNPs 在群体遗传分析中有重要作用,可用于种族、民族、姓氏家系及姓氏地理的分析检测。

27. SNPs 的检测方法

SNPs 的检测方法有很多,直接扩增测序是最准确的方法。此外还有微阵列 DNA 芯片杂交、飞行质谱仪和变性液相层析法等非电泳技术。

微测序技术,又称单碱基延伸反应,其特异性延伸引物于紧邻所检测的 SNP 位点处直接退火,在 DNA 聚合酶的作用下,加入一个与多态性碱基互补的核苷酸。该技术是基于 DNA 聚合酶催化核苷酸延伸的高度精确性。目前,基于微测序反应、电泳和荧光检测最常用的是美国应用生物系统公司开发的 SNaPshot 试剂盒。其复合单碱基延伸反应采用的是荧光标记的 ddNTPs,未标记延伸引物的 3'端与 SNP 位点上游紧邻碱基互补,在 DNA 聚合酶的作用下,加入一个荧光标记的 ddNTP,其中每种 ddNTP 标以不同颜色的荧光染料,可于延伸引物的 5'端连接不同长度的非人类同源序列尾巴,使延伸产物长度不同,以构建复合反应体系,最后用自动毛细管 DNA 测序仪电泳分离检测延伸产物。

黄代新等研究了汉族群体 26 个 Y-SNPs 的遗传多态性,探讨其在医学和人类进化中的应用价值,自行设计引物,并构建用于检测 26 个 Y-SNPs 的 3 个 SNaPshot 复合分型检测体系。

28. Y-SNPs 与群体遗传

Y 染色体上的变异是由世代父系遗传积累的突变造成的,这些突变形成了 Y-DNA 遗传多态性。DNA 点突变形成了 SNPs,其中发生在 Y 染色体上的点突变形成了 Y-SNPs。1996 年，Landen 提出了 SNPs 遗传标记系统，用于群体和个体的识别。

Y-SNPs 单倍型是单位点、多等位基因的遗传标记，由点突变形成。大部分点突变是按照一定的历史顺序一次性发生，因此，Y-SNPs 具有群体特异性，能清晰记录父系群体的历史，而且各单倍型在不同人群中的分布存在明显差异，是研究群体地理变迁的理想工具。

Hammer 等通过对日本人群中 YAP 因子分布和基因频率的研究认为，现代日本人是由 10 000 年前迁入日本岛携带 YAP⁺ 因子的人群与 2 300 年前从中国东北和朝鲜半岛迁入的携带 YAP⁻ 因子的人群融合而成。Ke 等对 160 个亚洲人群的 Y-SNPs(YAP、M89、M130) 的研究发现，所有的个体均带有三种突变中的一种，而这三种突变在 35 000～89 000 年前起源于非洲。于敏等对中国 6 个人群中 Y-SNPs 的研究表明 M9G 频率都相当高，尤其在汉族人群中更突出，提示 M9 为中国人尤其汉族的一个标志位点。

李辉等用 Y-SNPs 研究了广西融水北高村人的遗传学特征，并进行了体质学的观测分析，得出北高村人与水族相当近，与汉族较远，综合证实了北高村人与水族的血缘关系。

29. Y-SNPs 和 Y-STR 的联合使用

Y-SNPs 可反映人类历史上的单一突变事件，且可用于鉴别 Y 染色体较久远的谱系关系，用于家系和姓氏检测。而 Y-STR 则表现为更快更高的突变率，产生高信息量标记以研究最近的进化事件。

Y-STR 单独使用能够获得非常有价值和可比较分析的信息，但 Y-STR 位点突变率相对较高，将其作为遗传标记研究人类进化和人群迁移有一定的局限性。分析代表人类进化中单一事件的 Y-SNPs，可辨别遗传背景或某一地域中 Y 染色体的单体群。而反映更迅速突变事件的 STR，可用于估计在稳定遗传背景中共同祖先出现的时间，并推测单体群中 STR 的变异是否仍然保存祖先历史的信息。

Y-SNPs 和 STRs 作为人类一个特殊的遗传标记，以其独特的优势发挥着重要作用。利用进化率不同，可将 Y 染色体的这两种标记相结合，研究不同地域和时间范围内的人类进化。

柯越海等观察了由 19 个 Y-SNPs 单倍型和 3 个 Y-STR 标记位点在我国 22 个省市汉族人群中的分布，认为现代人类自南方进入中国，随后由南向北迁移，并据此估算了现代人类进入中国的时间为 18 000～60 000 年前。

Shi 等对东亚 2 332 个体进行 Y-SNPs 和 Y-STR 位点的研究表明,O3 - M122 谱系在东亚人群中出现频率高达 44.3％,其在南部具有更多的变异,并估算 O3 - M122 向北迁移的时间发生在 2.5 万～3 万年前。这也与考古发现相吻合。

Xue 等对来自东亚的 27 个民族 988 名男性个体的 45 个 Y-SNPs 和 16 个 Y-STR 位点的遗传变异情况进行了研究,通过单体型分析表明,北方人群在 22 万～34 万年开始大规模的扩张,而南方人群在 12 万～18 万年开始迅速扩张。

30. STR 与 SNPs 的比较

单核苷酸多态性是人类基因组中特定位置上的单个碱基变异。这种变异多为二等位基因,有 6 种可能的表现型,即 A/G、A/T、A/C、G/T、G/C、T/G。基因组中有数以百万计的 SNPs(见表 4 - 5)。

表 4 - 5 STR 与 SNPs 的比较列表

项目	STR	SNPs
人类基因组中的发生率	10～15 kb	1 kb
遗传标志类型	核心序列为 2～6 bp 的重复	多数为点突变,有 6 种类型
基因座含等位基因数	大于 5 个	一般是 2 个
总信息含量	高	低(相当于 STR 的 20％～30％)
检测方法	凝胶毛细管电泳	序列分析或微芯片杂交
PCR 扩增长度	300～400 bp	50～100 bp
复合扩增能力	几个到几十个基因座	微芯片上可同时检测 1 000 个以上

SNPs 只含有 2 个等位基因,单个基因多态性低,因此需要检测多个基因座才能满足个体识别的需要。一般检测 50～100 个 SNPs 才可获得 10～16 个 STR 的识别能力和解决混合样本的能力。

SNPs 检测扩增片段小,更适合对降解样本进行检验。2001 年美国"9·11 事件"中,得到了 16 938 份 SNPs 分型数据,对降解检材的分析起到了很大的作用。SNPs 的突变率低,更稳定。不同人群的 SNPs 多态性上有一定的特征,作为特异性的标志用于人群分析。

对编码区 SNPs 的认识,可以帮助发现人类的某些特征性的表现型,用于预测个体特征。如英国法庭科学服务部发明了一种 SNPs 分型技术,可以检测与红头发有关的基因,从而推断头发颜色。DNAPrint 公司发明了一种推断人眼虹膜颜色的基因检测方法。该公司尝试用一组含有 56 个 SNPs 的检测方法预测受试者的种族背景,寻找种族信息的 SNPs,色素沉着和异生物质代谢基因。

比较而言,Y-STR 技术在今后还将长期保持主导地位,主要是因为:①Y-STR 技术成熟稳定,科学原理明确;②相关技术资源丰富;③现有各国的数据库均依靠这一技术建立,库存数据量巨大,并且在持续递增,如更替技术,成本巨大,其他技术必须有明显的优势和更低的成本,才可能有竞争力;④随着 DNA 检测装备的小型化、智能化,STR 技术还将进一步发展完善。

31. Y-SNPs 与 Y 库

Y-SNPs 位点的组成和分布,具有家族特异性,据此可以分析待测样本的家系组成,即使没有 Y-STR 的参与,也能独立完成姓氏家系的检测、检索和查询,这对于严重降解的生物检材可能很有用处,是其优势所在。

Y-SNPs 是 Y 库重要的补充,二者结合起来可以提升 Y 库的检测性能。理论上,30 个 Y-SNPs 就可以达到姓氏检测的基本要求,并且将中国的所有家系涵盖其内。如果这个数量为 50~100 个,完全能够胜任姓氏的常规检测,满足日常应用的需要。

复合体系中,同一位点的 2 个不同等位基因显示为不同颜色的产物峰,不同位点的等位基因间片段大小不同。黄代新等检测了武汉汉族群体 26 个 Y-SNPs,所有 Y-SNPs 均具有遗传多态性,120 名武汉汉族男性个体中共检出 26 种单倍型,其频率范围为 0.008 3~0.125 0,单倍型多样性为 0.934 9,可作为 Y-STR 标记的有效补充。

32. Y-SNPs 的二进制编码

一定数量的 Y-SNPs 组合可以精确锁定家系,如果配合常染色体的 SNPs,可以进行精确个体识别,与 STR 有相同的应用。

Y-SNPs 是 DNA 点突变形成的,突变位点因而存在祖先型和突变型两种状态,数字化的表示即 0 和 1 两种状态。这两种状态按照先后次序分别为 0 和 1。所以,一个待测的男性家系样本经 Y-SNPs 体系检测后,可以得到一组二进制的家系编码。

　　对于个体识别,要配合常染色体的 SNPs,根据检测位点的数量,会得到一个很长的二进制个体编码,能够精确锁定某一个人。家系识别或个体识别的二进制编码,可以无损转换为十进制编码,便于人工的查找和对比。

　　Y-SNPs 是从固有的序列经过点突变而来。二进制编码,是按照进化的自然状态进行编码。至于 Y-SNPs 分子进化的先后次序,目前是将人的序列位点与大猩猩的相关位点进行比较,然后推断 SNPs 位点的先后和早晚,由此确定等位基因的编码是 0 还是 1。

33. Y-DNA 检测民族

　　Y-STR 反映了不同人群间分子进化的差异,民族差异也会在 Y-DNA 水平表现出来。因此,更广泛的 Y-STR 调查可能反映出男性检测样本的民族信息。每个 SNP 位点在人群中存在两种类型,即祖先型和突变型,各个位点在人群中有多种多样的组合,形成了 SNPs 的单倍型,相当于家系和民族的编码。

　　于亮等对中国满族、维吾尔族、壮族、柯尔克孜族 4 个少数民族群体共 117个男性个体样本的 9 个 Y-STR 位点进行了多态性分析,得到其相关位点的多态性信息。结果 4 个民族均具有较高的单倍型多样性。因此,他们认为,利用 Y-STR 研究不同民族群体的遗传多样性对于了解他们的起源、迁移及相互关系有着重要的意义。赵青等研究了广西那坡县黑衣壮族的起源。黑衣壮族生活在中越边境,经 Y 染色体的多样性分析,支持黑衣壮族是居住于中南半岛的泰老民族南迁过程中遗留的一个群体,提供了民族迁徙的信息。

　　Y 染色体提供了人类迁徙的信息,并且与民族演化的时间尺度吻合。例如,东亚人群中有分布的 16 种 Y 染色体单倍型,H2 和 H3 是从中亚进入的类型,H6～H12 是东亚地区特有的类型。东亚地区一些民族 Y 染色体的分布也有特点,如 H9 分布于傣、壮、侗、黎等侗台民族和高山族中,并向北延伸。H10 和H12 几乎只分布于侗台民族和高山族,可以说是百越民族所特有的。H7 分布于瑶、畲等苗瑶民族,也可以认为是特有类型。苗瑶民族中没有百越民族的 H9、H10、H12,而百越民族中也没有 H7。所以,这几种单倍型是这两个民族系统的鉴别标准,可以辅助生物检材的民族鉴定。

　　民族与家系一样,由于其特殊的历史文化,在 Y 染色体的进化中形成了特征性的结构。Y 染色体的检测分析,可以分析样本的民族成分,检测出样本的民族属性,给出相应的提示和建议。陈雪云建立了云南景颇族男性人群 Y 染色体法医基础 DNA 数据库,在云南省德宏傣族景颇族自治州境内多个景颇族聚居地采集 218 例景颇族男性外周静脉血,检测获得 218 名云南景颇族男性人群 43 个 Y-SNP 及 38 个 Y-STR 基因座分型数据及单倍型频率。在 218 个无关景颇族男性个体中,在 Y-SNP 主干支 D、C、F*、K*、N、O 上存在突变,其中 O 人口数最多,约占总人数 83.5%。38 个 Y-STR 位点共检出 186 个 Y-STR 单倍型,其中 19 个 Y-STR 位点中存在高频率的等位基因;基于 Y-SNP 单倍群 D、D1、C、C3、F、G、J、K、N、O 频率建立的系统进化树及主成分二维分析图中,人群聚类符合南北方人群特点,同时符合人群语系特点;基于 7 个 Y-STR 位点建立的系统进化树及主成分二维分析图未见明显人群聚类特点。

该研究获得了云南景颇族 218 名男性个体的 43 个 Y-SNP 和 38 个 Y-STR 基因座的群体遗传学数据,建立了云南景颇族男性人群 Y 染色体法医基础 DNA 数据库;发现南北人群有明显的 Y 染色体遗传数据差异性,并且,同一语系的群体在遗传关系上更为接近;Y-SNP 位点比 Y-STR 位点更具稳定性,更能反映群体间的遗传距离;从遗传学的角度上证明了景颇族可能来源于古代氐羌民族。

34. 以 Y-DNA 确定办案范围

Y-STR 家系识别的完成,是以居民姓氏家系为基本结构,以个体 Y-STR 数据库为基础,含有尽可能多家系的 Y-STR 数据、家系图谱及其户籍资料、籍贯、迁徙等信息,能够实现和完成遗传信息的采集、录入、查询检索等功能。

案件采样范围的准确划定,是家系排查和识别的首要前提。在划定的范围内,提取相关家系的生物检材,交叉、碰撞各类信息,运用 Y-STR 数据库寻找和识别目标家系,即找群,进而利用常染色体 DNA 确定目标嫌疑人,即找人,是这一方法的核心思想。

Y-STR 家系识别,要注意在传代过程中的突变,要把突变的因素考虑在内,以免遗漏。也就是说,Y-DNA 虽然遵循严格的父系遗传,但不是绝对的:在传递给子代的时候,会出于某种不确定的原因,导致序列发生细微变化。当检测序列与目标序列有微弱差异时,要求证是否是同一家系的 Y-DNA 发生了突变。

35. 曹操家族的 Y-DNA 分析

曹操是我国东汉时期杰出的政治家、军事家、医学家、文学家、建筑家和音乐家,对中国的科学文化事业和中华民族的繁衍生息具有历史性的贡献,被时人称为"超世之杰"。虽然曹操逝世已有 1 800 年,但对他的研究历代不曾中断,已然是一个重要的历史文化现象。曹操家族的 Y 染色体也是遗传学家所关注的对象。

《人类遗传学报》2013 年第 57 卷第 3 期发表了复旦大学全国曹氏 Y 染色体调查的结果。李辉等用 Y 染色体上的 100 个单核苷酸位点(SNPs)对全国各地的曹姓 79 个家族的 280 名男性及其他姓氏的 446 个男性进行分型研究,结合家谱材料,发现 O2 - F1462 是唯一在宣称是曹操后代中显著高频出现的 Y 染色体单倍群,Fisher 精确检验 P $= 9.323 \times 10^{-5}$,有 92.71% 的可能性就是曹操的 Y 染色体类型。O3002611 在其他曹姓家族出现频率最高,也是唯一在宣称是西汉丞相曹参直系后裔的 5 个曹姓家族中都出现的单倍型,因而极可能是曹参的 Y 染色体类型。遗传学的对比表明,曹操不是曹参的直系后裔。曹操宣称是曹参的后人,可能只是出于文化上的认可和尊重,并不能说与曹参有直接的血缘关系。

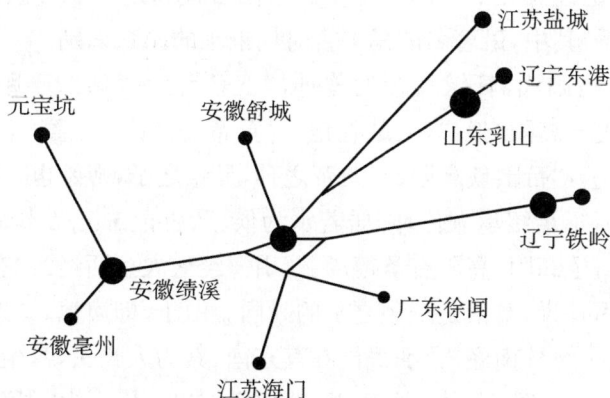

图 4 - 6 曹操家族 O2* - F1462 内部 Y-STR 遗传距离(李辉供图)

这项研究还与安徽亳州元宝坑二号汉墓出土的牙齿标本进行了 Y-DNA 的比照。元宝坑二号墓位于曹操宗族墓地之内,墓主应是曹操的叔叔曹鼎,理论上与曹操有相同的 Y 染色体遗传。

李辉等利用美国 ABI 公司的 Y-Filer™ 试剂盒成功扩增和检测了元宝坑二号汉墓牙齿的 Y 染色体上 12 个 STR 位点,DYS19:15;DYS389Ⅰ:13;DYS389Ⅱ:30;DYS390:23;DYS391:10;DYS393:14;DYS437:14;DYS456:16;DYS458:16;DYS635:21;DYS385a/b:13/14 或 12/16。使用除了 DYS385a/b 位点之外的 10 个 Y-STR 位点利用贝叶斯频率法进行单倍型预测,依照 Y 染色体数据库,最可能的单倍型是 O2*(M268$^+$,F1462$^+$,PK4$^-$

和 M176⁻),可能性为 60.15%,其次是 C3*—M217(13.97%),其余的单倍型都低于 11%。这 10 个位点的数值还与数据库中 1 例来自安徽的 O2*(F1462⁺,PK4⁻和 M176⁻)的样本完全一致,增加上述单倍型判读的可信性。

为了更准确地分析 Y 染色体类型为 O2* 的几支曹氏的远近关系,他们使用了 15 个 Y-STR 位点绘制邻接法网络图进行分析。安徽的 O2* 曹氏在网络图中倾向于紧密地聚在一起,元宝坑牙齿与安徽绩溪曹氏和亳州曹氏邻接,显示了较近的亲缘关系;一部分山东乳山曹氏与辽宁东港曹氏 15 个 Y-STR 位点完全一致,另一部分只有一个突变的差异,显示了极近的亲缘关系。这也与家谱的相应记载相吻合。

36. 上古颛顼后裔与古埃及王室间的家系识别

家系识别是通过遗传学的手段确定家庭成员关系。家系识别起源于史前时代,在中国至少已经有五千年的历史了。中国古代通过外观性状或疾病的症状表现以识别家系,其中,最著名的是上古时期颛顼的家系识别。

颛顼,或称高阳氏,轩辕黄帝的曾孙,"五帝"之一,活跃于距今约 5 500~5 300 年。《绎史·高阳纪》:"《大戴礼记》:'黄帝产昌意,昌意产高阳,是为帝颛顼。'"《帝王世纪》:"帝颛顼高阳氏,黄帝之孙,昌意之子,姬姓也。……昌意虽黄帝之嫡,以德劣,不足绍承大位,降居若水为侯。"《史记·五帝本纪》:"昌意娶蜀山氏女,曰昌仆,生高阳,高阳有圣德焉。"《山海经·大荒西经》:"有国名曰淑士,颛顼之子。"意思是说,肃慎是颛顼之子的封国。淑士,即肃慎,音近通假,后世称女真。《山海经·海外南经》:"羽民国在其东南,其为人长头,身生羽。一曰在比翼鸟东南,其为人长颊。"长头、长颊,即"颛顼",古时,长头为"颛",长颊为"顼"。《山海经》记载了驩头国,为长头,是一个勒紧头部使颅骨变长的部族,为颛顼的后裔。《山海经·大荒北经》:"西北海外,黑水之北,有人有翼,名曰苗民。颛顼生驩头,驩头生苗民,苗民,釐姓,食肉。"《山海经·海外南经》:"讙头国在其南,其为人人面有翼,鸟喙,方捕鱼。一曰在毕方东。或曰讙朱国。"

长头、长颊是特殊的生理现象,究其科学原因,应是马方综合征的一种病理表现,是一种常染色体显性遗传病。但是,这种遗传疾病只有 1/2 的概率将这一基因传递给后代。那些没有长头长脸特征的颛顼子孙,就采取了头顶加箍的办法,把头骨捆扎起来,人为将颅骨拉长,此意为"颛顼",以此表明自己颛顼后裔的贵族身份。四川广汉三星堆遗址出土了一尊头戴金箍的青铜人像,所示为"颛顼"之意,反映了这一罕见的古俗(见图 4-7)。

《山海经·海内经》:"黄帝妻雷祖,生昌意,昌意降处若水,生韩流。韩流擢首谨耳,人面豕喙,麟身渠股豚止,取淖子曰阿女,生帝颛顼。"颛顼的父亲韩流"擢首谨耳,人面豕喙,麟身渠股豚止",所谓"擢首谨耳",应是很长的头、很小的耳朵。轩辕黄帝和嫘祖的血统里并没有马方综合征的基因,昌意是黄帝和嫘祖所生,因而不可能有马方综合征的表现。但到了韩流时,已经有"长头"的病理特征出现,因而颛顼家族的病理基因必然是来自于昌意的妻子,也就是颛顼的奶奶蜀山氏女昌仆。随着颛顼成为炎黄部族的领袖,这一病理基因被广为播散,以至于成为颛顼家族的一个身份标志。

图 4-7　戴头箍的人像(商代,四川广汉三星堆出土)

在古代社会,不同部族间存在各种形式的交流,其中,通婚是最重要的一种。古代中国和古代非洲有深刻的联系,中非通婚的历史极其久远。婚姻是爱情的一种表达形式,部族战争属于偶发事件,爱情和婚姻是人类社会永恒的主题。历史上,中国的人文始祖轩辕黄帝曾经娶过黑人为妻。位于河北承德的轩辕黄帝的人形山,刻画了四个历史人物,即传世的"黄帝四面"。其中的发神——为他梳头的女子,被认作是一个黑人女子的形象,有传说应是通过婚姻嫁给黄帝的非洲公主。到了颛顼的时代,中非间的婚姻关系变得频繁,颛顼娶过两位黑人贵族姐妹为妻,《山海经》中记载一个叫大鵹,一个叫少鵹,并且姐妹二人逝世后都埋在了中国,墓在辽宁朝阳牛河梁以南两处鸟形山上,即《山海经》所提及的"比翼鸟"。

　　1922 年,研究人员在埃及尼罗河国王谷发现了古埃及法老图坦卡蒙(公元前 1341～公元前 1323)的陵墓,发现了他的金棺和木乃伊及大量的陪葬物品,成为 20 世纪最重要的考古发现。研究表明,法老图坦卡蒙有手足畸形,是一位马方综合征患者,而且这一病理基因在其王室中已经传递了很多代,是埃及王室的身份标识。图坦卡蒙遗骨上最为醒目的,是颅骨上有一道很深的凹痕,因而被认为颅骨被人为拉长了许多。图坦卡蒙在出生不久,就被头箍罩住了。这是一种极其罕见的古代风俗,是颛顼后裔标识其贵族身份的经典方法。而且,这一习俗一如颛顼家族,在埃及王室内部延续了很多代。

　　图坦卡蒙出生时,长头长脸的特征并不明显,为了突出他的身份,人为加上了头箍,将颅骨拉长,表示为颛顼的后裔。这是一个合理的解释。埃及法老图坦卡蒙遗骨的发现,尤其是凹陷的颅骨显示的头箍痕迹,为在非洲寻找和追溯颛顼的直系后裔提供了直接的、可以作为借鉴的线索(见图 4-8)。

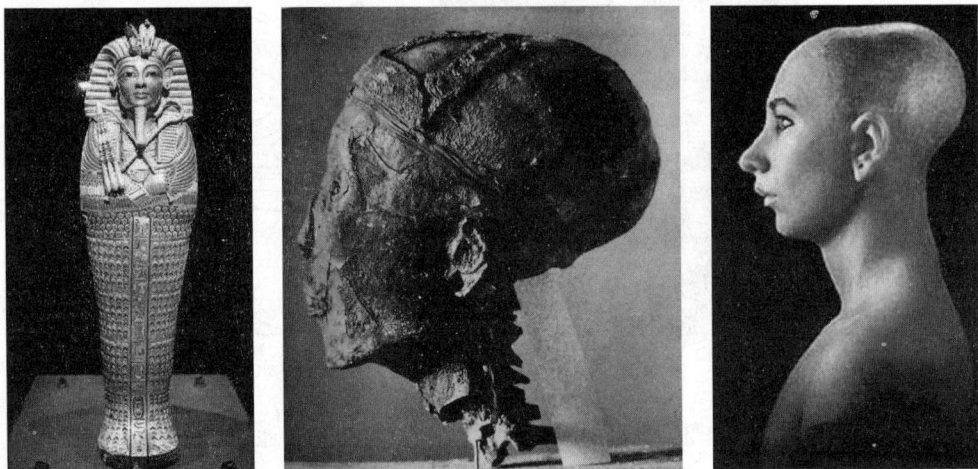

图 4-8　古代埃及法老图坦卡蒙金棺、颅骨及其头箍痕迹

第五章

Y-DNA 检测的技术体系

1. 生物检材的采集

现代 DNA 检验过程几乎是不可控制的,均为机器自动化操作,关键是现场发现和提取检材,以及检验人员的细致、耐心和准确判断。侦查人员要有丰富的知识处置现场,这是非常重要的。

Y-DNA 检测的关键作用,是可以成功找到与现场生物检材有关联的姓氏家族。这需要详细了解案情,结合现场的各种信息,得知犯罪嫌疑人最可能的位置,找到遗留下的生物检材。确定排查范围后,需要和侦查人员密切配合,确保将族群关系及其分支梳理清楚。每一个取样都要与某一个人完整对应,防止中途被人为调换或污染而导致检测失败或无意义。

为保证排查工作落实到位,可以采取定人员、定区域、定责任的方法,将排查工作做细、做实。在排查中,提取族群中 1~2 名男性血样或口腔拭子,并注意填写完整的样本信息。同时,需要注意保证样本的质量,防止空采、漏采。

对于送到实验室的犯罪嫌疑人员样本,逐一进行登记和编号。对于口腔拭子,应尽量取棉签顶端着力部位。对于血样,取血液浓度较高的部位。取样大小根据不同实验室的仪器灵敏度、实验人员的习惯和技巧等而定。剪取样本时要注意顺序,防止错位。整个取样过程中,尽量选用女性实验人员,以避免可能的Y-DNA 污染对实验结果造成影响。

失败案例:2005 年 1 月,河南某县发生一强奸杀人案,死者聂某(女,15岁)。此案与 2003 年 12 月 31 日宋某被强奸案通过 DNA 并案。对周围 30 余个村庄进行地毯式采血,大规模排查嫌疑人,排查嫌疑人 1 000 余人,家系 50 余个，由于没有确定重点区域和重点范围，可能造成嫌疑人家系及人员的遗漏，没有比中结果。

2. 有机溶剂法提取 DNA

DNA 的提取方法较多，如酚/三氯甲烷/异戊醇法、尿素提取法、氯化锌法、三乙醇月桂基硫酸盐法、碘化物法、直接煮沸法等。

以下以酚/三氯甲烷/异戊醇法为例：

酚/三氯甲烷/异戊醇法：通过酚-三氯甲烷混合物萃取 DNA 溶液中的蛋白质类有机物质，而保留 DNA 于水相溶液中，适用所有生物检材。其提取 DNA 量比 Chelex100 法和无机盐提取法多，且 DNA 分子结构完整。

(1) 样本：人外周静脉抗凝血。分别采集外周静脉血 5 mL，2%乙二胺四乙酸二钠(EDTA)抗凝，待用(要求采血至分离白细胞间隔时间在室温下放置不超过 2 h，4℃放置不超过 5 h，避免白细胞自溶)。

(2) 仪器设备与试剂：①采用 1.5 mL 离心管及最高转速 13 000 r/min 的微型高速离心机；②5～100℃可调、误差小于 1℃的 56℃干热器；③10 μL、100 μL、1 000 μL 可调、误差小于 1 μL 的移液器；④1×SSC 溶液，0.2 mol/L 和 2 mol/L 乙酸钠，10%SDS，20 mgL/mL 蛋白酶 K，酚：三氯甲烷：异戊醇(25：24：1)；⑤1×TE 溶液，包括 70%和 100%乙醇。

(3) 步骤：①采集血样放入含有 EDTA 真空管，使用前充分混匀。取 1.5 mL 带盖微型离心管吸 700 μL 血样冷冻保存备用。②37℃培育冷冻血样，加 1×SSC800 μL 混合。离心，13 000 r/min，1 min，弃上清液。③加 1.0 mL1×SSC 振荡，离心，13 000 r/min，1 min，弃上清液。注意避免触动沉淀物团。④加 375 μL0.2 mol/L 乙酸钠，振荡使沉淀物悬浮，加 10%SDS 25 μL 和蛋白酶 K 5 μL，旋涡振荡，56℃培育 1 h。⑤加等体积的酚/三氯甲烷/异戊醇，旋涡振荡 30 s。⑥微型离心机上 2 000 r/min，离心 2 min。⑦仔细吸取水相转移到另一新的 1.5 mL 微型离心管。注意避免吸到在分界面上积聚的变性蛋白，弃去剩余酚和变性蛋白。⑧加 1 μL100%冷乙醇，倒转混匀，置于－20℃冰箱 15 min。⑨加 180 μL 1×TE，旋涡振荡使沉淀物团散开，56℃孵育 10 min。加入 20 μL 2 mol/L 乙酸钠，倒转混合 5 s。⑩加 500 μL100%冷乙醇。轻轻地混匀，使之成为均一溶液。2 000 r/min 离心 5 min。弃去上清液。⑪用 1 mL 室温 70%乙醇清洗沉淀物团。2 000 r/min 离心 5 min。用微量移液器尽可能移去上清液，切勿打乱沉淀物团。⑫真空干燥沉淀物团。此步骤应在约 5 min 完成,不能过干,避免 DNA 不再溶解。⑬加 200 μL 1×TE 混合,56℃孵育过夜。次日晨,旋涡振荡 10 s。

3. 盐析法提取 DNA

无机盐提取法是用乙酸钠通过盐析原理去除非核酸物质,主要用于血液或血痕、精液或精斑、毛发样本中 DNA 的提取,其优点是提取 DNA 回收率高,DNA 质量也好于 Chelex100 法。

仪器设备与试剂:①速度 13 000 r/min 的微型高速离心机;②96 孔×4、可调温度 5℃～100℃的 37℃、56℃干热器;③10 μL、100 μL、1 000 μL 可调、误差小于 1 μL 的移液器;④含蔗糖、$MgCl_2$、TritonX - 100 的细胞裂解缓冲液(CLB);⑤含 $EDTA_2Na$、NaCl 的蛋白裂解缓冲液(PLB);⑥SSC 溶液包括 20%SDS,20 mgL/mL 蛋白酶 K;⑦1×TE 溶液包括 70%和 100%乙醇,平衡盐缓冲液。

步骤:①吸取 400 μL 细胞裂解液至 1.5 mL 离心管中,加入 100 μL 全血。加盖后倒转混匀 1 min。保证细胞裂解缓冲液与全血充分混匀,使细胞膜完全破裂。②在微型高速离心机上 13 000 r/min 离心 1 min,弃去上清液,回收细胞核。③在旋涡振动器上,利用残留少许上清液,振动使细胞核团块散开,成为悬浮液。④加入 100 μL 蛋白裂解液,充分混合,在微型高速离心机上 12 000 r/min 离心 1 min,弃去上清液。将离心管倒置于滤纸上,吸干残留的上清液。⑤快速加入事先准备好的消化反应液(参考表 5-1)。⑥微型高速离心机离心 10 s,干热器 100℃下 8 min。⑦在微型高速离心机 12 000 r/min 离心 2 min。DNA 存在上清液中,可直接用于 PCR 扩增反应,推荐用量在 25 μL PCR 反应体系中吸取样本 DNA 量 2.5 μL。

表 5-1　所取全血量和最终 DNA 含量之间关系

全血(μL)	理论 DNA 产量(μg)
1	0.04～0.06
10	0.2～0.4
100	2～4
200	4～6
400	8～10

4. Chelex100 法提取 DNA

Chelex100 最先由 Singer-Sam 等于 1989 年报道,是应用最为广泛的 DNA 提取方法。Chelex100 是一种螯合树脂,由苯乙烯、二乙烯苯共聚体组成,含有成对的亚氨基二乙酸盐离子,起着螯合基团的作用,对多价金属离子有极强亲和力,螯合金属离子,防止 DNA 降解,去除 PCR 抑制剂,提高了 PCR 的成功率。

生物检材,例如血痕,加入 5%Chelex 悬浮液,关键是 100℃煮沸 8 min。细胞破碎释放 DNA。然后快速离心,Chelex 悬浮颗粒和细胞碎片沉降到离心管底部,上清液可直接进行 PCR 扩增。采用碱性 Chelex100,所提取 DNA 为单链。PCR 反应体系内绝对不能有 Chelex100,否则,PCR 反应中所需要的 Mg^{2+} 被螯合,使 PCR 扩增失败。现已证实 Chelex 可防止 DNA 在煮沸中降解,并在高温低离子强度下起着催化 DNA 释放的作用。

Chelex100 能有效除去非核酸有机物,主要用于提取全血或血痕、精液或精斑、混合斑、毛发、培养细胞等的 DNA。但因生物样本来源不同其操作方法有所差异。法医学上多使用该法,因其简便、快速、损失少、微量,10~50 μL 全血就可以提取到适合分析的 DNA,适合法医使用。

仪器设备与试剂:微型离心机;振荡器;水浴锅;微量可调移液器;灭菌去离子水;TE 缓冲液;5%Chelex 储备液(室温保存);Chelex 颗粒 5 g;灭菌去离子水 100 mL;1M NaOH 调节 pH 值至 9~11。

步骤:①吸取 1 mLTE 缓冲液加到 1.5 mL 的灭菌离心管内;加入 40 μL 的全血(用量过大时可能会抑制 PCR 反应)。②室温放置 15~30 min,间歇颠倒震荡或轻微漩涡震荡。③将样本置于离心管中室温最大速度离心 2~3 min。④小心且尽可能多地弃去上清液,保留量不超过 20 μL 在管中,若样本是血斑时保留管底呈团状的载体。⑤加入 5%Chelex 至终体积为 200 μL,短暂涡流震荡混匀。⑥56℃保温 15~30 min。⑦剧烈漩涡震荡样本 5~10 s。⑧沸水中样本煮 8 min。可用悬浮架。⑨涡流剧烈震荡 5~10 s。⑩将离心管内的样本在室温条件下以最大速度离心 2~3 min 后,样本可以进行 DNA 定量和 DNA 扩增。⑪在 2~6℃或 15~25℃条件下保存样本,重新使用时在室温中解冻并重复步骤 ⑩~⑪。

5. CTAB 法提取 DNA

CTAB 法,即利用非离子型去污剂十六烷基三甲基溴化胺(CTAB)具有破坏植物细胞壁和细胞膜及硬组织,并能与 DNA 形成复合物的能力,通过抽提,使 DNA 与蛋白质及多糖类物质有效分离而达到提取高纯度 DNA 的目的。

6. 纳米磁珠法提取 DNA

纳米磁珠法,在硫氰酸胍条件下,利用二氧化硅微粒特异捕获有机溶剂中的 DNA 分子的性能以提取 DNA。20 世纪 90 年代,磁珠法 DNA 提取技术诞生,其原理是磁珠表面带有特定的活性基团,在特定条件下能够与核酸进行特异性可逆结合,同时利用磁珠自身具备的磁响应能力,在外加磁场的作用下可方便地进行定向移动与富集,进而实现对核酸的分离纯化(见图 5-1)。

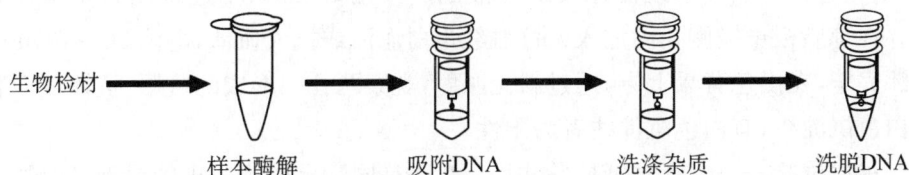

生物检材 → 样本酶解 → 吸附DNA → 洗涤杂质 → 洗脱DNA

图 5-1 纳米磁珠法提取 DNA

纳米磁珠法 DNA 提取是纳米科技与生物技术的完美结合,具有其他 DNA 提取方法不可比拟的优势:①样本需求量低,微量的材料即可提到高浓度的核酸。②操作简单快速,整个操作流程基本分为 5 步(裂解、结合、洗涤、干燥、洗脱),全程无须离心操作,大多可在 30～60 min 内完成。③质量稳定可靠,游离的磁珠与核酸的结合量更大,特异性的结合使得核酸纯度更高,且可通过控制磁珠表面基团来调节核酸回收量。④全自动化操作,采用核酸提取仪可实现自动化、高通量操作,一键启动,即可实现几十甚至几百个样品的提取。⑤安全无毒无害,试剂不含酚、三氯甲烷等有毒化学试剂,完全符合现代化环保理念。

7. 软组织 DNA 提取

剪碎软组织,加入 200 μL4％Chelex100,56℃30 min,振荡 10 s,98℃,8～10 min,振荡 10 s,2 000 r/min,3 min,上清液备用。或去适量软组织,剪成小米粒大小,加入 200 μL5％Chelex100 及终浓度为 100～250 μg/mL 蛋白酶 K,56℃,30 min 以上,振荡 10 s,100℃8 min,振荡 10 s,2 000 r/min 离心 3 min,上清液 4℃冰箱内备用。

不同软组织 DNA 稳定性不同,肺最稳定,肌肉次之,心血管其后。皮肤 DNA 提取的关键是压碎检材,一般采用液氮冷冻后碎之。

8. 血液和血痕检验

联苯胺预试验：取滤纸轻轻擦拭斑迹，分别加入冰醋酸、联苯胺无水乙醇饱和液、3％过氧化氢溶液，立即呈现翠蓝色为阳性反应。

种属试验——环状沉淀试验：取少量血痕检材，滴入适量 0.9％氯化钠溶液制成浸出液，取试管，加入抗人血红蛋白或抗人血清，然后小心加入上述浸出液，60 min 内两液面间出现白色沉淀环者为阳性。

种属试验——对流免疫电泳法：取高电渗琼脂糖和巴比妥缓冲液制成琼脂溶液，取琼脂溶液平铺于载玻片上。凝固后，打两排成对的孔。取少量血痕检材，滴入适量双蒸馏水或巴比妥缓冲液制成浸出液，加入上述琼脂板负极侧孔内。在琼脂板正极侧孔内加入人抗血红蛋白血清或抗人血清，电泳 30～40 min。电泳完毕，在黑色背景上方，通过斜光照射，观察两孔间形成的抗原-抗体复合物的白色沉淀线，有白色沉淀线者为阳性。

种属试验——金标试纸检验法：金标法是国际上较为先进的灵敏、特异、快速、简便、准确率高的体外诊断方法。测定结果仅凭特制的检验盒在短时间内即可获得。金标法试纸，抽血后滴在试纸上，20 min 观察该试纸有无颜色变化。如果有颜色变化，则初检阳性。

取适量血液或血痕，加入 TES 缓冲液和十二烷基肌氨酸钠（LDS），煮沸 5 min 以上，离心去载体；加入吸附液，混合后加入磁珠悬液，混合后室温 15 min 左右；离心去上清液，加入漂洗液，混合；离心去上清液，加入 70％乙醇，混合；离心去上清液，加入 TES，56℃保温 10 min 以上；离心后 4℃冰箱内备用。

9. 烟头及口腔黏膜细胞提取

烟头中口腔黏膜细胞 DNA 提取，即唾液斑的细胞提取。剪取含唾液斑烟头适量，用 TE 浸泡，沸水浴中 10 min，冷至室温，加入蛋白酶 K（终浓度 100 μg/mL），55℃ 6 h。

用等体积的饱和酚萃取 2 次，等体积三氯甲烷萃取 2 次，水相中加入 2.5 倍体积无水乙醇，1/20 体积 3 mol/LpH5.2 的乙酸钠溶液，－20℃沉淀 DNA 20 min 以上，12 000 r/min 离心 10 min，弃上清液，用 70％乙醇液洗涤 DNA 一次，室温晾干后 DNA 溶于适量 TE 中，过夜，过 SephadexG50 柱，分离液中加入 NP40、Tween20（终浓度为 0.5％）、$MgCl_2$（终浓度为 5 mmol/L）及蛋白酶 K（终浓度为 100 μg/mL），37℃ 1 h，沸水浴 10 min 后备用。

口腔黏膜上皮细胞 DNA 提取：①置口腔拭子于试管内，加入 3 mLTNE Buffer（10 mmol/LTris-HClpH8. 0，100 mmol/LNaCl，2％ SDS，10 mmol/LEDTA，含 0.1 mg/mL 蛋白酶 K），56℃12～18 h。②丢弃纤维后脱蛋白（酚：三氯甲烷：异戊醇为 25：24：1）。③用乙醚抽提微量酚，56℃，15 min，去除乙醚。④用 0.3 mol/L 乙酸钠及 2 倍体积无水乙醇 – 20℃沉淀 DNA 2 h。⑤离心后沉淀，DNA 用 70％乙醇洗涤，干燥，溶于 100 μLTE 中。

10. 骨骼 DNA 提取

（1）不脱钙法提取骨骼 DNA：锯骨头一块，骨松质时 10～20 mg，骨密质时 75～100 mg。用手术刀片、砂纸等物理方法刮除表面软组织和垢物。自来水冲洗干净。蒸馏水冲洗 1 次。无水乙醇及乙醚中各浸泡 15 min，晾干。液氮中 15～30 s，压成粉末。取 20～50 mg 骨粉，加入 5 mLTNE（0.5 mol/LEDTA，10 mmol/LTris-HClpH8. 0，100 mmol/LNaCl，0.5％Tween20），内含蛋白酶 K 终浓度 200 μg/mL。55℃，5～6 h 后补加 10 mg/mL 蛋白酶 K 20 μL，55℃过夜。常规饱和酚三氯甲烷法提取 DNA。若提取 DNAOD$_{260}$/OD$_{280}$<1.5 时，则应再用饱和酚三氯甲烷重复抽提 1 次。

或取 1.5 g 骨粉，加入 3 mL 白细胞溶解液（10 mmol/LTris-HClpH7. 6，10 mmol/LEDTANa$_2$，50 mmol/LNaCl），25 μL 蛋白酶 K（20 mg/mL），50 μL SDS，42℃过夜。加入 1 mL 饱和乙酸钠，振动 30 s，4 000 g 离心 10 min。吸上清液于另一试管中，加入 4 mL100％异丙醇，混合 10 min 以上。4 000 g 离心 10 min，37℃干燥沉淀后用 250 μL 蒸馏水溶解，－80℃保存备用。

（2）脱钙法提取骨骼 DNA：取 2 g 骨，彻底清洁，去除外层杂质，制成粉末（越细越好），置于 15 mL 试管中。分别用 8 mL0.5 mol/L EDTApH7.5 缓冲液脱钙 3 次，共约 8～12 h。ddH$_2$O 洗涤 3 次，去除 EDTA。沉淀中加入 3 mL 预热 Buffer（10 mmol/LTris-HClpH8. 0，100 mmol/LNaCl，2％SDS，10 mmol/LEDTA，含 0.5％mg/mL 蛋白酶 K），56℃12～18 h，后补加蛋白酶 K 至浓度 1 mgL/mL，再 56℃5 h。离心弃沉渣，上清液移于另一试管内。用酚/三氯甲烷/异戊醇（25：24：1）脱蛋白，后用乙醚抽提微量酚，56℃15 min 去除乙醚。水相过 Centricon30 柱。

11. 混合斑检验

剪碎带有精子的检材，加入适量 TNE 缓冲液，37℃保温 0.5～1 h，加入 SDS

和蛋白酶 K,37℃保温 1～2 h 消化女性上皮细胞。底部带孔离心管离心分离去除载体,并去除上清液,沉淀物用 TNE 离心洗涤数次。沉淀物内加入 Chelex100 溶液、蛋白酶 K 和 DTT 溶液,置 56℃消化 1～2 h。煮沸 8 min,离心后 4℃冰箱内备用。混合斑检验可明确斑迹中男性个体用的数量,在轮奸案中尤其有用。

> **案例:**2004 年 4 月 11 日,王某某在珠海那洲村的山边被 2 名男子轮奸,但王某某的阴道提取物受她本人基因型的干扰,无法判断。随后通过 Y 染色体技术,从中检出包括 2 名嫌疑人在内的 3 条 Y 染色体,说明有 3 名男子与她发生过性关系。补检了王某某男友的血样后,证实他是 2 名嫌疑人外的第三名男性。

12. 牙齿 DNA 提取

从牙齿中提取 DNA 主要是指从牙髓中提取 DNA。牙髓提供牙齿营养成分,其中有神经、血管、淋巴管和血细胞等,是 DNA 的来源。从牙齿中取出牙髓的方法为磨碎整个牙齿,也有人认为横切整个牙齿为好。牙骨质中也含 DNA,主要为 mtDNA。

横切牙齿,用镊子取出牙髓。加入 500 μLTNE(100 mmol/L NaCl,10 mmol/L Tris-HCl pH8.0, 0.1 mmol/L EDTA),30 μL10% SDS,6 μL 蛋白酶 K(10 mg/mL)。55℃3 h 后,37℃过夜。常规饱和酚-三氯甲烷法提取 DNA。

13. 毛根 DNA 提取

毛发由角蛋白、微量金属元素、代谢产物、气泡及色素颗粒组成。其中,色素颗粒是强 PCR 抑制剂。一个拔取毛根 DNA 提取量平均为 36 ng。毛发 DNA 的提取包括带根毛发(含毛囊)DNA 提取和毛干 DNA 提取。

剪取带根毛发 3 mm,蒸馏水洗涤 2 次,加入 5%Chelex100 悬浮液 50～200 μL 及蛋白酶 K(终浓度 100 μg/mL),56℃消化 6～8 h 或过夜,不时振荡,置于沸水浴中 8 min,剧烈震荡后 10 000 g 离心 3 min,上清液备用。

或剪取带根毛发,含毛囊 1 cm,加入 400 μL 提取 Buffer(10 mmol/L Tris-HCl pH8.0, 10 mmol/L EDTA, 100 mmol/L NaCL, 39 mmol/LDTT, 2% SDS)及 10 μL 蛋白酶 K(20 mg/mL),56℃过夜,再补加 10 μL 蛋白酶 K(20 mg/

mL),56℃消化 2 h 以上,用传统的苯酚/三氯甲烷/异戊醇(25∶24∶1)有机法提取 DNA。

14. 毛干 DNA 提取

剪取 1.0～1.5 cm 毛干,分别去 ddH$_2$O、10%SDS 及无水乙醇各洗涤 10 min,弃上清液,加入适量 TNE(含 2%SDS),DTT(终浓度 80 mmol/L),蛋白酶 K(终浓度 800 μg/mL),37℃过夜。

用等体积的饱和酚萃取 2 次,等体积三氯甲烷萃取 2 次,水相中加入 2.5 倍体积无水乙醇,1/20 体积 3 mol/LpH5.2 乙酸钠溶液,—20℃沉淀 DNA20 min 以上,12 000 r/min 离心 10 min,弃上清液,用 70%乙醇液洗涤 DNA1 次,室温晾干后 DNA 溶于适量 TE 中过夜,过 SephadexG50 柱,分离液中加入 NP40、Tween20(终浓度为 0.5%)、MgCl$_2$(终浓度为 5 mmol/L)及蛋白酶 K(终浓度为 100 μg/mL),37℃1 h,沸水浴 10 min 后备用。

用毛干提取 DNA 时,并不是毛干越长越好,毛干越长,色素颗粒越多。色素颗粒是很强的 PCR 抑制剂。距离皮肤越近的毛干越容易提取 DNA,越容易成功进行 PCR。

15. 指甲与指甲擦拭物 DNA 提取

郭景元等报道的指甲 DNA 提取方法为:

(1) 剪取指甲(趾甲)4 mg,剪碎,加入 200 μL TNE Buffer(含 2%SDS),10 min 后 13 000 r/min 离心 5 min,弃上清液,沉淀中加入适量 TNE Buffer、DTT(终浓度 800 μg/mL),室温静置过夜。

(2) 用等体积的饱和酚萃取 2 次,等体积三氯甲烷萃取 2 次,水相中加入 2.5 倍体积无水乙醇,1/20 体积 3 mol/LpH 5.2 乙酸钠,—20℃沉淀 DNA 20 min 以上,12 000 r/min 离心 10 min,弃上清液,用 70%乙醇液洗涤 DNA 1 次,室温晾干后 DNA 溶于适量 TE 中过夜,过 SephadexG50 柱,分离液中加入 NP40、Tween20(终浓度为 0.5%)、MgCl$_2$(终浓度为 5 mmol/L)及蛋白酶 K(终浓度为 100 μg/mL),37℃1 h,沸水浴 10 min 后备用。

16. 尿液或尿斑 DNA 提取

正常人每毫升尿液中通常含有 400 多个细胞,包括红细胞、白细胞以及上皮细胞,有时会混有精子,其中白细胞最多,一般为 300～500 个/mL,上皮细胞次之。DNA 含量，男性 4～60 ng/mL，女性 14～200 ng/mL。一般至少 200 mL 尿液才能进行 DNA 指纹检验，尿液中 DNA 不稳定，并含有 PCR 抑制物，DNA 检验成功率低。因为 DNA 的降解，一般温室保存 7d 的尿液无法进行 DNA 检验。

尿液中细胞较少，提取 DNA 的关键是浓缩。取 5 mL 尿液，1 500 g 离心 15 min，弃上清液，留约 0.5 mL 沉渣，加入 0.3 mL 0.9%NaCl，混匀，13 600 g 离心 5 min，弃上清液，留约 50 μL 沉渣备用。或直接取尿液 1 mL，13 600 g 离心 5 min，预留 50 μL 沉渣备用。

17. 粪便提取人类 DNA

人类粪便中有大量的脱落的肠道黏膜上皮细胞，可以作为追溯犯罪嫌疑人的生物检材。但是，粪便中含有食物中的植物或动物细胞，与肠道黏膜细胞混合在一起，因而粪便中的 DNA 成分与食物有很大的关系。这些非人类的 DNA 成分有可能会在 DNA 检测时构成干扰。

但是，因为 Y 染色体检测的灵敏度比常规 DNA 检测要灵敏数千倍，所以此时检测仍然可以获得有效的 Y-STR 分型，从而得到犯罪嫌疑人的姓氏、出生地等信息，为破案提供参考。

18. 泥土提取人类 DNA

在掩埋人类尸体的泥土中，由于尸体的腐化，人体的细胞或细胞内的遗传物质会浸润到周围的土壤之中。因此，对于高度腐化的遗体，骨骼周围的土壤也是重要的生物检材，可能包含被害人或犯罪嫌疑人的重要信息。在法医实践中，要注意收集尸体周围的土壤样本，以备侦检。

19. 呼吸道脱落细胞检测 DNA

呼吸道脱落细胞，是重要的生物检材来源。呼吸是人体最基本的生命活动，伴随着呼吸运动，会有呼吸道脱落细胞排出体外，在哈欠、喷嚏或深呼吸时，飞沫中脱落细胞的数量更多。

在抢劫、杀人、强奸、盗窃等犯罪活动中，人体呼吸道的细胞排散到空气里，附着于门窗、墙壁、桌椅等物品的表面。这些细胞通过细致入微的现场勘察被采集下来，成为微量生物检材，由此完成相应的 DNA 检测，为侦查破案提供方向。

20. 精子检出法

取少量可疑斑迹用适量 0.9%NaCl 浸泡,涂于载玻片上,干燥后分别用 1% 酸性复红溶液和 1%美蓝溶液染色,1%盐酸和清水洗涤,干燥后镜检。精子头部被染成红色,尾部被染成蓝色,即为阳性。

21. 唾液斑检验

唾液斑定性检验。取少量可疑斑迹,加适量 0.01%淀粉溶液,37℃温箱 30 min,加碘-碘化钾溶液,呈淡黄色和五色时为阳性反应,呈蓝色则为阴性。

唾液斑 DNA 提取。信封和邮票用灭菌的双蒸水润湿的棉签涂抹信封封口处和邮票背面,烟蒂直接剪取外层纸,乳头拭子直接剪碎后加入 Chelex100、蛋白酶 K 溶液,56℃消化 1.5 h;煮沸 8 min,离心后 4℃冰箱内备用。

22. 精斑检验预试验——酸性磷酸酶试验

取适量碳酸钙 β-萘脂和 1-氯化重氮蒽醌溶于缓冲液制成检测试剂,取少量可疑斑迹置白瓷板凹内,滴加上述试剂,如检材确为精斑,在 30 s 内可见橘红色反应。

23. 二步法提取精子 DNA

精子细胞膜及核膜含有丰富的硫醇蛋白,对 SDS 及蛋白酶 K 有较强的抵抗作用,而 DTT 等巯基试剂可使之裂解。除毛干、指甲外,非精子细胞没有这一特性。

二步法:第一步用 SDS 及蛋白酶 K 裂解非精子细胞膜(阴道上皮细胞、白细胞等),释放非精子细胞 DNA,离心沉淀后仅留精子;第二步用 SDS、蛋白酶 K,尤其是 DTT 裂解精子,释放精子 DNA,具体如下:

(1)剪取适量检材,用适量纯水浸泡,纯水浸透检材斑迹,并有少量剩余。加入 SDS,终浓度 1%,蛋白酶 K 终浓度 100 μg/mL,37℃消化过夜。检材中含有大量上皮细胞时,可适当提高蛋白酶 K 浓度。

(2)置浸泡检材于有孔双层离心管内,13 000 r/min 离心 5 min,弃上清液及纤维,如果需要进行上皮细胞 DNA 检验则留用。沉渣用纯水反复洗涤 4～5 次,直至上清液透亮。

(3)用 Chelex100 法提取精子 DNA 时,沉渣中加入 200 μLChelex100 及终

浓度分别为 0.04 mol/LDTT 及 100 μg/mL 蛋白酶 K,56℃消化数小时,不时振荡,100℃水浴 8 min,离心取上清液备用。

用有机法提取精子 DNA 时,从沉渣中加入 200 μL 纯水及 DTT、蛋白酶 K(终浓度同上),37℃数小时,转移离心上清液于另一离心管内,先加入等体积饱和酚,混匀,13 000 r/min 离心 5 min,离心上清液再分别用等体积饱和酚/三氯甲烷(1∶1)及等体积三氯甲烷采用上述相同条件各抽提一次,水相中加入 2.5 倍体积冷无水乙醇及终浓度为 0.3 mol/LNaCl 或 0.3 mol/LpH5.2 乙酸钠溶液,有絮状物时 13 000 r/min 离心 10 min,无絮状物时,冷冻数小时后 13 000 r/min 离心 20 min,沉淀 DNA 用 70%乙醇洗涤一次,室温晾干后溶于适量 TE 或纯水中,4℃冰箱保存备用。

(4) 用有机法或 Chelex100 法提取上皮细胞 DNA。由于 Chelex100 法提取精子 DNA 较有机法为少,所以用 Chelex100 法提取精子 DNA 前应该留适量检材,以备 Chelex100 法未提取出 DNA 时再用有机法提取。

24. 已扩增 DNA 的再利用

1997 年,Budowl 等报道了反复利用已扩增 DNA 的方法。一份样品的一个 STR 位点经过 PCR 扩增后分型后,该位点剩余 PCR 扩增产物用 Microcon-100 纯化,纯化 DNA 再扩增下一个 STR 位点。这种方法可使有限的 DNA 得到更充分利用,但由于多次 PCR 扩增,所以千万要防止污染。

25. DNA 的定量

DNA 定量分析有定磷法、二苯胺法、紫外吸收法等。

(1) 定磷法:将核酸消化,测定其无机磷量,由此计算出核酸含量,反应灵敏。

(2) 二苯胺法:在酸性环境中加热,DNA 被水解为嘌呤、2-脱氧核糖、脱氧嘧啶核苷酸,其中 2-脱氧核糖在酸性条件下,脱水生成 ω-羟基-γ-酮基戊酸,后者与二苯胺试剂反应产生蓝色化合物。

蓝色化合物在 595 nm 处有最大吸收,且 DNA 在 40～400 μg/mL 时,吸光度与 DNA 浓度成正比。在反应液中加入少量乙醛,可以提高反应灵敏度。

(3) 紫外吸收法:利用紫外光分光光度计可以测量样品中的 DNA 含量,其原理是 DNA 与蛋白质分别在 260 及 280 nm 时吸收峰最高。当 $OD_{260} = 1$ 时,相当于双链 DNA、单链 DNA 或寡聚核苷酸 DNA 含量分别为 50 μg、40 μg、30 μg。

利用核酸在 260 nm 处有吸收高峰,操作简便,但受蛋白质和核苷酸的干扰和影响。DNA 和 RNA 都有吸收紫外光的性质,它们的吸收高峰在 260 nm 波长处。吸收紫外光的性质是嘌呤环和嘧啶环的共轭双键系统所具有的,所以嘌呤和嘧啶以及一切含有它们的物质,不论是核苷、核苷酸或核酸,都有吸收紫外光的特性。

蛋白质由于含有芳香氨基酸,因此也能吸收紫外光。通常蛋白质的吸收高峰在 280 nm 波长处,在 260 nm 处的吸收值为核酸的十分之一或更低,故核酸样品中蛋白质含量较低时对核酸的紫外测定影响不大。RNA 的 260 nm 与 280 nm 吸收的比值在 2.0 以上;DNA 的 260 nm 与 280 nm 吸收的比值则在 1.8 以上。当样品中蛋白质含量较高时比值即下降。DNA 的 $A_{260}/A_{280} \approx 1.9$ 表示 DNA 纯;>2.0 时可能有 RNA 污染;<1.8 时可能有蛋白污染。

计算公式:$DNA(\mu g) = (甲 A_{260} - 乙 A_{260}) \times V \times D/0.02$

式中,甲 A_{260} 为被测稀释液在 260 nm 处的 A 值,乙 A_{260} 为加沉淀剂(过氯酸-钼酸铵)除去大分子核酸后被测稀释液在 260 nm 处的 A 值;V 为被测试液总体积;D 为稀释倍数;0.02 为脱氧核糖核酸的比消光系数,即每毫升溶液内含 1 μgDNA 钠盐在波长 260 nm,通过光径为 1 cm 时的 A 值。

(4) 定量胶检测法:荧光染料溴乙啶可嵌入 DNA 分子的碱基平面之间,在紫外线的照射下发出荧光,其光强度与 DNA 含量成正比。比较同一凝胶中待测 DNA 样品与系列标准 DNA 的荧光强度,确定 DNA 含量。

(5) 人类 DNA 定量试剂盒:人类总 DNA 定量检测试剂盒,可使法医学实验室通过单次高度灵敏的实时定量 PCR 反应,同时获得人总 DNA 的定量和定性评定结果,可为选择最佳的 STR 分析化学方法(常染色体或 miniSTR)提供指导,并可在增加下游分析成功概率的前提下简化工作流程。

(6) 定量 PCR 仪:实时荧光定量 PCR 仪,由荧光定量系统和计算机组成,用来监测循环过程的荧光。与实时设备相连的计算机收集荧光数据。数据通过开发的实时分析软件以图表的形式显示。原始数据被绘制成荧光强度相对于循环数的图表。原始数据收集后可以开始分析。实时设备的软件能使收集到的数据进行正常化处理来弥补背景荧光的差异。

26. Y-DNA 的微痕检测

如何获得有核细胞,是分析鉴定 DNA 的前提。细胞捕获技术,如真空吸引、黏胶、激光,使获得有核细胞的能力不断提高,DNA 纯化浓缩技术也为 DNA

鉴定提供了支持。

极微量样本的 DNA 分析检测是指低于 100 pgDNA 的检测。一个人体细胞核 DNA 总量为 6 pg。事实上,利用荧光复合扩增已经可以得到单个口腔黏膜细胞的 STR 分型。

Y-DNA 的微痕检测,包括两方面含义:

(1) 生物检材是微量的。在犯罪实施后,罪犯往往会对现场进行清理,侦查人员勘察到的只能是蛛丝马迹。DNA 证据有时只是棚顶上一个喷溅状的小血点、移尸车辆上擦蹭的微量血痕,或是衣服上洗过的斑迹等。

(2) 有些生物物证本身就是极其微量的。如尸体的咬痕、矿泉水瓶口上遗留的口腔黏膜细胞,死者颈部缠绕的布带、绳子上黏附的罪犯的脱落细胞,现场遗留的潜血指纹、玻璃上的哈气等。

为了得到有效的生物检材,提高实验室检出率,首先必须对检材及载体种类有充分的认识,根据其生物学特性做出科学的转移和提取方案。如指纹印迹里脱落细胞含量极少,如果转移不充分,会严重影响检验效果。对于经 502 胶熏显后的物证检材,使用丙酮擦拭转移手印中的脱落细胞,DNA 的丢失可以得到有效控制。

案例 1:2012 年 5 月,开封某县代某的儿子被人绑架,歹徒将勒索信贴在受害人的家门上。在贴勒索信的胶带上提取了汗液斑送检 DNA,经基因分型和测序检验分析,发现汗液斑基因分型为一男性,受害人的姨夫张某的 STR 分型与检材一致。侦查员迅速控制了嫌疑人。据张某交代,警方在案发地附近井中将代某儿子的尸体打捞上来,该案件告破。

案例 2:2012 年 5 月,在开封某区某村路边发现 1 无名女尸,经法医检验确定为他杀,提取无名女尸的血样与失踪人员亲属进行 DNA 对比,确认无名女尸身份为徐某的母亲。在尸检过程中,提取受害人身上的生物物证送检 DNA。经 DNA 检验,在受害人乳头擦拭物上检出 1 男性基因分型。侦查员在排查中提取与受害人关系密切人员的生物检材送检,对比确认受害人情夫刘某某,经讯问,刘某某交代了作案经过,案件告破。

27. 免提取试剂

免提取试剂用于大样本的操作。遗传多态性调查样本的纸质血样同时按直径 1.2 mm 取样,采用免提取直接扩增技术进行平行试验。

使用免提取试剂进行 Y-DNA 分型时,操作过程中免去了 DNA 提取的步骤,直接使用样本中的 DNA 进行扩增和分型检测。主要针对数据库的采血卡设计,为了效率和防止污染,适当降低了检测灵敏度。

28. 采血卡

采血卡即 FTA 卡,是为在室温下对各种生物样品进行收集、运输、存档和纯化其核酸并进行 PCR、SNP、RFLP 等分析而设计的,是 20 世纪 80 年代末澳大利亚的 Flinders 大学的 Lee Burgoyne 发明的一种贮存 DNA 的方法。

FTA 卡是一种吸附力极强的纤维素性纸,含有 4 种化学物质,可以降解细胞膜,使蛋白质变性并有效地保护核酸免受核酸酶、氧化剂和紫外线损伤,使采集的样品在室温下稳定保存多年。

使用 FTA 卡只需在试纸上加一滴血,晾干。可应用的样品包括:血液、口腔细胞、组织细胞等。FTA 卡可以快速地使有机体失活,并抑制细菌和其他微生物的成长,使传染性病原体失去活性。最主要的优点是不需要定量就可以获得一致结果。

FTA 卡用简单的一步法采集捕获 DNA,捕获的核酸只需 30 min 准备便可用于下游各种应用。FTA 卡上的样品在应用前后均在室温下储存,可减少实验室低温冰箱的使用。

29. 棉签拭子与植绒拭子

棉签拭子是采集生物物证的重要器材,适用于黏膜和创面的采样,如口腔拭子、阴道拭子、乳头拭子,是常用的棉签拭子,用于提取生物检材。

植绒拭子具有接触面积大、手把长、不同规格的拭子提供不同外形拭子头等优点,其快速吸附能力和出色的释放效率对有限或微量 DNA 提供了保障,特别适合室外现场及接触类脱落细胞的提取。普通棉签是由数千米的纤维缠绕在塑料棒的顶端而成,形成了一种矩阵环境,其排列存在很多空隙,粘取的细胞陷在这些空隙中,很难被释放出来。植绒拭子利用尼龙纤维植绒填充技术,最大程度提高了 DNA 采集和洗脱效率。与传统的棉签不同,植绒拭子设计了一种类似刷子的结构——尼龙纤维垂直于基底,使整个样本采集区域无内部吸收孔,不会分散和滞留在纤维中,带来更快更高效的洗脱。此外,植绒拭子具有较强的抗菌作用,样本无须干燥即可转移于管中,可承受更潮湿的条件,从从而实现细胞的高效率转移,最大限度获取有用的物证信息。

> **案例:**2013 年 11 月,河北某市某别墅区及周边宿舍一夜间有六户被盗,被盗金额高达百万元。现场勘验时,办案人员仔细查看犯罪嫌疑人在作案过程中攀爬时最有可能触摸的部位,如天然气管、防护栏等,发现有明显的徒手接触痕迹,于是用植绒拭子(美国 AB 公司)擦拭提取。擦拭物用 M48 试剂盒(德国 QIAGEN 公司)的裂解液浸泡,磁珠法提取基因组 DNA,采用 IdentifilerPlus 试剂盒(美国 AB 公司)进行复合扩增,PCR 反应体系为 10 μL,扩增产物经 3 500XL 遗传分析仪(美国 AB 公司)电泳并分析。最终从植绒拭子提取的 DNA 中检出了犯罪分子的 STR 分型,成功进行了同一认定。
>
> 　　本案例对犯罪现场皮肤接触部位进行提取检验,有可能获得犯罪分子的 DNA 分型,但如何让确定提取范围,并根据具体情况选择提取方法,是决定该类检材是否成功检验的关键。常用的提取方法有粘取、吸附、棉签转移等方式,但经常带来 DNA 丢失、污染等风险。本案采用植绒拭子提取,在预制的断裂点让拭子轻松折断进入管中,提高了检验的成功率。

30. 引物设计

　　PCR 引物设计是 PCR 反应中最重要的部分。引物位置界定了模板 DNA 的目标区域。引物的退火特性直接影响了 PCR 的产率。为了 PCR 反应有效,一对引物必须具有目标区域的特异性,有相似的退火温度,相互之间并不反应或不形成引物二聚体,结构上也要相匹配。同样,引物结合的序列区域应为保守区域。如果模板 DNA 序列发生改变,引物就不能正确结合。

　　设定所选目标基因座的片段大小范围后,在目标重复序列两侧,用 Primer Express Software Version3.0 设计引物,对获得的单基因座引物的扩增条件先进行优化,必要时重新设计引物,直到得到特异性扩增产物(见表 5-2)。

表 5-2　PCR 引物设计指导

参数	优化
引物长度	18~30 bp
引物 Tm(熔链温度)	55℃~72℃
GC 含量	40~60%

（续表）

参数	优化
无自身互补（发卡结构）	≤3 临近碱基
无引物间互补（Dimer）	≤3 临近碱基
目的序列引物间距	<2 000 bp
唯一寡核苷酸序列	最好在 BLAST 数据库中对比*
正向和反向引物对 Tm 差异	≤5℃
连续的某一碱基	≤4 临近碱基

* BLAST 对比引物和其他可能已知序列无多重组合，多重组合会降低 PCR 反应效率

31. PCR 扩增

聚合酶链式反应（PCR），是在 DNA 聚合酶的催化作用下，在体外复制特异性的 DNA 片段的技术，扩增过程类似于 DNA 在细胞内的半保留复制。

1985 年，Kary Mullis 等发明了 PCR 技术，实现了 DNA 在体外的复制扩增。1990 年，Mullis 和 Saiki 等发明并改进的 PCR 技术被用于 DNA 分析，从而建立了以 PCR 为基础的 DNA 分型技术，核心是应用 PCR 技术扩增人类基因组 DNA 中高度多态性位点，扩增产物经过片段长度多态性分析或序列多态性分析，研究不同个体间 DNA 分子水平上的差异及其遗传规律。

STR 等位基因片段小，核心序列长度为 2～6 bp，可用于测定陈旧检材中已经降解了的 DNA。STR 基因座的 DNA 多态性可用 PCR、聚丙烯酰胺凝胶电泳（PAGE）及硝酸银染色法检测，通过待测样品扩增产物与等位基因标记物比较，可准确地判断扩增产物片段的大小。现在通行的是荧光标记毛细管电泳自动化检测分型技术。

PCR 反应体系如下：

（1）模板 DNA：采用 Chelex100 处理后，取 1 μL 加入反应体系，其他方式提取的加 1 ng。模板提供的是整套的基因组 DNA，要检测的 Y-DNA 只是其中的一小片段，即靶 DNA。靶 DNA 的位置和大小可通过引物来选择。

（2）引物：人工设计合成的与靶 DNA 片段两端侧翼序列互补的小段 DNA。其作用是寻找要扩增的靶 DNA 片段，特异性结合到靶 DNA 的侧翼，在其基础上延长 DNA 链，形成与靶 DNA 互补的片段，实现对靶 DNA 的半保留复制。引物以一定浓度加入反应体系中。

（3）三磷酸脱氧核苷酸(dNTP)：是合成 DNA 的基础材料，以一定的浓度加入反应体系之中。

（4）反应缓冲液：含有电解质，具有一定的 pH 值，提供 DNA 可复制的环境。

（5）DNA 聚合酶(Taq 酶)：具有良好的耐热性，能够在体外催化核苷酸的聚合反应，是实现 DNA 体外复制扩增的关键试剂。

将上述材料加入试管中，放入扩增仪进行 DNA 扩增(见表 5 - 3)。随着扩增仪模块的温度变化，DNA 经过"变性""退火""延伸"三个步骤的往复循环，靶 DNA 被复制。

表 5 - 3　常规 PCR 扩增成分

成分	优化浓度
Tris-HCl(pH8. 3,25℃)	10～50 mmol/L
$MgCl_2$	1. 2～2. 5 mmol/L
KCl	50 mmol/L
dNTP	200 μmol/L dATP、dTTP、dCTP、dGTP
耐热聚合酶(Taq 或 Taqgold)	0. 5～5 IU
牛血清白蛋白 BSA	100 μg/mL
引物	0. 1～1. 0 μmol/L
模板 DNA	1～10 基因组 DNA

变性：加热使反应体系的温度达到 95℃，模板 DNA 打开形成单链；Tm 值，即熔链温度，为 95℃。

退火：反应体系温度降至 56℃，引物与靶 DNA 侧翼序列互补结合。

延伸：反应体系温度上升至 72℃，在 Taq 酶的作用下引物延伸，合成一条与靶 DNA 序列互补的新 DNA 链。

每经过一次扩增循环，靶 DNA 片段就被复制一次，前一循环合成的 DNA 链在后一循环就成为模板，如此循环下去。理论上，一个 DNA 片段被复制为 2^n 个，常规试验中，循环次数一般为 25～36 次(见图 5 - 2)。

PCR 扩增 PCR 反应总体积为 25 μL，内含 DNA 模板 0.5～1. 0 ng 和 2× PCR 反应混合物(含有 $MgCl_2$、dNTPs、HS-Taq 等)12. 5 μL、10×Primer 混合物(含有荧光标记和未标记的引物等)2. 5 μL。在 9700 型热循环仪上进行复合扩增，热循环条件为：95℃10 min，94℃10 s，61℃1 min，70℃30 s，26～30 个循

环,60℃15 min。4℃保温。

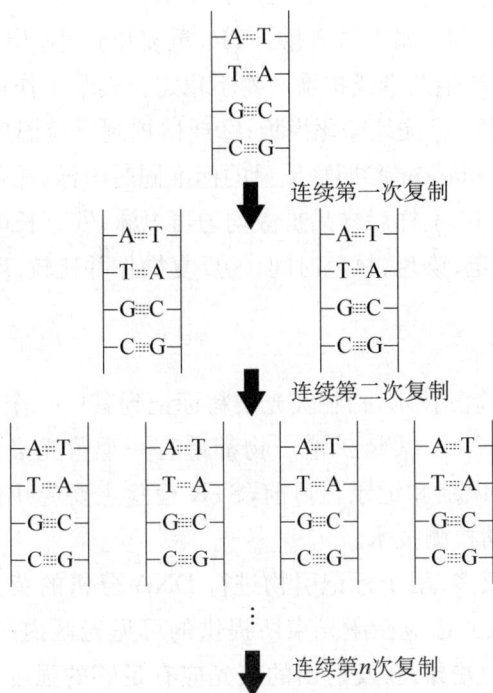

图 5-2　PCR 的基本原理

32. Stutter 带

　　STR 基因座 PCR 产物扩增,在电泳检测时易出现 Stutter 带。所谓 Stutter 带,就是在 PCR 引物延伸阶段,Taq 酶滑动导致新合成链比模板链少一个重复单位。Stutter 带主要影响 STR 结果判断,当个体某一 STR 基因座两个等位基因大小相近时,则有可能错误判断基因型。Stutter 带也影响混合样品的结果判断。因此,选择 STR 基因座时,要尽量选择没有 Stutter 带或 Stutter 带小的基因座。

　　Stutter 带产量一般在正常产量的 10% 以下,在具体检验时,取适量 PCR 产物电泳,可防止检出 Stutter 带。用测序仪检验时,调整峰值基数高于 15% 时才可分型,一般可以消除 Stutter 带的影响。应调查各个 STR 基因座 Stutter 带的发生率及峰高,有利于分析结果。同一 STR 基因座,等位基因越长越易产生 Stutter 带。重复单位为 2 bp 的 STR,在 PCR 时极易发生酶滑脱现象,导致

Stutter 带,实际办案中很少应用。YCA 重复单位为 CA 两个碱基,Stutter 带较多、较重。

DYS413,即 YCAⅢ,属二核苷酸 STR,重复单位小,相邻的等位基因间距小,扩增时易受干扰产生杂带或扩增产物不稳定。实际工作中,采取以下措施可减少或避免不利因素:①提纯净化模板;②严格控制反应温度,提高反应体系质量;③提高等位基因 marker 参照物质量的标准同时电泳;④胶液须均匀,胶面须水平;⑤上样量尽量少,上样后样品扩散均匀再电泳;⑥延长电泳时间,增加电泳距离;⑦适当调整固定、染色、显色时间;⑧反复操作并比较,取得最佳效果。

33. 荧光标记

STR 荧光标记检测技术,指将荧光染料标记到其中一个引物(一般选正链)的 5′端,使随后的每一个 PCR 扩增产物都带有一个荧光染料分子。荧光的作用,便于被扫描仪器识别和记录。目前,STR 检验主要应用多色荧光标记复合扩增毛细管电泳自动检测技术。

荧光素的种类很多,用于标记引物进行 DNA 分析的荧光必须满足以下要求:①荧光素的吸收光谱应在激光束所提供的可见光区内;②荧光基团发射光谱波长间应有足够的差异;③发射出的荧光应有足够的强度以达到检测器的灵敏度;④荧光基团的存在不应影响 PCR 延伸反应,如引物退火和 dNTP 底物掺入等反应过程;⑤DNA 片段被标记荧光基团后,不应改变在电泳中的迁移速率,或荧光基团标记后的 DNA 片段迁移速率的变化应保持一致。

这种带有荧光分子的 DNA 片段在电泳时从阴极向阳极迁移,速度按片段分子量由小到大排列。当片段通过到阳极端的激光扫描窗口时,荧光染料分子的共轭双键受到激发,发出一定波长的荧光,被扫描仪电荷耦合器(CCD)成像接收。每一个带荧光染料的 DNA 片段按各自通过激光扫描窗口的实际时间被记录下来,出现一个荧光吸收峰值。以荧光峰值来表示每一个片段,峰值高低与扩增片段数量正相关。而峰值出现的时间与片段大小正相关,片段小,出现峰值时间短。

根据同一泳道内标准分子量(简称为内标)的迁移率得到每一泳道迁移率的标准曲线,计算出待测样品的分子量大小,应用 ABI3130XL 型基因分析仪片段分析精确度可达 0.5 bp。利用片段分析软件将测定的样品片段大小与同一批加样的等位基因标准物(ladder)的片段大小对比,就能知道所检测到的 DNA 片段的等位基因名称,也就是 DNA 的分型结果。

这种复合检测体系可以同步检测多个 STR 基因座,可以根据等位基因片段所带的荧光颜色不同加以区别,即使等位基因片段长度有重叠的基因座,也可采取不同的荧光标记,区分不同基因座的等位基因。

常用的荧光染料有 6 - FAM、HEX、TAMRA、NET、ROX、CY3、CY5、LIZ、SIZ 等。

(1) 6 - FAM:6 - 羧基荧光素琥珀酰亚胺酯。

(2) HEX:5-hexachloro-fluorescein,又名 5 - 六氯荧光素氨基磷酸酯,激发光波长 535 nm,发射光波长 553 nm。

(3) TAMRA:羧基四甲基罗丹明。

(4) ROX:6 - ROX 主要是用于标记核苷酸和核酸测序。相比其他罗丹明类荧光染料,ROX 很不稳定。

(5) 分子量内标,采用第五色荧光染料 SIZ 标记。

34. 电泳

DNA 分子含有带负电荷的磷酸基团,也有带正电荷的碱基。当 pH 值大于 4 时,DNA 带负电荷。在中性或弱碱性溶液中,DNA 带负电荷,带负电荷的 DNA 分子向阳极移动,分子量越小,移动越快;反之,分子量越大,移动越慢。

35. 等位基因抑制物

等位基因抑制物是抑制 DNA 聚合酶活性的物质,干扰 PCR 扩增过程,导致检测不出分型结果,使扩增失败。究其原因,样本自身存在抑制物,如室外罪犯的体液可能遗留在土壤、沙子中或木头、树叶上,这些载体所含的物质会随着疑犯的 DNA 一起提取,抑制 PCR 扩增。室内犯罪现场提取的纺织品染料、羽毛、木纤维也含有 DNA 聚合酶的抑制剂。洗涤剂、染料和某些化学物质等,也是抑制物(见表 5 - 4)。

扩增含有大量血红蛋白的样本有时会出现大片段 STR 基因座的等位基因丢失,甚至所有基因座的扩增失败。失败的原因可能是降解过度,缺少足够完整的供扩增的 DNA 模板,也可能是抑制物的含量过高,抑制了 DNA 聚合酶的活性。绝大多数抑制物通过与 DNA 聚合酶结合,影响聚合酶的活性(见表 5 - 4)。

去除 PCR 抑制物的方法有:①稀释 DNA 模板,PCR 抑制物也会一同被稀释,这种情况下重新启动扩增。②增加 DNA 聚合酶的量,以此对抗抑制物的作用。③选择 Taq 酶以外的其他的 DNA 聚合酶。④在 PCR 反应体系中添加小牛血蛋白或甜菜碱等物质可防止或减少 PCR 抑制物的作用。⑤采用氢氧化钠处理模板 DNA 也可消除抑制物的影响。

表 5-4 部分 PCR 抑制物列表

检材的来源	PCR 抑制物
血	血红蛋白(血红素)
组织和毛发	黑色素
粪便	多聚糖、胆盐
泥土	腐殖质混合物
尿液	尿素
蓝色牛仔布	纺织品染料(粗斜纹棉布)

36. 等位基因的显示

等位基因的显示和单倍型的显示。荧光染料在激光的激发下可以产生荧光,并被荧光扫描仪自动记录。将荧光染料标记在扩增引物上,不同基因座的引物使用不同颜色的荧光染料分别标记。进行复合扩增后,每一段待检 DNA 片段上均带有某一种颜色的荧光标记物。

带有荧光标记物的 DNA 片段,通过毛细管电泳可以分离。在毛细管的一定部位,设置激光检测窗口,DNA 片段长短不同,电泳迁移的速度也不一致,小片段在前,大片段在后,每个片段经过激光检测窗口时,都会被激光扫描仪记录下来。

根据 DNA 片段经过激光检测窗口的时间不同,DNA 序列分析仪会自动分析出被检 DNA 片段的长度,通过与等位基因参照物的对比,自动分析出等位基因的基因型并自动生成基因型图谱。

37. 数据的积累、编码和管理

进行 Y-STR 家系排查时,可将获得的 Y-STR 数据在 Microsoft Excel 表中以数字的方式保存下来,以备今后对该地发生的案件进行对比工作,从而建立该地区临时性的 Y-STR 数据库。Y 库来自姓氏家系数据的积累,故而每一次的检测数据都很宝贵,意味着数据库的逐步完善和健全。

在对检验结果进行分析梳理时,应特别注意核对家谱,结合调查走访,对过继、收养、改姓或私生子等情况进行甄别,单独列出其家系遗传图谱及 Y-STR 分型,加以排除或进一步肯定。朱传红等案例报道中,提及 2006 年 3 月河南某县某村发生的 1 起强奸杀人案,通过对嫌疑人家系的溯源,发现有过继情况,进一步追查过继家系才最终破案。

通过 Y-DNA 找到相关家族后,一定要结合 ABO 基因型结果或常染色体 STR 检测来排除或认定犯罪嫌疑人。做常染色体 STR 检测时,不能只进行简单的排除或认定,而要注意寻求现场物证和送检样本中常染色体分型间是否存在亲缘关系,力争发挥 DNA 破案的最大效益。

姓氏作为家系编码的手段有不科学的成分,在 Y 库中需要对姓氏资料重新进行归类管理。对不同的家系要有科学的编码,不仅囊括更多的姓氏家系,而且要彼此间没有重复和冲突。

38. 数据的对比分析

数据的对比分析是 Y-DNA 姓氏检测最重要的环节,搜索软件是 Y-STR 数据库的核心。将待测数据输入数据库中,利用软件,可以迅速完成查询比较。

对比的结果一般有 3 种:

(1)直接比中:待测样本与数据库中的信息完全匹配,可直接根据数据库中的已知信息得知待测样本的家族姓氏,以及相关的历史文化信息。

(2)对比不出:由于数据库内容少,没将所查家系收入在列。需要进一步将数据库完善健全。

(3)对比结果较多,无从选择:出现对比结果较多的原因主要有:①选择的 Y-STR 位点少,尤其是高突变的位点选择少,近亲间有差异没显示出来;②出于姓氏家系分布的复杂性,需要与常规方法结合排除或确认。

一般在大规模排查中,一板 96 个样品中总有未能分析通过的样品,可使用 sort 键归总,并浏览原始数据窗口,判断未通过的原因并进行修正,必要时重新上样检测。

应用软件自动数据对比功能,可大大节省空间,避免了手工对比的误差,提高了效率。对于仅有一两个基因座不符合的嫌疑样本要格外引起注意,不要简单盲目地排除,因为可能会有突变的因素在内,以免影响结论的准确性,这种情况下需要加做基因座来解决。

Goedbloed 通过 Y-filer 试剂盒对已确定父子关系的样本进行突变率研究,发现这些突变样本中 98.8% 的样本都相差一个核心重复单位,只有 1.2% 的样本发生多个核心重复单位的改变,并且在 DYS438 这个位点,多重复改变出现的频率比单重复改变的频率要高。

Kurihara 等人通过对不同地区的父子对进行研究,发现 Y-STR 基因座的平均突变率接近 0.2%。Kayser 报道,在 4 999 例已通过 DNA 分析证实亲子关系的父子中,发现父子间 1 个 Y-STR 基因座分型突变率在 0.28%,有 2 对父子存在 2 个 Y-STR 基因座的变异。因此,对于数据的分析,应充分考虑变异情况,当有 3 个或 3 个以上 Y-STR 基因座分型差异时,才能排除父系遗传关系。

39. 常用的商品化 Y 试剂盒

根据在线 Y-STR 数据库(YHRD、Ysearch 和 Ybase 等)查询,目前常用的 Y-STR 基因座超过 500 个。国内外用于生物检材个体识别检验、亲子鉴定和构建 DNA 数据库的商品化 STR 复合试剂盒主要有:Identifiler^{TM}、SINOfiler(美国 ABI 公司)、Powerplex^{TM}16(美国 Promega 公司)、DNATyper^{TM}15Plus(公安部物证鉴定中心)、Goldeneye16A(北京基点认知技术有限公司)、AGCU(无锡中德美联生物技术有限公司)、Y-Plex^{TM}(Relia Gene Technologies)。其中 Y 试剂盒有以下几款:Y-filer(Y-filerPlus)ABI、 PowerPlexY23Promega、Goldeneye20Y、AGCUY24。

AmpFISTRY-filerPCR 扩增试剂盒是一种能在单个 PCR 反应中复合扩增 Y 染色体上的 17 个 STR 基因座的 STR 分析试剂盒。该试剂盒包含了被定义为欧洲小单倍型的核心基因座,以及由 DNA 分析方法科学工作组(SWGDAM)所推荐的基因座和另外 6 个高度多态性基因座,提高了 Y-filer 试剂盒单倍型分析的识别能力。

其特点有:①单管同时扩增 17 个 Y 染色体 STR 基因座;②试验流程简单,1 个反应管,1 次进样,1 个泳道分析;③五色荧光技术,有效提高单个泳道分辨的片段数;④最大扩增产物小于 350 bp,扩增容易,峰高均一;⑤不和女性 DNA 反应,适用于混合斑等检材的检验;⑥灵敏度高,在混合样品中含有多量的女性 DNA 也可测到男性基因型,在男性家系排查和亲缘关系分析中有独特的作用。

40. 常用的 Y-DNA 检测设备

美国 ABI310、ABI3100 及 FMBIO 系统是实验室常用的设备,也有日本和国产的设备。

美国 integenx 公司的 RapidHIT200DNA 快速检测仪(见图 5-3),其性能及优点为:①适用于唾液、血液、血斑、唾液斑等现场提取的样品;②全自动高速实现传统实验室的 DNA 提取、PCR 扩增、毛细管电泳、荧光检测、软件分析、结果输出等，无须人工干预；③样品数量为 1~7 个；④分析时间为 90 min；⑤STR 基因座为 16 个。

图 5-3　美国 RapidHIT200DNA 快速检测仪

日本的 NEC 便携式 DNA 快速检测仪 P-DNAAnalyzer 由一块芯片、一个试剂包和一台分析仪装置组成，整合了 DNA 分析过程的 4 个步骤：DNA 提取、聚合酶链式反应、电泳和 STR 分析，设计为 25 min 左右可提供结果。在现场试验过程中，系统被用于分析黏液和血液，包括液态、固态和斑点。共分析了 34 个样本，每个不到 1 h。此外，分析还包含了塑料瓶口的唾液样本和 2 名个体的混合口腔样本。

中国公安部第一研究所和物证鉴定中心 GA118-16A 遗传分析仪，是基于激光诱导-荧光检测 STR 复合扩增技术，针对 DNA 鉴定应用进行了专门设计，可进行基于 STR 复合扩增技术的各种 DNA 检测分析应用（见图 5-4）。

图 5-4　公安部第一研究所和物证鉴定中心 GA118-16A 遗传分析仪

其性能及优点为：①检测方式为激光诱导荧光，CCD（电荷耦合器）自动收集；②DNA 分离方式为毛细管电泳，通道数为 $N=16$ 个；③分辨力为五色荧光实时检测，分辨力不大于 1 bp；④进样方式为自动进样，定位精度 $\Delta P<0.3$ mm；⑤最大检测通量为片段长度＜500 bp 时，En16（个样品/小时）；⑥DNA 图谱数据实时采集、分析和显示；⑦空间校正、光谱校正功能及校正效果的自动评价；⑧DNA 数据文件自动生成；⑨样品运行自动规划；⑩仪器平台自动监测，关键部件可手动控制。

41. 等位基因的编码与进位制转换

某一个体的某个基因座有一对等位基因 ab，这个位置其他人可以是 cd、ad、bc 或 ac。对于 Y 染色体而言，则是单倍体 abcd，从群体的角度看，这个基因座在人群中发现了 4 个等位基因 abcd。这种现象为遗传多态性，等位基因越多，多态性越高，遗传资源也越丰富。

等位基因没有好坏之分，但在进化上有时间的早晚，有先后之别，而且每个位点的多态性不一致。从数学角度看，同一等位基因不同多态性的数量代表了不同的进位制。如，群体中有 4 个等位基因，就是四进制，按照等位基因分子进化的先后次序，由前到后顺序标定为 0、1、2、3，如果有 15 个等位基因，就标定为 0~14。如此等等。

在实际的编码中，分子进化的先后顺序不容易查实，一般按照重复序列的多寡，从少到多，排定编码次序。因此，一组 Y-STR 检测数据，按照顺序排列，就构成了一个不定进制的数码。这个不定进制的数字可以等值无损转换为十进制数字，也就是这一家系的生物检材在这一个复合扩增系统中的数字编码。

不妨设系统中有 X 种状态，那么，某一数字顺序 $A_n\cdots A_2A_1A_0$ 的十进制数值 Y 为：

$$Y=\sum_{i=0}^{n}A_iX^i$$

42. 麻将牌编码——家系编码的一种显示形式

姓氏是家系的文字代码，由于历史原因，这种编码体系虽然有一定的科学性，但并不彻底，所以实用性打了折扣。这是因为：①大的家系内部有很多分支，有不同的源流和历史文化背景，单从姓氏区分不了不同的 Y-DNA 家系；

②由于入赘、收养等原因产生改姓，不同姓氏间的 Y-DNA 有交叉。也就是说，不同姓氏的男性可以有相同或相近的 Y 染色体遗传。

为了改变这一状况，在遗传学上对家系重新编码尤其重要。一般而言，多于 10 个的 Y-STR 基因座的组合会编码产生 1 个大于 100 万的十进制数据。将不同家系数据按照大小排列，中国约 100 万个 Y-DNA 家系会形成一个序列号码，产生相应的编号。这个体系恰好可以用民间喜闻乐见的麻将牌的形式来表现。也就是说，1 副麻将牌，任意取 4 张牌，每一种排列组合都对应着中国的某一个姓氏家系。

常用的麻将牌包括有"条""饼""万""中""发""白"和"东""南""西""北"，计 34 种花色，每种花色 4 张牌，共计 136 张。当使用 1 张牌时，可以编码 34 个家系；使用 2 张牌时，可以编码 $34 \times 34 = 1\,156$ 个家系；使用 3 张牌时，可以编码 $34 \times 34 \times 34 = 39\,304$ 个家系；使用 4 张牌时，可以编码 $34 \times 34 \times 34 \times 34 = 1\,336\,336$ 个家系。可见，任意选择 4 张麻将牌，不同的排列组合涵盖了中国几乎所有的 Y-DNA 姓氏家系，因而可以用"麻将牌"方法对中国的 Y-DNA 家系进行编码。

中国家系数量虽多，但在某时某地与某人有具体联系的家系是有限的，将 8 位数的十进制编码等值无损压缩，转换为三十四进制的麻将牌编码，使数值的长度大为缩短。

村镇是基层单位，家系的数量最少，市地、省区进一步增多，直至全国。乡镇家系的编号 1～2 张麻将牌即可完成，市地需要 2～3 张，省区需要 3～4 张，全国需要 4 张。覆盖中国全部男性人群家系的 34 进制编码只需 4 张麻将牌。也就是说，34 种 136 张麻将牌任意取出 4 张，就可以涵盖中国姓氏家系的全部数据，因此显示了很高的信息压缩效率。简单的表象背后是大量的数值计算，但大量的计算留给了计算机，提高了工作效率。

一个家系的 Y-STR 复合检测在对每个 Y-STR 编码后形成数据，在村镇、市地、省区和全国等不同的地域范围内，这个数据可以按照一定的规律进行有损压缩，成为不同区域内的家系编号。将实测得到的家系数据通过进位制转换和有损压缩，并以麻将牌表现出来，有很强的保密性，且为群众喜闻乐见，便于记忆，也便于查找和对比。

43. 寻找 0 号家系

0 号家系，即按照进化顺序进行编码群体的等位基因时，所选取的若干个 Y-

STR 等位基因每个数位上的编号都是 0 的家系。从生物进化学而言,就是检测到的每个 Y-STR 基因座在群体中都是最早起源的等位基因。0 号家系在进化学最为保守,与远古祖先的血统最为接近,对于研究中华民族的起源和流变有重要意义。

0 号家系要求每个 Y-STR 的编号都是 0,这是一个理想的状态,在现实中也许早已不存在。在实测情况下,0 号家系应该是所有 Y-STR 数位中 0 的总数最多的家系,这个家系与理想状态下的 0 号家系最为接近。

在进位制编码的时候,按照等位基因出现的先后顺序编排,重复次数最低的起源最早的编码为 0。0 号家系每个基因座的编码都是 0,进行进位制转换的时候也是 0。重复次数由少到多的积累过程,插入突变占 90%。也有从多到少的缺失突变,占 10%。所以,经验而言,重复次数越少,进化上越趋于保守,家系的产生年代越久远。

但这一做法往往并不准确,需要科学的方法进行修正。如何得知等位基因出现的时间先后,确定 0 或 1,是专门的研究领域。最好的办法应是与墓葬出土的古代人骨中的 DNA 进行分析比较。

44. 古代人骨 Y-DNA 分子进化标准体系

对祖先序列的认知,人们通常将人类与大猩猩相同的遗传标记的序列进行比较,从而得知人类 Y-SNPs 的古老遗传标记。以大猩猩为比较参数,确定 Y-DNA 的分子进化次序。

但是,这个标准有很大的缺陷。大猩猩不代表人类祖先的 Y-DNA 的真实状况。大猩猩与人类在 1 000 万年前分化,二者是平行进化的,大猩猩的 Y-DNA 不是一成不变,而是与人类一样不断积累突变、不断进化。因此,大猩猩的 STR 不一定比某些姓氏人群或者人的 STR 早。

参照大猩猩的 Y-DNA 考察分子进化的次序,不能准确反映分子进化的本来面貌。从宏观来看,人类是比大猩猩进化等级高的生物,但从分子水平来看,则是另一回事,物种进化与分子进化不能混为一谈。

从物种上考察,大猩猩与黑猩猩相比,与人类的亲缘关系要远一些。类人动物中,黑猩猩与人类关系最近,两个物种大约在前 700 万～前 400 万年分化。生物学的"类人"包括了黑猩猩属、大猩猩属、红猩猩属和真人属。

要想准确知道 Y-DNA 分子的进化次序,需要建立以古代人骨 Y-DNA 分子进化的标准体系。古代遗骨经过长年的地下埋藏,很大一部分仍然保存着丰富的 Y-DNA 信息。中国古代有事死如生的观念，注重土葬，历代都有大量的墓葬存世，很大一部分有明确的纪年，对遗骨的年代可有准确的认知。即便一部分年代不明，也可以通过 ^{14}C 测年，得知遗骨的大致年代。墓志会记载姓氏信息、籍贯、父母子孙等状况，方便了 Y-DNA 的研究考察。

远古时代，中国大陆上生活着具有不同历史和文化背景的人群，通过古代遗址中保存的古代居民遗骨，可研究他们的遗传结构，解释他们的族属关系。从出土情况来看，中国从旧石器时代一直到近代，都有遗骨的出土，据此可构建一个完整的中国人的 Y-DNA 进化体系，明确 Y-DNA 上有关基因座的进化顺序。古代人骨 Y-DNA 分子进化的标准体系对出土人骨进行科学利用，产生相应的价值，反过来也将推进对古人遗骨资源的保护。

45. Y-DNA 检测的注意事项

（1）尽量使用女性实验人员。

Y 染色体检测的应用范围很广，除了用于刑侦，还可用于亲子鉴定、人类起源和进化研究等；也可以为认亲、移民、户籍和计划生育管理等提供科学依据。Y-DNA 有种属特异性，对马、狗、猪、牛、羊、猫、鸡、鸭、鼠、兔、鱼和大肠杆菌样本进行检测，结果均未检出特异分型。

防止可能的 Y-DNA 污染，是采集和检测过程中需注意的。污染包括：采集或处理样本的工作人员的 DNA 污染；采集物证时，工具未清洗干净，在样本间造成污染；物证处置不当，相互没有隔离，或包装不严，造成样本间的相互污染；实验室分区管理不严格，扩增产物污染。

姓氏检测涉及了 Y 染色体。男性都有 Y 染色体，而女性没有。所以一般使用女性为实验人员，防止可能的 Y-DNA 污染，从实验室管理上来说要方便一些。对于女性实验人员，也要加强管理，与之有日常接触的男性，如父亲、丈夫、儿子等，要有备案材料，如有污染可及时发现。

（2）检材有可能被调换或伪造。

采集和取样要依法正规进行，防止偶然因素介入，故意造假，以逃避惩罚。如 1986 年英国的 1 起案例，是 DNA 分析第一次在刑事案件中应用，就涉及了检材被调换的问题。

　　案例　1986 年，两个年轻女孩，Lynda Mann 和 Dawn Ashworth，先后于 1983 年和 1986 年在遭到性攻击后被残忍杀害。两起谋杀案发生在英国 Leicester

郡 Narboro μgh 村附近地区。相似的作案手法使警方怀疑凶案是同一个人所为。一个当地人招供杀害其中一名女孩,但是将其血液与犯罪现场收集到的精液对比,却未匹配。DNA 第一次应用的结果证明了无辜者的清白。为了彻底搜查杀人凶手,警察收集了当地 3 个村庄所有成年男性的血样进行 DNA 分析,检测超过了 4 000 名男子,但无一匹配。约一年后,一名妇女在公交车上听到有人夸耀是如何用自己的血样代替朋友 Colin Pitchfork 的血样。警察随即拜访了 Pitchfork,并采集了他的血样,他的 DNA 分型与两起杀人现场的精液匹配。后来,Pitchfork 被判处终身监禁。

DNA 转移,即细胞遗传物质在不同个体及个体与物体间传递,也可能造成 DNA 分型出错。我们接触人或物,说话甚至洗衣服时,难免会发生 DNA 转移,且很难溯源。由于每个人身上脱落的细胞数量不一样,某一物体上最清晰的 DNA 图谱不见得来自最后一个接触该物体的人。如果取样时小心谨慎,可以最大限度避免样本受污染,但 DNA 转移几乎无法避免。这是面对检测结果的时候需要注意的。

另外,随着 DNA 技术的普及和反侦察意识的出现,现场出现无关人员 DNA 材料的可能性大大增加,需要加以鉴别。一些嫌疑人为了混淆视听,逃避责任,可能会将随手捡来的含有他人遗传材料的烟头、矿泉水瓶、果核等丢弃在现场。随着 Y 库的普及,这些 DNA 标本可能会很快找到来源,但这些无关人员会干扰案件的侦破,甚至造成冤假错案。

(3) 节约和有效。

Y-DNA 破案法属于生物技术,检测成本高。采集和检测的过程,要注意节约成本,提高效率,防止浪费。对于已经侦破的案件,血样和现场的标本要建库存档,以备未来之需,所以不能随意丢弃。

(4) 累积效应。

Y 染色体鉴定是成熟的技术体系,最初是亲子鉴定中在完善实验室管理的基础上产生的附加效益。姓氏检测的新功能是在数据库健全的基础上逐步完善的。样本库过小,就会频繁出现送检样品检不出结果的情况。因而需要不断扩大 Y 库中的数据积累,保证检出率。

(5) 保密原则。

Y 库是社会资源,不能简单视作某一个人或行政单位的私产。Y 染色体鉴定涉及复杂的伦理和社会问题,因而对数据库的维护使用要有监管,对检测结果要有保密意识。在家族中进行 Y-STR 检测,往往会触及族群隐私,所以检测结果应当对外保密。

（6）留样复检。

对于已经提取 Y-STR 的检材,要编号留样保存,以便复检。因为提取 Y-STR 只是取其一小部分,一般并不是全部的 DNA 信息。生物样品须同时绑定姓名、年龄、出生地、籍贯等个人信息,以备查验,每个样品都应该有档案记录。血斑或检材要干燥处理,以便长期存放。用完的血斑仍然放到库中保存,以供日后复检。

（7）结论的相对性。

姓氏检测结论要留有余地。检测的结论是相对准确的结论,要反复核对,逐步缩小范围,直到最后锁定目标,完成两两比较,形成准确的结论。姓氏检测的精度有限,尤其是对结果有疑虑的时候,要反复确证。必要时从头来过。

（8）DNA 证据的科学审查。

DNA 取证过程中,发现、提取、保存、送检各个环节要注意防止污染,取材时要密封保存,不能开放式。DNA 实验室管理要标准化、严格,防止外源污染。DNA 证据要配合传统的证据体系,如指纹、唇印、ABO 血型系统检验等。注意现场勘查,明确生物检材与案件的关系,避免把无关人员的检材当作嫌疑人的检材,以降低办错案的可能性。

（9）预试验。

预试验,是正式试验的探索阶段。在预试验过程中,会发现各种问题。发现和解决问题,是试验成功的保证。

46. Y-DNA 的全序列测定

随着 DNA 测序技术的发展,对某一家系的 Y 染色体可迅速进行全序列测定,将会揭露父系遗传的更多奥秘,每一代的突变信息也将暴露无遗。Y 染色体检验的最终目标是个体识别,采用全序列测定的办法,利用全序列对比可能实现这一目标。

第六章

常用的 Y-STR 基因座

1. DYS19

DYS19,位于 Yp11.2,曾名 Y27H39 或 DY‑27H39,DYS394 核心序列 [TAGA]n, n＝8 或 10～16, 10～19 或 9～19,等位基因片段大小 178～210 bp, 232～268 bp 或 309～351,荧光染色为红色。突变率为 0.151%。共发现有 10 个等位基因,欧洲白人基因多样性(GD)值为 0.72,突变率为 0.32%。唐双柏等 调查了 111 名广州汉族人 DYS19,共发现 5 个等位基因,频率分别为 0.018 9、 0.360、0.360、0.072、0.018,人群间有显著性差异。王新杰等调查 DYS19,发 现 10 个等位基因,包括 12、12.2、13、14、14.1、15、16、17、18、15～16,频率 分别为 0.003 0、0.000 5、0.053 5、0.233 0、0.000 5、0.425 5、0.194 0、 0.088 0、0.001 0、0.000 5,GD 值为 0.716 8(n＝2 000)。吕德坚等调查了 130 名广东汉族无关男性个体,发现 DYS19 基因座有 5 个等位基因。

其核心序列为:

CTACTGAGTTTCTGTTATAGTGTTTTTTAATATATATATAGTAT TATATATAGTGTTATATATATATAGTGTTTTAGATAGATAGATA GGTAGATAGATAGATAGATAGATAGATAGATAGATAGATAGATATA GTGACACTCTCCTTAACCCAGATGGACTCCTTGTCCTCACTACATGCCAT

参考引物序列:①5'‑CTACTGAGTTTCTGTTATAGT‑3';②5'‑ ATGGCATGTAGTGAGGACA‑3'.

PCR 反应体系(50 μL):100 ngDNA, 0.25 μmol/L 每引, 0.5UTaq 酶, 200 μmol/L 每 dNTPs, 3 mmol/L MgCl$_2$, 50 mmol/LKCl, 10 mmol/LTris‑ HCl(pH8.3).

PCR 扩增条件：94℃3 min，94℃30 s，51℃30 s，72℃30 s，30 个循环。

检测：8%PAGE，胶板长 20 cm，厚 0.4 mm，108 V，14 h，银染。

2. DYS288

DYS288 重复单位为 CA，共发现 2 个等位基因，等位基因长度分别为 119 bp 及 121 bp，欧洲白人 GD 值为 0.12。DYS288 由于等位基因数量少，Stutter 带重，生物多样性低，近年已经废止不用。

PCR 反应体系（25 μL）：适量 DNA，1UTaq 酶，0.1~0.8 μmol/L 每引，200 μmol/L 每 dNTPs，1.5 mmol/LMgCl$_2$，50 mmol/LKCl，10 mmol/LTris-HCl(pH8.3)。

PCR 扩增条件：94℃3 min，94℃15 s，58℃20 s，72℃90 s，30 个循环。

检测：变性 6%PAGE，胶槽 Buffer 均为 1×TBE。取 1 μLPCR 产物及 4 μL 上样 Buffer，与适量内标混合后上样，1 000 V，40 mA，40 W，ALF 激光荧光仪检测。

3. DYS385a/b

DYS385 是 Y 染色体上的一个多复制标记物，包括 DYS385a 和 DYS385b 两个片段。DYS385a/b 位于 Yq11.222，等位基因范围 7~28，重复单位为 GAAA，等位基因范围 7~26 或 7~25，长度为 360~412 bp、353~439 bp、243~315 bp、250~340 bp 或 369~381 bp，ROX 荧光染色为绿色。突变率为 0.226%。欧洲白人 GD 值为 0.85。王新杰等调查 DYS385a/b，发现 93 个等位基因，GD 值为 0.965 4($n = 2 000$)。

其核心序列为：

AAGAAAGTAA AAAAGAAAGA AAGAGAAAAA GAGAAAAAGA AAGAAAGAGA AGAAAGAGAA

AGAGGAAAGA GAAAGAAAGG AAGGAAGGAA GGAAGGAAGG GAAAGAAAGA AAGAAAGAAA

GAAAGAAAGA AAGAAAGAAA GAAAGAAAGA AAGAAAGAAA GAAAGAAAGA AAGAGAAAAA

GAAAGGAGGA CTATGTAATT GGAATAGATA GATTATTTTT TAAAATATTT TTATTACCTT

TACAGTTTTT TAAATGCCGC CATTTCAGAA A

Y 染色体存在回文结构区域,一些 Y-STR 基因座在染色体上存在多个复制,因此应用基因座特异性引物扩增会有多个 PCR 产物。这一情况混乱了单倍型基因座数目的计算,DYS385 属于这一情况,1 对引物扩增出来 2 个产物,有时会被误认为是单倍型上的 2 个基因座。

STR 重复单位周围的全部区域在与 Y 染色体长臂上之相隔 40 775 个碱基的地方重复了一次。因此,如果 a 段重复和 b 段重复大小一致,用单一引物扩增会形成单峰。如果 a 段重复和 b 段重复长度不同,则会形成两个峰。因为一个个体 DYS385 扩增产物为两个片段,且二者连锁,故只能计算基因型频率,每个个体两条带看成一个基因型(见图 6-1)。

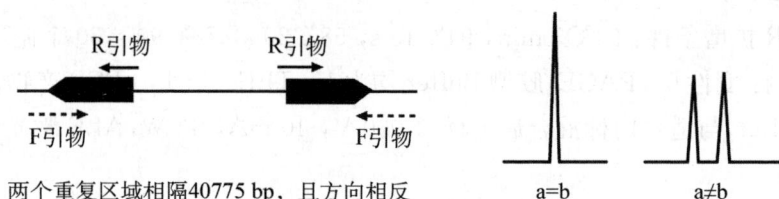

两个重复区域相隔40775 bp,且方向相反

图 6-1 DYS385a/b 的多复制遗传标记

引物:①5'- AGCATGGGTGACAGAGCTA - 3';②5'- TGGGATGCTAGGT AAAGCTG - 3';③5'- CCAATTACATAGTCCTCCTTTC - 3'。①、②、③为一组引物,①、③组引物扩增 PCR 产物较短,等位基因长度为 248~300 bp。

报道所见的另一组引物:F,ACATAGTCCTCCTTTCTT;R,GAACTGAAATGATGGCAC。

PCR 反应体系(50 μL):1 μL 每引(25pmol/L),1 μL 每 dNTPs(200 μmol/L),5 μL10×PCRBuffer(同 Taq 酶稀释用 Buffer),1.5 μLMgCl$_2$(50 mmol/L),50 ngDNA,ddH$_2$O 至 50 μL,1UTaq。

PCR 扩增条件:94℃3 min,94℃30 s,59℃降至 57℃30 s,6 个循环后 72℃1 min,再 94℃30 s,56℃30 s,72℃1 min,29 个循环 7 min。

检测:非变性 7%PAGE,银染。

4. DYS388

DYS388 等位基因范围 10~16,重复单位为 AAT,共发现 17 个等位基因,等位基因长度 126~143 bp,欧洲白人 GD 值为 0.26。突变率为 0.022%。王新杰等调查 DYS388,发现 8 个等位基因 10、11、12、13、14、15、16、18,频率分别为 0.165 0、0.002 0、0.670 0、0.138 5、0.016 5、0.006 0、0.001 5、0.001 5，GD 值为 0.504 6($n=2\,000$)。崔弘等对延边朝鲜族进行检测，DYS388 检测出 6个等位基因，其频率分别为 0.110、0.006、0.638、0.220、0.017、0.011，个人识别率为 0.532 8。

参考引物序列：① 5'- GTGAGTTAGCCGTTTAGCGA - 3'；② 5'- CAGATCGCAACCACTGCG - 3'。

PCR 反应体系（25 μL）：适量 DNA，1UTaq 酶，0.1～0.8 μmol/L 每引，200 μmol/L 每 dNTPs，1.5 mmol/LMgCl$_2$，50 mmol/LKCl，10 mmol/LTris - HCl(pH8.3)。

PCR 扩增条件：94℃3 min，94℃60 s，55℃60 s，72℃90 s，30 个循环。

检测：同 DYS288。

5. DYS389Ⅰ/Ⅱ

DYS389 位于 Yq11.21，DYS389Ⅰ 等位基因范围 7～13 或 10～15，9～17，欧洲白人中发现 7 个等位基因，长度为 239～263 bp 或 148～168 bp，143～177 bp，核心序列[TCTG][TCTA][TCTG][TCTA]，GD 值为 0.61，荧光染色为红色。DYS389Ⅱ 等位基因范围 24～34、23～31 或 26～35，欧洲白人发现9 个等位基因，长度为 353～385 bp、256～296 bp 或 258～304 bp，核心序列为[TCTG][TCTA][TCTG][TCTA]，GD 值为 0.75，荧光染色为红色。DYS389是多复制标记物，包括 DYS389Ⅰ 和 DYS389Ⅱ 两个片段。DYS389Ⅱ 是DYS389 的全长序列，所以 DYS389Ⅰ 发生突变，DYS389Ⅱ 也会出现突变。如图 6-2 所示。

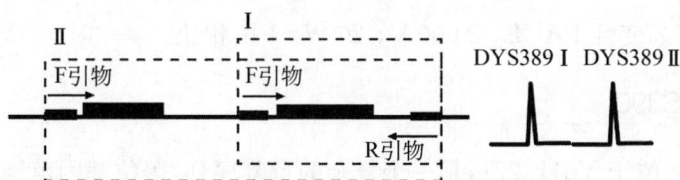

图 6-2 DYS389Ⅰ/Ⅱ 的一对等位基因

唐双柏等调查了 111 名广州汉族 DYS389 等位基因频率，DYS389Ⅰ 4 个等位基因频率分别为 0.063、0.522、0.171、0.243，DYS389Ⅱ 5 个等位基因频率分别是 0.117、0.387、0.225、0.171、0.099，比较研究等位基因数据表明，人群间有显著差异。王新杰等调查了 2 000 人,DYS389 I 发现 7 个等位基因 9、11、12、13、14、15、16,频率分别为 0.001 0、0.013 5、0.513、0.285 5、0.178 5、0.007 5、0.000 5,DYS389 I GD 值为 0.623;DYS389 II 发现 13 个等位基因 23、24、25、26、27、28、29、30、31、32、33、34、29~30,频率分别为 0.000 5、0.003 0、0.001 5、0.008 5、0.084 0、0.311 0、0.303 0、0.195 0、0.073 5、0.017 5、0.001 0、0.000 5、0.000 5,DYS389 II GD 值为 0.761 0。刘秋玲等报道 415 名广东汉族无关男性个体,用银染法复合扩增 DYS389 II、DYS389 I 的基因多样性 GD 值分别为 0.681 1、0.634 9,分别发现 7 个和 6 个等位基因。

DYS389 重复序列复杂,4 bp 重复单位[CTGT]和[CTAT]排列组合复杂,即使是同样大小的等位基因也具有不同的重复序列。用一对引物扩增 DYS389 位点,同时产生 2 个等位基因,这 2 个等位基因与 DYS385 两条带不同,相互独立,没有连锁,可独立计算等位基因频率。

DYS389 有 2 个在侧链同一边有着相似序列的重复区域。通用的正向引物会分别结合在两个紧挨着的重复区域,从而产生相差约 120 bp 两个扩增产物。需要注意的是,DYS389 I 是 DYS389 II 的一部分。因此,有时在分析时,用 DYS389 II 重复次数减去 DYS389 I 重复次数。

参考引物序列:①5'- CCAACTCTCATCTGAATTATCTAT - 3';②5'- TCTTATCTCCACCCACCAGA - 3'。

PCR 反应体系(50 μL):15 ngDNA,50 pmol/L 每引,1UTaq,200 μmol/L 每 dNTPs,1.5 mmol/LMgCl₂,10 mmol/LTris-HCl(pH8.3),ddH₂O 至 30 μL。

PCR 扩增条件:94℃3 min,94℃15 s,58℃20 s,72℃20 s,5 个循环;再 94℃15 s,55℃20 s,30 个循环。

检测:5%变性 PAGE,2 000 V,20 W,1 h,银染。

6. DYS390

DYS390 位于 Yq11.221,是一个复杂的重复序列,等位基因范围 17~28,重复单位为[TCTA][TCTG],核心序列为 $[TCTG]_n [YCTA]_m [TCTG]_p [TCTA]_q$,$n+m+p+q=18~27$,等位基因片段大小 191~227 bp。在欧洲白人中共发现 10 个等位基因,GD 值为 0.73。突变率为 0.311%。王新杰等调查 DYS390,发现 9 个等位基因 20~28,频率分别为 0.002 0、0.008 0、0.057 0、0.421 5、0.334 5、0.163 0、0.010 5、0.002 5、0.001 0,GD 值为 0.680 8($n=$

2 000)。唐双柏等调查了 111 名广州汉族 DYS390 等位基因频率,共发现 5 个等位基因,频率分别为 0.002 7、0.009 9、0.046 8、0.027 9、0.012 6,人群间有显著性差异。刘秋玲等报道 415 名广东汉族无关男性个体,用银染法复合扩增 DYS390,检出 6 个等位基因,GD 值为 0.7224。

参考引物序列:①5'- TGACAGTAAAATGAACACATTGCC - 3';②5'- TATATTTTACACATTTTTGGGCC - 3'。

PCR 反应体系(50 μL):100 ngDNA,0.25 μmol/L 每引,0.2 mol/L 每 dNTPs,3 mmol/L MgCl$_2$,50 mmol/L KCl,10 mmol/L Tris-HCl(pH8.3),0.5 IUTaq 酶。

PCR 扩增条件:94℃3 min,94℃30 s,58℃20 s,72℃20 s,5 个循环;94℃15 s,54℃20 s,72℃20 s,30 个循环。

检测:8％PAGE,胶板长 20 cm,厚 0.4 mm,108 V,14 h,银染。

7. DYS391

DYS391 位于 Yq11.21,等位基因范围 6~14,重复单位为 TCTA,核心序列 [TCTA]$_n$,n=8~13 或 6~16,等位基因片段长度 275~295 bp,279~291 bp 或 145~188 bp,在欧洲白人中共发现 6 个等位基因,GD 值为 0.49。突变率为 0.265％。王新杰等调查 DYS391,发现 6 个等位基因 6、9、10、11、12、13,频率分别为 0.012 5、0.035 0、0.774 5、0.170 0、0.007 5、0.000 5,GD 值为 0.370 0(n=2 000)。刘秋玲等检测了广东 311 名汉族无关男性的单倍型频率,DYS391 发现 5 个等位基因,GD 值 0.462 3。王冬花等对安徽地区 255 名汉族无关男性个体 11 个 Y-STR 基基因座遗传多态性进行了调查,DYS391 发现 4 个等位基因 6、9、10、11,频率分别为 0.003 9、0.023 5、0.800 0、0.172 5,GD 值为 0.331 0。

参考引物序列:①5'- CTATTCATTCAATCATACACCCA - 3';②5'- GATTCTTTGTGGTGGGTCTG - 3'。

检测方法:采用引物标记,激光荧光仪检测。

8. DYS392

DYS392 位于 Yq11.222,等位基因范围 6~17,重复单位 TAT,核心序列 [TAT]$_n$,n=4~19,等位基因片段大小 236~263 bpo 突变率为 0.052％。欧洲白人发现 8 个等位基因,GD 值为 0.52。王新杰等调查 DYS392,发现 8 个等位基因 7、10、11、12、13、14、15、16,频率分别为 0.003 0、0.009 5、0.140 0、0.158 0、0.355 5、0.283 0、0.048 0、0.003 0,GD 值为 0.746 9($n=2000$)。王冬花等调查了安徽地区 255 名汉族无关男性个体,DYS393 发现 7 个等位基因,频率分别为 0.007 8、0.109 8、0.149 0、0.341 2、0.333 3、0.054 9、0.003 9,GD 值为 0.738 0。

参考引物序列:① 5'- TCATTAATCTAGCTTTTAAAAACAA - 3';② 5'- AGACCCAGTTGATGCAATGT - 3'。

检测方法:采用引物标记,激光荧光仪检测。

9. DYS393

DYS393 位于 Yp11.2,也称为 DYS395,等位基因范围 9～17,重复单位为 AGAT,核心序列[AGAT]$_n$,$n=11\sim15$,等位基因片段大小 115～131 bp 或 108～132 bp,发现 6 个等位基因,GD 值为 0.34。突变率为 0.076%。王新杰等调查 DYS393,发现 6 个等位基因 8、11、12、13、14、15,频率分别为 0.000 5、0.008 5、0.530 0、0.403 5、0.004 0,GD 值为 0.553 6($n=2000$)。邓志辉等调查了中国南方汉族人群 204 个无关男性个体,结果 DYS393 基因座检出 5 个等位基因。王冬花等对安徽地区 255 名汉族无关男性个体 11 个 Y-STR 基因座遗传多态性进行了调查,DYS393 发现 5 个等位基因,GD 值为 0.611 2。李斌等对 189 名福建汉族无关男性进行了调查,发现 5 个等位基因,GD 值为 0.619 3。刘秋玲等报道 415 名广东汉族无关男性,DYS393 发现 5 个等位基因,GD 值为 0.664 0。

参考引物序列:① 5'- GTGGTCTTCTACTTGTGTCAATAC - 3';② 5'- AACTCAAGTCCAAAAAATGATGAGG - 3'。

PCR 反应体系(25 μL):420 μmol/L dNTPs, 3.0 mmol/L MgCl$_2$, 50 mmol/L KCl, 10 mmol/LTris-HCl(pH = 8.3), 0.01% BSA, 1.5 IU TaqDNA 聚合酶,DYS389、DYS390、GATA - A7.2 和 DYS393 引物分别为 100 nmol/L、120 nmol/L、150 nmol/L、80 nmol/L,模板 DNA20～40 ng。

检测方法:采用引物标记,激光荧光仪检测。

10. DYS413(YCAⅢ)

DYS413 即 YCAⅢ,重复顺序为 CA,基因座属引物双结合位点 STR,有两种扩增产物,自身即可形成不同的单倍型,发现于 Y-DNA 的回文区域。

YCAⅢ(DYS413)有 15 个等位基因,片段长度为 192～204 bp,GD 值为 0.87。Malaspina 报道,意大利人群该基因座有 15 个等位基因,CA 重复次数为 12～26,片段长度为 152～180 bp。王永在等调查了 180 例山西汉族无关个体 DYS413 基因座,共检出 10 个等位基因,未检出 12、13、14、15 及 26 等 5 个等位基因,且与 Scozzari 等报道的其他不同种族、民族人群在单倍型的组成和分布上有显著性差异。

1997 年,Malaspina 报道 DYS413(YCAⅢ)STR 基因座在不同个体的重复次数不同,具有个体差异性。随后 Kayser 等和 Scozzari 等对其在不同人群中的分布频率进行了调查,Kayser 等还对其突变情况进行了研究。

Kayser 等和郑秀芬等报道了 YCAⅢ有交叉扩增非 Y 特异片段的现象,王永在等在实验中也发现少量样本的扩增产品呈 4 条带。这种现象可能为 Y 染色体上有更多的引物结合位点。女性对照样本中未扩增出任何片段,提示 YCAⅢ出现多条带的时候,亲子鉴定需同时扩增母亲的 DNA 样本。

参考引物序列:①5'- CAACATTGTGAGTGAATGTGTGA - 3';②5'- TAATCAGAGAAGGAGAAACTA - 3'。所见报道的另一参考引物序列:①:5'- AATGTGTGA GCCAATTGTTTAGAA - 3';②:5'- TCAGAGAA GGA GAAACTAAACCAAA - 3'。

PCR 反应体系(25 μL):95℃预变性 2 min,94℃50 s,58℃50 s,72℃50 s,共 30 个循环,72℃延伸 10 min。4℃保存。

11. DYS426

DYS426 等位基因范围 10～12,92～98 bp,重复单位[GTT]。突变率为 0.009%。张秀华等调查了河南 113 名无血缘关系男性的 DYS426,发现 3 个等位基因 10、11、12,频率分别为 0.796 5、0.902 7、0.017 7,GD 值为 0.180 1。因为其 GD 值低,在个体识别和家系识别中很少应用。

参考引物序列:①5'- CTCAAAGTATGAAAGCATGACCA - 3';②5'- GGTGACAAGACGAGACTTTGTG - 3'。

12. DYS434

DYS434 等位基因范围 8～11,或 9～12,片段长度 110～122 bp,重复序列 TAAT[CTAT]。HY Lee 等调查韩国人,DYS434 发现 4 个等位基因,GD 值为 0.361。刘静文等对潮汕地区汉族 158 名无关男性个体进行 Y-STR 基因座的复合扩增,DYS434 基因多样性(GD)值为 0.250 6。应斌武等检测西藏藏族 101 名无关男性个体单倍型分布,DYS434 发现 4 个等位基因,GD 值为 0.565 2。

参考引物序列:① 5' - CACTCCCTGAGTGCTGGATT - 3';② 5' - GGAGATGAATGAATGGATGGA - 3'。

PCR 反应体系(25 μL):400 μmol/L dNTPs,3. 0 mmol/L MgCl₂,50 mmol/L KCl,10 mmol/L Tris-HCl(pH＝8. 3),0.01％BSA,Taq 聚合酶 1 IU,DYS439、DYS437、DYS434 引物分别为 50 nmol/L、60 nmol/L、200 nmol/L,模板 DNA20 ng。

先预变性(95℃5 min),然后经 94℃45 s,61℃45 s,72℃45 s,30 个循环;再 72℃5 min。4℃保存。

13. DYS435、DYS436

DYS435 等位基因范围 9～13,片段大小 210～228 bp,重复单位 TGGA。HY Lee 等调查韩国人,发现 4 个等位基因 10、11、12、13,频率分别为 0.003、0. 850、0.137、0.010,GD 值为 0.259。

DYS436 等位基因范围 10～15,或 9～15,大小 128～143 bp,重复单位 GTT。HY Lee 等调查韩国人,发现 4 个等位基因 11、12、13、14,频率分别为 0. 007、0.947、0.043、0.003,GD 值为 0.102。DYS435 和 DYS436 的 GD 值很低,在家系识别和个体识别中很少应用。

14. DYS437

DYS437 位于 Yq11.21,等位基因范围 16～19,或 13～17,片段大小 195～229 bp,核心重复顺序为 TCTA,核心序列[TCTA]₉～₁₂[TCTG][TCTA]₄…[TCTA]₂ TCTA。突变率为 0.099％。6 - FAM 染色。王新杰等调查 DYS437,发现 7 个等位基因 10、11、13、14、15、16、17,频率分别为 0.000 5、0.001 0、0. 008 0、0.597 0、0.366 0、0.026 5、0.001 0,GD 值为 0.509 1($n＝2 000$)。王永在等调查了 184 名蒙古族男性,DYS437 发现 4 个等位基因。李斌等对福建汉族 189 名无关男性的血样进行调查,发现 DYS437 有 4 个等位基因,GD 值为 0. 421 8。HY Lee 等对韩国人的调查发现 3 个等位基因,GD 值为 0.413。石美森等调查了 203 名辽宁满族男性个体,发现 6 个等位基因 13、14、15、16、17、18,频率分别为 0.014 8、0.699 5、0.246 3、0.024 6、0.009 9、0.004 9,GD 值为 0. 466 8。吴微微等调查了浙江汉族 203 名男性,DYS437 发现 4 个等位基因 13、

14、15、16,频率分别为 0.014 8、0.615 8、0.349 8、0.019 7,GD 值为 0.500 3。

参考引物序列:①5'- GACTATGGGCGTGAGTGCAT - 3';②5'- GAGACCCTGTCATTCACAGATGA - 3'

15. DYS438

DYS438 位于 Yq11.21,等位基因范围 8~12 或 6~14,长度 203~233 bp 或 139~168 bp,核心序列 TTTTC。突变率为 0.055%。赵丽等研究了河北汉族的遗传多态性,DYS438 检出 4 种等位基因,基因分布频率为 0.035 9~0.658 7,个体识别率为 0.512 1。王新杰等调查 DYS438,发现 6 个等位基因 8、9、10、11、12、13,频率分别为 0.002 5、0.014 0、0.714 0、0.216 5、0.043 5、0.009 5,GD 值为 0.441 4($n=2\,000$)。王永在等调查了 184 名蒙古族男性,发现 7 个等位基因。HY Lee 等调查了韩国人的分布,发现了 6 个等位基因,GD 值为 0.672。石美森等调查了 203 名辽宁满族男性个体,DYS438 发现 6 个等位基因 9、10、11、12、13、14,频率分别为 0.009 9、0.635 5、0.241 4、0.078 8、0.029 5、0.004 9,GD 值为 0.537 2。吴微微等调查了浙江汉族 203 名男性,DYS438 发现 5 个等位基因 9、10、11、12、13,频率分别为 0.004 8、0.738 9、0.216 7、0.029 6、0.532 0,GD 值为 0.408 1。

参考引物序列:①5'- CCAAAATTAGTGGGGAATAGTTG - 3';②5'- GATCACCCAGGGTCTGGAGTT - 3'。见于报道的另一参考引物序列:①5'- TGGGGAATAGTTGAACGGTAA - 3';②5'- GGAGGTTGTGGTGAGTCGA G - 3'。

16. DYS439(Y‐GATA‐A4)

DYS439,即 Y‐AGTA‐A4,位于 Yq11.21,等位基因范围 19~24,或 9~14, 11~14 或 18~24,片段长度 240~280 bp,242~254 bp 或 235~259 bp,重复单位为 AGAT,核心序列为[ATCT]$_2$…[GATA]$_2$…[ACGAT]$_3$…[AGAT]$_2$…[AGAT]$_{9\sim16}$。突变率为 0.477%。DYS439 与 SNP 单倍型 R1b1c9a 有关联,这个单倍型可以使 DYS439 呈现为空值。

赵丽等研究了 DYS439 河北汉族的遗传多态性,发现了 5 种等位基因,长度为 239~251 bp,基因分布频率 0.017 9~0.410 7,个体识别率为 0.681 1。王新杰等调查 DYS439,发现 8 个等位基因 9、10、11、12、13、14、15、16,频率分别为 0.001 5、0.063 0、0.371 5、0.392 0、0.148 5、0.020 5、0.002 5、0.000 5,

GD 值为 0.682 2($n=2\,000$)。刘艳琼在山西汉族 120 例男性中发现 4 种等位基因 10、11、12、13,基因频率分别为 0.125 0、0.383 3、0.325 0、0.166 7,GD 值为 0.704 0,个人识别率和非父排除率均为 0.704 0。HY Lee 等调查了韩国人的分布,发现了 6 个等位基因,GD 值为 0.610。李斌等调查了福建 189 名汉族无关男性,发现 5 个等位基因 10、11、12、13、14,频率分别为 0.063 5、0.322 8、0.449 7、0.153 4、0.010 6,GD 值为 0.669 4。Annabel GN 最早调查 DYS439 发现 6 个等位基因 9、10、11、12、13、14,频率分别为 0.037 7、0.037 7、0.509 5、0.358 5、0.037 7、0.018 9,GD 值为 0.614 3。石美森等调查了 203 名辽宁满族男性个体,DYS439 发现 5 个等位基因 10、11、12、13、14,频率分别为 0.039 4、0.275 9、0.517 2、0.133 0、0.034 5,GD 值为 0.652 3。吴微微等调查了浙江汉族 203 名男性,DYS438 发现 5 个等位基因 10、11、12、13、14,频率分别为 0.044 3、0.472 9、0.354 7、0.108 4、0.019 7,GD 值为 0.639 6。刘秋玲等检测了广东 311 名汉族无关男性的单倍型频率,A4 发现 7 个等位基因,GD 值为 0.697 2。

参考引物序列:①5'- TCGACTCGGTACCACTTCCTAGGTTTTC - 3';②5'- TGGCTTGGAATTCTTTTACCCATCATCT - 3'。见于报道的另一参考引物序列: ① 5'- TCGAGTTATGGTTTTAGGTCT - 3'; ② 5'- GTGGCTTGGAATTCTTTTACCC - 3'。

17. DYS443

DYS443 是复杂重复序列的 Y-STR,等位基因范围 12~17,片段长度 202~230 bp,核心序列 TTCC。唐剑频等调查四川汉族发现 7 个等位基因 11、12、13、14、15、16、17,频率分别为 0.028、0.111、0.370、0.195、0.185、0.102、0.009,GD 值为 0.774。应斌武等检测西藏藏族 101 名无关男性个体单倍型分布,DYS443 发现 4 个等位基因,GD 值是 0.721 4。

参考引物序列:①5'- TCTTTAGCTTTTTGCAGCCC - 3';②5'- TCATTGGCCACCTGCATTA - 3'。见于报道的另一参考引物序列:①5'- TCATGCTGATGACAAGCT - 3';②5'- TGACATTACGGTCCAATC - 3'。

18. DYS444

DYS444 等位基因范围 11~15,核心序列为 TAGA,片段长度 345~390 bp 或 190~202 bp,重复区序列为 [TAGG]₅TAGATACA[TAGA]₂TAAAT

[TAGA]$_m$。ROX 荧光染色为蓝色。

唐剑频等报道在四川汉族群体发现 6 个等位基因 12、13、14、15、16、17,频率分别为 0.028、0.268、0.315、0.213、0.148、0.028,GD 值为 0.767。李松花等对 205 份朝鲜族及 207 份汉族男性 DYS444 基因座进行检测,结果在朝鲜族人群检测出 5 个等位基因,频率分别为 0.058 5、0.365 9、0.341 5、0.229 3、0.004 9,个人识别能力为 0.693 5;汉族人群中检测出 6 个等位基因,频率分别为 0.091 8、0.338 2、0.372 0、0.164 3、0.024 2、0.009 7,个人识别能力为 0.711 1。

参考引物序列:① 5'- TGGCATGTTTATTTTCAT - 3';② 5'-TCACTCCAGTCATTTTCA - 3'。

19. DYS446

DYS446 等位基因范围 10~18,片段长度 130~190 bp 或 282~332 bp。核心序列为 TCTCT 或[TTTC]$_{14\sim24}$。王伯平等研究了 DYS446 的多态性,应用 PCR 扩增、变性聚丙烯酰胺凝胶电泳、银染的方法检测了 107 例汉族男性无关个体血样本、10 例女性血样本和 2 例已确认亲子关系的父子血样本。结果显示,107 例男性血样本有相应的 PCR 产物,共检测到 8 个等位基因,GD 值为 0.764 9;在 10 例女性中,无相应的 PCR 产物;2 例已确认父子关系的基因型一致。黄艳梅等调查,河南汉族人群的 GD 值为 0.818 3。

参考引物序列:① 5'- TCAGTCTTGTCCTGTCCC - 3';② 5'-CAGTGAGCTGAGCTTGTA - 3'。见于报道的另一参考引物序列:①5'-TATTTTCAGTCTTGTCCTGTC - 3';②5'- AAATGTATGGCCCAACATAGCAAAACC - 3'。

20. DYS447

DYS447 等位基因范围 22~29,片段长度 190~240 bp,核心序列 TAAWA 或[GCATT]$_{9\sim16}$。突变率为 0.264%。王新杰等调查 DYS447,发现 12 个等位基因 15、20、21、22、23、24、25、26、27、28、29、30,基因频率分别为 0.000 5、0.001 5、0.004 0、0.029 0、0.225 5、0.269 0、0.174 0、0.137 0、0.115 0、0.028 5、0.014 5、0.001 5,GD 值为 0.813 0(n=2 000)。刘静文等对潮汕地区汉族 158 名无关男性个体进行 Y-STR 基因座的检测,DYS447 基因多样性 (GD)值为 0.803 4。

刘德华等调查了 216 例昆明地区汉族人群,DYS447 可观测到 9 个等位基因 24、25、26、27、28、29、30、31、32,基因频率分别为 0.069 5、0.200 7、0.351 9、0.166 7、0.101 9、0.037、0.018 5、0.0093、0.004 6,GD 值为 0.794 8。黄艳梅等调查,河南汉族人群的 GD 值为 0.841 5。

参考引物序列:① 5'- GGTCACAGCATGGCTTGGTT - 3';② 5'- GGGCTTGCTTTGCGTTATCTCT - 3'。见于报道的另一参考引物序列:① 5'- GGGCTTGCTTGCTTTGCGTTATCT - 3';② 5'- GGTCACAGCATG-GCTTGGTT - 3'。

PCR 反应体系(20 μL):DNA 模板 10~100 ng,10×Buffer 与 MgCl$_2$,1 IUTaqDNA 聚合酶,引物 0.2 μmol/L,dNTPs200 μmol/L。扩增条件:97℃ 5 min,10 次循环;94℃1 min, 60℃1 min, 70℃1.5 min,20 次循环,90℃1 min, 60℃1 min, 70℃1.5 min, 72℃7 min。4℃保存。

21. DYS448

DYS448 位于 Yq11.223,是复杂重复序列的 Y-STR,核心序列为 AGAGAT,等位基因范围 14~23 或 20~26,长度 190~251 bp,荧光染色为红色。突变率为 0.135%。王新杰等调查 DYS448,发现 11 个等位基因 16、17、18、18.2、19、20、21、22、23、36、20~21,频率分别为 0.000 5、0.012 0、0.159 0、0.000 5、0.393 5、0.290 0、0.115 5、0.018 5、0.002 0、0.000 5、0.000 5,GD 值为 0.722 3(n=2 000)。李斌等对 189 名福建汉族无关男性进行了调查,发现 8 个等位基因 15、17、18、19、20、21、22、23,频率分别为 0.005 3、0.005 3、0.301 6、0.317 5、0.285 7、0.058 2、0.010 6、0.015 9,GD 值为 0.726 8。吴微微等调查了浙江汉族 203 名男性,DYS448 发现 6 个等位基因 17、18、19、20、21、22,频率分别为 0.019 7、0.266 0、0.339 9、0.251 2、0.098 5、0.024 6,GD 值为 0.743 6。刘德华等在 216 例昆明地区汉族人群中 DYS448 基因座观测到 6 个等位基因 16、17、18、19、20、21,频率分别为 0.083 3、0.319 4、0.472 2、0.074 1、0.046 3、0.004 6,GD 值为 0.663 5。

参考引物序列:① 5'- TGGGAGAGGCAAGGATCCAA - 3';② 5'-GTCATATTTCTGGCCGGGTCTGG - 3'。

22. DYS449

DYS449 位于 Yp11.2,等位基因范围 22~39 或 26~36,片段长度 330~

402 bp、340～400 bp 或 349～405 bp，核心序列重复模式为 TTTC 或 $[AGAA]_3 N_{16} [AGAG]_3 [AAAG]_{12\sim24} N_{81} [AAGG]_3$，6 - FAM 荧光染色为黄色。突变率为 0.838%。王新杰等调查 DYS449，发现 20 个等位基因 24、25、26、26.2、27、28、29、29.2、30、30.2、31、31.2、32、33、34、35、36、37、38、31～32，频率分别为 0.000 5、0.003 0、0.011 0、0.000 5、0.045 0、0.073 0、0.120 5、0.000 5、0.153 5、0.001 0、0.147 0、0.001 0、0.166 5、0.125 5、0.076 0、0.053 0、0.015 0、0.004 0、0.001 5、0.001 0，GD 值为 0.881 0（n＝2 000）。黄艳梅等调查，河南汉族人群中 GD 值为 0.855 9。

参考引物序列：①5'- AAAAGGCATATGTCAAAATCT - 3'；②5'- TAGGTTGGACAACAAGAGTAA - 3'。见于报道的另一参考引物序列：①5'- TGGAGTCTCTCTCAAGCCTGTTC - 3'；②5'- CCTGGAAGTG-GAGTTTGCTGT - 3'。

23. DYS456

DYS456 位于 Yp11.2，是复杂重复序列的 Y-STR，等位基因范围为 11～23 或 13～18，片段长度 80～136 bp 或 145～156 bp，核心重复模式 AGAT，荧光染色为蓝色。突变率为 0.735%。王新杰等调查 DYS456，发现 8 个等位基因 12、13、14、15、16、17、18、19，频率分别为 0.001 5、0.028 5、0.178 5、0.544 5、0.174 5、0.055 0、0.015 0、0.002 5，GD 值为 0.637 5（n＝2 000）。唐剑频等调查 DYS456 发现 8 个等位基因 11、12、13、14、15、16、17、18，频率分别为 0.009、0.009、0.241、0.464、0.176、0.046、0.046、0.009，GD 值为 0.699。应斌武等检测西藏藏族 101 名无关男性个体单倍型分布 DYS456 检测出 6 个等位基因，GD 值为 0.629 7。吴微微等调查了浙江汉族 203 名男性，DYS456 发现 6 个等位基因 17、18、19、20、21、22，频率分别为 0.019 7、0.123 2、0.566 5、0.172 4、0.113 3、0.004 9，GD 值为 0.624 0。

参考引物序列：①5'- CCCATCAACTCAGCCCAAAAC - 3'；②5'- GGACCTTGTGATAATGTAAGATA - 3'。

24. DYS458

DYS458 是复杂重复序列的 Y-STR，位于 Yp11.2，等位基因范围 10～24，或 13～20，片段长度 99～152 bp，核心重复模式 GAAA，荧光染色为绿色。突变率为 0.814%。王新杰等调查 DYS458，发现 15 个等位基因 12、13、14、14.1、

15、15. 1、16、17、18、19、19. 2、20、21、22、23，频率分别为 0. 000 5、0. 001 5、0. 024 0、0. 005、0. 109 0、0. 000 5、0. 202 0、0. 274 5、0. 234 5、0. 101 5、0. 000 5、0. 035 5、0. 010 5、0. 004 0、0. 000 5，GD 值为 0. 805 1(n＝2 000)。李斌等对 189 名福建汉族无关男性进行了调查，发现 3 个等位基因 18～20，频率分别为 0. 238 1,0. 068 8,0. 015 9，GD 值为 0. 798 4。唐剑频等调查了四川汉族人群，DYS458 发现 8 个等位基因 12、13、14、15、16、17、18、19，频率分别为 0. 056、0. 277、0. 167、0. 148、0. 204、0. 120、0. 019、0. 009，GD 值为 0. 821。吴微微等调查了浙江汉族 203 名男性，DYS456 发现 13 个等位基因 13、14、14. 1、15、15. 1、16、16. 1、17、18、19、20、21、18～19，频率分别为 0. 004 9、0. 004 9、0. 009 9、0. 206 9、0. 004 9、0. 177 3、0. 004 9、0. 236 5、0. 182 3、0. 128 1、0. 024 6、0. 009 9、0. 004 9，GD 值为 0. 823 3。张秀华等调查了河南 113 名无血缘关系的男性，DYS458 发现 8 个等位基因 13、14、15、16、17、18、19、20，频率分别为 0. 044 3、0. 062 0、0. 203 5、0. 159 3、0. 247 8、0. 194 7、0. 062 0、0. 026 6，GD 值为 0. 830 9。

25. DYS459a/b

DYS459a/b 片段长度 85～120 bp，核心序列为 TAAA，HEX 染色。王新杰等调查 DYS459a/b，发现 12 个等位基因 7～7、7～8、7～9、7～10、8～8、8～9、8～10、9～9、9～10、9～11、10～10、11～11，频率分别为 0. 003 5、0. 002 0、0. 052 0、0. 001 0、0. 128 5、0. 043 5、0. 003 0、0. 668 5、0. 060 5、0. 000 5、0. 035 5、0. 000 5，GD 值为 0. 527 3($n＝2 000$)。这是一个多复制标记，包括 DYS459a 和 DYS459b 两个片段，等位基因范围 7～10，突变率为 0. 132%。DYF385S1 复制的 Y-STR 标记物与 DYS459 近乎相同，等位基因范围 9～12。

参考引物序列：① 5'- TGGGGTAAATAATACCTG - 3'；② 5'- CACCCCACTGCAGGCCAA - 3'。

26. DYS460(Y - GATA - A7. 1)

DYS460 最初被称为 Y-GATA-A7. 1，位于 Yq11. 222，等位基因范围 7～13，片段长度 161～189 bp 或 108～140 bp，核心序列模式 ATAG，HEMRA 荧光染色为绿色。突变率为 0. 402%。

赵丽等研究了河北汉族的遗传多态性，5 种等位基因，基因分布频率 0. 012 2～0. 414 6，个体识别率 0. 667 9。陈帅锋等调查了 Y-GATA-A7. 1 基因座在北京汉族人群中的遗传多态性分布,检出 4 个等位基因,GD 值为 0.673 1。刘德华等在 216 例昆明地区汉族人群中观测到 5 个等位基因 6、7、8、9、10,基因频率分别为 0.083 3、0.319 4、0.472 2、0.074 1、0.046 3,GD=0.663 5。王新杰等调查 DYS460,发现 7 个等位基因 7、8、9、10、11、12、11~12,频率分别为 0.000 5、0.002 5、0.337 0、0.393 5、0.246 5、0.019 5、0.000 5,GD 值为 0.670 8。梁景青等通过对山西地区汉族人群 100 个体调查,DYS460 共检测到 4 种不同的等位基因 9、10、11、12,扩增产物长度分别为 169、173、177、181 bp,频率分别为 0.200 0、0.330 0、0.350 0、0.120 0,GD 值为 0.714 2。

PCR 反应体系(50 μL):50~100 ng 基因组 DNA,10×Buffer5 μL,25 μmol/L dNTPs4 μL,Taq 酶 0.5 μL(5 IU/μL),3~6 μL 模板 DNA,引物 1、2 各 3 μL(5 μmol/L),加去离子水至 50 μL。95℃预变性 3 min,94℃30 s,51℃ 50 s,70℃30 s,共 35 个循环;72℃延伸 10 min,4℃保存,每次扩增时以女性样品做阴性对照。0.5 μLPCR 产物在 8%聚丙烯酰胺凝胶上垂直电泳。

参考引物序列:①5'- TAMRA - GAGGAATCTGACACCTCTCTGACA - 3';②5'- GTCCATATCATCTATCCTCTGCCTA - 3'。见于报道的另一参考引物序列:①5'- ATCCTCTGCCTATCATTT - 3';②5'- GACAGTAGCAAGCACAA G- 3'。

27. DYS461(Y - GATA - A7.2)、DYS464

DYS461 即 Y - GATA - A7.2,等位基因范围 8~12 或 8~14,长度 174~190 bp,核心序列[TAGA]CAGA。赵丽等研究了河北汉族的遗传多态性,发现 4 种等位基因,基因分布频率 0.047 6~0.523 8,个体识别率 0.632 7。

DYS464 是一个多复制回文序列,等位基因范围 9~20,重复单元为 CCTT,突变率为 0.566%。DYS464 在典型的男性中有 4 个复制,DYS464a、DYS464b、DYS464c 和 DYS464d;也可以少于 4 个或多于 4 个,即 DYS464e、DYS464f 等,是基因多样性的范围值最大的 Y-STR。DYS464 可以提高 G 型和 c 型 SNP 的分辨率。这种类型的变化取决于一个可以在大多数 R1b 单倍型的男性发现的 SNP,这个 SNP 存在于 Y-DNA 的回文结构之中。

28. DYS481

DYS481 位于 Yp11.2,等位基因范围 16~34,长度 278~325 bp,基因座核心重复序列为[CTT]n。ROX 荧光染色呈蓝色。DYS481 已发现 29 个等位基因 16、17、18、18.1、19、20、21、21.1、22、22.1、23、23.1、24、24.1、25、25.1、26、26.1、27、27.1、28、28.1、28.2、29、30、31、32、33、34。

参考引物序列：① 5'- TAAAAGGAATGTGGCTAA - 3'；② 5'-AGGTTGCAAGACTCAAAA - 3'见于报道的另一参考引物序列：①5'-CTG-TAGAACCACACAGCCTCAGTA - 3'；②5'- ACTGCTAGTGTCTCTCCTT-GGTTT - 3'。

29. DYS485、DYS488、DYS490、DYS494

DYS485 等位基因范围 12～16，片段长度 270～282 bp 或 260～305。6-FAM 染色。

参考引物序列：①5'- ATGCCTCTAGTTCTATTCATGTTATTAC - 3'；②5'- GGCAGATCACAATGTCAAGAGAT - 3'。见于报道的另一参考引物序列：① 5'- AAAGCAGACTTCGCCACTACA - 3'；② 5'- AAAAATT-AGCTGGGCCTGGT - 3'。

DYS488 等位基因范围 13～16，片段长度 223～232 bp。

参考引物序列：① 5'- GGGGAGGGATAGCATTAGGA - 3'；② 5'-TACCCTGGTCCACTTCAACC - 3'。

DYS490 等位基因范围 12～16，片段长度 170～182 bp。

参考引物序列：① 5'- CCTGGCAGGAATTATCCAGA - 3'；② 5'-GCAGAGCTTGCACTGAGCT - 3'。

DYS494 片段长度 171～180 bp。

参考引物序列：① 5'- TTGCAACACTGTTCATTTGGA - 3'；② 5'-AACAAACCTGCATGTTCTTCAA - 3'。

30. DYS495、DYS505、DYS508

DYS495 等位基因范围 14～17，片段长度 211～220 bp 或 171～194 bp。6-FAM 染色。

参考引物序列：① 5'- CCCAGCTATTCAGGAGGTTG - 3'；② 5'-GCCAGAAAGTGTGAGTCATCC - 3'。见于报道的另一参考引物序列：①5'- AGGTTGAGGTAGGAGAATCACTTG - 3'；② 5'- AGTCATC-CAATTTTGTTCCTCACT - 3'。

DYS505 等位基因范围 10～13，片段长度 164～176 bp。

参考引物序列：①5'－ TCTGGCGAAGTAACCCAAAC － 3'；②5'－ TCGAGTCAGTTCACCAGAAGG－3'。见于报道的另一参考引物序列：①5'－ ACTGATCCAAACCTTTACTTACTTTCTA － 3'；②5'－ CTTGGGTGA-CAGAGTGAGACC－3'。

DYS508 片段长度 171～179。

参考引物序列：①5'－ ACAATGGCAATCCCAAATTC － 3'；②5'－ GAACAAATAAGGTGGGATGGAT－3'。

31. DYS510

DYS510,片段长度 298 ～ 335 bp,为复杂重复序列,核心序列 [TAGA]$_3$TACA[TAGA]TACA[TAGA]$_8$[TATC]$_n$。6－FAM 染色。马沁雅等调查了 102 名山西汉族男性,DYS510 基因座共检出 7 种不同的等位基因 14、15、16、17、18、19、20,频率分别为 0.019 4、0.048 5、0.029 1、0.320 4、0.417 5、0.145 6、0.019 4,GD 值为 0.704 7。

参考引物序列：①5'－ TTTTCCTCCCTTACCACA － 3'；②5'－ ACGT-TATACAGCAGATGA－3'。

32. DYS518、DYS520

DYS518 位于 Yq11.221,等位基因范围 32～47,片段长度 409～478 bp,核心序列 AAAG,荧光染色为红色。

DYS520 片段长度为 220 ～ 260 bp,核心序列：[GATA]$_m$[CATA]$_n$[GATA][CATA][GATA]。HEMRA 染色。

参考引物序列：①5'－ AACAGCCTGCCCAACATA － 3'；②5'－ TGCTTTCCTCAACCTCCC－3'。

PCR 反应体系(25 μL)：PCR 缓冲混合液(Tris-HCl Buffer125 mmol/L, KCl125 mmol/L, dNTPs7.5 mmol/L, MgCl$_2$2.0 mmol/L)10.0 μL,引物(浓度 0.04～1 μmol/L)5.0 μL;热启动 Taq 酶(5 IU/μL)0.8 μL;DNA 模板与 ddH$_2$O 补足至 25.0 μL。

PCR 扩增条件：95℃11 min, 94℃1 min, 59℃1 min, 72℃1 min,30 个循环;60℃60 min。

33. DYS522、DYS525

DYS522 等位基因范围 9～15,片段长度 348. 2～371. 4 bp,核心序列为 GATA,6-FAM 荧光染色。王新杰等调查 DYS522,发现 8 个等位基因 9、10、11、12、13、14、15、12～13,频率分别为 0.006 0、0.090 5、0.359 5、0.427 0、0.092 0、0.023 5、0.000 5、0.000 5,GD 值为 0.671 5(n＝2 000)。

参考引物序列:① 5'- AGGCGGGTAATAGATTTT - 3';② 5'- AGTAATGCTCCCTGAGTG-3'。

DYS525 等位基因范围 9～12,片段长度 302～314 bp。

参考引物序列:① 5'- ATTCACACCATTGCACTCCA - 3';② 5'- CCATCTGTTTATCTTCCCATCA - 3'。

34. DYS527a/b

DYS527a/b 片段长度为 350～410 bp,HEX 荧光染色。王新杰等调查 DYS527a/b,发现 76 个等位基因 15～22、17～20、17～21、18～18、18～19、18～20、18～21、18～22、18～23、18～25、18～26、18～19～20、18～19～20、18～20～21、19～19、19～20、19～21、19～22、19～23、19～24、19～25、19～26、19～28、19～20～21、19～20～22、19～21～22、20～20、20～21、20～22、20～23、20～24、20～25、20～26、20～27、20～29、20～21～22、20～21～23、20～21～24、20～22～23、20～23～24、20.2～20. 2、21～21、21～22、21～23、21～24、21～25、21～26、21～27、21～22～23、21～22～24、21～23～24、21. 1～23、21.2～23、22～22、22～23、22～24、22～25、22～26、22～27、22～23～24、22. 2～22. 2、23～23、23～24、23～25、23～26、23～27、24～24、24～25、24～26、25～25、25～26、27～27,频率分别为 0.000 5、0.001 0、0.001 0、0. 001 0、0. 001 5、0. 003 0、0. 002 5、0. 001 5、0. 003 0、0. 002 5、0. 000 5、0. 000 5、0. 000 5、0. 007 0、0. 032 0、0. 026 5、0. 009 5、0. 011 5、0. 007 5、0. 005、0. 001 0、0. 000 5、0. 005 5、0. 001 0、0. 001 0、0. 032 0、0. 036 5、0. 049 5、0. 076 0、0. 049 0、0. 019 0、0. 002 0、0. 001 0、0. 000 5、0. 002 5、0. 000 5、0. 000 5、0. 001 0、0. 004 0、0. 000 5、0. 070 0、0. 085 0、0. 097 5、0. 045 0、0. 009 5、0. 002 5、0. 001 0、0. 001 0、0. 000 5、0. 000 5、0. 001 0、0. 000 5、0. 071 5、0. 072 5、0. 030 5、0. 004 5、0. 000 5、0. 000 5、0. 000 5、0. 000 5、0. 060 5、0. 020 0、0. 006 5、0. 060 5、0. 020 0、0. 006 5、

0.000 5、0.000 5、0.010 0、0.001 5、0.001 5、0.004 0、0.001 0、0.000 5,GD 值为 0.945 7($n = 2\,000$)。

参考引物序列：① 5'- GTGGAAATTGTAGTGAGC - 3'；② 5'- ATTCTAGGAAGATTAGCCGAAAGGAA - 3'。

35. DYS531、DYS533、DYS534

DYS531 等位基因范围 11～13,片段长度 90～140 bp 或 113～121 bp,核心序列 AAAT,6 - FAM 荧光染色。李书越等在朝鲜族群体中发现 4 个等位基因。

参考引物序列：① 5'- GACCCACTGGCATTCAAATC - 3'；② 5'- TGCTCCCTTTCTTTGTAGACG - 3'。见于报道的另一参考引物序列：① 5'- TGAGACCCACTGGCATTC - 3'；② 5'- TCTTTGTAGACGAAAGGC - 3'。

DYS533 位于 Yq11.221,等位基因范围 7～15、9～12 或 10～13,片段长度 429～470 bp、202～214 bp 或 206～218 bp,核心序列 ATCT,荧光染色为黄色。

参考引物序列：① 5'- CATCTAACATCTTTGTCATCTACC - 3'；② 5'- TGATCAGTTCTTAACTCAACCA - 3'。

DYS534 等位基因范围 13～20,重复单位 CTTT。张秀华等调查了河南 113 名无血缘关系的男性,发现 6 个等位基因 14、15、16、17、18、19,频率分别为 0.053 1、0.194 7、0.309 7、0.265 5、0.106 2、0.070 8,GD 值为 0.830 9。

参考引物序列：① 5'- CATCTACCCAACATCCATCTA - 3'；② 5'- GACAAAGATGTTAGATGAATAGACA - 3'。

36. DYS540、DYS542、DYS549

DYS540 等位基因范围 10～13,片段长度 257～269 bp。

参考引物序列：① 5'- GACCGTGTACTCTGGCCAAT - 3'；② 5'- CAGGAGGCTAGCTCAGGAGA - 3'。

DYS542 等位基因范围 14～18,片段长度 236～252 bp,存在两个 ATAG 重复单元,表现为 [ATAG]$_2$ATAA[ATAG]$_n$ 的重复模式,其中 [ATAG]$_2$ATAA 为非重复区,[ATAG]$_n$ 为重复区。马沁雅等随机调查了山西地区 102 名汉族男性,DYS42 观察到 5 个等位基因 14、15、16、17、18,基因频率分别为 0.106 8、0.407 8、0.349 5、0.126 2、0.009 7,GD 值为 0.690 8(见表 6 - 1)。

表 6-1　DYS542 在山西汉族人群的多态性分布

等位基因	片段长度	频率	重复顺序
14	236	0.106 8	[ATAG]$_2$ATAA[ATAG]$_{11}$
15	240	0.407 8	[ATAG]$_2$ATAA[ATAG]$_{12}$
16	244	0.349 5	[ATAG]$_2$ATAA[ATAG]$_{13}$
17	248	0.126 2	[ATAG]$_2$ATAA[ATAG]$_{14}$
18	252	0.009 7	[ATAG]$_2$ATAA[ATAG]$_{15}$

DYS549 等位基因范围 10～14,片段长度 229～245 bp。在北京汉族群体和潮汕汉族群体的 GD 值分别为 0.63 和 0.64。

参考引物序列：①5'- AACCAAATTCAGGGAGTACTGA - 3';②5'-GTCCCCTTTTCCATTTGTGA - 3'。

37. DYS552、DYS556、DYS557

DYS552 片段长度 250～293 bp,核心序列为[TCTA]$_3$TCTG[TCTA]$_n$,6-FAM 荧光染色。

参考引物序列：① 5'- ATGTCCATAGTGCCGAGG - 3';② 5'-ATCACCAAGTGTCCCCTA - 3'。

DYS556 等位基因范围 8～12,片段长度 198～214 bp。

参考引物序列：① 5'- TGCTGTCACATCACCAATGA - 3';② 5'-TTTGGTTGCTGAAGCATTGA - 3'。

DYS557 片段长度 265～320 bp,核心序列 TTTC,HEMRA 荧光染色。

参考引物序列：① 5'- ATTGTGACATACGCATCT - 3';② 5'-CAGGGTTAAGACAGAAGT - 3'。

38. DYS570

DYS570 位于 Yp11.2,等位基因范围 11～25、14～21 或 12～23,片段长度 209～272 bp、246～274 bp、190～245 bp 或 246～286 bp,核心序列 TTTC 或 TCTCT,ROX 荧光染色为蓝色。突变率为 0.790%。王新杰等调查 DYS570,发现 11 个等位基因 14、15、16、17、18、19、20、21、22、23、18～19,频率分别为 0.012 5、0.046 5、0.160 0、0.228 5、0.227 5、0.188 5、0.105 0、0.023 5、

0.005 5、0.001 0、0.001 0,GD 值为 0.821 4(n＝2 000)。黄艳梅等调查,GD 值在河南汉族群体中为 0.809 5。

参考引物序列:①5'－ GAACTGTCTACAATGGCTCACG － 3';②5'－ TCAGCATAGTCAAGAAACCAGACA － 3'。见于报道的另一参考引物序列:①5'－ TGTCTACAATGGCTCACC － 3';②5'－ CAACCTAAGCTGAAAT-GCTTTC － 3'。

39. DYS575、DYS576

DYS575 等位基因范围 8～12,片段长度 215～231 bp。

参考引物序列:①5'－ GGTGGTGGACATCCGTAATC － 3';②5'－ AGTAATGGGATGCTGGGTCA － 3'。

DYS576 位于 Yp11.2,等位基因范围 10～25、16～19、13～21 或 15～21,片段长度 139～199 bp、182～194 bp 或 183～207 bp,重复单位[TTATA]$_{6\sim7}$ [TTATT][TTATA]$_{8\sim13}$[TTATT][TTATA]$_{5\sim9}$,HEX 荧光染色。突变率为 1.022%,属于快速突变的基因座。黄艳梅等调查河南汉族群体,GD 值为 0.794 3。

参考引物序列:①5'－ TTGGGCTGAGGAGTTCAATC － 3';②5'－ GGCAGTCTCATTTCCTGGAG － 3'。

40. DYS578、DYS587、DYS588、DYS589

DYS578 等位基因范围 7～10,片段长度 164～176 bp。

参考引物序列:①5'－ GAGGCGGAACTTTCAGTGAG － 3';②5'－ GCTTCAACAACCCTGGACAT － 3'。

DYS587 片段长度 290～340 bp,核心序列[ATACA]$_{11}$[GTACA]$_{n}$ [ATACA]$_{3}$,HEX 荧光染色。

参考引物序列:①5'－ GTAAGTAGAGTGTTTGCCA － 3';②5'－ GTTATTTCTGAGAAGGGT － 3'。

DYS588 等位基因范围 13～20,片段长度 159～194 bp 或 137～182 bp,核心序列为[TTCT]$_{13\sim19}$N$_{22}$[TTCT]$_{3}$N$_{12}$[TTCT]$_{13\sim19}$。TAMRA 染色。黄艳梅等调查河南汉族人群,GD 值为 0.472 0。

参考引物序列:①5'－ GAATGCAGAACCCTCAAGGAA － 3';②5'－ AGCCTGGGTGACAGAAACAC － 3'。

DYS589 片段长度 271~286 bp。

参考引物序列：① 5' - CATCCACATTGTTGCAAAGG - 3'；② 5' - TGACGAGTTAGTGGGTGCAG - 3'。

41. DYS593、DYS594

DYS593,片段长度 222~237 bp。测序表明,DYS593 存在两个 AAAAT 重复区,为 $[AAAAC]_2[AAAAT][AAAAC]_4[AAAAT]_n$ 的重复模式。康贵荣等调查了山西汉族 102 名无关男性,发现 4 个等位基因,n 的重复次数为 15、16、17、18,频率分别为 0.388 3、0.407 8、0.160 5、0.038 8,GD 值为 0.660 6。

参考引物序列：① 5' - AGTGAGGCTCGTCTTGAAA - 3'；② 5' - AGGCATCCTTCAGTGAGTTTA - 3'。

DYS594 等位基因范围 8~11,片段长度 251~266 bp。

参考引物序列：① 5' - GATGTGCCTAATGCCACAGA - 3'；② 5' - CCCTGGTGTTAATCGTGTCC - 3'。见于报道的另一参考引物序列：① 5' - GCCTAATGCCACAGAATGTA - 3'；② 5' - CGTTCTTACCAATAGTCGAG - 3'。

42. DYS605、DYS617

张更谦等检测 128 例山西汉族无关男性,DYS605 观察到 5 个等位基因 18、19、20、21、22,基因频率分别为 0.062 5、0.289 1、0.453 1、0.179 7、0.015 6。等位基因 20 和 19 间的电泳距离在非变性胶上非常接近,要有足够的电泳距离才能区分。测序表明,DYS605 包括 3 个串联重复区,其中一个为可变重复区。

DYS617 等位基因范围 12~17,片段长度 226~241 bp 或 357~377 bp。6 - FAM 荧光染色。

参考引物序列：① 5' - AGCATGATGCCTTCAGCTTT - 3'；② 5' - GGATTGGGGAGTGATAGCAT - 3'。见于报道的另一参考引物序列：① 5' - CAGGTTTTATGGAGGTAAGATGGT - 3'；② 5' - GGGAGTGATAGCATTAGGAGACAT - 3'。

43. DYS622

DYS622 片段长度为 212~245 bp,核心序列 $[GAAA]_6 AGAAG[GAAA]_n$。6 - FAM 荧光染色。

申君毅等通过对基因座 DYS622 在山西人群中的研究,获得其基因频率。山西汉族人群中随机抽取 120 例无关男性血样本,10 例女性血样本。DYS622 基因座,共检出 7 个等位基因,其基因多样性为 0.783 8。在法医学应用方面,其个人识别力(DP)和非父排除率(PE)均为 0.783 8。

参考引物序列:① 5'- GCCTCGGTGATAAGAGTG - 3';② 5'- TGTATGTCCCAGAAATGT - 3'。

44. DYS626、DYS627、DYS630

DYS626 等位基因范围 7～13,重复单位 AAAG。张秀华等调查了河南 113 名无血缘关系的男性,发现 7 个等位基因 7、8、9、10、11、12、13,频率分别为 0.070 8、0.123 9、0.203 5、0.247 8、0.123 9、0.168 1、0.062 0,GD 值为 0.836 8。

参考引物序列:① 5'- GCAAGACCCCATAGCAAAAG - 3';② 5'- AAGAAGAATTTTGGGACATGTTT - 3'。

DYS627 位于 Yp11.2,等位基因范围 14～27,片段长度 395～458 bp,核心序列为 AAAG,荧光染色为蓝色。王新杰等调查 DYS627,发现 21 个等位基因 14、15、16、17、17.2、18、18.2、19、19.2、20、20.2、21、22、22.3、23、24、25、26、27、19～20、20～21,频率分别为 0.000 5、0.000 5、0.003 5、0.037 5、0.000 5、0.096 5、0.001 5、0.121 0、0.002 5、0.191 0、0.000 5、0.235 0、0.168 5、0.000 5、0.092 5、0.037 5、0.007 5、0.000 5、0.001 0、0.000 5、0.000 5,GD 值为 0.844 9($n = 2\,000$)。黄艳梅等调查河南汉族人群,GD 值为 0.846 9。

DYS630 片段长度 160～210 bp,核心序列 GAAA,6 - FAM 荧光染色。王新杰等调查,GD 值为 0.844 9($n = 2\,000$)。

参考引物序列:① 5'- ACAGAGCAAGACTCCACC - 3';② 5'- ACCAAGATTGTGAGGACTTCCCAGC - 3'。

45. DYS635(Y - GATA - C4)

DYS635,也就是 Y - AGTA - C4,即人乳酸脱氢酶 C4,为 LDH 蛋白家族中一个特殊的同工酶,仅在哺乳动物成熟的睾丸和精子中表达,在精子的能量代谢中发挥重要作用,是精子运动、获能及受精等过程的一个关键酶。

DYS635 位于 Yq11.21,核心序列为 TSTA 复合物,等位基因范围 11～16、

16～28 或 17～27,片段长度 252～313 bp、235～280 bp 或 251～271 bp。HEX 荧光染色为黄色。李斌等对 189 名福建汉族无关男性进行了调查,DYS635 发现 8 个等位基因 18、19、20、21、22、23、24、25,频率分别为 0.005 3、0.148 1、0.322 8、0.328 0、0.127 0、0.052 9、0.010 6、0.005 3,GD 值为 0.751 2。王新杰等调查 DYS635,发现 8 个等位基因 18、19、20、21、22、23、24、25,频率分别为 0.002 5、0.102 0、0.262 5、0.353 0、0.177 0、0.074 5、0.026 0、0.002 5,GD 值为 0.758 9(n＝2 000)。吴微微等调查了 203 个浙江汉族男性,DYS635 发现 8 个等位基因 18、19、20、21、22、23、24、20 ～ 21,频率分别为 0.009 9、0.162 5、0.261 1、0.300 5、0.167 5、0.054 2、0.039 4、0.004 9,GD 值为 0.786 3。

参考引物序列: ① 5'- TAGCAGCAAAATTCACAG - 3'; ② 5'- TCTCACTTCAAGCACCAA - 3'。

46. DYS636、DYS638、DYS641、DYS643

DYS636 等位基因范围 9～12,片段长度 246～258 bp。

参考引物序列: ① 5'- AATCCCATTGCATTTAGCAGA - 3'; ② 5'- TGACACGTTAGTGGGTGCAG - 3'。

DYS638 等位基因范围 10～12,片段长度范围 256～264 bp。

参考引物序列: ① 5'- ACAATTTCCCTTGGGGCTAC - 3'; ② 5'- CATGGTGGTAGGCACCTGTA - 3'。

DYS641 等位基因范围 7～11,片段长度 207～222 bp。

参考引物序列: ① 5'- CTTGAGCCCAGGAAGCATAG - 3'; ② 5'- CCACAAGATGCAATTTTGTC - 3'。

DYS643 等位基因范围 8～13,片段长度 132～159。参考引物序列: ① 5'- AAGCCATGCCTGGTTAAACT - 3'; ② 5'- TGTAACCAAACACCAC-CCATT - 3'

47. DYS708

DYS708 基因座为 4 核苷酸复杂重复 STR,DYS708 发现 6 个等位基因,重复单位为[CATA][GACA],核心序列[GATA]$_m$[GACA]$_n$; $m＝9 ～ 11$, $n＝7 ～ 10$。

杨思仪等调查了山西 120 名汉族男性个体,共检出了 6 个等位基因 24、25、

26、27、28、29,频率分别为 0.125、0.142、0.267、0.208、0.150、0.108,GD 值为 0.809。

参考引物序列:① 5'- AGTGTACCGCCATGGTAGC - 3';② 5'- CTGCATTTTGGTACCCCATA - 3'。

48. DYS709

DYS709 位于 Yq.11,其重复单位为 TCT,为一简单重复的 STR 基因座,有 2 个重复区,等位基因范围 15～19、13～17 或 21～25,片段长度 194～210 bp, 重复单元为 TTCT,核心序列为[TTCT]$_m$CTCT[TTCT]$_2$[CTTTTCT]$_2$CTT [TTCT],重复区为[TTCT]$_4$CTCT[TTCT]$_2$CTT[TTCT]CCT[TTCT]$_n$。其 中,[TTCT]$_4$CTCT[TTCT]$_2$CTT[TTCT]CCT 为非多态性区域,[TTCT]$_n$ 为 多态性区域。

牛蕾蕾等调查了 DYS709 在山西汉族人的分布,发现 5 个等位基因 13、14、 15、16、17,频率为 0.183 3、0.275 0、0.216 7、0.208 3、0.133 3。朱运良等在 102 例汉族无关男性个体血样中共检出了 7 个等位基因,发现一个重复单位为 CTTT 的基因座,GD 值为 0.706 3。

参考引物序列:① 5'- GTTGCCATGGTTTCTTGCTT - 3';② 5'- CGAACCTGCAAATTGTTCAC - 3'。

49. DYS710

DYS710 位于 Yq.112,为一复合重复 STR 基因座,存在 4 个重复区,重复单 元为［GAAA］［GAGA］,核心序列为［GAAA］$_{14～18}$［GAGA］$_{6～8}$GA ［GAAA］$_{10～14}$,非重复区为 GA。有 5 个等位基因,片段长度 221～237 bp,基因 频率在 0.108 3～0.316 7,最常见的等位基因为 36,频率为 0.316 7,GD 值为 0.789 9。

朱运良等调查了 102 例汉族无关男性个体,发现 5 个等位基因 34、35、36、 37、38,基因频率为 0.166 7、0.216 7、0.316 7、0.191 7、0.108 3。

50. DYS715、DYS716

DYS715 核心序列为 TAGA,等位基因范围为 12～16。赵亚娣等在山西汉 族 144 例男性个体中观察到 5 个等位基因 12、13、14、15、16,频率为 0.083 3、 0.451 4、0.229 2、0.180 6、0.055 6,GD 值为 0.706 0。

DYS716 片段长度 213～233 bp,重复单位[CACTC][CATTC]。杨思仪等研究 DYS716 在山西汉族人群中的多态性,114 名汉族男性有 5 个等位基因 15、16、17、18、19,其等位基因频率分别是 0.026 3、0.175 4、0.526 3、0.245 6、0.026 3。

参考引物序列:① 5'- TAAATCAGAATTCCTTTCCAATCCA - 3';② 5'- TCTGGGTTTCAGAGTGGGATAATT - 3'。

PCR 反应体系(25 μL):50～100 ng 基因组 DNA,2.5 μL 10×PCR 缓冲液(含 1.5 mmol/L Mg^{2+}),200 μmol/L dNTPs,1 IU TagDNA 聚合酶(TaKaRa)、引物各 0.3 μmol/L。

PCR 扩增条件:94℃ 5 min,94℃ 45 s,56℃ 45 s,72℃ 50 s,共 30 个循环;72℃ 10 min。非变性聚丙烯酰胺凝胶电泳(PAGE),胶浓度为 8%,交联度为 3.3%。1×TH 盐酸缓冲液,恒压。

51. DYS717、DYS719

DYS717 存在 2 种可变重复顺序,TGTAC 与 TATA。在重复区有 1 个插入序列和 4 个基序重复序列区,基因座的重复顺序为[TGTAT]$_2$TA[GTAT][TGTAC]$_m$[TGTAT]$_n$,m=10～11,n=5～7。赵亚娣等在 144 例西汉族男性群体中共观察到 4 个等位基因 15、16、17、18,基因频率分别为 0.020 8、0.444 4、0.395 8、0.138 9,GD 值为 0.630 5。

DYS719 等位基因范围 11～15,核心序列为 AAT。刘艳琼在山西汉族 120 个男性个体中观察到 5 个等位基因 11、12、13、14、15,基因频率分别是 0.083 3、0.133 3、0.216 7、0.416 7、0.150 0,GD 值为 0.732 2。

52. DYS721、DYS722

DYS721 等位基因范围 9～13,片段长度 294～314 bp,核心顺序[AAGGG]$_n$[AAGCA]$_6$,n=9～13。杨思仪等研究 DYS721 在山西汉族人群中的多态性,114 名汉族男性有 5 个等位基因 9、10、11、12、13,频率为 0.052 6、0.535 1、0.219 3、0.184 2、0.009。

参考引物序列:① 5'- GGGTGATAGAGGGAGGCTTCT - 3';② 5'- CGGGCATGAGCTATTGAGTC - 3'。

DYS722 位于 Y 染色体短臂 1 区 1 带 2 亚带,DYS722 等位基因范围 19～

23,片段长度 158～274 bp,重复单元为 GAAA,核心序列为[GAAA]$_n$AAGA[GAAA]$_2$A[GAAA]$_2$GAGA[GAAA]$_2$,有 5 个等位基因 19、20、21、22、23,频率为 0.166 7、0.250 0、0.266 7、0.208 3、0.125 0,GD 值为 0.808 9。

53. DXYS156Y

DXYS156Y 重复序列为 TAAAA,欧洲白人中共发现 3 个等位基因,长度为 160～170 bp,GD 值为 0.11。如果采用下述引物,在 X 染色体上同时也扩增一段 DNA 序列,人群中包括男女至少有 5 个等位基因,长度为 125～155 bp。

参考引物序列:① 5'- GTAGTGGTCTTTTGCCTCC - 3';② 5'- CAGATACCAAGGTGAGAATC - 3'。

许丽萍等以中国 2 个汉族群体和 8 个少数民族群体的 520 名个体为研究,采用 PCR 扩增后案丙烯酰胺凝胶电泳分离的方法,分析了 Y 染色体上 DXYS156Y 和 X 染色体上 XYS156X 这两个微卫星位点的遗传多态性。结果表明,在 10 个中国人群中共观察到 10 个不同长度片段的等位基因。DXYS156Y 的基因多样性低,在个体识别和家系识别中已经很少使用。

54. DYF387S1a/b

DYF387S1 位于 Yq11.2,等位基因范围 32～44,片段长度 335～390 bp,核心序列 AAAG,荧光染色为蓝色。正常情况下,男性个体的每个 Y-STR 基因座仅有一个等位基因,而 DYF387S1 基因座的引物与 Y 染色体有两个结合位点,因此会出现两个等位基因。

55. DYF399S1a/b/c、DYF403S1a/b、DYF404S1a/b、DYF406S1

DYF399S1a/b/c 片段长度 223～268 bp,重复顺序为[GAAA]$_3$N$_{7～8}$[GAAA]$_{16～23}$,GD 值为 0.987 9。黄艳梅等调查河南汉族群体,DYF399S1 发现 14 个等位基因。

参考引物序列:① 5'- GGGTTTTCACCAGTTGCAT - 3';② 5'- TTTGGAAGAGTTAATTTCCCA - 3'。

DYF403S1a/b 分为 A、B 片段,长度分别为 310～4 386 bp、414～490 bp。A 片段的重复顺序为[TTTC]$_{10～20}$N$_{42}$[TTTC]$_3$,B 片段重复顺序为[TTCT]$_{12}$N$_2$[TTCT]X[TTCC]$_9$[TTCT]$_{14}$N$_2$[TTCT]$_3$[TTCT]$_{14～17}$N$_{2～3}$

[TTCT]$_{3\sim17}$。黄艳梅等调查河南汉族群体，DYF403S1 发现 28 个等位基因，GD 值为 0.999 0。

参考引物序列：①5'- CAAAATTCATGTGGATAATGA - 3'；②5'- ACAGAGCAGGATTCCATCTA - 3'。见于报道的另一参考引物序列：①5'- CCTGGGTGACACAGTGAGACT - 3'；②5'- TCCACCAAAATTCCATGA-CA - 3'。

DYS404S 片段长度为 171 ～ 211 bp，重复顺序为 [TTTC]$_{14\sim20}$N$_{42}$[TTTC]$_3$。6FAM 荧光染色。黄艳梅等调查河南汉族群体 DYF404S1，GD 值为 0.940 8。

参考引物序列：①5'- GGCTTAAGAAATTTCAACGCATA - 3'；②5'- CCATGATGGAACAATTGCAG - 3'。

DYF406S1a/b 片段长度 287～326 bp。

参考引物序列：①5'- ATGAGTACAAAATGTCAAAATCCAA - 3'；②5'- CTTGGCAGGTGTTAAATCCAT - 3'。见于报道的另一参考引物序列：①5'- TCTGAACCTCAATGCCATATATTTT - 3'；②5'- TGCCTTA-CATCTACTGGATCTTGA - 3'。

56. YCAⅠ和YCAⅡa/b

YCA 的重复单位均为 CA，YCAⅠ在欧洲白人中发现 3 个等位基因，长度为 124～132 bp，GD 值 0.10。YCAⅡ发现有 28 个等位基因，长度为 147～165 bp，GD 值为 0.67，突变率 0.123%，是一个多复制标识点，包括 YCAⅡa 和 YCAⅡb 两个片段。

YCA 重复单位为 2 个碱基，所以 Stutter 带较多，较重，结果判断时应慎重。2 bp 长度的 Y-STR 因为电泳时产生的 Stutter 带很重，会干扰分型，近来已被淘汰不用。Prinz 等报道，在检验 Y-STR 时用 GoldTaq 酶代替 Taq 酶，Stutter 带可以减轻或消失。

YCAⅠ参考引物序列：①5'- CCCATGCCTGTTCTCCAGATT - 3'；②5'- GAGAGTGTGACACATCAGGTA - 3'。

YCAⅡ参考引物序列：①5'- TATATTAAATAGAAGTAGTGA - 3'；②5'- TATCGATGTAATGTTATATTA - 3'。

PCR 反应体系(50 μL)：1UTaq 聚合酶，0.1～0.8 μmol/L 每引(第一个引物用荧光物质标记)，200 μmol/L 每 dNTPs，1.5 mmol/LMgCl$_2$，50 mmol/

LKCl，10 mmol/LTris-HCl(pH8.3)。

PCR 扩增条件：（YCAⅠ、YCAⅢ）94℃3 min，94℃60 s，55℃60 s，72℃ 90 s，30 个循环。（YCAⅡ）94℃3 min，94℃60 s，45℃60 s，72℃90 s，30 个循环。

1999 年，Matsumoto 等采用 PAGE－EB 染色法检测 YCAⅡ，方法如下：

PCR 反应体系(100 μL)：100 ngDNA，2.5 IUTaq 酶，10 mmol/LTris-HCl (pH8.3)，16.5 mmol/L(NH_4)$_2$SO$_3$，10 mgL/mLBSA，200 μmol/L 每 dNTPs，2 mmol/LMgCl$_2$，0.5 μmol/L 每引。

PCR 扩增条件：（YCAⅡ）94℃1 min，55℃1 min，72℃1 min，30 个循环。

检测：8％变性或非变性 PAGE，槽胶 Buffer 均为 TBE，500 V，4 h，EB 染色。上样前 PCR 产物用 Microcon－100 处理。

57. Y－AGTA－A8、Y－GATA－A10

Y－AGTA－A8 的核心序列为 TCTA，等位基因范围 8～14，片段长度 219～244 bp。

Y－AGTA－A10 等位基因范围 19～24、11～14 或 13～18，片段大小 158～178 bp、145～185 bp 或 242～254，核心序列 TAGA 或[TTTA][CATA] [TCTT][TCCA][TATC]。刘秋玲等检测了广东 311 名汉族无关男性的单倍型频率，发现 6 个等位基因，GD 值为 0.717 3。

参考引物序列：① 5'－ ACCTACCTATCCACCTGC － 3'；② 5'－ GTGGGTGGATTGATAGAT－3'。见于报道的另一参考引物序列：①5'－ CCTGCCATCTCTCTATTTATCTTGCATATA － 3'；② 5'－ ATAAATG-GAGATAGTGGGTGGATT－3'。

58. Y－GATA－H4

Y－AGTA－H4 为组蛋白基因，位于 Yq11.1，等位基因范围 8～14、8～ 18、10～13、8～13 或 19～23，片段长度 129～145 bp、362～370 bp 或 360～ 401，核心序列 TAGA 或[AGAT][ATAG][GTAG][GATA]。荧光染色为红色。突变率为 0.208％。

刘秋玲等检测了广东 311 名汉族无关男性的单倍型频率，H4 发现 5 个等位基因，GD 值为 0.601 5。李斌等对 189 名福建汉族无关男性进行了调查，发现 5 个等位基因 10、11、12、13、14，频率为 0.028 3、0.349 0、0.528 3、0.084 9、

0.009 5,GD 值为 0.531 1。吴微微等调查了 203 名浙江汉族男性,H4 发现 5 个等位基因 10、11、12、13、14,频率分别为 0.069 0、0.354 7、0.492 6、0.073 9、0.009 9,GD 值为 0.624 3。刘德华等在 216 例昆明地区汉族人群中观测到 5 个等位基因 9、10、11、12、13,频率为 0.041 7、0.259 3、0.601 9、0.078 7、0.018 5,GD 值为 0.564 8。

参考引物序列为:①5'- ATGCTGAGGAGAATTTCCAA - 3';②5'- GCTATTCATCCATCTAATCTATCCATT - 3'。

第七章

Y-DNA 破案的优势

1. 古人的身份标识

古往今来,如何表达某人个体的身份等级,一直是重要的话题。为了防止身份的混淆和误认,古人设计了很多办法,发明了很多种信物用来标志个人的身份。信物起着显示身份、验明正身的作用,印章就是其中之一,在日常生活中十分普及。

在中国,印章有官印、私印等形式。官印是官僚机构的用印,用来标识官员的身份等级。更多的是私印,标识个人的姓名、字号等。到了现代,除了印章之外,身份证、户口簿、驾驶证、护照、工作证都有证明身份的作用。

古代也有身份证,样式丰富,一般为官员或公差使用,如符牌,包括虎符、兔符、鱼符、龟符、龙符、麟符、牙牌、腰牌等,都属于等级身份证,即《新唐书·车服志》所说的"附身鱼符者,以明贵贱,应召命"。这一类身份证中,以鱼符最为典型和流行,使用时间也久。

衣服的颜色和佩带的鱼袋,是古代官员的身份证,表示官员身份等级。唐宋官衔常有鱼袋之名。唐时,三品以上服紫佩金鱼,四品以上佩金鱼。宋代官阶未及三品以上,特许改服色,换紫,配金鱼袋,称赐紫金鱼袋,官职中必须要带上衣服和鱼袋的衔。

2. 草书签名

姓名,是个人身份的标志。古人不仅有姓名,还有字号、官阶等。草书签名,是确定个人身份的手段,起源于东汉,随着造纸术的发展而产生,一般用于账务往来时通过核对笔迹确定身份。四川青城山上清宫出土一方汉代刻石,史籍中称为"五符幢",是草书签名,也是中国存世最早的草书,内容应为"张甫汉米寿"五字,甫汉,即辅汉,人名,天师张道陵(34—156 年),字辅汉。米寿,古时 88 岁生日为米寿。传世张道陵的签名,是借据上的字迹,古时称为"符契"(见图 7-1)。

图 7-1　五符幢——东汉"张甫汉米寿"草书碑拓片(四川青城山上清宫出土)

甘肃敦煌莫高窟曾发现唐朝初年的一份借贷契约,上载:"官有政法,人从私契。两和立契,画指为信。"落款有钱主、借银人、保人、知见人等的签名、画指。不仅用草书签名,而且用画指为信,通常是指"按手印"。

3. "画指为信"

画指为信,是以手印为信用凭证的方法,当时用于个体的身份识别。中国是世界上最早使用指纹技术的国家。

中国古代契约有多种习惯性法则,有"署名为信""画指为信"等。契约应用指纹签署的做法约出现在西汉初期。最早的做法是业主在竹简上"画指"。所谓"画指",是指由书契人书写契文,在契尾——开列双方当事人及见证人、保人等姓名,然后各人在自己名字下方,按照男左女右画中指、示指两节或三节长度的线段,并在指尖、指节位置画上横线,以示契约由自己签署。在吐鲁番和敦煌出土的汉至五代的契约文书中,凡落款部分尚保存完好的,"画指"签署方式最为普遍。

东汉时期中国人发明了造纸术,此后进一步发明了在借据上"画指为信"的方法,这是古代社会一项重要的契约行为,在此基础上产生了指纹识别。在现代社会,在犯罪现场发现的指纹是指认罪犯的重要证据,用处已经与民俗中的契约行为不同。指纹识别技术在新的时代拥有了更广泛的意义。

4."滴骨验亲"

滴骨法,早在三国时期就有实例记载,是指将活人的血滴在死人的骨头上,观察是否渗入,如能渗入则表示有父母、子女、兄弟等血缘关系。三国时代,吴国人谢承所著《会稽先贤传》中有"滴骨认亲"的记录,以弟弟的血滴到兄的骨骸之上,识别尸骨是否为兄所有。这一做法没有直接的科学依据,但想法是开创性的,是血型检验的先河。

第一个以子血滴父骨的滴骨验亲法见于《南史·孝义传》:"孙法宗,吴兴人也。父遇乱被害,尸骸不收,母兄并饿死。法宗年小流进,至年十六,方得还。单身勤苦,霜行草宿,营办棺椁,造立冢墓,葬送母兄,俭而有礼。以父丧不测,于部境之内,寻求枯骨,刺血以灌之,如此者十余年不获,乃缞经。终身不娶,馈遗无所受。世祖初,扬州辟为文学从事,不就。"意思说孙法宗小时候父亲被害死去,没人收骸骨,孙法宗长大后为父母修建坟墓。在境内寻找骸骨,找到后就刺血滴之,数十年不停地寻找父亲的遗骨。

这说明,在南北朝时已经存在滴骨验亲的方法。《南史·豫章王综传》也记载有"以子之血滴于父骨之上验亲"的事例。至宋代,著名法医学家宋慈将滴骨验亲法收入《洗冤集录》中。

宋代宋慈《洗冤集录》:"检滴骨亲法,谓如:某甲是父或母,有骸骨在,某乙来认亲生男或女何以验之? 试令某乙就身刺一两点血,滴骸骨上,是亲生,则血沁入骨内,否则不入。俗云'滴骨亲',盖谓此也。"

但是,因为没有相关的科学知识背景,这些做法都缺乏科学性,所以并未有取得成功的案例记载。

5."合血法"

宋代宋慈《洗冤集录》记录了"合血法"用于活体间的亲子鉴定。双方都是活人的时候,将两个人刺出的血液滴在器皿里,看是否凝为一体,如果凝为一体就被认为存在亲子或兄弟关系。

这一设想开创了血型检验的先河。由于历史的原因,这一方法缺乏科学依据,所以没有成功的案例。

6. 指纹识别

指纹识别,古已有之,古时称"画指为信",是中国古时候鉴定个体身份的方法。人类手指真皮上有许多小的突起,反映在表皮上就是一条条纹线,即乳突线,其组成的花纹即指纹。指纹在胎儿时期发育完成,没有发现不同的人有相同的指纹,也没有发现一个人十指中有完全相同的指纹。即便是同卵双胞胎,两人的指纹也是不同的。而且,指纹具有终身不变的特性。所以,指纹作为个人识别的证据,有举足轻重的作用。

以 2016 年 8 月 26 日侦破的甘肃白银系列奸杀案为例,警方曾先后采集对比了 23 万枚指纹。警方先提取拘留人员的指纹对比,没有比中,又逐渐扩大到白银户籍的全体男性,后来又扩大到兰州、榆中等地。然而,警方提取指纹的范围是按照户籍进行的,而且,公安系统指纹库局限于违法犯罪人员的指纹,指纹录入并不全面。高某勇不是白银本地人,也从未参加过指纹录取,指纹库里没有其指纹。所以,传统的指纹识别未能奏效。指纹识别技术侦查有所局限。而且,随着犯罪形式的变化,犯罪分子的反侦查意识越来越强,在实施犯罪的过程中戴手套,就会给指纹的提取造成困难。

7. 户籍走访排查

按照户籍进行走访排查,是在发案局部地区的穷举排查,是传统的方法。穷举法,是一种数学方法,与案件可能有关的所有人员、所有地方都要查到。

以 2016 年 8 月 26 日侦破的甘肃白银系列奸杀案为例,警方判断罪犯大多选择白天进入居民区,敲开独身在家的女性房门作案,同时周围邻居并无听到搏斗呼喊,最初把重点怀疑人群列为电力局电工、邮递员、送奶工之类职业,或认为罪犯可能伪装成警察骗开房门。根据这个方向,警方开始对户籍人口进行走访排查,然而这个方法并没有取得任何进展。警方随后又将方向转移到游离于当地的人群,例如当地驻军,因封闭管理的原因可能被忽略漏查。

后来,包头市也发生了类似案件,警方的侦察思路也随之转变,他们认为此人可能在一段时间曾转到包头打工、上学或当兵,后来又返回白银市,并经常往来于两地之间。虽然事实证明这些分析的大致方向是对的,但凶手并不是白银本地人,而是附近兰州市榆中县青城镇城河村人,而此处与白银市区的直线距离仅仅 20 千米。

因为行政区划的分割,使警方未能详尽调查来自清河镇的流动人口,而侦察大方向与罪犯本人表现特征不符。罪犯轻松游离在白银市、青城镇、包头之间，作为流动人口躲过了当地警方的追查。

户籍走访排查对于一定区域内的人员摸排调查是很有效的。由于案件集中发生在白银，故警方将视野局限在白银地区。当邻近的内蒙古传来类似案件时，警方才意识到并不是简单的本地人作案，于是警方将侦察方向转向流动人口，然而 20 世纪中国行政区划较为严格，跨区域走访排查实行起来显然有些困难。

此外，户籍制度存在很大缺陷，户籍信息录入不完善，有时甚至还会有未上户口的人。人力有时而尽，疏漏在所难免。倘若高某勇是一个信息录入不完善或压根未上户口的人，那么以户籍走访排查的方式破案，无论如何都是破不了案的。

8. 疑犯模拟画像

模拟画像是一种公安刑侦手段，通过目击者口述，工作人员通过画笔、模拟画像专用软件等来描绘犯罪嫌疑人的面部肖像。如果这张肖像达到与犯罪嫌疑人 50% 以上的相似度，即可用来摸排、张贴，作为一个有用的线索使用。模拟画像适用于有目击者但没有犯罪嫌疑人案底照片的案件，例如抢劫、强奸、勒索、诈骗等。

通过模拟画像追查案犯是一种源远流长的刑侦技术手段，古代社会经常采用，最早可以追溯到春秋时期。传说中楚平王杀伍奢全家，次子伍子胥逃脱，楚平王命人将伍子胥的画像张贴于城门缉拿，这便有了"伍子胥过昭关，一夜白头"的历史故事。

到了现代社会，以传统的绘像方法排查案犯，帮助警方破获了不少案件。但缺少直接目击证人，这是导致"画影图形"无法发挥作用最大的限制因素。口述者在描述嫌疑人样貌时难免会加入自己的主观臆想，绘画者同样在绘像时不可避免地会发挥自己的主观想象，如此画出的嫌疑人画像一定会与嫌疑人真实相貌有所偏差。

以 2016 年 8 月 26 日侦破的甘肃白银系列奸杀案为例，通过作案手法、心理等方面的分析，警方曾将嫌疑人群设定为高学历的青年男子，侦察方向是：杀人狂魔阴险狡诈、面目狰狞、严重的性心理问题和暴力倾向、明显的反社会人格、单身鳏居、可能有残疾或身体缺陷。然而事实证明这个方向一开始就是错误的，模拟画像显然不适用于这起案件(见图 7 - 2)。

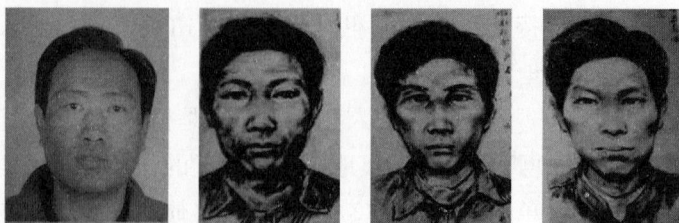

图 7-2 高某勇本人与模拟画像

9. 视频监控

视频监控是安全防范系统的重要组成部分,以其直观、准确、及时和信息内容丰富而广泛应用于公共场合。近年来,随着计算机、网络技术、多媒体、人工智能、图像处理、传输技术的飞速发展,视频监控技术也有了长足发展。视频监控被视作是一种有效的刑侦手段。城市里目前大量安放了高清晰度的摄像头,已成为一项社会基础设施,可以对犯罪嫌疑人进行跟踪,确定其生活范围。

但是,在农村和城乡接合部,因为经济条件所限,很多地方没有安装视频监控,好多案子的发生在视频监控不到的地方。即便是城市,因为隐私需求,摄像头也不宜到处都是。发生在城市的抢劫盗窃的案件,疑犯一般是采取蒙面的方式,是对抗视频监控的一种手段。

10. 足迹侦查

足迹是刑事案件现场中出现频率较高的痕迹,是罪犯在实施犯罪活动时由脚或鞋袜遗留在承受客体的一种形象反映,包括脚印、鞋印、袜印及伪装痕迹。对现场的足迹分析研究,可以判断嫌疑人身体和行走的特点,是现场勘察和现场重建的重要内容,可以为案件侦破提供方向、划定范围,已经帮助警方破获了很多案件。

现场足迹,即现场遗留的穿鞋、穿袜或光脚的痕迹,是侦破案件的重要线索。每个人年龄、性别、身高、体重、步态和所穿鞋子或袜子不同,足迹因而成为个体识别的重要参照。但是,足迹的保存受到环境因素的制约,尤其是下雨的时候,足迹会被雨水冲刷。

在实际的案例中,有的犯罪团伙每做完一起案件,就把鞋子用快递寄回老家,再重新买一双。所以,足迹对破案有参考价值,但不能决定案件的侦破。

11. 警犬技术

警犬嗅觉敏锐，并且能够综合视觉、听觉，进行精细的综合分析，在刑事侦查中有特殊应用。警犬技术，是刑侦技术部门一种专门的技术手段，是以遗留在现场的与犯罪有关的特定气味及物质附着气味为依据，运用警犬灵敏的嗅觉和精细的分析综合能力，对嫌疑人或嫌疑物品进行同一认定，为认定犯罪或否定嫌疑提供证据。

警犬鉴别必须以嗅源为依据，充分利用警犬的嗅觉，客观作出结论，不要受到外界因素的影响。

12. 人脸识别与步态分析

人脸识别是新兴的生物识别技术，采用区域特征分析算法，利用计算机图像处理技术从视频中提取人像特征点，统计分析建立数学模型。由于这是一项基于人体面部骨骼标志点的识别技术，所以即使在一定程度上易容改装，改头换面，也难以蒙混过关。

人脸识别包括人脸捕获和人像跟踪。人脸捕获，是指在一幅图像或视频流的一帧中检测出人像并将人像从背景中分离出来，并自动将其保存。人像跟踪，是指利用人像捕获技术，当指定的人像在摄像头拍摄的范围内移动时自动地对其进行跟踪。人脸识别技术已经帮助警方破获了很多案件。

另外，步态分析也逐渐应用到刑侦领域，是一种通过个性化的步态来确定目标嫌疑人的方法。

13. ABO 血型检验

1901 年，Landsteiner 发现 ABO 血型。1903 年，Landsteiner 和 Richter 发现干燥血也可以检测血型。1916 年，Lattes 在意大利法庭上首先对刑事案件做血痕的血型鉴定。1927 年，Landsteiner 等发现 MN 血型。1962 年，Mann 发现性连锁的 Xg 血型。

ABO 血型抗原是红细胞膜上的糖脂蛋白，不仅存在于红细胞中，而且见于几乎全身的体细胞中，可以使用肌肉、骨骼、毛发、指甲等组织检测血型。湖南长沙马王堆汉墓出土了西汉女尸，应用肌肉、骨骼、毛发等组织检测，结果均为 A 型血。古尸的头顶还戴有假发，外椁中也有假发，测定假发的血型为 B 型。

对比推断中和试验、解离试验、ELISA 法等。对照种类：嫌疑人、被害人及被害人丈夫的血液和唾液。用中和试验测定混合斑和受害人唾液的 ABH 物质及分泌状态,进行对比分析,可推测混合斑中精液的 ABO 血型(见表 7-1)。若混合斑中精液血型与犯罪嫌疑人血型不同,则可否定犯罪嫌疑人;如相同,则不能否定。若受害者为非分泌型,则很容易从混合斑中判断犯罪嫌疑人的血型。母亲的血型为 O 型,孩子的血型为 A 型,如果被检测男子为 B 型或 O 型,则可以排除他为孩子的生父。若其为 A 型或 AB 型,则不能排除他是孩子的生父。

分泌型和非分泌型个体的体液中血型物质的含量无绝对的界线,凝集抑制的级数反映分泌型的强弱。所有的分泌型个体的体液中都可以检测出 H 物质,只是 O 型分泌型的 H 物质含量最高,而 A 型、B 型和 AB 型个体的 A 和 B 物质含量明显高于 H。如案件的被害人为 A 型,提示混合斑的 H 物质是来自精斑。能否检测出混合斑各个体的血型物质,还受混合比例等因素影响。在检测中注意多处取材,分析所有的检测结果,才有可能准确推定精液的血型。

表 7-1 ABO 血型筛查

| 血痕 | 凝集原 | | 测定 | | 结果判定 |
	A	B	抗 A	抗 B	
1	＋	－	－	＋	A 型
2	＋	－	＋	＋	A＋O 型
3	－	＋	＋	－	B 型
4	－	＋	＋	＋	B＋O 型
5	＋	＋	－	－	AB 型
6	＋	＋	＋	－	AB＋B 型
7	＋	＋	－	＋	AB＋A 型
8	＋	＋	＋	＋	AB＋O 型/A＋B 型
9	－	－	＋	＋	O 型

14. 人类白细胞血型检验

人类白细胞血型包括Ⅰ类白细胞抗原和Ⅱ类白细胞抗原。Ⅰ类白细胞抗原(HLA)的个体差异,包括 HLA-A、B、C 抗原,是组织配型的主要依据,在器官移植领域有重要的应用。HLA-A、B、C3 个基因座,每个基因座又各自有几十到 200 多个等位基因。在Ⅰ类区里还发现有 E、F、G、H、J 等基因。

Ⅱ类白细胞抗原,参与免疫反应过程中细胞之间的信息传递,包括 HLA-

Dr、Dp、Dq 抗原。每个基因座也分别有几个到 100 多个等位基因。在刑侦领域,白细胞抗原用来区分不同的人群,常常用来排除有关嫌疑人。

HLA 的遗传特点:

(1) 单体型遗传。由于 HLA 是一组紧密连锁的基因群,这些连锁在一条染色体上的等位基因很少发生同源染色体之间的交换。当亲代的遗传信息传给子代时,HLA 单体型作为一个完整的遗传单位由亲代传给子代。

(2) 多态性遗传。多态性是指在一随机婚配的群体中,染色体同一基因座位有两种以上基因型,即可编码两种以上的产物。

(3) 共显性遗传。每对等位基因所编码的抗原都表达于细胞膜上,无隐性基因,也无等位基因排斥现象。

(4) 复等位基因。在同一基因位点存在两个以上的基因。由于各个座位上等位基因是随机组合的,故人群的基因型可达 10^8 种。

15. 红细胞酶型检验

酶是一类由活细胞产生的具有催化作用的蛋白质。由于遗传变异,红细胞中的部分酶形成了变异体,在个体间表现出遗传的个体差异,此如葡萄糖磷酸变位酶 1(PGM1)、红细胞酸性磷酸酶(EAP)、乙二醛酶Ⅰ(GLOⅠ)、酯酶 D(ESD)等。

根据酶蛋白分子的大小和所携带负电荷量的不同,通过电泳使之分离,并利用酶的催化活性,作用于底物,使之显带,根据电泳谱型进行判型。1963 年 Hopkinson 发现酸性磷酸酶有 5 种表型受控于常染色体的 3 个等位基因,这是第一个被发现的红细胞酶型。

在法医学中,红细胞酶型除用于亲子关系鉴定,还被用于个体识别,特别是对于像血痕、血纤维一类检材,有时已不适检查 ABO 血型和 HLA 型,但还有可能检出红细胞酶型。红细胞酶型有个体识别的作用,不同的红细胞酶型意味着不同的个体,因而法医通过区分红细胞酶型以排除嫌疑人。

16. 血清型检验

血清中存在着一些呈遗传多态性的可溶性蛋白或酶,即血清型。1955 年,Smithies 发现人结合珠蛋白具有遗传多态性。1962 年,Harris 检出拟胆碱酯酶的几种变体。人类的血清型已发现二十多种,是存在于血浆中的蛋白质的个体差异,如结核珠蛋白、拟胆碱酯酶、免疫球蛋白(IgM)、转铁蛋白(TF)、碱性磷酸酶、低密度脂蛋白等。

在这一领域中,研究较为深入的是免疫球蛋白型。可变区的氨基酸排列顺序随抗体特异性不同而有所变化,故称为可变区。恒定区氨基酸数量、种类、排列顺序及含糖量都比较稳定,故称为恒定区。

Gm 系统、Am 和 Km 系统是人类 Ig 的主要遗传标志,他们相互独立。Gm 系统已检出大量因子,遵循孟德尔遗传定律,是 IgG 表现出来的同种异型。γ 链上 Gm 同种异型的抗原性已发现 30 种左右,分别称作 G1m、G2m、G3m、G4m…Gnm。不同种族中存在不同的 Gm 单体型。

Am 是 IgA 表现出来的同种异型,Am 抗原存在于 α_2 重链的恒定区,IgA$_2$ 亚型有两种同种异型 A$_2$m(1)、A$_2$m(2),前者多见于白种人,后者多黑人和东方人。

Km 是 κ 链表现出的同种异型,目前已检出 Km(1, 2)、Km(1)、Km(3)等 3 个等位基因,Km(1, 2)和 Km(3)基因频率比 Km(1)高。由于 Km(3)和 Km(2)血清来源少,一般只用 Km(1)检查 Km 型。

精液可检测 GC、Gm、Km 和 ORML 等血清型。阴道液中能检测 Gm、Km、PGML 和 Fu 血清型。所以,可用对比推断法检测混合斑中精液的 Gm 型、Km 型、PGML 型和 Fu 血清型。

17. 牙齿鉴定

每个人的牙齿大小、形态和排列情况各有特点,实践证明,世界上没有两个人的牙齿是完全相同的。因此,牙齿是身份鉴定和个体识别的有力工具。另外,牙齿的磨损随着年龄的增加而增大,所以,可以通过牙齿的磨损情况去估算个体的年龄。通过组织切片,观察牙齿牙骨质生长线,也是鉴定年龄的方法。

在灾难事故中,鉴别死者身份,牙齿曾是十分重要工具。据报道,第二次世界大战后,德国战败,希特勒的下落长期以来是个不解之谜。直到 1976 年,挪威一位法医牙科学家通过牙齿鉴定,确定希特勒死于苏军攻克柏林之时。他是根据档案资料,将现场发现的烧焦尸体的牙齿进行了对比,得出了死者是希特勒的结论。

1977 年 3 月 27 日,大西洋加那利群岛机场上两架波音 747 飞机相撞,死亡 577 人,生存 69 人。死难者中,326 名是美国籍,美国政府派专家前往做个人识别,得出结论者有 212 名,其中单用牙齿确证者 156 名,指纹确证者 5 名,兼用牙齿和指纹者 19 名,采用其他辅助方法如 X 线、尸体特征等识别 32 名。

18. 骨骼鉴定

个体年龄推断一直是人类学研究的重要内容。通过测量骨骼形态学和组织学指标,可以计算相应个体的年龄。如根据骨组织的切片,计算股骨、胫骨骨干的骨单位和骨间板数量的增龄变化,可以估算个体的年龄。应用 X 线骨龄检测,技术已经十分成熟,误差也相对较小。

但在遇到骨骼检材缺失时,这项应用就会受到极大限制。表观遗传学研究发现,DNA 甲基化与衰老间有密切的相关性,利用随年龄变化的甲基化位点,可能用于推断生物检材的个体年龄。

19. DNA 指纹图谱

DNA 分析,分析 DNA 遗传标记在群体中的分布与传递规律,确定分析样品的一致性与遗传关系,为侦察破案和司法审判提供证据,涉及遗传学、分子遗传学、群体遗传学、生物化学、分子生物学和计算机学等多门学科。

1984 年,英国莱斯特大学遗传学家 Alec Jeffreys 在研究肌红素的时候发现,有一小段 DNA 不断重复,而且不仅存在于肌红素基因里,也四散在整个基因组中。尽管每次重复的片段多少都有些不同,但是它们全部含有一小段由 15 个左右核苷酸构成的完全相同的序列。

DNA 指纹技术,本质是限制性片段长度多态性(RPLP)。DNA 指纹可以用来准确锁定某一单一个体。据美国联邦调查局统计,约有三分之一的犯罪嫌疑人通过 DNA 检测后被免除了嫌疑人的身份,而且这些嫌疑人在利用 DNA 检测之前通过血型分析等方法均不足以排除其嫌疑人身份。DNA 遗传标记的鉴别能力极高,99% 以上的亲子鉴定可以得到肯定或否定的确切结果,是血型、酶型或血清型不可比拟的。

1985 年,Alec Jeffreys 研制出多基因座 RFLP 探针。

1986 年,Cellmark 公司和 Lifecode 公司在美国推广 DNA 检测;中国开始法医 DNA 的分析研究(李伯龄等)。

1988 年,FBI 开始把单基因座 RFLP 探针应用于办案之中。

1990 年,群体统计学用于 RFLP 方法被质疑。

1995 年,英国建立世界上第一个罪犯 DNA 数据库。

2000 年,FBI 和其他实验室停止使用 RFLP 办案,转向简易高效复合 STR 系统进行身份鉴定和个体识别。DNA 指纹检测流程烦琐,难以标准化,已经很少使用。

2005 年，中国也开始建立罪犯数据库体系。

DNA 长度多态性形成的主要原因是移码突变，是一种基因编辑的现象。借助 DNA 手段进行个体识别，最早采用的是限制性片段长度多态性分析，本质上是以 DNA 分子杂交为核心的限制性片段长度多态性分析。

1985 年，英国科学家 Jeffreys 首次采用多基因座探针解决了 1 起移民案。利用限制性内切酶对 DNA 的特异性切割和探针与靶 DNA 片段的特异性杂交，通过电泳和显影，绘制出家系 DNA 片段的图谱(见图 7-3)。

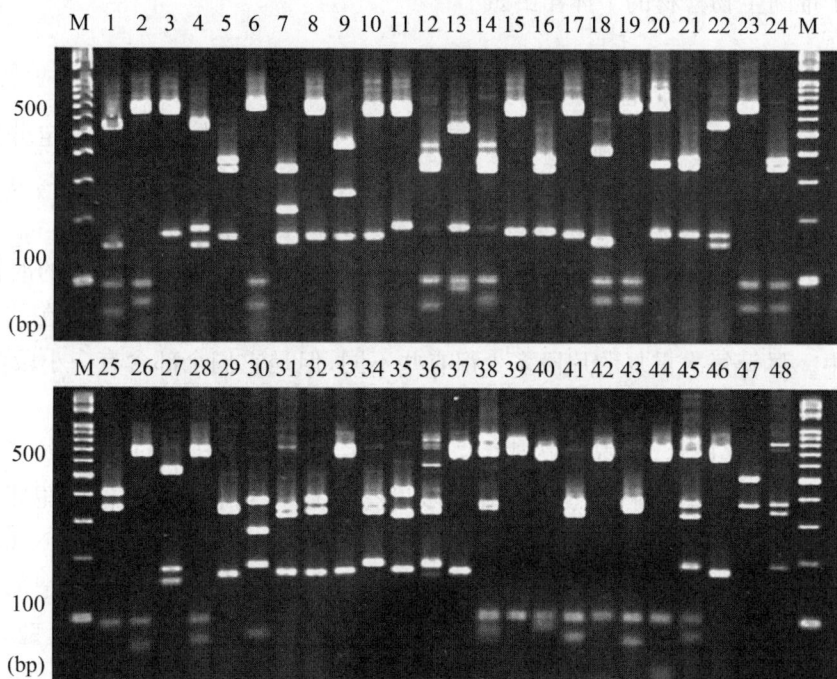

图 7-3　DNA 指纹图谱

图谱由多个条带组成，个体间的差异表现为条带的数量和位置的不同。图谱多态性极高，除非同卵双生，没有两个人的谱带是一致的，所以又被称为 DNA 指纹。常染色体长度多态性解析的时候才出现"条形码"，用于个体识别。因为长度不同，分子量不同，在电泳槽中的移动速率不一样。对于单纯的 Y-DNA 电泳，得到的是一个家系的"条形码"。

在亲子鉴定时，亲生子的所有谱带在父亲和母亲的谱带中均应找到位置相同的带,如果孩子出现父母均没有的陌生带,则可排除亲子关系。DNA指纹灵敏度低,对DNA的数量和质量要求高,陈旧和降解的检材很多不能得到结果,操作复杂,检验的时间周期长,无法实现标准化。1993年以后,以STR为核心的第二代DNA分析技术,因商业试剂盒的问世而得到广泛推广和应用,STR遗传标志的数量多、识别能力强、检验速度快,可以做到标准化和质量控制,使得不同实验室间的结果具有可比性,也满足了建立DNA数据库的要求。Y-STR具备STR的优点,灵敏度高、速度快、准确,可以做到标准化和质量控制,能够满足建立Y-STR数据库的要求,成为物证检验的主流。长度多态性分析的方法于是被淘汰。

20. DNA数据库分析

DNA数据库的出现,解决了对比源的问题。案发现场的生物检材可以与数据库中的已知资料对比,从而获得目标嫌疑人的身份信息。STR是常用的遗传标记,已建成的全国的DNA数据库集聚了3 000万以上的STR数据,在超过100万起案件中发挥了作用。

但是,与中国庞大的人口基数相比,这个数量仍只是很少的一部分中国人。常规DNA数据库无法满足全员对比的要求,很多案犯因为没有可供对比的资料而无法确定犯罪。家系是中国人口的主体,是主干,每个人都是主干上的枝叶。因此,以Y库为主干,常规DNA数据库为枝叶和辅助,这应是中国人DNA数据库系统的正确结构,而不是以常规DNA为主、Y库为辅的相反结构。

Y库的应用是极其重要的。以2016年8月26日侦破的甘肃白银系列奸杀案为例,在发生的11起案件中,罪犯都留下了不同程度的指纹、血迹、精液,虽然警方也将侦破方向重点放在了DNA检测,但28年来并未取得实质性突破。

首先,当年的技术并不如现在发达,要在庞杂的数据库中对比、匹配成功是一件极困难的事,而且当时的DNA匹配精确度也并不高,缺乏高精度的对比数据。

其次,即使在当时最为先进、高效能的DNA检测技术其实也存在着很大缺陷。与指纹库一样,DNA数据库也只录入了不法分子的DNA,警方对比DNA也只能在数据库内与已有样本做对比,而当年高某勇的DNA样本并没有存入数据库。Y库的出现使有限的数据编织成了一张无形的、巨大的网络,一旦触网,立即落网,所以在短时间侦破了案件。

21. 牙釉质基因检测

Amelogenin 是编码牙釉质蛋白的基因,可判定检材的性别,位于 Xp22 的位置上,编码有 106 bp 的牙釉质基因(AMG),Y 染色体中心粒附近也有 112 bp 编码牙釉质蛋白的基因(AMGL),用同一个引物可以同时扩增 AMG 和 AMGL。

Amelogenin 系统是最常用的性别检查方法,可与 STR 系统联合分析。英国法庭科学服务部(FSS)最早设计特异性 PCR 引物,可连接位于 X Amelogenin 基因内含子 1 中 6 bp 缺失的侧翼。使用这种引物 PCR 扩增 X 和 Y 染色体分别获得 106 bp 和 112 bp 的产物。因为男性有 XY 两条染色体,扩增后可以观察到两条谱带,为双峰。女性只有 X 染色体,所以只有一条谱带,为单峰。X 峰和 Y 峰的面积信息可用于判断是否为混合斑,X 峰面积明显大于 Y 峰,可以认为是男女混合血痕。

牙釉质基因在 X 和 Y 染色体有高度的序列同源性。引物设计使 6 bp 缺失只出现在来自女性的单峰,出现双峰则来自男性。使用 AmpFISTR 试剂盒引物得到 106/112 bp 片段,使用 PowerPlex1.1 的引物所得产物会长一些(见图 7-4)。但需注意,某种病理状态下,精子细胞的牙釉基因分型特异性 Y 峰缺失。此时性别检测可用 Y-STR 进行。

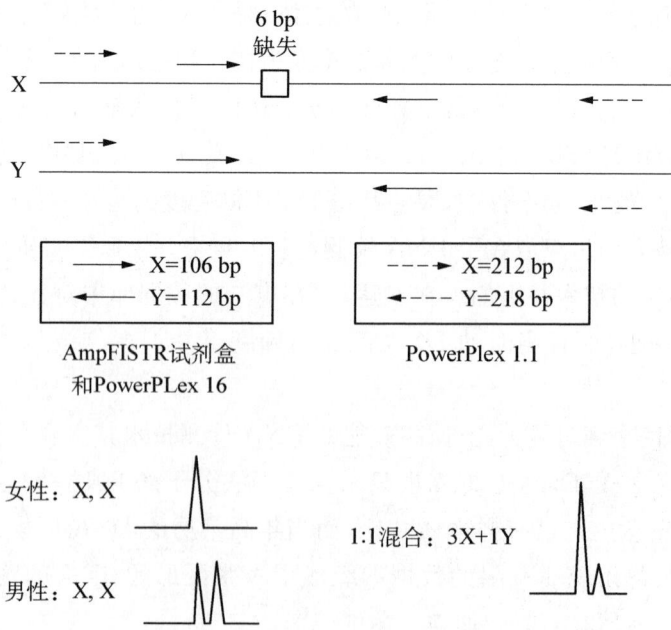

图 7-4 牙釉基因性别分型方案

22. Alu 插入多态性分析

DNA 序列中含有限制性内切酶 Alu I 识别的序列 AGCT,称为 Alu 重复序列,常位于基因的侧翼序列或其他重复序列。Alu 家族是灵长类基因组特有的含量丰富的短散在重复,是人类最活跃的遗传元件之一。从灵长类动物进化的早期开始,Alu 通过逆转录转座机制在基因组内快速扩增,属于非自主的逆转录转座子,在人类基因组内的复制数可达 140 万个,占基因组总序列的 10% 以上。Alu 元件插入到基因中,可以调控基因的状态,改变蛋白质生成的速率,而且可以稳定遗传给子代。

典型的人类基因组 Alu 序列长 282 bp,由两个同源但有差别的亚基构成。在所有已知的基因内含子中,几乎都发现了 Alu 序列。基于 Alu 元件的普遍性、多样性和特异性,在法医学领域,根据 Alu 元件的特点设计了众多的技术方案,用于 DNA 的定量、种属鉴定、种族鉴定、性别鉴定、亲子鉴定、全基因组扩增等。

在某一个特定的位点,Alu 的插入是唯一的。一旦插入,Alu 元件就成为稳定的遗传标记,不易缺失或重组。Alu 插入元件可用 PCR、琼脂糖凝胶电泳和溴化乙啶(EB)染色进行分型。

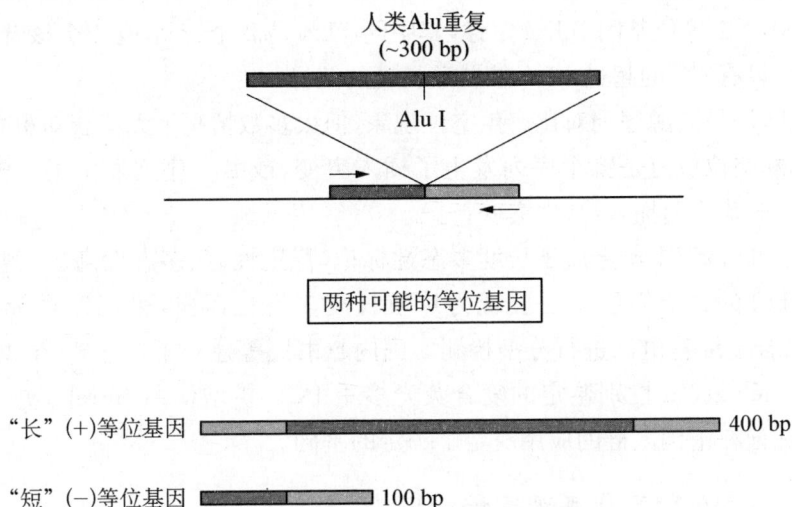

图 7-5　PCR 检测 Alu 元件插入的示意图

Alu 序列有将近 300 bp,可在人类基因组中存在或缺失。当 Alu 重复的侧翼序列与引物结合时,Alu 元件插入则扩增产物为 400 bp,Alu 缺失则产物为 100 bp。如果个体是插入的纯合子,则扩增一个 400 bp 的 DNA 片段,插入的杂合子则可扩增出 400 bp 和 100 bp 的片段(见图 7-5)。如果是 Alu 缺失的纯合子则只有 100 bp 的 DNA 片段。常用的 Alu 插入多态性包括 APO、PV92、TPA25、FXⅢB、D1、ACE、A25 和 B65。许多 Alu 重复序列是人类独有的,可能会提供被测样本地理或种族起源方面的信息。

23. 插入缺失多态性标记(InDels)

插入/缺失(InDels),是指在近缘种或同一物种不同个体间,基因组同一位点的序列发生了不同大小核苷酸片段的插入或缺失,即一个序列上某一位点相比同源的另一个序列插入或缺失了一个或多个碱基。InDel 是一种二态的遗传标记,与 SNPs 有相近的自然突变率,但其突变率显著低于 STR,在进化上趋于保守。

一个 InDel 可能是碱基的插入或缺失,范围包括一个到数百个核苷酸的 DNA 片段(例如 Alu 插入),因此两个等位基因可以分为短和长两种状态。从某种角度看,STR 遗传标记可看作是多等位基因的 InDels,因为不同的等位基因只是重复单元插入或缺失的不同。大多数的 InDels 为只有几个核苷酸不同的等位基因长度差异。马什菲尔德医学研究中心的 J. Weber 等为人类基因组超过 2 000 个二等位基因 InDel 定性,其中约 71% 是 2 个、3 个或 4 个核苷酸长度的差异,只有 4% 的超过 16 个核苷酸长度的差异。

InDels 是同源序列对比产生空位现象,但大多数情况下无法获知祖先序列,很难判断空位位点是哪个序列发生了插入突变,或哪个序列发生了缺失突变。所以,一般统称为插入/缺失突变。

InDels 标记本质上属于长度多态性标记,稳定性好、多态性高、分型系统简单。InDel 的 2 个等位基因表现为片段长度多态性,可以采用复合荧光多重 PCR 联合毛细管电泳进行分型检测。国内赵书民等建立了包含 30 个 InDel 位点和 Amelogenin 性别鉴定的复合荧光多重 PCR 扩增体系 InDel-Typer30,为 InDel 标记在中国人群的应用奠定了一定的基础。

24. DNA 甲基化表观遗传标记

表观遗传是指 DNA 序列不发生变化,但基因表达发生了可遗传的改变。DNA 甲基化是一种重要的表观遗传标记。DNA 甲基化,是指在 DNA 甲基化转移酶(DNMT)的作用下,由 S-腺苷-L-甲硫氨酸提供甲基,使甲基基团与DNA 的胞嘧啶共价结合,形成 5-甲基胞嘧啶的化学修饰过程。

DNA 甲基化是决定染色体结构的标志性表观遗传调控方式之一,在生殖细胞和胚胎发育的整个过程中,会发生全基因组范围内的 DNA 甲基化模式重排,从而改变染色体的状态,决定基因分化的方向。在哺乳动物内,被修饰的碱基主要是 5'-CpG-3'二核苷酸中的胞嘧啶。在正常的人体组织中,5-mC 占总胞嘧啶的 3%~6%,其中体细胞基因组中约有 80% 的 5'-CpG-3'二核苷酸处于甲基化的状态。然而,在 CpG 簇或 CpG 岛这些 CpG 碱基丰富的区域,胞嘧啶往往处于非甲基化的状态。

DNA 甲基化在二联体亲权鉴定、同卵双生子的个体识别有应用前景,可作为 STR 和 SNPs 的补充。基于甲基化敏感的限制性内切酶、重亚硫酸盐转化以及甲基化 CPG 结合蛋白等原理,已经建立了有关的 DNA 甲基化的检测方法。通过对基因组内 DNA 甲基化扫描分析,可以找到有应用价值的 DNA 甲基化位点,以此进行个体识别,可以减少所需要的 SNPs 位点的数量。

表观遗传学研究发现,DNA 甲基化与个体的年龄与衰老之间有密切的相关性。目前,个体年龄主要通过牙齿、骨骼的组织形态学进行推断。对于现场发现的生物检材而言,如果没有可以参照的骨骼和牙齿标本,随年龄变化的 DNA 甲基化位点可能用作推断个体年龄。

25. 家系分析、家系识别与家系排查

家系分析,是遗传学的研究方法,用于遗传疾病的分析诊断,根据一个家系中某一种遗传病发病情况来分析判断该疾病的遗传方式、传递规律。反之,也可以通过性状的分析推演个体间的亲缘关系,即家系识别。

随着遗传学在刑侦领域的应用,家系分析法被引进刑侦领域,并与 Y-STR 基因座结合,形成了家系排查法,也叫姓氏检测法。Y-STR 家系排查法,包括横向排查和纵向排查,是传统方法在新技术条件下的一次具体应用。

家系识别,在 Y-DNA 检测出现之前,古时通过外观性状或疾病的症状进行家系识别。例如,远古颛顼家族是以长头长脸为识别主体,又如倭族以身高为识别主体,以此确定亲缘关系,即家系识别。东汉时,张道陵提出了遗传病的概念,称之为"痓"或"精痓",通过世代相传的疾病症状确定遗传病。同理,这些症状反之也有助于判断个体间的亲缘关系,辅助家系识别。

家系识别,除了遗传学的方法之外,先民还涉及了很多方法。例如张氏的一

支,是通过包饺子的方法来识别和确认是否是一家人。当两支张氏见面时,彼此先是一言不发,各自包饺子,以包饺子的细节来识别家系。家系识别,还可以通过保存的祖先的遗物确定持有者的身份。有的家系在分别时把铜镜打破,各执一半,相逢时把铜镜合在一起,称"破镜重圆"。

26. Y 库建设

Y 染色体因其独特的结构属性和遗传特点成为法医物证日益重要的技术手段。甘肃、湖北、河南、广东、山西、吉林、内蒙古、江苏等地均运用 Y-STR 检验技术破获了很多疑难案件,特别是"甘肃白银市连环杀人案"让全国公安机关对 Y-STR 数据库建设都加大了调研力度和设备投入。

Y-DNA 破案法与传统的破案方法相比,具有突出的优越性,开辟了公安刑侦工作的新局面,已成流行大势。Y-DNA 姓氏检测,在维护国家和地方的长治久安中发挥的作用越来越大,正在成为国内公安机关面对各类案件时的常规检测手段。我国幅员辽阔,各地科学技术的发展水平极不平衡。越是贫穷落后的地区,越是要优先发展和建设 Y 库,实现跨越式发展。

利用 Y-DNA 破案是一个实用技术体系,技术成熟,体系完整,适合基层普及,满足了基层单位"向科技要警力"的基本需求。在已经开展工作的区县公安局、派出所,因为对 Y 库的建设充满热情,领导重视到位,统一标准,措施得力,人员深入村组,整个过程周密细致,所以成效明显,也取得了丰富经验。

在没有技术力量的区域或还没引起重视的区域,可先期进行采血采样工作,一旦案情需要,可以立即完成标记入库。基层工作者要把工作做细、做实,村不漏户,户不漏人,做好家系内部的登记和筛查,技巧性地开展采集工作,保证工作的科学高效。采血采样工作可以大张旗鼓地进行,这不仅是对群众的一次科学普及教育,也是对犯罪分子的有效震慑,起到减少和预防犯罪的作用。以前限于技术条件,一些人挑战了道德和法律底线却得以安全逃脱,没有及时得到应有的制裁,如今条件具备,警方开始向这一人群喷发出复仇雪耻的怒火,一些积压悬案和疑难案件因此得以成功解决。

据报道,河南省公安机关根据遗传学中一个家系内所有男子 Y 染色体数据一致性的生物特性,主动将 DNA 技术的拓展应用与警务实战相结合,从个案侦破入手,创新开展 Y 染色体数据库建设,在侦查破案中发挥突出作用。2016 年,利用 Y 库破获各类案件 3 681 起,其中命案 56 起(积压案件 27 起),抢劫、强奸案件 392 起,盗窃案件 3 233 起。

第八章

Y-DNA 破案法应用实例

1. 甘肃白银侦破系列强奸杀人案

2016 年 11 月 24 日,甘肃省公安厅通报了白银"8·5"系列强奸杀人案侦破的细节。2015 年以来,甘肃省公安部门紧抓指纹和 DNA 两大证据不放,在全省开展 DNA 基因库建设,实现违法犯罪人员全录入,为破案提供了基础条件。

1988—2002 年,犯罪嫌疑人在甘肃省白银市及内蒙古包头市连续强奸残杀女性 11 名,作案跨度 14 年,侦破跨度 28 年,被称为"世纪悬案"。2016 年 8 月 26 日,随着 52 岁的犯罪嫌疑人高某落网,白银"8·5"系列强奸杀人案告破。

首案及 1994 年"7·27"案件发生后,白银市公安部门调集警力,对首案案发地原始范围内所有 15～30 岁的男性及"7·27"案件案发地白银市供电局原始生活区域内的所有男性,白银区有前科、流氓劣迹的人员逐一进行了摸底审查,均未取得实质性进展。

1998 年,犯罪嫌疑人作案疯狂程度达到极致。甘肃省公安厅协调专家联合侦办,刻画嫌疑人体貌特征。专案组依据作案手段和指纹对比,将 1998 年的 4 起案件及 1988 年的"5·26"案件、1994 年的"7·27"案件串并,并案进行侦查。

2001 年 8 月,公安部将该案定为部督案件,以后几年,多次派出刑侦及法医专家与甘肃省公安厅刑警总队成员组成专家组对案件进行联合侦办,扩大外延排查区域,对白银市三县两区、多个系统单位及兰州市榆中、皋兰两县等符合年龄段的男性开展新一轮专案排查。从首案案发至 2016 年案件告破的 28 年,公安机关本着"案件不破、专案不撤、侦破不止"的理念,围绕案件采集指纹 23 万枚,投入的警力和物力不计其数。

从 1998 年到 2015 年,甘肃省对白银系列强奸杀人案采取"案案挂靠"的办案方法,凡是有案,不管大小,先考虑跟白银案有没有关系。尽管这样,犯罪嫌疑人就像凭空消失了一样,案件一次次陷入困境。

甘肃及白银警方介绍,白银系列强奸杀人案之所以成为"世纪悬案",有以下几方面原因。

(1)有犯罪证据,没有追寻线索。这个案件久侦不破,主要原因是认定犯罪的证据非常充分,认定和揭露犯罪嫌疑人的线索几乎没有。犯罪嫌疑人在现场留下的指纹、脚印、精斑很多,但没有线索指向来源。不管是仇杀、情杀或谋财害命,一般命案的犯罪嫌疑人和被害人间或多或少会有一定的关系,但在白银系列强奸杀人案中,犯罪嫌疑人和被害人完全没有关系,生活中完全没有交集。

(2)犯罪嫌疑人居无定所,行踪不定。该案犯罪嫌疑人都在白天作案,案发都在白银市区,这些特征都反映出当地人作案的特点。在警方对白银市当时符合作案年龄段人群一人不漏全覆盖调查无果后,将调查范围进一步扩大至与白银市毗邻的兰州市榆中、皋兰两县。但犯罪嫌疑人作案后或隐蔽于家中务农,或外出打工,逃避了侦查。犯罪嫌疑人 1988 年犯下首案后,除了在青城镇家中短期居住外,行动轨迹飘忽于甘肃兰州、天水及内蒙古巴彦淖尔、包头等地。

(3)犯罪嫌疑人谨小慎微,没有犯过其他案件。侦办此案的 28 年内,甘肃省对所有犯案的犯罪嫌疑人都采了指纹和 DNA。如果犯罪嫌疑人在系列案件之外一旦犯过其他案件,立即就会进入警方视线。但犯罪嫌疑人在系列案件外避免与人接触,更没有做出需警方介入的违法行为,一直没有触网,所以根本谈不上落网。

以上种种"巧合",导致犯罪嫌疑人多次与警方的侦查"擦肩而过"。在白银排查时他在青城,将青城纳入排查范围后,他又到了兰州、内蒙古等地。

从 2015 年开始,甘肃省公安部门调整侦破思路,跳出以往侦察模式,利用新的技术手段,紧紧围绕现场遗留的 DNA 和指纹 2 个突破口开展破案攻坚。与此同时,甘肃省公安厅加强刑事侦查 DNA 库建设,对所有违法犯罪人员采集血样和指纹,并在化验分析后录入 DNA 库。2015 年下半年,随着 DNA 库建设和血样采集工作推进,犯罪嫌疑人 1 名远房亲属因违法犯罪被采集到血样,只是还没来得及检测。白银市公安局进一步排查工作将犯罪嫌疑人 4 名亲属纳入 DNA 采集范围。

2016 年 3 月,白银系列强奸杀人案被公安部命案积案攻坚督导组列为首位案件,多次组织痕迹、刑侦、法医及 DNA 专家至白银指导侦查。大量前期积累后,8 月 18 日,甘肃省公安厅决定对历年采集的 23 万枚指纹、10 余万份血样全部重新检测入库,对犯罪嫌疑人DNA进行家系排查,进一步缩小侦查范围。

8月19日,技术人员在对采集到的血样进行Y染色体进行检验时,系列案件犯罪嫌疑人的27个Y-DNA基因座全部比中高某某。也就是说,这个高某某和疑犯是"一家人"。但这并不意味着找到了犯罪嫌疑人,只是在一座森林中定位到了一棵大树,只是范围更小了,以后的调查也就更精准了。

经对高某某审讯得知,其所在的高家位于兰州市榆中县青城镇。这个家族现有成员超过10万人,分布在全国各地,等待专案组的仍然是浩如烟海的工作量。专案组立即兵分三路,分别对高某某、高某某父辈兄弟等家族成员、高某某家系成员分布进行排查。在排查中,专案组民警得知,有一位高系成员自2015年起居住在白银市一学校的小卖部里,专案组立即派出一队民警前往。

在入户调查时,民警敏锐地发现该高姓家族成员神色慌张,随后又发现其指纹和犯罪嫌疑人现场遗留指纹高度相似。得到专案组技术人员进一步确认后,该高姓成员被控制。

经初步审讯,该高姓成员全部交代了1988—2002年先后流窜白银、包头性侵杀害11名女性的犯罪事实。经过进一步指纹和DNA鉴定,该高姓成员的指纹和系列强奸杀人案件中犯罪嫌疑人遗留现场的指纹、DNA全部比中同一。至此,白银"8·5"系列强奸杀人案成功告破。

白银"8·5"系列强奸杀人案九起案件基本案情

1988年5月26日下午5时,白银某公司23岁女职工白某被害于白银区永丰街家中。警方勘验发现,受害人"颈部被切开,上衣被推至双乳之上,下身赤裸,上身共有刀伤26处"。

1994年7月27日下午2时50分,白银供电局19岁女临时工石某在其单身宿舍遇害。受害人"颈部被切开,上身共有刀伤36处"。

1998年1月16日下午4时许,居民发现白银区胜利街29岁的女青年杨某在家中遇害,调查证实杨某被害时间为1月13日。受害人"颈部被切开,全身赤裸,上身共有刀伤16处,双耳及头顶部有13 cm×24 cm皮肉缺失"。

1998年1月19日下午5时45分,家住白银区水川路的27岁女青年邓某在家中遇害。受害人"上衣被推至双乳之上,裤子被扒至膝盖处,颈部被刺割,上身共有刀伤8处,左乳头及背部30 cm×24 cm皮肉缺失"。

　　1998 年 7 月 30 日下午 6 时许,白银供电局职工曾某 8 岁女儿苗苗(化名)在家中遇害。受害人"下身赤裸,颈部系有皮带,阴部被撕裂并检出精子"。

　　1998 年 11 月 30 日上午 11 时许,白银某公司女青年崔某在白银区东山路家中被杀害。受害人"颈部被切开,上身有刀伤 22 处,下身赤裸,双乳、双手及阴部缺失"。

　　2000 年 11 月 20 日上午 11 时许,白银棉纺厂 28 岁女工罗某在家中被杀害。受害人"颈部被切开,裤子被扒至膝盖处,双手缺失"。

　　2001 年 5 月 22 日上午 9 时许,白银区妇幼保健站 28 岁女护士张某在白银区水川路家中被杀害。受害人"颈部等处有锐器伤 16 处,并遭强奸"。

　　2002 年 2 月 9 日中午 1 时许,25 岁女子朱某在白银区陶乐春宾馆客房中被杀害。受害人"颈部被切开,上衣被推至双乳之上,下身赤裸,遭到强奸"。

2. 湖北汉川侦破系列奸杀案

　　2006 年 8 月 8 日上午,汉川警方接到报案,称马口镇某工厂纺织女工金某(43 岁,马口镇新镇街人)在上夜班时被人杀害。法医鉴定发现,被害人生前遭受性侵害,属机械性窒息导致死亡。

　　民警很快联想到前两年尚未破获的两起强奸案:2004 年 10 月,马口镇某村妇女胡某从农田回家途中,在灌木丛里被 1 名男子从背后袭击并实施强奸;2005 年 7 月,当地另一村女孩小霞(化名)从田间回家,路过一片小树林时,被人强奸。这两起案件的现场都留有"红金龙"牌香烟烟头,限于当时条件,一直未破。

　　专班民警决定尝试能否并案侦查,他们将从 3 个强奸现场遗留物中提取的 DNA 样本送往省公安厅进行对比,发现 3 份 DNA 物证为同一男性所留。

　　1 人制造 3 起恶性案件,社会反响恶劣。汉川警方投入全部警力,对马口镇展开地毯式排查,重点排查 15～60 岁的吸烟男子。15 天后,从 10 万人中找出了 2 000 多个重点怀疑对象。犯罪嫌疑人是 A 型血,先按血型分类。一个星期后,专班民警筛选出 98 个 A 型血对象,并把这些人的血样送到省公安厅进行 DNA 检验。专班民警坚信:犯罪嫌疑人就在这 98 个人内。但送检的 98 份样本与犯罪嫌疑人的 DNA 逐一对比,发现都不一致。

　　他们再次对 3 起案件进行分析,认为 3 起案件发生在不到 4 平方千米的范围内,犯罪嫌疑人对现场非常熟悉,应该是附近的人作案。8 月 28 日,技术人员提出先通过姓氏检验确定犯罪嫌疑人所属家族,缩小侦查范围。侦查人员立即着手对案发地进行调查,获得了13个姓氏家族的信息,并采集了代表性人员的血样。8月31日,Y染色体检验结果显示,汉川市马口镇童家岭村以及附近村庄的童姓家族的Y-STR分型与2006年"8·8"强奸杀人案犯罪嫌疑人精斑的Y-STR分型完全一致,得知疑犯应为童姓。

马口镇童家岭村及附近村庄童姓家族男子(包括外出务工人员)共有119名,筛选确定16名重点人员。最后检测认定童某某(男,26岁,汉川市马口镇童家岭村五组人)的DNA与上述3案犯罪嫌疑人DNA同一。9月2日深夜,童某某在汉川汉江大桥收费站被擒。据其交代,8月7日深夜11时许,一纺织女工路经一垃圾场时,他从背后将她掐昏强奸,随后将其杀害抛尸水沟。对另两起强奸案,他也供认不讳。

26岁的童某某生于农家,16岁外出打工,2000年因偷摸被劳教。此时,他的同居女友已怀孕。2003年6月童某某获释,女友已嫁到武汉蔡甸。从此,童某某憎恨女人,伺机报复。

3. 四川大英双尸命案告破

2002年8月17日凌晨,大英县河边镇发生1起命案,居住在正西街的肖某夫妇被人用利器刺死在自家家电铺中。现场血流遍地,凶手早已逃之夭夭。

如此惨烈的案件在当地前所未有,一时间全县人心惶惶,镇上居民更是如坐针毡。2名被害人身上到处是鲜血,有多处利器造成的伤口。除了一个背包和一件上衣,民警只提取到1滴第三人的血迹,除此之外,再无其他线索,案件侦办一度陷入僵局。

2012年9月,遂宁市公安局在四川全省首次尝试采用Y染色体家系排查法,将嫌疑人DNA信息在公安部数据库进行对比,并对周围村落的村民进行Y染色体家系排查。Y-STR技术可直接锁定到与其有血缘关系的整个家族。也就是说,只要家族中的任何一名男性的血液与其吻合,就可断定凶手就在这个家族中。刑侦技术人员对案件反复研究后,认为采用Y-STR家系排查法缩小侦查范围,不失为一种有效的办法。

2013年6月,大英县公安局抽调50余人,根据历年收集的线索划区域开展家系调查,重点在河边、玉峰、乐至等地开展家系调查,并在侦查范围内持续展开长达1个多月的地毯式排查,调查10万余人,制作家系图谱3万余份,采集血样9000余份。

至 2003 年 8 月,警方利用 Y-STR 技术确定河边镇覃姓家族与案发现场 Y 染色体基因分型一致,疑凶就在覃姓家族中。随后,刑事技术人员成功比中锁定嫌疑人覃某某。8 月 2 日,覃某某在大英县城落网。8 月 4 日,覃某某同伙但某某在广东佛山被抓获。至此,历时 11 年,轰动一时的河边镇"8·17"命案成功告破。

据案犯交代,当年他正在高校读书,因经济拮据,邀约好友商量盗窃财物。案发当日凌晨 2 时许,2 人在肖明家店铺中翻箱倒柜时惊醒了楼上的肖某夫妇,随即杀人灭口。逃跑过程中,覃某某不慎被同伙刺伤,跳窗时遗留下 1 滴血迹。

4. 江苏南京破获抢劫杀人案和强奸女学生案

某年 8 月,南京市 A 县发生 1 起杀死 2 人案件,2 万余元现金被劫。案发后,技术人员通过对现场的细致勘查,在死者俞某的身体上提取到了极其微量的可疑生物检材。经 DNA 检验,得到常染色体 STR 的混合基因分型,为死者与一男子混合,和单一的 Y-STR 基因分型,为一男子。此案没有其他有价值的线索。公安机关据此展开了 1 年多的侦查工作,先后排查嫌疑男性 1 万多人。

两年后,A 县公安机关抓获盗窃嫌疑人马某(男,33 岁),并提取其血样。经 DNA 检验,马某的 DYS465 等 16 个 Y-STR 基因座分型与现场遗留的犯罪嫌疑人的可疑生物检材 DNA 数据完全一致(见表 8-1)。经进一步对比,马某的样本在 D8S1179 等 15 个常染色体基因座与现场遗留的犯罪嫌疑人的可疑生物检材 DNA 数据也全部吻合(见表 8-2)。在强有力的证据面前,马某对抢劫杀人的犯罪事实供认不讳。

表 8-1　现场物证及犯罪嫌疑人马某的 Y-STR 分型

检材	DYS456	DYS389Ⅰ	DYS390	DYS389Ⅱ	DYS458	DYS19	DYS385	DYS393
现场物证	15	12	23	28	19	15	12/18	12
马某	15	12	23	28	19	15	12/18	12

检材	DYS391	DYS439	DYS635	DYS392	Y-GATA-H4	DYS437	DYS438	DYS448
现场物证	10	12	19	12	12	15	10	20
马某	10	12	19	12	12	15	10	20

表8-2 死者俞某、现场物证及犯罪嫌疑人马某的常染色体STR分型

检材	AMEL	CSF1PO	D2S1338	D3S1358	D5S818	D7S820	D8S1179	D13S317
俞某	X	12	18/20	17	12/13	12/14	13/16	12
现场物证	X/Y	10/12	8/20/23/24	17	10/12/13	8/10/12/14	13/15/16	8/12
马某	X/Y	10	23/24	17	10	8/10	15	8/12

检材	D16S539	D18S51	D19S433	D21S11	FGA	TH01	TPOX	vWA
俞某	9	14	14/15.2	31.2/34.2	21/14	9/9.3	8	8
现场物证	9/12	14/16/17	13/14/15.2	29/31.2/34.2	21/24	6/9/9.3	8	14/18
马某	9/12	16/17	13/14	29/31.2	24	6/9	8	14

　　某年10月,南京市B县学生曹某(女,16岁)放学回家途中被1男子拦路强奸。检验人员将现场提取的精斑经常染色体STR检验入库对比后,未有比中信息。经进一步对精斑的Y-STR进行检验,并入库对比,发现其Y-STR基因型与DNA数据库中的曹甲的数据在DYS456等16个基因座完全符合,提示犯罪嫌疑人与曹氏家系有关。后经办案单位排查,发现离案发地数十千米外某镇的曹乙曾有性侵犯罪史,遂提取其血样进行检验。结果表明,曹乙的DYS456等16个Y-STR基因座(见表8-3)与D8S1179等15个常染色体基因座完全一致(见表8-4)。经审讯,曹乙很快交代了拦路强奸的犯罪事实。

表8-3 精斑、曹甲及犯罪嫌疑人曹乙的Y-STR分型

检材	DYS456	DYS389 I	DYS390	DYS389 II	DYS458	DYS19	DYS385	DYS393
精斑	15	13	23	28	16	14	12/15	14
曹甲	15	13	23	28	16	14	12/15	14
曹乙	15	13	23	28	16	14	12/15	14

检材	DYS391	DYS439	DYS635	DYS392	Y-GATA-H4	DYS437	DYS438	DYS448
精斑	10	11	22	13	12	14	10	19
曹甲	10	11	22	13	12	14	10	19
曹乙	10	11	22	13	12	14	10	19

表 8-4　精斑、曹甲及犯罪嫌疑人曹乙的常染色体 STR 分型

检材	D8S1179	D21S11	D7S820	CSF1PO	D3S1358	TH01	D13S317	D16S539
精斑	11/12	29	9/11	11/12	14/17	7/9	8/11	10/12
曹甲	14/16	30/33.2	9/11	10/12	15	7/9	10/12	12/14
曹乙	11/12	29	9/11	11/12	14/17	7/9	8/11	10/12

检材	D2S1338	D19S433	vWA	TPOX	D18S51	D5S818	FGA	AMEL
精斑	20	14/15.2	17/18	8/11	14	10/11	19	X/Y
曹甲	18/26	14/15.2	17/18	8	14/16	7/8	19/25	X/Y
曹乙	20	14/15.2	17/18	8/11	14	10/11	19	X/Y

5. 河南邓州侦破奸杀独居老人案

　　2004 年 4 月 1 日,邓州市张村镇崔坡村李某(女,85 岁)被人发现死在家中。经现场勘查,确定案件为他杀。案犯踹门入室,用室内锄头打击李某头面部致颅脑损伤死亡,并进行奸尸。作案后用锁将门从外边锁住离开。现场床单上发现一处斑迹,经检验确定为精斑。

　　对精斑进行 ABO 基因型检测,为 A 型。遂在周边乡镇寻找有前科人员和社会上有劣迹人员,若为 A 型,再进行 DNA 检验以辨别疑犯,结果均排除。由于该案发地为农村地区,婚姻关系相对来说比较固定,多为家系群居,因此,2004 年 12 月专案组提出利用家系进行犯罪嫌疑人排查。

　　对现场遗留精斑进行 Y-STR 分型,对案发现场周围 8 个主要大家系进行 Y-STR 分形调查,结果与李氏家族 Y-STR 分型一致(见表 8-5),但李氏家族男性共有 300 余人,遂抽取重点嫌疑人血液进行 DNA 排查,其中李甲的 16 个 STR 检验与现场精斑近似,有 D21S11、D7S820、TH01、D13S317、vWA、D18S51、FGA 等 7 个 STR 基因座分型完全一致,D8S1179、D3S1358、D16S539、D231338、D19S433、TPOX、D5S818 等 7 个 STR 基因座有 1 个等位基因相同,仅 CSF1PO 位点 DNA 分型完全不一致,因此强烈提示犯罪嫌疑人与李甲有近亲关系。提取李甲家中父辈、兄弟、后代及叔侄等男性 10 人,结果发现李甲的侄子李乙(男,19 岁,在校高二学生)DNA 分型与现场遗留精斑 16 个基因座及 Y-STR 基因座 DNA 分型完全一致。李乙为在校品学兼优学生,以往未划定在排查范围内。12 月 26 日,民警将正在上课的李某抓获。在证据面前,李

乙对犯罪事实供认不讳。

表 8－5　现场精斑、李系家族及犯罪嫌疑人 Y-STR 分型

检材	DYS391	DYS389 I	DYS437	DYS439	DYS389 II	DYS438	DYS426
现场精斑	11	11	14	18	27	10	10
李氏家族	11	11	14	18	27	10	10
李甲	11	11	14	18	27	10	10
李乙	11	11	14	18	27	10	10

检材	DYS393	DYS390	DYS385	DYS460	H4	DYS19	DYS392
现场精斑	11	23	—	10	12	14	14
李氏家族	11	23	—	10	12	14	14
李甲	11	23	—	10	12	14	14
李乙	11	23	—	10	12	14	14

原来,2004 年 3 月 31 日夜,李乙放学后独自一人在家看完非法成人录像,来到与其相隔不远的独居老太太家,用锄头、石块将老太太砸死后对其实施了奸污。

对 Y-STR 检测的应用,以前局限于强奸案中混合斑的检验及亲子鉴定等方面,而应用 Y-STR 分型破案,本案是国内公开报道的最早案例。本例成功应用 13 个 Y-STR 基因座对发案现场 8 个主要家系进行 Y-STR 家系检测,结果与李氏家族 Y-STR 分型一致,确定李氏家族男性作为重点排查对象。

6. 河南濮阳破获母女被杀案

某年月日,河南省濮阳某村庄发生 1 起重大凶杀案,村民赵某(女,32 岁)及 6 岁女儿张某被杀死在自己家中,母女 2 人均被利器割喉而死。经检验,母女两人无性侵害,身上无明显搏斗痕迹。技术人员勘查现场后,提取了现场赵某、张某血样及十指指甲送 DNA 检验。

DNA 检验严格按照 GA/T83－2002《法医科学 DNA 检验规范》标准操作。

（1）对现场血迹进行潜血试验及种数试验后,确定全部为人血。

（2）剪去适量材料 MilleR 纯水仪过滤制造的超纯水清洗 2 遍,十指指甲用二步纱线擦拭法提取。

（3）用 SICMA 公司提供的药剂配成 5%～10% 的浓度用于提取上述检验

材料。

（4）用 AB 公司提供的 Identifiler 和 Y-Filer 荧光标记试剂盒进行扩增后 3 130 基因分析仪进行毛细管电泳检测。

现场血迹 1 检测结果与赵某一致；现场血迹 3 及指甲结果与张某本人一致；现场血迹 2 检验结果为赵某与张某的混合斑 DNA 图谱。赵某指甲 DNA 图谱有迹象表明是混合斑，确定受害人赵某指甲的 DNA 为混合斑，性别基因座显示高峰达 1 400R 外，Y 性别基因座高峰大约为 100R。为了证实这点，并获得有价值的线索，随机对赵某指甲的 DNA 模板进行 Y 染色体检验，得到完整的 16 个基因座 Y 染色体图谱。依据此检测结果，对案发村庄及周边村庄展开家族排查，经排查对比，比中邻村的高氏家族，后经侦查工作，锁定高某（男，20 岁）为犯罪嫌疑人，案件告破。

7. 上海市破获凶杀案和盗窃案

某年 6 月 10 日，上海市某区一民宅发现 92 岁妇人（独居，子女在外地）死亡。死者头上蒙着被子、枕头，情况异常。经验尸，死者具有面部多处皮下出血、两眼睑结膜及心外膜下有出血点、十指甲床青紫等窒息征象。法医认为死者系受外力造成呼吸困难被压后机械性窒息死亡。被害人家中 1 只金戒指和皮夹内 4 000 元现金失窃。

现场勘查后。法医送检了现场枕套、床单、塑料袋以及死者衬衣上少量血迹，经常染色体 STR 检测，结果为同一男性的 DNA。将此 DNA 数据与上海地区法庭科学 DNA 数据库现场库对比，该男性 DNA 基因型与同年 4 月发生在邻区的 1 起盗窃案的现场烟蒂 DNA 基因型相一致，由此提示侦查部门，该凶杀案与该盗窃案为同一男性案犯所为。

根据对盗窃案的侦查，该案中失窃的一部手机至今还在使用。经对使用手机的犯罪嫌疑人叶某血样进行 DNA 检验后发现，其常染色体 STR 基因型不一致，侦查工作陷入了困境。后再调查中发现，叶某一家三兄弟都有吸毒史，为了配合侦查工作，对现场遗留的血迹和犯罪嫌疑人叶某作了 Y-STR 检测对比，结果发现两者的单倍型完全一致，不能排除在凶案现场遗留血迹的罪犯和叶某为同一父系遗传的可能性。根据这一结论，警方将侦查范围锁定在叶家兄弟，取叶家兄弟血样与现场遗留血迹进行常染色体 STR 检测对比，最终确定叶某一哥哥的常染色体 DNA 基因型与该凶杀案现场的血痕匹配。此案告破。

8. 湖南某地侦破奸杀幼女案

易某某(女,8岁半)于 2006 年 1 月 27 日失踪,3 天后被人发现死于该村一废旧房屋内。死者下身赤裸,阴道口扩张,且多处撕裂,阴道口及臀部有大量分泌物,案件性质确定为强奸杀人。提取死者阴道擦拭物等生物检材和排查的 12 名重点犯罪嫌疑人血样,进行 DNA 检验。

经检验,从死者阴道擦拭物中检出精斑,但精斑与送检 12 名重点犯罪嫌疑人的基因型均不一致。进一步行 Y-STR 检验,结果 12 名犯罪嫌疑人与精斑的 Y-STR 基因型仍不一致。12 名犯罪嫌疑人连同他们同一父系的所有男性个体均被排除。

在进行更大范围的排查后,再次送检 16 个父系个体的血样,进行 Y-STR 检验。结果发现,在 11 个 Y-STR 基因座中,有一谌姓男子只有 DYS385 基因座分型与精斑的不一致,但结果不能确定是否为基因突变,再次补送 7 名谌氏家族父系个体血痕。通过 Y-STR 检验,发现其中 2 人的 Y-STR 分型与精斑分型完全一致。经过常染色体检验,虽然排除了精斑是 2 人所留,但可以肯定犯罪嫌疑人与他们属于同一父系。

当地警方又送来了八代内同属该父系的 9 名男性个体血样。检验常染色体 STR,确定犯罪嫌疑人为其中的谌某某(男,18 岁)。在铁证面前,谌某某交代了全部犯罪事实。

9. 广西某地侦破命案

文某(女,6岁半),2006 年 1 月 13 日下午在本村玩耍至下午 6 时家人找其吃饭时发现失踪。2006 年 2 月 6 日下午,在本村文某某的柴草屋里发现尸体。尸体仰卧于地上,上面压着砖块和稻草,裤子脱至双脚踝上方。尸体高度腐败,面部及胸前高度白骨化,臀部及大腿局部形成尸蜡。未发现开放性损伤及骨折,内脏组织已经溶解,无法判断死因。在死者长裤(未穿内裤)的裤裆处提取有毛囊的阴毛 1 根。

对提取的生物检材和排查出的 22 名嫌疑对象血样进行检验。常染色体 STR 分型,检验结果 22 名嫌疑对象均不是现场检材的遗留者。将 STR 分型结果进入广西公安机关 DNA 数据库和中国法庭科学 DNA 数据库检索,没有发现 DNA 数据相匹配的前科人或案件物证。

所送检的生物检材和 22 名嫌疑人的 Y-STR 基因型对比,与其中 13 名嫌疑对象 16 个 Y-STR 基因座分型相同,提示生物检材的所有人与上述嫌疑对象同属一个家系分支。全村 13 岁以上同一家族的男性 91 名,父系排查排除 52 人,包括非本姓支系 8 人,死者所在支系 44 人;血缘关系排查排除 32 人;最后 7 人不能排除,经检验,嫌疑人文某某的 9 个基因座与生物检材一致。经审讯,文某某对犯罪事实供认不讳。

10. 河北唐山侦破奸杀案

2007 年 2 月 1 日晚,河北唐山丰润区东珠峪村发生 1 起恶性刑事案件,1 名 10 岁幼女被强奸杀害。侦查技术人员在受害人尸体上提取了犯罪嫌疑人遗留的精斑。

经查,2 月 1 日晚 6:30 左右,死者到本村一家小卖部买东西后一直未归,家人四处寻找。2 月 2 日上午,其家人在村中一院落里发现了受害人尸体。该村属于偏远山区,经济落后,交通闭塞,基本排除流窜作案的可能性。在没有任何其他侦察线索的情况下,技术人员提出利用犯罪嫌疑人遗留的精斑,通过 Y 染色体来确定犯罪嫌疑人所属家系。

Y 染色体是男性特有的性染色体,其遗传方式呈单向父系遗传,传男不传女。于是,警方就利用 Y-DNA 父系遗传的特点,对村里 2 000 多口居民进行家系排查,进一步缩小侦查范围,并采集了各家族代表性人员的血样。经检验,犯罪嫌疑人 DNA 父系遗传标志的 11 个基因座与村里董姓家族 DNA 父系遗传标志只差 1 个基因座。为求证这个差异是本家族的变异还是属于其他家系,法医携带检材到北京进一步检验,结果证实差异来自变异,于是确定犯罪嫌疑人就在董姓家族中。

专案组通过对董姓家族的成员逐一排查,对排查出的重点人员抽出血样进行 DNA 检验分析,嫌疑人董某某(男,21 岁)DNA 基因与提取精斑的基因完全一致,于是认定犯罪嫌疑人是董某某。经审讯,董某某在铁证面前交代了强奸杀人的犯罪事实。

11. 湖北武汉侦破抢劫杀人案

2006 年 9 月,武汉某城区一招待所发生持刀入室抢劫杀人案件,一死一伤,死者与伤者的手机及招待所的少量营业款均被抢走。现场勘察及 DNA 检验,发现反常血迹分布,确定罪犯受伤。

同年 9 月和 12 月,通过对死者和伤者被抢手机定位,发现手机出现区域在武汉远郊一农村。周围居住人员主要为胡氏家族和王氏家族两大姓氏,两家族具有自明清以来完整家谱,周围 12 村落中每家族均有 2 000 名左右男性后裔。因此,该案具备 Y-STR 排查的基本条件,应用 Y-STR 排查法对比现场犯罪嫌疑人 Y-STR 及 STR 特征,5 天后抓获犯罪嫌疑人。

12. 河南某地侦破奸杀案

2005 年 11 月,河南某乡发生 1 起强奸杀人案,死者闫某(女,25 岁)从乡镇回家,在离家 50 米处遇害。现场死者棉袄上可疑斑痕、死者阴道分泌物均检出新鲜精子。现场附近提取 2 枚新鲜烟头。经 DNA 检测,均为同一男性所留。通过 ABO 基因型检测,结果为 AB 型。

采用 Y-STR 对本村及周围 10 个村庄内 53 个家族进行排查,认定罪犯与王氏家族有关。对王氏家族 72 名男性进行 ABO 血型检测,结果 3 名男性为 AB 型,通过 STR 检测,认定王某为犯罪嫌疑人。

13. 贵州遵义破获 11 年前杀人案

2005 年,贵州遵义汇川区三阁公园发生 1 起命案,1 名年轻男子浑身赤裸惨死山上。民警围绕死者生前社会关系展开调查,可是因为无法明确死者身份,案件一直无法取得突破。

2016 年 9 月,民警在对当年的卷宗档案及物证重新整理时,遗留在现场的烟头再次被提取。警方借助先进的技术,锁定了其中 1 名嫌疑人的身份。警方当即将这名嫌疑人抓获。该案共有 8 名涉案人员,大多数都还在遵义。2016 年 9 月下旬,汇川区警方展开收网行动,兵分数路将涉案人员悉数抓获。

14. 内蒙古鄂尔多斯侦破沉积 12 年奸杀案

2016 年 8 月 29 日,杀人疑犯陈某被内蒙古鄂尔多斯市检察机关依法批准逮捕。为了这一天,鄂尔多斯市准格尔旗公安局的民警苦苦追寻了 12 年。

2004 年 12 月 9 日上午,内蒙古鄂尔多斯市一家服装精品店内,身强力壮的女店主徐某被发现遇害身亡。根据案发中心现场精斑、字迹及作案手法,警方将嫌疑人划定为 25~55 岁的成年男子。围绕死者丢失的财物,警方对准格尔旗及周边地区的二手手机市场、金银首饰店进行协查布控,但没有发现可疑赃物。同时,侦查员从门把手、办公桌及抽屉上提取到了 9 枚指纹。最后把这 9 枚指纹全部入库对比,但没有比中。

转眼 12 年过去,至 2016 年,鄂尔多斯警方再次启动侦查机制,尝试利用刑侦新技术破案,再次对现场痕迹物证进行了梳理,提检出一个黄豆大小的可疑精斑。经对比,和死者腹股沟所留精斑鉴定为同一。之后,技术人员进行了 Y-STR 检验,并把这个数据及时通过公安厅申请,再由公安部进行全国协查。

至 6 月 24 日,内蒙古刑警总队接到河南省公安厅的密电,通知案件现场床单的 Y-STR 和河南 2 个地方的 13 个家系 16 个位点无容差全部比中。这 2 个地方一个是河南省濮阳市的陈氏家族,另一个是河南省商丘市柘城县的陈氏家族。也就是说,无论结果是哪一家,案犯肯定是陈姓男子。

办案民警先到了濮阳,调取了当地公安的这个家族的 12 个家系图谱,共有 2 000 多名男性,多得出乎意料。在仔细做了家系成员的甄别后,民警采集了 48 份血样,快递回鄂尔多斯做 Y 染色体和全部染色体的 DNA 检测,但可能性都被排除了。

然后,民警又到了商丘柘城。柘城县陈姓家族有作案嫌疑的排查对象有 200 多人,当地公安局在建设 Y-STR 数据库的时候已经对这个家系的 13 名男性进行了血样采集。民警首先对这 13 份血样进行了分析对比,其中一名陈姓男子引起了民警的高度怀疑,其 Y 染色体上 27 个 STR 基因座跟尸体精斑和床单精斑的 27 个 STR 基因座全部比中。

民警立即围绕陈某展开调查。陈某现年 34 岁,十几年前曾有短暂外出打工的经历,但回来后结婚生子,再没有外出,也没有任何违法犯罪记录。如果要进一步确定陈某的作案嫌疑,只能对陈某的 DNA 与死者身上提取到的精斑 DNA 进行对比。

在对陈某成功进行抓捕后,DNA 对比结果显示,常染色体 DNA 跟案发现场床单上的、死者腹股沟微量的精斑常染色体 DNA 完全一致。因此可以确认,此人就是当年的案犯。同时,民警从陈某家中搜出的账本上提取到了陈某的笔迹,与当年案发现场留下的笔迹进行对比,也印证了这一结论。陈某对抢劫强奸杀人的事实供认不讳。

15. 北京破获抢劫手机案

姓氏检测技术近 10 年来破获了数以万计的刑事案件,取得了很大的社会效益,为打击犯罪做出了贡献。该技术不仅应用于杀人、强奸这类大案中,盗抢、爆炸、交通事故等案件,也已充分使用该技术。

北京一位女性被人从衣兜里偷走了一部手机,女性只知道该男子大概二三十岁,其他都不清楚。警方检测了女子的衣兜,发现盗抢人员抢走手机一刹那留存在女士衣服的生物物证,提取其 Y-STR 进行对比,锁定到了其家族。通过侦查和技术手段,最终确定了犯罪嫌疑人。

16. 广东梅州侦破陈年杀人案

2011 年 12 月 19 日,兴宁市新陂镇发生 1 起命案,一女事主在家中被害。梅州市公安局法医到场后,将死者十指指甲进行提取送检。经检验,在死者指甲垢内检验出一名男性个体与死者的混合 DNA,怀疑系死者挣扎反抗时抓伤嫌疑人时所留。通过对混合 DNA 进行检验,检验出疑似男性犯罪嫌疑人的 Y-STR分型。

根据生物遗传学理论,一个人的常染色体与他人应当是不一致的(排除同卵双胞胎),但是一名男子的男性后代,在理论上其 Y 染色体基本上是一致的。据此,经前期对 200 余份案发现场周边各姓氏男性个体样本的采集、检验,发现的Y-STR 分型与案发现场附近蓝姓居民的 Y 染色体相符。警方初步锁定了 100多名符合 Y 染色体遗传特征的蓝姓对象,并通过进一步采样、检验对比,成功抓获了犯罪嫌疑人蓝某。

17. 湖北浠水侦破杀人案

2009 年 10 月 9 日,湖北浠水县散花镇 70 岁单身汉任某在家被人杀害,尸体被投入水井中。民警走访调查后发现,任某曾与 1 名江姓中年妇女同居,案发后江某仿佛人间蒸发。现场米缸旁有 1 个保温杯,地面上还有大量烟头。经检验,在保温杯的杯沿上发现了 2 个人的混合 DNA,其中 1 个是死者的,另外 1 个DNA 的 Y 染色体与死者完全一致。在一个烟头上,办案人员也检测到了这个DNA。也就是说,案发时,有一个男子来过现场,并动过死者的保温杯;而且这名男子与死者来自相同的父系,于是将目标嫌疑人锁定为当地的任氏族人。

在排除发生了遗传变异的分支后,目标对象共有 900 多人,分属 380 多个家庭,分布在 2 个县城 100 多个村组里,采样工作量十分繁重。依据遗传学理论,办案人员要求民警只采户主的血样,通过 DNA 父子单亲对比,即可依据父一代排查祖孙三代,从而大大缩短了采样时间。2009 年 11 月 27 日上午,办案人员终于在几百份检材中找到了匹配的嫌疑人 DNA——55 岁的浠水农民任某某。很快,任某某交代了杀人的作案经过。

18. 四川成都确定车祸死者身份

2016 年 3 月,成南高速距南充出口 7 千米处发生 1 起严重的多车追尾交通事故,造成 2 人死亡,3 人受伤。事故起因是因为前方堵车且下雨路滑,1 辆货车刹不住车,造成 7 车连环追尾。其中 1 辆捷达轿车受前后两方大货车挤压,驾驶室和副驾驶室严重变形,司机与副驾驶乘客当场死亡,且无法辨认死者身份。

工作人员对现场进行勘查,提取死者的生物检材。通过副驾乘客的生物检材,与认领亲属进行亲子鉴定,并通过常染色体 STR 检测的方法确认了身份。而疑似李某的司机由于认领的亲属中不存在具有亲生血缘关系的家属(李某无子女,无兄弟姐妹,父母去世),所以只能通过与李某的堂哥李某某进行 Y-STR 检测,以确定两者是否具有同一父系亲缘关系。通过对两者 24 个 Y-STR 基因座的对比,结论认为 DNA 分型一致,属于同一姓氏的父系家族,从而确定了驾驶员的身份。

19. 河北某县破获奸杀幼女案

某年 9 月 17 日,在河北某县玉米地里发现 1 具无头裸体女尸。经当地村民辨认,死者为该村 12 岁小学生凡某。技术员从尸体的阴道擦拭物中检出了 Y-STR 分型。在分析家系时,排除突变干扰,成功锁定嫌疑人。

9 月 20 日,该案的唯一物证阴道擦拭物及与凡某关系密切的 3 名重点嫌疑人的血样被送检。阴道擦拭物检出大量精子,阴道擦拭物及血样 DNA 提取采用 5‰Chelex100 快速提取法,采用 Identifiler 试剂盒进行样本扩增和 STR 分型,ID 试剂盒检出一混合样本,包含死者和一未知男性 DNA,与 3 名重点嫌疑人比较,均被排除。

分析该案,发现有以下特点:

(1) 受害人为小学生,活动范围小,社会关系简单。

(2) 当日下午 4 时左右,有人在村内见过受害人,晚上失踪,抛尸地点在村边玉米地内,其遇害地点应在村内或附近村庄。

(3) 受害人遇害后被碎尸,犯罪分子可能独门独院居住,方便作案。

(4) 受害人处女膜破裂,阴道擦拭物检出大量精子,犯罪分子应为成年男性。

(5) 受害人所在村庄及其周边村庄均为姓氏聚居的自然村庄,适合用 Y-STR 家系排查法进行筛选。Y-STR 分型采用 Y-Filer 试剂盒,检出一未知男性

Y-STR 分型。

据此,采用 5 代采血法秘密采集了凡屯村及其周边 8 个村庄 23 个家系的烟头、毛发等样本。通过 Y-Filer 试剂盒进行数据比较发现,23 个嫌疑人中共有 8 名白姓男子,这 8 名白姓男子共检出 5 种 Y-STR 分型(见表 8-6),其中分型 1 除了 DYS385 基因座不同之外,其余均相同。

经调查发现,这 8 名男性均来自凡屯村。凡屯村为一个大的家族型村落,村中聚居都为白姓,因此推断犯罪嫌疑人与白姓家族有血缘关系,于是将犯罪嫌疑人锁定在凡屯村白姓家系上,随后,办案人员取了凡屯村白姓家系 53 个分支的毛发、烟头等样本进行 Y-STR 分析,从中筛选出白甲所在的家系分支与受害人阴道擦拭物精斑 Y-STR 分型完全一致。

白某现年 29 岁,单身,在凡屯村独院居住,符合犯罪嫌疑人的特征,从而认定白某为强奸杀害幼女凡某的真凶。经审讯,白某供述了犯罪事实,并根据其供述找到了受害人的人头、衣物及作案时穿的血衣和凶器。至此,该案成功告破。

表 8-6　阴道擦拭物和 8 名白姓男子 Y-STR 分型结果

检材	DYS456	DYS389 I	DYS390	DYS389 II	DYS458	DYS19	DYS385	DYS393
阴道擦拭物	16	12	23	29	18	16	14/17	12
分型 1	16	12	23	29	18	16	13/17	12
分型 2	16	12	23	29	18	16	13/17	12
分型 3	16	12	23	29	18	16	13/17	12
分型 4	16	12	23	29	18	16	13/17	12
分型 5	16	12	23	29	18	16	13/18	12

检材	DYS391	DYS439	DYS635	DYS392	GATA-H4	DYS437	DYS438	DYS448
阴道擦拭物	10	13	19	13	13	15	10	19
分型 1	10	13	19	13	13	15	10	19
分型 2	10	13	19	12	13	15	10	19
分型 3	10	14	19	12	13	15	10	19
分型 4	10	13	19	12	13	15	10	20
分型 5	10	13	19	13	13	15	10	19

20. 河北某地侦破劫杀出租车女司机案

2011 年,河北省某地发生了 1 起抢劫杀害出租车司机的案件。出租车司机成某(女)在运营时被人以打车为名诱骗至僻静处,嫌疑人用事先备好的凶器对被害人实施了抢劫并将其杀害。

由于该案案发地偏僻少有人经过,案发后嫌疑人购置了铁锹、电热毯等工具,并在充足的时间里清洗了被弃车辆,用电热毯将尸体包裹后掩埋,此外现场没有留下指纹、足迹。警方判断,嫌疑人对案发地较为熟悉,因此周边村庄人员作案可能性较大。

通过对案发现场的仔细勘察,技术人员发现,从现场提取的血迹均来源于死者,而电热毯电源线断端及捆绑电热毯的电源线上检出的混合 DNA 中包含了死者和一未知男性的 DNA 信息。

技术人员随即对提取的 DNA 样本进行 Y 染色体检验,确定了嫌疑人的父系遗传特征分型,并以此检测结果对案发地周边村庄所有家族的男性个体展开家族排查。经排查对比,某村姚姓家族成为重点检测对象。警方对该家族男性个体做 Y 染色体检验,最终确定姚某(男)为该案的嫌疑人。

21. 美国波士顿破获 50 年前奸杀案

1964 年 1 月,19 岁的 Mary Sullivan 从美国麻省科德角前往波士顿,她在波士顿租下了一间公寓。然而,当她到达公寓几天后,人们发现她死了。凶手强奸了她,并将她杀害。

Sullivan 只是受害者中的一位,此后嫌疑人 Abert DeSalvoy 被抓获,他承认自己一共杀害了 11 名女性。然而,他后来又翻供,人们开始怀疑真正的凶手可能已经逃跑。因为 DeSalvo 没有承认过任何一起杀人案,而是以强奸罪被判入狱。1973 年,一同被关押的犯人将他谋杀。DeSalvo 死后几十年,专家们都在争论他是否是波士顿强奸杀人案的凶手,真正的凶手是否还在逍遥法外。

2009—2012 年,波士顿警方的悬案调查队伍开始利用司法学会的部分成果来对比 DeSalvo 的侄子的 DNA,并与受害人 Sullivan 体内的精液的 DNA 进行对比。

经过对比,他侄子 DNA 的 Y 染色体 STR 基因与谋杀案疑犯 DNA 的一致。对波士顿警方来说,DeSalvo99.9%是该案的凶手。但由于在父系的所有男性个体中,包括兄弟、父子、叔侄、堂兄弟和祖孙等都具有相同的 Y-STR 单倍型,Y-STR 不能更精确地表明凶手是谁。为了得到准确的结果,2013 年 7 月,当地警方挖掘出 DeSalvo 的尸体,根据 3 颗牙齿和股骨进行 DNA 检测,最终确认 DeSalvo 奸杀了 Mary Sullivan。

22. 内蒙古赤峰侦破积压 11 年女教师被杀案

2014 年 9 月 1 日,松山区公安分局刑侦大队破获了积压 11 年之久牤牛营子中学教师贺某某被杀案。

2003 年 8 月 1 日晚,松山区牤牛营子中学教师贺某某(女,39 岁)骑自行车回家途中被杀害。松山分局迅速组织警力,先后调查走访了 18 个村庄,对 1 万余人开展工作,虽经大量努力,但案件始终没有进展。

2013 年,松山区公安分局在破案攻坚战役中,将 2003 年"8·1"贺某某被杀案列为重点案件,并从现场遗留的血衣上提取了检材,经过大量的 DNA 数据检验对比,将侦查范围缩小至松山区某镇某村张姓家系。在此基础上,专案组经进一步工作,最终确定了张某某为 2003 年"8·1"杀人案的犯罪嫌疑人。

2014 年 8 月 27 日,专案组连夜赶赴乌海市进行抓捕,经过近 28 个小时的不懈努力,8 月 30 日 16 时将准备外逃的犯罪嫌疑人张某军在乌海市海勃湾区一平房内抓获。经讯问,张某军交代了 2003 年 8 月 1 日 19 时许将贺某某在回家途中杀害的犯罪事实。

23. 内蒙古赤峰破获 2 年前杀人案

2013 年 12 月 26 日,赤峰市公安局松山区公安分局利用 DNA 技术,破获 1 起积压了两年多的故意杀人案。

2011 年 8 月 17 日 12 时 47 分许,松山区公安分局 110 指挥中心接到动力机胡同"青年驿站"旅店 1 名工作人员报案称:在该旅店一房间内发现 1 具无名女尸。民警迅速赶到现场,经对女尸勘验,提取生物检材,初步确定为他杀。此后,调查摸排的范围从松山区扩展到了赤峰市的 12 个旗县区,走访调查 10 万余人,但是案件一直没有突破性进展。

2013 年初,松山区公安分局建成了赤峰市首家 Y-STR 数据库。在建设的过程中,依据该数据库,该局相继破获了多起抢劫、强奸、盗窃电力设施等案件。11 月,通过 Y 数据库对比,专案组发现松山区的曹姓家族与该命案犯罪嫌疑人的 Y-STR 一致。并在深入对比中了解到,曹姓家族有改姓的经历,与当地王姓家族有直接亲属关系。专案组遂入库对比了王姓家族 Y-DNA 血样,初步确定,犯罪嫌疑人为王姓家族中的一员。12 月 25 日,按照父系单亲遗传关系,专案组逐一取血对比了王姓家族的每个人,终于成功比中王某某。12 月 26 日上午,专案组抓获了准备外逃的犯罪嫌疑人王某某。同日,另一名犯罪嫌疑人马某某也被抓获。经审讯,王某某和马某某对犯罪事实供认不讳。

24. 山东青岛侦破奸杀案

2006 年 4 月 9 日清晨,一位登山爱好者发现崂山巨峰景区的盘山公路下有具女尸,便向警方报警。办案人员对受害女子身上的可疑斑迹进行检验,结果检出一男性 STR 分型。

民警在前期的调查中,已查访了一些可疑人员,并对比重点可疑人员 DNA 样本,可经检验,未有结果。事过多年,专案组再次将案情认真研究,发现此案有多个特点:

(1)案发现场遗留有男性犯罪嫌疑人完整的 DNA 分型。

(2)犯罪嫌疑人对案发现场环境比较熟悉,侵害目标明确。

(3)案发现场地附近的居民区域局限,居住人群的遗传关系相对稳定。

据此分析,犯罪嫌疑人应为附近村民,于是进行采样工作。法医对多份样本逐一进行检验,在检验到第 560 份 DNA 样本时,发现本村王氏家族与现场生物物证的 Y-STR 分型一致。根据这一结果,专案组确定此案的犯罪嫌疑人应为王氏家族成员之一,并顺线检验出王某某的 STR 分型与现场遗留的生物物证完全一致。经审讯,王某某对强奸致人死亡的犯罪事实供认不讳。

25. 河南某县侦破抢劫强奸独居老年妇女系列案

河南某县在某年 6～9 月发生了 3 起案件,独居老年妇女徐某(82 岁)、黎某(71 岁)、梁某(88 岁)在家中被一男子强奸,并抢走家中现金(数量不大)。

经过现场勘察,提取受害者的阴道擦拭物或内裤上可疑斑迹等生物检材,经过 DNA 检验,证实上述案件提取的 STR 分型均为同一男子所留。专案组决定,对生物检材进行家系排查,指明侦查方向,划定侦查范围,确定犯罪嫌疑人所在的姓氏家系。

经 Y-STR 基因分型测序检验分析,发现案发当地的梁姓家系 Y-STR 分型与案件所提供的生物检材 Y-STR 分型一致,结合传统侦查手段,将犯罪嫌疑人锁定在梁某身上。经过复检,梁某的 STR 分型与现场提取物一致,该案件告破。

Y-STR 检验家系排查与传统的案件侦查手段相结合是案件侦破的保证。专案组经过几个月艰苦细致的侦查,在案发地及相邻乡镇的 120 个村庄共检出 82 名重点怀疑对象,但经过 DNA 基因分型测序检验,嫌疑对象均被排除。随着案件侦查的进一步深入,发现梁某有盗窃前科和赌博嫖娼劣迹,家庭经济情况很差,与犯罪嫌疑人的特点相似,专案组秘密提取其检材送检,经DNA测序检验,结果证实梁某的STR分型与案件提取的生物检材STR基因分型一致。

26. 河南某地侦破抢劫杀人案

某年某日凌晨,潘某独自一人骑摩托车途经一村村口时,被人持械袭击殴打,并抢走身上财物,潘某受伤后到医院抢救无效死亡。经DNA基因分型测序检验,现场路面的2处点状血迹非死者所留,均为另一男子所留。经过Y-STR分型检验,认定是与死者潘某同宗的某一潘姓男子所留,所以疑犯也应姓潘。

专案组对现场周边及周边的可疑对象进行了逐一摸查,提取160多户潘姓村民的生物检材送检。现场血迹经Y-STR基因分型检验,被认定是死者潘某的同宗潘姓男子所留,送检潘某(男,60岁)的STR基因分型与现场路面的2处点状血迹STR基因分型符合单亲遗传关系,于是立即对死者村庄的160多户潘姓村民重新逐一排查并提取生物检材。经调查,发现其子有重大嫌疑,经过对潘某之子的DNA检验,证实其STR分型与现场犯罪嫌疑人遗留血迹的分型一致,案件告破。

27. 河南安阳侦破17年前奸杀案

1999年的一个冬夜,在107国道东侧宝莲寺镇南田村一路沟内,一名21岁女子被残忍奸杀。民警除了从女子身上提取相关物证外,没有其他有价值的线索。2016年8月30日,安阳县公安局对外通报,已经利用新技术成功侦破了这起17年前的强奸杀人命案。

1999年1月23日10时许,原安阳县公安局宝莲寺派出所接到群众报警,称在107国道东侧宝莲寺镇南田村一路沟内发现1具女性尸体,民警立即赶赴现场,看到路沟里躺有1具年轻女尸,其上衣被人向上推卷并蒙住了面部,而女子的头部、面部也都有明显打击损伤。经过分析,民警判断该案为强奸杀人案。

因为涉及人命,安阳县公安局刑侦科学技术室的侦技人员很快赶赴现场开展侦破工作。与此同时,汤阴县警方接到了当地群众的报警,称其一名女性朋友失踪,随后经核实,确认了被害女子的身份。

在对被害女子生活轨迹进行调查后警方得知,该女子是一名来自浙江的21岁年轻女孩,长相秀美。平时她和朋友在安阳市区租房居住,1999年1月22日当夜,她独自从汤阴县城步行回安阳市区途中失踪。

案件发生后,案发地附近村民人心惶惶,天黑后女孩不敢在路上行走,给民警侦破案件造成了巨大的社会压力。尽管安阳县公安局抽调了大量警力进行排查,侦技人员在现场提取了很多物证,可受到当时侦查、技术等条件限制,案件一直没有取得实质性突破。

2012 年,公安部安排部署了全国清理命案积案统一行动,安阳县警方对所有积案进行进一步整理,并安排专人对案件的线索再次调查,对现场物证送上级技术部门,同时再检验卷宗材料和现场物证……虽然该局也连续侦破了多起命案积案,可 17 年前的这起奸杀案仍没有太大进展。

2016 年 8 月,省公安厅再次对清理命案、积案统一行动加大力度,安阳县公安局再次把这起案件定为重点关注案件,成立专案组,负责案件侦办,对物证再次检验,排查案件线索。2016 年 8 月 25 日 6 时,通过多方努力,民警锁定了家住龙安区的犯罪嫌疑人朱某,并迅速制订了抓捕计划。随后,在朱某家将其抓捕归案。

经审讯,朱某如实供述了作案过程。1999 年 1 月 22 日夜,朱某骑自行车从家出发,在 107 国道上漫无目的地闲逛。由于天冷,路上仅有几辆车通过,也没有什么人。骑行至村口时,他隐约发现前方有一个长发飘飘的女子。朱某加快了骑车速度凑上前去才看清:原来眼前是一名皮肤白皙、长相秀美的年轻女子。朱某喊了一句:“你干啥呢?”瞬间吓坏了年轻女子,女子随即逃跑,朱某紧追。追逐期间,女子掉进了沟里。看到眼前昏迷的年轻女子,朱某心生歹念,便向女子伸出了魔爪,实施了强奸。

期间,女子反抗挣扎,朱某恼羞成怒,便随手捡了一个硬物朝女子头部多次砸击。随后,朱某便骑车回了家。第二天,当村里传出村子路沟里躺了具女尸后,朱某才得知女子身亡,心里十分害怕。17 年来,朱某一直抱有侥幸心理,以为自己之前的罪行没有留下痕迹。

28. 河南南乐破获 22 年前杀人案

1994 年 3 月 15 日 7 时许,河南省南乐县千口乡焦村村民陈某某(女,32 岁)被发现死于家中院内,警方认定系他杀。由于受技术条件所限,虽经多次组织专班攻坚,但历经二十余年未能破案。

2016 年伊始,南乐县公安局将 1994 年“3·15”陈某某被杀案列为攻坚目标,组成攻坚专班,对物证检材进行再次检验,成功检验出犯罪嫌疑人常染色体DNA 数据和 Y-STR 数据,同时判定应为熟人作案,疑犯对周围环境较为熟悉,在周围应有固定居住点。利用 Y-STR 进行家系排查破案,坚持“以 Y 找群、以

DNA 找人"的工作思路。

经连续数月工作,案件取得重大突破,山东省莘县张寨镇某村杨姓的 Y-STR 比中现场物证 Y-STR。侦查员遂对该杨姓家族重点年龄段男性进行逐一排查,最终确定了犯罪嫌疑人杨某某,并于 10 月 9 日对其实施了抓捕。经审讯,杨某某经他人介绍并付礼金欲与被害人结合,后产生纠纷和争执,继而持刀将被害人杀死。

29. 内蒙古赤峰破获锡林郭勒抢劫金店案

2015 年 10 月 31 日,内蒙古多伦县多伦诺尔镇东仓路老凤祥鑫盛源金店发生持枪抢劫案。案发后,公安机关经过现场勘查、调查访问、视频侦查初步确定 2 名嫌疑人,但是 2 人均进行了伪装。公安机关使用 Y-STR 对比技术,成功锁定 2 名犯罪嫌疑人,17 天侦破这起抢劫案。

10 月 31 日 13 时 9 分,2 名经过伪装的犯罪嫌疑人进入店内后,各持一把手枪控制住店员,用锤子砸碎玻璃柜台进行抢劫,共抢走总重约 600 克的黄金首饰,价值约 18 万元人民币,作案后驾驶一辆红色摩托车迅速逃离现场。

11 月 7 日,专案组根据群众提供的线索,在大河口乡二道沟水库东北河边发现相关物证。专案指挥部通过进一步加大排查力度,及时对相关物证检验鉴定,提取出 2 名男子的 DNA 数据,经分析对比后,于 11 月 13 日锁定了犯罪嫌疑人。11 月 17 日,公安人员在赤峰市林西县成功将犯罪嫌疑人刘某某、康某某抓捕归案,并缴获作案枪支。

30. 云南保山侦破投毒案

2014 年 3 月 21 日,保山市高黎贡山旅游度假区江东村发生村民饮用自来水后中毒事件,造成 28 名村民出现不同程度中毒症状入院治疗。这起案件引起了村民恐慌和社会广泛关注。

现场民警仔细搜索,在水源附近发现了 1 个农药塑料包装袋。通过微量 DNA 检验技术,在袋子上成功获取到 1 名男性 DNA 数据。为缩小范围,更好地为侦查破案指明方向,技术人员利用 Y-STR 数据检验分析,对发生中毒的 2 个村子 200 余人采集血样进行检验,排除了前期怀疑对象的作案嫌疑,锁定了真正的犯罪嫌疑人,将已潜逃出去 10 余里外躲避的嫌疑人李某抓获。李某如实供述了自己的犯罪事实。

31. 云南保山侦破杀人案

2015 年 10 月 28 日,施甸县仁和镇苏家村 1 名年近 80 岁的老人在自家小卖部里被杀害。民警在现场反复勘查,收集了大量可能成为指认犯罪分子的物证,及时送市公安局 DNA 检验室,在案发现场的橱柜门窗把手上成功检出男性 Y-STR 分型。

此后,民警采集了附近村庄 200 余份家系代表血样送检,发现有 3 个家系染色体与橱柜门窗把手提取到的染色体一致,大大缩小了排查范围。通过对 3 个家系人员进行排查,终于锁定犯罪嫌疑人,侦破该案。

32. 安徽芜湖破获 17 年前奸杀案

2015 年 1 月 5 日上午,安徽省芜湖市中级人民法院根据安徽省高级人民法院的指定管辖,对芜湖市人民检察院提起公诉的被告人武某某强奸案进行不公开开庭审理。经过 4 个多月的审理,法院查明,1996 年武某某通过朋友认识了被害人韩某。1996 年 12 月 2 日早晨,在韩某丈夫于某某上班后,武某某来到韩某家,敲门进入后,欲与韩某发生性关系,遭到韩某拒绝。于是武某某通过捆绑双手、捂压口鼻等暴力手段对韩某实施了强奸,事后发现韩某窒息死亡。随后武某某找来菜刀割断韩某颈部,切断韩某家中电话线,翻乱抽屉,伪造犯罪现场,并将液化气罐打开搬至屋内,点燃蜡烛,意图制造爆炸彻底毁灭犯罪现场。

案件发生后,韩某丈夫于某某被指有重大嫌疑,并被法院以故意杀人罪判处无期徒刑。2013 年 8 月 13 日,经过安徽省高院复查再审,于某某被宣告无罪,结束 17 年漫长冤狱。2013 年 11 月 27 日,公安机关通过现场物证、技术分析和当年精液样本的 DNA 对比,将犯罪嫌疑人武某某控制。经过 4 次询问后,武某某供述了 17 年前强奸杀害韩某的犯罪事实。

33. 山西临汾认定突水事故遇难者身份

山西临汾公安局建立了 Y-STR 数据库。2008 年,襄汾"9·8"溃坝事故中,运用 Y-STR 检测技术认定遇难者 54 人。2010 年 3 月 28 日,王家岭煤矿发生突水事故,造成 38 人遇难。遇难者中有 11 人只有兄弟前来认领,只能通过父系 Y-STR 检验进行对比分析确定身份。将 38 名遇难者和 11 名亲属的 DNA 信息导入 Y-STR 数据应用系统,确定了 11 名遇难者的身份。

34. 陕西西安破获 3 年前系列抢劫强奸案

2013 年 9 月 15 日,陕西西安某村村民李某在家中被一蒙面男子强奸,事后抢走现金 2 400 元;2013 年 9 月 30 日,该村张某以同样方式被强奸并抢走现金 360 元及黄金饰品。经 DNA 检验,两起案件均获得同一陌生男性的 DNA 分型,两案并案侦查。

在前期侦查无果的情况下,专案组考虑到该村交通不便,人员流动性不大,人员较为固定,决定利用 Y 染色体进行家系排查以缩小侦查范围。经过前期了解后,专案组采集了附近 11 个村庄共计 183 份代表性人员的血样进行 Y-STR 基因型对比。检验结果显示,两起案件现场遗留精斑与送检的附近一个村庄田系家族来源于同一父系。

2016 年 11 月 24 日,犯罪嫌疑人田某在得知其父亲田某某被采集血样后,迫于压力投案自首。11 月 25 日经过检验其常染色体 STR 基因型确定上述 2 起案件遗留精斑系田某所留,至此该村系列抢劫强奸案成功告破。

该系列案件是西安市第一次利用 Y-STR 破获的案件。破案的关键有以下几点:

(1)熟悉 Y-STR 理论,并有意识将其应用于实际案件中。

(2)通过全面仔细的现场勘查,提取到嫌疑人遗留的精斑。

(3)结合该村及周围村庄实际情况并通过对案发现场的分析划定了排查范围,细致梳理各姓氏族群及其家系分支,将各族群家系有代表性的男性血样进行采集。

(4)将侦查和实验室检验有机结合,及时沟通,锁定嫌疑人,破获该案件。

35. 四川资阳破获奸杀案

2012 年 3 月 8 日,某市一按摩店发生 1 起抢劫案,按摩女洪某被嫌疑人刺成重伤,嫌疑人逃脱,对象不明。侦查中,洪某只陈述被人抢劫,其他情况不配合调查。由于 2 月 1 日距离此按摩店不远的另一家按摩店发生 1 起杀人案,按摩女被杀身亡未破,办案民警很重视,按程序提取了现场和伤者体内生物学检材等相关物证。

受害者洪某阴道拭子经 PSA 检验为阳性,显微镜下也未检见精子,现场生物物证均只检出受害人洪某的 DNA,无法确定嫌疑人。但受害人的陈述疑点重重,遂对受害人的阴道拭子仍按照二步法继续提取和检验,成功获得一男子的

Y-STR 结果,显示洪某受害前可能与某男性有性接触。

经过侦查,锁定嫌疑人罗某,起初拒不交代。后提取其生物检材,经 DNA 检验,与洪某体内所获男子 DNA 分型相同。进一步审讯,罗某交代了有关事实,案件侦破。

36. 浙江温州破获焚尸命案

某年 1 月 29 日,浙江温州某路段桥下涵洞里发现 1 具被焚烧的尸体。经勘查,死者全身多处被锐器砍伤致死。现场发现 1 把雨伞,1 个空香烟盒,这些物品表面均有血迹,现场还有多处血迹。在河道中打捞到 1 件制式大衣,衣内包裹 1 把菜刀,菜刀缝隙中有少量血迹。

经检验,现场血迹均系死者所留,现场雨伞的支撑扣表面脱落细胞做出一陌生男子的 DNA 分型。而大衣和菜刀由于水中浸泡过久,其表面提取的可疑斑迹常规检验未能检出有效结果。物证检验后,没有直接认定犯罪嫌疑人的直接证据。实验室听取了现场勘察情况后,认为大衣可能和案件有关,但不能确认雨伞是否和案件有关。经过努力,在大衣领上检测出两名男性脱落细胞的混合型 DNA 分型,进一步分析发现雨伞上的脱落细胞分型包含在混合脱落细胞分型之中。

再行 Y-STR 检验,雨伞的 Y-STR 分型也包含在大衣衣领中的混合 Y 基因分型内。因此确认,大衣和案件有关,大衣上的脱落细胞虽然是混合样本,但可以排除大衣是死者衣物,大衣是嫌疑人案发后丢弃的;大衣上混合脱落细胞中 DNA 分型包含有留下雨伞上的脱落细胞的男子,雨伞是犯罪嫌疑人留在现场的。现场提取的雨伞立即成为侦破此案的最有价值的物证,后根据此物排摸,一举抓获嫌疑人。

此案中,现场的雨伞上检出了 STR 分型,但是难以认定此物证和案件是否有关联。通过常规检验和 Y-STR 检验联合运用,将现场提取看似无关的、分散的物证(菜刀、大衣、雨伞)进行关联,确认了现场的雨伞和案件是直接相关的,为侦查提供了方向,也为破获案件后认定嫌疑人提供证据。

37. 浙江温州破获入室抢劫杀人案

某年 4 月 4 日,温州某镇发生 1 起入室抢劫杀人案,村民陈某某(女,60 岁)被人杀害在家中,被抢走现金、手机及金银首饰等物品,共价值 1 万多元。通过检验分析,现场大多数为死者及伤者所留,仅现场抽屉内一笔记本上采集到的血迹中检测为混合斑迹,主要为陈某某所留,其中夹杂有一陌生男子的 DNA 分型。

此时,勘察人员又送检 1 只在案发现场对面路边提取到的白色"医用口罩",但是随后认为可能是医护人员到现场抢救时遗留的。实验室在口罩上提取到一个陌生男子完整的 DNA 分型。通过对笔记本上的混合斑及口罩上 DNA 的综合分析,发现在很多基因座上互相包含,加做 Y-STR 检验,证实口罩上的 DNA 的 Y 染色体与笔记本上 DNA 的 Y 染色体来自同一父系。实验室确定现场提取的口罩不是医务人员的,是嫌疑人留在现场的,口罩成为侦破此案最为重要的物证。

侦查人员立即重新分析这只口罩,口罩外层的面料采用的确良,其他口罩一般为纱布,有一定的特殊性。针对此口罩的产地、使用、销售范围展开调查,重点调查现场周边县镇的厂家使用口罩的情况,发现是该镇一家工厂的防尘口罩,案发后该厂罩姓两兄弟突然失踪。随后,实验室得知罩某某两兄弟还有一个大哥在温州打工,安排侦查人员提取了其大哥的牙刷进行检验。经鉴定,其大哥的 Y-STR 分型与现场提取的 DNA 的 Y-STR 分型一致。侦查人员直接锁定罩某某两兄弟有重大嫌疑,后抓获对象破获此案。

此案中,实验室对命案现场中提取到的可能发生作用的生物物证,无一遗漏地进行检验,并且充分运用了 Y-STR 检验方法,印证物证的关联。实验室对侦查员已经放弃的现场口罩不放弃,通过 Y 染色体检验,证实了口罩 DNA 的 Y 染色体与现场笔记本上 DNA 的 Y 染色体来自同一父系,从而推理出口罩的关键地位,为案件的侦查提供了方向。其次,通过对嫌疑人的大哥行 Y-STR 检验,进一步确认了犯罪嫌疑人。

38. 河南焦作破获绑架杀人案

2016 年 4 月 26 日,河南鹤壁浚县梨园村发生 1 起 5 岁小女孩被绑架杀害案件。公安机关通过走访排查,很快确定并控制了有重大作案嫌疑的张某某。经过突击审讯,张某某对绑架受害人的犯罪事实供认不讳,但拒不承认将其杀害。因缺乏相关辅助证据,案件的侦办一度陷入停顿。

5 月初,鹤壁市公安局在包裹尸体的编织袋上检出一 Y-DNA 分型,并与张某某所在的张姓家系比中。在强大证据面前,张某某对其绑架杀害邻居女童的犯罪事实供认不讳。

39. 河南西平破获杀人案

2016 年 3 月 17 日,河南驻马店西平县发生 1 起命案。民警在包裹受害者尸体的被子上检出一种 Y-DNA 分型,同时 Y 库比中了上蔡县王莹村一侯姓家系。

侦查人员在排查中发现,此侯姓家系是从上蔡县华坡大岳村迁移而来。顺此脉络,很快在华坡大岳村排查出犯罪嫌疑人,并在嫌疑人家中发现大量血迹。经检验,血迹 DNA 信息与受害者一致,仅用 3 天就破获了以往需要数月甚至数年才能破获的命案,提高了警方办案效率和水平。

通过 Y 库对现场生物检材进行家系对比,只要有比中的家系,就给案件侦查指明了方向,划定了范围,解决了传统侦查手段和走访排查耗费时间久、工作效率不高、结果不准确等问题。

40. 河南焦作侦破 25 年前双尸命案

1991 年 5 月 23 日,河南焦作修武县发生 1 起致 2 人死亡命案,在 1 名女性尸体上检测出精斑,案件一直未能侦破。至 2016 年,焦作市公安局利用 Y 库,将犯罪分子遗留在现场的精斑与商丘市宁陵县史某某所在家系比中。经过细致排查,初步确定史某某大儿子史某周嫌疑最大,在案件发生期间,只有史某周在修武活动过。

史某周已经于 2006 年因病去世,但尸体是土葬,并未火化。公安机关开棺验尸,提取了史某周的牙齿 12 枚及双侧股骨共 2 根,经 DNA 检验,确认修武县 1991 年"5.23"恶性强奸杀人案的犯罪嫌疑人是史某周,从而使这起隐藏了 25 年的恶性案件最终得以侦破,找到了真相。

41. 浙江诸暨侦破 22 年前系列抢劫杀人案

2017 年 3 月 29 日深夜,浙江省公安厅发布消息:3 月 29 日下午 14 时 21 分,宁波、绍兴系列持枪抢劫杀人案犯罪嫌疑人徐某(男,1972 年生,籍贯台州临海市)在诸暨下坊门新村某棋牌室内落网。该犯是系列抢劫案的嫌疑人,其中包括多起大案,案犯现场遗留的遗传物质成为破案关键。

1995 年 12 月 6 日凌晨,他从 6 楼电梯井潜入宁波绿洲珠宝行,制服 2 名保安,劫走 11 千克黄、白金饰品,逃走时用手枪将保安打死。

1998 年 4 月 7 日晚,他从绍兴市供销大厦 3 楼爬入,目标为 2 楼黄金饰品柜,被保安发现,用手枪打伤保安逃跑,现场遗留1副自制消声器和1个自制手雷。

2004年大年夜,他爬入诸暨第一百货商店,又被值班保安发现,用刀、枪打伤保安,逃跑。2007年11月,他在诸暨某珠宝店抢劫,失手,逃离。经过审讯,嫌疑人还交代了另外3起案件,至此7起案件告破。

42. 吉林蛟河破获强奸案

2006年1月9日,时值数九寒天的北国——吉林省蛟河市某镇某山村发生1起强奸杀人未遂案。被害人宋某某(女,19岁),头一天晚上从歌厅(本村所在地有一歌舞厅)回家,刚刚走入院门时,被人从后面捂嘴掐颈致意识丧失后被强奸,半夜时宋某某醒来,被家人救起报案。

经现场勘验及身体检查,在现场提取到宋某某的月经带1片,宋某某内裤1件,阴道拭子1件。经现场勘验结合案件调查分析,应系本地人作案,因此将嫌疑人的范围锁定在本村及到本村走亲访友、回乡过年(发案于腊月初十,距大年三十还有十九天)的年龄段男性人员,经查基本可以排除外来走亲访友及回乡过年的人所为。因此决定从物证上寻找突破口,立即对本村年龄段人口进行采集血液,与现场提取的痕迹物证进行DNA对比。

该山村人口1000多人,年龄段男性人口在600人左右,对于有限的警力而言,工作量实在太大,要找到嫌疑人简直是大海捞针。经研究,首先对筛选出来的24人进行血液采集,并立即送到吉林省公安厅物证鉴定中心进行检验。1月26日,省厅反馈信息称,在送检的现场生物检材中检出一男性DNA,但与送检的24人DNA对比均不符,但经进一步分析对比Y基因座,确认犯罪嫌疑人应系24人中的李姓人员的同一父系遗传的男性亲属,建议采集李姓人员的同一父系遗传的男性亲属。

按照省厅专家的建议,1月27日办案人员到村里进一步调查采集嫌疑人血样。当采集到被害人家对门的李某家时,法医发现嫌疑人李某精神极度紧张,话语行为明显异常,即对其旁敲侧击,施加压力。办案人在返程中,就接到了当地派出所的电话,称李某已到派出所投案自首,自此,案件告破。

本案件破获原本似大海捞针一样艰难,但通过Y-DNA对比分析,使得案件的破获变成了"碗里捞针"一样简单。Y-DNA在有生物检材的案件中将起到不可估量的作用,特别是在我国的广大农村,因历史原因,每个村落多由几大姓氏家族组成,每个家族只需要采集其中1名男性的DNA样本就可以实现全员覆盖,从而将嫌疑人的排查范围缩小,极大地减少破案的成本,缩短破案时间。可以预见,Y-DNA 检验技术在未来的案件破获中会前途无量。

(蛟河市公安局卢英供稿)

43. 山西绛县侦破积压 6 年杀人案

2016 年 7 月 21 日,在公安部和省公安厅强有力指导下,运城和绛县两级公安机关成功侦破绛县 2010 年"4·19"杀人案。

2010 年 4 月 18 日,运城绛县县城 3 名小学生赵某、杨某、吉某结伴外出玩耍,当晚未归。4 月 19 日,有群众在城外西沟一废弃窑洞内发现 3 名女孩尸体。案发后,运城及绛县公安机关立即组织开展侦破。6 年来,公安部专家先后 9 次赴晋组织专案分析,省公安厅专案组先后 20 余次赴绛县指导侦破。此案被公安部列为重点督办案件。

2016 年 7 月,专案组民警在工作中发现,绛县陈村镇东荆下村朱某(男,1988 年 5 月生)有重大嫌疑,于是立即对其展开深入调查。经调查检验,在 7 月 21 日凌晨将朱某 DNA 比中锁定,并连夜将犯罪嫌疑人朱某抓获。朱某对其杀人犯罪事实供认不讳。

44. 贵州贵阳破获 5 年前连环杀人案

2011 年 12 月 19 日、28 日,2012 年 2 月 6 日,贵阳市花溪区连续发生 3 起针对年轻女性实施的杀人案件。犯罪分子杀害女性后对尸体进行残害,并将受害人的衣物抛在人流较为集中的地区,制造社会恐慌。公安部将此案列为挂牌督办案件,多次派员指导破案工作。几年来,贵州警方高度重视,不懈努力,调查足迹遍布全国 10 余个省市,但犯罪嫌疑人一直逍遥法外。

2016 年 3 月,公安部刑侦局将此案定为疑难命案积案攻坚行动的目标案件之一。公安部工作组先后 2 次带领部物证鉴定中心专家到贵阳与专案组共同研判,制定了详细的侦查方案,强力推进案侦工作。

贵州专案组严格落实各项工作,强化信息数据协查对比,于 7 月初与广东省广州市天河区公安机关新采集录入的李某信息数据成功比中。贵州警方立即组织精干警力赴广东省广州市开展抓捕工作。在广州警方的大力协助下,工作组将犯罪嫌疑人李某一举抓获。李某交代了犯罪事实,案件告破。

45. 浙江淳安侦破 23 年前强奸杀人案

2017 年 1 月 21 日中午 11 点,淳安警方召开新闻发布会,通报了 2 起当年震惊全县的强奸杀人案侦破情况。淳安县公安局侦破了发生在该县千岛湖镇(原排岭镇)1993 年"11·22"强奸杀人案及 1994 年"3·25"强奸杀人未遂案,犯罪嫌疑人钱某某(男,50 岁)于 2017 年 1 月 14 日被抓获。经审讯,钱某某对犯罪事实供认不讳。

1993 年 11 月 22 日清晨 5 点多,淳安县委党校门口石阶角落里,几位晨练者发现了 1 具衣不蔽体的女性遗体。当时淳安县城人口不到 4 万,血案迅速在县城中发酵。由于县委党校处于闹市区,众多赶早的路人目击了案发现场,他们也成了该案的传播源。一时间,县城人心惶惶,很多开发区工厂的女工不敢独自下班,一定要有男士作陪才行。

当年,警方尽最大可能收集了毛发等物证,这些物证也成为钱某某如今落网的关键。物证送到公安部物证鉴定中心、沈阳刑警学院去对比 DNA,但当时没有结果。"11·22"强奸杀人案发生后,淳安警方不断扩大排查范围,并逐渐扩展到周边区域。令人意想不到的是,1994 年 3 月 25 日,淳安技校附近又发生 1 起强奸杀人未遂案。这在当时引起了更大的恐慌,女性心生恐惧,都不敢夜间独自外出。

在"3·25"强奸杀人案的侦查中,民警通过现场关键物证确定,该案与"11·22"强奸杀人案系同一犯罪嫌疑人所为。23 年多来,淳安县公安局始终没放弃这 2 起陈案的侦查工作。2016 年 6 月,淳安县公安局 DNA 实验室正式投入使用。随后 2 个月内,实验室将已提取的 6 000 多个男性生物样本建立了专案DNA 数据库。2016 年 10 月以后,淳安警方又提取了 12 000 多个男性生物样本。到了 2017 年 1 月 6 日,专案组民警在 DNA 样本检测时发现,当地某姓氏族群成员有作案嫌疑。1 月 13 日晚,民警确认钱某某个体样本与 2 起案件现场提取检材完全吻合,样本数据采取基于 DNA 技术支撑下男性 Y 染色体检测技术。1 月 14 日上午 10 点左右,钱某某在淳安县威坪镇被捕获。

46. 贵州凤冈侦破 4 年前女演员被杀案

2012 年 8 月 30 日,一个下雨的早晨,凤冈县公安局接到市民报案,位于城区的凤凰广场一个角落里有 1 名年轻女性被杀害,该女子呈跪卧状,身上有多处刀伤。这起案件发生时虽然是白天,但是由于当时正在下大雨,所以没有任何目击证人看到案发经过,很多关键物证也随着雨水的冲刷消失殆尽。

警方很快确认了受害人身份,是凤冈县文化馆艺术团的演员崔某。崔某年轻漂亮,经常参与艺术团组织的演出并担任大型活动的主持工作,在当地十分有名。而她被害的现场距其上班的单位仅有十多米远。死者颈部有肋迫伤,背部有 3 处致命伤,这 3 刀每刀都进入右胸腔,分别刺中了肺部的上中下叶,致胸腔大量积血,积血约有 1 000 mL。

从受害人身上的几处刀伤来看,嫌疑人下手极为凶狠,警方立即抽调骨干人员组成专案组,做了大量的排查工作,耗费大量的人力物力,但是案件却始终没有进展,侦破工作一时陷入僵局。

2014 年,遵义市公安局启动了旧案、积案侦破机制,针对一些未破获的案件,重新调整侦查思路,将当年提取的生物检材,重新送到权威机构进行检测鉴定,获得了关键信息,并最终将这起悬案解开。专案组的法医团队在受害者身上的痕迹物证上,提取了大量的生物检材,在公安部的指导下,这批物证被送至江苏省南通市公安局刑事技术室进行鉴定。

2016 年 6 月 13 日,凤冈县公安局拿到了生物检测对比结果,在受害者的白色 T 恤上,检验出了 1 个生物检材关键,意味着通过接触性 DNA 对比可以获得嫌疑人身体的生物物证,这样就可以把侦办排查的范围明确缩小到嫌疑人的家族谱系。2 家单位经过检验鉴定后,直接把范围缩小到凤冈县一刘姓家族。

警方在排查中发现 1 名辍学并消失的刘某,正是这一刘姓家族中一员。多方信息反馈都指向这个人,警方将刘某作为案件最重要的嫌疑人立即开展调查工作。

刘某被抓获后,很快供述了自己的犯罪行为。原来,案发的前一天,刘某约女朋友简某在广场周边闲聊,突然想起 9 月 1 日是女朋友的生日,可是自己却没钱买一个像样的礼物。于是他心生歹念,决定去抢劫。

当晚送走女朋友后,刘某开始在广场寻找作案目标,但是一直没有找到下手机会,就在广场的一个亭子里睡了一晚。第二天早上,崔某出现在他视线里,刘某趁雨天广场上没人,将崔某挟持到广场角落抢劫,又在情急之下将其杀害。

47. 湖北黄梅侦破抢劫杀人案

2014 年 1 月 22 日上午,湖北省黄梅县孔垅镇梅坝村村委会附近路边,路人发现以开载客机动三轮车为生的妇女占某被杀,头部血肉模糊,背包内现金 200 余元被抢。警方调查走访后,判断嫌疑人是本地人,随后排查出 302 名可疑人员。

警方从现场采集到 78 份痕迹物证,其中在受害人的背包带上提取到微量男性 Y 染色体。Y 染色体通过父系遗传,与姓氏一致。现场周边有近 6 万人口,涉及姓氏百余个。一周后，DNA 对比表明，嫌疑人可能姓沈。沈姓在当地是大姓，涉及 8 个村，仅孔垅镇就有 5 000 余人。为缩小侦查范围，警方绘制出沈家家族图谱，确认 302 名可疑人员中的沈某杰有重大嫌疑。5 月 24 日，沈某杰落网。

沈某杰年仅 16 岁，2013 年 4 月因在深圳持刀抢劫单身女性，被判缓刑。审讯中，沈某杰交代了持剪刀抢劫并杀害占某的事实。作案后，他将剪刀扔在附近坟山，后被警方取获。

48. 河南某地侦破杀人抛尸案

某年 7 月 2 日上午，河南某地村民抗旱浇灌作物，在田间地头的机井内发现 1 具裸体女尸，躯干部漂浮在水面，下肢在水中，呈高度腐败。尸体检验见女尸头皮有多处创伤，颅骨上有骨折印迹，右侧颧弓凹陷性骨折，四肢皮下出血，软组织损伤，系多次形成。经了解，死者系现场 10 千米外相邻乡镇的智障村妇，6 月 19 日和家人干农活时走失。由于阴道擦拭物未检出精斑 DNA，故重点检验子宫擦拭物。

纵向切开子宫，暴露宫颈管和宫腔内膜，在宫颈口、宫颈管及宫腔先后用 12 根生物物证提取棉签（公安部物证鉴定中心研发）反复擦拭，每根棉签的擦拭部分剪如 1.5 mL 离心管中，在离心管内加入纯水 1 000 μL 和蛋白酶 K60 μL（10 mg/mL）、10% SDS100 μL，56℃ 保温过夜，其间添加蛋白酶 K60 μL，离心后取上清液过 Microcon - 100 柱，得到液体 30 μL，然后将该液体和"二步消化法"的沉渣，参照德国 QIAGEN 公司的 M48 磁珠法手动操作步骤，提取基因组 DNA。分别采用 Identifiler 试剂盒和 Y-filer 试剂盒进行复合扩增，其中取 PCR 反应液混合物 6 μL 和上述模板 DNA4 μL 在 9700 型扩增仪上标准程序进行扩增。扩增产物在 3130XL 型遗传分析仪上检测，用 GeneMapperID V3.3 软件进行 STR 分型。结果显示，沉渣未得到 STR 分型，上清液未得到男性常染色体分型，但 Y-STR 分型满意，与死者丈夫不一致。

经家系排查，该 Y-STR 与其邻村王氏家族分型一致，筛查后，将 69 岁王某列入重点，遂对其独居的家中搜查，在一间空房内的墙壁上发现点状血迹，常染色体 STR 检验与死者一致。王某供述了其虐待、强奸死者的事实，发现死者没有气息后，由于天气炎热，怕事情暴露，将其投放 10 千米外的机井内。

本案中，擦拭子宫的棉签富含女性细胞，消化处理大量女性细胞是关键，"二步消化法"后继续采用 M48 磁珠法手动操作，分别提取上清液和消化沉渣中的基因组 DNA,针对上清液体积较大,使用 Microcom－100 柱对其纯化浓缩。由于磁性树脂高效的吸附性纯化半定量 DNA,提取后的 DNA 不含色素等抑制物,同时采取 4 μL 模板,在上清液中检出了 Y-STR 分型,排除其丈夫所留。

本案中,将发案地和死者居住地 2 个乡镇 70 个自然村列为重点,依照家系排查法"五代采样法"原则,共采集了 1 510 个人员的生物样本,最终锁定了排查对象。虽然不能确定是否为直接犯罪嫌疑人,但为案件侦破提供了线索,明确了侦查方向,为查找第一现场缩小了范围,从而快速侦破了此案。

49. 河南周口侦破偏远农村强奸杀人案

2007 年 11 月某日,河南某村小河里发现 1 具尸体,死者衣着完好,颈部被一布条打死结勒紧,体表无损伤,死因是勒颈造成的窒息。经调查,死者为王某(女,37 岁),生前患有精神病,平日不出门,于 9 天前失踪。

提取阴道擦拭物,用伊红美蓝染色法在显微镜下可见少量精子,对精斑进行 ABO 血型检验,结果为 AB 型,用抗人精血红蛋白试纸条检测结果为阳性。用二步消化法提取阴道擦拭物的精子 DNA。用 Identifiler 试剂盒扩增,检出 15 个完整的 STR 基因型,同时对精斑 DNA 用 Y-filer 试剂盒扩增,得到全部 16 个 Y-STR 的基因型。

对中心现场附近 4 个村庄,按照家系大小分别提取 2～4 名代表男性的血样,共提取 298 份血样进行 Y-STR 检验。经对比,李氏家族 Y-STR 分型与现场精斑一致,结合调查情况,抽取李氏家族重点嫌疑对象血样进行 ABO 血型检验,选取 AB 型嫌疑人进一步做 DNA 检验,结果发现,李某的 DNA 分型与现场提取的阴道擦拭物的精子常染色体 STR 分型完全一致,李某对其犯罪事实供认不讳。

本案尸体在水中浸泡时间长达 9 天,阴道擦拭物及精斑 DNA 提取十分关键。在提取中,分段提取阴道擦拭物,特别是阴道后穹隆部不能忽视;用二步消化法提取精子,Chelex100 法提取精子 DNA 后,进一步纯化,提高 DNA 的质量。

50. 山西曲沃侦破强奸杀人案

2012 年 9 月 19 日 23 时左右,曲沃县高显镇张庄村村民王某被杀害,抛尸在"三八路"盛源水泥厂东约 200 米路北的田地里。死者全身赤裸,身体可见多处被拖拽的划痕。办案人员分析存在被性侵迹象,提取了死者相关检材进行 DNA 检验。

经检验,从死者乳房擦拭物及外阴擦拭物中均检出死者与一男性混合的常染色体 STR 分型及同一男性的 Y-STR 分型。通过对比,排除死者丈夫,结合调查情况分析,可以确定斑迹为嫌疑人遗留。后经家系排查获得 16 个家系,每个家系选取 2 个男性采集血样,检验获得 Y-STR 分型,录入临汾市 Y-STR 数据库应用系统。9 月 25 日,系统自动对比发现刘氏家族 Y-STR 与嫌疑人一致,但常染色体 STR 与嫌疑人不符。这一结果证明,犯罪嫌疑人是刘氏家族的一员。侦查人员继续围绕刘氏家族成员进行认真排查,犯罪嫌疑人刘某某逐渐浮出了水面。通过常染色体 STR 直接认定刘某某为犯罪嫌疑人。刘某某对犯罪事实供认不讳。

此案中,现场勘察发现死者有被性侵的迹象,提取到生物检材 9 份。但嫌疑人是体外射精,增加了检验难度。经检验,仅从死者乳房擦拭物及阴道拭子中检出死者与一男性混合的常染色体分型,且男性混合峰值偏低,难以拆分。于是进行灵敏度较高的 Y-STR 检验,最终从乳房擦拭物和外阴擦拭物中检测出了同一男子的 Y-STR 分型,为进一步排查创造了条件。

51. 江苏连云港破获杀人抛尸案

某年 7 月 22 日上午 8 时许,连云港某县公安局 110 指挥中心接到群众报警,称某县一桥下水中发现 1 具被床单包裹并捆绑的男尸。尸体已经高度腐败,取肋软骨备检查。在层层包裹的床单夹层中,发现一小片卫生纸,经仔细观察,发现纸上留有某种斑迹,遂对该斑迹进行血斑和精斑预试验,结果精斑预试验呈阳性。提取该精斑,得到一男性 DNA 分型,与死者不同,这为破案又找到一个突破口,必须在查找尸源的同时查找精斑主人的身份。由于仅凭常染色体 STR 检验结果查找嫌疑人较困难,拟对肋软骨和精斑分别进行 Y 染色体检验,并进行家系筛查。立足抛尸地点周围几个乡镇,采集家系血样,累计样本量为 1 000 个。

采用 Chelex 法提取基因组 DNA,Y-filer 试剂盒(美国 AB 公司)进行复合扩增,PCR 扩增体系为 25 μL。扩增产物在 3130XL 型遗传分析仪(美国 AB 公司)上检测,用 GeneTyperID V3.2 软件进行 STR 分型。检验结果表明,精斑的 Y 染色体比中了某宋氏家族,遂对宋氏家族采集血样,经常染色体 STR 检验,比中了嫌疑人宋某。经围绕宋某及其交往人员开展调查工作,发现宋某曾暂住高某处,高某的朋友贾某体貌特征与死者相符,后经亲子关系检验,确定死者系贾某。经过进一步调查,发现高某与贾某存在较大数额的债务纠纷,具备重大作案嫌疑。将高某抓获后审查,高某交代了其因债务纠纷与贾某发生争执,将贾某杀害后把尸体运回某县抛尸的犯罪事实。

52. 河南濮阳破获积压 16 年凶杀案

1995 年 10 月 1 日,河南濮阳某村发生 1 起 3 人死亡的凶杀案,现场勘查提取到 1 块有可疑血痕的木板,经公安部物证鉴定中心检测得到一男性常染色体分型结果。2003 年,本案提取到的检材常染色体分型上传到全国公安机关 DNA 应用系统进行对比,但始终没有结果。

2011 年 10 月,此案启动 Y-STR 检验和排查工作。使用棉签对木板可疑血痕处进行擦拭,常规 Chelex100 法提取基因组 DNA,使用 QIAGEN 纯化试剂盒(德国 QIAGEN 公司)进行纯化,Identifiler 试剂盒和 Y-filer 试剂盒(美国 AB 公司)进行 PCR 复合扩增,在 3500XL 型遗传分析仪(美国 AB 公司)上进行毛细管电泳,GeneMapperID-X 软件分析基因型的结果。

得到 Y-STR 分型结果后,专案组对案发地周边村庄以家族为单位进行了血样采集和 Y-STR 检验工作。经检验发现,邻村李姓家族 Y-filer 分型结果与现场检材分型一致,在前期调查的基础上,对李姓家族全部在家成员采血进行常染色体检验。经检验,发现李某及其母亲朱某与现场检材常染色体 DNA 存在三联体亲缘关系。经检验,李某父亲李某英血样与现场检材 DNA 不一致,但李某英在 Identifiler 试剂盒中 15 个 STR 基因座上与现场检材 DNA 全相同的有 8 个,半相同的有 7 个,共享基因数达到了 23 个,推测嫌疑人与李某英间存在同胞关系。据此分析,作案人应该是李某英的同胞兄弟,再次采集其兄、弟血样,发现其弟李某堂 DNA 分型与现场完全一致,李某堂到案后对案件供认不讳。

本案侦破过程中,通过李某及其母亲 DNA 与现场检材 DNA 存在三联体亲缘关系,首先认为作案人是李某的父亲李某英,而李某英到案后,其 DNA 分型与现场检材不一致,通过分析李某英与现场检材分型的共享基因数,认为应该是李某英的兄弟,并最终通过 DNA 认定了其弟李某堂。通过对比 Y 染色体分型,使案件得以侦破。同时发现,李某英、李某堂 DNA 分型都可以与朱某(李某英之妻)、李某(李某英之子)组成三联体关系,说明兄弟间共享基因数很高,提醒在技能型亲子鉴定时要慎重。

53. 河南濮阳侦破命案 2 例

案例 1 某年月日,李某(女,53 岁)被杀害在家中,下身赤裸,头部有钝器伤。提取死者阴道擦拭物等生物检材送检。

阴道擦拭物精斑预实验及 P30 实验均为强阳性，应用 Differex 在混合斑中分离提取精子 DNA。

案例 2　某年月日晚，邢某（女，48 岁）被杀害在家中。技术人员勘查现场后提取现场血迹等生物检材送检。采用 Chelex 法提取现场血迹 DNA，使用 QIAGEN 公司提供的 QIAamp MinElute Column 纯化浓缩试剂盒提取指甲、乳头、血痕等生物检材中可疑的 DNA。

将提取的 DNA 使用 AB 公司的 Identifiler 试剂盒、Y-filer 试剂盒及辽宁省公安厅刑事科学技术研究所提供的 ABO 基因分型荧光标记试剂盒进行扩增，在 3130 遗传分析仪上进行电泳，用 GeneMapperID V3.2 分析结果。

经检验，案例 1 中精斑血型为 AB 型，案例 2 中送检检材血型为 A 型。

案例 1 根据现场勘验情况，结合案情信息调查综合分析，极有可能是本地人作案，利用 Y 染色体家系排查条件充足。依据此信息，确定排查的重点区域和方案。对附近村庄的每个家族采集 2～3 名男性血样做 Y-STR 检验。选择采样的对象应尽可能满足以下特点：有一定的嫌疑性，与推测的嫌疑人年龄相仿，其中 2 人可能形成父子关系，与现场物证 ABO 血型一致。

在检测了 36 个父系家族后，发现其中常氏家族的 Y 染色体图谱与现场精斑的基因型 17 个基因座完全一致，但这个家族是当地最大的家族，共 200 多名男性。依据精斑血型为 AB 型，侦查人员很快对这些可疑犯罪人员进行了 ABO 血型筛查，最后将血型为 AB 型的 35 人送检 DNA 检验，在排除了 34 人后，确定常某（45 岁）是该案的目标疑犯。

案例 2 中，受害人系机械窒息性死亡，现场残缺足迹反馈犯罪嫌疑人身高约 173 cm、年龄 30～50 岁、体态中等等信息，但根据这些信息不足以判断嫌疑人。经再次勘查检验现场物证，在死者毛衣背后发现一丝细微血痕，经检验系一男性 DNA 分型。根据 DNA 检验结果，专案组对案发现场邻近村庄 38 个家族排列成树枝状家谱图。同时采血送检，利用 Y 染色体排查定位，最终确定现场嫌疑人血迹 Y 染色体与某村柴姓 Y 染色体完全一致。对其家族所有男性成员集中采血样并检验血型，对其中 16 名血型为 A 型的人做常染色体检验。结果，已排除的重点嫌疑人柴某（男，61 岁）与现场死者毛衣背部血迹的 DNA 完全一致。在证据面前，柴某对其犯罪事实供认不讳。

以上 2 例案件联合应用了 Y-STR 和 ABO 基因分型检验技术排查锁定犯罪

嫌疑人,实现了刑事技术指导侦查破案。两者联合应用不仅缩小了侦查范围,且节省了时间和警力,尤其 ABO 基因分型检测,灵敏度、准确度都很高,适用于大范围排查,简单方便,经济实用。

54. 广东韶关破获偏远山区命案

某年 8 月 29 日,广东某县某村村民罗某生被发现死在自家客厅里。次日,县公安局送检现场物证检材。经检验,现场所有血迹与罗某生血样 STR 分型一致,现场烟头检出未知名男性(见表 8 - 7)。

表 8 - 7 罗某被杀案现场物证的 STR 检验结果

基因座	D8S1179	D21S11	D7S820	CSFIPO	D3S1358	D5S818	D13S317	D16S539
罗某生血样	10/12	32/32.2	10/11	11/13	15/16	6/9	12/12	12/12
现场血迹 6 处	10/12	32/32.2	10/11	11/13	15/16	6/9	12/12	12/12
现场烟头	11/13	29/29	11/11	12/12	15/15	6/7	9/12	9/11

基因座	D2S1338	D19S433	vWA	D12S391	D18S51	D6S1043	FGA	Amel
罗某生血样	19/22	14.2/15	14/17	9/9	13/13	10/12	21/22	X/Y
现场血迹 6 处	19/22	14.2/15	14/17	9/9	13/13	10/12	21/22	X/Y
现场烟头	18/19	13.2/14	14/17	11/11	13/15	11/12	22/23	X/Y

再对某村的留守男性共计 600 余人采取血样检验,与烟头 STR 分型对比后,无比中结果。经大量走访排查,案件没有突破性进展。在第二轮排查中,将某村男性进行父系分类,得到 11 组父系,随机抽取这 11 组父系的男性血样,将这些血样与烟头进行 Y 染色体检验,发现其中一组家系的 Y 染色体 STR 分型与烟头的 Y 染色体 STR 分型一致(见表 8 - 8)。

表 8 - 8 罗某被杀案 Y-STR 检验结果

基因座	DYS456	DYS389Ⅰ	DYS390	DYS389Ⅱ	DYS458	DYS19	DYS385	DYS393
烟头	16/16	13/13	23/23	29/29	15/15	15/15	11/12	13/11
某家系	16/16	13/13	23/23	29/29	15/15	15/15	11/12	13/13

基因座	DYS391	DYS439	DYS635	DYS392	Y - GATA - H4	DYS437	DYS438	DYS448
烟头	10/10	13/13	23/23	14/14	12/12	14/14	11/11	20/20
某家系	10/10	13/13	23/23	14/14	12/12	14/14	11/11	20/20

对这一家系的所有男性进行摸底排除,发现在外务工的罗某聪有重大作案嫌疑,提取罗某聪血样,经检验,罗某聪血样与现场烟头的 STR 分型一致(见表 8-9)。对罗某聪审讯中,罗某聪对杀害罗某生的行为供认不讳,案件得以告破。

表 8-9　罗某被杀案烟头、嫌疑人罗某聪的 STR 检验结果

基因座	D8S1179	D21S11	D7S820	CSFIPO	D3S1358	D5S818	DI3S377	D16S539
罗某聪血样	11/13	29/29	11/11	12/12	15/15	6/7	9/12	9/11
现场烟头	11/13	29/29	11/11	12/12	15/15	6/7	9/12	9/11

基因座	D2S1338	D19S433	vWA	D12S391	DI8S51	D6S1043	FGA	A mel
罗某聪血样	18/19	13.2/14	14/17	11/11	13/15	11/12	22/23	X/Y
现场烟头	18/19	13.2/14	14/17	11/11	13/15	11/12	22/23	X/Y

本案中,案发现场处于僻远山区,没有目击证人,也没有可用的监控视频,缺乏有效的侦查手段,采用常染色体的检验面临大量的查询对象且毫无头绪,在人员流动性低、相对封闭的地区,基本可排除流窜作案的情况下,采用 Y 染色体检验确定父系亲缘关系,以 Y 染色体找群,以常染色体找人,可以缩小排查范围,节约财力人力。

55. 云南宣威侦破女教师被杀案

2006 年 11 月 9 日 6 时 30 分,云南省宣威市东山镇法着村完全小学女教师王菜华(女,36 岁)被人发现死于学校的女厕内,全身赤裸,身上有多处刀伤。经现场勘查和尸检,确定现场为原始现场,死者系被人用锐器刺伤 9 处致失血性休克死亡。在死者阴道、大腿及现场墙壁等处发现和提取了疑似精液的斑迹,经现场初检后确认为精斑。

专案组现场走访中反映出死者社会关系正常。案发前晚 23 时许,死者如厕一直未归。当晚死者丈夫多方寻找未果,初步调查未反映出任何可疑人和事。

根据现场勘查和尸体检验和初步走访调查情况,专案组研究认为,本案为 1 起强奸杀人案,作案 1 人,熟悉现场环境,应系当地人作案。由于案犯选择在夜间偏僻的厕所内作案,周围没有目击证人,嫌疑人的排查只能从现场及周围村寨入手。故专案组对嫌疑人的地域范围划定了以学校为中心的法着村村委会及该辖区内的 3 个煤矿,年龄范围划定为 16~40 岁的成年男性。并据此决定了主

要侦查方向：紧紧围绕现场及死者身上遗留精斑的 DNA 检验结果(经检验,确定现场及死者身上遗留的精斑均为死者丈夫以外的同一男性个体所留),在学校、法着村村委会及辖区煤矿范围内对有前科劣迹(特别是男性劣迹)人员、鳏夫及单身男性等进行排查,排查同时提取重点人员的血样送检进行 DNA 对比检验。

经调查,现场周边法着村村委会有 24 个家系 4 000 余人居住,有 3 个煤矿,矿上职工 1 500 余人。以上人员符合划定年龄范围内的有 1 000 余人,排查范围较广,难度较大。在第一阶段的排查中,专案组在学校、现场附近的村寨及煤矿中提取了 105 名嫌疑对象血样送曲靖市公安局进行 DNA 检验,结果这 105 人均被排除,其他侦查措施也未取到有价值的线索,案件的侦查一时陷入困境。

在此情况下,专案组经反复研究,还是坚定了既定的侦查范围和方向。在侦查方式上,提出了根据法着村村委会家族和支系的分布并不复杂,利用家系进行嫌疑排查来缩小侦查范围。据此思路,专案组对法着村的族系进行了仔细地梳理排查,先后提取了该村委会 24 个家系的 40 余份男性血样进行了 Y-STR 分型检验,其中刘氏家族的 7 份血样中 6 份个体血样与本案中现场遗留精斑 Y-STR 在所有基因座上分型完全一致。其中 1 人有 1 个基因座 Y-STR 分型与本案中精斑 Y-STR 不同,考虑可能是变异。检验结果提示,本案的嫌疑人可能是该刘氏家族中的 1 名男性个体。接到检测结果后,专案组又从该刘氏家系排查提取了 32 名成年男性个体血样进行常染色体 STR 检验,结果发现,刘某(男,20 岁,东山镇法着村村委会人,在当地大湾煤矿打工,无前科)DNA 分型完全一致。专案组将刘某抓获后,在科学证据面前,刘某对犯罪事实供认不讳。

56. 江苏宿迁侦破抢劫杀人案

某年月日晚 7 时许,胡某(出租车司机)被发现死于某乡村偏僻小路自己的出租车上,现场勘查提取生物检材,进行 DNA 分型。对送检的现场生物检材进行 DNA 检验。在遗留现场的拖鞋、黑色手套上检出同一男性 DNA 基因型,且与死者不同,结合案情分析,认定为犯罪嫌疑人所留。

根据上述结果初步排查,送检 200 余份可疑人员生物检材,经 STR 检验,均排除。再利用 Y-STR 分型技术对案发地点附近村民进行家系排查。经检验,发现项姓家族与现场犯罪嫌疑人遗留的生物检材 Y-STR 分型一致,从而将排查范围大大缩小。进一步排查该家系适龄男性,并进行 STR 检验,发现项某的 STR 分型一致,从而破获此案。

57. 浙江杭州破获车内物品盗窃案

某年月日,浙江杭州某城区 1 辆停放在路边的私家车后备厢被撬,被盗现金一百万,经技术勘查未能获得理想的生物物证。通过调取现场监控,侦查人员发现,作案过程中 1 名疑似男性犯罪嫌疑人有翻动受害人放置在车内手提包的动作,遂提取该手提包送 DNA 检验。

使用脱落细胞提取仪(北京布兰特警用装备有限责任公司)对手提包的提手、外侧面和内侧面脱落细胞进行了分区域吸附收集,采用磁珠法提取 DNA。因受害人为女性,为获得充分遗传信息,使用 Identifiler(R)Plus 试剂盒(美国 AB 公司)和 Y-filer(R)Plus 试剂盒(美国 AB 公司)进行常染色体和 Y 染色体 STR 的扩增检验。

手提包提手部位常染色体和 Y 染色体检验均未获得 DNA 分型;外侧面常染色体检验未检出 DNA 分型,Y 染色体检验获得一种单倍型,与排查范围内的犯罪嫌疑人不一致;内侧面常染色体检验检出混杂 DNA 分型,部分基因座未包含排查嫌疑人的等位基因。Y 染色体检验获得另一种单倍型,与排查的犯罪嫌疑人一致。据此线索,侦查人员加大审查力度,成功破获此案。

随着国内私家车拥有量的日益增长,新型侵财性案件——车内物品被盗案呈高发态势。这类案件中,犯罪分子主要采用撬后备厢、砸车窗等手段破坏车体入侵盗窃。因为作案方式简单、作案时间短、现场范围小、戴手套作案等特点,技术勘察中往往很难获取具有同一认定价值的生物物证。DNA 技术的高灵敏度和种类多样化,为车内物品被盗案的侦办提供了新手段。通过对车体或车内被翻动物品上疑为犯罪分子遗留的触摸类印痕的 DNA 检验,可为案件侦查提供关键性线索。

触摸类印痕属于低复制 DNA 检验范畴,易受载体背景 DNA 的干扰。因此,对于大体积生物物证上脱落细胞的检验,技术人员应采取分区收集的方式,最大限度地减少背景 DNA 的影响。本案即对犯罪分子翻动过的受害人的手提包,在提手、外侧面和内侧面 3 个区域分别进行脱落细胞的提取,结果在外侧面和内侧面分别获得了一种 Y-STR 单倍型。如统一收集,可能获得混合 Y-STR 分型,降低生物物证的证据效力。

本案中,通过对常染色体的检验,仅在手提包内侧面获得混杂 DNA 分型,而且部分基因座未包含排查犯罪嫌疑人的等位基因,此分型图谱不能为侦查提供任何有价值的线索。而 Y-STR 技术可针对性地检验男性 Y 染色体上的 STR

基因座,能有效去除女性成分的干扰,结合 Y-STR 检验获得的单一单倍型,与排查犯罪嫌疑人一致,为进一步侦查提供了有力的证据支撑。

58. 宁夏某地侦破抢劫杀人案

某年 3 月 8 日,宁夏某地一公园桥下发现 1 具女尸,经法医检验,确定被害人为掐扼颈部致机械性窒息死亡。现场遗留有女士背包 1 个,用棉签二次转移法擦取背包表面可疑斑迹处及尸体颈部扼痕处送检。

将提取的检材适量分别放入 1.5 mL 样品管中,纳米磁珠法提取 DNA,采用 IdentifilerPlus 试剂盒于 9700 型 PCR 仪上进行复合扩增,3130xl 遗传分析仪进行毛细管电泳。结果表明,女士背包上可疑斑迹处擦拭物获得混合 STR 分型,经对比为死者和一男性的混合 DNA;颈部扼痕擦拭物检出常染色体 DNA 分型与死者血样 DNA 分型一致。后对上述提取产物采用 Y-filer 试剂盒于 9700 型 PCR 仪上进行毛细管电泳,颈部扼痕擦拭物获得一完整的 Y-STR 分型,与女士背包上可疑斑迹处擦拭物 Y-STR 分型进行大范围的对比排查,10d 后与可疑人员周某某的血样常染色体 STR 分型对比成功,该混合 STR 分型为受害人与周某某的 DNA 混合形成,从而破获此案。

侦破此案有如下几点经验:

(1)选择正确的提取部位。现场勘察人员要根据现场情况,正确分析犯罪嫌疑人作案特点,从而分析哪些位置可能是犯罪嫌疑人接触与施力部位,指导技术人员选择正确的提取部位。本案中,死者颈部扼痕处为嫌疑人接触的部位,容易留下脱落细胞。

(2)选择正确的提取方法。皮肤上掐扼痕迹处的脱落细胞,可采用二步擦拭法提取,而且要掌握擦拭力度,尽量把遗留的犯罪嫌疑人的脱落细胞转移。用力过大,会因提取到更多的女性细胞而影响检测结果,用力过小,又会因为漏掉部分脱落细胞而降低检验成功率。

(3)应用合适的检验方法。在实际工作中,实验人员应该选用熟悉的并被验证的最佳方法。本案常染色体 STR 检验很难得到嫌疑人的完整分型,可进行 Y-STR 检验,灵敏度高,较易获得。

(4)采取有效措施防污。检材提取、保存、送检以及实验室检验时严格规范操作,并建立质控库,时刻注意污染问题。

59. 安徽淮南破获女性被杀案

　　某年月日,安徽省淮南市发生 1 起女性被害案件,现场遭到很大程度破坏。通过混合斑等常规生物检材检测,均未得到有效证据。技术人员遂提取了死者指甲进行 DNA 检验。用双蒸水浸润的纱线擦拭被害人指甲内侧尖部,放入 1.5 mL 离心管中,采用 Chelex 法提取检材基因组 DNA,Identifiler™ 试剂盒(美国 AB 公司)复合扩增检测,结果在被害人的指甲擦拭物中检出含有微量男性物质的混合基因分型。

　　随后采用 Y-filer 试剂盒(美国 AB 公司)对案例中提取的指甲擦拭物中 DNA 进行 17 个 Y-STR 基因座的复合扩增检验,通过 Y-STR 家系分析排查法,发现了家系中重点嫌疑对象。进一步对嫌疑对象进行常染色体 STR 检验,其基因型完全包含在指甲擦拭物中检出的混合基因型中,综合分析,从而确定了犯罪嫌疑人。

　　女性在受到暴力侵害时,通常会出现抓、挠、厮打等强烈反抗行为,因此被害人指甲上极有可能残留侵害人的微量表皮组织或血迹,对这类生物检材的现场保护、提取和检验非常重要。

60. 河南洛阳侦破命案 3 例

　　案例1　2002 年 2 月 18 日,河南某县一偏远山村发生 1 起强奸杀人案,死者张某(女,13 岁),下身赤裸,处女膜新鲜破裂,阴道擦拭物检见精子。案件久侦未破。死者系未成年女性,下身赤裸、会阴部有损伤等,高度怀疑性侵害,提取阴道分泌物具有重要意义。时隔 6 年后,对案发地村庄排查出的 36 人做 Y-STR 家系排查检验,发现该村的李姓家族 Y-STR 分型与死者阴道擦拭物中精斑分型一致,经过对该李姓家族重点对象 5 人进行常染色体 STR 检验,认定犯罪嫌疑人李某某,使尘封 6 年的积案成功告破。

　　案例2　2008 年 7 月 1 日夜 11 时许,出租车司机杨某(男,54 岁)被杀,出租车内发现并提取新鲜烟蒂 1 枚。杨某家属反映,杨某当晚 6 时许接车时曾与家人一起清扫过汽车,且杨某不抽烟,据此,技术人员判断该烟蒂应系犯罪嫌疑人所留,经检验确定是一陌生男子所留。对现场附近 6 个行政村的 10 000 余人进行调查后,对 73 人做 Y 染色体检测,确定现场烟头 Y-STR 与现场周围某村一李姓家族 Y-STR 分型一致,该李姓家族即为重点排查对象,经常染色体 STR 检验,认定该家族李某为犯罪嫌疑人,案件告破。

案例 3 2009 年 1 月 9 日,温某(男,32 岁),出租车司机,死于住处楼道门口,面部、颈部、胸部多处锐器伤。现场勘查发现带血迹的烟蒂 1 枚。现场遗留烟蒂上的血迹,根据其变形特点、模糊的纹线及附有血迹等,技术人员判断系手指按压所致,从而认为该烟蒂具有特定的认定或排除嫌疑人的价值。随即对可疑血迹区域和烟蒂区域分别检验,结果其血迹与死者 DNA 分型一致,烟蒂上唾液斑系另一陌生男子所留,对唾液斑进行 Y 染色体检验,Y-STR 图谱与以往积累的数据进行对比,锁定某村郭姓家族。经过对重点嫌疑人进行常染色体 STR 检测锁定郭某,案件告破。

Y-STR 检验、常染色体 STR 检验等技术已是 DNA 实验室的常规技术,将两种检验技术联合运用,既是对传统侦察阶段检验鉴定方式的补充,又是对破案手段的创新。

61. 新疆生产建设兵团侦破强奸杀人焚尸系列大案

2009 年 2 月 7 日,新疆生产建设兵团某场发生 1 起杀人焚尸案,根据该案的作案手段和案发地点分析,确定将此案与该地 2005 年陈某被杀案、2007 年曹某被杀案、2008 年付某被杀案等 3 案并案侦查。

现场勘验尸体(女)时,由于尸体呈俯卧位被焚烧,会阴部软组织已焚毁呈炭化状,提取阴道分泌物生物检材已丧失条件。由于子宫尚未完全焚毁,故提取残余子宫进行检验。将残存子宫外层碳化和腐熟的肌肉组织逐层剥离,纵向切开子宫,暴露宫颈管和宫腔内膜,在宫颈口、宫颈管及宫腔等 3 个部位先后用 10 根棉签拭子分别进行反复擦拭提取,在现场分别剪取少量子宫拭子进行 PSA 检验(抗 P30 胶体金免疫试纸条检验),结果均为阴性。

参照精斑检验第一步消化方法,剪取 10 根拭子全部收集在 1 个 5 mL 离心管内,加入 3 mLTES 浸泡过夜,次日吸取 2～3 滴浸出液,进行 PSA 检验,呈弱阳性反应。采用二步分离法检验,沉渣涂片镜检,每视野见 2～3 个精子。

采用 Chelex 法提取精子 DNA,取上清液 1 mL 为 DNA 模板,用 DNATyper™15(公安部物证鉴定中心制)进行扩增,扩增产物用 ABI100Avant 型遗传分析仪进行基因分型,检出全部分型。

该例杀人焚尸案中,由于被害人软组织大部分被焚烧碳化,从中检出有关犯罪嫌疑人遗留的生物物质是极其困难的。本案利用子宫肌肉较为肥厚,焚尸中往往碳化不彻底的条件,对这起杀人焚尸案中残存的子宫进行解剖,擦拭提取子宫内生物检材,检出了人类精液物质,并进行了 STR 检验分型,以此检验结果成功侦破了这 4 起系列强奸杀人案。

62. 山西长治确定改名换姓疑犯身份

李某(男,41 岁),1999 年 3 月 11 日和同伙王某在某村将申某杀害后逃跑。2001 年被列为省级逃犯,2002 年被列为部级逃犯。2011 年已改名换姓的李某因抢劫罪被判刑,期间,李某使用伪造的身份信息服刑。

2011 年 12 月,警方在工作过程中发现正在服刑的李某。由于李某此时已改名换姓,需通过 DNA 检验来确认其身份。但是李某的双亲已去世多年,而且李某未结婚生子,确认其身份较困难。实验人员嘱办案单位将李某的叔叔和 2 个同胞兄弟的血样采集回来,通过家系排查来确定李某身份。Y-STR 检验结果表明,疑犯李某与其叔叔及 2 个同胞兄弟除 DYS390 基因座有差异外,其余基因座结果均一致,不排除李某与其他 3 位来自同一父系,不排除李某与其他两兄弟的基因遗传来自同一父母,不违反孟德尔遗传规律(见表 8-10、表 8-11)。

表 8-10　25 个 Y-STR 分型结果

基因座	李某	叔叔	兄弟 1	兄弟 2
DYS391	10	10	10	10
DYS389 I	12	12	12	12
DYS439	12	12	12	12
DYS389 II	28	28	28	28
DYS438	10	10	10	10
DYS449	29	29	29	29
DYS456	15	15	15	15
DYS458	17	17	17	17
DYS437	16	16	16	16
DYS635	20	20	20	20
DYS448	20	20	20	20
DYS449	24, 25	24, 25	24, 25	24.25

（续表）

基因座	李某	叔叔	兄弟 1	兄弟 2
Y - GATA - H4	12	12	12	12
DYS481	24	24	24	24
DYS19	14	14	14	14
DYS570	14	14	14	14
DYS549	11	11	11	11
DYS393	12	12	12	12
DYS388	10	10	10	10
DYS390	23	24	24	24
DYS385a/b	13，16	13，16	13，16	13，16
DYS643	1	12	12	13
DYS460	9	9	9	9
DYS533	13	13	13	13
DYS576	20	20	20	20

表 8 - 11　19 个常染色体 STR 分型结果

基因座	李某	兄弟 1	兄弟 2
D3S1358	15，16	16，17	15，16
D13S317	8，11	8，8	8，8
D7S820	9，12	9，10	10，12
D16S539	9，12	9，12	9，9
Penta E	17，24	17，24	16，21
TPOX	9，9	8，12	9，12
TH01	9，9.3	7，8	9，9.3
D2S1338	18，20	18，20	18，19
CSF1PO	11，12	12，13	11，12
Penta D	9，13	9，10	9，13
D19S433	16.2，17	16.2，17	13，16.2
vWA	14，17	14，16	14，17
D21S11	30，31.2	30，31.2	30，30
D18S51	14，15	14，15	14，15

（续表）

基因座	李某	兄弟 1	兄弟 2
D6S1043	13，16	12，16	12，18
D8S1179	13，13	14，15	13，14
D5S818	10，12	9，11	9，10
FGA	23，24	22，23	22，23

根据全同胞指数（FSI）来判定全同胞关系。本案例中,李某和兄弟 1 的全不同基因座数目 A_0 为 4,全相同基因座数目 A_2 为 7;李某和兄弟 2 的全不同基因座数目 A_0 为 2,全相同基因座数目 A_2 为 7。计算出李某和兄弟 1 的无关个体判别函数 Z_{UI} 值为 11.605,全同胞对判别函数 Z_{FS} 值为 20.924,李某和兄弟 2 无关个体判别函数 Z_{UI} 值为 6.028,全同胞对判别函数 Z_{FS} 值为 14.683。两例判别中,Z_{FS} 值均大于 Z_{UI} 值,支持他们为同胞对,即为兄弟。

计算 lgFSI 值判定全同胞关系。李某和兄弟 1 的无关个体判别指数 Z_{UI} 值为 -12.386,全同胞对判别函数 Z_{FS} 值为 10.43,李某和兄弟 2 的无关个体判别指数 Z_{UI} 值为 -6.654,全同胞对判别函数 Z_{FS} 值为 3.337。两例判别中,Z_{FS} 值均大于 Z_{UI} 值,支持他们为全同胞对,即为兄弟。

63. 广东广州侦破 2 起强奸杀人案

案例 1　2007 年 9 月 27 日,在广州市郊区农村发现李某（女,31 岁）死在其耕种的香蕉林内的水沟中。尸体下身裸体,检验体表无损伤。死因为溺水造成的机械性窒息。

案例 2　2008 年 4 月 23 日,在上述案发地相邻的另一农村发现杜某（女,33 岁）死在其耕种的菜园内的水沟中。尸体全身赤裸,检验体表也无损伤,且死因也为溺水造成的窒息。

阴道擦拭物用 P30 检测,案例 1 为阳性,案例 2 为弱阳性,伊红-亚甲蓝染色法镜检案例 1 见大量精子,案例 2 每高倍镜视野仅见 0～5 个精子。用磁珠法提取精子 DNA,用 Identifiler 试剂盒扩增,均检出 15 个 STR 基因座基因型,经 DNA 数据对比,两案精子均为同一犯罪嫌疑人所留。

对该案提取的精斑 DNA 用 Y-filer 试剂盒扩增 16 个 Y-STR 基因座,采用 Y-STR 家系排查法,对中心现场附近乡镇的 37 个家系按家系大小提取 4～10 名代表男性的口腔拭子,共提取了 269 份口腔拭子进行 Y-STR 检验。经对比,发现何姓家系的 1 名男子的 16 个 Y-STR 基因型均与该案提取的精斑 Y-STR 基因型相同。经排查,何某某为犯罪嫌疑人。经 Identifiler 系统扩增,何某某常染色体 15 个 STR 基因型与 2 宗强奸杀人案的阴道擦拭物完全相同。在证据面前,何某某如实供述了犯罪事实。

本案对中心现场附近乡镇的家系进行了详细的走访调查后,划出 12 个姓氏 37 个家系(涉及常住人口 4 万多),每代按照人口多少,取 4～10 名代表男性的口腔拭子,共提取了 29 份口腔拭子进行 Y-STR 检验。经对比,发现何姓家系的 36 个样本中有 1 名男子的 16 个 Y-STR 基因型均与该案中提取的精斑 DNA 的 Y-STR 基因型相同。该男子的爷爷是入赘的上门女婿,其一共繁衍的符合排查条件的男子只有 8 人。据此,迅速锁定在该家系的何某某为重点嫌疑人,经 Identifiler 系统扩增,何某某的 15 个 STR 基因型与 2 宗强奸杀人案的阴道擦拭物上精子 15 个 STR 基因型完全相同。利用 Y-STR 家系分析排查之前,若没有调查到这个信息,何某某很可能就成了漏网之鱼。

本案虽经过分析认定是当地人作案,但现场周边有 20 多个自然村,涉及常住人口 4 万多,专案组先前送检了 260 多份可疑人员的口腔拭子,包括何某某家系的一名男子,经 Identifiler 系统检验,均被排除。后针对案发地在郊区偏远农村、婚姻关系相对稳定,家族聚居,并有修族谱的惯例,利用 Y-STR 分析做家系排查,很快就确定了犯罪嫌疑人。可见,在没有重点嫌疑对象需排查的对象很多时,用 Y-STR 家系排查较用常染色体 STR 排查相比,可以节约大量的人力、物力,且可节约时间,缩小侦查范围。

怀疑有性侵害的水中女尸阴道擦拭物及精斑 DNA 提取十分关键。案例 2 由于尸体浸泡在流动的污水中,第一次提取的阴道擦拭物未检出精斑,尸体解剖时,后从阴道后穹窿部再次提取的检材检出精斑。处于污水(泥)中的女尸阴道擦拭物污染严重,尸体浸泡在水中,精斑丢失也多。Chelex100 法提取 DNA,虽然相对快速,但常常会留下扩增抑制物,影响 PCR 扩增效率。酚-三氯甲烷抽提法,耗时长,且在提取过程中会有 DNA 样品丢失,而磁珠法利用磁性树脂的高效吸附性,不仅 DNA 模板得率高,还可以清除样本 DNA 溶液中的抑制物,如有机溶剂、去污剂、金属离子、染料等。因此,水中女尸阴道擦拭物应首先考虑用磁珠法提取精子 DNA。

64. 河南长垣侦破强奸杀人焚尸案

某年月日 23 时许,河南省长垣县张某(女)被杀害在自己卧室并被焚尸。现场因焚烧严重,未提取到有价值的痕迹物证。死者全身多处烧伤,均未见生活反应。尸检分别提取胃容物、心血,检测结果:胃容物未检出安眠药、毒鼠强、有机磷等常见毒物;心血碳氧血红蛋白饱和度 8%。提取死者衣服碎片、阴道拭子及其丈夫牛某血纱布进行 DNA 检验。结果:死者衣服碎片检出汽油成分;阴道拭子检出男性 DNA 物质,常染色体检验否定死者丈夫牛某。

调查分析周围环境后发现,案发地相对偏僻、迁徙稳定且以牛姓氏宗族为核心聚居,故决定采用 Y 染色体 DNA 分型技术寻找线索。首先,经检验发现,牛某与现场精斑 Y-STR 分型完全一致,但常染色体检验已经明确排除本人,分析犯罪嫌疑人和牛某可能来自同一父系。后经排查,牛某堂兄牛某某有作案嫌疑,常染色体检验认定牛某某即犯罪嫌疑人。

65. 江苏苏州侦破恶性杀人案

2013 年 8 月某天,苏州市某地区河道里发现一男一女 2 具尸体。专案组经过初步工作,认定系命案,并确定了 2 名死者身份,经多部门工作,确定作案时间为前一天凌晨,地点就在附近,并排除了流窜作案的可能。

案发后,DNA 技术人员对现场物证反复检验,先后在现场提取的皮带、树干等重要物证上检出混合 STR 分型,但经过拆分后入库快速对比无任何比中信息。随后,对现场周围人群进行大规模排查,也未比中。在其他手段均无进展时,技术人员又进行了 Y-STR 扩增和拆分,并向全国大范围发送 Y-STR 协查通报,最终比中浙江某地数据库中安徽籍赵某。专案组据此数据信息对案发地周围的该籍贯所有男子进行梳理查证,发现同属于该籍贯的赵某甲有重大作案嫌疑,后将赵某甲及其同伙马某抓获。经 DNA 检验,赵某甲与案发现场的生物物证 STR 分型数据完全一致,案件成功告破。而此前 2 人均成功逃避了大规模筛查,足以引起思考。

Y 染色体是男性特有的染色体,可用于判定父系遗传。以 Y 染色体遗传规律为基础,公安机关已建立了 Y-STR 家系种类排查方法,用以划定侦查范围、确定犯罪嫌疑人所在的家系。一般而言,Y-STR 家系排查主要应用于封闭区域,具有良好的甄别作用,可有效提高办案效率,在开放性地域中应用作用有限。苏州市某地的恶性杀人案件应用 Y-STR 技术确定犯罪嫌疑人籍贯,缩小侦查范围并最终破案。

66. 贵州铜仁侦破杀人辱尸案

2017 年 4 月 22 日,贵州省铜仁市中级人民法院对罪犯陈某某执行了死刑。最高人民法院复核确认:2014 年 1 月 3 日晚,被告人陈某某步行至贵州省石阡县五老山由下至上第三个凉亭处,与下山的被害人王某某(女,殁年 17 岁)、鲜某某(女,殁年 15 岁)因琐事发生纠纷,陈某某遂将鲜某某推倒在凉亭内侧上山石梯处,致鲜某某头部撞击石梯受伤后死亡。随后,陈某某又将王某某打倒,致王某某头部撞击地面受伤,随即又对王某某掐扼并用皮带勒颈。陈某某发现二被害人死亡后,将尸体转移至附近树林草丛中并用折断的树枝掩盖,其间对王某某尸体进行性侵。经鉴定,鲜某某系生前遭钝器打击头部致颅脑损伤死亡;王某某系钝器打击头部致颅脑损伤并阻塞性窒息死亡。

被害人王某某、鲜某某系在校中学生,2 人于 2014 年 1 月 3 日晚到石阡县五老山爬山后失踪。同年 2 月 3 日,登山采药群众在五老山发现两具尸体,公安人员进行勘查并提取尸体上有关检材送检。经贵州省公安厅司法鉴定中心检验,从其中一名被害人王某某体内检出人精斑成分,后公安机关围绕案发现场周围重点人群进行抽血对比 DNA 排查。通过 Y-STR 方式检验排查,确定陈某某父亲的直系亲属具有作案嫌疑,但经进一步 DNA 检验对比,陈某某的父亲及其哥哥的 DNA 分型与王某某体内精斑的 DNA 分型不完全一致,排除二人涉案,而陈某某在案发后下落不明,遂将陈某某确定为犯罪嫌疑人,并于 2014 年 3 月 9 日将已潜逃至外地的陈某某抓获归案并抽取血样送检。经贵州省公安司法鉴定中心 DNA 检验鉴定,陈某某的 DNA 分型物质与王某某体内精斑的 DNA 分型完全一致,该精斑确系陈某某所留;同时,从王某某胸罩、外裤上也检出了陈某某的 DNA 分型物质。另一名被害人鲜某某的体内检材,经贵州省公安厅以及公安部的鉴定部门检验,均未检出他人的 DNA 分型。这个结论与陈某某供述未对鲜某某实施性侵害的情况吻合。

陈某某归案后,即供认在爬山中因与被害人肢体碰撞发生争吵,遂将二被害人杀害,并于杀人后对其中 1 名被害人王某某进行奸淫侮辱,多次有罪供述稳定、一致,与相关证人证言、现场勘验、检查笔录、尸体检验报告等证据相互印证,真实、可信。公安机关在侦办案件中,对审讯过程进行了全程同步录音录像,陈某某的有罪供述系在合法、自愿前提下依法做出。陈某某在侦查阶段后期虽翻供,但不能对翻供进行合理解释,翻供内容也存在许多矛盾,故对其翻供不予采信。

有关材料显示,陈某某的手机信号于案发当晚出现在案发现场,至次日 4 时许才离开。此案经最高人民法院复核认为,第一审判决、第二审裁定认定陈某某故意杀人、侮辱尸体的事实清楚,证据确实、充分,足以认定。陈某某杀害二名未成年人并侮辱尸体,犯罪情节恶劣,后果特别严重,社会危害性大,依法核准陈某某死刑。

67. 广东新兴侦破偏远山区强奸杀人案

2009 年 9 月 1 日 9 时许,广东云浮新兴县某偏远山区何某(女,52 岁,寡居)被发现死于自家房间内。尸体俯卧地面,上衣前襟被掀至双侧乳房下方,后面被掀至背部。现场有打斗痕迹,提取死者指甲及阴道拭子进行 DNA 检验。

死者指甲及阴道拭子经检验,检出 2 名男性 DNA 分型。在与有关嫌疑人进行 Y-STR 检验对比后发现,有 2 名赖姓男子 Y-STR 分型与死者阴道内提取检材的分型完全一致,1 名叶姓男子 Y-STR 分型与指甲内提取检材分型完全一致。经常染色体检验,阴道内提取检材分型比中赖某(83 岁),其身体瘦小,经调查,赖某承认在案发前一晚上曾与死者发生过性关系,但证实其案发当晚无作案时间,予以排除。而收集叶姓家族所有男性血样 31 份,进行常染色体 DNA 检验,比中叶某,同时发现其身上有多处抓痕。在证据面前,叶某交代了杀人强奸的全部犯罪事实。

68. 河南新密侦破 21 年前奸杀幼女案

2017 年 4 月,最高人民检察院依法对河南省人民检察院报请的犯罪嫌疑人刘某某涉嫌强奸一案核准追诉。经审查查明,1996 年 11 月 26 日下午,犯罪嫌疑人刘某某酒后行至河南省新密市一乡间小路,将被害人郭某某(女,8 岁)强行抱进路边 1 个废弃的窑洞内实施强奸,在强奸过程中致被害人窒息死亡。刘某某将被害人掩埋后潜逃。

数日后,被害人的尸体被发现,当地公安机关虽查明被害人系被他人强奸并杀害,当时未能查明犯罪嫌疑人。2013 年,公安机关在本案物证中检测出犯罪嫌疑人的 DNA,经过排查,最终查获犯罪嫌疑人刘某某,并于 2017 年 3 月 1 日将其抓获归案。

69. 浙江杭州确定清代胡雪岩祖父遗骸

2008 年 12 月,浙江省杭州市龙井山顶发现 1 座古墓,墓前碑文显示应系清代红顶商人胡雪岩(1823—1885)祖父胡国梁与其妻子的墓穴。墓中发现 2 具遗骸。因墓穴被盗,2 具遗骸破坏严重,杭州市文物考古研究所委托杭州市公安局刑事科学研究所,将墓中遗骨和胡雪岩旁系后裔 DNA 做了检验对比。墓主人 DNA 经过测试,为 N 单倍群。根据测试结果,浙江胡雪岩旁系后代 Y-DNA 与古 DNA 样本完全一致。

法医学实践中经常遇到对骨骼 DNA 检验的案例,但对保存超过 100 年的骨骼样本的检验报道较少。法医提取到 150 年前土埋遗骸的骨 DNA,采用 Y-filer 试剂盒在 9700 型扩增仪上进行扩增,3130XL 型遗传分析仪进行检测,得到遗骸 Y-STR 分型,并与对照样本对比,确认了遗骸身份。

2 具遗骸各取长骨 1 段,用手术刀刮净骨骼表面色素及污垢,蒸馏水充分清洗表面及骨髓腔,晾干后紫外灯照射 1 h 左右。用液氮冷冻,用研磨器将骨骼研磨成粉末状。

DNA 提取:取约 3 g 骨粉置于 15 mL 离心管中,加入 10 mLEDTA 脱钙液(pH8.0)充分震荡混匀,56℃脱钙 48 h,其间每 12 h 更换 1 次脱钙液。离心,弃上清液,分别加入 2 mL 骨孵液(Promega,USA)、适量蛋白酶 K(10 mg/mL)及 DTT(1 mol/L),56℃水浴 36 h,其间追加 1 次等量蛋白酶 K 及 DTT。消化完成后,离心将上清液转移至另一洁净 15 mL 离心管,加入 2 倍体积 Lysis Buffer(Promega,USA)、15%磁珠悬液 60 μL,充分混匀。室温静置 30 min(每 10 min 震荡 1 次),70%冷乙醇漂洗 2 次,56℃快速挥干残余乙醇后加入 20 μLElution Buffer(Promega,USA)洗脱 DNA。

DNA 定量:提取的模板 DNA 采用 Quantifiler™ Human DNA Quantfication 试剂盒(AB, USA),使用 AB7500 型 PCR 仪进行定量。结果可疑男性遗骸模板 DNA 浓度为 0.13 ng/mL,可疑女性遗骸模板 DNA 浓度未检出。

STR 检验:对可疑为男性的模板 DNA 采用 Y-Filer 试剂盒(AB, USA)依照推荐扩增程序,在 AB9700 型扩增仪上进行复合扩增,使用 AB3130XL 型遗传分析仪检测。Y-STR 所有基因座均扩增成功,与胡氏后代样本对比,结果完全一致。本文出土遗骨与对照样本间隔五代,Y-STR 分型完全一致,为考古研究提供了有力证据。

汉族胡姓最早得姓于西周的诸侯国,是主要来源。但在漫长的历史中,一些外来少数民族也融入汉族,由于当时被称为胡人,即长着大胡须的人,于是以胡为姓。胡雪岩家族的DNA单倍群为N,主要高频出现于阿尔泰与乌拉尔语系民族。但由于历史上融入汉族的历史,使他们对汉族身份高度认同。而汉族的Y染色体单倍群主体其实为O－M175(占总人口75%)及C－M130(占总人口5%～10%)。

70. 浙江湖州侦破作家抢劫杀人案引发关注

1995年11月29日晚,湖州织里镇1家小旅馆里,祖孙3人和1名住店旅客被害身亡。案发20多年,警方数次调查无果,成为湖州历史上影响最大的悬案之一。2017年8月14日上午,湖州市公安局召开专题新闻发布会宣布此案告破,疑犯刘某某和汪某某归案。22年过去,2名凶手中1名已成知名作家,1名则是上海1家投资咨询公司的法人代表。

22年前,安徽南陵的42岁汪某、31岁刘某某因为手头紧,萌生了"走出去,干一票"的想法,于是一起从老家到了湖州织里,打算绑架有钱的客商。他们瞄准了富裕的织里镇,住进晟舍村"闵记饭店旅馆",然后怀揣着新买的榔头,在街上逛了一圈毫无所获,最终劫财杀人的主意落到了同住一间房的山东客商的头上。但只抢到15元,又杀害了经营旅馆的老板祖孙3人,抢了1枚戒指和100多元,然后迅速逃跑。

此案中老板闵某生、老板娘钱某英、老板孙子闵某及旅客于某峰4人被残忍杀害。4名死者身上血迹斑斑,有刀伤,也有钝器击打伤。经法医鉴定,4名受害人均被钝器击打头部致死,作案手段十分残忍。

案发当日,湖州市公安局即成立专案组进行侦查。根据现场犯罪轨迹和痕迹推断,专案组认定这是1起抢劫杀人案。根据走访调查等情况,专案组发现11月28日和29日住在该旅店住宿的2名男性旅客有重大作案嫌疑。

警方认为犯罪嫌疑人的目标是劫财,因为从作案痕迹来推断,凶手先将1名旅客杀害,后又把旅馆老板、老板娘和孙子3人杀害。专案组进一步侦查发现,2个曾经住店的旅客很可疑:他们在旅馆住了一晚,案发后不知去向。但是,2人住宿时并未登记,当时街头也没有监控,无从判断两人去向。

当年,专案组通过大量走访调查了解到,2名可疑旅客系安徽皖南口音,抽的香烟是"盛唐"牌,该烟是皖南一带生产和销售的;另有目击者说看到其中一人戴着鸭舌帽,而这种装扮当年盛行于安徽地区。综合以上线索,湖州警方最后圈定 2 名可疑旅客为安徽皖南人士,遂在安徽一带展开调查,但一直没有收获,凶手就像人间蒸发了一样。此后,湖州警方专案组每年都会对所有当年案发现场的痕迹物证再梳理一遍,年年没有收获。

2017 年 6 月中旬,湖州警方再次抽调各岗位的刑侦技术人才和专家组成专案组,先后奔赴江、浙、沪、皖等 10 余个周边地区搜集证据资料,共入户调查 600余户,走访排摸 2 000 余人。通过复杂的 DNA 家系对比,警方最后确定了安徽芜湖南陵县的刘姓一族。8 月 10 日,湖州警方最后通过排查,排查圈定了安徽芜湖市南陵县刘某某。抓捕组连夜赶到南陵,11 日凌晨 1 点多,在县城一小区将其抓获。通过对刘某某审讯,湖州警方了解到另一名同伙汪某某在上海浦东。11 日早上 6 点多,抓捕组兵分两路赶到浦东,在浦东区杨高南路一小区里抓到了汪某某。

流窜作案,一直是刑侦工作的难点,因为案犯与被害人一般彼此不熟,过去也没有监控之类的防控设施,所以破案的线索很少,全国各地积压的类似案件很多。织里镇陈年命案的侦破,为利用 Y 库解决流窜作案的问题提供了可借鉴的方法。

71. 广东珠海侦破谋财害命案

2009 年 9 月 23 日夜,珠海金湾一老太太死在家中,初步判断是 1 起谋财害命案。侦查人员将现场提取的微量接触性物质交给了刑事科学技术研究所。在这一点点物质中,属于死者的女性成分太多,凶手的男性成分被掩盖了,用常规DNA 检验方法无法检出。于是,Y 染色体技术派上了用场。

在暴力案件中,犯罪人员绝大部分是男性。有时候找不到凶犯本人,但可以通过 Y 染色体找到其家族成员,从而缩小侦查范围。此案用 Y 染色体技术将嫌疑人圈定在某家系几个家庭成员,确定凶手就在这个家族的男性成员中。

72. 广西崇左侦破积压 11 年奸杀案

2003 年 10 月,在江州区驮卢镇某村水塘边发现 1 具女尸,经初步检验,死者系该村 68 岁的李某,被人用石头锤击头部致死并被奸尸。法医在勘查中提取到了男性精斑。办案民警从全村 6 000 多名成年男性村民中排查出 50 多名嫌疑对象,并提取重大可疑对象的 DNA 进行对比,但均未排出嫌疑人。

转眼 11 年过去,这个案子一直悬而未决。随着 DNA 技术的不断成熟,法医大胆用家系排查法,把全村村民按姓氏男性 Y 染色体家族排列,将全村 5 个姓氏的 6 000 多名男性重新进行排列分组排查,发现留在受害人体内精斑来源于灶瓦村某屯一吴姓家族。经过排查,2014 年,将犯罪嫌疑人吴某某抓获。

73. 重庆石柱侦破奸杀案

2007 年 5 月 13 日下午,重庆市石柱县马武某中学女生文文(化名)告别了父母,赶往学校。但两天后,文文的父亲李某接到了女儿班主任打来的电话,询问文文为什么没去上学。接到这个电话后,全家人就慌了,发动亲戚朋友,沿路寻找。

5 月 16 日一大早,李某在马武镇灯泡厂垭口处,发现一口废弃的砖窑。他慢慢靠近,发现 15 岁的女儿仰面惨死,尸体被树叶和树枝掩藏。经勘查,石柱警方发现文文系被他人用锐器刺死,颈部、胸部身中 30 余刀;死前可能发生过性行为。死者背部有一红色书包,书包的拉链被拉开,书包左侧丢弃着 1 个女孩用的双拆式钱夹,钱夹内未发现现金。

经民警认真分析,犯罪嫌疑人为男性,对现场环境熟悉,可能与受害人认识;该人性格内向、残暴、性饥渴;经济条件较差,对钱物的渴求亦很大;作案时间在 5 月 13 日下午 5 时至 5 时 30 分;该人持有单刃尖刀。警方调查发现,当天下午,砖场附近有人在劳动,并且听到了呼救声,但他们以为是小孩在玩耍,便没在意。但经过大量排查,专案民警们仍没有发现任何有价值的线索。

5 月 28 日下午,1 名杨姓男子进入了专案组的视线。杨某今年 23 岁,住马武镇前锋村毛针组。案发当日,杨某到过现场附近其姑姑家,但本人和其姑姑均极力回避此事;民警发现,其从姑姑家返回,须经案发现场,有作案条件;其对案发现场特别是砖窑的情况非常熟悉;在案发当天其穿的裤子上发现血迹,但其不能说清楚来历;同时警方在其左手上发现有伤痕。专班民警于是正式传唤杨某,并立即抽取血样,连夜送重庆市公安局做 DNA 对比检验。杨某随后供述了强奸杀害文文的作案过程,并带领专案组指认了现场,交出了自称为作案工具的单刃小刀。5 月 29 日,杨某被刑事拘留。但是,6 月 1 日下午,重庆市公安局鉴定发现,杨某的 DNA 与现场遗留物的 DNA 对比不一致。专案民警再次提审了杨某,才知道杨某在说谎。2005 年,杨某因被人殴打,造成大脑异常,平时对杀人、强奸有极强的好奇心,于是他就凭借想象,编造了 1 个强奸杀人过程。大规模排查走访只得再次展开。

民警带着从死者身上提取的遗留物和采集的 36 个家族的血样到有关单位进行检测。7 月 6 日下午 4 时 50 分许,报告称:犯罪现场留下的精液遗传基因与送检的冉氏家族同一,并要求石柱县警方对冉氏家族的血统是否纯正做进一步调查,同时将其家族中所有男性的血样采集送检。7 月 9 日晚 9 时 5 分,结果显示犯罪现场留下的精液 DNA 分型与某中学初中二年级学生小启(化名)的 DNA 分型一致。

当晚 22 时 1 分,抓捕组冒着倾盆大雨,将小启在其家中抓获。小启吞吞吐吐地供述了杀害文文的过程:2007 年 5 月 13 日下午 3 时许,小启返校途中偷偷下河洗澡,正好被从河边经过的文文看到了。文文冲着小启就说:"好啊,你下河洗澡,我要告诉老师。"因学校规定学生不准下河洗澡,小启害怕被告到学校后受处分,待文文走后,他便穿好衣服,尾随在文文后面往学校方向走,后超过文文,在案发现场处停下等待。当文文到达现场处时,小启突然冲上去抓住文文的头发,使劲往窑洞里拖。文文高声呼喊救命,小启就猛打文文的头部。在搏斗中,小启的右手被文文狠咬了一口,小启便将文文打晕在地,并实施了强奸。事后,他用随身携带的折叠小刀向文文的颈部及胸部猛刺。在确认文文已经死亡后,他开始翻文文的书包和衣裤,取走钱包内现金 60 余元,并用树叶和树枝将文文的尸体掩藏好,洗去衣裤上黏附的血迹,返回学校。

74. 湖北鄂州侦破抢劫杀人案

2011 年 12 月 19 日,鄂州市公安局宣布葛店开发区"8·8"命案告破,凶手杨某某被抓并供认不讳。这是鄂州市 5 年来破获命案时间最长的 1 个案子,费时达 128 天,先后抽取 510 份血液做 DNA 鉴定。此案破获的关键是,通过 DNA 中的 Y 染色体锁定杨姓家族男子,再缩小范围锁定真凶。

2011 年 8 月 9 日上午 9 时许,鄂州警方接到报案称,家住葛店镇葛洪花园的一名女子被发现杀害在家中。死者张某(女,31 岁),系武汉市洪山区左岭镇程墩村妇联主任,家住附近鄂州市葛店开发区葛店镇葛洪花园 7 楼。现场勘查发现,其家门无好无损,窗户也未发现攀爬痕迹,客厅和房间均没有翻动。死者死在卧室床上,身中 9 刀。

随后,省公安厅刑侦专家也赶到现场勘察,并在现场提取 10 枚较完整男性灰尘鞋印和 4 枚不完整鞋印。同时还在现场提取 33 处微量血迹。经鉴定,其中 29 处血迹为死者,4 处血迹为同一不明身份的男子。走访调查发现,张某 8 日晚 9 时左右外出跳舞骑电动车回家,身上带着 1 个装有 3 万元现金的包。张某死后,其包中的 3 万元现金不见踪迹。另外,其家中小包中的 3 000 元现金也丢失。

警方立即围绕张某的经济关系、社会交往、婚恋感情和个人矛盾等摸排,对排查对象一一见面,查看有无新鲜伤痕。同时排查武汉和鄂州约 200 家医院和诊所,看有无受伤男子就诊,均没有发现有用线索。警方还与张某有通话记录的 191 人和 123 名网友个个见面,同时抽取 DNA,还是没有获取有用线索。警方对鞋印进行网上搜索对比,发现该鞋为贵人鸟牌休闲鞋。这种鞋在鄂州共卖出 386 双,警方在葛店共排查 61 双曾购买此鞋者,均无进展。

从 8 月酷暑持续到 12 月隆冬,案情一直陷入僵局。鄂州警方反复研究,确定熟人作案、图财害命和偶发因素作为侦破主攻方向,对张某的熟人关系在排查的基础上采集 431 份血样,送到省公安厅鉴定。通过 Y 染色体作遗传基因鉴定,确定疑犯系杨姓家族男子。再进一步对 Y 染色体做鉴定发现,疑犯集中在武汉市洪山区左岭镇和鄂州市葛店镇 6 个自然湾。通过采集 6 个自然湾 38 份血液做鉴定,最终排除 5 个自然湾,确定疑犯系程墩村杨家奄的 1 名男性。

12 月 9 日,警方抽取杨家奄 41 名男性的血液做 DNA 鉴定,其中包括 1976 年出生的疑犯杨某某。做贼心虚的杨某某立即逃跑到宜昌躲藏,14 日下午被鄂州警方抓获。

杨某某与死者张某系同村人,两人很熟,但平时并没有多少交往。8 日晚 9 时许,张某跳舞回家,路上碰见杨某某。两人搭讪后,杨某某对张某说,你是不是有什么不顺心的事。张某说是的,因为家中的厕所漏水,花了 1 000 多元还没有修好。做过装修工的杨某某热心地说愿意帮助看看,并随张某来到其家中。

回到家中后,张某把装有 3 万多元现金的大包放在沙发上。手机响了,是 1 名男子打来的。张某拉开拉链拿手机,避开杨某某到卧室接电话。包里的一扎现金露了出来,被杨某某看在眼里,他顿时起了歹心,随手从桌上拿起一把水果刀。

张某接完电话,返回告诉杨某某厕所漏水的出处时,杨某某对着张某连捅几刀。忍痛的张某质问,我们这么熟,为什么对我痛下杀手?杨某某毫不隐瞒地说,我就是为了钱,说着又是两刀。张某爬到卧室的床上,杨某某跳到床上又是几刀。张某用手把被子一挥,杨某某挥刀的手被刀划破。随后,杨某某将张某大包里的 3 万现金和小包里的 3 000 元现金翻走,还将屋内的血迹反复擦拭。出门后,杨某某将一身血衣扔进长江。

75. 广东云浮侦破抢劫强奸系列案

2006 年 12 月某天凌晨 3 时,88 岁老太婆被抢劫钱财后,还被强暴。之后民警到现场走访调查,马上就有五六位老太婆前来哭诉,不但被抢,绝大部分老人还被性侵害。民警调查发现,在新兴以及周边的高明、鹤山县市也有多起类似案件,受侵害老人最小的 60 多岁,最大的 98 岁。

办案人员将附近多个村内可疑人员提取 DNA 采样,经省公安厅刑侦局技术部门鉴定,但可疑人员的 DNA 与现场遗留物的 DNA 对比不一致。接着 Y 染色体对比分析,发现新兴县梁姓家族最为接近。

专案组于是围绕梁姓开展调查,排查了两万多人,发现一个梁姓家族太公辈早年迁入稔村镇,已衍生几代人,分散居住在稔村、水台镇等多个地方。民警确定 40 多个重点嫌疑人对象,其中 1 位从年纪、身高、特征最接近疑犯。此人叫梁某庆,水台镇人,47 岁,妻子因病长年卧床不起,平时嗜赌,又无做工,有小偷小摸行为。经 DNA 对比检验,犯罪现场留下的精液 DNA 分型与梁某庆 DNA 分型一致。专案民警立即对梁某庆实施抓捕,梁某庆最后供述了作案过程。

76. 河南邓州侦破强奸杀人案

2006 年 3 月 14 日 8 时许,邓州市公安局刑警大队值班室接到腰店派出所电话报告:该乡燕店村三组村民牛某某(女,34 岁)被杀害在自己家中。现场位于邓州市腰店乡燕店村三组 157 号牛某某家,发现多处血迹,房屋东间西界墙中间地面 1 具女尸头西北脚东南仰卧于地面。经 DNA 检验认定,现场血迹都是死者牛某某所留。从死者乳房纱布擦取乳房拭子,经染色体 DNA 检测,检材中含有 Y 染色体,分析应为犯罪嫌疑人所留。

专案组以燕店村为中心,立足本村向周边辐射排查,对 16～65 岁在家男性逐人定时定位进行排查,对邓州市及周边县、市近年发生的强奸和夜盗案件通过 DNA 图谱进行对比,开展串并案侦查。同时以现场为中心,在周边乡镇张贴悬赏公告,广泛发动群众提供线索。

在对提取的生物检材检出 DNA 后,立即围绕中心现场周围村庄对有性侵犯及夜盗行为的对象进行重点排查。虽在现场提取有血指纹,但由于血指纹条件不好,再加上对比技术水平的限制,虽然经过大量工作但是对所排查出的嫌疑对象均不能认定。现场提取的生物检材,也检出了 Y 染色体,对案发中心区域大姓氏家族进行筛选,对每个姓氏家族选择辈分最高,辈分最低及中间辈分各选择 1 人,进行 Y 染色体对比,没有发现完全一致的 Y 染色体家族。但发现燕店村的冯姓、吴姓和土楼村的周姓的 Y 染色体只相差 1 个基因座。

在案件久侦不破之时,先后邀请省公安厅、公安部刑侦专家会诊。对现场遗留生物检材再次进行技术检验,分析为混合物,认为 DNA 对比价值不高,专案组遂决定以 Y 染色体检测法和侦查紧密结合起来。

专案组决定立足现场结合侦查从中选出符合犯罪嫌疑人刻画条件的房氏、牛氏、周氏 3 个家族进行 Y 染色体检验,发现房氏家族第三门 Y 染色体与现场遗留生物检材 Y 染色体基因座数据完全一致,遂聘请指纹鉴定专家对房氏家族第三门符合排查条件的 10 个人指纹进行认真细致的对比,发现房某某的指纹与现场遗留血指纹特征一致。侦查人员对房某某近况排查得知,该房潜藏于江苏省张家港市,专案组立即派员于 11 月 2 日连夜赶赴张家港对房某某进行抓捕,11 月 3 日 23 时许将犯罪嫌疑人房某某抓获归案。经审讯,犯罪嫌疑人对强奸杀人的犯罪事实供认不讳。

77. 河南济源侦破系列强奸案

2010 年 8、9 月份,济源市东环路至五龙口镇莲东段连续发生多起单身女性被拦路强奸、抢劫案件。济源市公安局随即成立专案组,在五龙口、玉泉、克井交叉地带迅速展开案件侦查工作。

2010 年 10 月 8 日,技术人员在 1 起刚刚发生的拦路强奸案物证中提取到了犯罪嫌疑人的 DNA,并对其 Y 染色体进行了鉴定。经对比,其 Y 染色体与该局所建 DNA 数据库中于姓男子的 Y 染色体相符。但于氏家族共有六大支 700 余人符合年龄段的男子,经过长达 1 个月的工作,专案组采集到了 670 人的血样,但对案件的侦破而言成效不大。

技术人员在对于氏家族的男性 DNA 与嫌疑人员的 DNA 对比后,发现其中 1 名男子的常染色体 X 与嫌疑人的常染色体 X 有多个基因座相同,根据遗传学的理论,技术民警确定嫌疑人应为该男子的兄弟。

专案民警立即展开调查,发现该男子有一哥哥叫于某。12 月 31 日,专案民警又专门采集了于某父母、女儿的血样,经 DNA 分析确认,于某就是该系列强奸案的嫌疑人。为早日抓捕犯罪嫌疑人,抓捕小组于 2011 年 1 月 7 日赶赴广西桂林,在当地警方的配合下辗转 30 多天,成功将于某抓获归案。经审讯,犯罪嫌疑人于某供述了自己所做的 4 起拦路强奸案件。

78. 江西赣州侦破抢劫杀人案

2013 年某月日,赣州市一按摩店内按摩女李某被发现死于店内阁楼内。死者衣物完整,颈部见有少许纱线纤维的掐痕,身上无明显损伤。经法医尸检,死者为机械性窒息死亡。经按摩店内监控显示,嫌疑人作案后曾用店内的砍刀撬开电脑主机,将硬盘带离现场。

用二步擦拭法提取嫌疑人触摸过的砍刀上明显的手套印迹,电脑电源连接线上触摸痕迹及死者颈部掐痕。样本均采用纳米磁珠法提取 DNA。加入 200 μL 裂解液及 10 μL 1%蛋白酶 K,置于震荡恒温孵育器上 56℃ 500 r/min 过夜,12 000 r/min 离心 3 min,取上清液转入 1.5 mL 离心管中,加入三倍体积吸附液和 20 μL 磁珠,翻转吸附 40 min,70%乙醇洗涤 3 次后烘干,加洗脱液 30 μL,56℃ 保温 10 min,12 r/min 离心 3 min 备用。分别应用 Identifiler™Plus 扩增试剂(ABI 公司,美国)、Y-Filler 扩增试剂盒(ABI 公司,美国)对检材样本进行复合扩增,扩增产物经 3130XL 进行检测。

3 份棉签拭子经过 Identifiler™Plus 扩增,全部得到混合 STR 分型,又经过 Y-filer 扩增检验,均检出同 1 名男性的 Y-STR 分型。经过大规模家系对比排查,发现一可疑家系。秘密提取嫌疑人父亲吸过的烟蒂检验,获得与现场生物物证一样的 Y-STR 分型。嫌疑人到案后,提取其血样,与现场遗留的 STR 分型完全一致。

79. 美国加利福尼亚州破获 40 年系列奸杀劫案

2018 年 4 月 25 日,美国联邦调查局宣布逮捕了素有“金州杀手”之称的 72 岁疑犯迪安吉罗(Joseph James DeAngelo),指控他在 1976—1986 年的 10 年间先后犯下 12 起杀人案、至少 45 起强奸案和 120 起入室盗窃案。

“金州杀手”连环案的侦破,遵循了与甘肃白银案一致的方法。他们在宗谱网站上找到了与犯罪现场 DNA 样本相匹配的家族树,从这名亲戚的遗传信息跟踪到 DeAngelo,确定 DeAngelo 是目标嫌疑人。他生活在攻击发生的地区,年龄也基本吻合。调查人员对他展开了监视,从他丢弃的材料中收集了 DNA 样本,测试证实其 DNA 与犯罪现场发现的样本吻合。调查人员后又采集了第 2 个样本,再次确认了证据。

迪安吉罗曾是加利福尼亚州的 1 名警察,1979 年因偷窃被解雇。调查表明,迪安吉多分别与 1978 年和 1979 年发生的一系列强奸杀人案有关,被称为“美国版的高某勇”。该男子的第 1 次强暴案发生在 1976 年 6 月,距今已有 40 余年。在 1976—1978 年间,此人在萨克拉门托一带多次入室行窃、强暴和杀人。1979 年,他的一系列犯罪活动集中在旧金山湾区的东部一带。在后来的 2 年中,他在加州沿岸地带杀了好几个人。1981 年,他在南加州的尔湾杀人,接着他似乎偃旗息鼓,但 1986 年再次冒头,强暴并杀害了 1 名少女。这是他最后 1 次作案。

80. 美国加利福尼亚州抓获 25 年前连环杀手

《科学时报》2010 年 07 月 23 日报道,美国加州的犯罪学科学家利用家族性 DNA 搜寻法,将连环杀手朗尼·富兰克林逮捕归案。发生在洛杉矶的命案最早可追溯到 20 世纪 80 年代中期。从 2008 年开始,加州同意允许使用 1 种名为家族性 DNA 的技术搜寻凶手。利用这种技术,调查人员可以将案发现场采集到的 DNA 证据与该州采集的包括 130 万名已定罪重犯的 DNA 数据库进行对比,搜寻相近但不精确的匹配目标。

2008 年,从"残酷睡客"犯罪现场采集到的 DNA 数据调查没有结果。但是,2010 年 4 月的第 2 次采集却获得了 1 个潜在匹配:1 个名为克里斯多佛·富兰克林的非法持有武器重罪犯。沿着谋杀时间追溯的 DNA 搜寻将目标集中到了克里斯多佛·富兰克林的父亲——朗尼·富兰克林。

57 岁的朗尼·富兰克林是美国加州洛杉矶市 1 名退休的车库服务员和清洁工。美国加州警方怀疑他与过去 20 多年中发生在洛杉矶南部的至少 10 起命案和 1 起谋杀未遂案有关。经过 1/4 世纪的侦破后,借助于家族性 DNA 新技术和案发现场的比萨饼残渣,洛杉矶警方于 2010 年 7 月 7 日逮捕了这个绰号为"残酷睡客"的杀手。

81. 美国印第安纳州侦破 30 年前女童奸杀案

1988 年 4 月,8 岁女童艾波(April Tinsley)在美国印第安纳州韦恩堡自家社区街道上遭人绑架,失踪 3 天后尸体找到,警方证实,她生前遭到性侵。案发后,当地警方展开大规模调查,但未能锁定目标疑犯。2018 年 7 月,警方利用 Y-DNA 技术,找到了案犯线索,于 30 年后侦破此案。

2018 年 5 月,韦恩堡警方开始通过 DNA 族谱资料库设法从现场采集的 DNA 样本当中寻找杀人疑犯的线索,并根据 1 家 DNA 公司的分析资料,于 7 月 2 日将疑犯缩小到只剩 59 岁的米勒(John D. Miller)及其弟弟。调查人员在米勒丢弃的垃圾当中找到了他使用过的保险套,并与当年艾波命案凶手的 DNA 样本对比后,证实吻合。米勒接受讯问时,坦承 1988 年绑架艾波,在性侵后将她勒毙并弃尸。

209

第九章

Y-DNA 检测的科学应用

1. 性别鉴定和姓氏检测

人类对胎儿进行性别检测的想法由来已久。古埃及发明了一种办法，是检测妇女的尿液：把需检测妇女的尿液装到有大麦和小麦种子的盆罐中，过一段时间后，如果大麦首先发芽，判断怀的是女孩；相反，如果小麦首先发芽，判断怀的是男孩；最后一种结果，如果两个都没发芽，则判断这个妇女没怀孕。

性别鉴定是医学的重要课题，在多种场合需要对生物检材做性别鉴定。盗窃案中留下的烟蒂、饮料瓶、水果核，强奸案或轮奸案中被害人的阴道拭子，嫌疑人的皮屑、毛发、指纹、唇印，留在衣裤、床单、被褥、毛巾、卫生纸等处的生物检材，这些都是检测鉴定的客观依据。

Y-DNA 是男性的特有成分，检测 Y-DNA 可以直接确定样品的性别。当样品中检测出 Y-DNA 的成分时，可以直接确定样品是来自于男性。相反，如果没有检出，一般为女性，但也可能是男性，因为 DNA 含量太少没能有效检出，或者是非人类的 DNA。实践中，一般取 XY 同源的牙釉蛋白基因（amelogenin）进行基因扩增，用于性别检验。

姓氏检测，是性别鉴定基础上的另一项功能，当明确检材属于男性后，可以通过 Y-STR 检测对比进一步明确其家族姓氏，为办案提供参考。

2. 亲子鉴定和亲缘鉴定

亲子鉴定就是利用生物技术分析遗传特征，判断父母与子女间是否是亲生关系。单纯地利用 Y 染色体可以对父子、兄弟、叔伯、祖孙、子侄等做出亲缘鉴定，但不能明确具体是什么关系，需要结合具体情况综合判断。

亲缘鉴定是 Y-DNA 最早成功应用的领域,通过检测 Y 染色体进行个体识别和亲子鉴定。美国总统杰弗逊私生子一案是著名的案例。1802 年,美国第三任总统托马斯·杰弗逊因被怀疑与女仆生育一孩子遭到起诉。此后,人们一直对此事争论不休。科学家比较了杰弗逊的叔叔、女仆的大儿子和最小儿子的男性后代的 Y 染色体,得出结论杰弗逊是女仆最小儿子的生父,证明了杰弗逊总统确实有私生子。

再如,某市发生 1 起碎尸案,怀疑死者为王某(男,56 岁,未婚)。经调查,发现王某有一健在的同父异母兄弟。为确定死者身份,对碎尸案件肌肉样本及王某兄弟血样进行了 DNA 分析检验。因为兄弟 2 人为同父异母兄弟,常染色体 STR 检验无法确定二者的亲缘关系。经 Y-STR 检验,结果证实他们来自同一父系,进而确定了碎尸案件的死者身份,为侦破此案提供了重要线索。

在父子单亲亲缘关系鉴定时,仅仅做常染色体 STR 多态性检验是不够的,必须做 Y-STR 鉴定作为补充鉴定。利用 Y 染色体呈整体单倍性父子遗传的特性,进行父子间的亲权鉴定,可以大大提高肯定的概率,如对有争议的父子、祖孙、叔侄等的鉴定有独特的作用。

近亲属间个体识别,是在普通 Y-STR 检测基础上,利用快速突变的 Y-STR 进行检验,能够在家系分枝树进一步细化区分亲缘关系,对三代以上的个体亲缘关系进行鉴别。

3. 孕妇血胎儿性别鉴定

母体血液 Y 基因筛查,是一种无创产前血液检测。早在 20 世纪 70 年代,科学家就已发现在怀孕期间,胎儿的基因物质经过新陈代谢或损毁而变成游离基因片段,透过胎盘进入母亲的血液循环系统。时至今日,母血 Y-DNA 检测,在早期怀孕满 7 周,通过抽取孕妈体内少量静脉血,从中检验出胎儿的 DNA 片段。卢煜明等报道,母血中大部分 DNA 片段小于 300 bp,进行胎儿 Y 染色体性别决定区(SRY)基因检测,获得了 100% 的准确率。

一般而言,Y 染色体是男子所独有,女子的细胞内并没有 Y 染色体。但是,有一种特殊情况,就是在女子怀孕的时候。如果女子怀的是男孩,胎儿的 DNA 代谢产物可以穿透胎盘屏障,进入母体的血液循环,这时候母体的血液里就会有胎儿的 Y-DNA 出现。随着胚胎或胎儿的成长,孕妇血中的胎儿 DNA 含量也就越来越高,可以达到 5%~10% 的比例,足以满足各项基因检测的需求。

母体里的胎儿 DNA 经过 PCR 扩增,可以很容易被检测出来。Y-STR 检测首先可以明确孩子的性别,男性则为阳性。如果是阴性,确定为女性时要慎重一些,要排除某些偶然的因素后复核为阴性,才能断定为女性。理论上,只要胚胎开始新陈代谢,就有胎儿的遗传物质进入母体血液循环,验血时,就可能捕捉和检测到其中的 Y-DNA 信息,从而完成有效的性别鉴定。运用孕妇血检测和鉴定胎儿性别,是自动化检测,具有高通量、快速、准确、无损的特点,而且不依赖医院设备,孕妇可以绕过医院和医生,到相关实验室完成检测。

孕妇血胎儿性别鉴定,检测的对象是血斑,而不是孕妇本人,这与影像学手段诊断胎儿性别有很大不同。例如,做 B 超检查胎儿,医生是手动操作,直接面对的是孕妇本人。孕妇血胎儿性别检查,是仪器自动化检测,实验人员面对的是一块血斑而已,往往不知道而且甚至没有必要知道血斑是否来自孕妇。此时,人和医生的参与程度很低。

2015 年 1 月,国家卫生计生委、公安部、民政部等 14 个部门联合发布《关于加强打击防控采血鉴定胎儿性别行为的通知》,提出了一系列打击非法鉴定胎儿性别的措施。其中包括禁止其他任何机构、人员采血用于胎儿性别鉴定;禁止介绍推荐采血鉴定胎儿性别;禁止任何机构和个人利用产前诊断等技术进行非医学需要的胎儿性别鉴定;禁止私自携带、邮寄、运输血样出境,加大血样出境检查力度等。随着中国国际化进程的加速,中国人与世界联系得越发紧密,孕妇血胎儿性别检测的禁令会越发难以有效执行。

4. 孕妇血胎儿姓氏检测

通过孕妇血进行胎儿的性别检测和鉴定,已经是成熟的生物技术。如果检测的结果是男孩,可以进一步检测其家族姓氏。在以往的强奸案中,为了保留犯罪证据,因强奸而怀孕的女子需要把孩子产下来。孕妇胎儿血有孩子的 DNA,来自父母双方,如果是男孩,可以进一步进行姓氏检测,估算男孩的姓氏。如案件需要保留强奸的证据,保留孕妇的血样是一个可行的办法。

根据孕妇的血液,亲子鉴定在胎儿期即可完成,不必等到孩子出生以后,而且,可以做到无创检测,对孕妇和胎儿不构成任何伤害。在缺少父亲一方的情况下,还可以借助 Y 库检测男性胎儿的姓氏,对父权关系给出有益的提示。

因为怀孕的女性也可以有男性的 Y 染色体,所以在办理案件做家系排查的时候,应该将刚出生不久的男性婴幼儿列入排查范围,以免怀孕母亲作为作案者的漏网。尽管这是一种非常罕见的情况,但在足够大的人群范围,这种事件还是有可能发生。

5. 血痕检验

血痕是血液流出体外干燥后形成的斑迹。血痕检查以前的方法有化学法和生物化学法，包括联苯胺实验、鲁米诺实验、免疫血清法等。

血痕检验可以解决这样的问题：

（1）是否为血痕？

（2）是动物血还是人血？

（3）是男性血还是女性血？

（4）如是男性血，其人姓啥？

在凶杀、爆炸、抢劫等案件中，现场会留下嫌疑人的血痕。血痕检验可以明确血液的种属，确定是不是人的血液，如果是来自于人，可以检测确定是男性还是女性。

检测中，如果检出血痕中有 Y 染色体成分，则可以确定血痕来自男性或是怀孕并且是怀着男孩的女性，具体要根据现场情况裁断。如果没检测到 Y 染色体成分，可能是女性，也可能是男性，由于样品中 Y 染色体成分少或扩增抑制物等原因没有检测出来，也可能是非人类的血液。

姓氏检测新技术提升了血痕检验的性能，如果是男性，检测出有 Y 染色体的成分，可以进一步检测姓氏，明确其家系归属。此时，还要询问是否有异体输血、器官移植等病史。如有异体输血的情况，有可能显示的是别人的 Y-DNA。

6. 精斑检验

精斑，是男子的精液浸润或附着于基质上，干燥后形成的斑痕。嫌疑人的皮屑、毛发、指纹、唇印，以及留在衣裤、床单、被褥、毛巾、卫生纸等处的生物检材是无声的证据，虽然细微得容易被忽略，但是无比重要。

精斑检验用于性侵案件嫌疑人排查和认定。Y-STR 以其快速缩小排查范围、准确锁定案犯家系等巨大优势而被越来越多的技术人员所关注。混合斑是男女的混合成分，来源于两人或两人以上，如被害人的阴道拭子。

性侵案中，男性 DNA 成分在男女混合检材里面的含量非常低，PCR 抑制物的普遍存在，检测上有一定的难度，Y-STR 检测是现实之选。精子细胞比体细胞更稳定，保存 25 年的阴道拭子检测 Y-STR 分型已经获得成功。在混有大量女性 DNA 成分中检测男性 DNA，可以发现和处理多个男性成分，通过 Y-STR 检测，可以获得嫌疑人的姓氏信息。

应用实例 2 例。

> 其一：某年 10 月 30 日，嫌疑人翻墙进入某校女生宿舍，在 1 寝室内以持刀威胁并殴打的手段控制住 3 名女生，欲对她们轮流进行强奸。在强奸了第 1 名女生后，强奸第 2 人时，由于受害人拼命反抗，嫌疑人放弃强奸逃走。侦查人员提取了第 1 名女生姚某的阴道擦拭物数枚、内裤送检。
>
> 其二：某年 2 月 4 日，年仅 4 岁的幼女李某在菜市场走失，家人寻回后发现李某衬裤和袜子不见了，到医院检查后发现有被强奸的迹象，遂报案。侦查人员提取了李某的阴道擦拭物数枚、内裤送检。

对 2 起案件 4 个检材首先常规二步法提取，结果未获得常染色体 STR 分型，采取一步法直接提取，用 Y-Filer 试剂盒进行复核扩增，2 个案件均获得了单一的 Y-STR 分型，为案件提供了线索与证据。

7. 混合斑检验

Y-STR 是混合斑分析的有力手段。只有男性有 Y-STR，专门用来分析男性成分，即使比例较低，也可以做出分型结果。Y-STR 是混合斑分析的有力手段，在轮奸案中表现优异。大多数 Y-STR 只有 1 个等位基因，根据 PCR 产物谱带的数目，可以查到参与作案的人数，多个 Y-STR 基因座上出现 2 条以上的带，可以认为是混合斑，在轮奸案的定性和个体识别中特别有用。

混合斑包括两层含义：一是男女的混合，女性与男性的混合在一起，如强奸案的斑迹；二是女性和两名或多名男性的混合物，如轮奸案的斑迹。第一种情况，如某一个嫌疑人强奸 1 名女子，现场提取的精液/阴道液混合斑，某一 STR 基因座分型结果为 3、5、9、10；受害人血液基因型为 3、9，则推测精斑基因型为 5、10；若嫌疑人的基因型为 5、10，则不能排除其为作案人。

第二种情况的混合斑中，几个犯罪嫌疑人精液的含量有时差别很大，造成精液成分特异性片段的密度或峰高值的个体差异，有时能确定精液的个体，为案件侦破提供线索。某一个基因座发现 3 个或 3 个以上等位基因（要排除正常基因分型的异常图谱），可以确认为混合斑。常染色体基因座分析 STR 分型，确定混合斑具有的等位基因再进行鉴定。

Y-STR 基因座的作用：

（1）证明混合斑有男性成分。

（2）推断、确定混合斑中男性个体数。除 DYS385、DYS389、DYS459、DYS527 和 DYF387S1 几个基因座以外，每个个体的单个 Y-STR 基因座只有 1 个等位基因。

（3）提高男性成分的检出率。在男/女混合斑中，常染色体 STR 基因座的检出率为 1/50，而 Y-STR 的检出率为 1/2 000。

轮奸案中，确定是否轮奸、轮奸人数、排除或指控嫌疑人等方面，Y-STR 均较常染色体 STR 标记有明显的优胜之处。应取受害人和犯罪嫌疑人的血液、唾液检材做参比样本。已婚的被害人，须提取其丈夫的血样和唾液样同时检测。混合斑所测出的遗传标记是精液与阴道液遗传标记的总和，鉴定混合斑，应取受害人和嫌疑人的血液、唾液等检材做参照样本。

Y-STR 基因座分析能证明混合斑有男性成分，还能确定混合斑中男性个体数。做混合斑的个人识别时，应将性别基因座、Y-STR 与常染色体 STR 结合应用。由于混合斑所测出的遗传标记是混合斑各组成成分遗传标记的总和，只有在与参照样本比较的情况下，才能推断混合斑各组成成分的遗传标记。尽可能了解案情，提取相关人员的血液（痕）、唾液（斑）等检材，尽可能同时同一条件下检测，进行对比推断。

犯罪嫌疑人阴茎龟头拭子或冲洗液中查出女性基因型，是证明嫌疑人涉案的有力证据。有些案件，需要对混合斑中女性成分作个人识别。床单上混合斑确定案发现场。如一例强奸幼女案，犯罪嫌疑人诉混合斑是与幼女母亲发生性关系时所留，并控告被人诬告。后鉴定证实女性 DNA 与幼女的基因型相同，从而认定了该强奸幼女案。

另一例强奸案，女性阴道拭子、内裤上均未检见人精斑，现场嫌疑人床单上检见人精斑，但嫌疑人一口咬定该精斑是其以前所留，不承认是该次强奸所留。结果在床单的混合斑中检出受害者 DNA，认定了强奸事实。

轮奸案的现场勘察，应注意提取多处检材或 1 份检材不同部位的斑痕，分别进行 DNA 提取和扩增分型，尽可能找到来自单个个体的精斑，以最后确定各犯罪嫌疑人的基因型。

在轮奸案及其他刑事案件中，经常遇到男/男的混合精斑或男/女混合血斑。进行常染色体 STR 检验，常只能得到混合结果，使结果解释出现困难。而利用 Y-STR 基因座，可对混合斑中的男性成分进行可靠的分析。在混合斑鉴定中，Y-STR 由于是单倍体，不仅可以确定男性生物检材的来源，还可以确定是几个男性的混合结果。如，在多个 Y-STR 基因座均检测出 2 条片段，则说明至少是

2 人的混合样品。Y-STR 在确定轮奸案中犯罪嫌疑人数、排除或指控犯罪嫌疑人等方面,均较常染色体 STR 标记有明显的实用价值。

8. 微量混合斑检验

Y-STR 遗传标记为男性特有,分型不受阴道上皮干扰。试验表明,精液与阴道液比例为 1/2 000~1/100 时,阴道细胞的 DNA 不会干扰 Y-DNA 分型。

由于 Y-STR 分型的灵敏度高,即使遇到无精子或少精子的混合斑,Y-STR 分析也有成功的把握,所以在性犯罪中有重要作用。特异地检验 Y-STR 不需要二步消化法分离混合斑迹就可以检测出犯罪嫌疑人的 DNA 遗传标记,减少烦琐的二步消化过程,也避免了操作过程中精子 DNA 的损失,提高检测阳性率,可在短时间内对犯罪嫌疑人进行排查,为侦查破案节省时间。

某年 9 月 2 日深夜,贵州某县某村 23 岁的女青年李某某在睡梦里被两个陌生男子强奸,家里值钱的东西被洗劫一空。当地警方在凌晨 3 时接到报案后奔赴案发现场,在被害人的床单、内裤上发现了犯罪嫌疑人留下的精液混合斑。法医发现,由于李某某在事发前一天与未婚夫发生过性关系,目前又处于月经期,形成了错综复杂的混合斑。两周以后,2 名重大嫌疑人被捕,但拒不承认轮奸的犯罪事实。法医检测嫌疑人 Y 染色体上具有特异性的 DNA 遗传标记,发现 2 人 Y 染色体 DNA 遗传标记特征与现场遗留的精液斑的 Y 染色体特征完全一致,从而认定两嫌疑人正是此案元凶。

9. 唾液斑检验

唾液中含有口腔黏膜上皮细胞,因此与唾液接触的物品如烟蒂、口杯边缘有口腔黏膜细胞。在奸杀案中,被害女子的口唇、乳头、大腿、颈部、耳朵等敏感部位可能有唾液斑的存留。

唾液斑检验得到 Y-STR 分型,是侦破案件的重要依据。例如,2006 年 3 月,河南邓州某村发生 1 起强奸杀人案,死者牛某(女,30 岁)在家遇害。提取死者乳房擦拭物,经 STR 分型,检出一男性与死者混合 DNA 分型,遂在案发地周围 7 个村内 27 个家族中进行排查。结果周姓家族 20 个分支和 1 个冯姓分支家族仅与乳房擦拭物在 1 个 Y-STR 分型存在差异,17 个 Y-TSR 分型中均有一个 Y-STR 分型差异(分别在 DYS389 Ⅱ、DYS458、DYS448、Y-GATA-H4 等 4 个 STR 基因座上),此为 Y-STR 在家系遗传中的变异现象。通过家谱调查,对冯姓家族溯源,查找到冯姓家族是由房氏族人过继而来,继而对房氏家族进行 Y-STR 检测,发现乳房擦拭物 Y-STR 分型与房氏家族相同。通过 STR 分型,认定房氏族人房某为此案犯罪嫌疑人。

再如,2012 年 12 月 16 日,广东梅州丰顺县汤坑镇邓屋寨发生 1 起命案,现场 1 名女性死者,下体裸露,上衣被掀至胸部以上。通过勘查和分析,认为这是 1 起强奸杀人案件,针对提取的死者乳头擦拭物,DNA 技术员成功检出嫌疑人的 DNA,循线侦破了案件。

10. 试管婴儿无创染色体筛查

试管婴儿是一项辅助生殖技术,对卵细胞体外受精,待受精卵发育成胚胎后,将正常的胚胎植入母体。在体外培养试管婴儿胚胎时,培养液中存在少量游离的基因组 DNA 和线粒体的 DNA。这些 DNA 来源于胚胎发育中的新陈代谢。从这些培养液中的 DNA 中提取相关疾病的信息,就可以实现对试管婴儿的无创染色体检测。

试管婴儿的培养液中含有胚胎的 DNA 信息,不仅可以用来筛查胚胎的疾病信息,也可以做 Y 染色体的性别筛查,如果是男性,必要时可做家系的姓氏检测。

11. 串并案件

Y 染色体检测可以用来串并案件,尤其是手法类似的强奸案或强奸杀人案,如果精斑检测出相同的 Y-STR 分型,一般可以判断是同一人所为,是串并案件的重要依据。

Detflaff 等报道了从 1996—2002 年发生在波兰西北部的 1 个地区的 14 起强奸杀人案件,通过对现场得到的精液做 Y-STR 分析,并用 9 个 Y-STR 对 421 名疑犯进行检测,最终认定案件为同一人所为,该案成为波兰乃至东欧利用 DNA 搜捕罪犯的第 1 例。

12. 强奸致孕案的处理

强奸,或称性侵,是指以暴力、胁迫或其他手段,违背妇女意志,强行与之发生性关系,或故意与不满 14 周岁的幼女发生性关系的行为。强奸发生后,会有一定的比例发生怀孕的情况。比如,据报道,福建省晋江市 2011—2012 年间发生强奸案件 157 起,致孕 8 起,占总数的 5.10%。

怀孕的胎儿含有男女双方的遗传信息。作为强奸的证据,以往有时要把孩子生出来,作为起诉的证据。但孩子出生以后,要面临抚养教育等一系列社会问题。这往往是让受害女子和家庭难以承受的。

随着技术的发展，孕妇血检测就可以明确孩子的性别，如果是男性，可以进一步明确胎儿其家族的归属，在孩子没出生的情况下找到相对应的嫌疑人。这就大大简化了强奸致孕案的处理，提高了时效，解决了相应而发的社会问题。

13. 偏远山区的强奸案处置

Y-DNA 破案法已经广泛应用于刑事案件。农村交通不发达，外来人口稀少，社会关系简单，加之村民文化水平低，法律意识淡薄，是强奸案的好发人群，也缺乏监控和必要的保安措施，所以偏远山区一旦发生强奸案件，姓氏检测就显得尤其重要。

案例 1 某年 2 月 18 日 10 时 20 分，某县刑侦大队接报案称：某村村民叶某被人发现死在家中，地上有大量血迹。现场勘查，发现死者死在自家卧室中，大门门锁完好，无撬压痕迹。该女尸位于床边，上身穿红色棉袄，下身赤裸，女尸头颈部有多处伤口，地上、墙上有多处血迹。

尸体检验见，死者头面颈部见多处皮肤裂创口，创口边缘整齐，创内可见颅骨粉碎性骨折、眶骨骨折、下颌骨骨折、颈前部肌肉断裂、气管离断、血管分支离断，据此推断为他杀，死者系外伤致失血性休克死亡。现场提取血迹经鉴定均为死者所留，阴道拭子及卫生间内的 3 枚烟蒂提取到同一未知名男性 DNA，结合死者丈夫外出务工且不抽烟推断该 DNA 为嫌疑人所留。

以案发现场为中心，在周围几个村做族系调查，采集不同族系男子 DNA 生物样本 200 多份，得出 Y-STR 基因分型。经家族排查，该 Y-STR 与邻村一刘姓男子分型一致。据此，侦查人员对该男子所在家族展开调查，经调查发现，该家族人员当中其中有 1 名为刘某的青年男子是死者女儿张某的同学，专案组分析认为刘某有较大作案嫌疑。遂将在外务工的刘某抓获，提取 DNA 数据与案发现场遗留的烟头 DNA 数据见完全吻合。经审讯，刘某交代因借钱未果杀害叶某并奸尸的犯罪事实。

案例 2 某年 2 月 12 日上午 9 时 15 分，某县派出所接事主谢某报案称：其 6 岁女儿李某于 2 月 11 日 22 时许在自家门口玩耍时走失，要求派出所协助寻找。次日上午 10 时 30 分，派出所民警与家属在其家附近竹林找到李某尸体。尸体位于竹林中央一土坑内，上身胸部以下暴露，下身裤子褪至膝盖处,距尸体 2 m 远地上有 2 处片状血迹。提取死者外阴部血纱及阴道内容物进行 DNA 检验,检出一男性 DNA,现场血迹为死者所留。

采用 Y-STR 家族排除法进行摸底排查,全村有男性的家庭每户采集 1 份血样,全村共采集 31 份样本,结果发现本村李某的 Y 染色体基因分型与现场精斑一致。办案人员遂到李某家中调查取证,并未发现异常,出门时恰好李某 15 岁的儿子李某宇回来,正在门口换鞋。办案民警发现鞋子上有血迹,于是将其带回讯问,并提取 DNA 进行常染色 STR 对比,结果与现场精斑 DNA 分型一致,案件告破。

14. 缩小案件排查范围

Y-DNA 的检测结果可疑有效排除嫌疑人,在规定的范围内找出目标人群和目标嫌疑人个体。缩小排查范围,指明侦查方向,是 Y-DNA 检测的基本应用。

某年 11 月 4 日凌晨 5 时,某市公安局接电话报案,在该市南环路东段发现 1 具女尸,市局班子成员立即带领侦技人员赶赴现场。现场位于该市人民检察院西 45 m、南环路北侧路边绿化带内,其东西两侧均为绿化带,南侧是南环路,隔路为菜地。死者头西脚东仰卧于绿化带内,头顶部塌陷,有脑浆溅出,小肠由阴道被拉出 750 cm,经胸腹部右侧拉至颈部右侧,右乳头处有牙齿咬痕。经调查:死者王某某(女,23 岁),该市三里屯村人,于 11 月 23 日晚 23 时许由该市梁村纺纱厂下夜班返家途中遇害。

犯罪分子手段残忍,杀人行凶并将死者小肠由体内掏出。根据死者遗留在现场的手机,通过查阅分析手机信息,发现案发时段死者正在通话。查明对方为死者的山东网友,获悉 2 人在通话时一年龄偏大的醉酒男性骑自行车撞到受害人,死者向其索要赔偿时通话中断。

对此,专案指挥部迅速组织民警对现场周边开展定时、定位路访,走访出租车、三轮车司机和现场周围的饭店、公共场所,查找案发前饮酒、醉酒途径现场的男性人员,进一步准确刻画犯罪嫌疑人的条件。根据现场勘验发现提取的犯罪嫌疑人鞋印、自行车轮胎印痕推断,犯罪嫌疑人年龄在 30 岁左右,身高为 1.65~1.75 米,穿 42 或 43 码鞋,生活层次较低,有自行车,案发前曾饮酒。

技术人员成功在受害人左侧乳房上提取了犯罪嫌疑人的齿痕及唾液,并作出了嫌疑人的 Y 染色体图谱。综合现场勘验及调查访问情况,专案指挥部组织排查民警以案发现场为中心,将周边三里屯、东新庄等 13 个村庄划定为重点区域开展地毯式排查,排查符合犯罪嫌疑人条件的重点人员。同时,根据犯罪嫌疑人自行车印痕的指向,组织刑警队在东新庄重点开展排查。

根据已掌握的犯罪嫌疑人 Y 染色体图谱,摸排侦查范围内人员家族分布情况,对排查民警进行培训,秘密抽取检验相关人员血样,以缩小排查范围。通过工作,技术人员迅速确定了东新庄村的李姓家族人员与犯罪嫌疑人 Y 染色体一致;通过进一步排查该村李姓男青年的时空条件,专案组发现了东新庄村村民李某宾(又名李某三,男,30 岁)符合刻画的嫌疑人特征,具备作案的时空条件,有重大作案嫌疑。12 月 3 日下午,犯罪嫌疑人李某宾被抓获归案。经初步检验,其身高、齿痕与犯罪嫌疑人一致。经进一步搜查,在其家中发现了血衣,在其自行车车把、房门等处发现提取了受害人血迹。在大量物证面前,犯罪嫌疑人李某宾如实供述了杀人毁尸的犯罪事实。

经查,2007 年 11 月 23 日 23 时许,犯罪嫌疑人李某宾酒后独自骑自行车在南环路东段路北与死者王某某的电动车相撞,因王某某向其索要 500 元赔偿发生争执。王某某脾气暴躁,大声叫嚷,引起李某宾的极度厌恶,恼羞成怒,采取扼颈、持路边土块砸击等方式将王某某杀害并毁尸。

这一案件的侦破,是传统与现代刑事技术手段的紧密结合。一是 Y 染色体检验有效缩小了侦查范围。技术人员及时做出了犯罪嫌疑人的 Y 染色体,确定了犯罪嫌疑人为东新庄村的李姓家族人员,极大地缩短了排查时间;二是传统的齿痕检验手段也发挥了积极的作用。技术人员提取了嫌疑人的齿痕,在发现了李某宾的犯罪嫌疑后,排查民警对其齿痕进行了初步鉴别,在第一时间就迅速确定了该人的作案嫌疑。

15. 预防犯罪

刑侦是 Y-STR 一个重要的应用领域。犯罪离不开人的参与,只要有犯罪,就有可能留下相关的生物学痕迹。Y 库是身份鉴定的工具,以 Y-STR 数据库为重点的刑侦基础建设是利在当代、功在百年的长效基础工程。在已经建成 Y 库的地区,恶性案件发案率呈现出"断崖式"下降,在打击和预防犯罪方面取得了良好的社会效果。

Y-DNA 是一个人的遗传背景,反映的是一个家族的历史和地理。家系的信息,如出生地、迁徙,记录在 Y-DNA 里,不管多远的祖先、子孙也在 Y-DNA 中。

Y-DNA 破案法出现以后,如甘肃白银系列奸杀案这样的案子,今后几百年恐怕也不会再有。这是因为,一是对犯罪分子的威慑作用,计划实施的犯罪可能就被终止了;再者,发案后会及时被抓,不会形成系列案件。例如,2006 年 9 月 6 日,湖北汉川警方利用 Y 染色体技术捕获 1 名强奸杀人系列案的疑犯,因为引进了姓氏检测,该犯做到第 3 起时就被抓住了,犯罪活动因此被终止。

16. 确定古代墓葬墓主身份

姓氏检测在考古方面有重要的用途。以前靠文献、墓志等相关的文字记载。现在知道,DNA 更为重要,DNA 里面有非常丰富的历史文化信息。

家族 DNA 对比用在考古上,2013 年,考古学家就利用曹操家族的 DNA 对比,告破了曹操的身世之谜。复旦大学研究者曾前往安徽亳州,对 20 世纪 70 年代出土 2 颗来自河间相曹鼎的牙齿进行了分析。曹鼎是曹操祖父曹腾的弟弟,也就是曹操的叔祖父。通过对牙齿中的古 DNA 进行多次严格测定,研究者确认古 DNA 中 Y 染色体单倍群。曹操家族共同检出了一个少见的染色体类型,这个比例在全国人口只占 5％左右。

17. 无主坟墓的亲缘认定

基建拆迁过程中,经常发现古代墓葬,这些墓葬往往有很高的历史文化价值。墓主的后人一般分布在墓葬周围的村落和乡镇。通过 Y 库的查询对比,可以很快找到其后人,便于文物的保护和开发利用。

案例:2015 年 7 月 27 日,四川广元旺苍县嘉川镇司法所成功调解了 1 起因村民认错父母的坟墓而发生的纠纷。事件中,村民王某、张某因为认错父母的坟墓,险些发生械斗。最终,双方在司法所工作人员的调解下,同意将 2 座坟墓中无人认领的"无主坟"掘开,并开棺从尸骨中取样做 DNA 血亲鉴定,确定了坟墓中是张某的亲人。常规 DNA 数据库作为 Y 库的补充,可以参与无主坟墓的亲缘认定。

18. 维护国家安全

国家安全,关系着整个国家和民族的生死存亡,关系着国家的荣誉和利益,也关系着国家与民族的尊严和发展,与每一个公民的切身利益息息相关。

世界各国在建立刑事案件 DNA 数据库的同时,也在建立涉嫌恐怖主义分子及其家属、颠覆国家政权犯罪嫌疑人及其家属的数据库。利用 DNA 证据追踪嫌疑人的活动动向,识破其身份,在反对和打击恐怖主义方面,Y-DNA 可以检测姓氏和家族出身,起到验明正身的作用。

维系国家安全是 Y-DNA 数据库一个可能的应用领域。改名换姓、乔装改扮、整容、易容、变脸,这些伪装的手段因为 DNA 技术的出现已经通通没用。例如,2006 年 12 月 13 日,美军对伊拉克战争中,伊拉克总统萨达姆·侯赛因在提格里特附近农场的地窖里被捕。美军通过与其子乌代和库赛的 DNA 亲子鉴定,证实了其身份。

19. 打击拐卖

打击拐卖,是维护妇女儿童合法权益的重要举措。Y 库克服了原来 DNA 数据库的局限,为常规 DNA 数据库平添了筋骨,在打击拐卖儿童、妇女犯罪中有重要作用。首先是对于被拐的儿童,Y 库可以帮助理顺被拐男孩的亲缘关系,确定拐卖性质,寻找家属。另一方面,Y 库可以协助确定有关男子的姓氏和生活的地域。

20. 打击盗墓

古代墓葬是中国重要的历史文化遗存,是中国悠久历史和灿烂文化的客观见证。但是,因为墓葬处于荒山野岭或深山老林,保护不易,一些人出于利益的诱惑从事盗墓活动,对于文化遗址构成了威胁和破坏。墓葬一旦被盗,失去本来的风貌,历史文化价值就会大打折扣。

Y-DNA 数据库在侦破各类盗墓案件有重要帮助。因为从事盗墓活动的多为男性,利用盗墓分子留在墓葬或遗址内的遗传材料可以追溯其家系,检测其姓氏,为案件的侦破提供方向和证据。盗墓现场发现的烟头、果核、水瓶等通过细致的勘察可以提取其中的 Y-DNA,即使这些遗留物有几年或十几年甚至更远,仍然可以作为检材确定其家族来源。

21. 查找失踪人员

儿童和老人自理能力差,容易发生失踪,成为社会问题。儿童失踪,离家出走是最重要的原因,其次是溺水身亡,发生率远高于拐卖等原因。老年人的失踪,罹患疾病,如精神疾病、颅脑损伤、阿尔茨海默病是重要的原因,也可能是出于家庭纠纷等社会原因。

查找失踪人员,是 Y 库的一个应用。Y 库的出现使失踪人口的查找由被动变为主动,促进技术的升级换代。在进行失踪人员鉴定时,采集到同一姓氏家系的亲属 Y 染色体可以作为身份识别的参考样本。

22. 流动人口管控

人口的流动迁徙,是社会发展过程中的必然现象。一方面,流动人口是城市建设和产业发展的生力军;另一方面,流动人口一般都没有纳入城乡管理体系之内,致使诸多社会问题都与流动人口有关。

在社会治安方面,流动人口管控是难题,流动人员管理不到位,始终是个硬伤。对流动人员建立 Y 库,增强了个人和家系的检索和查询功能,便于及时侦破各类案件,是一种有效的社会服务;对流动人员也是一个很好的普法教育,对犯罪行为还是一个威慑,减少了流窜作案的发生。

23. 服务群众

Y 库用于追踪男性亲缘关系,在遗产继承、落实户口、招生、招工、征兵等需要核实亲缘关系时,会很有用。例如,广东梅州五华县潭下镇有一户困难群众,家中 3 个子女因受经济条件限制都没有在医院出生,也一直没有出生证明资料,直接影响到子女上学读书问题。当地 DNA 实验室对该家庭成员逐一采集检验,并及时出具鉴定意见书,在当地公安机关的协调下圆满解决了当事人子女的户口问题。

24. 战争、灾难、事故现场的科学调查

Y-STR 遗传标记可用于父亲死亡或缺席的亲权鉴定,在 Y 库的帮助下可以在没有可对比的材料下在一定程度上检测认定男性成员的身份,从而在战争状态下,或在和平时期的恐怖袭击、矿难、坠机、海啸、地震事件中,完成对无名尸、碎尸的尸源进行认定,以及鉴定遗物的归属等。

另外,烈士遗骨的认定也是重要问题。复旦大学人类学研究所参与主持了淮海战役、中国远征军烈士遗骨的检测和鉴定,使用了 Y 染色体鉴定技术。

25. 追溯民族和家系渊源

姓氏源流就是同一家族的姓的来源与变迁。小到一家一姓,大到一国,都不能不知晓自己的根基命脉源自何处,这是一个重要的精神心理需求。中国的家族渊源大多很古老,随着历史的不断演变,经历了战乱、迁移、改朝换代,以及避

讳改姓、避难改姓、姓氏改革等，姓氏变得极为复杂，其真正的出处、源头也都变得模糊和多源，因而需要详细考证。

　　Y-DNA 可以用来追溯家族的起源和流变，确定各个家系分支间的遗传距离，对于寻根问祖很有帮助。中国人的姓氏文化历史悠久，内涵博大精深。Y 库的介入，使家系的姓氏与 Y 染色体结合在一起，使姓氏的起源和流变变得可以检测，其科学性大大增强。

第十章

Y-DNA 问答

1. 姓氏能用科学的方法检测吗？

姓名，是个人身份的重要标志，每个人都有姓有名。我们知道，名字是纯文化的东西，没有遗传物质作为基础，所以名字无法检测。但姓什么，也就是姓氏，是可以用科学方法检测的。

为什么呢？这是因为姓氏的传递是有遗传学基础的，是与 Y 染色体遗传相伴随的现象。父亲把自己的姓氏传递给儿子，也把自己的 Y 染色体传给了儿子。同一家系的男子，有相同的 Y 染色体，而不同家系的人，Y 染色体是不同的。因此，从科学上说，姓氏在很大程度上是可以检测的。

2. 改姓对姓氏检测有何影响？

传统中有改姓情况，例如"倒插门"，后代姓女方的姓，又如过继、抱养等。有调查表明，改姓在整个中国人的家族姓氏传递中是小概率事件，占较小比例，不影响大局。

另一方面，姓氏检测只是一个工具，提高了人类的技能，本身不排斥改姓的情况。如何知道改姓情况，不能道听途说，也要通过科学检测才能确定。具体地说，是与标准家系对比，就可知道他中途改姓了。

3. 姓氏检测与亲子鉴定是什么关系？

姓氏检测是亲子鉴定技术的精简改编。亲子鉴定是一项成熟的生物技术，姓氏检测把这项技术做了精简改编。亲子鉴定涉及人体来自父母双方的 46 条染色体。而姓氏检测只取来自父亲一方的 Y 染色体。虽然简化了，用途却更广泛。

但亲子鉴定和姓氏检测有明显区别,区别在于姓氏检测引进了数据库的概念,注重数据的收集和积累。

姓氏检测的应用不只是刑侦方面,还有很多用途,如亲子鉴定中的姓氏检测。例如,一个人不知道自己的父母是谁,无法进行亲子鉴定,只能做姓氏检测,可以查出自己的姓氏的大概方向。

再如考古。如争论的曹操墓,墓主是不是曹操,可通过姓氏检测确定墓主是否姓曹。Y 染色体的对比可跨越很远的年代,上万年的间隔一般认为都可有效完成。

4. 甘肃白银系列杀人案件的社会危害表现在哪些方面?

2016 年 8 月 26 日,甘肃省白银市破获了 28 年悬而未决的强奸杀人系列大案,人们用"大快人心"加以形容。这是一起部督案件,包含一系列的暴力犯罪。受害者有白银和包头的 11 人。罪名是强奸杀人、残害。也就是说,不仅强奸杀人,还有残害。不但把人杀了,还把皮剥了、手剁了……做的每一件事都挑战了人类的底线。

案子发生后,长久未能侦破,人犯在逃,这意味着这样的事情可能还会发生,所以在当地制造了恐怖的氛围。当地群众,尤其是当地女性,受到了很大的惊吓,严重制约了当地的发展。

5. 甘肃白银警方是如何侦破系列杀人案的?

与案犯同姓的远房堂叔在武威民勤因一起经济案件在白银老家监视居住,白银警方因此采到了此人血样。

经 Y-DNA 检验分析后,此人遗传数据输入违法犯罪人员 Y-DNA 数据库中。初步对比,结果与系列大案疑犯的 Y-DNA 信息相符合,表明案犯与此人有相同的 Y 染色体遗传,是同一家族的男性成员。后来这一结果又拿到省里复查,结果相同,基本确定了目标疑犯,为侦破案件提供了方向。

疑犯归案后,经 DNA 和指纹检验,确定了高某勇为系列案的疑犯。经过审讯,高某勇对犯罪事实供认不讳。2017 年 7 月 18 日至 19 日,白银市中级人民法院对被告人高某勇涉嫌故意杀人、强奸、抢劫、侮辱尸体及刑事附带民事诉讼案,进行了不公开开庭审理,后判处死刑,已于 2019 年 1 月 3 日执行。

6. 姓氏检测在侦破甘肃白银系列杀人案中起到了怎样的作用？

可以说，Y-DNA 姓氏检测甘肃白银系列案件中起到了关键作用。这一案件首案至破案 28 年，疑犯隐藏很深，传统的方法不能奏效，只能另辟蹊径。姓氏检测应用于刑事侦查，可节省警力，提高公安机关的工作效率，这起积案因此得以成功解决。

使用 Y-DNA 破案，可对犯罪嫌疑人实施准确抓捕，做到不冤枉一个好人，也不放过一个坏人，刑侦工作的科学性大大提高。

7. 甘肃白银系列杀人案为什么 28 年才侦破？

甘肃白银系列杀人案的侦破时间距离首案已有 28 年之久。其间，公安人员一直在努力寻找突破。但是，刑事案件侦破也需要时机。

姓氏检测在 2003 年后才逐渐发展成熟。在检测手段较为成熟的情况下，案发地甘肃白银建立的 Y-STR 数据库时间较晚，犯罪嫌疑人的堂叔 Y-STR 数据入库也较晚。当地 2016 年初开始建库，两个月后破案，显示了这项技术很高的效率。

8. 如果疑犯改名换姓，是否能躲避警方侦查？

改名换姓，甚至改头换面，在新技术条件下已经不起作用了，因为检测的染色体没有改变。就拿甘肃白银连环杀人案来说，警方找的突破口是疑犯的远房亲戚，居住地相距很远，一个在武威，一个在白银，与疑犯多年不联系，疑犯想不到会以这种方式破案。如果发现他改名，反而更容易引起警方注意。在与犯罪有关的家系调查过程中，是否改名换姓是一个重要的调查项目。

山西长治的 1 个案例。李某（男，41 岁），1999 年 3 月 11 日和同伙王某在某村将申某杀害后逃跑。2001 年被列为省级逃犯，2002 年被列为部级逃犯。2011 年已改名换姓的李某因抢劫罪被判刑，期间，李某使用伪造的身份信息服刑。

2011 年 12 月，警方在工作过程中发现正在服刑的李某。由于李某此时已改名换姓，需通过 DNA 检验来确认其身份。但是李某双亲已去世多年，且李某未结婚生子，确认其身份较困难。实验人员嘱办案单位将李某的叔叔和两个同胞兄弟的血样采集回，通过家系识别的方法确定了李某身份。

227

9. 为什么叫"姓氏检测",不叫"姓氏鉴定"?

称姓氏检测是出于学术的严谨。检测,指一般的实验室研究,鉴定是反复研究得出的权威结论,更正规、更严格。二者准确程度和权威性有区别。

从技术上看,检测涉及的 Y-STR 位点要少一些,准确度要差一些,主要是为缩小侦查范围。如称姓氏鉴定,则涉及的基因座要多一些,更细致一些,为的是准确认知,因而结论更准确。

10. 姓氏检测会不会提升案犯反侦察的本领?

科学技术是一把双刃剑。但总的说来,积极的意义更多一些。对于已经发生的、已实施的犯罪行为,技术会慢慢成熟完善,逐渐普及,随着工作到位,案子早晚会破,犯罪分子只能坐以待毙、束手就擒。例如 2017 年 8 月 11 日,浙江湖州警方通过现场烟头的 Y-DNA 检测抓捕了 22 年前灭门惨案的杀人疑犯刘某某,面对警察的到来疑犯束手就擒,并对自己被高技术识破和抓获表示心服口服。

对于尚未发生的犯罪行为,新技术首先是对犯罪分子有威慑作用。如果谁敢犯罪,警方有能力彻底追查其底细,这是精神上的震慑。一些先行建立 Y 库的地区,恶性案件的发生已经呈现出"断崖式"下降,表明 Y 库在预防犯罪上面发挥了重要作用。

另一方面,所谓"反侦察",意味着要学习,要占用较大的精力和财力。这样提高了犯罪成本,使犯罪不轻易发生,从而在一定程度上预防了犯罪的发生。

11. 甘肃白银连环杀人案的侦破是偶然的吗?

甘肃白银案看上去有一定的偶然性,但其实是必然的,只是时间早晚而已。随着新技术的发展完善,尤其 Y-DNA 数据库的完备健全,这类案件必然会被侦破。每个人都处于社会中,有各种亲戚关系,有三亲六故。这就如同是一张无形的大网,一旦触网,立即落网。所以说,冤案命案总有水落石出的时候。这不是理论的说教,而是通过生物技术可以完成的现实应用。

12. Y-DNA 破案法对公安机关来说意味着什么?

Y-DNA 破案法是一种新的思维模式和办案方式。很多基层刑警已经把 Y 库作为办案首选。Y-DNA 破案法提高了办案效率,节省了警力,也改变了办案的方式。除了中国,欧美国家也应用了 Y-DNA 破案法。

20 世纪 80 年代中期,美国洛杉矶市南部发生了残害 10 名年轻女性的案件。但是,警方利用传统的刑侦手段追查嫌疑杀手近 25 年,却归于失败。

就在众人认为不可能破案之时,2010 年,洛杉矶警方公布从 1985—2007 年间洛杉矶南部地区发生的 10 名女子和 1 名男子被杀案都指向同一名嫌疑人——57 岁的朗尼·富兰克林(Lonnie Franklin),采用的正是和白银案一样的家族 DNA 检测技术。不同于白银案的是,洛杉矶警方对比的是犯罪嫌疑人的儿子。通过其子,警方提取了老富兰克林喝饮料使用的杯子及吃剩披萨上的 DNA。经过对比发现,老富兰克林的 DNA 与犯罪现场收集的 DNA 完全吻合。

13. Y 库会成为刑侦工具吗?

Y 库的建设可以一劳永逸地解决整个国家或某一地方 Y-DNA 的对比源问题。一个家系中只取 1~2 个样本已经可以满足姓氏和家系检测和检索咨询的要求。但在实际操作中,为了让尽可能多的人知道,一个采血事件可能会惊动整个家族,因为一个人的 Y-DNA 实际上是一个家族的数据。这就使 Y 库的建设有了预防犯罪和安全教育的功能。

另一方面,Y 库会成为有效的监督和管理各种犯罪行为的技术手段,Y 库也是一种工具,将演化为“DNA 手铐”,规范人们的社会行为。

14. 家系信息录入要注意哪些问题?

参与家系录入工作的人要分工明确,采取多项措施确保录入信息的准确。

(1) 划定操作流程。录入工作开始前,成立专项小组,民警责任明确,每人各负责几个派出所,再以各派出所辖区的行政村、自然村为基本单位,对所绘家系进行筛排,确保数据不错、不重。

(2) 分级分批录入,由简入繁逐步推进。参与录入工作的民警面对家系、人员数量庞大的问题,将整个家系分类、分级,依次录入。

(3) 发挥团队力量,各民警密切配合,合理分配任务。

(4) 发现没有姓氏的家系,也要如法登记,不能遗漏。

15. 所谓的 Y-DNA 破案,实际为家系排查法,对吗?

家系排查和姓氏检测拥有相同的科学内核,英文都可译为 family detection。家系排查,有纵向和横向排查,本质是家系分析。家系分析,或称家系识别,是遗传学的经典方法,在中国已有 5 000 多年的历史了。家系排查建立在家系分析基础之上,是群体遗传学的方法,涉及多个家系的分析和排查,最终完成家系的识别。在 Y-DNA 检测之前,家系识别是通过分析外观性状或疾病症状的遗传特征完成的。

Y-DNA 定位于一个家族,其实也就明确了姓氏,因为一般而言中国家族都有姓,都是姓氏家族。"姓氏检测"的说法与 Y-DNA 直接相关,更具有现代科学的特征。

16. 为什么说从 Y 染色体分析中国大约只有 100 万个家系?

1996 年,北京教育科学出版社出版的《中华姓氏大辞典》记载,中国人的姓氏一共有 11969 个,为什么说"从 Y 染色体分析,中国大约只有 100 万个家系"呢?

姓氏是家系的文字编码,这一体系是传统的延续,有一定的科学性。但是,一个姓氏里如果从 Y 染色体来看,里面有很多分支。也就是说,二者不是一一对应的关系。100 万个,就是把分支都算在内,是从分子水平的考察,是估算的值。元代初年的时候中国人口基数小,离现代社会也近,100 万个家系是以此初步估算的中国家系数量。

17. 以父亲的叔伯兄弟做亲子鉴定准确率有多大?

如父亲不在了,只有同一个爷爷的叔伯兄弟,也可进行亲缘关系的鉴定。叔伯兄弟,或称表兄弟、堂兄弟,只做 Y 染色体检测就行。检测后如有相同的 Y 染色体,则是出于一个家系的男性成员。这在父子、叔侄、兄弟、堂兄弟、祖孙间都是成立的,其准确率接近 100%。但是,Y 染色体只能确定亲属关系,还不能确定具体是什么亲属,要结合常染色体分析及家族具体情况下结论。

亲子鉴定分为三联鉴定或二联鉴定。三联,也就是父、母、子三方;二联,就父或母、子二方。亲子鉴定需要有父母双方或一方。Y 染色体鉴定只检测父系。

18. 姓氏检测与测字算命有啥区别?

几千年来,安全感缺失的恐惧一直主宰着人类社会的发展。人生无常,世事难料。人们试图了解自己,把握未来,掌控命运,于是便有了八字算命术。

姓氏检测利用了 Y-DNA 传递与姓氏传递之间的耦联关系,是一项实用的分子生物学检验技术。测字算命被称为"玄学",是潜意识、社会心理学、文学、语言话术等多因素的集合体,与现代科学有很大的距离。姓氏检测与算命本质上没啥关系,是两回事,不能混为一谈。

19. 什么是基因组？与破案有什么关系？

基因组,是指一个细胞或生物体所携带的一套完整的单倍体序列,包括全套基因和间隔序列。每个人都有不同的基因组 DNA,而且这些 DNA 在生老病死中会有不同的状态。

基因组具有种属特异性,也有个体的差别。但在具体案件的侦检过程中,无须针对整个基因组,只需选择其中一些片段即可。STR 和 SNP 是个体识别和家系识别中常用的 DNA 片段。

20. 疑犯已经逃跑,如何确定疑犯身份？

疑犯作案后逃跑,但在现场遗留了自己的遗传物质,仍然可以用 DNA 技术确定目标嫌疑人。首先,可以用真三联的亲子关系锁定目标嫌疑人。

疑犯逃跑,父母在,可取父母 DNA 与现场 DNA 直接比较,确定嫌疑人。也可以取父母一方以及直系或旁系男性亲属的样本检验,代替其遗传标记,并与现场 DNA 做比较,从而明确目标嫌疑人。如果父母不在,其兄弟、子侄、叔伯因为与疑犯有相同的 Y 染色体,也可以取生物检材以供查证。

21. 疑犯死亡甚至已经火化,如何确定疑犯身份？

现代案件的侦破,更多的是依赖科学技术。Y-DNA 利用父子间的亲缘关系,有效解决了犯罪嫌疑人潜逃或死亡甚至火化后遗传信息采集的疑难和瓶颈。因为同一家系的父子、兄弟、表兄弟、叔侄、祖孙都有相同的 Y 染色体,即使案犯寻找不到,仍然可从他的亲属中寻找线索。

1991 年 5 月 23 日,河南焦作修武县发生 1 起致 2 人死亡命案,在 1 名女性尸体上检测出精斑,案件一直未能侦破。至 2016 年,焦作市公安局利用 Y 库,将犯罪分子遗留在现场的精斑与商丘市宁陵县史某某所在家系比中。经过细致排查,初步确定史某某大儿子史某周嫌疑最大,因为在案件发生期间只有史某周在修武活动过。但史某周已于 2006 年因病去世。公安机关开棺验尸,提取了史某周牙齿 12 枚及双侧股骨 2 根。经 DNA 检验,确认 1991 年"5·23"恶性强奸杀人案的犯罪嫌疑人就是史某周,这起隐藏了 25 年的恶性案件最终得以侦破,警方找到了真相。

231

1981 年 12 月,40 岁的美国得克萨斯州房地产经纪人弗吉尼亚·弗里曼去见 1 名买房人后死亡。2018 年 6 月 25 日,警方确认,1990 年谋杀 9 岁女孩已被执行死刑的詹姆斯·埃尔哈特是谋害弗吉尼亚·弗里曼的凶手。虽然埃尔哈特已死,没法取得其 DNA 进行对比,但警方检测埃尔哈特儿子的 DNA,对比弗吉尼亚·弗里曼指甲里的疑犯 DNA,确认疑犯就是其父亲。

22. 如何应对针对 Y-DNA 的反侦察措施?

与 DNA 有关的反侦察主要是设法隐藏自己的 DNA,混入他人的 DNA,以此干扰警方准确寻找和确定嫌疑人,增加破案的难度。

随着 DNA 技术的普及和反侦察意识的出现,现场出现无关人员 DNA 材料的可能性大大增加,需要加以鉴别。一些嫌疑人为了混淆视听,逃避责任,可能会将随手捡来的含有他人遗传材料的烟头、矿泉水瓶、果核等丢弃在现场。随着 Y 库的普及,这些 DNA 标本可能会很快找到来源,但这些无关人员会干扰案件的侦破,甚至造成冤假错案。所以,现场的勘验越发显得重要。

23. Y-DNA 检测比常规 DNA 检测有哪些优势?

常规 DNA 鉴定,一般取多少份血样或检材就能检测多少人,如现场采血 200 人份,就只能测试 200 人。但如果这 200 个男性样本出自不同的家系,就可以检测更多的人,有更大的覆盖面。如果每个家系平均 100 人,200 份样品可以涵盖 2 万人群。采用 Y-DNA 检测,提高了工作效率,也大大提高了公安机关案件侦破的概率。

Y-DNA 检测的灵敏度要比 DNA 检测高得多,有报道说一般可高出 2 000 倍。因而,检测不出 DNA 的生物检材仍然可通过 Y-DNA 检测获得有价值的分型结果。

24. 什么是 DNA 转移? 对检测有什么影响?

DNA 转移,即细胞遗传物质在不同个体及个体与物体间传递,也可能造成 DNA 分型出错。我们接触人或物、说话甚至洗衣服时,难免要发生 DNA 转移。这种无意识进行的 DNA 转移,很难溯源。由于每个人身上脱落的细胞数量不一样,某一物体上最清晰的 DNA 图谱不见得来自最后一个接触该物体的人。如果取样时小心谨慎,可以最大限度避免样本受污染,但 DNA 转移几乎无法避免。这是面对检测结果的时候需要注意的。

在现场侦检过程中,要注意是否有人为的、有意的 DNA 转移,要明确生物检材与案件间的因果关系,因为不法之徒可能在作案行凶后把随手捡到的烟头、矿泉水瓶等含有他人遗传成分的物品弃置于现场,干扰案件的侦破。

25. Y-DNA 能帮助找到丢失的宠物吗?

Y-DNA 有种属特异性,与人没有交叉。对马、狗、猪、牛、羊、猫、鸡、鸭、鼠、兔、鱼和大肠杆菌样本进行检测,结果均未检见特异分型。

对于走失的猫狗,Y-DNA 鉴定也同样适用。宠物有性别之分,雄性也有 Y-DNA 基因组,据此鉴定是否来自同一个家系,配合外观性状等信息,可以完成个体识别和家系识别。

26. 外国人也能做 Y-DNA 姓氏检测吗?

中国有悠久的历史和姓氏文化,姓氏检测的技术更适合中国人群,至今见于报道的多是检测中国人的姓氏破获各种案件的消息。

外国人早期是没有姓氏的。随着中国的东方文化向西方流传,外国开始有了自己的姓氏。外国人虽然没有姓氏或有姓氏的时间很短,但家系间的区别也是客观存在的,可以作为姓氏检测或家系识别的基础。甚至对于一些没有姓氏的家系,也可以做姓氏检测,而且可以帮助寻找其亲缘关系最近的姓氏家系。所以,外国人也可以做 Y-DNA 姓氏检测。

27. 一些民族或家庭没有姓氏,是否可以检测姓氏?

因为历史的原因,有一些民族或家庭一直没有姓氏。在人类社会的早期,也是没有姓氏的。但这不影响姓氏检测的技术应用。姓氏检测可以检测出与其亲缘关系最为接近的姓氏,方便选择自己的姓氏。没有姓氏,但家系的编号是存在的,也有相应的家系"条形码"。没有姓氏的民族或家系与有姓氏的家系在遗传学上是平等的,也要入库编码,存档备查。没有姓氏的家系涉及犯罪问题,一样可以检索查询,寻找有关的家系,为破案提供方向。

28. Y-DNA 破案有反侦察的措施吗? 如何反制?

随着 Y-DNA 知识的流传普及,社会上可能会出现反侦察的意识和行为。人们随手丢弃的烟头、果核、矿泉水瓶都可被疑犯转移到犯罪现场,作为反侦察的手段干扰案件的侦破。

反侦察意识的出现,要求现场勘查的水平更高、更严格。对于刑侦人员,此时要反复核对现场发现的遗传物质与案情的关系,找出其中的直接因果关系,这样方可纳入案件物证之中,成为刑侦的检验对象。DNA 结果是准确的,但 DNA 结果反应的只是"是不是这个人的 DNA"。这个人是不是罪犯,还需要很多前提条件才能成立。在一个 DNA 取证操作很粗糙的环境下,误差乃至错误似乎在所难免。

29. 古老的传宗接代思想与 Y-DNA 有什么关系?

Y 染色体是男性才有,遵循严格的父系遗传。民俗中所谓"传宗接代",其生物学本质应是 Y 染色体遗传。中国传统文化重男轻女,认为只有男孩才能延续家族的"香火"。古人可能已经意识到是男性保留有家族的信息,与 Y 染色体遗传有相通之处。

30. 被人利用 Y-DNA 陷害该怎么办?

Y-DNA 包含了一个家系的信息,一个家系内的所有男子有相同或基本相同的 Y-DNA 信息,因而在现有技术条件下,单纯用 Y-DNA 是不能针对某一个人的,所以不存在用 Y-DNA 去陷害某个人的问题。

但是,可能出现某一个人的 DNA 被转移到犯罪现场的问题,也就是 DNA 陷害的问题。例如,疑犯在作案时可能将随手捡到的烟头、矿泉水瓶、果核、纸头等扔到案发现场,干扰案件的侦破。这就需要刑侦人员现场勘验格外认真,在明确物证与案件的因果关系后,方可将这些现场物品列入为物证。

另外,公众也要提高自身的素质,提高安全防范意识,规范自己的行为,管理好自己的生物遗传物质,不随意丢弃烟头、果核、矿泉水瓶之类含有遗传物质和个人身份信息的物品,不随地吐痰,以免被不法之徒利用,横生冤狱。

31. 现场血迹中检测出了 Y-DNA,嫌疑人有可能是女性吗?

研究表明,妇女在怀孕的状态下,血液中会有胎儿的基因成分。这是因为,胎儿的细胞代谢产物是通过母体排泄的,小分子的 DNA 碎片因此可以通过胎盘屏障进入母亲的血液。而且,随着胎儿的逐渐成长,孕妇血中的胎儿 DNA 含量会逐步增加。

在案发现场的血迹中,如果发现有 Y-DNA 的成分,最大的可能是来自某一男子,但也可能是男女混合的斑迹,即混合斑。其中,有可能是来自于怀孕的女子,而且这个女子怀的是男孩。

一般孕期超过 2 个月,孕妇血中已经可以检测出所怀男孩的 Y-DNA 成分。孕妇血痕中的 DNA 是孕妇本人和腹中胎儿的混合成分,侦检中要细致辨别,排除怀孕女子作案的可能。

32. Y 库应用中是否存在伦理问题?

在中国,伦理是和道德联系在一起的。Y 库的基本作用,是侦破各类刑事案件,为破案提供技术支撑。Y 库用于检索和查询目标疑犯,还被害者公道公平,这才是最大的伦理。

在刑侦以外方面,Y 库也有重要的应用,可能会产生相应的伦理问题,需要具体问题具体分析。例如,Y 库可能会被某个国家不道德的政府滥用,成为公民的"DNA 手铐"和统治工具,以此限制人身自由和社会发展,这是需要警惕的。

33. Y-DNA 检测能最终确定嫌疑人吗?

Y-DNA 是家系识别的手段,通过家系分析找到嫌疑人,再通过 DNA 鉴定确定嫌疑人。可见,Y-DNA 是在寻找嫌疑人未果的情况下去寻找嫌疑人的最佳方法。但是,单纯的 Y-DNA 检测并不能确认嫌疑人的身份,嫌疑人的最终认定,是通过案发现场遗留的生物物证与嫌疑人的遗传物质进行两两比较。除了同卵双生、器官移植、DNA 转移等特殊情况,DNA 鉴定一般都可以成为确认嫌疑人身份的证据,在零口供甚至疑犯已死的情况下认定罪犯。

1 名据 DNA 证据被判 9 年有期徒刑的强奸系列案疑犯并未认罪,仍被判有罪。2011 年 10 月 16 日早晨 7 时左右,辽宁朝阳市建平县太平庄乡郎家村铁粉加工厂东南 100 米处的田地里,发生了 1 起强奸案。一名驾驶黑色轿车的年轻男子将在路边等候客运班车的 21 岁女青年王某挟持进车后座,开车至一片庄稼地,以剪刀威逼在车内强行发生性关系。案发后,王某丽即到建平县公安局太平庄派出所报案。

12 月 10 日晚 18 时许,建平县公安局侦查人员来到该县黑水镇西南关村村民宋某的家,打听其子宋某恒的情况。宋某对警察一一回答:宋某恒在铁岭市为一房地产公司老板开"大奔",与儿媳住在铁岭银州区汇工街。宋某还将宋某恒的车牌号和电话号码告诉了侦查人员。侦查人员同时采集了宋某的血样。

当天夜里,即 2011 年 12 月 11 日凌晨 1 时许,建平县公安人员在朝阳市公安局技侦支队配合下,在汇工街将驾车回家的宋某恒连人带车押回朝阳市公局刑警支队。同日,宋某恒被刑事拘留,19 日被捕。

两年多前的 2009 年 8 月 30 日,建平县曾发生另一起强奸案。那日上午 10 时许,建平县昌隆镇某村小学三年级女生刘某(11 岁)一人行走在本村大坝上,被 1 名开摩托车的青年男子劫持,以"喊就杀了你"相威胁,将她拖入附近的玉米地强奸。下午 2 时许,刘某在母亲陪伴下到当地派出所报案。此案当年并未破获。宋某恒被抓后,建平县警方认定:此案亦是宋某恒所为。

建平县公安局于 2012 年 8 月 16 日出具 1 份《宋某恒涉嫌强奸案侦破经过》,解释了如何锁定宋某恒为 2 起强奸案加害人。该局称:"将(王某案)现场提取的白色卫生纸送朝阳市公安局进行 DNA 检验,并将检出的精子与 2 年前刘某案的三角短裤等物证进行 DNA 对比,发现同属一人。""将案发现场附近居民的血液样本送辽宁省公安厅进行 DNA 检验,发现宋某的 Y 染色体与 2 起案件的物证 Y 染色体存在亲缘关系,而宋某的儿子正是宋某恒。"2012 年 9 月 11 日,辽宁省建平县法院做出一审判决,认定宋某恒实施了 2 起强奸案,因此判处其 9 年有期徒刑。

34. 线粒体测试是咋回事? 与 Y 染色体是什么关系?

Y 染色体存在于细胞核中,遵循父系遗传规律。线粒体在细胞质中,是细胞的内呼吸器官,其中 DNA 遵循母系遗传。这是因为在精卵结合过程中,精子个体比卵子小,不携带细胞质成分,不含有线粒体等细胞器。精卵结合后,后代无论男女,线粒体 DNA 都来自母亲,于是便有了线粒体 DNA 的母系遗传。

35. 在经费紧张的情况下该如何侦查办案?

Y 染色体分析可以对混合样本男女成分进行甄别,通报兄弟或家族男性亲属关系,鉴定及通过家系排查划定侦查范围,最终确定犯罪嫌疑人。在经费有限、人员流动不高的地点,可以拓宽 DNA 鉴定的应用渠道,提升 DNA 应用效能。

在 DNA 检验人员少、资金不足的情况下,应有效利用资金和人力,不能盲目用 DNA 检验技术广泛排查。使用 Y 染色体技术,可以节约成本,提高效率,节省警力,从而达到事半功倍的效果。

如果案件具备如下条件,可采用 Y 染色体进行排查检验:

(1)犯罪嫌疑人为男性,涉案生物检材经 DNA 获得分型结果。

(2)本地案件,基本排除流窜作案,排查犯罪嫌疑人的范围小。

（3）排查所在地家系情况较清楚，在村干部、户籍警等相关部门配合下，不漏掉一个人，尤其是私生子、入赘、改姓等私密问题，是重点调查的对象。

（4）为获得真实可信的第一手资料，检验人员要亲自到案发地了解案情，参与制定排查方案。

进行 Y 染色体排查破案后，Y 染色体 DNA 数据可用数字方式保存下来，以备今后该地发生案件进行排查对比工作。

36. 如何看待公安机关 DNA 取证不规范乃至不合法的问题？

刑事侦查一般是秘密行动，是在当事人不知情的情况下进行的，为了防止当事人销毁或伪造现场证据，不能大张旗鼓地进行，这保证了侦查结果的客观性和有效性。Y 染色体是一种破案手段，目的是通过 Y-DNA 侦查找到作案嫌疑人，查清犯罪事实。用 Y-DNA 破案保证了办案的精确性，不冤枉一个好人，也不放过一个坏人。因此，如果有人认为公安机关在调查破案过程中存在 DNA 取证不规范乃至不合法的问题，可以依法重新取证检验，甚至可以反复检验，以保证鉴定结论的合法性和科学性。刑事侦查首先就获得的遗传样本进行检测，获得一个倾向性结论，找到目标嫌疑人，然后要依法依规进行检测和鉴定，这是 Y-DNA 破案的一般过程。

DNA 证据有极强的个体特异性，可以在零口供的情况下确定嫌疑人。即使作案人已经死亡，取他的遗骨鉴定，仍可以确认疑犯的身份。这样的案例已经发生多起。DNA 是科学的证据，而且不是唯一的证据，可以有监控、足迹、指纹等辅助证据进一步确定犯罪事实。可见，即使警方和相关机构在 DNA 取证的过程可能存在不规范甚至违法的状况，但并不能因此否定犯罪，也不能阻止对犯罪行为的侦查和审判。

DNA 取证的过程，是一个很严格的技术操作，要保证现场发现的生物证据与犯罪行为之间的关联性，要存在事实上的因果关系。因为中国各地技术发展水平的不平衡，DNA 取证的操作会有不规范乃至错误的现象出现，这就需要加强相关人员的业务培训，需要对现场和检材反复审核，以减少这类失误。

37. Y-DNA 姓氏检测是否是一项很简单的检测？

姓氏检测的方法，来自亲子鉴定技术，是亲子鉴定的精简改编。亲子鉴定的方法在 20 世纪 80 年代已经发展成熟，将此技术简化后，只检测人体 46 条染色体中的 1 条 Y 染色体，实用性和操作性大大提高。

Y-DNA 破案法适合基层普及，且需要系统的管理和先进的设备作为支撑，需要民警付出心血和劳动。尤其是先期，要用工程技术手段进行大量的数据积累，要做到滴水不漏，这是不容易的。

38. 吹一口气就能鉴别犯罪嫌疑人的身份吗？

随着 DNA 检测技术的发展，通过呼吸道脱落细胞检测疑犯身份，将成为一种实用的方法。呼吸是人体最基本的生命活动，伴随着呼吸运动，会有呼吸道脱落细胞排出体外，附着于门窗、墙壁、桌椅等物品的表面。这些细胞通过细致入微的现场勘察被采集下来，成为微量的生物检材。其中，男性的呼吸道脱落细胞可以用来进行性别鉴定和姓氏检测。

呼吸的空气中人体细胞很少，检测要很精细，不易操作，所以，目前一般还是采用采血或口腔拭子的方法采集人体细胞。

39. Y 库和常规 DNA 数据库之间是什么关系？

Y 库是家系库，储存着家系的 Y-DNA 信息，适用于各种情况的家系识别。常规 DNA 数据库是个体库，公安司法机关的常规 DNA 数据库储存了罪犯和有前科人员的信息，用于个体识别。家系就像是一棵大树的主干，而家系中的每一个个体就像是大树的枝叶。

所以，Y 库应该是 DNA 数据的主干，常规 DNA 数据库是 Y 库的补充和完善，这是正确的逻辑关系。以往将 Y 库作为常规数据库的补充，显然是颠倒了这种逻辑关系，因而是一种错误的观念，对于 Y 库的建设和流行普及是不利的。

40. 甘肃白银系列奸杀案与浙江湖州抢劫杀人案破案的方法有何异同？

甘肃白银警方侦破的系列奸杀案与浙江湖州警方侦破的作家刘某某抢劫杀人案都是在地方和全国有重要影响的案件，两者都使用了 Y-DNA 姓氏检测的方法。通过 Y-DNA 检测明确了嫌疑人所在的家系，首先确定嫌疑人的姓氏，然后顺藤摸瓜，找到目标嫌疑人。

但是，两个案件有所不同。甘肃白银系列案中，与嫌疑人对比的遗传材料来自嫌疑人高某勇的远房堂叔，虽然不是近亲，但二人之间毕竟还有某种亲属关系，于是通过直接对比明确了姓氏，因而是直接姓氏检测。而在浙江湖州的抢劫杀人案中，没有嫌疑人亲属的参与，找不到可对比的材料，只能通过传统办法，尽可能收集目标范围内的遗传材料，不断完善的 Y-DNA 数据库来寻找目标家系，因而这是间接姓氏检测。间接姓氏检测比直接姓氏检测需要更大的调查范围，也需要更长时间的积累，破案的过程也更曲折，是真正的"大海捞针"。如果认为甘肃白银案的侦破存在一定的偶然性，有运气的成分，那么，浙江湖州案则证明了破案的必然性，是 Y-DNA 姓氏检测科学性的有效证明。

41. 研究人类起源为什么必须摒弃基因决定论？

人类起源的演化是一种历史文化现象。必须承认，基因在这个过程中发挥了重要作用，但基因的作用不是唯一的。不妨以受精为例，每 1 亿个精子中只有 1 个能与卵子结合，成为新个体。但是，其余精子也发挥了作用，不是说没与卵子结合就没有作用。只有足够数量的精子个体，才能形成受精。

同样，人类的进化是群体的进化，而非个体的进化，具体的某一个体在进化中是没有意义的。在这一过程中，个体与群体间的关系也可以用受精模型来演绎。某一个单倍型之所以能够稳定遗传下来，离不开群体的协同作用。因此，从进化来说，任何一个遗传单倍型都不是孤立出现的，都有其优胜劣汰的背景。尤其是表观遗传学的研究，发现基因的状态是受到调控的，不断被修改和调整。因此，不能把人类的祖先简单定义成某一个体，不能因为单一的化石发现就否定其遗传多态性的存在。

Y-DNA 的研究，在个体识别、家系遗传和人类起源与演化中显示了日益突出的作用。表观遗传是可以遗传给后代的，这就是"一母生九子，九子各不同"的来源之一。在物种起源和演化过程中，起决定性作用的物理因子是时间，也就是说，一个物种经历的时间越长，差异化就越显著。而基因的状态，始终要受到外界因素尤其是时间因子的调控，这才是生物进化的本质。

42. Y-DNA 破案法主要的科学应用有哪些？

Y-DNA 破案法是一种科学检测鉴定的方法，是一项实用的生物技术，在科学文化领域有广泛的应用，现不妨概括成主要 3 个方面：

首先，Y-DNA 破案法的应用是刑侦领域。通过现场的生物检材侦破各类案件，从社会关注的大案、要案、陈年积案到一般性的案件，都可以创造条件进行 Y 染色体的检验。

其次，Y-DNA 破案法的应用是考古领域。古代遗址和墓葬具有重要的历史文化价值，古人的遗骨中保存了大量远古人类的信息。Y-DNA 检测直接可以明确其家系或族属，在没有墓志的情况下，也可以知道墓主身份。

239

第三，Y-DNA 检测可用来获知胎儿的性别。过去，妇女怀孕后不知道胎儿性别，只能揣摩猜测。有了现代技术，只要胎儿细胞内的核酸代谢物进入了母体血液循环，就可以有效捕捉到胎儿的性别信息，明确其性别。与此同时，也可以明确男性胎儿的家系，确定其生父，许多社会问题可迎刃而解。

43. 什么是数字安防？与 Y-DNA 有何关系？

数字安防是新兴的安全防护理念，是将传统的安防技术与现代化的信息处理技术、数据库技术、通信技术、计算机网络技术等有机结合，准确率高，处理速度快，信息量大，能够满足实际工作中的各项要求。

Y-DNA 数据库的建设在公安、刑侦、司法等领域的广泛应用，为国家和社会的安全提供技术保障，因而是数字安防的重要方面。

参考文献

［1］尹国兴. 雷台汉墓民俗典故［M］. 济南：齐鲁书社,2010.

［2］M A Jobling, A Pandya. Tyler-Smith C. The Y chromosome in forensic analysis and paternity testing［J］. Int J Legal Med, 1997,110(3)：118－124.

［3］尹国兴. 激光照射非洲爪蟾受精卵后诱发胚胎发育变化的实验研究［D］. 2002,军事医学科学院放射医学研究所.

［4］袁义达,张诚. 中国姓氏：群体遗传与人口分布［M］. 华东师范大学出版社,2002.

［5］尹国兴. 放射损伤分子过程的整体模式［J］. 科学中文版,1998,(11)：59－62.

［6］周炜,宦建新. 冷藏过的番茄为什么不好吃？［N］. 科技日报,2016-10-22(1).

［7］徐隆昌,易少华,黄代新,等. DNA 甲基化及其与个体年龄相关性研究［J］. 中国法医学杂志,2011,26(4)：295－297.

［8］尹国兴. 去核细胞：梦想与未来［J］. 科学中文版,1999,(9)：53－55.

［9］尹国兴. 细胞核自体移植技术［P］. 专利申请号 CN00107925. 5,2000 年 5 月 29 日.

［10］尹国兴. 适应的分子机制［J］. 生物学杂志,1994,(6)：11－13.

［11］谢平. 进化理论之审读与重塑［M］. 北京：科学出版社,2016.

［12］Mark A J. In the name of father：surname and genetics［J］. TRENDS in Genetics, 2001,17(6)：353－357.

［13］R A Mckinley. A History of British Surnames［M］. London：Longman, 1990.

［14］郑立红,徐晋. Y 染色体 DNA 多态性在人类学的研究应用［J］. 中国优生与遗传杂志,2006,14(12)：3－12.

［15］L Jin, B Su. Nations or immigrations modern Human origin in East Asia［J］. Nature Genet Rev, 2000：1(2)：126－133.

［16］李辉,金力. Y 染色体与东亚族群演化［M］. 上海：上海科学技术出版社,2015.

［17］侯伟光,王传超,蒋世洪,等. 曲阜地区孔姓人群 17 个 Y-STR 基因座遗传多态性分析［J］. 人类学学报,2016,35(1)：125－131.

［18］刘超,陈玲,陈晓辉,等. 广州汉族人群 12 个 Y-STR 基因座多态性及法医学应用研究［J］. 南方医科大学学报,2007,27(5)：599－601.

［19］尹国兴. 运用 Y 染色体鉴定技术检测姓氏的方法［P］. 中国专利申请号：CN03105316. 5,2003.

［20］B Sykes, C Irven. Surnames and Y chromosome［J］. Am J Hum Genet, 2000,66：1417－1419.

[21] Butler J M. 法医 DNA 分型专论：方法学[M]. 3 版. 侯一平,等译. 北京：科学出版社,2013.

[22] 吴洪浦,宋永泉. 利用 Y-STR 单倍型推断嫌疑人家族来源的研究[J]. 刑事技术,2013, 38(1)：24 - 27.

[23] 朱传红,史绍杏,王海生,等. Y-STR 家系排查法的应用原则及注意事项[J]. 中国法医杂志,2007,22(6)：431 - 432.

[24] 鲁涤. 法医 DNA 证据相关问题研究[M]. 北京：中国政法大学出版社,2012.

[25] 王新杰,罗莉静,黄磊,等. 29 个 Y-STR 基因座复合扩增体系的建立[J]. 法医学杂志, 2015,31(6)：456 - 461.

[26] 刘开会,李宗亮. 实用法医 DNA 检验学[M]. 西安：西安出版社,2000.

[27] 李成涛,赵书民,柳燕. DNA 鉴定前沿[M]. 北京：科学出版社,2011.

[28] 许满军,黄磊,魏晨光,等. Y-STR 数据库建设初探[J]. 法医学杂志,2015,31(6)：475 - 477.

[29] 吴微微,郝宏蕾,任文彦,等. 中国汉族人群 17 个 Y-STR 基因座突变情况分析[J]. 中国法医杂志,2012,27(6)：455 - 457.

[30] 葛建业,严江伟,谢群,等. 中国 Y-STR 数据库建设相关问题探讨[J]. 法医学杂志, 2013,29(3)：212 - 215.

[31] 钟小伟,黄磊. Y-STR 数据库在查处地域性职业犯罪中的应用[J]. 中国司法鉴定,2016, 89(6)：89 - 91.

[32] 季安全,叶健,郑秀芬,等. 荧光标记 STR 复合物扩增检验系统的研究[J]. 刑事技术, 2001,(4)：12 - 16.

[33] 赵丽,姚玉霞,丛斌,等. 河北汉族人群四个 Y 短串联重复序列基因座遗传多态性[J]. 中华医学遗传学杂志,2004,21(6)：636 - 639.

[34] 刘静文,胡盛平,李飚. 潮汕地区汉族人群 12 个 Y 短串联重复序列基因座遗传多态性分析[J]. 中华医学遗传学杂志,2006,23(3)：352 - 354.

[35] 郭利红,田曾元,刘亚举,等. 河南汉族人群 16 个 Y-STR 基因座遗传多态性[J]. 法医学杂志,2010,26(1)：66 - 67.

[36] 杨幸怡,刘宏,陈玲,等. 17 个 Y-STR 基因座遗传结构及用于姓氏推断的价值[J],中国法医学杂志,2016,31(2)：158 - 161.

[37] 石美森,唐剑频,于晓军,等. 潮汕地区汉族人群 20 个 Y 染色体短串联重复序列基因座复合扩增及遗传多态性[J]. 中华医学遗传学杂志,2007,24(3)：345 - 349.

[38] 刘亚举,张俊涛,李政,等. 五色荧光标记 27 个 Y 染色体短串联重复序列基因座复合扩增体系的建立[J]. 新乡医学院学报,2015,32(1)：12 - 18.

[39] 王新杰,罗莉静,黄磊,等. 29 个 Y-STR 基因座复合扩增体系的建立[J]. 法医学杂志, 2015,31(6)：456 - 461.

[40] 邓志辉,李大成,喻琼,等. 6 个 Y 染色体 STR 基因座遗传多态性及其在亲子鉴定中的应用[J]. 江西医学检验,2004,22(1)：5 - 8.

[41] 王新杰,许欣,黄磊,等. 山东汉族人群 63 个 Y-STR 基因座突变观察及法医学应用[J]. 刑事技术,2016,41(5)：424 - 428.

[42] 朱淳良. Y-STR 系统挽救了一家亲情[J]. 中国司法鉴定,2005,(6)：43 - 43.

[43] W Weng, H Liu, S Li, et al. Mutation rates at 16 Y-chromosome STRs in the South China Han popµLation [J]. Int J Legal Med, 2013,127：369 – 372.

[44] 赵兴春. Y 染色体法医 DNA 检验策略[J]. 中国法医学杂志,2016,31(3)：228 – 230.

[45] K N Ballantyne, V Keerl, A Wollstein, et al. A new future of forensic Y-chromosome analysis：Rapidly mutating Y-STRs for differentiating male relatives and paternal line ages [J]. Forensic Sci Int Genet, 2012,6(2)：208 – 218.

[46] 马立宇,胡利平,聂爱婷,等. 云南白族人群 13 个快速突变(RM) Y-STR 基因座多态性研究[J]. 昆明医科大学学报,2015,36(7)：170 – 177.

[47] 刘亚举,郭利红,石美森,等. 河南汉族人群 27 个 Y-STR 基因座的突变观察与分析[J],中国法医学杂志,2016,31(1)：22 – 26.

[48] 路志勇,姜成涛,赵兴春,等. Y 染色体 STR 基因座的法医学应用现状[J]. 中国人民公安大学学报(自然科学版),2007,(4)：33 – 37.

[49] 郑秀芬. 法医 DNA 分析[M]. 北京：中国人民公安大学出版社,2002.

[50] R Deka,L Jin,M D Shriver, et al. Dispersion of human Y chromosome haplotypes based on five microsatellites in global populations [J]. Genome Research, 1996,(6)：1177 – 1184.

[51] 黄代新,种书亚,易少华,等. 微测序技术检测武汉汉族群体 26 个 Y-SNPs 的遗传多态性[J]. 华中科技大学学报：医学版,2011.40(1)：64 – 70.

[52] M F Hammer, A B Spuedle, T Karafet, et al. The geographic distribution of human Y chromosome variation [J]. Genetics. 1997,145(3)：787 – 805.

[53] Y Ke, B Su, X Song. Africa origin of modern humans in East Asia a tale of 12,000 Y chromosomes [J]. Science, 2001,292：1151 – 1153.

[54] 于敏,张咏莉,陈峰,等,中国 6 个人群中 Y 染色体 15 个等位基因标记变异频率分布及单倍群分析[J]. 遗传学报,2002,29(4)：283 – 289.

[55] 李辉,杨宁宁,黄兴球,等. 广西融水北高村人的遗传学和体质特征[J]. 中央民族大学学报：自然科学版,2002,11(2)：108 – 116.

[56] 柯越海,宿兵,肖君华,等. Y 染色体单倍型分布在中国汉族人群中的多态性分布与中国人群的起源及迁移[J]. 中国科学(C 辑),2000,30(12)：614 – 620.

[57] H Shi, Y Dong, Bo Wen,et al. Y-chromosome evidence of southern origin of the east Asian-Specific haplogroup O3-M122. Am J Hum Genet, 2005,77(3)：408 – 419.

[58] Y Xue,T Zerjal, W Bao,et al. Male demography in east Asia a north-south contrast in human popuLation expansion times. Genetics, 2006,172：2431 – 2439.

[59] 于亮,黄小琴,史荔,等. 中国四个少数民族九个 Y-STR 位点基因频率和单倍型研究[J]. 中华医学遗传学杂志,2005,22(3)：337 – 340.

[60] 赵青,潘尚领,覃振东,等. 广西那坡黑衣壮族是泰老民族南迁途中的遗留群体[J],现代人类学通讯,2010,4(16s)：22 – 26.

[61] 杨玉章. Y-STR DNA 数据库建设及应用[J]. 河南警察学院学报,2013(5)：47 – 53.

[62] 史绍杏,朱传红,王海生,等. Y-STR 家系排查中出现 Y-STR 突变 1 例[J]. 刑事技术,2008(1)：68 – 69.

[63] 尹国兴. 西高穴密码[M]. 济南：齐鲁书社,2013.

[64] 尹国兴. 白山秘境——吉林舒兰完颜希尹家族墓地研究[M]. 济南：齐鲁书社,2018.

243

[65] 尹国兴. 红山密码[M]. 济南：齐鲁书社，2014.

[66] 雷勇，李栩文. 应用微量 DNA 检验技术侦破人命案 2 起[J]. 河南科技大学学报：医学版，2013,31(1)：46 - 47.

[67] 周晶,黄晓强,蒋海云. 采用植绒拭子提取物证破获系列盗窃案 1 例[J]. 法医学杂志，2015,31(3)：256 - 256.

[68] 王永在,贠克明,徐晓莉,等. DYS413 基因座单倍型在山西汉族人群中的频率分布[J]. 中国法医学杂志，2003,18(5)：301 - 302.

[69] 李秋阳,金萍,沈红缨,等. Goldeneye™20A - M 试剂盒在数据库建设中的应用[J]. 中国法医学杂志，2012,27(4)：272 - 274.

[70] 刘亚举,史绍杏,魏鹏飞. Goldeneye™16C 系统直接扩增在批量血样 DNA 检验中的应用[J]. 法医学杂志，2013,29(1)：55 - 56.

[71] 吕德坚,刘秋玲,李建金,等. 4 个 STR 基因座在广东汉族人群的单倍型分布[J]. 中国法医学杂志，2000,15(s).

[72] F R Santos, T Gerelsaikhan, B Munkhtuja, et al. Geographic differences in the allele frequencies of the human Y-linked tetranucleotide polymorphism DYS19 [J]. Hum. Genet, 1996,97(3)：309 - 313.

[73] H Rodig, M Grum, H D Grimmecke. Population study and evaluation of 20 Y-chromosome STR loci in Germans [J]. Int J Legal Med, 2007,121(1)：24 - 27.

[74] 崔弘,张永吉,许青松. 朝鲜族男性人群 DYS388 基因座遗传多态性分布研究[J]. 延边大学医学学报,2006,29(3)：159— 161.

[75] 唐双柏,郭景元,刘超,等. 广州地区汉族人群 Y 染色体 STR 基因座的研究[J]. 法医学杂志,1999,15(2)：86 - 88.

[76] 刘秋玲,吕德坚,陆惠玲,等. 5 个 Y-STR 基因座复合扩增及其单倍型[J]，中国法医学杂志,2003,18(4)：225 - 227.

[77] 刘秋玲,孙宏钰. 4 个 Y-STR 基因座银染复合扩增[J]. 遗传,2003,25(3)：279 - 282.

[78] 王冬花,陈玲,侯庆唐,等. 安徽汉族人群 11 个 Y-STR 基因座遗传多态性[J]. 中国法医学杂志,2006,21(5)：302 - 303.

[79] 邓志辉,李大成,喻琼,等. 6 个 Y 染色体 STR 基因座遗传多态性及其在亲子鉴定中的应用[J]. 江西医学检验,2004,22(1)：5 - 8.

[80] 李斌,吕政,王澍,等. 福建汉族人群 17 个 Y-STR 基因座遗传多态性调查[J]. 刑事技术,2008,(2)：60 - 62.

[81] M Kayser, A Caglià, N Corach, et al. Evaluation of Y chromosomal STRS：a multicenter study [J]. Int J legal Med, 1997,110(3)：125 - 133.

[82] M Kayser, L Roewer, M Hedman, et al. Characteristics and frequency of germline mutations at microsatellite loci from the human Y chromosome, as revealed by direct observation in father/son Pairs [J]. Am J Hum Genet, 2000,66(5)：1580 - 1588.

[83] 张秀华,范雪晖,吴登俊. DYS458、DYS534、DYS426 和 DYS626 基因多态性研究[J]. 生物技术,2010,20(3)：33 - 36.

[84] H Y Lee, J Oh, G Han, et al. Allele frequencies and haplotypes of six new Y-specific STR loci in Koreans [J]. Forensic Sci Int, 2003,136(3)：89 - 91.

［85］ 应斌武,侯一平,唐剑频,等. Y 染色体 STR 的银染复合扩增[J].法医学杂志,2003,19(4)：193－195.

［86］ A González-Neira,M Elmoznino,M V Lareu,et al. Sequence structure of 12 novel Y chromosome microsatellites and PCR amplication strategies [J]. Forensic Sci Int,2001,122(1)：19－26.

［87］ 石美森,百茹峰,张金生,等.辽宁满族 11 个 Y-STR 基因座多态性及遗传关系的分析[J].遗传,2008,30(5)：583－589.

［88］ 吴微微,郑小婷,潘立鹏,等.浙江汉族人群 16 个 Y-STR 基基因座遗传多态性调查[J].刑事技术,2005,(5)：11－17.

［89］ 王永在,郭梦阳,张艳霞,等.内蒙古蒙古族人群 17 个 Y-STR 基因座频率分布及单倍型组成[J].刑事技术,2011,(3)：32－34.

［90］ 刘艳琼.Y-STR 基因座 DYS719 和 DYS439 在山西汉族人群中的多态性分布[D].山西医科大学,2009.

［91］ 唐剑频,蒋丰慧,侯一平.四川汉族群体 8 个 Y-STR 的遗传分析[J].国际遗传学杂志,2009,32(6)：389－394.

［92］ 李松花,段洪瑞,陈园园,等.延边地区朝鲜族和汉族男性人群 DYS444 基因座遗传多态性[J].延边大学医学学报,2011,34(2)：96－98.

［93］ 王伯平,付存菊,伍欣星.武汉汉族人群 DYS446 基因座的遗传多态性[J].数理医药学杂志,2004,17(2)：109－110.

［94］ 黄艳梅,马亚磊,莫晓婷,等.10 个 Y-STR 基因座复合扩增体系建立及应用[J].中国法医学杂志,2016,31(3)：238－241.

［95］ 刘德华,景强,许冰莹,等.昆明地区汉族人群 9 个 Y-STRs 基因座遗传多态性及法医学应用研究[J].昆明医学院学报,2008,(1)：21－26.

［96］ 陈帅锋,袁丽,胡萌,等.北京汉族人群三个 Y 染色体 STR 基因座的遗传多态性研究[J]刑事技术,2005,1：15－18.

［97］ 梁景青,郭晋荣,畅守鹏,等.山西汉族人群 DYS460 基因座遗传多态性[J].中国法医学杂志,2006,21(5)：309－309.

［98］ 胡灏,赵美乐,齐守军,等.河南汉族人群 DYS464 和 DYS527 基因座单体型遗传多态性检测[J].郑州大学学报：医学版,2010,(6)：965－968.

［99］ 马沁雅,梁景青,康贵荣,等.山西汉族 Y-STR 基因座 DYS510 遗传多态性调查[J].山西医药杂志,2009,38(14)：579－580.

［100］ 李书越.中国朝鲜族和汉族人群的 6 个 Y 染色体 STR 基因座的遗传多态性分析[D].延边大学,2017.

［101］ 马沁雅,梁景青,康贵荣,等.DYS542 在山西汉族人群中的多态性分布[J].山西医科大学学报,2009,40(1)：56－57.

［102］ 贾振军,张惠芹,武尉.北京汉族群体中 6 个 Y-STR 遗传标记多态性调查[J].法医学杂志,2008,24(3)：202－205.

［103］ 胡泊,徐广涛,于晓军,等.潮汕地区汉族人群 9 个新 Y-STR 基因座多态性研究[J].国际遗传学杂志,2008,31(5)：334－337.

［104］ 石美森,百茹峰,于晓军,等.广东汉族 22 个 Y-STR 基因座遗传多态性及遗传关系分

析[J].遗传,2008,30(9):1136 - 1142.

[105] 康贵荣,梁景青,马沁雅,等.DYS593 在山西汉族人群中的多态性分布[J].山西医药杂志,2009,38(2):127 - 128.

[106] 张更谦,王艳,张艳霞,等.新 Y-STR DYS605 在山西汉族人群中的多态性分布[J].遗传,2004,26(3):295 - 297.

[107] H Rodig, L A Grossa, T Richter, et al. Evaluation of haplotype discrimination capacity of 35 Y-chromosomal short tandem repeat loci [J]. Forensic Sci Int, 2008,174 (2):182 - 188.

[108] 申君毅,张丽华,郭大玮.山西汉族人群 DYS622 基因座的遗传多态性[J].昆明医学院学报,2009,(5):114 - 116.

[109] 张健,侯一平,唐剑频,等.Y 染色体 A10 和 C4 基因座遗传多态性及其法医学意义[J].中华法医学杂志,2002,17(4):233 - 235.

[110] 杨思仪,张更谦,郭大玮,等.山西汉族人群 DYS708 基因座的遗传多态性[J].山西医科大学学报,2009,40(3):193 - 195.

[111] 牛蕾蕾.三个 Y-STR 基因座 DYS709、DYS710 和 DYS722 在山西汉族人群中的多态性分布[D].山西医科大学,2009.

[112] 朱运良,朱少建,李建金,等.新 Y-STR 基因座 DYS709 在汉族人群中的遗传多态性调查[J].中国法医学杂志,2005,20(4):222 - 224.

[113] 赵亚娣,梁景青,郭大玮,等.山西汉族人群 DYS715 和 DYS717 基因座遗传多态性[J].中国法医学杂志,2008,23(5):338 - 339.

[114] 杨思仪,杨思思,张更谦,等.2 个 Y-STR 基因座的单倍型研究[J].山西医药杂志,2009,38(5):399 - 401.

[115] 许丽萍,M F Hamm, T Karafet.中国人群中微卫星位点 DXYS156 的多态研究[J].人类学学报,2000,19(2):121 - 126.

[116] 刘亚举,张俊涛.DYF387S1 基因座分型异常现象[J].河南科技大学学报:医学版,2015,33(3):221 - 223.

[117] 周雪,王鑫,杨俊.DYF387S1 基因座检出三等位基因 1 例[J].中国法医学杂志,2016, (5):525 - 525.

[118] 张晶,王磊,黄艳梅,等.多拷贝基因座 DYF399S1 在河南汉族群体中的遗传多态性分析[J].郑州州大学学报:医学版,2015,50(1):33 - 36.

[119] 马亚磊,尚万兵,黄艳梅,等.河南汉族群体 DYF403S1 和 DYF404S1 序列分析及多态性[J].中国法医学杂志,2015,30(2):148 - 151、155。

[120] 刘秋玲,吕德坚,陆惠玲,等.12 个 Y-STR 基因座单倍型及其应用[J].中国法医学杂志,2004,19(s1):28 - 29.

[121] 孟兆安,足迹检验综合利用[M].北京:中国人民公安大学出版社,1991.

[122] 祝家镇,朱小曼,郭景元.法医与破案[M].广州:广东科技出版社,1984.

[123] A J Jeffreys. Individual-specific fingerprint of human DNA [J]. Nature, 1985,316: 76 - 79.

[124] 庞晓东,陈学亮,荣海博,等.法医 DNA 检测技术的现状及展望[J].警察技术,2014 (1):4 - 7.

[125] 陈平,欧桂生,黄晓江.试论 Y-STR 家系排查法在侦办案件中的应用[J].广东公安科技,2010,(1):21-23.

[126] 张斌.Y-STR 检验技术在法医鉴定中的应用[J].江苏警官学院学报,2013,28(6):102-104.

[127] 史绍杏,马伟,朱传红,等.Y-STR 家系分型及 ITO 分析法侦破强奸杀人案 1 例[J].刑事技术,2005,(4):58-59.

[128] 郭怀松,刘欣,康文科,等.利用 Y-STR 特性侦破重大凶杀案 1 例[J].中国法医学杂志,2009,24(5):342-343.

[129] 顾丽华,郑会芬,唐建平,等.利用 DNA 数据库串并和 Y-STR 检测破获凶杀案[J].法医学杂志,2007,23(1):76-77.

[130] 李琼,陈水琴,曾晓冠,等.利用 Y-STR 检验直接侦破强奸杀人案 1 例[J].中国法医学杂志,2006,21(5):318.

[131] 朱少建,陈祖聪,汪萍,等.DNA 检验和家系分析直接侦破命案 1 例[J].中国法医学杂志,2006,21(5):314-315.

[132] 张海波,孔铭华.DNA 技术在 3 例侦破案件中的应用[J].中国煤炭工业医学杂志,2008,11(7):1101-1101.

[133] 赵丽,张艳霞,李爱强.Y-STR 家系遗传分析破获凶杀案 1 例[J].刑事技术,2011,(2):64-65.

[134] 于兆新,李栩文,罗俊.Y-STR 分型在侦破案件中的应用[J].河南科技大学学报:医学版,2013,31(1):45-46.

[135] 张丽萍,龚疏影,段晋崎.临汾市 Y-STR 数据库应用系统[J].刑事技术,2010,(4):37-38.

[136] 赵刚,欧娟.阴道拭子 PSA 阴性检出混合 DNA 1 例[A].侯一平.法医学进展与实践(第 8 卷).成都:四川大学出版社,2013.

[137] 郑瓯翔,叶钻.联合运用 DNA 检验技术服务命案侦破[A].侯一平.法医学进展与实践(第 8 卷).成都:四川大学出版社,2013.

[138] 刘亚举,孙现锋.Y-STR 家系排查法侦破杀人抛尸案 1 例[J].刑事技术,2013(1):62-63.

[139] 袁雅洁,刘成昌.Y-STR 联合常染色体检验破获杀人强奸案 1 例[J].刑事技术,2010(4):71-72.

[140] 段晋琦,龚疏影.利用 Y-STR 家系排查破获强奸杀人案 1 例[C].中国法医学会全国第十七届法医临床学学术研讨会论文集,2014.

[141] 刘颖,曹刚,陈伟玓.利用 Y-STR 检验侦破杀人抛尸案 1 例[J].法医学杂志,2012,28(3):234.

[142] 路镜玉,梁英.利用 Y-STR 结合共享基因分析侦破命案 1 例[J].法医学杂志,2014,30(5):408.

[143] 郭怀松,刘欣,康文科,等.联合应用 Y-STR 和 ABO 基因分型检验技术侦破命案 2 例[J].法医学杂志,2010,26(2):159.

[144] 何宗师,黄慧.利用 Y 染色体破获命案 1 例[J].黑龙江科技信息,2016,(32):127.

[145] 杨达所.利用 Y-STR 与 DNA 检测技术侦破杀人案启示[J].云南警官学院学报,2007,

（3）：103 - 104.

[146] 颜韧,储国栋,詹梅.利用 Y-STR 检验技术破获抢劫杀人案 1 例[C].全国法医学术交流会,2013.

[147] 章申峰,陆松尧,李佑英.多部位提取结合 Y-STR 技术破获车内物品盗窃案 1 例[J].法医学杂志,2016,32(4)：320.

[148] 拜永强,黄河,张颖,等.尸体颈部扼痕擦拭物检验 Y-STR 破案 1 例[J].刑事技术,2014,39(4)：6.

[149] 徐伟.指甲擦拭物 Y-STR 检验在女性被杀案件中的应用[J].法医学杂志,2011,27(4)：299.

[150] 孙丹丹,郭银水.DNA 检验技术联合应用侦破命案 3 例[J].河南科技大学学报：医学版,2011,29(1)：63 - 64.

[151] 刘海渤,侯安山.焚烧尸体子宫内检出精斑 DNA1 例[J].刑事技术,2011,(1)：12.

[152] 陆慧玲,杨庆恩.用 ITO 法计算两个体间的血缘关系机会[J].中国法医学杂志,2002,17(3)：188 - 191.

[153] 方建新,赵书民,李成涛,等.依据共有 STR 基因座数判别全同胞关系[J].法医学杂志,2009,25(5)：341 - 344.

[154] 赵书民,李成涛,张素华,等.应用常染色体 STR 基因座共有等位基因数判别全同胞关系[J].法医学杂志,2009,25(4)：267 - 270.

[155] 张俊,张红波,平妍颜.Y-STR 家系排查结合常染色体 STR 确定疑犯身份 1 例[J].法医学杂志,2013,29(5)：397 - 398.

[156] 林端瑜,刘超,杨电,等.Y-STR 排查法在 1 起系列强奸杀人案中的应用[J].刑事技术,2009,(3)：74 - 75.

[157] 于民强,宋振飞.杀人焚尸案应用 Y 染色体 DNA 分型检验 1 例[C].全国第九次法医学术交流会论文集,2013.

[158] 孟庆振,周如华,陈维忠,等.由一起命案浅谈 Y-STR 应用新模式[J].刑事技术,2016,41,(6)：504 - 506.

[159] 吕伟平,蔡学文,王萍.应用 Y-STR 侦破偏远山区强奸杀人案 1 例[J].中国法医学杂志,2016,31(s1)：138 - 138.

[160] 李佑英,高林林,朱琳,等.清代遗骸 Y-STR 检验 1 例[J].中国法医学杂志》,2011,26(2)：132 - 133.

[161] 陈静,黄玥蕾,洪坤凡.联合应用常染色体 STR 和 Y-STR 技术破获抢劫杀人案 1 例[J].广东公安科技,2016,24(4)：59 - 60.

[162] 李树.Y-STR 检验技术在侦查破案中的应用[J].浙江警察学院学报,2009,(2)：86 - 87.

[163] Y M Lo, P Patel, J S Wainscoat, et al. Prenatal sex determination by DNA amplification from maternal peripheral blood [J]. Lancet, 1989, 2 (8676)：1363 - 1365.

[164] 朱金玲,张玉萍,张淑红.利用孕妇血浆中游离胎儿 DNA 进行胎儿性别诊断[J].中国优生与遗传杂志,2006,9(5)：297 - 300.

[165] 周春雷,周恒,晏婷婷.Y-STR 技术在疑难精斑检验中的运用初探[J].生物技术世界,

2015(3)：185.

[166] 苑美青,李万水,康艳荣,等.混合样本拆分查询犯罪嫌疑人的应用研究[J].刑事技术,
2012(6)：5－7.

[167] A Detflaff-Kakol, R Pawlowski. First Polish DNA manhunt—an application of Y-chromoosmes [J]. IntJ Legal Med, 2002,116(5)：289－291.

[168] J Ballantyne, E Hanson, R Green, et al. Enhancing the sexual assault work flow：testing of next generation DNA assessment and Y-STR systems [J]. Forensic Sci Int Genet, 2013,4(1)：e228－e229.

[169] M A Jobling, C Tyler-Sminth. Fathers and sons：the Y chromosome and human evolution [J]. Trends Genet, 1995,11(11)：449－456.

[170] J.沃森.双螺旋——发现 DNA 结构的个人经历[M].北京：科学出版社,2006.

索 引

后 记

　　医学是一个较为广泛的领域,包含众多学科和门类,彼此间有分工差异。上古时期,洪水流行肆虐,帝尧命大禹父亲鲧去治水。鲧采用筑坝拦截的方法,治水多年未成,为帝舜流放。在流放期间,鲧与其妻开始了悬壶济世的事业。他们将来访的患者根据症状分门别类,于是便有了医学分科,在此基础之上,有内、外、妇、儿诸科之别,开启了人类对疾病进行分类救治的先河。因工作对象的不同,世俗社会视医生有三六九等,社会地位也因此天差地别:地位高的好比是给玉帝盖瓦,地位低的如若给阎王挖煤。法医处境之低下,大概就属于给阎王挖煤的一类。

　　法医工作,其实关系社会的繁荣进步和国家的长治久安,是一项十分重要而且艰辛的社会工作。南宋法医学家宋慈在《洗冤集录序》中有"死生出入之权舆,幽枉屈伸之机括"之语,是说法医侦检勘验的重要。现代法医充实了科技,侦检已经深入到分子水平,变得更加周到和细致。

　　Y-DNA破案法,是在新的时代背景下孕育产生的医学检验技术。可以预见,在不久的将来,Y-DNA检测将成为刑侦领域的常规检测方法,直接参与各类大小案件的侦破。所以,以一部书系统地囊括Y-DNA破案法,就显得极为迫切而且重要了。

　　一方面,如若不以书籍和文字的形式总结固化下来,后世无以为鉴,科学的历程必将淹没于不闻之间。此类事件不乏先例可循。例如,血型检验是医院输血的常规检查,但在医学实践过程中,没有人会追问血型是谁发现的,是如何发现的。科学与技术不是一码事,技术的普及,往往伴随科学精神的没落。科学不单是收获某一项具体的研究成果,更是备地、备种、耕耘、播种、施肥、养护和收获的全过程,需要科学精神和科学理念全程贯穿其间。

　　另一方面,科学是天下之公器,不是科学家个人的收藏品,也不是某个机关或团体的私有物品。科学不能脱离普通大众,科学的终极目的也是为了服务社会、造福大众。专家学者是科学知识的源头，也是科学知识的实践者和传播者，人类所有的知识和技能，莫不是来源于专家学者的传授。因此，科学家对社会负有告知义务，要尽可能地把自己的知识和见闻传递给普罗大众。在这一过程中，科学家要接触社会，不可避免地成为科学知识的传播者。

如今，通过 Y 库破案已经是众所周知的高新技术，该技术炙手可热。大量的社会应用，已经无人怀疑其科学性。但 20 年前，在其初创时期并不是这样。这项技术是在怀疑和非议中成长起来的，对当时的人们来说，还是不可接受的。因为缺乏应用实例，被认定为"没什么用处"，甚至有人认为，所谓的 Y-DNA 姓氏检测与算命先生的测字算卦无异，被打上了"伪科学"的标签，沦落成了江湖骗术。

Y 染色体鉴定技术检测姓氏的方法在刑侦领域的应用，2003 年 2 月曾经向国家专利局申请发明专利。之所以申请专利，不是要从中获取某种经济利益，而是要记录下"鸟儿从天空飞过"的痕迹。初创之时，因为没有应用实例，这项技术得不到认可，在其他科学载体上难以发表，而专利报告是有一定文献价值的，而且可以适时公开。这项技术最后没有得到国家发明专利的授权，但其仍有积极之处——可以告诉后人，此事当初是多么不易，可以让人们看到，曾有一群张扬的生命在为此顽强地奔跑。鲁迅先生说："我们自古以来，就有埋头苦干的人，有拼命硬干的人，有为民请命的人，有舍身求法的人……这就是中国的脊梁。"在刑侦领域，就有这样的人。他们是无名英雄，是真正的英雄，也就是鲁迅先生所说的"中国的脊梁"。

Y-DNA 破案法打破了人们认知的盲区，解决了现实社会中的很多问题，而不单单是完成了破案任务。这项技术推广以后，很多陈年积案得以成功破解。值此书成，首先，要感谢母校中国人民解放军第二军医大学（今海军军医大学）和军事医学科学院（今军事医学研究院），那里有我的师友和同学，是我成长的空气和土壤，我在那里先后求学；其次，要感谢我的好友海军军医大学海军医学系刘刊副教授，他为我四处收集资料，提出宝贵意见和建议；也要感谢远在美国梅奥医学中心求学的刘秀杰博士查阅相关资料；感谢海军军医大学病理生理学教研室陈玉霞副教授，于百忙之中通读全稿，给予了很高的评价；还要感谢复旦大学人类学研究所李辉教授的有益讨论和帮助；感谢助理胡瑞雪、贾南绘制了图表；感谢吉林省蛟河市第二高级中学的段戈迪老师，审看了书中的数理问题；感谢好友汤敬东博士为该书的顺利出版提供经费支持；感谢上海济视健康及其创始人宋玉大夫提供了一个合适的工作平台；最后，也要感谢那些给予质疑和打击的人。质疑和非难,使我客观、庄严地审视自己,坚定了必胜的信念。"前面有人搣,后面有人踹",在艰难困苦中跋涉前行,乃有今日之书成。

　　Y-DNA 破案法是不断进步的技术体系。所有的错误将被修正,所有的缺憾也将被补充和完善,一切都会越来越完美。甘肃白银系列案件的侦破,在中国乃至世界有深远的影响,带来了推广 Y-DNA 破案法的巨大契机,也给我带来了心理上的巨大慰藉,我深感昔日的各种付出都是值得的。拨云见日,阴霾散尽,我更感受到了人们关心科技进步的热情。

　　由此记之,以为纪念。

胜诉道人

2017 年 4 月 5 日记于上海